베르됭 전투

베르됭 전투

인류 역사상 가장 참혹한 소모전

앨리스터 혼 Alistair Horne │ **조행복** 옮김

교양인
GYOYANGIN

차
례
___

이 서부전선에서 벌어진 일은 결코 되풀이될 수 없어.

아주 오래도록 그럴 수 없을 거야.

젊은이들은 다시 할 수 있다고 생각하지만, 사실은 그럴 수 없어.

제1차 마른 전투를 다시 치를 수 있을지는 몰라도 이것만큼은 안 돼. ……

여기에는 기억할 수 없는 먼 과거로부터 전해 내려오는,

진정한 정서적 장치가 있어야 했어. 성탄절, 황태자와 그 약혼녀의 우편엽서,

발랑스의 작은 카페들, 운터덴린덴의 맥줏집, 시청에서 치르는 결혼식,

더비 경마에 갔던 일, 할아버지의 구레나룻을 기억해야 했어. ……

이건 사랑싸움이야. 1백 년에 걸친 중간계급의 사랑이 이곳에서 소진되었지.

……

나의 아름답고 사랑스러운 안전한 세계가 전부 이곳에서

고성능 폭약 같은 사랑이 폭발하면서 불어닥친 돌풍과 함께 날아가버렸어.

— F. 스콧 피츠제럴드, 《밤은 부드러워라》

올해(1993년) 11월이면 1918년 11월 휴전 협정으로 '모든 전쟁을 끝낼 전쟁'이 끝난 지 75년,《베르됭 전투》가 출간된 지 정확히 30년이 된다. 놀랍게도 이 책은 그동안 판을 거듭하며 살아남았다. 이 책은 (상대적인 의미에서) 평화와 번영의 시대에 쓰였다. 한국전쟁이 끝나고 10년이 지난 때였다. "더할 나위 없이 좋았던" 그 시절에 영국과 미국에서는 해럴드 맥밀런과 존 F. 케네디가 키를 잡고 있었고, 유럽에서는 드골과 아데나워가 손을 맞잡고 프랑스와 독일의 새로운 우호 조약을 맺어 케케묵은 지독한 경쟁을 끝내려 하고 있었다. 또 다른 유럽 전쟁에 대한 우려는 어둡고 어리석었던 먼 과거의 일처럼 보였다. 거의 같은 시기에 우리 영국 작가 여럿이, 제2차 세계대전 중에 성장했거나 그 전쟁에 참전했으며 이제 30대에 들어선 몇몇이 첫 번째 충돌에 관해 책을 썼다. 늦게 태어난 자의 오만함으로 우리는 거의 실수였을망정 그 모든 일이 벌어지도록 내버려 둔 선조들의 어리석음을 질타했다. 그들은 **바보**였다. 우리 세대의 계몽된 세계에서 솜강 전투와 베르됭 전투는 절대로 되풀이될 수 없었다. 스콧 피츠제럴드의 소설《밤은 부드러워라》에서 주인공 딕 다이버가 베르됭 전투가 끝나고 몇 년 후 그곳을 방문하고 충격에 빠져 한 말이다. 전차, 항공기, 전격전으로 진행된 제2차 세계대전은 중간 지대*에 펼쳐진 죽음의 진창에 수천수만의 병사를 내던지는 것보다 효과적인 전쟁 수행 방법이 있음을 보여주었다.

우리 세대는 **바보**가 아니었다.

두 초강대국 사이에서 정교하게 조절된 공포의 균형 덕분에 베르됭 전투와 솜강 전투는 더는 상상도 할 수 없는 일이 되었다. 그 균형은 훗날 '상호 확증 파괴(MAD)'로 불리는 전략에 따른 것이었는데, 어쨌든 아주 미친(mad) 짓은 아니었던 듯하다. 그러나 아마도 우리 세대는 자기 만족을 위해 불쾌한 진실을 억누르는 쪽을 택했던 것 같다. 제2차 세계대전에서 우리가 거둔 승리는 실제로 전차와 항공기의 힘이 아니라 서유럽인의 시선이 닿지 않는 곳, 동쪽의 스탈린그라드와 레닌그라드 앞에서 치러진 또 다른 베르됭 전투들, 25년 전과 마찬가지로 소련과 독일의 보병 수십만이 목숨을 잃은 끔찍한 소모전을 통해 얻은 것이었음을 말이다. 진실은 이렇다. 똑같이 강력한 현대의 두 산업 국가가 벌이는 총력전은 인명을 앗아간다.

최근 쿠바와 러시아에서 공개된 기록 덕분에 이제 우리는 1962년 10월 쿠바 미사일 위기 동안 세계가 실제로 당시 우리가 알던 것보다, 심지어 우리의 식견 높은 지도자들이 이해했던 것보다 더 핵전쟁의 위기에 가까웠다는 사실을 알고 있다. 핵전쟁에 따른 죽음들은 베르됭 전투를 국지적인 소규모 충돌로 보이게 만들었을 것이다. 중동

중간 지대(no man's land) 서로 대치하는 양측 군대 사이의 무인 지대. 이 용어는 원래 분쟁 지역이나 봉토들 사이에 버려진 땅을 가리키는 말이었다. 현대에 들어와서는 제1차 세계대전 때 참호전을 하는 두 적대 세력 사이에 놓인 땅을 가리키는 말로 쓰이기 시작했다. 양측 군대 모두 적의 공격을 받을지 모른다는 공포 때문에 건너가거나 장악하려 하지 않는 땅을 가리켰다.

에서 일어나 급속히 전개되었으나 결말이 나지 않은 일련의 전쟁들과 별개로, 쿠바 위기 이후로 우리는 미국인 한 세대의 사기를 크게 떨어뜨린 베트남의 기나긴 악몽과 폴 포트의 캄보디아에서 일어난 잔학 행위를 목격했다. 캄보디아에서는 모든 면에서 베르됭에서 일어난 것만큼이나 잔인한 참사가 벌어졌다. 이라크와 이란은 7년간 소모전을 벌였는데 그 정적 전투*는 제1차 세계대전 서부전선의 축소판 같았다. 그런 다음, 냉전에서 가까스로 승리한 뒤, 소련이 무너지고 상호 확증 파괴가 소멸한 뒤, 유럽에는 또다시 지독하게 악랄한 전쟁이 찾아왔다. 그 전쟁은 1914년에 이후 베르됭 전투라는 불가피한 전락으로 이어질 모든 일이 시작된 바로 그곳, 옛 오스트리아-헝가리제국의 발칸 지역에서 일어났다.

우리가 뭔가를 배우긴 한 걸까?

이 책의 기원은 1950년대까지 거슬러 올라간다. 그때 나는 젊은 외국 통신원으로 독일에 살면서 당시에도 여전히 뚜렷이 감지되던, 프랑스와 독일 간 적개심의 마지막 승부가 남긴 유산에 둘러싸여 지냈다. 제1차 세계대전이라는 불행의 씨앗이 뿌려진 토양이었던 프랑스-독일 관계가 이미 기적적으로 변했기에, 나는 지난 100년간 이 관계의 파괴적인 경로를 추적하는 책을 구상하기 시작했다(그 책은 삼부작으로 마무리되었다). 나는 베르됭의 불운한 구릉지를 처음 방문하고 느낀 감정을 결코 떨치지 못했다. 베르됭의 이야기와 그 전투가 역사에 남긴 지대한 영향에 매료되었고 그곳에서 싸운 두 나라 병사들의 경이로운 용기에 감탄했다. 그 낭비와 더없는 어리석음에 소름이 끼쳤다.

정적 전투(static battle) 양측 모두 사상자가 매우 많고 전선이 아주 느리게 이동해 '변화가 적은(static)' 전투.

내가 쓴 책 중에서 내게 이보다 더 깊은 영향을 끼친 책은 없다. 몇 번이고 눈물을 흘려야 했다. 뻔뻔하게 말하자면, 이 책은 반전(反戰) 책이다.

감사하게도 지난 30년간 세계 곳곳의 독자들에게서 끊임없이 많은 편지를 받았다(이상하게도 대부분 미국에서 왔다). 편지에는 전장과 오래된 사진에 대한 독자들의 뜨거운 반응, 생존자와 후손의 회상, 그리고 때로는 매우 감동적인 시가 들어 있었다. 초기에는 유령들에게서 연락이 왔다. '난공불락'의 두오몽 요새에 처음 들어갔던 독일군 장교 오이겐 라트케(Eugen Radtke) 중위처럼 오랫동안 사망한 것으로 알려졌던 사람들이 다시 모습을 드러낸 것이다. 동독에 살던 라트케는 1960년대에 처음 파리를 방문했는데, 생전에 두오몽보다 서쪽으로 더 멀리 간 것은 그때가 유일했다(라트케는 그 직후 사망했다).

책이 판을 거듭하는 동안, 책의 내용을 한두 줄 이상 고치고 싶게 만든 편지는 놀랍게도 거의 없었다. 그런 드문 경우로 나이 지긋한 프랑스인에게서 온 편지가 있었다. 그는 중위로 전역한 클레버 뒤퓌(Kléber Dupuy)였다. 뒤퓌는 두 세계대전의 영웅이자, 1916년 7월 12일 수빌(Souville) 요새 위에서 베르됭을 점령하려는 독일군의 마지막 시도를 끝까지 저지한 장교일 가능성이 매우 높다. 그는 이 책의 (그렇게 완벽하지는 않은) 프랑스어 번역본을 읽고 내가 자신이 요새 안에서 대피했다는 암시를 주었다고 항의했다. 나는 주저 없이 기록을 수정했고, 우리는 편지를 주고받는 친구가 되었다. 그 기록은 제 힘으로 옳은 자리를 찾았다.

오늘날 베르됭을 보면 요새들 가운데 하나였던 트루아용(Troyon)은 (고작 10만 프랑에) 팔려 나가 버섯 농장이 되었고, 신원 미상의 어느 프랑스인 어머니가 보(Vaux) 요새에 두었던 작고 슬픈 명판은 파손되어 사라졌다. 명판에는 "나의 아들에게, 너의 두 눈이 감긴 뒤로 나의 눈에서는 눈물이 마르지 않는구나."라는 글귀가 적혀 있었다. 자비롭게도 모르옴의 짓이겨진 땅을 가리려고 조성되었던 소나무숲은 나무를 베어내고 다시 조림했다. 그러나 베르됭의 핵심은 프랑스 국민만큼이나 오래도록 살아남을 것이다. 가루가 되도록 난타당한 황무지에는 감추어지고 반쯤 잊힌 유물, 우리가 아직도 '대전(the Great War)'이라고 부르는 전쟁의 요체인 어리석음과 자부심, 영웅주의에 바쳐진 유물이 남아 있다. 그것은 버려진 요새의 폐허를 찾아 기념이 될 만한 물건을 찾다가 여전히 사람의 목숨을 앗아갈 수 있는 포탄을 무모하게 건드리는 관광객들에게 이따금 피해를 준다. 버스에 탄 독일인들이 계속해서 두오몽 요새로 몰려들어 조부나 증조부가 쓰러진 곳을 찾는다.

《베르됭 전투》를 쓴 후 예닐곱 번 베르됭을 방문했지만 갈 때마다 그곳에 깃든 장엄함과 슬픔에 압도되었다. 1966년 5월, 베르됭 전투 50주년 기념식에서 나는 드골 장군에게서 몇 발자국 떨어진 곳에 있었다. 드골은 '송에뤼미에르(Son et Lumière)' 공연이 이어지는 동안 내내 꽂을대(총포에 화약을 재거나 총열 안을 청소할 때 쓰는 쇠꼬챙이)처럼 똑바로 서 있었다. 그러다 자신이 전투에서 부상을 입고 포로가 된 장면에 이르자 갑자기 돌아서서 공연장을 떠났다. 그 얼음처럼 차가운 거인도 참기 어려웠을 것이다. (거의 20년 뒤 드골의 후계자인 프랑수아 미테랑이 그 야만적인 전장에서 헬무트 콜 총리와 악수를 나눔으로써 프랑스와 독일의 반목에 엄숙하게 종지부를 찍었다.)

마지막으로 베르됭을 방문했을 때 근위척탄병연대의 어느 대대에서 강연을 했다. 먼 과거의 일이었는데도 청년 장교들은 베르됭의 비극에 경의를 표하는 마음으로 침묵에 빠졌다. 어떤 이는 내게 이렇게 말했다. "이곳에 새가 한 마리도 없다는 걸 아시나요?" 그 순간까지도 나는 그곳의 극도로 황량한 느낌을 경험한 사람이 나뿐이라고 생각했다.

베르됭 전투의 끔찍한 점 가운데 하나는 발발 후 첫 세 달이 지나면서 어찌된 일인지 전투가 인간의 지휘에서 벗어나 스스로 움직이는 듯했다는 것이다. 한 독일인은 "마지막 남은 독일군 병사와 프랑스군 병사가 서로 죽이기 위해 주머니칼을 꺼내 들고 목발을 짚고 절뚝거리며 참호 밖으로 나올 때까지" 전투가 끝나지 않을 것이라 생각했다.

이상하게도 스콧 피츠제럴드는 베르됭 전투를 '사랑싸움'이라고 불렀다. 학살당한 양측 보병들 사이에는 거의 사랑에 가까운 특별한 연민이 있었다. 그러나 전투를 지속시킨 양측 지도부에는 증오가 너무 많았다. 합리적인 세계였다면 1916년은 피로에 지친 전선을 따라 전쟁을 끝내기에 딱 좋은 해였을 것이다. 용기 있는 늙은 귀족 란스다운 경이 전쟁 종결을 시도했지만 반역자보다 나을 것 없다는 말을 들었을 뿐이다.*

발칸 반도에서 내전이 맹위를 떨치고 영국과 독일의 해묵은 원한이 새롭게 불타오르는 듯한 오늘의 세계에 무섭도록 많은 증오가 퍼져 있음을 불안한 마음으로 실감한다. 정말 베르됭 전투 같은 것이 다시 일어날 수 있을까? 냉전 시기에는 서구의 생존을 위해 적어도 정신적으로는 베르됭 전투를 다시 치를 준비가 되어 있음을 보여주어야 했던 순간들이 있었다. (어떤 이들은 1962년 10월 쿠바 미사일 위기

---

* 제5대 란스다운 후작 헨리 페티피츠모리스(Henry Petty-Fitzmaurice, 5th Marquess of Lansdowne, 1845~1927)는 1916년 말 전쟁이 문명을 파괴할 것이니 현 상태에서 독일과의 강화를 모색해야 한다고 정부에 제안했고, 1917년 11월 29일 〈데일리 텔레그래프〉가 이 내용을 담은 이른바 '란스다운 서한(Lansdowne Letter)'을 게재했다.

가 그중 하나라고 판단할 수 있을 것이다.) 베르됭 전투에 관해 쓰인 수많은 비문 가운데 내 마음을 떠나지 않는 하나가 있다. 바로 프랑스의 작가 장 뒤투르(Jean Dutourd)가 1940년 프랑스인의 정신적 무기력을 개탄하며 쓴 글이다. 뒤투르는 이렇게 선언했다. "노예 상태보다는 전쟁이 낫다. 선택은 언제나 베르됭과 다하우 사이에 있다." 아마 지금도 그 점에서 변화는 없을 것이다. 그러나 인류에게 이보다 끔찍한 선택은 없을 것이다.

영국전쟁박물관(Imperial War Museum)을 참고하지 않고 제1차 세계대전에 관한 책을 쓴다는 것은 생각하기조차 어려운 일이다. 나도 이 책을 쓰면서 박물관의 아낌없는 도움에 크게 힘입었다. 제1차 세계대전에 관하여 유일무이한 장서를 갖춘 파리대학의 현대국제관계자료도서관(Bibliothèque de Documentation Internationale Contemporaine), 제2차 세계대전 중에 사라진 자료들을 유용하게 채워놓은 슈투트가르트의 현대사도서관(Bibliothek für Zeitgeschichte)에도 똑같이 신세를 졌다.

이 책을 쓰는 초기 단계에서 지도와 격려를 아끼지 않은 리델 하트 경*에게 감사의 말을 전하고 싶다. (그의 연구는 제1차 세계대전에 관한 책을 쓰는 사람에겐 영국전쟁박물관만큼이나 필수불가결한 조건이다.) 다음 분들에게도 감사드린다. 프랑스 육군 기록보관소(Le Service

---

리델 하트(Sir Basil Henry Liddell Hart, 1895~1970) '장군들을 가르친 대위'라는 별명으로 불리는 영국의 군사사학자, 군사이론가. 제1차 세계대전에서 대위로 활약했으나 심각한 부상을 입고 퇴역한 후에는 전략가들에게 큰 영향을 끼친 여러 군사학 책을 썼다. 그는 제1차 세계대전과 같은 정면 공세가 큰 인명 손실과 함께 실패할 수밖에 없다고 주장하며 간접전과 기동전의 중요성을 이야기했다.

Historique)의 드 코세브리사크(de Cossé-Brissac) 장군, 독일연방공
화국군 군사사연구소(Militärgeschichtliches Forschungsamt)의 모렐
(Morell) 중령, 포병학교(École d'Artillerie) 사령관 로베르 위레(Robert
Huré) 장군과 육군대학의 들라뤼엘(de la Ruelle) 대령, 두오몽 납골
당(Ossuaire de Douaumont)의 구타르(Goutard) 대령과 사령관 오망
(Homant)과 군종신부, 나와 함께 몇몇 전장을 돌아다니며 전문가의
시각을 전해준 제9창기병연대의 디글(Diggle) 소령, 초고를 읽어준 필
립 폴록(Philip Pollock), 교정과 타이핑을 대부분 맡아준 앨버레즈(Mrs
Alvares), 참고문헌을 정리해준 세인트 조지 손더스(Mrs St George
Saunders)(초판에 담은 주요 사료 목록과 참고문헌 주해는 이번 판에서는
간결하게 축소했다), 1916년 공중·지상 통신에 관한 자료를 제공해준
체임버스 백과사전(Chambers's Encyclopaedia) 연구자료국, 마지막으
로 런던 주재 프랑스 대사관.

사진을 쓸 수 있게 해준 J. S. 카르티에(J. S. Cartier)와 미국의 앤서
니 멜달(Anthony Meldahl)에게 특별히 감사한다. 다음에도 감사를 표
한다. 슈투트가르트 세계대전도서관(Weltkriegbücherei), 뱅센전쟁박
물관(Musée de la Guerre (Université de Paris) Vincennes), 쿠르트 폰
클뤼퍼(Kurt von Klüfer)의 《두오몽 전투에서의 영혼의 힘(Seelenkräfte
im Kampf un Douaumont)》, 빈스코프스키(V. Wienskowski)의 《팔켄
하인(Falkenhayn)》(Siegismund Verlag, Berlin 1937), 라디오타임스헐
턴사진도서관(Radio Times Hulton Picture Library, London), 런던의
영국전쟁박물관.

지도와 평면도는 브로마지(W. Bromage)가 그렸다.

1장

1870 운명의 해

> 복수는 어쩌면 더디게 오겠지만
> 어쨌든 틀림없이 치명적이고 끔찍할 것이다.
> 증오는 이미 태어났다, 그리고 힘은 곧 태어날 것이다.
> 낫질할 사람은 밭의 작물이 무르익었는지 보아야 한다.
> ― 폴 데룰레드*

카이저의 군대가 파리의 문 앞에 도달했던 제1차 마른강 전투(1914년 9월 6일~9월 10일)로부터 1918년 봄 거의 성공할 뻔했던 루덴도르프(Erich Ludendorff) 장군의 필사적인 마지막 공세까지 3년 반의 시간이 흘렀다. 독일의 참호선은 훌륭한 대비 덕분에 거의 난공불락이었다. 이 기간 동안 독일은 참호선 뒤에서 계속 방어 태세를 유지했고, 이에 맞선 프랑스와 영국은 상상할 수 없을 정도로 많은 목숨을

―――――――――

폴 데룰레드(Paul Déroulède, 1846~1914) 프랑스 작가, 정치인. 프랑스-프로이센전쟁의 패배에 '복수'할 것을 주장한 극우 민족주의 단체 애국자연맹(Ligue des Patriotes)의 창립자 중 한 사람이다.

희생하며 헛되이 힘을 소진했다.

　독일은 꽤나 좋은 성과를 안겨준 이 전략(참호전)에서 단 한 번 이탈했다. 1916년 2월, 독일은 베르됭 지구에서 프랑스군을 불시에 기습해 공격에 나섰다. 1914년에 프랑스로 진군한 독일군이 7개 군이었고 1918년에 영국원정군의 헤이그(Douglas Haig) 총사령관을 타격한 독일군이 루덴도르프의 63개 사단이었음을 감안하면, 겨우 9개 사단만 참여한 베르됭 공격은 독일군에는 작은 일에 지나지 않았다. 하지만 이 작은 일로부터 거기에 참여한 이들이 그 암울한 전쟁에서, 아니 아마도 역사에서 가장 암울한 전투로 여겼던 전투가 비롯되었다. 베르됭 전투는 역사상 가장 오래 지속된 전투였으며, 전투가 이어진 열 달 동안 프랑스군의 거의 4분의 3이 휘말려 들어갔다. 제1차 세계대전에서 더 많은 희생자를 낸 전투는 따로 있었지만, 베르됭은 역사상 단위 면적당 사망자 수가 가장 높은 전장이라는 결코 부럽지 않은 평판을 얻었다. 특히 베르됭 전투는 제1차 세계대전에서 매우 중요한 분수령이었다. 베르됭 이전에는 독일이 전쟁에서 승리할 가능성이 있었지만, 열 달이 지나는 동안 그 가능성은 점차 낮아졌다. 베르됭 이후에는 프랑스군도 독일군도 예전과 같을 수 없었다. 베르됭 전투가 끝난 뒤에는 연합군의 주된 전쟁 부담이 프랑스에서 영국으로 넘어갔다. 또한 이 전투가 미국이 참전을 결정하는 데 끼친 영향도 무시할 수 없다.

　이후로 베르됭 전투는 신성한 국가적 전설이 되었으며 불굴의 용기와 영웅적 희생, 고난을 가리키는 말로 널리 쓰이게 된다. 그러나 베르됭 전투는 현대판 피로스의 승리*였다. 전쟁이 끝나고 한참 지난 뒤에도 프랑스는 베르됭의 영향에서 벗어나지 못했다. 베르됭의 승리를 통해 떠오른 자들 중 특히 한 사람은 한 세대 뒤에 일어나는 섬뜩한 비극과 영원히 엮이게 된다. 베르됭 전투가 프랑스와 프랑스 국민에게 남긴 흔적은 오늘날에도 완전히 사라지지 않았다.

《밤은 부드러워라》에서 딕 다이버는 이렇게 선언한다. "서부전선에서 벌어진 일은 결코 되풀이될 수 없어." 1940년에 벌어진 일을 보면, 다이버가 옳았다. 제2차 세계대전에서 베르됭 전투에 가장 가까웠던 것은 흔히 러시아의 '베르됭'으로 일컬어지는 스탈린그라드 전투(1942년 8월~1943년 2월)였다. 1940년에 왜 '서부전선의 일'이 되풀이되지 않았는지, 독일군 전차들은 왜 그렇게 쉽게 마지노선을 돌아서 갔는지, 마지노선이 왜 만들어졌는지는 1916년 베르됭에서 벌어진 일을 고려하지 않고는 설명할 수 없다.

마찬가지로 1916년 독일군이 어떻게 베르됭 앞에 서게 되었는지, 왜 유럽에서 가장 방비가 튼튼하다고 이름난 요새를 선택해 공격했는지, 프랑스군은 독일군의 공격에 왜 그토록 믿을 수 없을 정도로 강하게 저항했는지 알려면 앞선 전쟁으로, 운명의 해인 1870년으로 거슬러 올라갈 필요가 있다.

1870년 여름 프랑스가 전쟁을 선포하고 6주가 지났을 때, 프랑스의 마지막 황제는 포로가 되어 방광결석의 극심한 고통을 감추느라 얼굴을 붉힌 채 독일로 끌려갔다. 이후 넉 달 반 만에, "프랑스의 모든 영광을 위해(à toutes les Gloires de la France)"라는 글귀가 새겨진 베르사유의 거대한 궁전에서 프로이센 왕은 스스로 자신을 카이저로

피로스의 승리 전쟁에서 승리했으나 너무 큰 희생을 치러 패배한 것이나 다름없는 승리를 일컫는 말. 에페이로스 왕 피로스는 로마와 싸운 피로스전쟁에서 기원전 280년 헤라클레아 전투와 기원전 279년 아스쿨룸 전투에서 승리했으나 너무 큰 손실을 입어 그러한 승리를 한 번 더 얻었다가는 혼자 살아남아 에페이로스로 돌아갈 것이라고, 또는 완전히 파멸할 것이라고 말했다고 한다.

선포했다. 카이저의 대관식은 독일인을 꾸짖는 프랑스인의 모습이 담긴 그림 아래서 이루어졌다. 마침내 강화조약이 체결되었을 때, 프로이센 정복자들은 파리를 지나는 개선 행진을 강화 조건에 넣어야 한다고 고집했다. 그나마 시민들이 모여든 덕분에 프랑스는 프로이센 창기병들이 말을 타고 개선문을 지나가는 최악의 모욕만은 막아낼 수 있었다.

그리스인들이 페리페테이아(peripeteia)라고 부른 것, 즉 운명의 반전을 이보다 극적으로 보여주는 사례를 찾으려면 역사 책을 부지런히 뒤적여야 할 것이다. 오만할 정도로 자신감 넘치고 찬란한 물질적 성취를 이룬 위풍당당한 나라가—실로 '**위대한** 나라(La Grande Nation)'—그렇게 짧은 시간 안에 이보다 심한 굴욕을 당한 적이 있던가? 병사들의 용맹함이라는 전통 속에 확고히 자리 잡은 군사력이 이보다 더 치욕스러운 패배를 당한 적이 있었나? 1870년 7월, 낙관적으로 '라인군(Armée du Rhin)'이라고 이름 붙인 루이 나폴레옹의 군대는 독일 지도를 잔뜩 챙겨 출발했다. 프랑스 지도는 단 한 장도 준비하지 않았다. 프랑스군은 결코 결정적이라고 할 수 없는 작은 패배를 두 차례 겪고 나서 계속해서 후퇴했다. 퇴로를 따라 늘어선 노파들이 풀이 죽은 채 지저분한 몰골로 지나가는 병사들에게 야유를 퍼부었다. 프로이센 창기병들이 눈에 불을 켜고 병사들을 뒤쫓았다. 때로는 낙오한 동물을 기다리는 늑대 무리 같았고, 때로는 두려움에 사로잡힌 메추라기 떼를 총구 앞으로 몰아대는 몰이꾼 같았다. 바젠(François Achille Bazaine) 원수가 이끌던 군대의 절반이 메스로 몰려 들어갔고, 그곳에서 두 달 동안 아무 일도 하지 못하다가 결국 항복했다. 마크마옹(Patrice de MacMahon)이 지휘하고 황제가 동행한 나머지 절반은 베르됭에서 강 하류로 약 65킬로미터 떨어진 스당에

프로이센의 왕 빌헬름 1세는 1871년 1월 18일 베르사유 궁전의 '거울의 방'에서 독일 황제 대관식을 거행해 패전국인 프랑스에 잊지 못할 치욕을 안겨주었다.

서 덫에 걸렸다. 뒤크로(Auguste-Alexandre Ducrot) 장군은 이렇게 말했다. "우리는 요강 속에 있고 그 안에서 호되게 당할 것이다!" 이 말은 1870년 이후 프랑스군이 느낀 쓰라린 치욕에 잘 들어맞았을 것이다. 그것은 위대한 나폴레옹 보나파르트는 물론이요, 앙리 4세와 콩데(Louis II, Prince of Condé), 튀렌(Vicomte de Turenne), 삭스(Maurice de Saxe) 같은 용맹한 군인의 후예들, 다시 말해 몇 세대를 거치며 유럽의 **유일한** 전사 종족을 자처한 병사들이 대면한 끔찍한 불명예였다.

　루이 나폴레옹의 경솔한 전쟁 선포는 전 유럽의 미래에 영향을 끼쳤을 뿐만 아니라 전쟁의 성격 자체를 바꾸었다. 몇백 년 동안 전쟁은 꽤나 신사다운 일로 여겨졌으나, 대규모 징집병의 등장과 장거리포로 민간인까지 마구잡이로 쓰러뜨린 무자비한 포위 공격을 통해 이제 새로운 야만성의 단계로 들어서게 되었다. 프랑스에서 가장 풍요로운 두 지방의 양도와 전례 없는 규모의 배상금 지불을 요구한—이 전쟁의 패자는 승자보다 거의 열 배나 많은 비용을 떠안았다.—프로이센의 가혹한 강화 조건은 유럽의 국제 관계에 새로운 고통을 서서히 주입했다. 그리고 프랑스군은 그러한 수모를 결코 잊지 못했다.

1871년, 파산한 프랑스는 기진맥진하고 사기가 땅에 떨어진 상태였다. 나라는 최악의 잔혹한 내전(파리코뮌)으로 찢겨 폐허가 되었다. 프랑스는 영국제도보다 두 배나 넓은 국토의 풍요로움과 엄청난 인적 자원에서 나오는 회복 능력으로 종종 세계를 깜짝 놀라게 했다. (물론 이러한 놀라운 능력은 황제의 내실에서, 또는 정치적 로비로 사라지기 일쑤였다.) 하지만 1870년에서 1871년으로 이어진 대재앙을 털고 일어난 것보다 빠르고 놀라운 회복 사례는 없었다. 전쟁의 유산은 금방 정리되었다. 프랑스군이 겪은 집단적 불명예를 책임질 희생양은 곧 바젠으로 결정되었다. 50억 금(金)프랑의 배상금은 일정을 한참 앞당겨 지불했고, 마지막까지 남아 있던 프로이센 병사들이 1873년 9월 프랑스 땅을 떠났다. 프랑스 경제는 전에 없이 번창하기 시작했다. 1878년 파리 박람회는 프랑스가 제2제정 후기의 풍요를 되찾았음을 전 유럽에 보여주었다. 게다가 화려한 표면 아래에는 훨씬 더 견실한 성취가 있었다.

가장 인상적으로 부활한 부문은 군대였다. 페르디낭 포슈(Ferdinand Foch, 1851~1929)—그는 열여덟 살 학생 시절에 몸이 아픈 루이 나폴레옹이 메스까지 몰려 패배하는 것을 지켜본 적이 있었다.—같은 새로운 유형의 헌신적인 청년 장교가 나타나 제2제정의 노인네들과 지기 싫어하는 황제를 대신했다. 군 전체에 새로운 투지가 넘쳐, 근래 프랑스군의 명성에 생긴 오점을 지우려는 결의가 생겨났다. 더불어 군사 연구에 대한 열정이 일어 카페에서 시간을 보내는 전통과 병영 생활의 얼빠진 일상이 바뀌었다. 마크마옹이 이렇게 위협하던 시절과 뚜렷이 대비되었다. "책 표지에서 장교의 이름이 쓰여 있는 것을 보면 그가 누구든 진급 명단에서 지울 것이다." 1870년 군사 작전에 대해 통찰력 있는 연구가 진행되었고, 군 지도자들은 대대적인 조직 재편성을 단행하면서 정복자를 모방하는 일도 서슴지 않았다. 세 개 법률이 연이어 제정되면서 프랑스는 처음으로 보편적 징병제(5년이라는 이례적으로 긴 기간)와 예비군 장교단을 갖추게 되었다. 쥘 르발(Jules Lewal) 장군의 지휘로 새로운 참모대학(École militaire supérieure)이 설립되어 개혁가들이 해체한 비효율적인 옛 참모본부를 대신할 새로운 토대가 놓였고, 이후 조제프 드 미리벨(Joseph de Miribel) 장군의 지휘로 육군참모본부(État Major de l'Armée)가 만들어졌다. 평시에 이 기관의 역할은 전쟁에 대비하는 것이었는데 특히 1870년 프랑스에 너무도 부족했던 세부적인 군사 동원 계획을 세우는 역할을 맡았다. 전시에는 프랑스의 주요 군 집단을 지휘했다. 이로써 아직 초기 단계였지만 그 유명한 총사령부(Grand Quartier Général, 약칭 GQG, 1914~1919)가 탄생했다. 1886년 프랑스군은 훗날 1914년에 전쟁에 투입될 르벨 라이플총의 첫 모델*을 도입했다. 거의 같은 시기에 장차 제1차 세계대전에서 쓰일 여러 구경의 대포가 등장했다. 그리고 몇 년 뒤 고성능 폭약 리다이트(Lyddite)가 흑색 화약을 대신해 포탄의 충전재로 쓰이기 시작했다.

1871년 이후 프랑스에서 단행된 모든 군사 재편 조치 가운데 베르

---

* 첫 모델은 8밀리미터 수동식 노리쇠 방식의 소총으로, 퓌실 모델 1886(Fusil Modèle 1886) 혹은 퓌실 르벨(Fusil Lebel)이라고도 불렸다.

됭 전투와 가장 관련이 깊은 것은 새로운 국경에서 취한 방어 조치들이었다. (게다가 이 조치들로 인해 비록 당시에는 결코 예상할 수 없었지만 훗날 영국이 제1차 세계대전에 불가피하게 참전하게 된다.) 1870년 전쟁은 이론상으로는 어느 정도 대등한 세력 간의 대결이었다. 그러나 이제 분별력 있는 프랑스인이라면 누구라도 두 나라의 격차가 점점 더 벌어질 것임을 충분히 예측할 수 있었다. 독일의 인구는 더 빠르게 늘어났고, 알자스-로렌을 양도받으면서 독일 산업의 힘이 더욱 급속하게 커질 게 분명했다. 프랑스군의 재편이 얼마나 성공적이었든 간에 그것만으로는 독일에 맞서 프랑스를 지키는 데 결코 충분하지 않았다. 게다가 국경선이 다시 그어지는 바람에 프랑스는 파리에서 약 320킬로미터도 채 떨어지지 않은 곳에 숙적을 두게 되었다. 두 나라 사이에는 라인강이나 보주산맥 같은 자연 장벽이 없었다. 그래서 세레 드 리비에르*라는 공병대 장군이 이전에는 상상조차 하지 못했던, 훗날의 마지노선이나 능가할 수 있는 규모의 방어 체계 건설을 맡았다. 1870년에 결국 숨은 덫으로 드러난 메스처럼 한두 개 도시를 주둔지 요새로 개조하는 대신, 드 리비에르는 지하로 숨은 요새들로 이어지는 두 줄의 요새 방어선을 구축했다. 이 방어 체계는 스위스 국경에서 벨포르에 닻을 내리고 능선을 따라 에피날까지 끊어지지 않고 이어졌다. 이 요새 방어선은 모젤강의 오래된 요새 도시 툴에서 다시 시작해 뫼즈강 우안의 능선을 따라 베르됭까지 이어졌다. 베르됭 북쪽에는 빽빽한 아르곤 숲이 있었고 그 뒤로는 어떤 침입군도 기동할 수 없을 것 같은—실제로 1940년에 에리히 폰 만슈타인*이 길을 열 때까지는 그랬다.—아르덴 숲이 이어졌다. 드 리비에르는 툴과 에피날 사이에 있는

레몽 아돌프 세레 드 리비에르(Raymond Adolphe Séré de Rivières, 1815~1895) 1874년부터 국경과 해안선을 따라 방어 요새를 건설하는 임무를 맡았다.

요충지에서 방어선에 '샤름의 통로(Trouée de Charmes)'라고 불린 약 65킬로미터의 틈을 남겼다. 벽에 난 출입구와 비슷한 이 틈은 독일군의 침입을 유도하려는 의도로 만든 것이었다. 이 틈으로 독일군이 진입하면 잠복해 있던 프랑스 유격대가 편하게 침입군의 양 측면으로 돌진해 결국 그 배후에 바짝 붙을 수 있을 것이었다. 물론 벨기에 국경 지대는 릴과 모뵈주 같은 몇몇 흩어져 있는 요새 도시들을 제외하면 무방비 상태였다. 지리적으로 몹시 중요한 위치에 있었고 일찌감치 보방*이 ─ 더 멀리 거슬러 올라가면 로마인이 ─ 요새로 만들어 두었던 베르됭은 이 방어 체계 전체에서 주된 거점이자 핵심이었다.

스당에서 패배하고 15년이 지났을 때 프랑스군은 독일과 다시 전쟁을 한다면 승리가 당연하다 싶을 정도로 방어력과 공격력을 회복했다. 독일은 승자라는 유리한 입장에 안주하고 있었다. "매질을 당한 세대 뒤에는 늘 그 매질을 대갚음하는 세대가 따른다."는 자신의 좌우명을 불안한 마음으로 곱씹던 독일 총리 비스마르크(Otto Eduard Leopold von Bismarck)는 여러 차례 예방 전쟁을 고려했다. 프랑스의 군사적 성향이 주로 방어적이긴 했지만, 프랑스가 '복수'를 그다지 먼 일로 생각하지 않았음을 보여주는 징후가 이따금 드러났기 때문이다. 프랑스 장교들은 살찐 프로이센 병사처럼 생긴 볼링 핀을 쓰러뜨리며 상징적인 즐거움을 누렸다. 반면 국경 바로 건너편 메스에서는 독일 예비군들이 맥주를 홀짝거리고 있었는데, 그 잔에는 "포성이 우리

에리히 폰 만슈타인(Erich von Manstein, 1887~1973) 나치 독일의 국방군 장군. 벨기에와 네덜란드를 통해 프랑스를 공격하는 방안 대신 아르덴 숲을 통해 기습하자는 계획을 제시했고, 이에 따라 프랑스 침공이 큰 성공을 거두었다.
세바스티앵 르 프르스트르 드 보방(Sébastien Le Prestre de Vauban, 1633~1707) 프랑스의 육군 원수. 당대 최고의 공병 기술자로서 요새를 건설하고 파괴하는 기술로 유명했다. 1667년부터 1707년까지 3백 개 도시의 요새 공사를 맡았다.

의 인사다." 같은 험악한 명문(銘文)과 이런 말이 새겨져 있었다.

프랑스 국경에서 보초를 선 자들은
군인으로서 보상을 받을 만했다.

모든 카바레 쇼와 축제는 민속 의상을 입은 알자스 소녀가 뜨거운 환호를 받으며 등장해야만 완벽해졌다. 데룰레드가 만든 과격한 애국자연맹이 있었다. 주아브 연대의 사병으로 스당 전투에 참가했던 데룰레드는 그 뒤로 독일을 향한 복수의 불꽃을 유지하려고 헌신했다. 그리고 마침내 불랑제* 장군을 통해 주전론이 분출하기 시작했다. 1886년 영국 대사는 본국에 신랄한 서신을 보냈다. "이곳의 공화국은 16년간 지속되었는데, 그 기간은 프랑스인들이 한 가지 정부 형태에 싫증을 느끼는 데 걸리는 시간과 대체로 비슷합니다." 제3공화정 지도자들이 프랑스에서 정치인이 통상적으로 듣는 평판을 진작에 얻었다는 점에서 이 말은 사실이었다. 육군장관 불랑제가 1886년 7월 14일(프랑스 대혁명 기념일) 멋진 군마에 올라탄 채 롱샹의 열병식에 등장했을 때, 그의 허세 가득한 태도가 파리를 비롯해 프랑스 대부분 지역에서 갑자기 국민 정서에 불을 붙였다. 대중은 그가 이 정서를 어디로 이끌지 숙고하지 않은 채 하룻밤 새에 그를 자신들의 우상으로 만들었다. 9일 동안 불랑제 파의 기적이 이어지는 가운데 거리에서는 1870년 여름의 기억을 고통스럽게 일깨우는 선동적인 노래들이 울려 퍼졌다.

조르주 에르네스트 불랑제(Georges Ernest Boulanger, 1837~1891) 프랑스 제3공화정의 군인, 정치인. 육군장관과 하원 의원을 지냈다. 공격적 민족주의의 주창자로 복수 장군(Général Revanche)으로 불렸다.

저기 그를 바라보라! 그가 우리에게 미소를 지으며 지나간다.

그는 이제 막 로렌과 알자스를 구했다.

베를린에서 비스마르크가 방아쇠에 손가락을 걸고 있었지만, 유럽의 평화에는 다행스럽게도 불랑제는 권력을 얻는 데 실패하고 결국 그의 정부가 묻힌 묘에서 자살했다. 클레망소의 잔인한 비문에 따르면, "초급 장교처럼 살더니 죽을 때도 그렇게 죽었다."

새로운 프랑스군이 힘들여 얻은 존중도 어리석은 불랑제와 더불어 대부분 사라졌다. 1889년 새로운 법이 제정되어 병역 의무가 5년에서 3년으로 단축되었다. 군국주의는 실현될 가망 없이는 오래 유지될 수 없다. 그리고 한편으로 영토 손실의 고통을 덜어줄 매력적인 위안 거리도 있었다. 19세기는 엄청난 팽창의 시대였는데 그것은 곧 식민지 획득의 기대를 의미했다. 프랑스는 "나의 아프리카 지도는 유럽에 있다."고 중얼거린 비스마르크에게 자극받아 서둘러 식민지 경쟁에 뛰어들었다. 알제리로 워털루의 패배를 보상했듯이, 모로코와 튀니지, 서아프리카, 마다가스카르, 인도차이나 획득은 알자스-로렌 상실을 보상하는 데 도움이 되었다. 1914년에 프랑스는 해외에서 면적이 거의 1,040만 제곱킬로미터가 넘는 땅과 5천만 명의 주민을 지배하는, 세계에서 두 번째로 큰 식민 제국이었다. 어떤 병사들이 보기엔 1871년에 잃어버린 땅 1에이커만큼의 가치도 없는 것이었지만 당분간 그런 생각을 하는 사람은 소수였다. 실제로 프랑스는 결국 전쟁이 일어났을 때 식민 제국 덕분에 50만 명의 훌륭한 병력을 제공받았을 뿐만 아니라 훨씬 더 부유해지고 강력해진 상태였다. (이것은 비스마르크가 분명 전혀 계산하지 못한 요인이었다.)

프랑스 국내의 삶도 세기 전환기에 걸친 30년 동안 굉장히 좋았다. '달콤한 인생(La Vie Douce)'이라는 말로는 그 분위기를 온전히 담아낼 수 없었다. 오히려 "신이 프랑스에 있는 것처럼 만족스러운"이라는 독일의 시기 어린 표현이 실제에 더 가까웠을 것이다. 그렇게 많은 사람들이 그토록 많은 것을 누린 적은 없었다. 그 시절은 에펠탑과 드가, 르누아르, 로트레크, 모네의 시대였으며, 술집과 물랭드라갈레트,* 막심스와 라팽아질과 폴리베르제르 같은 유명한 레스토랑과 카바레, 팔레 드 글라스(Palais de Glace), 베를렌과 랭보, 에밀 졸라와 사라 베르나르, 드뷔시와 라벨, 그리고 조금 더 뒤에는 샤를 페기와 기욤 아폴리네르, 도발적인 매춘부들과 도시 별장들(hôtels particuliers), 불로뉴 숲의 소풍과 유쾌한 사륜마차의 시대였다. 불로뉴 숲에서는 과거에 파리가 포위 공격을 받을 때 잘려 나간 나무들을 대신할 만큼 새로운 나무들이 자랐다. 그 30년은 사상과 창작이 요동친 시대였다. 날마다 새로운 것이 나타나는 듯했다. 전기와 전화 같은 발명품이 인간에 봉사했으며, 새로운 의학적 발견 덕분에 인간은 그 모든 것을 더 오래 누릴 수 있게 되었다. 자전거와 축구는 새로운 즐거움을 가져다주었고, 오리엔트 특급열차와 침대차 덕분에 파리에서부터 갈 수 있는 세상이 더 넓어졌다. 파리는 다시 한번 세계 문화와 오락의 중심지라는 명성을 떨쳤으며(파리코뮌이 있었다는 사실을 믿기 어려울 정도였다), 비행사 루이 블레리오(Louis Blériot)가 이룬 위업(1909년 영국해협 비행 성공)과 각종 스포츠 경기에서 연달아 얻은 승리 덕분에 프랑스 국민의 자부심은 더욱 부풀어 올랐다. 경제에서도 기적이 일어나 마치 프랑스가 거의 하룻밤 새에 거대한 산업 국가가 된 것 같았다. 프랑스는 영국과 더불어 '세계의 은행가'로 알려졌

물랭드라갈레트(Moulin de la Galette) 몽마르트르 언덕 위의 풍차와 그 안에 있는 식당 등의 사업 시설.

다. 모든 의미에서 그 시대는 처음으로 부르주아, 농민, 심지어 노동자까지 모두가 참여한 풍요의 시대였다. (포도나무가 치명적인 해충의 공격을 받았기에 포도 재배 농가만 예외가 된 듯했다.) 새로이 등장한 강력한 노동조합은 노동자의 요구가 상당 부분 충족되는 것을 지켜보았다. 게다가 포도주 한 병이 30상팀이고 7프랑만 내면 칠면조 한 마리를 살 수 있는데 누가 불평을 하겠는가? 오늘날 "실험은 없다"라는 구호를 내건 아데나워 정부가 물질적 번영으로 오데르-나이세 선에 대한 과도한 슬픔을 잊게 해주었듯이, 그 시절 프랑스에서는 '달콤한 인생'이 너무나 좋았기에 사람들이 전쟁과 복수라는 음울한 생각을 떨칠 수 있었다.

바로 그때 드레퓌스 사건이 벌어졌다. 간단하게 '사건(L'affaire)'이라고 불린 이 일은 10년 넘게 온 국민의 열정과 이목을 집중시켜 지평선 위로 피어오르는 먹구름에서 눈을 돌리게 했다. 오늘의 관점에서 그 당시에 드레퓌스 사건이 초래한 고통을 평가하기는 어렵다. 나라의 최고위층까지 사건에 연루되었기 때문이다. (오퇴유 경마장에서 어느 드레퓌스 반대파 백작이 지팡이를 들어 드레퓌스를 옹호한 새 대통령의 중산모자를 쳤다.) 사건의 진원지였던 군대에서는 분열이 확대되었고 특히 파괴적인 결과로 이어졌다. 넓게 보면 두 집단 사이에 일어난 분열이었다. 그중 한 편은 보수적이고 전통적이며 어느 정도는 왕당파이고 대체로 가톨릭교도였던 군 장교 집단이었다. 다른 한 편은 1870년 이후의 공화파이자 진보적이고 대체로 반교권적인 집단이었다. 드레퓌스가 마침내 석방되었을 때 그 불쌍한 사람을 모질게 비난했던 군 지도자들은 군대를 불명예의 길로 몇 단계 더 끌고 내려갔다. 불랑제가 그 첫 번째 인도자였다.

드레퓌스 사건에 뒤이어 그리고 그 사건과 밀접하게 연결되어, 영국인이 보기에는 20세기에 헨리 8세가 취할 법한 조치가 나왔다. 1902년 반교권주의 정치인으로서 소도시 시골뜨기의 온갖 편견을 다 지닌 에밀 콩브*가 프랑스에서 교회와 국가의 분리를 완성하겠다는 단호한 결의를 품고 권력을 잡았다. 콩브는 '승인되지 않은' 모든 종교 교단을—일부는 드레퓌스 사건 중에 무척 성급하고 부적절하게 생겨난 것이 분명했다.—해체하는 법안을 통과시켰다. 종교계 학교들이 폐쇄되고 종교 행렬이 금지되었으며, 수녀원과 수도원 몰수 조치 중에 무자비한 약탈이 벌어졌다. 결국 몰수를 집행하기 위해 군대를 동원했는데, 이로써 장교들은 심각한 양심의 문제를 겪게 되었다. (영국군은 몇 년 후 쿠러흐 반란*에서 이와 비슷한 일을 겪는다.) 한 프랑스 군 중령은 상관에게 어떻게 할 것이냐고 물었다가 이런 답변을 들었다. "나는 독감에 걸렸네." 그러자 격분한 중령은 계급에 개의치 않고 연대장을 거칠게 잡고 이렇게 소리 질렀다. "전쟁이 일어나도 당신은 독감에 걸렸다고 내뺄겠지!" 콩브의 법은 군 내부의 분열을 심화해 드레퓌스 사건으로 벌어진 틈이 더 커졌다. 가장 나빴던 것은, 드레퓌스 사건의 여파로 진급 결정권이 군대의 진급심사위원회에서 육군 장관에게 넘어가고 새로 장관으로 임명된 전투적인 반교권주의자 루이 앙드레(Louis André)가 개탄스럽게도 그 권한을 남용했다는 사실이다. 장교들은 서로 감시해야 했고, 프리메이슨 단체인 그랑토리앙 드 프랑스(Grand Orient de France)가 장교의 종교적 신념에 관한 자료를 기록하는 정보부로 쓰였다. 진급은 해당 장교의 공적이 아니라

에밀 콩브(Emile Combes, 1835~1921) 1902년 6월부터 1905년 1월까지 이른바 좌파연합(Bloc des gauches) 정부를 이끌었다.
쿠러흐 반란(Curragh Mutiny) 1914년 영국 정부가 아일랜드 자치에 반대하는 얼스터 의용대에 대한 군사 행동을 고려하자 3월 20일 아일랜드 쿠러흐에 있는 영국군 기지의 장교들이 명령에 불복해 사임하려 했던 사건.

그의 정치적 견해에 따라 결정되었다. 특히 일요일에 어느 교회에 얼마나 자주 가는지가 중요했다. 나중에 1917년에 이르러서도, 존경할 만한 신교도였던 니벨(Robert Georges Nivelle, 1856~1924) 장군은 총사령관에 새로 임명되었을 때 자신의 사령부가 한때 가톨릭 사제들의 신학교였다는 사실을 알고는 울화통을 터뜨렸다. 예수회 수사를 형제로 둔 페르디낭 포슈와 전쟁터에 개인 전담 신부를 대동한 드 카스텔노(Édouard de Castelnau, 1851~1944) 같은 장교들은 언제나 불이익을 받았다. 1911년에 참모총장 자리가 났을 때 성(聖)금요일에 여봐란듯이 고기를 먹은 장군(조제프 조프르)이 그 자리에 임명된 것은 결코 우연이 아니었다.

드레퓌스 사건과 콩브, 앙드레에 이어, 1870년 이후 프랑스에서 사회주의자가 주도하는 반(反)군국주의 정서가 가장 강렬한 시기가 이어졌다. 모든 정치인이 똑같이 참모본부를 불신했으며, 군대의 평판은 밑바닥까지 떨어졌다. 1905년 새로운 법이 제정되어 복무 기간이 2년으로 줄었고, 더불어 군 병력은 61만 5천 명에서 54만 명으로 줄었다. 1906년에는 남부 프랑스에서 파산한 포도 재배 농가들의 봉기를 진압하기 위해 소집된 어느 연대가 폭동을 일으키기도 했다. 1907년 병역을 이행해야 할 대상자의 36퍼센트가 소집에 응하지 않았다. 이 일들은 모두 외부로부터 다가오는 위험이 어느 때보다도 더 위협적으로 커지던 시기에 벌어진 것이었다. 독일에서는, 적어도 평화를 원했고 또 평화를 유지하는 법을 알았던 비스마르크가 1890년에 새로운 카이저에 의해 실각했다. 호전적인 콧수염을 기른 카이저 빌헬름 2세는— 말라빠진 팔*에서 원인을 찾을 수 있는, 아들러 심리학

* 빌헬름 2세는 태내에서 거꾸로 자리를 잡은 탓에 태어날 때 왼팔에 상완신경총 마비(Erb's palsy)가 왔다.

으로 설명되는 열등감 덩어리—분위기와 정책 모두 급격한 전환을 추진했다. 방향 전환이 너무 급격해서 저명한 독일인들조차 카이저가 과연 정상인지 의아하게 생각했으며, 이 왕의 시대에 독일이 파국을 맞을 것이라는 1백 년 전 '슐레지엔의 시빌라'가 남긴 예언을 떠올렸다. 카이저는 프랑스에서 벌어지는 모든 일을 시시각각 인지했고 참모본부에서 떠오르는 군 지도자들의 부추김에 넘어가 위대한 지도자들이 저지르는 치명적인 과오, 즉 추측이라는 잘못을 범하게 되었다. 카이저는 우선 모로코를 들이받았다(제1차 모로코 위기). 그러나 자신이 무엇을 얻고자 하는지 정확히 알지 못했으며 그 일이 어떤 결과를 불러올지는 더욱 몰랐다.

1911년 아가디르항 위기(제2차 모로코 위기) 이후, 프랑스와 독일 양국 모두에서 군사적 열기가 급격히 고조되었다. 이제 많은 젊은이가 스탕달의 말에 동의했다. "문명의 완성은 19세기의 모든 쾌락을 점점 잦아지는 위험과 결합하는 것이다." 이들은 그 위험이 어떤 형태를 띨 것인지에 관해서는 크게 관심을 두지 않았다. 프랑스에서는 몇 년간 이어진 반군국주의에서 급선회하려는 움직임이 특히 두드러졌다. 어린 시절에 전투에서 패배해 술에 취한 채 비틀거리며 퇴각하는 프랑스 병사를 본 기억에 사로잡힌 작가 모리스 바레스(Maurice Barrès)가 폴 데룰레드의 뒤를 이었다. 그는 프랑스 청년들에게 아름답게 죽는 법을—좀더 위험하게는 독일군을 경멸하는 법을—가르칠 책임을 스스로 떠맡았으며, 저술로 데룰레드보다 큰 인기를 누렸다.

1913년, 2년으로 줄었던 군 복무 기간이 3년으로 회복되었을 때 프랑스 국민들은 놀랍게도 기분 좋게 환영했다. 드레퓌스 사건과 콩브를 거치면서 나라와 군대 안에 생긴 균열은 전쟁 직전에 거의 기적적으로 치유된 듯했다. 로렌 출신의 강경한 '보복주의자'이자 철강 기업 슈네데르-크뢰소(Schneider-Creusot)의 법률 고문이었던 레몽 푸앵카레(Raymond Poincaré)가 대통령으로 선출되었고, 국민은 한마음으로 그를 지지했다. 전쟁 수행을 위해 '신성한 동맹'*이 결성되었을 때, 심지어 좌파 평화주의자들까지 포함해 모든 정치인이 나폴레옹 1세 이후로 프랑스에서 본 적 없는 충성과 단결을 보이며 이 동맹을 지지했다. (이런 광경은 제3공화정, 제4공화정, 제5공화정에서도 다시는 볼 수 없었다.) 1914년에 경찰국장은 이렇게 대담하게 말할 수 있었다. "노동자들은 봉기하지 않을 것이다. 그들은 군악대 뒤를 따를 것이다." 70대에 이른 반군국주의 작가 아나톨 프랑스(Anatole France)까지도 입대하려고 할 정도였다. 그리하여 전쟁이 닥쳤을 때 1870년과는 매우 대조적으로 "베를린으로!"라는 외침은 거의 들리지 않았으며, 조용하고 단합된 분위기와 신속한 결의가 지배적이었다.

프랑스 군대는 어느 때보다도 사기가 높았다. 1871년 이후 오랫동안 많은 '혼란'이 있었지만 '복수'라는 이상, 패전의 치욕을 지운다는 이상에 헌신한 자들이 병사들 사이에 계속 켜 두었던 표시등이 이제 확 타올랐다. 동원령에 응하지 않고 탈주한 이들의 비율은 이전에는 13퍼센트에 이르렀으나 이제는 1.5퍼센트 이하로 나타났으며, 전쟁 발발 후 처음 맞은 지독한 겨울에 탈영한 프랑스 병사는 겨우 509명이었다. 여러 해 동안 접경 지역인 퐁타무송의 프랑스군 용기병들은 독일군 기병 연대의 월경 기습에 당하지 않으려고 줄사다리를 손에 쥔 채 잠 자는 것이 습관이 되었다. 독일군이 전쟁이 일어나면 프랑스

신성한 동맹(Union Sacrée) 프랑스 내부의 정치적 협약으로 좌파도 제1차 세계대전 중에 정부에 반대하거나 파업을 일으키지 않겠다고 동의했다.

병사들을 침상에 누운 채로 생포하겠다고 떠벌렸기 때문이다. 이번에는 적어도 몇 가지 점에서는 프랑스군이 정말 훌륭하게 대비했다. 실제로 다소 지나친 면이 있을 정도였다.

프랑스군은 드 리비에르의 방어 체계를 완성해 1870년 이후 잃어버렸던 자신감을 완전히 회복하면서 점차 방어적 사고를 포기했다. 군에서 1870년을 연구한 바에 따르면, 다른 무엇보다도 공격 정신이 부족한 것이 패배의 주된 이유였다는 분석이 설득력 있게 보였다. 프랑스 국민 기질에 가장 적합한 공격 정신을 두고 많은 이야기가 나왔다. 프랑스인들은 1792년 당통이 베르됭 방어자들에게 했던 권고를("우리에겐 담대함이, 또 담대함이, 언제나 담대함이 필요하다.") 일깨웠을 뿐 아니라, 아득히 먼 1495년 포르노보 전투까지 거슬러 올라가 '프랑스의 용맹함'*이라는 정신을 끌어냈다. 새로운 분위기는 당시에 프랑스에서 대유행이던, '생의 약동(élan vital)'을 강조하는 베르그송(Henri Bergson) 철학과도 잘 어울렸다. 세월이 흘러 실제 전쟁 경험이 더 먼 옛일이 되자, 공격의 철학은 현실에서 한층 더 멀리 벗어났다. 남아프리카의 개활지에서 싸운 경험이 있던 영국인들은 전쟁 전 프랑스군의 기동 훈련을 참관하고서 프랑스인들이 몸을 숨기는 일에 반감을 느끼는 데 늘 충격을 받았다. 육군대학(École supérieure de guerre)에서는 미국 남북전쟁이나 보어전쟁, 최근에 만주에서 벌어진 중요한 전투에 등장한 성공적인 방어 유형을 거의 연구하지 않았다. 실제로 실용적인 연구는 전혀 진행되지 않았다. 1913~1914년에 독일에서 300권의 전쟁 관련 서적이 출판되었고 프랑스에서는 겨우

프랑스의 용맹함(furia francese) 1495년 이탈리아의 포르노보 전투에서 프랑스의 샤를 8세가 베네치아 동맹과 싸울 때에 이탈리아인들이 프랑스인의 용맹함과 광기에 이런 이름을 붙여주었다.

50권밖에 나오지 않은 사실은 조금도 놀랍지 않았다.

1914년 이전에 중대한 시기였던 몇 년 동안, 참모본부 제3국(작전 국) 국장인 드 그랑메종(Louis de Grandmaison, 1861~1915) 대령이 '죽을 때까지 공격하기(Attaque à outrance)'로 알려진 신조를 이론화 했다. 드 그랑메종은 이 공격 정신의 결정적 예언자 역할을 했다. 드 그랑메종과 그의 지지자들은 프랑스군 총사령관 빅토르콩스탕 미셸 (Victor-Constant Michel)의 몰락을 공작했다. 독일군의 맹공에 맞서는 미셸의 접근 방식이 자신들이 선호하는 방법에 비해 지나치게 합리 적이었기 때문이다. 미셸 대신 들어선 조프르(Joseph Jacques Césaire Joffre, 1852~1931)는 공병 출신인 데다 복무 기간 대부분을 식민지에 서 보냈기에 군사 이론에 관해서는 아무것도 몰랐고, 그래서 명목상 우두머리로 안성맞춤이었다.

드 그랑메종의 터무니없고 거의 신비적인 헛소리가 프랑스군 전체 에 주입되었다. "공세에서는 무모함이 최고의 보험이다. …… 지나치 다 싶을 정도로 해보자. 그래도 아마 충분하지 않을 것이다. …… 공 격에는 단 두 가지만 필요하다. 적이 어디 있는지 알고 무엇을 할지 결정하는 것이다. 적의 의도는 중요하지 않다." 입대하는 젊은 병사 들은 이러한 문장이 들어 있는 문답서를 외워서 익혀야 했다. "전투 가 시작되는 순간부터 모든 병사는 자신의 의지를 적에게 관철하고 승리를 얻기 위한 최고의 수단으로서 총검 공격을 열렬히 바라야 한 다." 드 그랑메종 군사 철학의 또 다른 산물은, 1870년 프랑스가 당 한 물리적 침공의 암울한 기억을 떠올려보건대, 적이 감히 단 한 순간 이라도 주도권을 쥐려 한다면 한 뼘의 땅도 죽음으로 지켜야 하며 만 일 영토를 조금이라도 빼앗길 경우 아무리 형편이 좋지 않더라도 즉 각 반격해 되찾아야 한다는 경직된 독단론이었다. 군법회의와 불명예에 관한 협박을 통해 강제된 이런 독단론으로는 군 지도자들이 전술적 창의성을 발휘하도록 독려할 수 없었다.* 군사 지식에서는 프랑스에서 가장 뛰어났던 포슈조차 드 그랑메종의 노선을 따랐다. 페탱(Philippe Pétain, 1856~1951) 같은 소수만이 "(적을) 죽이는 것은 화력"이며 중화기의 지원을 받지 못하는 상황에서 '죽을 때까지 공격하기'는 끔찍한 결과를 낳을 것이라고 반대했다. 페탱 대령은 이러한 이설을 주장한 탓에 진급에서 뒤처졌다. 드 그랑메종의 독단론 때문에 프랑스는 최고의 병사 수십 만을, 그것도 매우 헛되이 잃게 된다. 이후 드 그랑메종은 1914년이 끝나기 전에 신임을 잃고 직접 어느 여단의 선두에 서서 자신의 이론을 증명하려 애쓰면서 죽음과 '영광'을 찾아야 했다.

매우 당연하게도 드 그랑메종의 신조는 군대의 병기에 큰 영향을 끼쳤다. 1909년 국민의회(오늘날의 의회 하원) 예산위원회에 참석한 참모본부 대표는 이렇게 선언했다. "여러분은 중포에 관해 말하고 있습니다. 그러나 감사하게도 우리에겐 중포가 하나도 없습니다. 프랑스 육군의 힘은 총포의 가벼움에 있습니다." 1910년, 당시 육군대학 사령관이었던 포슈는 이렇게 말했다. "항공기는 스포츠로는 정말 좋다. 그렇지만 육군에는 쓸모가 없다." 그해부터 생테티엔 기관총**이 보급

---

* 전쟁이 끝난 후 어느 프랑스 장군은 이 '땅 지키기라는 파멸적인 신조'에 관하여 이렇게 썼다. "전선에서 가장 빈약한 중대, 가장 빈약한 대대가 빼앗긴 땅을 전부 탈환하라는 명령을 받았다. 그들은 말했다. 병사들의 사기를 유지하는 것이 다른 무엇보다 더 중요하지 않은가? 이 신조 때문에 우리의 지휘관들은 적군을 유인하여 그 위치에서 끌어내고 우리의 포화와 반격에 혼란에 빠지도록 만들고자 몇 킬로미터를 철수하는 작전을 쓸 수 없었다."[페르생(Percin), 《우리 보병의 학살(Le Massacre de Notre Infanterie)》]. 이 신조가 베르됭 전투에 적용되었을 때 어떤 결과를 낳았는지 뒤에서 볼 것이다.(저자 주)
생테티엔 기관총(St. Étienne Mle 1907) 가스 작동식 공랭식 8밀리미터 기관총으로 제1차 세계대전 초기에 널리 쓰였다.

되었지만, 보병 감찰감은 그것 때문에 "무엇이든 조금이라도 달라지는 일은 없을 것"이라고 말했다. 복잡한 무기였던 생테티엔 기관총은 군대에 다소 골칫거리였다. 기자들에게 좋은 인상을 주려고 작전에 투입했지만 그렇지 않았다면 중대본부에 보관한 채 꺼내지 않았을 것이다. 군대는 기관총과 중포 둘 다 드 그랑메종 정신에는 부적합하다고 여겼으며, 예산을 걱정한 정치인들은 육군 견적서에서 그 두 항목을 빼는 것을 기쁜 마음으로 지지했다. (이 사고방식은 전염성이 있었고 좀처럼 사라지지 않았다. 심지어 1914년 8월 이후에도 키치너*는 머리 장군*에게 영국군은 정말로 대포 없이도 진지를 점령할 수 있어야 한다고 말하며 자신이 수단 주민과 싸워 승리했던 전투를 예로 들었다.) 모든 것은 포슈가 말한 이른바 '정복 의지(la volonté de conquérir)'에 달려 있었다. 여기에 다만 총검과 75밀리미터 야포*의 지원이 더 필요했을 뿐이다. 75밀리미터 야포는 정말로 경이로운 무기였다. 그 시대가 오기 훨씬 전부터 이미 다른 어떤 야포보다도 발사 속도가 빠르고 정확했으며 기동성이 더 뛰어났고 사거리도 더 길었다. 드 그랑메종 파(派)에 75밀리미터 야포는 '성부, 성자, 성령'이었으나, 훗날 베강(Maxime Weygand) 장군이 불경스럽게 덧붙였듯이 "사람들은 그것이 몇몇 성인(聖人)에게 둘러싸인 모습을 보고 싶었을 것이다." 드 그랑메종이 마음속에 그렸던 전투인 개활지 전투에서 75밀리미터 야포는 대단한 활약을 보였다. 그러나 독일군이 다량 보유한 곡사포와 마찬가지로 내리쏘기를 할 수 없었고, 포탄이 너무 가벼워서 참호에는 효과가 없

허레이쇼 허버트 키치너(Horatio Herbert Kitchener, 1850~1916) 식민지전쟁과 제1차 세계대전 초기에 중요한 역할을 한 영국 군인. 대전 발발 직전에 육군장관에 임명되었다.
아치볼드 제임스 머리(Sir Archibald James Murray, 1860~1945) 제1차 세계대전 중에 영국 원정군 참모장, 육군참모총장, 이집트원정군 사령관을 역임했다.
75밀리미터 야포(Canon de 75 modèle 1897) 1898년에 처음으로 배치된 속사포.

었다. 그런데도 75밀리미터 야포는 전쟁 중에 거듭 프랑스를 구했으며, 어쨌거나 프랑스가 처음부터 수량을 충분히 확보한 무기였다. (안타깝게도 탄약은 그렇지 못했다. 포슈와 다른 이들이 몇 주 정도면 끝날 짧고 잔혹한 전투를 예상했기 때문이다.) 한편 프랑스 보병은 제2 제정 시기의 붉은 케피(képi) 군모와 판탈롱 바지를 갖추고 전장에 나섰다. 적군의 눈에 확실히 띄어서 그들이 겁을 집어먹게 하려는 의도였는데, 실용성은 뛰어나지만 덜 호전적으로 보이는 회녹색(Feldgrau)으로 군복 색을 바꾼 독일군을 경멸하는 의미도 담겨 있었다. 1870년과 마찬가지로 이번에도 프랑스군은 프랑스 지도는 부족했고 독일 지도는 많았다.

드 그랑메종에 의해, 그리고 조프르의 손을 거쳐 참모본부의 재앙과도 같은 '제17계획'이 탄생했다. 전쟁이 일어나면 프랑스의 5개 군 가운데 4개 군 약 80만 명이 빼앗긴 땅(알자스-로렌)을 향해 주력을 다해 돌격하기로 되어 있었다. 목표는 라인강이었다. 제17계획의 전략적 목표는 막강한 독일 전쟁 기구가 작전 계획을 실행에 옮기기 전에 무산시키는 것이었다. 그러나 참모본부 제2국(정보국)은 드 그랑메종의 착한 학생들이었고 실제로 적군의 의도를 알아내는 데는 별다른 노력을 기울이지 않았다.

19세기가 끝날 무렵, 독일군 참모본부는 두 가지 새로운 요인 때문에 전략을 완전히 수정해야 했다. 한 가지는 드 리비에르 장군의 방어 요새 체계였는데, 이것은 곧 기존 침공로를 따라 프랑스를 공격할 경우에 몹시 힘들고 오랜 싸움을 치러야 한다는 뜻이었다. 두 번째는 프랑스와 러시아의 동맹이었는데, 이것은 독일이 두 전선에서 전쟁을 치러야 한다는 의미였다. 전략을 재고할 필요는 위대한 독일 군인 한 명과 그 자신 못지않게 유명한 작전 계획을 탄생시켰다. 그 사람은 바로 1891년부터 1906년까지 독일 육군 참모총장을 지낸 알프레트 폰 슐리펜* 백작이었다. 그가 세운 '슐리펜 계획'은 러시아군이 아직 동원 중일 때 전격전(Blitzkrieg)으로 프랑스를 쳐부순 다음, 동부로 전력을 투입한다는 것이었다. 프랑스군의 주력은 독일이 일부러 약하게 남겨 둔 구간인 라인강으로 유인되어 끌려올 것이고, 반면 독일군의 주력은 빠른 속도로 벨기에를 관통해 프랑스군의 측면을 우회할 것이었다. 그런 다음 독일군은 파리 서쪽으로 커다란 원을 그리며 들어가 결국 프랑스군을 배후에서 공격해 스위스 국경 쪽으로 밀어붙인다는 계획이었다. 슐리펜 계획은 회전문에 비유되었는데, 제17계획을 준비해 둔 프랑스군은 사실상 스스로 회전문을 더 세게 돌려 슐리펜이 원하던 바로 그 일을 수행하게 될 터였다.

프랑스에는 다행스럽게도 그리고 독일에는 불운하게도, 슐리펜의 후임인 헬무트 폰 몰트케*가 기본 계획을 멋대로 바꾸었다. 몰트케는 대(大)몰트케*의 조카였지만 두 사람은 대체로 루이 나폴레옹과 그의 삼촌 나폴레옹 보나파르트만큼이나 서로 닮은 점이 없었다. 몰트케는 제1차 세계대전에 참여한 그저 그런 장군들 중 나약함과 미봉책으

알프레트 폰 슐리펜(Alfred Graf von Schlieffen, 1883~1913) 독일제국 육군 원수. 러시아, 프랑스와 양면 전쟁을 치르기 위해 고안한 '슐리펜 계획'으로 잘 알려져 있다. 이 계획을 실현하기 위해 독일군은 이동 가능한 중포의 배치나 수송 부대를 중심으로 하는 병참 강화에 힘을 쏟았다. 슐리펜의 계획과는 달리 독일군의 진격이 제1차 마른강 전투에서 좌절되고, 이후 독일군은 참호전, 총력전으로 방향을 바꾸게 된다.
헬무트 요하네스 루트비히 폰 몰트케(Helmuth Johannes Ludwig von Moltke, 1848~1916) 독일의 군인. 프랑스-프로이센전쟁에 참여했으며, 제1차 세계대전 초기에 독일군의 작전을 지휘했다. 1906년 1월부터 1914년 9월 14일까지 참모총장을 지냈다.
대(大)몰트케 헬무트 카를 베른하르트 폰 몰트케(Helmuth Karl Bernhard von Moltke, 1800~1891)를 가리킨다. 프로이센-오스트리아전쟁, 프로이센-프랑스전쟁 등에서 크게 활약한 독일의 군인. 근대적 참모 제도의 창시자이다. 1871년부터 1888년까지 참모총장을 지냈다.

로 아군에 재앙을 가져온 첫 번째 인물이 되었다. 슐리펜은 마지막으로 "우익을 강화하라"는 말을 남겼다고 전해지는데, 몰트케는 프랑스군이 회전문을 너무 강하게 밀면 어떤 일이 일어날지 두려웠다. 그래서 추가 병력 투입이 가능해졌을 때 좌익에는 8개 사단을 보강하면서 우익에는 단 1개 사단만 추가했다. 게다가 동부의 엄호 부대를 약화하는 바람에 더 큰 참사를 초래했다. 그리하여 결국 마른강 전투의 결정적인 순간에 독일군은 예상 외로 강력한 러시아의 위협으로부터 동프로이센을 구하기 위해 2개 군단을 보내야 했다. 그 군단들이 있었더라면 전세를 독일에 유리하게 바꿀 수 있었을 것이다.

1914년의 독일군은 무시무시한 군대였지만, 1870년의 독일군이 칼이라면 1914년의 독일군은 짧은 곤봉과 같았다. 1866년 오스트리아군과 싸운 것* 같은 예행 연습이 없었던 것이다. 프랑스군에서는 정치와 종교가 진급과 관련해 해로운 역할을 했다면, 독일에서는 '신분' 제도가 루덴도르프처럼 총명하지만 출신이 변변찮은 장교들의 진급을 막았다. 카이저를 향한 바보 같은 아부도 한몫을 했는데, 심지어 도상 작전에서도 언제나 황제가 지휘하는 쪽이 적을 멋지게 포위해 승리해야만 했다. 또한 프랑스로 보낸 병력은 150만 명으로 역사상 최대 규모였는데 몰트케 정도의 능력을 지닌 자가 효율적으로 지휘하기에는 규모가 너무 크고 다루기 힘들었다. 독일군의 힘은 주로 하사관의 우수한 능력과 예비군 제도(루이 나폴레옹을 속였듯이 조프르도 철저하게 속였다), 우월한 무기에 있었다. 프랑스군은 무시당한 생테티엔 기관총을 연대에 겨우 6정씩 보급했지만, 독일군은 중대 보급관에게 이관되지 않은 매우 효율적인 맥심 기관총을 다수 보유했다. 프

---

* 1866년 오스트리아-프로이센전쟁의 결정적인 전투였던 쾨니히그레츠 전투(자도바 전투)를 말한다.

랑스군 전체에 중포는 겨우 300문이었는데, 독일군은 3,500문을 보유했다. 프랑스군의 중포는 대체로 1880년대에 제작된 노후한 120밀리미터 대포였는데 복좌 장치가 없어서 포가(砲架)의 가미(架尾) 위로 밀어 올려야 했다. 모든 면에서 독일군의 210밀리미터 포와 150밀리미터 포에 뒤떨어졌다. 초중포(超重砲)로 말하자면, 프랑스는 1875년에 만들어진 270밀리미터 구포 몇 문으로 버텨야 했던 반면, 독일군은 무게가 거의 340킬로그램이나 나가는 포탄을 약 10킬로미터 가까이 발사할 수 있는 280밀리미터 신형 포를 갖추었다. 마지막으로 독일군에는 괴물 같은 420밀리미터 대포 '뚱보 베르타(Dicke Bertha)'도 있었다. 크루프 사가 매우 은밀하게 제작한 이 대포는 '난공불락'인 벨기에 요새들을 쳐부수었으며 뒤이어 베르됭을 방어한 프랑스군에게도 매우 익숙한 이름이 된다.*

---

* 흔히 알려진 것과 달리, 1918년 파리에 포격을 가한 초장거리 대포는 '뚱보 베르타'라고 불리지 않았다. (크루프 사 상속녀의 이름을 딴) 진짜 '뚱보 베르타'는 총신이 짧은 구포였고 사거리가 얼마 되지 않았다.(저자 주)

2장

마른 전투의 영웅 조프르

앞으로 가! 쓰러지는 자는 어쩔 수 없다.
죽음은 아무것도 아니다. 무덤 만세!
조국이 거기에서 살아온다면.
앞으로 전진!
— 폴 데룰레드

눈사태가 닥쳐, 몰락을 대비하던 난쟁이들과 몰락을 막아보려고
애썼으나 무기력했던 난쟁이들을 다 쓸어버렸다. 눈사태가 일으킨
바람은 가난한 중세에 머물러 있던 러시아에도 불어닥쳐, 막 진입한
전례 없는 번영과 무한한 가능성의 시대를 끝장내버렸다. 유럽은 새
로운 암흑기로 추락해 좀처럼 그 그림자에서 벗어나지 못했다. 다음
4년 동안 그 눈사태가 세상의 유일한 조정자처럼 보였다. 에드워드
시대 유럽에서 고상하게 살던 인간 지도자들은 정치 지도자든 군사
지도자든 전혀 예상하지 못한 엄청나게 큰 힘에 직면하여 어떻게 대
처해야 할지 알지 못한 채 무기력에 빠졌다.

정책적으로나 물질적으로 준비가 부족했다는 점에서 프랑스는 암울할 정도로 1870년과 비슷한 상황에서 전쟁에 돌입했지만, 이번엔 적어도 병력 동원이 이루어지기는 했다. 그것은 대체로 철도 전문가인 조프르 덕분이었다. 약 2백만 명의 병사가 4,278개 열차로 배치되었고, 움직인 열차 중 예정보다 늦은 것은 19개뿐이었다. 놀라운 성취였다. 그러나 독일군은 훨씬 더 효율적으로 병력을 동원했다. 130만 명에 달하는 예비군이 전선으로 쏟아져 들어왔고, "최전선에 한 집안의 가장들은 없을 것"이라는 카이저의 말에 속은 조프르는 초기 전투에 예비군 부대가 투입되었다는 사실을 믿을 수 없었다. 조프르는 프랑스군이 제17계획을 실행하면서 맞닥뜨린 독일군 병력을 보고 전선에 적군의 주력이 투입되었다고 확신했다. 그 결과 조프르는 리에주를 우회하여 프랑스군 배후를 강타한 대규모 방진에 완벽하게 기습당했다.

독일과 프랑스 두 나라의 군대는 ― 당시에 프랑스군은 영국으로부터 용맹한 4개 사단을 지원받았는데 이것이 영국이 제공할 수 있는 전부였다. ― 향후 몇백 년 동안 울려 퍼질 요란한 파열음을 내며 충돌했다. 한편에서는 잘 훈련된 회녹색 무리가 수적 우세와 종족의 우월성을 확신한 채 활기차게 전진하며 요란스럽게 노래를 불렀다.

우리는 프랑스를 압도적으로 쳐부술 것이다
용감한 영웅으로 죽을 것이다

아마도 부르주아 시대의 번영이 오래 이어진 뒤라서 독일 병사들은 유럽의 다른 젊은이들보다 조금 더 '위대한 경험'을 갈망했을 것이다. 한 병사가 말했듯이, "그 전쟁은 포도주처럼 우리 안으로 들어왔다. 세상에 그보다 아름다운 죽음은 없다. …… 집에서 쉬는 것만 아니라면 무엇이든 좋다." 병사들의 행진을 지켜보는 황태자에게 그들은 "눈을 반짝이는 즐거운 독일 병사들"이었다.

다른 한편에는 강렬한 복수욕으로 충만한 젊은이들이 연대가(聯隊歌)에 발맞추어 훨씬 더 아름다운 선율의 후렴구를 부르며 빠르고 힘찬 발걸음으로 행군했다. "조국을 위해 죽는 것은 가장 멋진 운명이다." 훌륭한 표본이었던 1914년의 프랑스 병사들은, 존 프렌치(John French) 장군이 이끄는 영국원정군이 크고 강인한 프랑스 병사의 모습에 거듭 깜짝 놀랄 것이라고 생각했다. 프랑스 군대는 알자스의 국경 초소를 조각조각 부수어 데룰레드의 무덤 위에 덮어 달라고 보냈다. 적이 나타나자 나팔수들은 신호를 울려 프랑스 병사들의 핏줄 속에 포도주보다 더 강력한 전율을 집어넣었다.

저 높은 곳에 마실 물이 한 모금 있다
마실 물이 한 모금 있다

전선을 따라 붉은 바지와 두터운 푸른색 외투, 무거운 배낭 차림에 다루기 힘든 긴 총검을 든 보병들이 흰 장갑을 낀 장교들 뒤에서 달렸다. 많은 병사들이 〈라마르세예즈(La Marseillaise)〉를 불렀다. 8월의 열기 속에 무거운 군장을 짊어진 프랑스군은 때로 적으로부터 거의 8백 미터나 떨어진 곳에서 공격을 가했다. 그야말로 기관총 사수의 전성기였다. 그루터기만 남아 있던 프랑스의 들판이 붉은색과 푸른색의 화려한 융단으로 뒤덮였다. 다른 시대에서 온 것 같은 번쩍이는 흉갑을 입은 화려한 흉갑 기병들이 보병을 학살 중인 기관총 앞으로 헛되이 말을 몰았다. 결과가 무섭도록 빤히 내다보이는 끔찍한 짓이었다. 1914년에 프랑스 흉갑 기병들이 보여준 미친 듯한 놀라운 용기는 바다로 뛰어드는 레밍 떼를 연상시킨다. 그러나 레밍 떼는 전쟁을 하는 게 아니지 않은가.

한 주 내내 검열관들이 사상자 같은 불편한 세부 사항은 감춘 채 뮐루즈 점령 소식을 전하는 동안, 프랑스는 숨을 고르며 제17계획이 성공했을지도 모른다고 생각했다. 〈르마르탱(Le Martin)〉은 의기양양하게 선포했다. "이제 프랑스에 독일군은 단 한 명도 없다!" 그러나 조프르의 사령부에는 전선 곳곳에서 연락병들이 동일한 참사 소식을 들고 연이어 도착했다. 지독했던 국경 전투*가 이어진 두 주 동안, 프랑스는 30만 명이 넘는 병력을 전사, 부상, 실종으로 잃었으며, 전체 장교의 10분의 1이나 되는 4,778명의 장교를 잃었다. 드 카스텔노의 제2군은 라인강 진격을 이끌어야 했는데 거의 패주하다시피 낭시로 되돌아왔고, 그 와중에 포슈가 지휘하는 정예 부대인 제20군단이 심각한 타격을 입었다. 북쪽에서는 호를 그리며 진격한 독일군 우익이 프랑스군과 영국원정군을 마른강으로 밀어냈다(마른강 전투). 1870년이었다면 이러한 재난은 당연히 스당의 패주만큼이나 비참한 파멸로 이어졌겠지만, 이때의 프랑스는 루이 나폴레옹이나 르브룅*의 프랑스가 아니었다. 독일군 제1군 사령관 폰 클루크*는 독단으로 안쪽으로 방향을 트는 역사적인 대실책을 저질렀고, 새로 결성되어 파리를 지키던 프랑스 군대에 제1군의 측면을 노출시켰다. 파리 군사총독 조

국경 전투(Battle of the Frontiers) 제1차 세계대전 발발 직후 프랑스 동부의 전선과 벨기에 남부의 전선에서 벌어진 일련의 전투를 말한다.
바르텔레미 루이 조제프 르브룅(Barthélémy Louis Joseph Lebrun, 1809~1889) 1870년에 제12군단장으로 참전하여 스당에서 포로가 되었다.
알렉산더 하인리히 루돌프 폰 클루크(Alexander Heinrich Rudolph von Kluck, 1846~1934) 1914년 8월 2일부터 1915년 3월 27일 부상당할 때까지 독일군 제1군 사령관을 맡았다.

1914년 9월 마른 전투에 투입된 프랑스군 보병들. 프랑스군은 이 전투에서 독일군을 격퇴함으로써 서부전선에서 빠른 승리를 노리던 독일군의 계획을 좌절시켰다.

제프 시몽 갈리에니(Joseph Simon Gallieni)는 무슨 일이 일어났는지 알아차렸고, 조프르는 퇴각하던 군대를 되돌렸으며, '마른강의 기적'이 일어났다.* 연합군과 4년을 더 치열하게 싸운 뒤에야 깨닫게 되겠지만, 이로써 독일은 완벽한 승리의 기회를 한 차례 놓친 것이었다(완벽한 승리에 가까웠다). 독일군의 강력한 추진력은 마침내 저지당했고 독일군은 후퇴했다. 그러나 프랑스군은 너무 지쳐 있었기에 독일군의 후퇴를 패주로 바꿀 수는 없었다. 이후 전쟁이 교착 상태에 빠지기 전에 마지막 기동전에서 영국해협을 향한 측면 기동이 이루어졌다. 양쪽은 이른바 '바다를 향한 경주(Race for the Sea)'로 서로 상대방의

---

* 러시아가 '기적'을 일으키는 데 기여한 바는 결코 잊을 수 없다. 러시아는 동원이 완료될 때까지 기다리지 않고 예상치 못하게 동프로이센을 공격했고, 그 결과로 프랑스 전역(戰役)의 가장 결정적인 순간에 몰트케는 절실히 필요한 2개 군단을 서부에서 동부로 돌려야만 했다. 나중에 보겠지만, 러시아가 프랑스를 구한 것이 그때가 마지막은 아니었다.(저자 주)

측면을 포위하려 했던 것이다.

1914년 가을이 되면 스위스부터 벨기에 해안까지 전선이 고착되었다. 그 전선은 자연 지형에 따라 형성된 것이 아니라—커다란 탈장처럼 튀어나온 불안정한 돌출부에 남겨진 베르됭의 요새는 두드러진 예외였다.—지쳐 기진맥진한 상태에서 고착된 것이었다. 양쪽은 서부전선 전쟁의 첫 다섯 달 동안 이후 그 어느 해보다 큰 희생을 치렀다. 독일군 사상자는 대략 75만 명이었고, 프랑스군은 30만 명이 사망했고(제2차 세계대전 영국군 총 사망자 수보다 거의 5분의 1이 더 많다) 60만 명이 부상을 당하거나 포로가 되거나 행방불명이 되었다. 그리고 이제 참호전의 공포가 시작되었다.

조프르는 마른강 전투에서 승리하면서 연합군 전체에서 이루 말할 수 없이 강력한 인물로 부상했다. 마른강 전투가 있기 전, 파리에서 독일군의 포성이 들리고 냉소적인 미국 통신원들이 내일이면 파리가 '독일의 지방 도시'가 될 것이라고 공공연히 장담했을 때, 정부는 서둘러 보르도로 대피했다. 의원들이 그곳에서 호화롭게 지낸다는 과장된 소문이 곧 전선까지 퍼졌고, 보르도는 전쟁 내내 입에 담을 수 없는 금기어가 되었다. 정치인들의 평판은 최근 수십 년간 최악의 수준으로 떨어졌다. 정부가 없는 동안 총사령부(GQG)가 전쟁 수행을 전부 책임졌다. 훗날 어느 의원이 말했듯이, 총사령부는 당연히 실질적인 '내각'이었다. 나폴레옹 보나파르트 이후로 조프르만큼 강력하고 인기 있는 프랑스인은 없었다. 초콜릿과 시가 상자 같은 선물 꾸러미가 날마다 잔뜩 들어왔고, 조프르의 부관들은 엄청난 양의 팬레터를 처리하느라 녹초가 되었다. 조프르는 어떻게든 시간을 내서 편지를 모두 읽었다. 좋아하는 것이 눈에 보였다.

조제프 조프르는 ― 중간 이름은 매우 의심스럽지만 세제르 (Césaire)였다. ― 변변찮은 통 제조업자의 아들이었고 열한 명 가족 중 한 명이었다. 그는 포슈, 드 카스텔노와 마찬가지로 피레네 지방 출신이었다. 1870년 파리 이공과대학(École Polytechnique)에 재학 중이던 조프르는 전쟁이 일어나자 뱅센으로 보내져 포술을 배웠고, 파리가 포위되었을 때 중대장이 신경쇠약으로 쓰러진 뒤로 포병 중대를 지휘했다. 조프르는 이공과대학을 졸업하고 곧바로 인도차이나로 파견되었는데, 바로 그곳에서 그가 새로운 프랑스 제국에서 쌓을 오랜 경력이 시작되었다. 1894년 프랑스가 아프리카의 팀북투를 점령할 때 조프르는 부대 하나를 지휘했고 효율적으로 보급을 준비함으로써 처음으로 이름을 알렸다. 그때 조프르는 서른세 살의 나이로 최연소 대호공병 중령이었다. 팀북투에서 마다가스카르로 옮겨 복무하다가 1904년에 귀국하여 육군부 공병과장이 되었다. 그후 1906년에서 1910년까지 처음으로 사단을 지휘했고 이어서 잠시 군단을 지휘했다. 조프르가 대규모 보병을 지휘한 경험은 이것이 전부였다. 1910년 조프르는 육군최고위원회*의 일원이 되었고 이듬해 참모총장이 되었다. 그가 참모총장으로 선택된 것은 앞에서 봤듯이 군사적 재능이 뛰어났기 때문이라기보다 '좋은 공화주의자'라는 자질 덕분이었다. 그러나 1904년에서 1914년 사이에 프랑스의 요새와 중포가 어느 정도 개선된 것은 조프르의 공이며, 그는 1913년 징병법을 (때맞춰) 통과시

육군최고위원회(Conseil supérieur de la guerre) 1872년에 출범한 제3공화정 시기 민간인과 군인을 포함하여 구성된 육군 최고위 군사 기구. 육군장관이 의장을 맡았다. 1890년에 육군참모본부가 설치되었을 때 참모총장은 육군최고위원회의 위원이 맡았으며 전쟁 계획을 책임졌다. 1911년에 육군최고위원회 부의장과 육군참모총장의 두 직책이 합쳐져 평시 전쟁 계획 책임자가 전시 군대 지휘권도 쥐게 되었는데, 그 통합된 권한을 처음으로 보유한 사람이 조제프 조프르였다. 1914년 8월 2일 조프르는 그 직책의 전시 형태라고 할 수 있는 총사령관에 임명되었다.

켰다. 조프르는 능력 있는 조직가였지만 프랑스 주력군 총사령관에게 주어지는 이중 역할을 수행하려면 일급 전략가와 전술가가 되어야 했다. 그러나 조프르에게는 그런 능력이 없었다.

전쟁이 일어났을 때 '파파(Papa)' 조프르는 예순세 살을 바라보는 나이였다. 1914년에 그를 자주 보았던 에드워드 스피어스는 이렇게 묘사했다.

그는 잘 맞지 않는 헐렁한 바지를 입었다. 그의 옷차림은 각반으로 완성되었다. …… 그의 두드러진 턱은 단호한 의지를 내비쳤다. 머리카락은 하얗게 셌다. 소금과 후추가 섞인 듯했지만 흰색이 도드라진 큰 눈썹 밑에서 빛바랜 푸른색 눈동자가 빛났다. 콧수염은 희끄무레했다. 이 모든 것이 백색증 같은 인상을 주었다. 챙 달린 모자를 앞으로 당겨써서 두 눈을 보호했다. 그래서 누군가를 보려면 머리를 약간 기울여야 했다. 육중하고 동작이 굼뜬 물렁한 인물로 고급 양복점에 절망을 안겨줄 옷을 입고 다녔지만 그래도 틀림없는 군인이었다.

그러나 (여러 가지 의미에서) 조프르의 진짜 두드러진 신체적 특징은 그의 복부였다. 조프르의 식욕은 전설적이었다. 참모 장교들은 조프르가 닭 한 마리를 단번에 먹어 치우는 것을 종종 보았고, 어떤 이는 조프르가 식탁에서 과묵했다면서 그가 말할 틈도 없이, 심지어 무엇인가 말하고 싶을 때에도 꾹 참고 먹기만 했다고 말했다. 조프르는 임종 때까지 이 식욕을 유지했다. 마지막 혼수상태에서 간호병이 그의 입을 벌려 우유 몇 방울을 떨어뜨리려 하자, 조프르는 돌연 눈을 뜨더니 잔을 붙잡고 쭉 들이켜고는 다시 잠들었다. 한번은 조프르가 어떤 장군을 비판하면서 자기 배를 두드리며 그 사람은 "식욕이 없어."라고 말했다.

조프르는 진정한 내장긴장형(內臟緊張型) 인간*이었고, 이것이 그가 지닌 강점과 약점의 주된 원천이었다. 조프르는 머리로 생각하기보다 배로 생각했다. 그의 가장 충실한 동료이자 그의 전기를 쓴 마리 데스마즈(Marie Desmazes) 장군조차 조프르는 지식을 존중하는 태도가 터무니없이 부족하다고 평했다. 전쟁 이전에 조프르는 군사 이론서를 거의 읽지 않았고, 이후에도 자신이 그토록 큰 역할을 한 전쟁에 관해서 단 한 권의 책도 읽지 않았다. 조프르는 호기심과 상상력이 너무도 부족했다. 영국원정군의 헤이그 장군은 조프르를 두고 깔보듯이 이렇게 말했다. "그 불쌍한 인간은 주장을 펼치지도 못하고 지도 한 장 쉽게 못 읽는다." 그러나 적어도 두 가지 점에서 조프르는 헤이그와 매우 닮았다. 하나는 침묵이었다. (두 사람이 어떻게 소통했는지 진정으로 불가사의한 일이다.) 그러나 헤이그의 침묵이 어눌함 때문이었다면 조프르의 침묵은 대체로 그저 생각해 둔 것이 없기 때문이었다. 사령부는 조프르가 방문하면 무언가 중대한 지도를 받을 수 있을 것이라 기대했지만 그 기대는 보통은 그 위대한 인물이 떠날 때까지 기대로만 남았다. 언젠가 한 포병 대령이 중요한 문제를 들고 총사령관을 찾았다. 그때 조프르는 잠시 대령의 이야기를 들은 뒤 그의 어깨를 툭 치고 이렇게 말하며 내보냈다. "자네는 언제나 대포를 사랑했지. 아주 훌륭해!" 조프르는 정치인들에게 공격받을 때면 이러한 과묵함을 매우 유리하게 이용했다. 그는 마치 고슴도치같이 "공처럼 몸을 말았다." 그러면 공격하던 자들이 당황해서 떠났다.

조프르는 느긋한 성격과 왕성한 식욕 덕분에 흔들리지 않는 강심

---

* 미국 심리학자 셸던(William Herbert Sheldon)이 제안한 체형체질심리학의 분류에 따른 한 가지 유형. 체형은 비만이고 성격은 사교적이고 낙천적이다.

장과 거의 비인간적인 침착함을 갖추었다. 파리에서 북쪽으로 40킬로미터쯤 떨어진 도시 샹티이에서 조프르는 매우 엄격하게 일과를 유지했다. 아무것도, 국가적인 재앙조차 그의 정해진 일과를 방해할 수 없었다. (그리 일찍은 아니었지만) 아침에는 당직 장교가 밤새 벌어진 일들을 간략하게 보고했다. 11시가 되면 참모장이 서명을 받아야 할 명령서를 들고 왔다. 12시에 점심을 먹었는데, 조금이라도 늦어지면 조용하면서도 무섭게 분노했다. 이후 조프르는 샹티이 숲에서 등 뒤로 두 손을 깍지 긴 채 왼쪽 다리를 약간 끌면서 산책을 했다. 드 카스텔노가 조프르의 참모장에 임명된 뒤로는 동행했다. 매번 어느 벤치에 도착하면 앉아서 드 카스텔노는 명상을 했고 조프르는 졸았다. 오후 느지막이 조프르는 방문객을 맞았다. 오후 5시에 참모장이 오후의 명령서들을 들고 다시 찾아왔으며, 7시에는 저녁을 먹었고, 식사 후 곧 잠자리에 들었다. 조프르는 어린아이처럼 숙면을 취했고 절대로, (반복해서) '절대로' 방해하지 말라는 엄명을 내렸다. 조프르는 일의 리듬이 깨질 수 있다는 이유로 전화를 껐다. 심지어 마른강 전선이 중대 국면에 놓였을 때에도 대통령의 전화 연결을 거부했다. 두 명의 전속 부관이 경비견처럼 밤낮으로 조프르의 평온함을 지켰다. 한 사람은 헌신적인 에티엔 투젤리에(Étienne Thouzellier)였는데, 조프르는 평소 그를 '대단한 투투(sacré Tou-Tou)'라고 불렀다. 이 늙은이가 몰락했을 때 참모 중에서 유일하게 그를 따른 사람이다. 위기가 닥치면 조프르는 투투의 방에서 의자에 걸터앉곤 했고, 그동안 두 명의 전속 부관이 전화로 명령을 내렸다. 조프르가 상황이 나쁘다는 의미로 보낸 유일한 신호는 마치 의식을 치르듯이 자신의 만년필 뚜껑을 돌려 조이고 풀기를 반복한 것이다. 2년이 넘는 운명적인 시간 동안 프랑스 역사상 가장 위대한 군대의 업무는 그렇게 처리되었다.

　영국 육군 원수 해럴드 알렉산더*는 회고록에서 제1차 세계대전 때 전투병으로 복무한 기간 동안 "여단장보다 높은 지위의 지휘관 중에 우리 전선을 찾아온 사람은 단 한 명도 없었다."라고 불평했다. 이 점에서 조프르도 예외가 아니었다. 그가 드물게 전방 지역을 방문했을 때 군단장 이하 계급에서 그에게 가장 가까이 다가갈 수 있는 전투원은 분열 행진이나 훈장 행진 중인 사람뿐이었다. 조프르는 전쟁의 실제 공포와 대면해 자신의 평온함이 깨지는 것을 참을 수 없었다. 이것은 조프르와 헤이그의 두 번째 공통점이었다. 헤이그는 그의 아들이 전하는 바에 따르면 "사상자 후송 병원을 방문하면 몸이 아팠기 때문에 방문을 삼가는 것이 자신의 의무라고 느꼈다." 조프르는 시력을

해럴드 알렉산더(Harold Alexander, 1891~1969) 제2차 세계대전 때 미얀마와 북아프리카, 이탈리아에서 군대를 지휘했으며 종전 후 캐나다 총독을 지냈다.

잃은 병사에게 무공훈장을 달아준 뒤 이렇게 말했다. "내게 더는 이런 참상을 보이지 말게. …… 더는 공격 명령을 내릴 용기를 내지 못할 테니까." 조프르가 이러한 종류의 감정을 내보였다고 기록된 것은 사실상 이것이 유일하다. 그의 긴 회고록에는 인간적인 요소를 드러내는 말은 하나도 없으며 병사들이 겪은 끔찍한 고통에 관한 언급도 전혀 없다. 1914년에 조프르는 마치 곡식 가마니를 헤아려 장부에 기록하는 농부처럼 작은 공책에 탄약 재고량을 써넣었다. 그러나 조프르가 희생된 병사들도 정확히 기록했다면 프랑스에는 더 좋았을 것이다. 실제로 제1차 세계대전 때 많은 장군들이 갑자기 지휘를 맡게 된 군대의 규모에 압도되어 사상자를 병참 장교의 보고서에 적힌 숫자로만 여기는 경향이 있었다. 그리고 공학자이자 기술자였던 조프르에게서 이 음울한 성격은 각별히 두드러졌다.

그러나 프랑스인처럼 쉽게 흥분하고 감수성이 예민한 국민에게 조프르의 가장 큰 공헌은 의심의 여지 없이 바로 이렇게 흔치 않은 침착함이었다. 카이저는 언젠가 "더 냉정한 쪽이 이길 것"이라고 예언했고, 어떤 프랑스 병사는 일기에 다른 병사들의 감정을 이렇게 요약했다. 여기 있는 지도자는 "최악의 상황에서도 쩔쩔매지 않을 것이다. …… 1870년에 우리에게 없었던 것이 바로 이것이다." 조프르는 제17계획이 틀어졌을 때 당황해 허둥대지 않았기에 프랑스를 구했다. 마른강 전투에서, 성급한 포슈라면 하루 일찍, 신중한 페탱이라면 하루 늦게 공격해 일을 그르쳤겠지만, 동요하지 않은 조프르는 (영감이 떠오른 갈리에니의 재촉을 받아) 공격 시점을 옳게 잡았다. 그러나 조프르의 이 큰 자산은 끔찍한 위험을 감추기도 했다. 조프르의 숙면 능력은 온 나라에 하나의 전설을 만들어냈다. "만약 일이 잘 안 풀리고 있다면 그는 잠을 자지 않을 것이다." 이 전설은 종종 조프르 자신은 물론이고 국민의 눈까지 가려서 상황이 얼마나 나쁜지 보지 못하게 했다. 조프르의 자신감은 대단했고 깨뜨릴 수 없었다. 1912년 조프르는 이렇게 예언했다. "전쟁이 일어날 것이고 나는 승리할 것이다." 1914년 11월에도 조프르는 첫 번째 철모 지급 계획을 접으면서 이렇게 선언했다. "우리는 철모를 만들 시간이 없을 것이다. 두 달이 지나기 전에 내가 보슈(Boche, 독일군 병사)의 목을 비틀 거니까." 최악이었던 것은, 아첨꾼 같은 총사령부가 이러한 자신감을, 이 뚱뚱한 남자가 우쭐거리며 내비친 낙관론을 받아들여 계획을 재고했다는 것이다.

조프르는 식민지에서 장기간 머물렀던 탓에, 제2차 세계대전 때 영국 인도군의 클로드 오킨렉*이 서부 사막에서 겪은 것과 똑같은 문제로 고생했다. 총사령관에 임명된 조프르는 장교들의 경력을 충분히 알지 못해 프랑스 육군에서 쓸 만한 장교와 그렇지 못한 장교를 분간할 수 없었다. 하지만 전쟁 중에 능력이 부족한 사람들이 드러나자 아주 무자비하게 행동했다. 마른강 전투 때, 군사령관 5명 중 2명, 군단장 20명 중 10명, 사단장 74명 중 42명이 해임되거나 리모주로 보내졌다. 그때 프랑스어에 리모제*라는 새로운 낱말이 생겼다. 그러나 조프르는 총사령부에서 드 그랑메종의 수하들을 쳐내는 문제에서는 다소 무력해 보였다. 아마도 조프르가 상대하기에는 총사령부가 너무 강했을 것이며, 조프르의 평범한 지성을 생각하면 그는 평범한 사람들에 둘러싸여 있을 때 더 편안했을 것이다. 조프르는 확실히 그랬

클로드 오킨렉(Claude Auchinleck, 1884~1981) 영국의 육군 원수. 1947년 인도가 분할될 때까지 인도군 총사령관을 지냈다. 중동 총사령관으로 있던 1941년 11월 십자군 작전(Operation Crusader)으로 서부 사막, 즉 사하라 사막 북동부의 리비아 사막에 공세를 펼쳐 토브루크의 포위를 풀었다.
리모제(limoger) 군 장교의 좌천을 뜻하는 속어의 동사형. 명사는 limogeage. 리모주는 오트비엔(Haut-Vienne) 도의 수도인데 전선에서 물러난 지휘관들이 그곳 제12군관구(région militaire)로 배속되었다.

다. 그가 초래한 최악의 참사들은 총사령부에 책임을 물을 수 있을 것이며, 그 때문에 나라에 널리 퍼진 적개심은 조프르의 마지막 몰락에 기여했다.

샹티이의 성*에 고립된 총사령부는 루이 15세의 베르사유 궁정을 떠올리게 하는 음모의 분위기에 휩싸여 있었다. 사방에서 야심 찬 경쟁이 벌어지면서 각 분과는 서로 가까이 교류하는 것에 의심을 품었다. 그리하여 총사령부의 각 분과는 각각 둘레에 해자를 친 작은 성이 되었다. 재치 있는 농담을 거의 할 줄 몰랐던 영국 총리 애스퀴스(Herbert Henry Asquith)는 영국 육군부(War Office) 안에 "하나는 국민을 현혹하고, 두 번째는 내각을 현혹하고, 세 번째는 육군부 자체를 현혹하는" 세 인물이 들어앉아 있다고 드물게 비꼬는 말을 했는데, 이 말은 프랑스군 총사령부에 훨씬 더 잘 들어맞았다. 제2국**에는 적의 병력 손실을 계산하는 희한한 수학 공식이 있었는데, 그 공식의 토대였던 이상한 종족 방정식에 따르면, 프랑스 병사 두 명이 쓰러지면 독일군에는 세 명의 사상자가 발생한다. 그렇지만 안타깝게도 현실은 거의 언제나 반대였다. 제3국은 제2국에 속아, 샹티이의 상아탑 너머에서 벌어지는 전쟁의 현실과 완전히 동떨어진 작전 계획을 세웠다. 또 총사령부는 자체적으로 방대한 선전 체계를 유지했는데, 그것은 외부 세계를 기만하여 조직을 유지하기 위해 고안된 것이었다. 총사령부에서 근무한 사람들 가운데 가장 전형적인 인물은 아마도 푸앵카레 대통령의 연락장교였던 페늘롱(Marie Jean-Baptiste Pénelon) 장군이었을 것이다. 잘 어울리는 '4월의 미소'라는 별명을 가진 페

---

* 총사령부는 우아즈(Oise) 도의 샹티이에 있는 그랑 콩데 저택(L'hôtel du Grand Condé)을 사용했다.
** 총사령부는 4개 국으로 나뉘었는데, 제2국은 정보를 담당했다.

늘롱은 최악의 비참한 재앙을 승리로 포장할 수도 있는 인물이었다. 1914년 이후 프랑스 정부는, 부분적으로는 정부가 신뢰를 잃고 힘이 약해졌기 때문이었지만, 총사령부라는 강력하고 폐쇄적인 집단에 개입하기가 사실상 불가능하다는 사실을 깨달았다.

1915년에 독일군은 4월에 이퍼르(이프르)에서 처음으로 독가스 공격을 했을 때를 제외하면—이때 독일군은 거의 돌파할 뻔했다.—프랑스에서 수세에 몰렸고, 러시아에서는 맹렬하게 공격했다. 그동안 조프르와 총사령부는 단순하지만 지독하게도 소모적인 전략을 추진했다. 조프르가 '그리뇨타주(grignotage)' 즉 적을 조금씩 갉아먹기라고 부른 이 전략은 "잘 맞지 않는 가짜 이로 강철 문을 물어뜯어 통과하려는 시도"로 묘사되기도 했다. 큰 전투가 잇달아 벌어졌는데, 각각의 전투는 돌파를, 독일군을 개활지로 끌어내는 것을 목표로 삼았다. 〔이 시기에 조프르의 낙관주의는 헤이그 때문에 더욱 강화되었다. 헤이그는 그해 초에 〈더타임스〉의 전쟁 통신원 레핑턴(Charles à Court Repington)에게 포탄이 충분히 쌓이면 "우리는 여러 지점에서 독일군 전선을 걸어서 통과할 수 있을 것"이라고 말했다.〕 첫 번째 공격은 5월에 아르투아에서 포슈가 18개 사단으로 지휘했다. 이 공격에서 거둔 유일한 성공은 페탱의 제33군단이 가까스로 약 3킬로미터를 전진한 것이었는데, 뒤따를 예비 부대가 없었다. 프랑스군은 방어하는 독일군보다 두 배나 많은 102,500명을 잃은 뒤 공세를 포기했다. 9월에 조프르는 다시 공격을 시도했다. 이제 조프르는 러시아군을 구출한다는 다른 핑계를 덧붙였다. 러시아군이 동부전선에서 힌덴부르크-루덴도르프 공세에 무섭게 당하고 있었기 때문이다. 조프르가 9월에 보여준 노력은 더 의욕적이었다. 프랑스는 아르투아와 샹파뉴에서 동시에 공격했고, 영국은 전쟁에서 처음으로 로스에서 큰 힘을 쏟았다(로스Loos 전투). 공격에 앞서 맹렬한 포격을 가했으나, 너무 일찍 오래 포격을 하는 바람에 기습의 가능성이 완전히 사라졌다. 봄에 아르투아에는 독일군 방어선이 단 하나뿐이었지만, 샹파뉴에서 프랑스군은 두 번째 방어선에 막혀 쓰러졌다. 첫 번째 방어선을 뚫었으나 공격을 예고한 포격 중에 독일군이 배후 경사면에 재빨리 참호를 파서 두 번째 방어선을 구축했던 것이다. 이번에는 페탱도 실패했다. 어떤 공동묘지를 점령한 것이 페탱의 군단이 이룬 성과의 전부였다. 샹파뉴에서는 드 카스텔노가 모든 희망이 사라진 지 오래되었는데도 돌파에 성공했다고 오판한 채 공격을 계속했다. 사상자 명부는 어느 때보다 길었다. 24만 2천 명 대 14만 1천 명이었는데, 로스 전투만 계산하면 영국군 5만 380명 대 독일군 2만 명이었다.

각 전투는 대체로 중포와 탄약이 부족해서 실패했다. 아라스에서 페탱은 약 19킬로미터에 걸친 전선에서 400발밖에 쓰지 못했는데, 설상가상으로 여섯 달 동안 서둘러 만든 포탄이 대포 600문을 망가뜨리고 많은 포병을 죽음으로 몰아넣었다. 프랑스군의 75밀리미터 야포는 독일군 참호를 거의 뭉개지 못했고, 따라서 공격하는 프랑스군 병사들은 참호를 벗어나면 멀쩡한 독일군 기관총 한 문에 살육당했다. 나중에 베르됭에서 싸운 어느 프랑스군 장교는 1915년 가을 아르투아 공세에서 전형적으로 일어났던 일을 이렇게 설명했다.

우리 연대 병력 3백 명이 그곳에 숭고하게 정연히 누웠다. 총탄들이 핑 소리를 내며 지나가는 소리가 들리자 장교들은 소리쳤다. "정렬!" 그리고 모두 마치 열병하듯이 죽음을 향해 전진했다.

여전히 드 그랑메종 정신을 지니고 있던 장교들은 병사들과 마찬가지로 소총을 들고 다니면 적의 눈에 잘 안 띌까 봐 소총을 거부했다. 그 대신 지팡이를 휘두르며 앞장섰고 수없이 많이 저격당했다. 공격 유형은 비참할 만큼 판에 박힌 것이었다. 먼저 예비 포격이 진행되는 동안 제1선은 고통스럽게 대기하고, 곧 공격이 시작된다. 공격에 나선 프랑스군은 운 좋은 소수만, 일반적으로 극소수만 독일군의 첫 번째 참호선에 도달해 총검으로 생존자를 죽인다. 그리고 잠시 전투가 중단되었다가 곧 적이 자신들이 빼앗긴 진지에 맹렬한 탄막을 퍼붓고는 피할 수 없는 반격을 개시한다. 마지막으로, 공격군은 빼앗은 땅을 지키기에는 수적으로 열세여서 병력을 많이 잃은 채 자신들의 참호선으로 내쫓긴다. 4분의 3에서 10분의 9 정도의 남은 병력은 중간 지대의 철조망에 걸려 창자를 드러낸 채 죽거나 죽어 간다. 이들은 1870년의 그라블로트*와는 달리 부상자를 데려올 수 있게 전투가 일시적으로 중단될 리 없다는 사실을 알았고 오로지 적군 기관총 사수의 자비를 바랄 뿐이었다. 1915년은 그렇게 잔혹하고 완전한 교착 상태로 끝났다. 이제 프랑스는 정규군 장교의 절반이 사망하거나 불구가 되었으며, 사망자 수는 이미 제1차 세계대전에서 영국군이 잃게 되는 전체 사망자 수에 근접해 있었다. 프랑스가 유일하게 증명한 것은 그렇게 해서는 결코 전쟁에서 이길 수 없다는 것이었다.

그라블로트(Gravelotte) 1871년 8월 18일 프랑스-프로이센전쟁의 가장 큰 전투가 벌어진 모젤 도의 코뮌. 전쟁 이후부터 제1차 세계대전 종전 때까지는 독일의 서쪽 끝 도시였다.

3장

서부전선의 팔켄하인

세상은 잔인하다
교회는 죽었거나 타락했다
맹인이 앞 못 보는 자를 이끈다
듣지 못하는 자가 말하지 못하는 자를 끌고 간다
— 이즈리얼 쟁윌, 1916

곰에게 화약을 준 남자의 유명한 이야기. 그는 성분은 물론 비율까지도 더할 나위 없이
완벽하도록 최대한 정성 들여 화약을 혼합했다. 그는 화약을 커다란 종이 쌈지에 말아
곰의 목구멍 속으로 처박으려 했다. 그러나 곰이 먼저 한 방 날렸다.
— 윈스턴 처칠,《제2차 세계대전》

1915년은 연합군에게는 이 전쟁에서 가장 성공적이지 못한 한 해
였다. 달리 말하면 동맹국은 전쟁 내내 그해가 끝날 무렵만큼 전망이
밝을 때가 없을 것이었다. 서부전선에서 겪은 값비싼 실패는 동부전
선의 더 심한 재앙에 필적했다. 독일군은 프랑스에서 돌파당할 위험이
없음을 깨닫자 가여울 정도로 군비가 부실한 러시아군을 다시 폴란드
너머로 밀어내는 데 전력을 쏟을 수 있었다. 그때 독일군이 입힌 손실
이 대다수 유럽 국가들의 운명을 결정했을 것이다. 1915년 9월 파울
폰 힌덴부르크(Paul von Hindenburg)와 에리히 루덴도르프는 75만 명
을 포로로 잡았고 러시아군 본진을 거의 포위했다. 발상 자체는 무척

이나 대담했던 갈리폴리 전투는 제1차 세계대전의 다른 전투와 마찬가지로 때로 면도날 위에서 균형을 잡는 것처럼 성공이 위태로워 보였는데, 결국 공격받은 자들이 갈리폴리를 장악했다. 외견상 전쟁의 발단이 된 용감한 나라 세르비아는 결국 침몰했다. 세르비아의 용맹한 늙은 왕*은 우마차를 타고 알바니아의 산악 지대를 넘어 피신해야 했다. 대잠망 뒤에 소심하게 대피해 있던 영국 해군 제독 존 젤리코(John Jellicoe)의 막강한 드레드노트 전함 대열은 영국 국민과 연합국이 기대했던 눈부신 승리를 거두지 못했다. 대신에 독일 해군 제독 알프레트 폰 티르피츠(Alfred von Tirpitz)의 순양 전함이 아무 위험 없이 영국의 해안 도시 스카버러와 하틀리풀을 포격했고, 영국은 독일 잠수함의 위협이 고조되는 상황에서 달리 대처할 방법이 없어 보였다. 5월에 '루시타니아호' 침몰 사건*이 미국을 동요시켰지만 이 일로 미국이 곧바로 연합국에 합류하지는 않았다. 심지어 동아프리카에서도 독일 장군 레토프포어베크(Paul Emil von Lettow-Vorbeck)와 그가 이끄는 소수의 아스카리*들이 열 배나 많은 영국과 포르투갈 연합군대를 저지했다. 연합군에 위안이 될 일은 어디에도 없었다.

'흉년(L'Année Stérile)'이 끝나 감에 따라, 양측은 1916년을 위한 계획을 세우기 시작했다. 1915년 12월 6일, 조프르는 샹티이의 사령부에서 역사적으로 중요한 연합군 지휘관 회의를 열었다. 전쟁 정책을

---

* 페타르 1세 카라조르제비치(Petar I Karađorđević, 1844~1921)를 가리킨다.
루시타니아호 침몰 사건 1915년 5월 7일, 영국의 대서양 정기선 루시타니아호가 독일 잠수함의 어뢰 공격으로 침몰해 미국인 승객 128명이 사망한 것에 대해 미국이 독일에 전후(戰後) 배상을 요구한 사건. 루시타니아호가 침몰하면서 승객과 선원 1,957명 중 1,198명이 사망했다. 영국을 제외하고 가장 격한 반응을 보인 나라는 128명이 희생된 미국이었다. 미국의 강력한 항의와 독일의 신속한 유감 표명, 배상 약속으로 사건은 일단락되는 듯 보였으나 이 일로 미국의 참전론이 힘을 받기 시작했다.
아스카리(Askari) 유럽 국가의 아프리카 식민지 군대에서 복무한 현지인 병사.

조정하기 위한 회의로는 양측을 통틀어 처음 시도된 것이었으며, 완전히 조프르가 주도한 회의였다. 1918년에 재앙이 포슈를 끌어들이기 전까지는* 제2차 세계대전의 아이젠하워 같은 초국가적 지휘관이 없었지만, 1915년 말에 조프르의 지위는 거의 그에 비슷했다. 유럽의 군대를 전쟁으로 이끈 사람들 가운데 몰트케는 마른강 전투 이후 팔켄하인으로 대체되었고, 니콜라이 니콜라예비치 대공*은 해임되었으며, 존 프렌치는 해임되기 직전이었다. 남은 사람은 조프르뿐이었다. 그의 지배력은 어느 때보다 확실했다. 게다가 프랑스는 여전히 연합국에서 가장 큰 부담을 떠안은 나라였다. 조프르의 영향 속에서, 연합국 대표들은 이탈리아의 오스트리아 공격에 발맞추어 동부전선과 서부전선에서 동시에 전면 공세에 나서는 것만이 현 상황을 결정적으로 타개할 유일한 희망이라는 데 동의했다. 조프르는 자신의 측근인 총사령부의 꾸준한 낙관주의자들과 샹파뉴 공세와 아르투아 공세의 '빛나는 전술적 성과'를 이야기했다. 그들은 자신들의 실패에 대해 지나치게 쉽게 해명하고 빠져나갔고, 총사령부의 수학자들은 독일군의 예비 부대가 바닥났다고 선언했다. 서부전선에서 합동 공격의 목표를 이루기 위해 1915년의 공세를 되풀이해야 한다는 데 의견이 모아졌다. 다만 이번에는 훨씬 큰 규모로, 영국군과 프랑스군이 힘을 합해 솜강 양안에서 공격해야 했다. 단순하고 상상력이 부족한 계획이었지만 프렌치의 후임인 영국원정군의 새로운 사령관 헤이그의 마음에는 들었다. 헤이그와 조프르는 뒤이은 회담에서 작전을 구체화했는데, 프랑스는 솜강 남쪽의 약 40킬로미터에 걸친 전선에서 42개

---

* 1918년 3월 26일 포슈는 연합군 총사령관이 된다.
니콜라이 니콜라예비치(Nikolai Nikolaevich, 1856~1929) 차르 니콜라이 1세의 손자로 전쟁 첫해에 육군 총사령관을 지냈다.

1916년 2월 21일
서부전선

영국군 I II
     III

프랑스

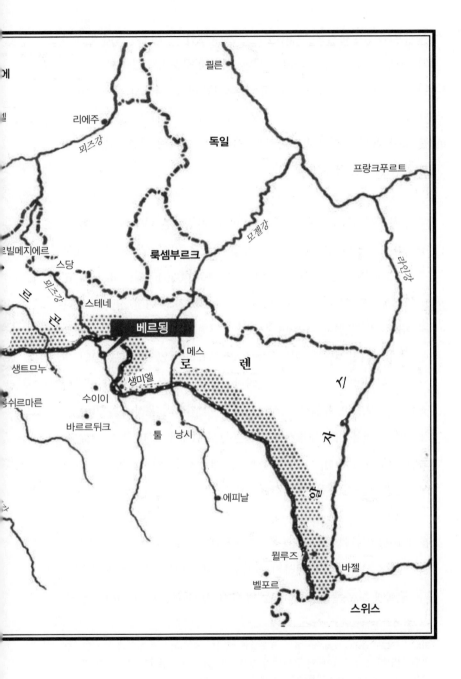

사단으로 공격하기로 했고, 영국은 북쪽에서 약 24킬로미터에 걸쳐 약 25개 사단으로 공격하기로 했다. 이번에는 준비가 부족한 채 뛰쳐 나가는 '대규모 공격'은 없을 것이었다. 병사들은 중포가 많이 준비될 때까지, 탄약이 충분히 보급될 때까지, 새로운 '키치너 군대'*가 준비를 갖출 때까지 기다릴 것이었다. 여름까지 기다릴 작정이었다. **그러나 곰이 먼저 한 방 날렸다.**

이 중대한 국면에 제1차 세계대전에서 손꼽히는 이상한 인물이 등장한다. 그의 의도와 인성은 놀라울 정도로 비밀스러운 면모 때문에 지금까지도 모호하다. 에리히 폰 팔켄하인(Erich von Falkenhayn, 1861~1922)의 배경은 전혀 특별하지 않으며 전쟁 이전 경력도 그다지 화려하지 않았다. 여러 면에서 그는 전형적인 융커였다. 융커 계층은 널리 알려진 대중적 이미지와 달리 부유하지 않았고 봉건적인 대지주도 아니었다. 사실 그들은 대개 빈곤한 소농이었으며 융커들이 공동으로 보유한 유일한 자산은 중세까지 거슬러 올라가는 귀족 혈통이었다. 전통적으로 융커의 아들들은 직업 군인에 더 많이 끌렸다. 독일 동부의 암울한 기후와 척박한 모래땅에서 빠듯한 생활을 하며 어려움을 겪었기 때문인데, 한편으로 그러한 환경은 프로이센 군대에 기본적인 간소하고 엄격한 습관을 발전시켰다. 팔켄하인 가족은 토룬(Toruń) 인근의 수수한 농가에서 살았다. 토룬은 1945년에 폴란드의 국경이 서쪽으로 이동하기 전에도 폴란드 영토 깊숙한 곳에 있었다. 중세에 토룬은 튜턴 기사단*의 주요 요새였는데, 이 기사단은 수

키치너 군대(Kitchener's Army) 영국 육군장관 허버트 키치너의 권고에 따라 자원병으로만 편성한 영국군. 1916년 중반까지 전투 준비를 마칠 예정이었으나 상황 때문에 1915년 9월 로스(Loos) 전투에서 첫 교전에 들어갔다.

백 년 동안 폴란드인과 동쪽의 다른 야만적인 부족들로부터 서유럽 문명을 지키는 보호자를 자처했다. 팔켄하인 가문은 튜턴 기사단의 후예임을 자랑스럽게 주장했으며, 12세기까지 혈통을 추적할 수 있었다. 이 가문이 배출한 많은 군인 중에 한 사람은 프리드리히 대왕 휘하에서 장군을 지냈으며 리그니츠 전투*에서 푸르르메리트 훈장*을 받았다. 따라서 에리히 팔켄하인과 그의 형이 직업 군인의 길을 택한 것은 예상치 못할 일이 아니었다.

팔켄하인은 조프르보다 거의 10년 늦게, 1861년에 태어났다. 그리고 1886년 스물다섯 살에 결혼했다. 이것이 그의 사생활에 관해 알려진 거의 전부다. 1887년 팔켄하인은 육군대학(Kriegsakademie)에 입학했다. 팔켄하인에게 가장 호의적인 태도를 보인 전기 작가조차 육군대학 시절이나 이후 경력을 통틀어 그에게 평균 이상의 지성이나 앞선 군사 이론을 공부하려는 '강렬한 욕구'가 있었다는 증거를 찾지 못했다. 이것은 팔켄하인이 헤이그, 조프르와 분명하게 공유한 특성이었다. 또 그의 경력에는 헤이그와 닮은 점이 하나 더 있었다. 둘 다 평범한 장교 출신으로서 국왕의 후원에 크게 힘입어 최고 지위에 올랐다는 사실이다. 팔켄하인은 서른두 살에 대위가 되어 참모본부에서 일했고, 3년 뒤인 1896년에는 군사 사절단의 일원으로 청나라에 파견

튜턴 기사단(Teutonic Order) 1190년 제3차 십자군 원정 당시 결성한 의료단이 변하여 만들어진 독일기사단(Deutscher Orden)을 말한다. 독일기사단은 1226년 마조프셰(마조비아)의 공작 콘라트 1세의 요청으로 토룬 지역에 거점을 마련하고 프로이센 원주민에 대한 십자군전쟁에 나섰다. 수십 년에 걸친 전쟁 끝에 기사단은 프로이센에 대한 지배권을 확립하고, 이는 이후 프로이센 공국의 모태가 된다.
리그니츠 전투(Battle of Liegnitz) 1760년 8월 15일 프리드리히 대왕의 프로이센 군대가 오스트리아 군대를 격파한 전투. 리그니츠(Liegnitz)는 오늘날 폴란드의 레그니차(Legnica)이다.
* 푸르르메리트(Pour le Mérite)는 독일의 최고 훈장인데 모국어를 멸시했던 프리드리히 대왕이 프랑스어 이름으로 만들었다.(저자 주)

되었다. 그러나 이 사절단은 활동을 시작하기도 전에 실패했다. 허약한 만주족 정권의 군사화가 초래할지도 모를 결과를 심각하게 우려한 러시아의 항의 때문이었다. 벌써 청나라에 도착해 있던 팔켄하인은 대신에 한커우(漢口)군사학교의 수석 교관 자리를 받았다. 그러나 그는 학생들이 나이가 많아서 이룰 수 있는 것이 거의 없다고 불평하며 채 2년이 지나지 않아 사임했다. 그동안 의화단 봉기(1899~1901)가 일어났고, 8국연합군 사령관인 발더제(Alfred von Waldersee)가 (당시에 소령이던) 팔켄하인을 톈진(天津)의 임시정부로 데려왔다.* 여기서 팔켄하인은 혼란스러운 상황을 정리하고 질서를 회복하면서 상당한 능력과 약간의 무자비함을 보여주었다. 교통을 개선하고자 베이징의 유서 깊은 성벽을 일부 파괴한 것도 팔켄하인이었다.

바로 이때쯤 중국에서 날아온 팔켄하인의 통찰력 있는 보고서가 카이저의 눈에 들어왔다. 1902년 팔켄하인은 극동에서 돌아와 마흔한 살이라는 많은 나이에 전열보병대대 지휘관이 되었다. 1907년 팔켄하인은 메스에 주둔한 제16군단 참모장에 임명되었다. 군단장 프리트비츠(Maximilian von Prittwitz) 장군은 허둥거리는 무능한 장교였는데, 전쟁 초기 동프로이센에서 그가 독일군을 지휘한 것은 거의 참사에 가까웠다. 팔켄하인은 재빨리 기회를 포착했고, 군단의 업무를 점점 더 상관을 대신해 자신을 중심으로 돌아가게 했다. 프리트비츠가 참모장에 의존한다는 사실은 외부인들도 잘 알았으며, 팔켄하인이 여름 기동 훈련 중에 보여준 상황 지배력은 카이저를 결정적으로 감동시켰다. 그때 이후로 그는 빠르게 출세했다. 1911년, 전투 병과

---

* 1900년 의화단 봉기로 파견된 유럽 국가들의 8국연합군(八國聯軍)이 1900년 7월 톈진을 점령하고 임시정부를 수립했다. 알프레트 폰 발더제가 다국적군의 사령관이 되었다.

의 장교였던 팔켄하인은 당시에 영국군에서는 물론이고 독일군에서도 일어날 성싶지 않은 일을 해냈다. 근위연대 지휘관에 임명된 것이다. 이듬해 팔켄하인은 소장으로 진급했고, 이어서 참모장이 되었고, 다시 상관과 불화를 겪었다.* 1913년에 팔켄하인이 막 전속을 신청하려던 참에, 그가 다른 계급으로 진급했으며 육군부 장관에 임명되었다는 소식이 전해졌다. 이 소식에 가장 놀란 사람은 팔켄하인 자신이었다(예외가 있다면 장교인 두 형이었을 것이다). 마침내 1914년 9월 몰트케가 몰락하면서 최고의 행운이 팔켄하인에게 굴러 들어왔다. 이때 그는 겨우 쉰세 살이었다.

새로운 참모총장이 많은 선임 장군을 앞질렀다는 사실보다 훨씬 더 놀라운 점은 팔켄하인이 여러 달 동안 이전 지위를 유지했다는 사실이다. 현대 민주주의 체제의 기준으로 보면, 이것은 마치 제2차 세계대전 시기에 앨런 브룩(Alan Brooke)이 영국군 참모총장과 육군부 장관, 더불어 국방부 장관의 여러 직무를 겸한 것만큼이나 놀라운 일이다. 이중의 자격을 갖춘 팔켄하인은 연합국의 어떤 지도자보다도 큰 전쟁 수행 능력을 지녔으며, 그의 계획은 육상 전쟁 수행을 뛰어넘는 더 넓은 영역을 포괄했다. 한편, 팔켄하인은 조프르보다도 지휘와 실제 전투 경험이 훨씬 더 적은 상태에서 이 중대한 책임을 맡았다.

팔켄하인의 초상화를 처음 본 사람들은 즉각 이런 반응을 보인다. "전형적인 프로이센 장군이군." 짧게 자른 머리, 기품 있는 코, 박력 있고 단호해 보이는 인상. 두 눈은 프로이센 사람답게 끝부분이 처졌는데, 이것은 아득히 먼 옛날 스텝 지역의 사나운 피가 튜턴족에 들어왔음을 암시한다. 냉철한 지성으로 빛나는 눈은 그가 무자비하고 나

---

* 베를린의 제4근위보병연대 연대장이 되었고, 마그데부르크의 제4군단 참모장이 되었다.

아가 잔인해질 수도 있음을 은연중에 드러낸다. 하지만 호전적으로 보이는 군인의 콧수염에 일부가 가려진 입술로 눈길을 옮기면 전체적인 그림이 달라진다. 그의 입술은 단호한 지도자, 행동하는 인간의 입술이 아니라 우유부단하고 내향적인 생각하는 사람의 입술이며, 움푹 팬 예민해 보이는 턱은 유약한 인상을 더해준다.

여기에 팔켄하인의 성격을 보여주는 중요한 열쇠가 있다. 무자비한 성향은 확실히 있었다. 전쟁 이전 의회에서 팔켄하인은 결투를 '군대의 명예'에 필수 요소라고 보고 강력히 찬성했다. 최초의 독가스 공격과 무제한 잠수함 작전을 재가하고 연합군의 공습에 대한 보복으로 무차별 폭격을 승인한 사람도 팔켄하인이었다. 그는 언론과 '대중'을 경멸한 진정한 융커였으며 헤이그나 조프르보다도 훨씬 더 사상자 명단에 무감각했다. 팔켄하인은 자신과 참모진을 똑같이 무자비하게 혹사했으며, 일을 해내는 그의 능력에는 한계가 없어 보였다. 오히려 너무 많은 일을 짊어지고 동시에 너무 많은 곳에 있으려다가 실수하는 편이었다. 팔켄하인의 전략적 판단은 훌륭했으며, 독일을 마른강의 절망적인 재앙에서 끌어내 1915년 말 행운의 정점에 올려놓은 공은 거의 전부 그에게 돌려야 한다.

그러나 팔켄하인의 무자비함에는 루덴도르프 같은 끈질긴 집념이 부족했다. 그는 우유부단하고 지나치게 신중해 절반의 성공에 그치는 경우가 잦았다. 이퍼르에서 가스 구름의 기습으로 영국군 전선에 큰 틈이 벌어졌을 때, 팔켄하인은 위험을 무릅쓰고 후속 공격에 나설 준비가 되어 있지 않았다. 루덴도르프가 러시아군에 타넨베르크 전투 때보다 더 큰 참패를 안기기 직전이었을 때, 팔켄하인은 공격이 지나친 욕심이라고 생각하고 소심하게 취소해버렸다. 그렇게 해서 얻은 것은 결국 적의 전멸이 아니라 일시적인 무력화였다. 팔켄하인은

1914년 9월 독일군 참모총장에 임명된 에리히 폰 팔켄하인. 1916년 베르됭
전투에 실패한 뒤 해임된다.

신중함과 우유부단함 때문에 일찍이 오스트리아가 제시한 전차 생산
계획을 거부했고 자국의 훌륭한 군대 일부를 서부전선에 파견하겠다
는 오스만튀르크의 제안을 거절했다. 오스만 제국의 군대가 서부전
선에 투입되었다면 그에게 부족했던 결정적인 예비군이 되었을 것이
다. 팔켄하인은 독일의 큰 자산을 결코 충분히 활용하지 못했다. 말
하자면 군대를 동부전선에서 서부전선으로 재빨리 돌렸다면 일시적
으로 우위를 확보했을 것이다. 그의 원칙은 모든 전선이 동시에 안전
해야 한다는 것이었다. 이와 관련해, 제1차 세계대전에 참전했던 군
사사가 리델 하트가 다음과 같이 적절히 지적했다. "팔켄하인은 간
발의 차이로 결정적 승리를 놓친 강력한 군대의 지휘관이 아니라, 임
박한 패배를 피하려 고투하는 지휘관의 행동과 정신 자세를 보였다."

신임을 잃고 자리에서 물러난 몰트케조차 팔켄하임의 성격에 내재한 결점을 알아차렸다. 몰트케는 1915년 1월에 카이저에게 올린 글에서 자신의 후임자가 "조국에 심각한 위험을" 안겼으며 "겉보기엔 의지가 강한 듯하나, 대규모 작전을 세우고 완수할 정신과 마음의 내적인 힘을 갖추지 못했다."고 썼다. 그러나 그때 카이저는 팔켄하인에게 완전히 매료된 상태였다. 몰트케가 수고의 대가로 받은 것은 카이저의 매몰찬 묵살뿐이었다. 마지막으로 참모본부의 유능한 장교였던 막스 바우어 대령*의 견해를 보자. 그는 팔켄하임의 적인 루덴도르프의 사람임이 분명했고 훗날 쓴 글에서 한 이야기지만, 그가 보기에 팔켄하임은 "대체로 훌륭한 정치인이나 외교관, 의원이 되었을 비범한 인물이었지만 장군으로는 최악이었다."

팔켄하임은 오늘날이라면 차가운 사람이라는 평판을 얻을 것이다. 조프르는 말주변이 없었던 듯하고, 헤이그도 마찬가지였을 것이며, 페탱은 측근에게 역겹고 오만한 인간이었지만, 우리는 그들에게도 인간다운 면모가 있었다고 생각한다. 하지만 우리는 팔켄하임에 대해서는 아는 것이 전혀 없다. 팔켄하임의 전기를 쓴 어떤 사람은 그에게 '외로운 장군'이라는 이름을 붙여주었지만 그 외로움은 그가 일부러 키운 것이었다. 팔켄하임은 절친한 벗도 비밀을 털어놓을 친구도 같이 어울리는 무리도 없었고, 힌덴부르크나 루덴도르프 같은 대중적 매력도 없었다. 따라서 카이저에게 행사하던 강력한 영향력이 마침내 서서히 사라지기 시작했을 때, 그는 끝났다. 팔켄하임은 도움이 되려 하는 자들을 지독히 차갑게 빈정대는 말로 쫓아버리면서 자신의 생각을 황금 양털처럼 지켰다. 완고하고 생각이 느린 작전과장 타펜 대

막스 바우어(Max Bauer, 1869~1929) 독일군 포 전문가. 베르됭 공세에서 팔켄하임과 충돌했으며 그의 해임과 루덴도르프의 참모총장 임명을 위해 노력했다.

령*이 잠들지 않는 용의 역할을 맡아 팔켄하인을 도왔다. 타펜은 자신의 상관만큼이나 독설가였는데, 어느 동료가 쓴 글에 따르면 "그만큼 부하들의 미움을 받은 장교도 없었다." 심지어 팔켄하인의 전쟁 회고록조차 냉정하게 비인격적인 삼인칭으로 서술되었다. 그리고 바로 이렇게 초연한, 거의 비인간적인 신중함 때문에 베르됭을 공격했을 때 그의 의도가 정말 무엇이었는지를 두고 의문이 생겼다. 팔켄하인의 한 가지 두드러진 특징인 우유부단함은 베르됭에서 프랑스와 독일에 똑같이 가슴을 찢는 비극을 불러왔다. 다른 특징, 즉 거의 병리적인 비밀주의는 베르됭에서 그의 희망이 최종적으로 꺾이는 데 결정적인 역할을 하며 나아가 동맹국의 전쟁 패배로까지 이어진다.

1915년 12월 초, 팔켄하인은 카이저에게 보낼 긴 비망록을 작성하기 시작했다. 그 글은 전쟁 상황에 대한 인상적인 평가로 시작했다.

프랑스는 더 버틸 수 없을 정도로 약해졌습니다. …… 러시아군은 완전히 타도되지는 않았지만 그들의 공격력은 극심한 타격을 입어 결코 이전의 힘을 되찾을 수 없을 것입니다.

팔켄하인의 추론에 따르면, 그런데도 전쟁이 지속되는 이유는 "영국이 그 동맹 국가들에 여전히 막강한 지배력을 행사하기" 때문이었다. 이렇게 팔켄하인은 최대의 적을 지목했다. 바로 영국이었다. "영국이 네덜란드와 에스파냐, 프랑스, 나폴레옹에 대적했던 전쟁의 역사가 되풀이되고 있습니다. 독일은 결코 자비를 기대할 수 없습니다." 또한 독일은 영국에 맞서 방어 태세를 유지할 여유도 없었다.

게르하르트 타펜(Gerhard Tappen, 1866~1953) 제1차 세계대전이 발발했을 때 참모본부의 작전과장이었고 마켄젠 집단군 참모장, 제15보병사단장을 지냈다.

우리의 적은 인적, 물적 우위 덕분에 우리보다 자원을 훨씬 더 많이 늘리고 있습니다. 그 과정이 지속된다면, 수적 균형 자체가 독일의 남은 희망을 모조리 앗아갈 때가 반드시 올 것입니다.

반드시 쓰러뜨려야 할 이 적에게 과연 어떻게 타격을 가할 것인가? 영국 본토는 독일군이 도달할 수 없는 곳이었다. 메소포타미아나 나아가 수에즈 운하에서 승리한다고 해도 영국에 치명적인 타격을 줄 수는 없을 것이었다. 반면에 영국에 패한다면 독일은 동맹들 사이에서 위신이 크게 떨어질 것이었다. 유럽 본토에 관해 팔켄하인은 결정적 공격의 여러 방안을 하나씩 배제해 나갔다. 플란데런은 '땅의 상태' 때문에, 플란데런 남쪽은 약 30개 사단이 필요하기 때문에 제외되었다. 팔켄하인의 주장에 따르면, 30개 사단이면 다른 모든 전선의 예비 부대를 '마지막 한 사람까지' 빼 와야 했다. 영국에 직접 강력한 일격을 가할 수 있는 곳은 없었다. "비참하기 그지없습니다."

그렇지만 팔켄하인은 약간의 창의력을 발휘해 이렇게 주장했다. "영국 군대로 유럽 대륙에서 치르는 전쟁이 영국에는 본질적으로 부차적인 일이라는 점을 우리가 깨닫는다면, 이 전쟁은 버텨낼 수 있습니다. 이곳에서 영국의 진짜 무기는 프랑스군과 러시아군, 이탈리아군입니다." 팔켄하인은 그 군대들을 무찌를 수 있다면 영국의 '파괴욕'을 끝장낼 수 있으리라 생각했다. 그러나 그는 방법을 제시하기 전에 먼저 영국을 직접 **타격할 수 있는** 무기를 하나 언급했다. "무제한 잠수함 전쟁이면 분명히 1916년이 가기 전에 영국의 굴복을 얻어낼 수 있다는 해군 지휘부의 굳은 약속"을 끝까지 지켜야 했다. 잠수함 전쟁 때문에 미국이 참전하게 되더라도 때늦은 일이 될 것이었다.

다음으로 팔켄하인은 '영국이 대륙에서 쓰는 도구들'을 다룰 방법을 논의하면서, 그의 전우인 오스트리아-헝가리제국의 콘라트 폰 회첸도르프*가 단번에 해치우고 싶어 조바심 내던 이탈리아를 경멸하듯 간단히 무시하고 넘어갔다. 게다가 오스트리아군은 러시아 전선에서 너무나도 절실히 필요했다. 러시아에 관한 논의로 넘어가서 팔켄하인은 이렇게 예상했다. "거대한 혁명을 기대할 수는 없어도 러시아가 내란 때문에 비교적 짧은 시간 안에 싸움을 그만둘 수밖에 없다고 믿을 수는 있습니다." 팔켄하인은 히틀러에게 도움이 되었을 법한 분별력으로 이렇게 의견을 말했다. "모스크바로 진격해도 우리가 얻을 것은 없습니다." 러시아 영토 중에서는 우크라이나가 유일하게 노력을 쏟을 만한 가치 있는 목표지만, 우크라이나를 획득한다면 루마니아가 연합국 편에 들어갈 수 있었다. 이어서 이 조심성 많은 장군은 우크라이나로 향하는 병참선이 충분하지 않으며, 어쨌거나 어느 작전에도 충분한 예비 부대를 투입할 수 없다고 말했다. 러시아는 내부의 혁명으로 고생하게 내버려 두어야 했다.

여기서 독일의 세계 전쟁 전략에 관한 모든 논의에서 가장 논쟁적인 주제가 등장한다. 영국에서도 마찬가지였지만, 독일에도 우열을 가릴 수 없을 정도로 각각 열렬히 주장을 내세운 '서부전선론자'와 '동부전선론자'가 있었다. 1915년 말 팔켄하인은 '서부전선론자'가 되어 있었다. 반면 힌덴부르크와 루덴도르프, 그리고 그 두 사람의 지지자들은 독일이 승리하려면 특정 시점에 한 전선에 압도적으로 많은 병력을 집중해야 한다고 믿은 슐리펜 신봉자들의 지지를 받아, 1916년에 독일이 우세한 힘을 발휘할 수 있는 가장 유망한 장소로 러시아를 선택했다. 전쟁이 끝난 후 리델 하트에서 윈스턴 처칠까지 연합국 전략가

프란츠 콘라트 폰 회첸도르프(Franz Conrad von Hötzendorf, 1852~1925) 1906년부터 1917년까지 오스트리아군 참모총장을 지냈다.

들은 '동부전선론자'를 옹호했다. 처칠의 말을 빌리자면, "베르됭 공격에 헛되이 낭비한 노력의 절반, 희생된 병력의 4분의 1이면 '우크라이나의 비옥한 땅'에서 병참 부족이라는 어려움을 극복할 수 있었을 것이다." 그랬더라면 러시아는 1년 더 빨리 전쟁에서 나가떨어졌을지 모른다. 러시아가 망설였더라도, 우크라이나의 밀과 원료를 단단히 챙겼다면 동맹국은 영국 해군의 봉쇄에도 동요하지 않고 승부를 더 오래 끌 수 있었을 것이다. 그러나 연합국에는 다행스럽게도 1916년에 고삐를 쥔 자는 루덴도르프가 아니라 팔켄하인이었다.

팔켄하인은 긴 비망록에서 마침내 요점을 언급한다.

이제 프랑스만 남았습니다. …… 우리가 프랑스 국민의 눈을 열어 그들이 군사적으로 더 기대할 것이 없다는 사실을 깨닫게 할 수 있다면, 우리는 곧 돌파의 순간에 도달할 것이고 영국은 자기 손에 쥔 최고의 칼을 잃게 될 것입니다. 이러한 목적을 이루기 위해, 어쨌거나 우리의 능력을 넘어서는 대규모 돌파라는 불확실한 방법을 동원할 필요는 없습니다. 제한된 자원으로도 어지간히 해볼 수 있을 것입니다. 서부전선의 프랑스 구역 배후로 우리가 도달할 수 있는 곳에는 프랑스 참모본부가 모든 병력을 투입해야만 유지할 수 있는 목표 지점들이 있습니다. 만일 그들이 그렇게 한다면, 우리가 목적을 달성하든 달성하지 못하든 간에 **프랑스군은**—자발적으로 후퇴하는 일은 없을 것이므로—**피를 남김없이 흘리고 죽게 될 것입니다.*** 만일 그들이 그렇게 하지 않는다면, 그리고 우리가 목적을 달성한다면, 프랑스에 정신적으로 어마어마한 영향을 끼치게 될 것입니다. 좁은 전선에 국한된 작전이라면 우리 독일이

---

* 저자의 강조. 이하 명사형으로는 '말려 죽이기'로 옮겼다.

아주 심하게 힘을 소진할 필요는 없을 것입니다. ······

지금 제가 말씀드리는 목표 지점은 벨포르와 베르됭입니다. 앞서 강조한 고려사항은 두 곳에 똑같이 적용되지만, 베르됭이 우선입니다.

팔켄하인이 비망록을 끝내면서 이 '우선'의 이유를 설명한 부분은 설득력이 몹시 떨어진다. 베르됭에서 프랑스군이 공세로 나올 가능성이 있는데 그렇게 되면 독일군 전선 전체에 중대한 위협이 될 수 있다는 것이었다. 물론 프랑스군 총사령부의 아둔하기 짝이 없는 전술 입안자들도 4분의 3이 포위된 돌출부에서 전력을 다해 공격을 감행할 생각은 하지 못했다. 조금만 앞으로 나가도 독일군 포화에 난도질당할 수 있기 때문이다.

팔켄하인의 비망록은 군사사의 한 장을 장식했다. 역사를 통틀어 어떤 위대한 지휘관이나 전략가도 적의 피를 서서히 말려 죽이는 방법으로 적을 쳐부수겠다고 제안하지 않았다. 상상만으로도 오싹한 이 섬뜩함, 불쾌함은 냉담한 지도자들이 인간의 생명을 한낱 미물처럼 여긴 제1차 세계대전에서만 볼 수 있었던, 그 전쟁의 증후였다. 이 유일무이한 전략이 옳았는지는 실제로 전개된 사건들이 보여줄 것이다.

12월 15일에서 22일 사이 어느 때인가, 팔켄하인은 충실한 타펜과 함께 포츠담에서 카이저의 접대를 받았다. 카이저의 회고록에는 이상하게도 팔켄하인이나 베르됭에 관한 언급이 전혀 없으며, 타펜은 자신의 주인만큼이나 말수가 없었다. 그렇지만 면담은 20일에 이루어졌을 가능성이 높다. 어떻게 진행되었는지는 짐작할 수밖에 없다. 마른 강에서 퇴각한 후, 독일 육군의 명목상 최고사령관인 카이저는—참모본부에는 놀랍게도, 아니 어쩌면 만족스럽게도—점차 전쟁 수행에 관여하지 않았다. 그는 대학살극이 확산되자 "결코 이런 걸 원한 게 아니야."라고 중얼거리며(그랬다고 전한다) 낙관적인 환상의 세계로 물러나 전쟁과 아무 관련 없는 일들로 바쁘게 지냈다. 샤를르빌메지에르의 서부전선 작전사령부에 있을 때는 여유롭게 지냈다. 전선에서 돌아온 영웅들과 이야기를 나누고, 그들에게 훈장을 수여하고, 근처 스당으로 자주 산책을 갔다. 스당에서 그는 과거의 더 단순했던 영광을 즐겨 되새기곤 했다. 저녁 만찬에서는 참모들이 상세히 설명하는 '참호 일화'를 매우 즐겼다. 그 일화들은 과장되게 윤색되어 튜턴족의 영웅적 위업을 찬미하고 적의 가소로움을 증명해야 했다. 카이저는 전쟁의 생생한 현실에는 마음을 닫았다. 심지어 그의 총신인 팔켄하인도 불쌍한 몰트케를 좌절시켰던 호엔촐레른 가문의 장밋빛 환상을 깨뜨리려 했을 때 카이저의 질책에서 자유롭지 못했다. 타펜과 팔켄하인은 점차 카이저의 입맛에 맞는 소식만 골라 전하는 데 익숙해졌다.

포츠담에서 열린 회합에서 딱딱한 분위기를 누그러뜨리려고 최신 '참호 일화'를 언급하는 팔켄하인을 그려볼 수 있다. (사실 팔켄하인은 개인적으로 그런 이야기를 몹시 싫어했다.) 카이저는 책상 앞에서도 지휘권자라는 의식이 절실히 필요했기에 안장의자에 걸터앉아 팔켄하인이 비망록을 상세히 말할 때 동의한다는 듯 두 눈을 반짝이고 있었을 것이다. 팔켄하인이 이유 없이 총신이 된 것은 아니었다. 그는 카이저가 듣기 좋게 이야기를 포장하는 법을 경험으로 알았다. '최대의 적, 영국'에 관한 긴 서문은 일부러 많이 과장했다. 1915~1916년에 동맹 체제에서 영국이 지닌 힘은 사실상 1939~1940년에 비하면 상대적으로 훨씬 작았다. 프랑스는 여전히 주된 협력자였다. 그러나 팔켄하인은 카이저를 잘 알았다. 카이저가 자신의 영국인 어머니*에게 반감을 품고 있음을, 그가 사랑하는 아버지의 죽음을 어떻게 영국인 '돌팔이'

탓으로** 돌렸는지를, 쾌활한 외삼촌 에드워드***로부터 받은 실제 또는 가상의 냉대를, 영국 해군이 카이저의 평시 계획을 어떻게 매번 방해했는지를 잘 알았다. 팔켄하인은 영국에 맞서 싸우는 것처럼 보이게 함으로써, 카이저의 호의적인 반응을 얻을 수 있으리라 확신했다. 게다가 벨포르 대신 베르됭을 선택했기에 그는 자신의 계획이 카이저와 밀접한 관련이 있는 여러 이유로 승인받을 수 있으리라 기대했다. 성공적인 공격을 이끌 군대는 카이저의 아들, 즉 황태자*의 부대일 수밖에 없었다. 황태자가 1914년 9월 이래로 계속 베르됭의 성벽을 거세게 포격하고 있었기 때문이다. 바로 같은 달에 독일에서는 고난과 전쟁 피로증의 징후가 처음으로 뚜렷하게 드러났다. 아직 둘 다 심각한 수준은 아니었으나, 독일사회민주당은 점점 더 성가신 존재가 되어 가고 있었고 국내 문제만으로도 승리해야 할 이유가 충분했다. 특히 참모총장(팔켄하인)이 약속했듯이 그렇게 큰 희생을 치르지 않고 얻는 승리라면 더욱 좋았다.

베를린에서 돌아오는 팔켄하인의 열차에 몽메디에서 슈미트 폰 크노벨스도르프(Konstantin Schmidt von Knobelsdorf) 장군이 올라탔다. 황태자는 제5군의 명목상 사령관이었고 실질적인 결정권자는 (독일군 관례에 따라) 참모장인 크노벨스도르프였다. 애초에 팔켄하인의 머릿

---

* 빌헬름 2세의 어머니, 즉 프리드리히 3세의 아내는 빅토리아 여왕의 장녀로 이름은 어머니와 같은 빅토리아였다.

** 프리드리히 3세는 1888년 3월 9일에 즉위했고 즉위 전에 걸린 암으로 6월 15일에 사망했는데, 당시 유명한 의사였던 영국인 모렐 매켄지(Morell Mckenzie)가 초빙되어 독일인 의사들과 달리 암이 아닌 것으로 진단하고 치료했다.

*** 에드워드 7세(Edward VII, 1841~1910, 재위 1901~1910)를 가리킨다. 그는 빅토리아 여왕의 장남으로 왕위를 이었다.

빌헬름 폰 프로이센(Wilhelm von Preußen, 1882~1951) 독일제국의 마지막 황태자. 제5군 사령관이자 독일황태자집단군(Heeresgruppe Deutscher Kronprinz) 사령관으로 베르됭 공격을 지휘했다.

속에 베르됭 공격이라는 발상을 심어준 사람이 바로 크노벨스도르프였는데, 그도 이제 처음으로 1916년에 독일의 주력이 향할 곳이 베르됭임을 알게 되었다. 크노벨스도르프가 황태자에게 이 소식을 전했을 때, 황태자는 크게 도취하여 황홀경에 빠졌다. (이것은 훗날 크노벨스도르프의 회고록에서 어느 정도 사후에 지어낸 이야기라고 의심할 만하다.)

혹독한 시련으로 단련된 나의 부대를 이끌고 한 번 더 적에 맞서 싸우고 싶은 욕구를 오랫동안 억눌렀으나 이제 실현할 수 있게 되었다. 내 마음은 행복한 기대로 가득했다. 그러나 완전히 평온하게 확신을 품고 미래를 내다볼 수는 없었다. 프랑스군은 베르됭에서 분명히 "피를 있는 대로 다 흘릴" 것이라는, 참모총장이 끊임없이 되풀이하는 말에, 그 요새 도시가 결국 그 방법으로 점령될 것인지에 의심이 들어 나는 걱정스러웠다.

팔켄하인이 돌아온 다음날인 크리스마스 이브에 '게리히트(Gericht)'라는 불길한 예감을 주는 암호명으로 위장된 전보들이 폭주하기 시작했다. 독일어 Gericht는 법정이나 심판, 드물게는 처형장을 뜻한다. 연합군의 솜강 공세 준비와 비교하면 일은 놀랍도록 빠르게 진행되었다. 공격에 배정된 새로운 군단 중 첫 번째 군단이 발랑시엔에서 매우 은밀하게 수송되었고, 그 지휘관인 폰 츠벨 장군*은 12월 27일 새 사령부에 도착했다. 1월 27일 최종 명령이 공표되고—이날은 카이저의 생일이었고 길일을 택해 발표한 것이었다.—공격은 2월 12일로 맞춰졌다.

요한 폰 츠벨(Johann 'Hans' von Zwehl, 1851~1926) 베르됭 전투에서 제7예비군단을 지휘했고, 1916년 12월부터 1918년 11월까지 안트베르펜 총독을 지냈다.

12월 24일부터 1월 27일까지 팔켄하인과 제5군 사이에 진행된 논의에서 두 가지 결정적인 의견 차이가 드러났다. 첫째, 크노벨스도르프와 황태자는 뫼즈강 양안에서 동시에 공격하기를 원했다. 그러나 팔켄하인은 병력을 더 내어줄 여유가 없다고 주장했다. 그는 연합군이 전선의 다른 지역에서 틀림없이 지원 반격을 개시할 것이므로 여기에 대비해 독일군의 전체 가용 예비 병력 중 최소한 3분의 1은 남겨 두어야 한다고 거듭 강조했다. 공격은 우안, 즉 동쪽 강둑에 국한해야 하며 9개 사단이면 그런대로 충분하다고 보았다. 신중한 팔켄하인은 연합군의 반격이 두려웠지만 독일군의 다른 지도자들은 전혀 두려워하지 않았다. 아마도 그들이 판단을 내리기에 더 좋은 위치에 있었을 것이다. 1월 7일, 헤이그와 대결했던 제6군의 참모장 헤르만 폰 쿨 장군*이 베를린으로 소환되어 다가올 공세에 관해 설명을 들었다. 그는 아라스 북쪽에서 분명히 영국군의 즉흥적인 반격이 있을 것이라는 경고를 받았다. 이어서 팔켄하인은 그 공격을 격퇴한 뒤 2월 중순에 8개 사단으로 반격할 수 있을 것이라고 친절하게 덧붙였다. 쿨 장군은 키치너의 새로운 군대가 전혀 준비되지 않은 상태에 있다고 (옳게) 지적하며 팔켄하인의 판단은 터무니없다는 식으로 거의 노골적으로 답했다. 2월 11일, 베르됭 공격 개시 전날 팔켄하인은 다시 쿨 장군을 만나 예상되는 연합군의 반격을 격퇴했을 때 "전쟁에 변화가 생기기"를 기대한다고 자신의 주장을 되풀이했다. 이 이야기를 전달받은 제6군 사령관 바이에른 왕세자 루프레히트*는 이렇게 말

헤르만 폰 쿨(Hermann von Kuhl, 1856~1958) 전쟁 중에 제1군, 제12군, 제6군의 참모장을 지냈다.
루프레히트 폰 바이에른(Kronprinz Rupprecht von Bayern, 1869~1955) 바이에른의 마지막 왕인 루트비히 3세의 장남. 제6군 사령관, '루프레히트폰바이에른집단군' 사령관을 지냈다.

했다. "팔켄하인 장군은 자신이 진정 무엇을 원하는지 잘 모르고 있으며, 바람직한 결과로 이어질 행운을 기다리고 있다." 팔켄하인이 자신의 의도에 대해 일으킨 혼란은 이 정도였다.

독일의 계획에서 두 번째로 의견이 일치하지 않은 지점은, 아마도 가장 이상한 측면일 텐데, 독일인으로서는 베르됭 전투에 관해 가장 날카롭게 평가한 헤르만 벤트(Hermann Wendt)가 '충돌하는 두 요소'라고 설명한 것이었다. 팔켄하인은 제5군에 내린 명령에서 오로지 "뫼즈강 구역에서 베르됭을 향해 공격"하라는 말만 했다. 그러나 황태자는 명령서에서 "저돌적인 방법으로 베르됭의 요새를 점령하는 것"을 목표로 설정했다. 세월이 흐른 뒤, 벤트가 1916년 2월에 팔켄하인이 정말로 베르됭을 점령할 의도가 있었는지 질문했을 때 타펜은 단호히 이렇게 대답했다. "베르됭 점령이 공세의 진짜 목표로 제시된 적은 없었지만, 우리는 거기서 프랑스군의 파멸을 보아야 했다. 그과정에서 베르됭이 우리 손에 들어온다면 더 좋은 것이었고." 이 대답은 팔켄하인의 비망록과 완전히 일치한다. 그렇지만 베르됭에서 전격전으로 승리를 거둔다는 제5군의 계획은 팔켄하인이 계획한 서서히 '말려 죽이기'와는 완전히 모순된다. 일단 프랑스가 베르됭을 빼앗기면 프랑스군을 도살장으로 유인할 당근은 사라질 수밖에 없었다. 실제 출혈이 일어날 죽음의 돌출부 자체가 제5군의 진격으로 사라질 것이기 때문이었다.

황태자도 크노벨스도르프도 팔켄하인 비망록 원본을 실제로 보지는 못했다. 언젠가 누가 물었듯이, 팔켄하인은 자신의 계획과 크게 다른 제5군의 계획을 왜 승인했을까? 답은 군대의 '사기' 때문이었던 것으로 보인다. 냉철한 정신을 지닌 팔켄하인은 분명히 군대가 자신들이 오래 지속될 또 다른 소모전에 착수하는 것이라고 생각하기보다 프랑스의 가장 강력한 요새를 점령하는 것이 목표라고 믿을 때 더 잘 싸울 것이라고 생각했다. (훗날 크노벨스도르프조차 팔켄하인의 진짜 의도를 처음부터 알았다면 결코 지지하지 않았을 것이라고 주장했다.) 한편, 팔켄하인은 제5군을 자신의 뜻에 확실히 따르게 하려고 황태자에게 예비 부대를 충분히 쓸 수 있다고 약속하면서 실제로는 예비 부대를 제5군이 아니라 자신의 통제 아래 두었다. 말로는 숙박 시설 부족을 이유로 들었지만 2개 사단은 이틀 행군 거리 밖에 머물렀으며, 추가로 2개 사단이 벨기에에 머물렀다. 결정적인 순간에 전투에 투입할 수 있을 만큼 가까운 거리 안에는 지원 병력이 전혀 없었다. 따라서 헤르만 벤트가 말했듯이, 이 지극히 중요한 예비 부대는 팔켄하인에게 '지렛대'로 쓰였다. 그 지렛대의 조작과 그것이 어떠한 치명적 결과를 가져왔는지는 이어서 이야기하겠다.

전쟁사에서 대군의 지휘관이 독일 황태자가 팔켄하인에게 속은 것처럼 그렇게 허망하게 당한 적은 거의 없었다.

4장

왜 베르됭이었나

최상의 병법은 적의 계략을 미리 알아채서 사전에 막는 것이다.
차선책은 적의 외교 관계를 깨뜨리는 것이다.
그 다음 방법은 야전에서 적의 군대를 직접 공격하는 것이다.
가장 하위의 방법은 적의 성을 공격하는 것이다. ……
싸움은 적의 강한 곳을 피하고 약한 곳을 타격해야 한다.
—《손자병법》

독일 국가의 조직 능력이 이때보다 더 뛰어나게 발휘된 적은 없었
다. 프랑스는 전쟁 이전에 드물게 선견지명을 발휘해 와브르의 늪지
대를 가로지르는 길을 최대한 엉망으로 유지했는데, 독일 제5군은 그
길을 보완하느라 10개의 새로운 철로와 20여 개의 새 역사를 건설했
다. 스팽쿠르 숲에 중포를 가져와 숨기려고 그곳에만 7개의 지선(支
線)을 설치했다. 증기 롤러와 도로 건설 장비가 화차 여러 대에 실려
왔다. 휘발유로 움직이는 작은 기관차가 폭 60센티미터의 철로 위를
밤낮으로 오가며 공병대 보급품을 실은 긴 열차를 끌었다. 1개 군단
용으로만 철사 절단기 6천 개, 삽 1만 7천 자루, 수류탄 12만 5천 개,

모래주머니 1백만 개, 가시철조망 265톤 등이 병참 장교의 목록에 있었다. 공격을 위해 병력 14만 명이 집결했는데, 이들이 머물 곳을 마련하려고 전선 배후의 여러 마을을 전부 소개했다. 남아 있던 소수의 프랑스 주민들은 끝없이 이어지는 병사와 물자의 행렬, 동포를 죽음으로 내몰 거대한 대포를 억누를 수 없는 공포를 느끼며 바라보았다. 이따금 갈리아인의 해학이 담긴 농담으로 위안을 얻기도 했다. 이를테면 땅딸막한 박격포가 지나갈 때면 이렇게 속삭였다. "우리 것이 더 길어."

독일이 최대한으로 공을 들인 것은 대포였다. 독일의 전체 계획은 자신들의 중포가 프랑스 방어선에 말 그대로 깊숙이 구멍을 낼 것이고 그런 다음에 보병이, 바라건대 아주 적은 수의 사상자만 내며, 그곳을 점령할 것이라는 주장에 근거를 두었다. 프랑스는 공격을 저지하려고 베르됭 돌출부로 연이어 증원 부대를 보내겠지만, 이들은 잔혹한 포화에 짓이겨질 것이었다. 포와 탄약에 집중하는 것은 1914년에 독일이 착수한 군비 계획의 핵심이었는데, 이전의 전쟁에서는 전혀 볼 수 없던 것이다. 이 점에서 팔켄하인이 보인 아낌없는 태도는 황태자의 마음속에 남아 있던 의심, 즉 베르됭 공격에 대해 팔켄하인이 과연 진심인지에 대한 의심을 사라지게 만들었다. 독일군은 강력한 박격포 약 152문이 지원하는 가운데 야포 306문과 중포 542문으로 공격 구역을 집중 포격할 예정이었다. 추가로 측면에 집결한 대포는 도합 1,220문을 넘었다. 이것은 모두 길이가 약 13킬로미터를 넘지 않는 전선을 공격하기 위한 것이었다.

밤낮을 가리지 않고 멀리는 러시아와 발칸반도에서도 커다란 대포가 쏟아져 들어왔다. 크기순으로 말하자면, '뚱보 베르타'와 '감마 구포(Gamma-Mörser)'라고 불린 강력한 420밀리미터 대포가 13문 있었

제1차 세계대전에서 독일군의 비밀 무기였던 420밀리미터 대포 '뚱보 베르타'.

는데, 이 해로운 병기들은 엄청나게 큰 기네스 맥주병처럼 보였다. 이 대포들은 제1차 세계대전에서 쓰인 가장 큰 포였는데, 구경이 420밀리미터인 포신으로 무게가 거의 1톤이 넘고 세우면 높이가 거의 성인 남자 키만큼 되는 거대한 포탄을 발사했다. '뚱보 베르타'를 운반하려면 172개 부품으로 분해해야 했고 짐마차 12대가 필요했으며, 다시 조립해서 전투에 투입하려면 스무 시간이 걸렸다. 이 포를 발사하면 진동 때문에 반경 약 3킬로미터 이내에 있는 주택들의 창문이 모두 박살 났다. 1914년 독일의 '비밀 무기'였던 '뚱보 베르타'는 크루프 사가 독일의 전쟁 수행 노력에 처음으로 크게 기여한 것이었다. 슈투카*만큼이나 길고 시끄러운 소리를 내며 날아와 사기를 꺾었던 거대한 포탄은 난공불락이라는 리에주의 요새들을 박살 냈고, 독일인들은 베르됭에서도 같은 일이 벌어지리라 기대했다.

그 다음, 포신이 긴 380밀리미터 함포* 두 문은—역시 크루프 사에서 제작했다.—사거리가 엄청나게 길었기에 전선 배후로 한참 떨어진 부아드아프르몽 숲에 안전하게 숨겨 두었다. 그 밖에 땅딸막한 오스트리아제 305밀리미터 구포, 즉 '베타 구포(Beta-Gerät)'가 17문 있었고, 쉽게 이동할 수 있는 210밀리미터 속사포가 다량 있었다. 이 속사포가 베르됭의 '푸알뤼'*에게는 가장 익숙하고 가장 두려운 것이 된다. 그리고 나중에 프랑스의 포병들과 병참 부대에 악몽이 되는 긴 150밀리미터 포가 있었는데, 이 포는 끝없이 포탄을 퍼부었고 사거리에 거의 한계가 없는 듯했다. 탄도(彈道)가 거의 수평이어서 몸을 숨길 시간이 거의 없었기에 프랑스 병사들이 몹시 싫어했던 130밀리미터 속사포는 주로 임시 변소에 가는 병사들이나 방어선 뒤에서 카드 놀이를 즐기던 부주의한 병사들을 먹이로 삼았다. 크게 대비되지만 똑같이 혐오의 대상이 된 박격포도 있었다. 이 조잡한 병기는 약 45킬로그램이 넘는 폭약을 장전한 산탄을 발사했다. 때로는 살상력을 높이려고 부서진 자명종 조각을 집어넣기도 했다. 이 포탄은 공중제비를 돌며 천천히 날아왔지만, 엄청난 폭발로 참호의 전체 구간을 다 쓸어버릴 때의 파괴력은 다른 포탄에 못지않았다. 크기가 가장 작은

슈투카(Stuka) 1937년에 실전 배치된 독일의 폭격기. 원래 명칭은 융커스 87(Junkers 87)인데, 독일어로 급강하 폭격기(Sturz-kampf-flugzeug)를 줄여서 슈투카(Stuka)라고 한다.
380밀리미터 함포 '38cm SK-L/45' 혹은 '랑거 막스(Langer Max)'라고도 불렸다. 원래 함포용으로 만들어졌으나, 설치하기로 되어 있던 함선 제작이 지연되면서 육상용으로 쓰이게 되었다. 특히 제1차 세계대전 당시 서부전선에서 공성포로 유용하게 쓰였다. 초기의 340밀리미터 함포는 1916년 2월 베르됭의 고정 진지(영구 요새)에서 사용되었지만, 포좌를 준비하는 데 시간이 오래 걸린다는 단점이 있었고 함포를 이동시키기 위해서는 철도에 탑재해야 했다.
푸알뤼(poilu) 제1차 세계대전에서 싸운 프랑스 군인. 털이 많다는 뜻으로 콧수염과 턱수염을 기른 농촌 출신 보병들을 빗대 쓴 말이다.

포는 77밀리미터 야포였는데 진격하는 부대들 사이로 탄막 포화를 퍼부을 수 있었다. 프랑스의 유명한 75밀리미터 포보다 치명적이었다고는 말할 수 없어도 그만큼의 살상력은 있었다. 그리고 경보병 부대의 무기인 반자동 '연발포(revolver-cannon)'와 '폼폼 기관포(pom-pom)'가 있었다. 마지막으로 베르됭에서 첫선을 보이는 공포의 신무기인 화염방사기가 있었다.

각급 대포는 신중하게 지정된 고유 임무가 있었다. 강력한 감마 구포와 베타 구포는 뛰어난 관측 지점을 갖춘 로마뉴와 마리몽의 구릉 뒤에 숨어 요새들에 집중 포격을 가하기로 되어 있었다. 380밀리미터 함포 한 문은 베르됭에 하루에 포탄 40발을 지속적으로 떨어뜨릴 것이었고, 다른 한 문은 뫼즈강 좌안 먼 곳에서 병참을 방해할 것이었다. 참호에 약 137미터마다 포대가 하나씩 배치된 210밀리미터 포는 프랑스군 제1선을 분쇄하는 임무를 맡았다. 그 임무가 완수되면 이 포들을 옮겨 중간 지대에 칸막이를 쳐 침투 불가능한 '완충 지대'를 만들어 프랑스 증원 부대의 반격을 저지해야 했다. 구포의 포격을 어떻게든 견뎌낸 거점이 있으면 박격포의 근접 포격으로 최후의 일격을 가하기로 했다. 공격이 성공하면 곧바로 먼저 후방 중포의 엄호를 받아 새로이 준비된 진지로 경포를 이동시키고, 경포가 엄호 포격을 가할 준비가 되면 곧이어 중포를 전진 배치할 것이었다. 공격 개시일에는, 위치가 확인된 프랑스군 포진지에 곡사포와 야포로 독가스 포탄을 쏟아붓기로 했고 동시에 150밀리미터 특수 포대를 대기시켜 전투 중에 적의 새로운 대포가 나타나면 제거하기로 했다. 그동안 다른 150밀리미터 장거리포는 전선으로 이어지는 모든 도로와 철도를 지속적으로 낱낱이 파괴할 것이었다. 독일군 포병이 받은 명령은 이러했다. "모든 철로를 남김없이 포격해야 한다. (적이) 아무런 방해도 받지 않고 순조롭게 보급을 진행하는 일은 결코 없어야 한다. 적은 어디서도 스스로 안전하다고 느낄 수 없어야 한다." 이 가공할 포격을 준비하기 위해 포 근처에 6일분의 포탄을 적재했다. 준비된 포탄이 전체 250만 발에 이르렀고, 포탄 운송에만 약 1,300량의 탄약 열차가 필요했다. 도로 사정이 열악했는데도 1916년 2월 1일 제5군 포병 지휘관 헤르만 베크(Hermann Begg) 소장은 대포 1,200문의 배치가 예정대로 완료되었다고 보고할 수 있었다. (최선의 노력을 기울이느라 말의 30퍼센트를 잃었다.) 베르됭을 에워싼 숲속에는 빽빽이 들어선 대포와 쌓아놓은 포탄 때문에 사람 하나 지나갈 틈이 없었다.

독일은 세심하게 계획을 세우면서 아주 작은 부분도 놓치지 않았다. 프랑스군의 제1선을 점령하자마자 중포를 끌어와 배치하기 위해 맨 앞에서는 이미 포좌를 놓을 자리를 파고 있었고, 파괴한 진지로 빨리 연결할 수 있도록 통신선을 감아 준비해놓았다. 그리고 공격해오는 적군 보병 부대가 빽빽한 숲속에서 정확히 어디에 있는지를 아군 포대에 알려주기 위해 커다란 빨간색 기구를 갖춘 특별 연락 부대가 있었다.

독일의 준비 속도보다 더 놀라운 것은 비밀 유지였다. 이 점에서는 팔켄하인의 영향력이 제 몫을 했다. 나머지 독일군은 마지막 순간까지도 '심판' 작전에 관해 알지 못했다. 다른 군의 연락장교들은 제5군의 전선에 출입하지 못했고, 대포에 관해 팔켄하인에게 조언했던 막스 바우어(Max Bauer) 대령도 포 전술을 변경하기에는 너무 늦은 시점에 공격 계획을 알게 되었다. 전선 남쪽 멀리 떨어진 곳에 있던 게데(Hans Gaede) 장군에게는 벨포르 공격 작전인 '슈바르츠발트 작전'을 건성으로 준비하도록 했다. 사실 팔켄하인은 이 작전을 완수할 의사가 조금도 없었다. 이러한 기만에 힘을 실어주기 위해 황태자는 자신이 게데 분견군(Armee-Abteilung Gaede)으로 간다고 널리 홍보한 채 순시를 떠났다. 그곳에서 황태자는 과시적으로 스위스 국경 수비 대 병사들과 악수를 했다. 독일은 주의를 딴 데로 돌리려고 여러 다른 구역에 대한 포격을 정밀하게 계획했다. 그리고 베르됭에서 무언 가 진행 중이라는 사실을 더는 숨길 수 없게 되었을 때에는 중립국에 서 활동하던 독일 첩자들이 베르됭은 양동 작전이고 진짜 대규모 공격은 다른 곳에서 벌어질 것이라는 소문을 퍼뜨렸다. 베르됭 배후에 새로 세운 대형 병원들에 도착한 간호사들도 자신들이 "내과 질환을 치료하게" 될 것이라고 들었다. 적이 이 모든 것에 어느 정도까지 속아 넘어갔는지는 곧 밝혀질 터였다. 한편 독일의 동맹국인 오스트리아도 이보다 나은 정보를 받지 못했는데, 이는 팔켄하인 편에서 저지른 놀랄 만한 외교적 실수였으며 이후 적지 않은 영향을 끼치게 된다.

독일군이 베르됭 배후에서 진행되는 엄청난 활동들을 감추려 애쓸 때 겨울이면 자주 피어나는 뫼즈강의 안개와 그 주변에 띄엄띄엄 이어지고 나무가 울창한 언덕들이 큰 도움이 되었다. (사실 시야가 트인 와브르에서 출발하는 동쪽 축선이 더 바람직해 보였지만 이것을 버리고 은폐된 북동쪽 접근로를 따라 공격하기로 결정한 것은 거의 전적으로 작전을 은밀하게 진행해야 했기 때문이었다.) 독일은 자연이 제공한 것을 창의성으로 보완했다. 독일의 표현주의 화가 프란츠 마르크(Franz Marc)는 대포를 가릴 위장막에 그림을 그린 이들 중 한 명이었다. 나무가 없는 곳에서는 마치 커다란 어망을 말리려고 내건 것처럼 도로 전체를 휘장으로 덮었다. 대포 1,200문이 대단히 정교하게 설치되었다. 포병들이 진지를 답사하고 밤에 엄체호를 파고 즉시 위장했다. 그런 다음 탄약이 도착했고 모든 준비가 끝났을 때 드디어 숨기려 해도 숨길 수 없는 대포가 왔다. 공격 개시일까지는 오래전에 설치되어 이미 프랑스 포대 지도에 정확한 지점이 표시되어 있을 것으로 추정되는 대 포만 적의 포격에 대응하도록 허용되었다.

그러나 그때까지 비밀 엄수에 가장 효과적으로 기여한 것은 전체 공격 지대를 따라 서둘러 만든 거대한 콘크리트 슈톨렌(Stollen), 즉 지하 진지였다. 1915년의 무익한 공세에서는 공격 부대를 전방 참호 에 가득 채워 넣음으로써 결정적인 기습 공격의 기회를 매번 잃었다. 적의 감시에 너무 쉽게 포착되었기 때문이다. 그 즉시 속셈을 들켰을 뿐 아니라, 적군의 대응 포격에 터무니없이 많은 사상자가 발생했다. 여기서 연합군 장군들은 아무것도 배우지 못했지만 독일군 장군들은 달랐다. 그리하여 베르됭에서 독일 공격 보병들은 포탄을 막아내는 넓은 지하 진지에 안전하게 피해 있었다. 몇몇 지하 진지는 프랑스군 의 시야에서 한참 벗어난 곳에 대대 병력의 절반까지 수용할 수 있었 다. 공격 개시일에 지하 진지에서 뛰쳐나온 보병들은 약 46미터가 아 니라 최대 914미터에 이르는 중간 지대를 주파해야 했을 것이다. 독 일군의 포격으로 프랑스군의 75밀리미터 포가 대부분 파괴되었으리 라는 추정에 따른 계산된 모험이었다. 그리고 이 기법은 1918년 3월 영국군에 맞설 때 훨씬 더 큰 성공을 거두게 된다.

이 모든 지상 활동을 역사상 최초의 공중 엄호대가 지켜보았다. 1916년에 이르기까지, 양측 모두 초기 단계에 머문 공중 무기는 조잡 하고 원시적인 비행기에 탄 영웅적 젊은이들이 일대일로 벌이는 검투 사의 대결 같은 전투에 국한되었다. 공중 무기는 처음에는 사진 정찰 에 쓰였고(육군 참모본부는 이 작전을 몹시 의심스럽게 지켜보았다), 체 펠린(Zeppelin) 비행선의 습격도 있었다. 하지만 그게 전부였다. 그 리고 이제 베르됭에서 공중의 역사가 새로 쓰였다. 역사상 처음으로 지상군의 전술을 지원하는 데 비행기가 대규모로 투입되었다. 베르됭 공격 이전에 독일은 그곳에 공중 전력의 주력을 집결했다. 비행기 168대, 계류 기구* 14대, 체펠린 비행선 4대였다. 이것은 제1차 세계 대전 기준으로 볼 때 대규모 전력이었으며, 새벽부터 황혼까지 '공중 탄막'을 제공해 이론상으로는 나중에 지상 탄막이 프랑스 증원 부대를 '차단'하는 것만큼이나 완벽하게 프랑스 비행기가 독일군의 준비를 알아내지 못하도록 막을 것이었다. 일단 공격이 시작되면 독일군의 '공중 탄막'은 포대에 반드시 필요한 관측 기구(氣球)를 프랑스 비행기의 공격으로부터 보호해야 했다. 일대일 대결의 시대는 오래가지 않았고, 영국 전투*가 한 걸음 더 가까이 다가왔다.

베르됭이라는 도시는 여러 신들 중에서도 마르스(Mars)와 특히 관련이 깊은 오래되고 유명한 역사를 가지고 있다. 로마 시대에도 비로두눔(Virodunum, 베르됭의 라틴어 표기)은 훈족의 지도자 아틸라 (Attila, 406?~453?)가 태워버릴 만하다고 생각했던 중요한 방어 요새였다. 843년, 카롤루스 마그누스의 후손 세 명이 서로 싸우다가 이곳에서 베르됭 조약*을 맺어 유럽을 나누어 가졌고, 이로써 독립된 국가로서 독일이 탄생했다. 이로부터 베르됭은 튜턴족의 마음속에 영원한 신비로 남았다. 조약에 따르면 베르됭은 원칙적으로는 프랑스의 일부였지만 923년에 독일의 종주권에 들어갔고 1552년에 앙리 2세가 '해방'할 때까지 그 상태로 머물렀다.* 한 세기가 더 지난 뒤 보방은

계류 기구 강철 따위의 줄로 잡아매어 공중에 띄워 두는 기구(氣球). 광고, 관측, 신호, 정찰 따위에 쓴다.

영국 전투(Battle of Britain) 1940년 6월 말 이후 영국 본토를 공습한 독일 공군과 이를 격퇴하려는 영국 공군 사이에서 벌어진 항공전.

베르됭 조약 843년 8월 경건왕(敬虔王) 루도비쿠스 1세의 세 아들이 맺은 카롤링제국 분할 조약을 일컫는다.

프랑스를 지키는 장벽을 건설하면서 베르됭을 가장 위압적인 요새로 바꾸어 프랑스의 권리를 확인했다. 30년전쟁(1618~1648) 때 포위당했던 경험은 1916년까지 1백 년에 한 번꼴로 주기적으로 되풀이되었다. 1792년에 베르됭은 프로이센의 대포에 맞서 싸웠다. 지휘관인 보르페르*가 항복이 아닌 자살을 택하기까지(다른 설명에 따르면 애국심이 부족한 시민들의 손에 살해되었다고 한다) 베르됭은 저항했다. 1870년, 베르됭은 스당과 메스, 스트라스부르보다 늦게, 마지막까지 버티다 함락된 프랑스의 요새 도시였다. 따라서 양측 모두 베르됭과 관련해 갖다 쓸 상징적 자료와 정서적 자료가 많았다.

1916년이 시작되던 때, 베르됭은 평균 이하의 활력을 보이는 조용한 지방 도시였다. 웅장한 과거를 두고 주제넘지 않고 겸손했으며 미래를 두고는 이상하리만치 태평했다. 베르됭은 설탕으로 절인 아몬드를 자랑했지만, 프랑스 전체에서 손꼽히게 비가 많이 오고 안개가 많이 끼는 험악한 기후는 그다지 자랑할 게 못 되었다. 1914년 9월 이래로 적군이 성문에서 채 약 16킬로미터도 떨어져 있지 않았음을 생각하면, 베르됭의 삶은 전쟁 이전에 비해 놀랍도록 변하지 않았다. 도시에 군인이 가득 들어찼으나 이런 상황은 베르됭 주민에게 전혀 새롭지 않았다. 언제나 수비대가 주둔하는 도시였기 때문이다. 전쟁이 가까이 다가오고 돌발적으로 포성이 울린 탓에 원래 1만 5천 명을 밑돌던 주민은 약 3천 명으로 줄어들었다. 그러나 남은 주민들은 잘 적응했고, 사실을 말하자면 그렇게 편하게 지낸 적도 드물었다. 악기점을

---

* 합스부르크-발루아전쟁이라고도 하는 이탈리아전쟁(1551~1559)에서 프랑스 왕 앙리 2세는 신성로마제국 황제 카를 5세에 맞섰는데 1552년 독일의 프로테스탄트 제후들과 샹보르 조약을 체결하고 로렌으로 쳐들어가 메스와 툴, 베르됭을 점령했다.
니콜라조제프 보르페르(Nicolas-Joseph Beaurepaire, 1740~1792) 제1차 대프랑스동맹전쟁 중에 프로이센 군대와 싸운 프랑스 혁명군.

하던 사람은 이제 엄청 먹어대는 푸알뤼들에게 토마토와 정어리 통조림을 팔았고(상당한 이윤을 남겼다), 여러 곳을 옮겨 다니는 상인들을 받던 여관은 영업을 그만두었지만 포도주를 통제 판매할 정도로 장사를 잘했으며, 쓰이지 않는 영화관에서는 치즈와 오렌지를 소매로 판매했다. 포도주 상인은 네 명에서 십여 명으로 늘었고, 은행원과 교사, 심지어 경찰까지도(군대에 소집되지 않은 사람들이었다) 식료품 사업에 뛰어들었다. 베르됭의 기존 잡화점 스물다섯 곳은 약 마흔 곳의 경쟁 업체가 새로 생겨나는 것을 대수롭지 않게 지켜보았다.

호텔 겸 식당인 '코크 아르디(Le Coq Hardi)'에서는 전쟁 이전과 마찬가지로 쾌활한 분위기에서 저녁 시간을 보낼 수 있었다. 그곳에서 저녁을 먹던 장교들은 맑은 시냇물에서 물고기를 잡던 평화로운 시절과 이제는 전방이 되어버린 뫼즈강 너머 언덕을 뒤덮은 오크나무 숲에서 멧돼지를 사냥하던 멋진 장면을 향수 어린 마음으로 돌아보았을지도 모르지만, 그 밖에 다른 점에서 삶은 나쁘지 않았다. 실제로 1914년 10월부터 1916년 2월까지 베르됭 구역은 전선 전체에서 가장 조용한 축에 들었다. 이따금 포탄이 떨어져 지역 사령부가 보방의 성채 위에 있던 막사에서 안전한 지하의 포대(砲臺)로 이동하고 결국에는 베르됭 밖으로 완전히 빠져나가야 했지만, 그때 참모 장교들이 지나치게 겁을 먹었다는 것은 잘 알려진 사실이다. 1915년 4월 샹파뉴에서 온 한 장교는 포성이 전혀 들리지 않는 데 크게 놀랐다. 그는 마치 평시 같다고 말했다. 프랑스 전선 배후에 있는 베르됭에서 삶은 기분 좋게, 현혹하듯이, 위험스러울 만큼 평온했다. 그리고 프랑스군 총사령부(GQG)가 가장 심하게 속았다.

지구상에서 가장 강력한 난공불락의 요새 도시인 베르됭은 제1차 세계대전의 지브롤터이자 싱가포르라는 평판을 얻었다. 그러한 평판은 마른강 전투에서 철저히 검증받았다. 독일 황태자가 이끌던 군대는 베르됭 요새를 거의 포위했으며, 조프르는 실제로 포기하라고 명령했다. (이때 조프르는 1870년 메스에서 규모만 크고 무용지물이었던 군대와 함께 갇힌 바젠의 운명을 떠올리기까지 했다.) 미국 남북전쟁 시대 사람처럼 수염을 기른 초로의 제3군 사령관 모리스 사라유*는 다행스럽게도 명령을 무시했다. 베르됭은 황태자의 거듭된 공격에도 마치 바위처럼 우뚝 서서 파리로 퇴각하는 프랑스군 좌익 전체에 절대적으로 필요한 닻이자 중심축이 되었다. 만일 베르됭을 포기했다면 조프르의 전선은 둘로 갈라졌을 것이고 마른강의 기적은 결코 일어날 수 없었을 것이며 프랑스는 파리를 빼앗겼을 것이다(분명히 전쟁에서도 패했을 것이다). 1914년 베르됭의 중요성은 그처럼 명확했다.

마른강 전투 후, 독일군은 요새 양쪽으로 약간 후퇴해야 했지만 다시 밀어닥쳐 베르됭과 당황스러울 정도로 가까운 뫼즈강 건너편 생미엘에 교두보를 만들었고 베르됭으로 이어지는 주요 철로 하나를 차단했다. 1915년 내내 독일군은 뫼즈강 양안에서, 즉 레제파르주와 아르곤의 보쿠아에서 돌출부로 침투해 베르됭을 가로막으려 시도했지만 끔찍한 지뢰전만 몇 차례 남겼을 뿐이다. 1916년이 되면 베르됭 주변 전선은 여전히 마치 커다란 탈장처럼 공격에 취약한 돌출부를 이루고 있었다.

지상에서 보면 베르됭의 방어 시설은 대단히 인상적이었다. 베르됭은 사방이 뫼즈강 주위의 작은 산들로 둘러싸여 있었다. 반경 약 8킬로미터에서 약 16킬로미터에 걸쳐 그 작은 산들이 동심원 구조를 이루어 베르됭이 중심 성채가 되는 거대한 자연 요새가 되었다. 강 우안

모리스 사라유(Maurice Paul Emmanuel Sarrail, 1856~1929) 제1차 마른강 전투 직전인 1914년 8월 30일부터 1915년 7월 22일까지 제3군 사령관을 지냈다.

의 중요한 북동쪽 구역에는 능선을 따라 4개의 자연 방어선이 형성되어 있었다. 그 능선들은 마치 요새의 비탈진 제방(glacis)처럼 적군 방향으로 완만한 경사를 이루었지만 반대편 사면이 가팔랐다. 그래서 방어군은 상대적으로 안전한 그 골짜기에 엎드려 기다리다가 벌떡 일어나 긴 비탈을 따라 진격하는 적군에 총격을 퍼부어 괴멸할 수 있었다. 구불구불한 뫼즈강 유역을 따라 전진하려는 군대는, 서로 맞물리고 겹치면서 강굽이로 돌출된 능선에서 종사(縱射)로 퍼붓는 총격에 갇히게 된다. 베르됭은 플란데런과 샹파뉴의 특색 없는 개활지와 닮은 점이 거의 없었다.

게다가 이 거대한 자연 요새의 중요한 구릉이나 능선 꼭대기에는 강력한 요새들이 박혀 있었다. 이것은 베르됭 방어 시설의 두드러진 특징이자 리비에르 장군이 만든 1870년 이후 방어선에서 파생된 것이었다. 1914년 독일군의 지도에만 최소한 20개의 큰 요새와 40개의 중간 규모 요새—프랑스인은 '우브라주(ouvrage, 보루)'라고 불렀다.—가 그려져 있었다. 뫼즈강 우안의 요새들은 대강 바깥쪽에 한 줄, 안쪽에 두 줄로 늘어섰다. 첫 번째 줄에는 물랭빌(Moulainville), 보, 두오몽이 있었고, 그 다음에는 타반(Tavannes), 수빌, 그리고 가장 안쪽 줄에는 베르됭이 내려다보이는 고지에 벨륍트(Belrupt), 생미셀(St. Michel), 벨빌(Belleville)이 있었다. 좌안에도 비슷히게 두 줄로 요새가 늘어섰지만, 가장 중요한 것은 부아부뤼 능선을 따라 늘어선 다섯 요새의 바깥쪽 줄이었다. 이 능선의 요새들은 강 건너편 두오몽과 수빌의 방어선들과 연결되었다. 베르됭 남쪽에는 다가올 큰 싸움과는 무관하지만 더 많은 요새가 밀집해 있었다. 이 모든 요새 중에서 가장 강력하고 실제로 베르됭 방어의 초석이었던 곳은 두오몽이었다. 약 365미터 높이에 있던 두오몽은 사방의 모든 지세가 빠짐없이 내려다보이는 곳으로 마치 몬테카시노*의 축소판 같았다.

보방 시대부터 프랑스 기술자들은 정교한 축성술에서 앞서 나갔으며, 베르됭도 예외가 아니었다. 각 요새는 옆 요새의 비탈진 제방으로 나타나는 적을 포로 격퇴할 수 있는 위치에 자리 잡았다. 155밀리미터 중포나 짧은 포신 두 개를 갖춘 75밀리미터 포 같은 대포들은 강철 보호대 아래로 끌어내릴 수 있는 포탑에 설치되었고 중포의 직격탄을 제외한 모든 공격으로부터 안전했다. 마찬가지로 잘 보호된 기관총 총좌와 측면 공격용 포를 설치한 토치카가 대포를 보완했다. 이로써 어느 방향에서 오든지 요새를 공격하는 자들을 격퇴할 수 있었다. 큰 요새의 지하에는 1개 이상의 보병 중대가 들어갔고, 더 현대적인 요새는 땅 밑으로 약 2.4미터까지 콘크리트로 보강했다. 사실상 요새들은 움직이지만 못할 뿐이고 결코 파괴할 수 없는 전차 대열이나 결코 가라앉지 않는 모니터함 전대와 같았다. 게다가 1914년에 전투가 줄어들면서, 외곽 열의 요새들과 독일군 사이 약 3.2킬로미터에서 4.8킬로미터 구간에 자리 잡은 작은 구릉에는 방어용 참호선이 만들어졌다. 프랑스는 15개월 동안 비교적 방해받지 않고 그 참호선을 난공불락으로 구축할 수 있었다.

원론적으로 1916년의 베르됭은 연합군의 전체 전선에서 가장 강력한 지점이어야 했다. 그러나 실제로는 가장 약한 지점 중 하나였다. 왜 그렇게 되었을까?

1914년에 독일의 비밀 무기였던 420밀리미터 대포가 벨기에의 전설적인 요새들을 손쉽게 파괴하고, 더욱이 프랑스의 가장 크고 가장 현대적인 마농빌레 요새를 함락하자,** 프랑스군 총사령부는 심한 충

몬테카시노(Monte Cassino) 성 베네딕투스가 최초의 수도원을 세운 이탈리아의 바위 산.
** 1914년 8월 27일 독일의 집중 포격을 받은 지 52시간 만에 항복했다.

격에 휩싸였다. 총사령부의 드 그랑메종 추종자들은 모리스 사라유가 베르됭에서 거둔 성공을 무시한 채 이 재앙을 재빨리 자신들에게 유리하게 이용했다. (틀림없이 어느 정도는 '국경 전투'로 손상된 평판을 회복하려는 의도였다.) 그들은 이렇게 단언했다. "요새는 단지 포탄의 표적일 뿐이다. 우리는 늘 그렇게 주장해 왔다. 요새는 프랑스의 공격 정신과 어울리지 않는다." 프랑스 병사가 있을 곳은 초목 없는 개활지였고, 꼭 필요하다면 참호 속에 있을 수 있지만 절대로 콘크리트 더미 밑에 숨을 수는 없었다. 프랑스는 메스와 스당의 요새를 무척 자랑했지만, 지난 전쟁에서 그 안으로 몰렸던 바젠과 마크마옹에게 무슨 일이 일어났는가? 1915년 봄 연합군이 포의 부족 때문에 공세에 실패했을 때, 프랑스군 총사령부는 병기고를 샅샅이 뒤져 쓸 수 있는 대포는 모조리 찾았다. 드 그랑메종 파의 어느 똑똑한 학생은 이렇게 말했다. "그런데 왜 베르됭의 그 모든 쓸모없는 요새들에 막대한 대포 자원을 설치해놓고 쓰지 않는가?"

7월, 동부집단군 사령관 뒤바유 장군*은 자신의 담당 구역인 베르됭을 방문한 하원 국방위원회 대표단에 당연히 총사령부가 확실히 옳다고 말했다. 베르됭의 실질적인 총독이었던 쿠탕소 장군*은 동의하지 않았고 만용을 부린 대가로 즉각 해임되었다. 다음 달에 쿠탕소의 후임으로 온 초로의 포병 장교 에르*는 (조프르에게 직접 명령을 받아 움

오귀스탱 뒤바유(Augustin Dubail, 1851~1934) 제1군 사령관으로 대전을 맞아 1915년 초 동부집단군(Groupe d'armées de l'Est) 사령관이 되었고 1916년에 전역했다.
앙리 쿠탕소(Henri Coutanceau, 1855~1942) 1912년 5월 14일에서 1915년 8월 10까지 베르됭 요새(Place fortifiée de Verdun) 사령관 겸 베르됭 총독, 1915년 8월 10일부터 1916년 1월 19일까지 베르됭 요새지구(région fortifiée de Verdun) 북부 구역 사령관을 맡았다.
프레데리크 조르주 에르(Frédéric-Georges Herr, 1855~1932) 1915년 8월 10일부터 1916년 2월 26일까지 베르됭 요새지구 사령관을 맡았다.

직이는) 뒤바유 장군으로부터 이렇게 지시받았다. "포위될 운명인 요새들은 더는 맡을 역할이 없다." 베르됭은 "**어떠한 경우에도** 그 자체만을 위해 방어할 수 없으며, 그곳을 지휘하는 장군은 어떠한 희생을 치르더라도 그곳에서 포위되어서는 안 된다." 한편, 다가올 샹파뉴 공세에 필요한 것을 채우기 위해 베르됭의 요새들에서 대포를 빼내왔다. 특히 측면 공격용 토치카의 포들을 빼냈는데, 회전 포탑에 고정되어 이동할 수 없었던 대포를 제외하면 사실상 거의 모든 포를 가져갔다. 10월까지 중포 43문(더불어 12만 8천 발의 포탄)과 11개 야포 중대가 제거되었다. 프랑스에서 가장 강력한 요새의 방어 체계 전체가 단번에 바뀌었다. 한 프랑스 군사사가의 말을 빌리자면, 그 조치는 "인정할 수 없는 경솔한 처사였다."

동시에 에르 장군은 뫼즈강 우안의 요새를 얕본 총사령부 명령에 따라 좌안에, 즉 베르됭의 **배후에** 방어선을 만들기 시작했다. 그러나 에르 장군이 그곳을 담당한 군단장에게 방어 계획을 묻자마자 그 군단은 샹파뉴로 이동했으며, 불운한 에르 장군은 1916년 2월까지 병력 부족에 시달렸다. 다른 전선을 채우느라 늘 병력을 차출당했기 때문이다. 2월 10일, 독일군의 공격 개시 예정일까지 이틀 남은 시점에, 프랑스는 여전히 좌안의 방어 공사에 여념이 없었다. 게다가 1월 말에 독일군의 위협을 조금씩 감지했을 때에도 총사령부는 얼마 안 되는 에르 장군의 부대를 추가로 베르됭과 우안의 진지들로 이어지는 교통호 작업에 투입했다. "모든 일이 시작되었지만 아무것도 끝나지 않았다."

작업에 필요한 인력뿐 아니라 열의도 크게 부족했다. 영국군이나 독일군과 달리 프랑스군 병사들은 '참호 파기'에 익숙하지 않았다. 게다가 에르 장군이 동원할 수 있는 부대는 샹파뉴 공세로 녹초가 되어 조용한 전선에서 '편한' 생활을 기대했거나 평온한 베르됭에서 너무 오래 지낸 '고참병들'로서 새로 온 장군의 변덕 때문에 손에 물집이 잡히도록 일할 생각이 없었다. 한 방문 장교에게서 최전선 참호로 이어지는 교통호—지극히 중요한, 생명을 구하는 동맥 같은—가 부족한 것에 대해 질문을 받은 병사는 이렇게 대답했다. "걱정할 것 없습니다. 우리는 아주 빠르게 지나갈 수 있고, 독일군은 쏘지 않습니다." 베르됭의 '가짜 전쟁'*이라는 헛소리가 고위층까지 퍼진 게 분명했다. "베르됭 전투 구역에는 교통호가 하나도 없고 지하 통신선이나 철책도 전혀 없다. 그러나 도시의 성채 주변에는 거대한 철조망이 설치되어 있다. …… 찾아오는 자들을 대비하여." 베르됭은 '재앙의 땅 (un terrain à catastrophe)'이었다. 몇 주 뒤 베르됭에서 독일군의 맹공을 받아낼 군단의 사령관인 크레티앵 장군*이 지휘권을 받자마자 보인 반응이 바로 이것이었다.

다소 지나치게 온화하고 무능했던 에르 장군은 부하들의 무기력함에 대해 책임을 면할 수는 없다. 하지만 그는 적어도 베르됭의 끔찍한 약점에 주의하기는 했다. 에르 장군은 필수적인 작업에 필요한 증원 부대를 거듭 요청했지만 허사였다. 이 불쌍한 사람이 느낀 절망이 1915년 가을 페탱의 부관에게 한 말에 그대로 담겨 있다. "나는 날마다 몸이 벌벌 떨린다. 공격을 받는다면 나는 버틸 수 없을 것이다. 총사령부에 말했지만 그들은 내 말을 듣지 않는다." 그리고 나중에 육군장관 갈리에니에게는 이렇게 말했다. "내게 가장 끔찍했던 것은 총

가짜 전쟁(phony war) 전쟁 중이나 대립 중이지만 실제 전투 없이 기싸움만 하는 상황.

아드리앵 폴 알렉상드르 크레티앵(Adrien Paul Alexandre Chrétien, 1862~1948) 1916년 1월 19일부터 1918년 6월 10일까지 베르됭 요새지구 북부 구역 사령관을 맡았고 베르됭 전투 중에 주로 제30군단을 지휘했다.

사령부의 청년튀르크당*이었습니다. 포병대 증원을 거듭 요청했지만, 그때마다 그들은 포병 중대 2개를 빼 가는 것으로 응답했습니다. '당신은 공격을 받지 않을 것이다. 베르됭은 공격 지점이 아니다. 독일은 베르됭의 무장 상태가 나쁘다는 사실을 모른다.'"

그렇게 총사령부는 베르됭에 곧 닥칠 위험에 눈감고 에르 장군의 호소에 귀를 막았다. 한낱 중령이 조프르의 평온을 예기치 않게 깨뜨릴 때까지 그런 상태가 계속되었다.

그러나 에밀 드리앙(Émile Driant)은 결코 한낱 평범한 중령이 아니었다. (베르됭 전투 당시 이미 예순 살이 넘었던) 드리앙은 군 생활 초기에 불랑제 장군의 전속 부관이 되었고 이어 그의 딸과 결혼했다. 뛰어난 군인이었던 드리앙은 《요새 전투(La Guerre de Forteresse)》를 비롯해 전쟁에 관한 책을 여러 권 썼지만, 아마도 다른 무엇보다 정치적 연고 때문일 텐데 5년간 잇달아 승급에서 탈락했다. 드리앙은 결국 육군에서 퇴역하기로 결심했고 이후 베르됭 인근 선거구에서 하원의원에 당선되었다. 제1차 세계대전이 일어나기 전에 드리앙은 프랑스 군대의 약점을 거듭 지적했다. 1906년에는 독일의 기동 작전을 참관하고 너무 놀라 일간지 〈레클레르(L'Éclair, 번개)〉에 기고한 글에서 이렇게 예언했다. "우리는 1870년처럼, 그렇지만 1870년보다 훨씬 더 철저히 두들겨 맞을 것이다." 1914년에 드리앙은 예비군 장교로서 즉시 과거에 자신이 복무했던 추격병 부대에 합류했다. 그는 베르됭 수비대 참모진에 배속되었으나, 나이가 많았는데도 현역 부대 지휘권을 요청했고 2개 추격보병대대를 받았다.** 마른강 전투 후, 드리앙의

---

* 반대파를 가리킨다.
** 프랑스군과 독일군에서는 영국군보다 부대 지휘관의 계급이 낮은 경향이 있었다. 따라서 대대장은 보통 소령이 맡았고, 연대는 대령이 지휘하곤 했으나 실제로는 중령이 지휘하는 경우가 더 많았다.(저자 주)

제56추격보병대대와 제59추격보병대대는 베르됭 북동쪽 부아데코르 숲을 지키는 임무를 맡았고 이후 계속 그곳에 머물렀다.

부아데코르 숲은 길이가 약 3.2킬로미터에 폭은 약 800미터 정도로 북동쪽에서 남서쪽으로 이어진 숲이었으며 꼭대기에 작지만 우뚝 솟은 고지대가 있었다. 1916년에 부아데코르 숲은 뫼즈강 우안으로 베르됭 제1 방어선의 중앙부에 해당했으며, 독일이 어떤 방향의 축선을 취하든 베르됭의 요새들을 직접 공격할 때 가로막게 되어 있었다. 따라서 드리앙은 자신이 가장 중요한 핵심 진지의 방어를 맡았음을 알았다.

드리앙은 자신이 이끄는 부대의 기동성 좋고 맹렬히 싸우는 추격병들과 마찬가지로 자그마한 사람이었지만, 매부리코에 콧수염을 기른 강인한 얼굴은 결연한 의지를 내뿜었다. 1915년 1월에 쓴 편지에서 드리앙은 이렇게 선언했다. 독일인들은 "한 걸음도 앞으로 내딛지 못할 것이다. 420밀리미터 포를 다 가져온다고 해도 그들은 결코 베르됭으로 침투하지 못할 것이다." 7월, 드리앙은 여단장에게 자신의 불편한 마음을 드러내며, 전선에 병력을 적절히 배치하는 동시에 명령받은 방어 공사를 완수하기는 불가능하다고 항의했다. 8월 22일, 드리앙은 친구인 하원 의장 폴 데샤넬*에게 편지를 쓰면서 이렇게 예언했다.

베르됭에서 낭시로 이어지는 방어선이 철퇴를 맞게 될 거네. 이 도시 중 하나가 점령당하면 정신적으로 어떤 영향을 끼치게 될지……. 우리는 전선을 지키기 위해 밤낮으로 할 수 있는 일은 다 하고 있네. ……

폴 데샤넬(Paul Deschanel, 1855~1922) 프랑스의 정치인. 하원 의장에 이어 1920년 2월에 대통령에 당선되었으나 사고와 뒤이은 건강 악화로 9월에 사임했다.

그러나 우리가 어찌할 수 없는 문제가 하나 있다네. 바로 **병력 부족**이라는 문제지. 그래서 자네가 (육군)장관이 그 점에 주목하게 도와주기를 간절히 부탁하네. 만일 우리의 제1선이 적에게 파상 공격을 당하게 되면, 제2선은 적을 막지 못할 거네. 우리는 제2선을 확고히 펼칠 수 없을 것이네. **일꾼이 부족하고**, 덧붙이자면, **철조망도 부족하네.**

드리앙의 편지에 담긴 내용은 육군장관에게 — 당시 육군장관은 조프르를 높이 평가하지 않는 파리의 구원자 갈리에니였다. — 전달되었고, 12월에 하원 국방위원회 대표단이 베르됭에 파견되었다. 대표단은 돌아오자마자 드리앙의 말이 전부 옳다는 것을 갈리에니에게 확인해주었고, 갈리에니는 조프르에게 보고서를 전하고 의견을 구했다. 갈리에니의 개입에 조프르는 좀처럼 보이지 않던 격노를 분출했고, 그의 답변은 리델 하트가 신랄하게 말했듯이 "전 세계 모든 관공서에 액자에 넣어 걸어놓을 법했다. 용기 있는 자들의 기를 꺾는 용도로."

나는 내 휘하 병사들이 군 조직의 위계적 경로가 아닌 다른 경로로 내 명령의 이행에 관한 불평이나 항의를 정부에 전달하는 것을 용납할 수 없다. …… 그것은 군대의 기강을 크게 어지럽히려는 의도로 계획된 것이다. …… 요컨대 나는 그대가 12월 16일자 급송 문서에서 정부의 이름을 걸고 드러낸 두려움을 정당화해줄 것은 아무것도 없다고 생각한다.

아마도 드리앙의 영웅적인 죽음만이 갈리에니를 군법회의의 치욕에서 구했을 것이다. 드리앙의 죽음은 그를 프랑스 순교자의 한 사람으로 만들어 불후의 명성을 누리게 해주었다.*

조프르가 베르됭의 위기에 마지막 순간까지 고집스럽게 눈을 감았다면, 그것은 부분적으로는 프랑스 정보부가 팔켄하인의 비밀 계획을 간파하는 데 별 도움이 되지 않았기 때문이다. 총사령부의 제2국에는 불운하게도, 베르됭 전투 직전에 독일군은 용감한 프랑스 여성 루이즈 드 베티니*가 전선 배후에서 운영한 중요한 첩보망을 깨는 데 성공했다. 60명이 넘는 첩자가 하룻밤 새에 사라졌고 정적이 내려앉았다. 절망과 굴욕감 속에서 프랑스는 영국에 정보를 요청할 수밖에 없었지만, 영국 해군 정보부는 1월 말에 가서야 베를린의 칵테일 파티에서 어느 독일군 고위 장교가 경솔하게 내뱉은 말에서 명확한 정보를 얻을 수 있었다. 베르됭 자체에서 이루어지는 정보 조사도 마찬가지로 비효율적이었다. 정찰은 거의 나가지 않았고(중간 지대에 잠복해 느끼는 긴장감은 어쨌거나 프랑스인의 기질에는 참호 파기만큼이나 맞지 않았다), 그 대신에 수준 낮은 정보를 얻기 위해 그다지 믿음직스럽지 못한 청음 초소에 주로 의지했다. 청음 초소에서는 이따금 적군의 조잡한 참호 통신망에서 새어 나오는 대화의 파편을 주워들을 수 있었다.

1월 17일까지는 날씨가 나빠서 독일 전선의 항공 사진을 사실상 얻을 수 없었다. 베르됭에는 실제로 정찰 비행대가 3개 있었다. 그러나 애석하게도 에르 장군의 참모진에는 항공 사진을 판독할 수 있는 장교가 단 한 명도 없었다. (실제 공격이 개시되기 나흘 전에야 전문가가 왔다. 비록 조금 늦기는 했으나 그는 주된 공격 지점을 정확히 예측할 수 있

* 갈리에니는 이미 전립선암으로 고생하고 있었고 조프르와의 충돌로 육군장관에서 물러난 뒤 건강이 더욱 악화되어 1916년 5월에 사망했다.(드리앙은 베르됭 전투에서 1916년 2월 22일 사망했다.)
루이즈 드 베티니(Louise de Bettignies, 1880~1918) 독일에서 영국군을 위해 활동한 프랑스인 간첩.

었다.) 1월 17일, 프랑스의 비행기 한 대가 독일군 포커기(機)의 '탄막'에 두 번이나 차단당하고 사진기가 부서졌는데도 로마뉴 고지 뒤쪽에서 독일군 대포가 보이는 사진을 몇 장 찍어 가져왔다. 엿새 후 제대로 된 정찰대가 다시 로마뉴 지역으로 침투했으나 인근 스팽쿠르 숲에 집결한 대포들을 촬영하지는 못했다. 프랑스의 정찰 활동은 비록 열의가 부족했어도 독일군의 '공중 탄막'이 철저하다는 사실을 밝혀냈다. 프랑스의 항공 정찰이 실패했다고 본다면 그것은 궂은 날씨, 비행장이 포격을 받은 것, 무기력이 결합된 탓이었다. 독일군이 공격해 올 때까지 프랑스가 공중에서 확인한 것은 70개의 포좌뿐이었다. 따라서 프랑스군은 자신들이 맞서야 할 포의 전체 규모를 전혀 몰랐다. 프랑스 정찰기들이 포착한 것은 적군 제1선에 새로운 '돌격 개시' 참호가 없다는 사실이었다. 그래서 프랑스군 총사령부는 독일군이 바라던 대로 임박한 공격이 없다고 믿게 되었다.

프랑스 정보부의 그 모든 결점에도 불구하고, '심판' 작전이 준비 중이라는 증거는 날마다 쌓여 갔다. 과민한 프랑스군에 제일 먼저 스며든 소문들은 상당히 거칠었다. 독일군이 베르됭 남쪽의 프랑스 방어선 밑으로 폭이 14미터나 되는 긴 굴을 파고 있다는 말이 돌았다. 배후에서 공격하려 한다는 것이었다. 그때 다수가 알자스 사람인 탈영병들이 점점 더 많이 넘어왔다. 이것은 언제나 '공격'이 임박했다는 신호였다. 그들은 에르 장군에게 비밀 지하 진지에 관해 상세하게 알렸고, 에르 장군은 즉각 그 목적을 이해했다. (그러나 총사령부는 그 지하 진지가 순수한 방어 시설이 분명하다고 답했다.) 1월 초, 프랑스군 관측병들은 대(對)포병 포격의 유용한 준거점인 독일군 전선 배후의 교회 첨탑들이 사라지고 있음을 알아차렸다. 1월 12일, 에르 장군의 제2국은 독일군 대포가 '조준'을 시작했다고 보고했다. 14일, 새로운 병원들이 설치되었다는 소식이 들어왔고, 15일에는 롱위를 지나며 이동 중인 대규모 병력에 대한 세세한 정보가 들어와 걱정을 불러일으켰다. 2월이 다가오면서 탈영병들은 휴가가 모두 취소되었다고 말했고 '무언가 끔찍한 일'이 곧 일어날 것이라고 두려워했다.

파리의 하원 국방위원회는 베르됭에 닥친 위험보다는 1월 29일에 벌어진 체펠린 비행선의 수도 공격에 따른 분노를 더 걱정했다(공군부 차관이 사임해야 할 정도였다). 공격 개시 며칠 전까지도 조프르는 독일의 공격 목표는 러시아라며 헤이그를 여전히 안심시켰다. 총사령부의 작전국은 프랑스에서 적군의 공세가 시작되면 주력은 아르투아나 샹파뉴를 향할 것이라고 주장했다. 그러나 갑작스럽게 경보가 울렸다. 당황한 에르 장군에게 방문자들이 물밀 듯 찾아왔다. 1월 24일, 조프르의 오른팔이었던 드 카스텔노가 도착해 뫼즈강 우안에 제1선 참호와 제2선 참호를 완공하고 두 참호선 사이에 새로이 연결 참호선을 구축하는 데 모든 노력을 쏟으라고 명령했다. 심지어 푸앵카레 대통령도 늘 애용하는 어울리지 않는 운전사 모자를 쓰고 각반 차림을 한 채, 노새 두 마리가 끄는 작은 특별 궤도차를 타고 전선을 시찰했다. 마지막으로 위대하신 조프르가 직접 나타났다. 그러나 그때까지 도착해야 했던 가장 중요한 것은 에르 장군이 여섯 달 동안 줄기차게 요구한 증원 부대였다. 시간은 빠르게 지나갔다. 2월 12일, 독일 황태자의 대포가 무시무시한 공격을 시작하기로 한 바로 그날, 에르 장군이 추가로 마음대로 쓸 수 있는 부대는 2개 사단뿐이었다.

모든 준비는 끝났다. 길이가 수 킬로미터에 이르는 이 쾌적한 프랑스 농촌의 길고 좁은 땅에서 대부분 탄약이 부족한 270문의 잡다한 포가 850문이 넘는 독일군 대포(지상전 역사상 최대의 중포 몇 문이 포함되었다)와 대결했으며, 절반밖에 완성되지 않은 진지에 대기한 34개 대대가 독일의 강인한 정예 돌격 대대 72개와 맞섰다. 공격이 예정대로 진행되었다면 베르됭의 프랑스군은 이동하다가 습격을 받았을 것이며 틀림없이 재앙이 뒤따랐을 것이다. 실제로는 마지막 순간에 보기 드문 기적이 일어나 두 나라의 운명을 바꾸었다. 그 기적이 분명코 베르됭을 구했으며, 어쩌면 프랑스도 구했다고 할 수 있다.

5장

참호 속의 병사들

그러나 날씨의 신은 갑자기 우리의 모든 계획을 어지럽힐 마음이 들었다.
— 독일 황태자 빌헬름,《나의 전쟁 경험》

전쟁, 나의 친구여, 그대는 전쟁이 무엇인지 잘 알지.
그러나 우리가 죽으면, 도대체 누가 전쟁을 알까?
— 자크 메예르

2월 11일에서 12일로 넘어가는 밤, 베르됭 제1선 참호의 프랑스 병사들은 첫 번째 심각한 경계 태세 공표에 대비하라는 명령을 받았다. 거짓 경고가 아니었다. 11일 독일 황태자 빌헬름은 스테네쉬르뫼즈(스테네)의 사령부에서 성명서를 공표했다. 이튿날 발행될 성명서는 이렇게 시작했다. "완강히 방어하던 긴 시간을 뒤로하고 우리의 황제이자 국왕이신 폐하께서 우리에게 공격을 명하신다!" 그러나 12일 아침이 밝았을 때, 전초 기지의 프랑스 병사들은 피곤에 지친 채 하얗고 불투명한 전경을 내다보았다. 폭설이 내리고 있었고, 짙은 안개와 눈보라 속에서 적군의 제1선을 간신히 분간할 수 있었다. 전선 전체에 기분 나쁜 정적이 흘렀다. 수상한 소음도 특이한 움직임도 전혀 없었다. 프랑스 병사들은 밤잠을 빼앗긴 것이 억울해 불평을 하며 늘 가던 진지로 다시 들어갔다. 장교들은 안도의 한숨을 내쉬었다. 대포의 사거리 측정기로 전방을 살피던 전선 반대편의 수많은 독일군이 보기에는 "1킬로미터 안의 모든 것이 정체불명의 청회색으로 바뀌었다." 뒤쪽에 있던 장군들은 근심스럽게 기압계를 바라보았다. 결국 스테네에 있던 황태자는 성명서 발표와 공격 둘 다 24시간 연기하기로 결정했다. 지극히 중요한 대포가 앞을 볼 수 없다면, 전투는 속행할 수 없었다.

대기하던 독일군 돌격부대는 연기 소식을 들었고 지하 진지에는 '진지 내 근무'를 알리는 명령서가 내걸렸다. 13일에 두 번째 경계 태세가 발령되면서 프랑스군이 정렬했지만, 이번에도 다시 이튿날에 경계 태세가 해제되었다. 눈이 계속 내렸고 날씨가 더 추워졌기 때문이다. 독일군의 지하 진지에는 전날 공고가 다시 나붙었는데, 농담을 즐기는 사람들은 이 공고를 이렇게 재해석했다. "날씨가 나쁘면 전투는 실내에서 벌어질 것이다." 부대 일지에는 매일 똑같은 내용이 기록되었다. "다시 눈…… 눈 녹음, 그러나 안개…… 비와 강풍…… 여전히 비와 강풍. 하루 더 연기…… 비와 강풍. 포성 하나 들리지 않음…… 강풍과 눈보라…… 안개 끼고 추움." 베르됭의 심술궂은 날씨는 더없이 강한 열정으로 조국 프랑스에 헌신했다.

어느 프랑스 전쟁 소설가의 말을 빌리자면, 1916년에 보병은 그저 '기다리는 기계'였을 뿐이다. 하루하루 연장되면서 사람을 불안하게 만드는 이 대기 전술에 대해, 대적하는 두 군대의 병사들은 저마다 다른 방식으로 임했다. 프랑스군의 몇몇 명민한 청년 장교는 망가진 진지를 보수하는 데 병사들을 투입하려 했지만, 얼어붙어 딱딱한 땅에서 할 수 있는 일이 거의 없었고 이미 진저리가 난 병사들을 더욱 지치게 만들었을 뿐이다. 몸에 맞지 않는 큰 방한 외투를 대충 걸친 푸알뤼들은 대부분 참호 생활의 지루함을 덜려고 전통적인 기술에 기댔다. 어떤 이들은 몇 달에 걸쳐 고리에 정교한 문양을 새겨 넣는 일을 계속했다. 구리로 된 포탄의 동력 전달 벨트로 아내에게 줄 팔찌를 만들기도 했으며, 신관 덮개의 알루미늄으로 약혼자에게 줄 반지를 만들었고(어쩌면 독일군 제복 상의에서 떼어낸 단추를 끼워 넣었을 것이다), 다 쓴 탄피로 아이에게 줄 펜 뚜껑을 만들기도 했다. 이 푸알뤼 장인들은 전선으로 가는 길에 군장 무게로 다리를 질질 끌 정도였지만 금속 바이스(vice, 물체를 고정하는 기계공작 기구)는 어떻게든 갖고 갔다. 병사들이 만드는 장신구는 한없이 정교해질 수 있었는데, 때로 오로지 저격병의 총탄만이 그것을 멈출 수 있었다. 어떤 이들은 쥐꼬리만 한 급여를 끝없는 피케(piquet, 카드놀이의 일종) 게임으로 날려버렸다. 부아데코르 숲에서 어떤 추격병 중위는 자신이 발명한 박격포를 몹시 즐겁게 가지고 놀았다. 다른 이들은 단순히 몸을 덥히는 방편으로 쥐잡기의 속도를 높였다. **언제 공격이 시작될 것이냐**는 진저리나는 질문을 침묵하게 하는 것이라면 무엇이든 좋았다.

신경이 곤두선 독일군 돌격부대 병사들에게는 연장된 대기 시간이 한층 더 고통스러웠다. 지하 진지는 임시 대피처로 만들어진 것이어서, 취침할 수 있는 인원은 소수에 불과했다. 나머지는 밤마다 눈과 차가운 진눈깨비를 헤치고 약 11킬로미터나 떨어진 후방 막사로 이동해야 했다. 독일은 인상적일 정도로 계획의 세세한 부분까지 신경을 썼지만 지하 진지에 관해서는 그러지 못했다. 날씨가 나쁠 때에는 지하 진지에 빠르게 물이 들어찼고, 펌프는 많이 부족했다. 그래서 독일군의 엘리트 보병들이 종종 무릎까지 차오른 지하 진지에서 얼음물을 퍼내며 시간을 보냈다. 그들은 비상 식량으로 가져온, 단조롭고 건강에 그리 좋지 않은 초콜릿과 통조림 음식으로 하루하루 지냈다. 근거 없는 소문이 그들의 심기를 불편하게 했다. 낙하산을 타고 뛰어내린 프랑스 첩자가 빌리 근처에서 잡혔다는 소문이 돌았고, 독일 군복을 입은 프랑스 장교가 전방 진지에서 정찰하고 있다는 보고에 '수상해 보이는 장교'는 누구라도 체포하라는 명령이 떨어졌다. 북쪽으로 멀리 떨어진 곳에 있던 바이에른 왕세자 루프레히트는 2월 14일 일기에 이렇게 적었다. "더 지연되면 애초에 의도했던 기습의 효과는 거의 없을 것이다." 이 걱정은 지하 진지에 있는 모든 병사가 공유하는 것이기도 했다. 공세가 한 차례 더 연기된 후, 보병 준(準)대위로 복무하던 어느 목사는 이렇게 생각했다. "우리가 겪고 있는 이것이 겟세마네는 아닐까?" 독일군 병사들은 자신들이 무슨 일에 투입되었는지 **알고 있었기에** 마음을 놓기가 상대편보다 더 힘들었다. 운이 좋아서 집에 보낼 편지를 쓰는 데 몰입했던 병사들도 잠시 향수 속으로 도피할 수 있었을 뿐이다. 어떤 이들은 흔히 볼 수 없는 필사적인 간절함으로 기도를 드렸고, 다른 이들은 아마도 살면서 처음으로 전쟁의 무의미함을 고통스럽게 곱씹었다. 극심한 복통을 호소하는 사례가 날마다 늘었다. 신경과민 때문인지 얼어붙은 참호와 지하 진지의 열악한 상황 때문인지는 밝혀지지 않았다. 기습 부대를 최상의 준비 상태로 유지하기에 결코 좋은 방법은 아니었다.

긴장한 채 대기하는 양측 병사들 사이에 부자연스러운 소강 상태가 이어지고, 그 상태가 하루하루 연장되면서 베르됭 앞에서 서로 대치하는 상대편 군대를 바라볼 좋은 기회가 생겼다. 위대한 군사 지도자는 많았지만, 역사상 베르됭보다 더 '병사들의 전투'였던 전투는 없

1916년 베르됭 전투 때 기관총을 들고 경계 중인 독일군 병사들.

었다. 베르됭 전투의 주역은 조프르나 팔켄하인 같은 장군들이 아니라 바로 이 보잘것없는 존재들이었다.

지하 진지에서 대기하던 독일군 공격 부대 중에서 우익 끝에는 제7예비군단이 있었다. 이 부대의 담당 구역은 뫼즈강에서 플라바까지 이어졌다. 부대의 병사들은 베스트팔렌 출신으로서 주로 뮌스터, 뒤셀도르프, 루르에서 온 북부 독일인이었다. 그들은 둔감하지만 참을성 있는 강인한 농부들이었다. 전쟁 초기에 제7예비군단은 모뵈주의 프랑스 요새를 함락했고, 매우 유능한 지휘관이었던 폰 츠벨 장군은 그 공을 인정받아 독일의 최고 훈장인 푸르르메리트를 받았다. 나중에 마른강 전투에서 폰 클루크의 제1군과 폰 뷜로(Karl von Bülow)의 제2군 사이에 생긴 치명적인 틈을 메우도록 서둘러 투입된 부대가 바로 이 군단이었다. 그 다음에 플라바에서 빌까지는 폰 솅크의 제18군단이 늘어섰다. 이들은 주로 헤센 출신으로서 과거에 유명했던 용병들의 후손이었다. 제18군단의 연대 중 하나는(제80연대) 1631년에 창설되었고, 나폴레옹에 맞선 독일 '해방 전쟁' 중에 헤센인들은 양 진영에서 똑같이 훌륭하게 싸웠다. 프랑스-프로이센전쟁에서는 이 군단의 제21사단이 비상부르와 뵈르트, 스당에서 전투훈장*을 받았고, 나머지 다른 사단인* 제25사단은 비옹빌과 그라블로트에서 전투훈장을 받았다. 제18군단은 1914년 잔혹했던 뇌샤토 전투에서 싸웠고 이후 마른강 전투에서는 랭스 부근에서 싸웠다. 제18군단의 좌측으로 빌에서 에르브부아까지는 독일이 자랑하는 엘리트 부대인 제3브란덴부르크군단이 자리를 잡았다. 브란덴부르크 사람들은 오랫동안 강력한 돌진 공격으로 유명했다. 산하 부대인 제24연대는 곧 베르됭에서 특별히 빛나는 위업을 세우게 된다. 제3군단은 1870년에 비옹빌에서 폰 알벤슬레벤(Constantin von Alvensleben)의 지휘로 퇴각하던 바젠의 군대에 맹렬하게 돌진하여 탈출로를 봉쇄했다. 1915년에 제3군단장 에발트 폰 로호(Ewald von Lochow)는 프랑스군을 엔강 너머로 쫓아낸 눈부신 전투로 푸르르메리트 훈장을 받았다. 제3군단 산하 제6사단은 발칸반도에서 세르비아인들에게 승리를 거두고 의기양양하게 막 돌아온 참이었다. 독일군 전체를 놓고 볼 때 주공격군을 구성한 이 세 군단보다 더 강한 부대를 찾기는 어려웠을 것이다. 게다가 브란덴부르크 군단 왼편으로 에르브부아에서 오른까지 이어지는 구간에는 비록 베르됭 전투 초기 국면에는 거의 관여하지 않았지만 제15군단이 진을 치고 있었다. 마지막으로 전선 뒤편에는 예비 부대로 제5예비군단이 대기했다. 알자스-로렌 사람들과 슐레지엔의 초로의 폴

전투훈장(battle honour) 부대 깃발이나 군복에 전투의 이름을 새겨 넣을 수 있는 권리.
* 1916년에 독일군 군단은 일반적으로 2개 보병사단만으로 구성되었다. 사단은 2개 여단으로, 여단은 2개 연대로, 연대는 두세 개 대대로, 각 대대는 약 1천 명의 병력으로 구성되었다. 때때로 1개 군단에 3개 사단이 포함된 것을 예외로 하면, 프랑스의 편제도 유사했다.(저자 주)

란드인들 중 강건한 자들로 구성된 평범한 부대였는데, 이들은 전부 중대한 정보를 갖고 프랑스로 탈주하는 곤란한 습관이 있었다.

이 막강한 진용의 맞은편을 지킨 것은 크레티앵 장군의 제30군단뿐이었다. 제30군단에는 (뫼즈강에서 동쪽으로) 제72사단(밥스트 Étienne André Bapst 장군)과 제51사단(불랑제Boullangé 장군), 베르됭 전투에서 큰 역할은 하지 못하는 제14사단(크레페Albert Crepey 장군)이 포함되었고, 제37사단(드 본느발Deshayes de Bonneval 장군)이 예비 부대로 준비되었다. 당시 어느 평론가는 제30군단을 "골동품으로 구성되었다."라고 묘사했다. 제30군단이 이질적인 조합이었음은 분명하다. 전선의 중요한 구간들은 나이 많은 향토연대 병사들이 지켰다. 이 부대는 영국의 향토방위대(Home Guard)와 공병단(Pioneer Corps)을 섞은 것과 비슷했다. 배후에는 아프리카군의 붉은 셰시아*를 쓴 주아브 연대와 황갈색 군복을 입은 티라이외르 연대*가 있었다. 제30군단의 특징은 제72사단의 구성에 있었다. 베르됭 전선에서는 동원 이후로, 그러니까 1914년 가을 이래로 큰 교전이 없었다. 그러나 이제 베르됭은 최초 공격에서 최악의 부담을 감당해야 할 처지였다. 베르됭의 엘리트 부대는 의심의 여지 없이 드리앙이 이끄는 2개 추격보병대대였다. 이들은 주로 파리와 북부 지방에서 징집된 정규군이었다. 성급하고 다루기 어려운 이 병력은 전투가 없을 때에는 규율을 잘 따르지 않았지만, 드리앙처럼 훌륭한 지휘관이 이끌 때에는 강인하고 훌륭한 전사들이었다. 기후가 온화한 프랑스 서부의 마옌 도 (département)와 오른 도 출신 예비군으로 구성된 제324연대는 추격

셰시아(chéchia) 무슬림 남성이 쓰는 술 달린 챙 없는 붉은 모자.
* 아프리카군(Armée d'Afrique)은 외인군단(Légion étrangère), 주아브 연대 (Zouave), 티라이외르 연대(Tirailleur)로 구성되었다.

병만큼 강인하지는 않았지만 통솔하기는 더 쉬웠다. 피카르디와 브르타뉴 출신 예비군으로 구성된 제351연대도 있었고, 정규군인 제165연대도 있었다. 제165연대를 구성한 병력은 주로 뫼즈 도 출신의 완고한 사람들로서 베르됭 방어에 사적인 이해관계가 깊었다.

1916년의 프랑스 병사들은 1914년에 울려 퍼지는 군악을 배경 삼아 붉은 판탈롱 바지를 입고 전장으로 향하던 태평한 신병들과 닮은 구석이 거의 없었다. (조프르가 낙관론을 펼쳤는데도) 케피 모자는 더 실용적인 강철 철모로 대체되었다. 이것이 프랑스군이 독일군에 앞선 단 한 가지 사례였다. 판탈롱이 사라지고, 전쟁 이전의 지나친 멋부리기도 사라졌다. 심지어 추격병처럼 평소 자신들의 스타일에 자부심이 강했던 부대에서도 멋부림이 사라졌다. 새로운 청회색 군복은 시간을 두고 천천히 지급되었다. (청회색 군복은 일종의 절충안이었다. 비록 영국군의 황갈색 군복이나 독일군의 회녹색 군복만큼 위장이 잘 되는 것은 아니었지만, 참호의 진흙 속에서 며칠만 지내면 다른 군복만큼이나 주변 환경과 잘 어울렸다. 그리고 프랑스군에서 보급을 받은 영국군 병사들이 자주 언급했듯이, 청회색 군복은 원래의 깨끗한 상태라면 얼룩진 군복에 녹초가 된 전선의 병사들에게는 엄청나게 사기를 진작하는 것이었다.) 그렇지만 널리 보급되지는 않았다. 부아데코르 숲의 추격병들은 여전히 너덜너덜해진 양가죽과 여러 번 덧댄 튜닉을 입고 있었는데, 너무 많이 기워서 도저히 군복으로 보이지 않을 정도였다. 그들은 겉보기에는 엉망이었지만 참호의 고참병답게 소총 총구에 코르크 마개를 끼우거나 노리쇠 둘레에 손수건을 두르는 것을 절대로 잊지 않았다.

양쪽에는 똑같이 고참병들이 있었다. 최초의 사상자들을 대신할 병력이 보충된 뒤, 전선의 병사들은 어느 정도 일정한 비율로 다음과 같이 구성되었다. 즉, 이미 한 차례 이상 부상을 입었다가 회복한 스

베르됭 전투 당시 참호에서 대기 중인 프랑스군 병사들.

물다섯 살에서 서른 살 정도의 생존자, 나이가 40대인 예비군, 열여덟 살에서 스무 살 정도의 어린 신병으로 이루어졌다. 이 신병들은 빽빽하고 텁수룩한 턱수염 때문에 (푸알뤼라는 불쾌한 별명은 이 때문에 생겼다) 겉보기에 늙지 않은 고참병처럼 보였다.

오늘날 살아 있는 유럽인은 대부분 참호 생활의 몇몇 장면을 떠올릴 수 있지만, 실제로 참호 생활을 경험한 이들도 지나간 세월 덕분에 다행스럽게도 비참한 참호 생활에 대한 온전한 기억은 흐려졌다. 현대인은 땅 밑에서 몇 달씩 계속, 마치 쥐처럼 지내는 사람들을 상상하면 움찔한다. 참호는 보통 10여 센티미터, 때로는 30센티미터 높이로 물이 차올랐고, 결코 완전히 마르는 법이 없었다. 병사들은 악취 나는 진흙에서 결코 벗어날 수 없었고, 근무 교대 후 짧은 시간 동안만 이(蝨)로부터 해방될 수 있었다. 대피호는 거대한 쥐들과 나누어 썼다. 참호의 쥐들은—마치 욕심 많은 악덕 상인처럼—실제로 전쟁 덕분에 번성한 유일한 생명체로 보였다. 쥐는 잠든 병사들의 얼굴 위로 뛰어다녔고, 배낭 속 음식을 갉아먹었으며, 아직 매장되지 않은 사망자의 살로 포식했다. 그러나 이 마지막을 제외하면 두 종의 생활은 거의 구분할 수 없었다. 편지와 배식을 빼면 프랑스의 푸알뤼에게 가장 큰 기쁨은 공격이 잠잠할 때 참호 측면에 공들여 굴을 파는 것이었다(영국군과 독일군 참호에서는 엄격하게 금지되었다). 굴 안에 있을 때 포탄이 아슬아슬하게 가까운 곳에 떨어지면 분명 산 채로 묻히겠지만, 비를 피해 잠들 수 있다면, 비교적 젖지 않은 상태로 있을 수 있다면 충분히 위험을 감수할 만했다. 적이 없다고 해도 참호 속의 삶은 보통의 문명인에게는 틀림없이 지옥이었겠지만, 거기에 끝없는 '손실'이 더해졌다(참모들이 완곡하게 쓴 표현이다). 날마다 저격병의 총탄에 쓰러지는 사상자들, 예기치 않은 박격포탄의 폭발에 묻힌 병사들, 곳곳에서 진흙과 피로 범벅이 된 병사들을 후방으로 옮기는 들것병들, 이제 누구도 그들에게 눈길 한 번 주지 않았다.

체계 부족 때문이든 물자 부족 때문이든, 아니면 둘 다였든, 프랑스 참호의 상황이 대체로 약간 더 열악했던 것 같고, 독일군이 들어앉은 참호는 그 기간에 상관없이 평균보다 약간 더 나았던 것 같다. 프랑스군은 참호 위생을 소홀히 해서 프랑스 참호를 방문한 영국군은 누구나 충격을 받았다. 하지만 아마 평화로운 시절에 소박한 위생 설비에 면역이 된 탓인지 프랑스 병사들은 크게 불편해하지 않았던 듯하다. 비참한 참호 생활도 갈리아인의 날카로운 유머 감각을 완전히 억누를 수는 없었다. 이의 엄청난 번식력을 두고 푸알뤼는 약간의 부러움을 담아 이렇게 말했다. "아침에 태어난 놈이 저녁이면 벌써 할머니야." 침수된 참호를 점령하는 것을 두고 빈정대듯 이렇게 말하곤 했다. "유보트가 우리에게 어뢰를 발사하지만 않는다면 다 괜찮을 거야!"

이런 것들은 참을 수 있었다. 특히 좋은 피나르(프랑스군이 보급한 와인)가 많다면, 그리고 식량이 충분하다면 말이다. 늘 그렇듯이, 이러한 고려 사항들은 다른 나라 병사들보다 프랑스 병사들에게 더 중요했을 것이다. 그러나 대개 지독한 비효율성 때문에 조달 체계가 너무나 자주 무너졌다. 1915년 12월 총사령부 선전국이 프랑스군이 독일군보다 얼마나 더 잘 먹고 있는지 열렬히 설명하면서 "우리 병사들은 언제나 하루에 두 끼 든든한 식사를 즐긴다."라고 주장하는 공보를 배포했을 때, 전선으로부터 분노 어린 편지 20만 통이 쏟아져 들어왔다. 각 중대는 화덕 하나와 큰 솥 두 개로 구성된 이동 취사장을 갖추기로 되어 있었다. 그러나 주문한 이동 취사 세트 30만 개 중 절반은 전선에 도착했을 때 쓸 수 없는 상태였다. 분명히 몇몇 공장주는 정부로부터 많은 이익을 뽑아냈다. 전선에 도착한 휴대 식량은 지독히 단조로웠는데, 병사들 사이에서 '원숭이(singe)' 통조림으로 알려진, 힘줄투성이에다 기름투성이인 소고기 통조림과 간이 제대로 안 된 대구, 고무처럼 질긴 마카로니가 들어 있었다. 전부 대체로 진흙과 먼지가 많이 뒤섞여 있었다.

전선을 벗어나도 프랑스 병사의 삶은 결코 녹록지 않았다. 그들은 걸어서 이동했는데, 무거운 군장에 짓눌려 마치 심해 잠수부처럼 보였다. 제2차 세계대전에 참전한 서방 병사들에게 익숙했던 중대 수송차의 호사를 그들은 알지 못했다. 둘둘 말아 방수포로 감싼 담요 두 장, 여벌의 군화 한 켤레, 양가죽 외투나 누비 외투 하나, 삽이나 무거운 철사 절단기 한 자루, 반합과 휴대 식량을 담을 용기, 큰 물통에 담은 피나르 2리터, 나흘 치 휴대 식량, 총탄 200발, 수류탄 6발, 방독면, 기타 개인 소지품. 거추장스러운 배낭 세 개에 이것들을 전부 다 밀어 넣었다. 군장 무게는 평균 약 38킬로그램이 넘었다. 지친 병사들이 전선으로 가는 접근로의 진흙투성이 길에서 넘어졌을 때 "뒤집힌 풍뎅이보다 힘들게" 일어났다는 것은 그리 놀라운 일이 아니었다. 전선 밖에서 숙영을 할 때 숙소가 있으면 장교와 하사관이 재빨리 차지했고 나머지 계급은 알아서 해결해야 했다. 때로는 초라한 일당 5수에서 일부를 탐욕스러운 농민들에게 지불해야 했다. 상설 '휴식 구역'에서도 병사들에게 제대로 된 공중 화장실과 샤워실, 취사실 제공은 끔찍할 정도로 등한시되었다. 1917년 페탱의 개혁 전까지 병사들은 자주 전우들과 침상을 같이 써야 했다. 장교의 최우선 관심사는 병사들의 복지여야 한다는 영국군의 오랜 원칙은 거의 적용되지 않는 것 같았다.

제1차 세계대전 당시 프랑스군과 관련해 특히 이상한 것이 있다. 프랑스군은 주요 교전 군대 중에서 유일하게 '공화국' 군대였으며, 그래서 원칙적으로 계급들 간의 관계는 다른 나라 군대보다 민주적이어야 했다. 하지만 실제로는 장교, 하사관, 사병을 가르는 구분이 영국군이나 심지어 독일제국 군대보다 훨씬 뚜렷했다. 그러한 분열은 프랑스의 철도 역사에 부착된, 미묘한 차별을 드러내는 표지판이 잘 보여주었다.

수세식 변기(W. C.), 장교용
카비네(cabinet, 칸막이가 있는 변소), 하사관용
라트린(latrine, 칸막이가 없는 재래식 변소), 사병용

전쟁이 시작되고 첫 두 해 동안 프랑스 장교단에 생긴 엄청난 공백은 대부분 중사와 상사가 메웠는데, 이 새로운 장교들만큼 자신의 사회적 영예에 집착한 자들도 없었다. 1916년에 장교와 사병 간 분열

은 어느 때보다 심했을 것이다. 그들은 최소한으로 접촉했는데 대체로 실제 전투가 이루어질 때로 국한되었다. 연합군의 논평가들은 종종 프랑스군 지휘관들이 공격에 성공한 후 병사들을 쉬게 해주어야 하는데도 며칠 동안 파괴된 적군 진지에 내버려 두는 것을 보고 충격을 받았다. 고위급 지휘관들만 이런 마음가짐인 것은 아니었다. 명백히 극단적인 비교이긴 하지만, 제1차 세계대전 당시 프랑스 장교들과 사병들의 관계에는 크림전쟁 때 영국의 카디건 경*을 떠올리게 하는 것이 있다. 카디건 백작은 돌격이 끝난 후 잠시 틈을 내 자신이 이끄는 경기병여단의 사상자가 얼마나 되는지 묻지도 않은 채 말을 타고 자신의 요트로 돌아갔다. 프랑스 장교들은 일단 교전이 끝나면 병사들에 대한 책임도 끝난다고 생각하는 것처럼 보일 때가 종종 있었다. 그러나 프랑스 장교들은 전선 밖에서 사병들과 교류가 부족했지만 전투에서 몸을 사리지 않는 용기를 발휘해 모범을 보임으로써 지도력을 보완했다. 여기에 프로이센 장교들조차 야만적이라고 생각한 규율이 프랑스 장교들의 위세를 보강해주었다. 1914년 직무 유기로 고발된 사병과 장교를 재판하기 위한 특별 군사법원(Conseils de Guerre)이 설치되었다. 유죄 판결을 받은 이들에게는 보통 사형이 선고되었다. 항소는 없었고, 형벌은 24시간 이내에 집행되어야 했다. 지금 기준으로는 사소해 보이는 범죄에도 자주 극형이 선고되었다. 비교적 죄질이 가벼운 자들은 특별히 위험한 임무를 배정받는 '죄수 부대' 제도에 따라 처리했다. 한 연대가 크게 패했을 때 그 지휘관은 때

---

* 제7대 카디건 백작(Earl of Cardigan)인 제임스 브루드넬(James Brudenell, 1797~1868)을 가리킨다. 그는 1854년 10월 25일 크림전쟁의 발라클라바 전투에서 5개 기병 연대를 이끌고 러시아군으로 돌격했으나 큰 사상자를 내고 퇴각했다. 시인 앨프리드 테니슨이 이 일을 소재로 삼아 쓴 작품 〈경기병여단의 돌격(The Charge of the Light Brigade)〉으로 더욱 널리 알려졌다.

로 '데시마시옹(decimation)'에 의지했다. 수치스러울 정도로 부당하고 가혹한 이 제도는 각 중대에서 대체로 무작위로 사병들을 골라 순전히 형식적인 군법회의를 열고 총살에 처했다. '다른 병사들의 용기를 북돋기 위해'. 1917년, 지도부가 엄청난 실패를 겪자 장교들이 개인적인 용맹으로 고취했던 헌신적 노력이 한순간에 시들었고, 그렇게 강철 같은 규율로도 군대의 결속을 유지할 수 없었다. 그러나 1916년에 들어설 무렵 프랑스군의 사기와 규율은 더할 나위 없이 좋았다.

불운한 푸알뤼는 군대에서 벗어나 있을 때에도, 즉 흔치 않은 휴가 중에도 상관들의 태만 때문에 괴로움을 겪었다. 전쟁이 시작되고 1년이 될 때까지는 정기 휴가 제도가 없었고, 이후 휴가를 받은 병사들도 유리창이 깨진 북적이는 열차로 여행하느라 귀중한 시간을 많이 허비했다(때로는 며칠이 걸리기도 했다). 역사 승강장에서 오래 기다리는 동안, 영국 병사들을 보살폈던 기독교청년회(YMCA)나 여러 복지 기관 같은 것은 전혀 없었다. 매점은 드물었고, 어쨌거나 휴가 병사는 쓸 돈이 충분하지 않았다. 믿을 수 없는 일이지만 이따금 관료주의적 실수로 통행증에 문제가 생겨서 아예 집에 갈 수 없게 된 병사들도 있었다. 대신에 그들은 낯설고 비용이 많이 드는 대도시에서 소중한 휴가를 허비했다. 좀더 운이 좋은 푸알뤼는 병사로서 겪은 비참하고 불편한 삶에 대한 보상으로 '대모'의 자선을 받을 수 있었다. '전쟁 대모(marraine de guerre)'는 여성들이 모르는 병사 한 명을 골라 양모 이불을 제공하는 기획 사업으로 시작되었고 강력한 선전 도구로 성장했다. 겁먹은 병사들이 소대장의 리볼버보다 대모의 경멸이 더 두려워 교전에 뛰어드는 경우도 적지 않았다. 대모는 대다수 병사들에게는 그저 용감하게 싸우다 죽으라는 내용의 아름다운 편지를 보내주는, 보이지 않는 미지의 베아트리체였을 뿐이다. 운 좋은 소수의 병사들은 때때로 휴가를 나오면 잠자리를 같이 하겠다는 대모의 의사를 확인할 수 있었다. (이 감탄할 만한 제도는 가끔 취지에 어긋났다. 44명의 대모를 두었던 어느 하사관은 그들을 전부 만족시키기에는 휴가가 너무 짧다는 사실을 깨닫고 결국 탈영했다.)

1914년 신병들을 단련시킨 모든 요인 중에서, 양측에서 모두, 산업혁명의 신무기들이 인간의 신체에 미친 구역질나는 효과보다 더 중요했던 것은 분명코 없다. 어쨌든 부상을 당하는 것은 그 자체로 충분히 안 좋은 일이었지만, 적어도 총탄은 비교적 깨끗한 무기였다. 소총이나 기관총 총탄에 맞으면, 즉사하거나 결국 온전히 살아 돌아오거나 둘 중 하나였다. 그러나 제2차 세계대전과 달리 총상은 소수였다. 사상자들은 대부분 포탄의 끔찍한 효과에 당했다. 1939년이 되면 문명의 진보에 따라 야금술이 발달해 포탄과 폭탄이 폭발해 작은 파편들로 부서지게 된다. 그리하여 폭발할 때마다 더 많은 사람이 죽었지만 더 깨끗하게 죽는 경향을 보였다. 제1차 세계대전 당시 포탄의 조악한 쇳덩이는—대부분은 1939년에서 1945년까지 지상 전투에 쓰인 어떤 포탄보다도 몇 배는 더 컸다.—때로 두 사람이 달라붙어도 들기 힘든 크고 울퉁불퉁한 조각들로 쪼개졌다. 회전하며 떨어지는 파편이 인간의 연약한 껍데기에 가하는 충격이 어떤 결과를 낳을지 충분히 짐작할 수 있다. 제1차 세계대전을 다룬 뛰어난 소설 《포화》에서 작가 앙리 바르뷔스(Henri Barbusse)가 묘사한 것은 단지 공포에 공포를 쌓는 데서 그치지 않는다.

보통 포탄에 병사들은 으깨졌고 둘로 잘리거나 상체와 하체가 분리되었으며 산산조각이 나 빗줄기처럼 우수수 쏟아져내렸고 복부는 뒤집혀서 밖으로 흩어졌으며 두개골은 마치 곤봉에 강타당한 듯 송두리째

흉곽 속으로 밀려 들어갔다.

그렇게 절단된 육신들이 얼마나 많이, 여전히 살아 있는 상태로 방치되었는지 놀라울 따름이다. 훗날 프랑스학술원 회원이 되는 군의관 뒤아멜(Georges Duhamel)은 몸이 벌집이 되었으나 여전히 산 채로 자신의 야전병원으로 후송된 병사들에 관해 이렇게 이야기한다. "그들을 보면 갈라진 틈에서는 어디서든 물이 스며드는 망가진 배가 떠올랐다." 그리고 독가스 공격이 이어졌다. 독가스에 피해를 입고도 살아남은 생존자들은 죽을 때까지 해마다 그 습한 겨울날에 느꼈던 질식의 공포, 타는 듯한 통증의 공포를 떠올렸다. 제2차 세계대전의 전투원들은 고맙게도 전혀 모를 경험이었다.

그렇게 엄청난 규모의 절단 부상에 대처하기에는 의료 시설이 부족했다. 앞에서 언급한 여러 문제와 마찬가지로 이 점에서도 1914년의 프랑스는 영국과 독일에 크게 뒤떨어진 상태였고, 전쟁 내내 그러했다. 1914년 단기간의 격전에 대비해 설립된 프랑스군 의무단은 절망적으로 곤란한 상황이었다. 개활지에서 치르는 전쟁과 깨끗한 총상이라는 드 그랑메종의 관념을 주입받은 군의관들은 '무균' 전쟁을 예상했다. 이들의 오산으로 아마 1개 군단 정도는 희생됐을 것이다. 포탄이 폭발하며 발생한 먼지와 파편이 상처에 침투해 무시무시한 '가스 괴저'가 생겼는데, 이것이 부상자들의 가장 큰 단일 사망 요인이었기 때문이다. 제2차 세계대전에서는 거의 알려지지 않은 가스 괴저는 일단 발생하면 즉시 능숙한 의사에게 수술을 받아야만 치료될 수 있었다. 그러나 제1차 세계대전에서는 신속한 수술도, 훌륭한 수술도 대체로 받을 수 없었다.

심한 부상을 입은 병사는 프랑스군이 부상자를 나르는 데 쓴 2인용 손수레의 인정사정없는 덜컹거림을 견디고, 야전병원에서 과로한 위생병들의 조악한 응급 처치를 견디고, 딱딱한 타이어와 탄력 없는 스프링의 앰뷸런스에서 이리저리 부딪히는 충격을 견디고 살아남는다 해도 생존 전망이 어두웠다. 전쟁 초기에 조르주 클레망소가 발간한 일간지 〈롬 리브르(L'Homme libre)〉는 부상병을 후방 기지 병원으로 이송하는 데 비위생적인 가축 수송 열차를 이용한다고 격렬하게 비난했다. 그러한 이송을 견뎌낸 많은 병사들이 치명적인 파상풍에 걸렸다는 것이다. 검열관들이 곧바로 해당 기사를 삭제했지만, 전쟁이 진행되면서 상황은 아주 약간만 개선되었을 뿐이다. 후방 기지 병원에서도 사망률은 높았다. 수술 자체가 수술을 불가피하게 만든 쇳조각만큼이나 조잡한 경우가 많았다. 믿기 어려운 상황에서 과로한 군의관들은 즉시 부상자를 세 부류로 나누었다. 어쨌든 죽을 것이므로 수술할 가치가 없는 사람들. 십중팔구 살아나겠지만 전쟁 수행에 더는 쓸모가 없을 사람들. 그리고 언젠가는 다시 군무에 복귀할 수 있을 사람들. 의사들은 세 번째 범주에 속하는 부상자들에게 아낌없이 관심을 쏟았는데, 이를 '유효 병력의 보존'이라고 했다. 두 번째 범주는 시간이 허락하면 대충 봉합해놓았다. 그 결과는 종종 끔찍했는데, 뒤아멜은 이렇게 소름끼치는 문장으로 묘사했다. "산드라프라는 사람이 있었는데, 옆구리에 뚫린 구멍으로 변을 보았다."

전쟁 사상자를 최종적으로 계산했을 때, 서구 연합국 세 나라 중에서 프랑스가 부상자 대 사망자의 비율에서 쉽게 최고를 차지했다는 사실은 전혀 놀랍지 않았다. 전사자 89만 5천 명에 더해 추가로 42만 명이 부상이나 질병 때문에 사망했다.

인간 행동을 연구하는 사회학자가 볼 때 제1차 세계대전 당시 소속 국가에 상관없이 모든 전투원들이 그렇게 오래 신체 절단, 냉대, 지도자들의 거듭되는 무능, 짐승 같은 참호 생활에 적응하고 이를 받아들였다는 것은 분명 놀라운 일일 것이다. 우리는 전투가 계속되는 중에 용기가 꺾인 순간에 관한 일화들을 읽을 때, 그리고 베르됭에서 용기를 계속 유지한다는 것이 어떤 일인지 마음속에 떠올려보려 할 때, 용기를 내는 데 '실패'하는 일이 그렇게 자주 일어나지는 않았고 행동의 표준이 되지도 않았다는 사실에 놀랄 뿐이다. 이렇게 자문할 수 있다. 오늘날 우리는 제1차 세계대전의 병사들이 감내해야 했던 것의 4분의 1이라도 참아낼 수 있을까? 그들이 보여준 강인한 인내력은 부분적으로는 참을성 많은 강인한 농민들이 사병 집단에 많이 들어갔다는 사실로 확실히 설명할 수 있다. (특히 프랑스의 경우가 그렇다. 오늘날 프랑스 촌락들의 이상한 고립과 인구 부족은 그들의 큰 희생을 보여주는 증거다.) 그러나 1914년의 병사들은 오래 지속된 빅토리아 시대의 견고함과 그에 상응하는 유럽 대륙의 환경이 확립한 것, 즉 스콧 피츠제럴드가 말한 '엄청나게 많은 확실한 것들과 계급 간의 엄격한 관계'에 길들여져 있었다. 그들은 **수용하게끔** 길러졌다. 흔들림 없는 확신과, 우월한 권력의 분별력을 전적으로 신뢰해 '이유를 묻지 않는' 태도는 그들의 타고난 속성이었다. 그 '확실한 것들'은 제1차 세계대전을 거치며 영원히 사라진다.

1916년에 '수용'은 정말로 효과적인 말이었다. 1914년에 자신이 처한 상황을 불평했던 이들은 이제 사라졌거나 체념했다. 그러한 상황에서 살아야 하는 이유를 생각해내려고 자신을 괴롭힌 사람이 한 명이라면, 있는 그대로의 현실을 말없이, 무기력하게, 숙고하지 않고 수용한 사람은 열 명이었다. 이렇게 상황을 말없이 받아들였다는 점에서 1916년 병사들에게서는 어떤 냉소적 태도가 보였는데, 그것은 무척 단단한 냉소주의였다. 1916년의 병사는 알자스나 벨기에, 조국, 해상 패권 같은 고귀한 상징을 위해 싸운다고 생각하지 않았다. 그는 어쩔 수 없이 습관에 젖어 계속 전진하고자, 살아 있고자 싸웠을 뿐이다. 참호 속에서 지낸 18개월은 1914년의 멋진 이데올로기를 약화시켰다. 그랬는데도 전선의 병사들은 거의 무한정 수용할 수 있었던 것 같다. 프랑스군도 독일군도, 물리적으로 그리고 정신적으로 끈질기게 수용하는 행태를 보였다. 말하자면 전쟁의 고통을 느끼지 못하도록 예방 접종을 받았다고 할 수 있다. 눈으로 둘러싸인 참호에서도 폐렴에 걸린 사례는 거의 알려지지 않았다. 군법회의에 회부될 규율 위반 사례도 마찬가지였다. 베르됭에서 맞대결했던 군대는 그 전쟁의 절정을 상징했다. 딱 알맞은 시간 동안 담금질한 강철처럼, 그들은 강인하고 인내심이 있었다. 무르지 않았다. 1914년의 열의 가득하고 활기찬 병사들은 아니었지만, 그렇다고 1917~1918년의 전쟁에 지친 고참병들도 아니었다. 베르됭은 분수령이 된다. 베르됭 전투가 끝난 후에는 어느 쪽 군대도 이전과 같을 수 없었다.

대기와 경계로 채워진 한 주가 지난 후, 베르됭은 상당히 긴장되어 있었다. 폭발 직전인 프랑스군은 적군이 보이는 몹시 짜증스러운 수동성을 자신들의 힘을 조금씩 소진하려는 극악한 작전으로 여기게 되었다. 2월 17일, 러시아가 오스만제국에 대승을 거두었다는 소식이 전해져 조금이나마 사기가 올랐다. 그러나 에르주룸*은 멀리 떨어진 곳이었고, 프랑스군 병사들은 이미 오래전부터 '결정적 승리'에 관

---

* 1916년 2월 16일 니콜라이 니콜라예비치 대공이 지휘하는 러시아군이 오스만제국의 에르주룸(Erzurum)을 점령했다. 에르주룸은 아르메니아 고원에 자리 잡고 있으며, 오늘날에는 터키 동부 에르주룸주의 주도이다.

한 당국의 발표를 적절히 감안해 받아들이고 있었다. 날씨는 여전히 나빴다. 그러다가 19일에 날이 갰고, 진창이 서서히 말랐다. 조프르는 마지막으로 베르됭을 방문해 에르 장군의 준비를 치하했다. 그날 밤 서리가 내렸다. 20일은 해가 밝게 빛나 거의 봄날 같았다. 곧 공격이 시작되리라는 것을 누구나 알았다. 총사령부에서 제3국의 르누아르(Renouard) 대령이 기뻐하며 이렇게 이야기했다고 한다. "그들은 말벌 집을 건드리는 거야!" 부아데코르 숲의 드리앙은 아내에게 보낸 마지막 편지에서 좀더 현실적으로 이렇게 썼다. "때가 가까웠소. …… 나는 마음이 매우 평온하오. …… 우리 숲의 제1선 참호는 첫 번째 공격이 시작되면 몇 분 만에 빼앗길 거요. …… 나의 불쌍한 대대들, 지금까진 살아 있지만!" 그리고 친구에게는 이렇게 썼다. "나로 말하자면 언제나 운이 좋았으니 이번에도 운명은 나를 버리지 않을 걸세. 최악의 국면이 지나고 다시 자네에게 편지를 보낼 수 있길 바라네." 그날 오후 4시 신경이 곤두선 부대원들을 격려하고자 프랑스군 포대가 처음으로 발포해 한 시간 동안 포격했다. 에르 장군은 병사들에게 마지막 명령을 내렸다. 그 명령에는 제1차 세계대전의 프랑스군 지휘관들에게 거의 표준적인 공식 같은 표현이 포함되어 있었다. "어떤 희생을 치르더라도 맞서 싸우라. 있는 자리에서 갈가리 찢길지언정 후퇴하지 말라."

어둠이 내렸다. 베르됭 배후로 약 48킬로미터 떨어진 르비니에서 경계를 늦추지 않던 75밀리미터 포 포병들이 병참선을 급습하려던 체펠린 비행선에 포격을 가해 격추했다. 예상치 못한 성과였다. 한편, 전선들 사이에 아주 밝고 차가운 달이 떠올라 고요한 풍경을 비추었다. 부아데코르 숲의 추격병들은 무심한 듯 두 손을 주머니에 찔러 넣고 전방 숲속에서 어른거리는 정체 모를 어두운 형상들을 불안한 마음으로 응시했다. 내일이면 그 숲에서 무엇이 튀어나올지 궁금해하면서. 그들 뒤편 어둠 속에서는 급량반이 마지막 식량을 나르면서 이따금 잔가지 부러지는 소리와 작게 중얼거리는 소리가 들렸다. 잠을 이루지 못한 추격병들은 아주 멀리서 독일군 열차가 스팽쿠르 숲으로 탄약을 수송하며 내는 덜커덕 소리를 계속 들을 수 있었다. 좀더 가까이, 전쟁이라는 흠결을 지워버린 환한 달빛으로 아름답게 보이는 중간 지대 위로, 독일군의 노랫소리가 들렸다.

6장

첫날

첫 한 모금이 어렵다.
— 폴 클로델, 〈발라드〉

내가 그것(전쟁)을 알았을 때 나는 그것을 열렬히 사랑했다. ……
그것이 가장 비천한 자들에게 비춰준 그 모든 빛 때문에
나는 사랑을 멈출 수 없을 것이다.
— 라 투르 뒤 팽 대위, 《도가니》

루아송 인근 숲에서 크루프 사의 함포 하나가 거대한 포신을 위장
망 밖으로 서서히 들어 올렸다. 졸음에 겨운 병사들은 열 번째 훈련
에 참가했다. 그들은 매일 동트기 전의 혹독한 추위 속에서 아무 의
미도 없이 뒹구는 데 지쳐 가고 있었다. 그러나 오늘은 실전에 들어갈
것 같았다. 포대 지휘관은 세워 놓으면 높이가 거의 자기 키만큼 되는
포탄의 신관을 한 번 더 정성스럽게 점검했다. 야전 전화가 울렸다.
오랫동안 기다려 온 명령이 떨어졌다. 포병들은 그 괴물 같은 발사체
를 높이 들어 포미 속으로 밀어 넣었다. 병사들은 포구 방향을 등진
채 두 손을 귀에 갖다 댔고 지휘관이 "발사!"라고 외칠 때 꽉 눌러 막

있다.

포탄은 거의 32킬로미터 떨어진 베르됭 주교 관저의 뜰에서 지축을 흔드는 굉음을 내며 폭발했고 대성당의 한쪽 모퉁이가 부서졌다. 지난 며칠간 훈련을 거듭했던 것을 감안하면 훌륭한 포격은 아니었다. 포격으로 뫼즈강을 가로지르는 중요한 다리를 하나 타격해야 했지만, 연합군에 독일군의 '무시무시함'을 선전할 사례를 하나 더 추가했을 뿐이다. 나폴레옹전쟁 중에 영국군 전쟁 포로들이 수감되었던 보방 성채의 거대한 미로 속 어딘가에서 나팔수가 엄폐하라는 경계경보를 울렸다. 포탄은 꾸준히 떨어졌다. 베르됭 주둔지를 포격한 다른 380밀리미터 포는 그것과 짝을 이룬 다른 대포보다 더 성공적이었다. 몇 발 떨어지자 조차장의 궤도가 철사처럼 휘어 하늘을 향해 일어섰다. '심판' 작전이 시작된 것이다.

부아데코르 숲에 있던 드리앙 중령의 추격병들은 대부분 배후에서 무슨 일이 일어나고 있는지 전혀 모른 채 잠에 빠져 있었다. 약 세 시간 뒤, 마흔여섯이라는 나이 때문에 '할아버지(grand-père)'라고 불린 스테판 하사는 가까이서 들리는 친숙한 커피 그라인더 소리에 서서히 잠이 깼다. 더불어 이른 아침에 병사들이 점잖게 투덜거리는 것처럼 두 사람이 언쟁하는 소리가 들려왔다. '할아버지' 스테판의 대피호에서 보면 그날은 다른 날과 거의 같았다. 다른 것이 있다면 지독했던 지난 몇 주보다 날씨가 더 좋을 것 같다는 점이었다. 독일이 공격해 올 것이라는 이야기가 많았기에, 이처럼 맑고 깨끗한 날은 다소 불길해 보였다. 어제 저녁에는 실로 오랜만에 독일군 비행기가 전선 사이를 오가며 매우 위협적인 광경을 만들었다. 그렇지만 공격에 관한 소문은 성탄절 이후 거의 끊이지 않았고, 아직까지 아무 일도 벌어지지 않았다. 따라서 전부 후방의 베르됭에 있는 참모들이 가엾은 보병들을 좀더 쥐어짜려고 꾸며낸 소문이라고 믿을 수 있었다. 스테판 하사는 비몽사몽간에 ― 감각을 무디게 하는 추위만 아니라면 기분 좋은 상태였다. ― 잠에서 깨야 한다는 눈앞의 문제와 머지않아 다가올 휴가라는 약간은 더 먼 가능성만 생각했다.

갑자기 스테판 하사를 둘러싼 세계 전체가 무너지는 것 같았다. 커피 그라인더를 돌리던 두 사람은 고참병답게 민첩하게 지하로 대피하면서 상스러운 프랑스어로 저주를 퍼부었다. "커피를 다 내릴 때까지…… 왜 기다려주지 않는 거야!" 부아데코르 숲의 대기는 소용돌이치는 물질로 가득 찬 것 같았다. 스테판 하사가 보기에는 마치 "폭풍, 허리케인, 점점 더 거세지는 사나운 비바람"이 휩쓸고 지나가 "포석(鋪石)만 비처럼 떨어지는 것 같았다." 거대한 210밀리미터 포탄에 나뭇가지가 잘리거나 나무가 뿌리째 뽑히면서 가공할 폭발 소리에 목질을 쪼개는 요란한 소리가 겹쳤다. 나무줄기는 쓰러지자마자 새로운 폭발에 공중으로 솟구쳤다. 아직까지 비교적 피해를 입지 않은 진지에 있던 스테판은 일정한 속도로 가까이 다가오는 포탄들을 섬뜩한 매력을 느끼며 홀린 듯이 지켜보았다. 스테판은 마치 호스로 정원에 물을 뿌리는 것 같다고 생각했다. 포탄은 먼저 숲의 앞쪽에 있던 제1전초대를 쓸어버렸고* 이어서 협곡 위쪽으로 올라가면서 제2, 제3, 제4전초대를 파괴했고, 건너편 R2**의 콘크리트 보루와 교차로를, 다시 돌아와 제1전초대를 타격했다. 15분마다 이런 공격이

---

* 드리앙의 방어 계획에 따라 부아데코르 숲에는 참호선이 연잇지 않았다. 숲 외곽에 일련의 작은 전초들이 자리를 잡았고, 그 뒤에 각각 1개 소대 이상의 병력이 지키는 독립적인 거점인 전초대(Grande Garde)가 자리를 잡았다. 뒤로 더 가면 지원 부대, 즉 'S'선이 있었고, 후방에는 드리앙의 지휘소가 자리를 잡은 콘크리트 보루의 'R'선이 있었다.(저자 주)
** 'R'은 'Retranchement(참호, 진지)'을 말한다.(저자 주)

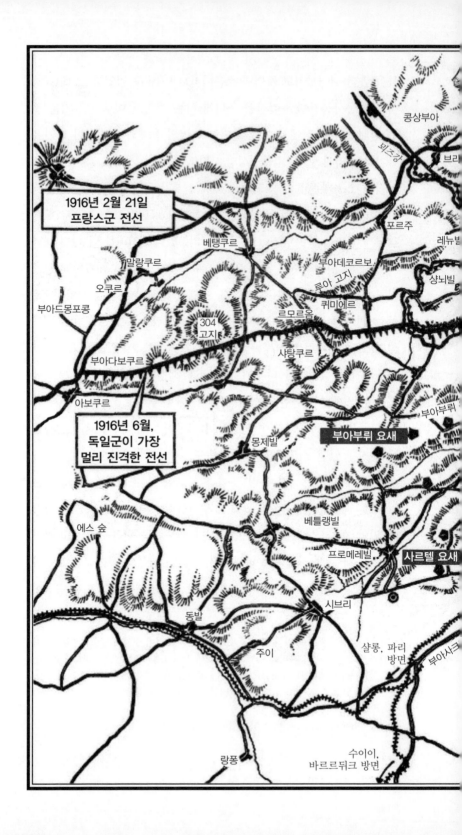

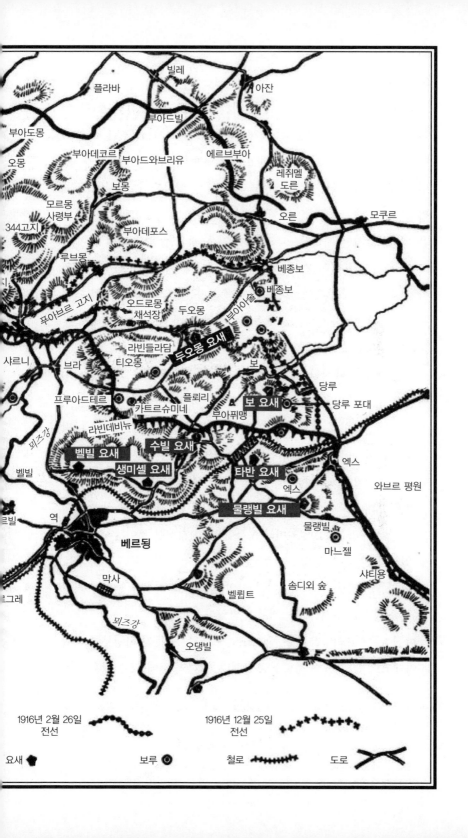

플라바
빌레
아잔
부아도몽
오몽
부아드빌
부아데코르
부아드와브리유
에르부아
레쥐멜 도른
보몽
모르몽 사령부
오른
모쿠르
344고지
부아데포스
루브몽
베종보
베종보
푸아브르 고지
오드로몽
채석장
두오몽
부아이슬
라빈들라담
두오몽 요새
샤르니
브라
티오몽
보
당루
프루아드테르
카트르슈미네
플뢰리
보 요새
당루 포대
뫼즈강
라빈데비뉴
부아퓌맹
엑스
벨빌 요새
수빌 요새
벨빌
생미셸 요새
타반 요새
엑스
와브르 평원
역
물랭빌 요새
물랭빌
베르됭
마느젤
막사
샤티용
그레
솜디외 숲
벨립트
뫼즈강
오댕빌

1916년 2월 26일 전선

1916년 12월 25일 전선

요새

보루

철로

도로

되풀이되었다.

　마침내 마치 영겁 같았던 두어 시간이 지난 후, 포격은 스테판의 작은 세계인 중대 본부를 향해 서서히 다가왔다. 중포 포탄 네 발이 연달아 빠르게 인근 들것병 대피호를 강타했다. 의무병 슐레크가 "땅 밑 4미터 깊이에 한 사람당 1미터의 공간"이 확보된다고 자랑스럽게 말했던 곳이다. 스테판은 깜짝 놀랐다. 네 명 모두 옷이 찢어지고 흙을 뒤집어썼지만 기적적으로 다치지 않은 채 모습을 드러낸 것이다. 그 직후 다른 포탄이 스테판의 참호에 떨어져 온통 아수라장이 되었다. 스테판은 자신이 엄청나게 운이 좋았다는 생각은 미처 떠올리지 못했다. 그보다 아내가 정성껏 짜준 발라클라바 모자를 잃어버려 분하다고 생각했을 뿐이다.

　오전 내내 파괴적인 포격이 이어지다가 정오 무렵이 되자 갑자기 멈췄다. 호되게 당한 부아데코르 숲의 생존자들은 곧 다시 공격이 시작되리라 생각하고 엄폐호 밖으로 나왔다. 그리고 바로 그것이야말로 독일군이 바라던 바로서 독일군 계획의 일부였다. (이 사실은 스테판도 그의 지휘관인 드리앙도 전혀 몰랐다.) 생존자들의 움직임을 통해 독일군 포대 관측병들은 어느 방어 거점, 프랑스군 제1선 참호의 어느 구간이 가공할 210밀리미터 포를 견뎌낸 것처럼 보이는지 확인할 수 있었다. 이제 210밀리미터 포는 제1선 참호 뒤쪽 더 먼 곳의 새로운 표적을 겨냥했고, 어마어마한 양의 폭약으로 최후의 일격을 가하는 일은 정밀한 단거리 중박격포가 맡았다.

　아침 6시,* 드리앙은 제2선의 모르몽에 있는 주둔지 사령부를 떠나 부아데코르 숲의 전투 지휘소로 향했다. 떠나기 전에 그는 결혼 반지

---

* 프랑스의 오전 6시는 독일의 오전 7시였다. 이후로 모든 시간은 프랑스 시간이다.(저자 주)

와 여러 개인 물품을 당번병에게 맡겼다. 독일군의 최초 포격이 전선을 강타할 때 드리앙은 이미 지휘소에 있었다. 그는 침착하고 태연하게 명령을 내린 다음 대피호로 내려갔고, 그곳에서 전쟁 발발 전에 베이루트대학 총장이었던 군종 신부 마르탱프레(Père de Martimprey)에게 보속(補贖)을 받았다. 그동안 제72사단 사령부의 퓌조 대위와 제30군단의 다른 참모 장교가 차편으로 부아데코르 숲에 도착했다. 그들은 드리앙을 만나기 전에 먼저 쌍안경으로 여유롭게 독일군 전선을 살폈다. 그러나 포격이 시작되자마자 두 참모 장교는 급히 마음을 바꿔 드리앙을 만나지 않고 가장 빠른 길로 사단 사령부로 돌아갔다.

그날 아침 밥스트 장군도 브라방의 전선을 시찰하려고 브라에서부터 말을 타고 전방으로 향했다. 그가 중간쯤에 있는 사모뇌에 이르렀을 때 탄막이 쏟아졌다. 밥스트는 제351연대 지휘관 베르나르 중령에게 브라방의 부대에 경계경보를 발령하라는 지시와 함께 구두로 몇 가지 명령을 내린 뒤 속보로 말을 달려 브라로 돌아갔다. 뫼즈강 좌안의 말랑쿠르에서 베르됭 남쪽으로 한참 내려간 에파르주까지 베르됭 구역의 모든 지점이 부아데코르 숲과 마찬가지로 끔찍한 포격을 받고 있는 듯했다. 제51사단의 전선인 부아드빌 숲에서는 중포 포탄이 1분에 40발씩 떨어졌다. 거의 약 160킬로미터 떨어진 보주 전선에서는 훗날 베르됭 전투의 마무리에서 중요한 역할을 하게 될 프랑스 장군이 끊임없이 울리는 굉음을 듣고는 무슨 일인지 궁금해하고 있었다. 베르됭에서는 장거리 함포의 치명적인 효과 때문에 이미 탄약 열차의 하역이 엉망이 되었다.

오전 8시, 한 시간 가까이 포격이 이어진 뒤에 여단 수준에서 하급 부대로 이어지는 통신선이 거의 전부 끊겼다. 제51사단의 어느 여단장은 즉흥적으로 각각 약 275미터(300야드)씩 담당하는 전령 중계 체계를—그 전령이 살아남는다고 가정하고—세웠다. 이것은 훗날 베르됭 전투의 특징이 되는 순사(殉死)의 한 형태였지만, 쇳덩어리가 마구 쏟아지는 전투 초기 국면에서 인간과 인간을 잇는 보잘것없는 연결은 결코 오래갈 수 없었다. 증원 부대도 탄막을 뚫을 수는 없었다. 밥스트가 브라방의 전선을 보강하려고 보낸 2개 중대는 포격이 다 끝난 뒤에야 참혹한 손실을 입은 채 도착했다. 기를 쓰고 약 3.2킬로미터 정도를 전진하는 데 거의 여덟 시간이 걸렸다. 효과적인 지휘는 이제 없었다. 독일군의 집중 포격은 예상보다 훨씬 큰 성공을 거두었다.

　전선 배후의 프랑스군 포병들은—진지를 뒤덮은 짙은 가스 장막에 아직 쓰러지지 않은 이들이었다.—맹공을 당하는 보병 진지를 무기력하게 바라보았다. 관측이 불가능했기에 대(對)포병 포격은 거의 할 수 없었다. 독일군의 공중 탄막을 뚫기 위해 출격한 소수의 프랑스 정찰기는 너무 많은 포대가 포격을 하고 있어서 어디서 발사하는지 확인할 수 없다고 보고했다. 독일군 대포가 숨어 있는 숲이 끊김 없이 하나로 이어진 거대한 화염을 계속 뿜어내고 있다고 했다. 그런데도 프랑스군의 몇몇 장거리포는 예상보다 더 나은 결과를 냈다. 그 대포들의 첫 포격은 전선에서 뒤로 한참 떨어진 빌리에 있던 독일군 제24브란덴부르크 연대의 재무관과 그의 금고를 날려버렸다. 뒤로 더 멀리 떨어진 비타르빌에서는 폰 크노벨스도르프 장군이 황태자에게 독일군 포격의 효과에 관해, 그리고 프랑스의 반격이 얼마나 미약한지에 관해 보고하던 중에 갑자기 중포 포탄이 호엔촐레른 가문 계승자 근처에 떨어졌다. 제5군 사령부는 다급히 스테네로 철수했고 이후 전투 내내 그곳에 머물렀다. 그러나 이 두 차례의 단발적인 작은 성공을 제외하면 프랑스 포병대의 개입은 실제로 무시해도 될 정도였다. 정오 무렵 황태자의 포병 지휘관 베크 장군은 프랑스군 포대 대부분에서 작동 중인 대포는 각각 겨우 한 문씩이라고 보고할 수 있었다.

제1선의 독일군 돌격부대 병사들이 볼 때, 프랑스군 방어선 전체가 아치 모양의 연기 기둥 속으로 사라지는 광경은 마치 샴페인이 터지는 것 같았다. 지하 진지에서 오래 대기하는 동안 소총은 습기에 녹슬고 병사들도 둔감해졌지만, 지난 몇 주간 겪은 고통과 피로, 번민이 이제 흥분에 겨운 도취와 낙관론으로 바뀌었다. 그날 오후, 제8퀴질리어연대의 어느 헤센 출신 병사는 어머니에게 마지막 글을 남기며 이렇게 썼다. "이제 곧 전투가 시작될 겁니다. 이 세상이 이제껏 보지 못한 전투가 될 거예요." 프랑스 전선을 정찰하고 돌아온 독일군 조종사들은 자신들이 목격한 끔찍한 파괴를 생생하게 설명했다. 어떤 조종사는 지휘관에게 이렇게 말했다. "끝났습니다. 우리는 그냥 지나갈 수 있습니다. 이제 그곳엔 살아 있는 것은 아무것도 없습니다."

지하 진지의 보병들이 마지막 준비를 했다. 병사들은 프랑스 숲의 빽빽한 덤불에 걸릴 위험을 피하기 위해 철모에서 징을 빼내고 서로 알아볼 수 있게 흰색 완장을 찼다. 장교들은 프랑스군 저격병에게 발각되지 않도록 모자를 뒤로 돌려 썼다. 사소한 부분도 그냥 넘기지 않았다. 모든 병사는 맞은편 프랑스군 방어 진지를 대축척으로 그린 약도를 지녔으며, 기관총 분대는 공격조와 함께 침투해 프랑스군의 무기를 노획하는 즉시 임무에 착수하고자 무기 없이 대기했다. 오후 3시, 독일군의 포격은 연속 집중 포화의 절정에 가까워졌다. 3시 40분경, 포격은 점차 강해졌고, 중대장들은 시계를 쳐다보았다. 오후 4시, 전선 전체에서 "공격!"이라는 외침이 들렸고, 회색 형체들이 전방으로 세차게 달려들었다. 전선의 좌측에는 브란덴부르크 연대가 행진곡

〈프로이센의 영광〉*을 부르며 전진했다.

이후 채 다섯 달도 못 되어 솜강에서 조밀한 직선 대형으로 자살이나 다름없는 진격을 시도할 영국군 보병과는 현저히 다르게, 독일군 정찰대는 소규모 조를 짜서 지형을 능숙하게 이용하며 이동했다. 제5군의 최종 명령에 따라—전투가 너무 빨리 진행되지 않기를 바랐던 신중한 팔켄하인의 영향을 받았다.—첫날의 보병 전투는 강력한 전투 정찰대로 제한될 예정이었다. 치과 의사의 탐침자 역할을 맡은 이 정찰대들은 프랑스군 방어 진지에서 독일군의 포격으로 가장 크게 상한 부분을 몰래 알아볼 예정이었다. 22일이 되어야 공격의 주력이 투입되어 상한 틈을 넓힐 것이었다. 독일군 3개 군단 중 2개 군단은 이 명령을 엄격히 지켰다. 그러나 까다로운 성품을 지닌 모뵈주의 점령자 폰 츠벨 장군은 독일군 특유의 재량권을 충분히 활용해(이 결정은 마른강에서는 독일군에 재앙을 가져왔다) 정찰대 바로 뒤로 돌격부대를 내보내 첫 번째 공격을 개시하기로 결정했다.

베스트팔렌 출신으로 이루어진 폰 츠벨 장군의 제7예비군단 맞은 편에는 부아도몽 숲이 있었다. 부아데코르 숲의 약간 앞쪽 왼편에 자리 잡은 불규칙한 형태의 숲인 부아도몽은, 말하자면 부아데코르 숲의 매우 중요한 측면을 지켰다. 부아도몽 숲은 독일군의 포격에 사정없이 두들겨 맞았다. 늦은 오후쯤이면 방어군의 다수는 그저 기진맥진하여 잠에 빠졌으며, 나머지는 포탄의 충격에 반쯤 정신이 나간 상태였다. 숲의 서쪽에 있는 어느 참호에서 병사 한 명이 문득 고개를 들었다가 약 91미터도 떨어지지 않은 곳에 있는 회녹색 병사(독일군)

프로이센의 영광(Preußens Gloria) 요한 피프케(Johann Gottfried Piefke, 1817~1884)가 작곡한 19세기 군대 행진곡.

대열을 포착했다. 경보가 울렸고, 프랑스군이 서둘러 발포하자 독일군의 움직임이 멈추었다. 그러나 숲의 다른 쪽 끝, 즉 부아데코르와 가장 가까운 곳에서는 프랑스군 제165연대가 곧바로 심각한 상황에 빠졌다. 포격에 참호 여럿이 완전히 사라졌고 소총의 총열은 먼지로 가득 차 쓸 수 없게 되었으며 수류탄과 탄창이 담긴 상자들은 잔해에 파묻혔다. 폭이 거의 800미터나 되는 전선의 한 구역에서 2개 소대가 전우들을 파내느라 녹초가 되었다. 이들이 독일군의 첫 번째 정찰대를 발견했을 때, 그 독일군 병사들은 겨우 약 9미터 밖에 있었다. 비어 있는 참호 구간을 통해 이미 침투하고 있었던 것이다. 진지 두 곳은 거의 아무런 저항도 없이 점령되었고, 부아도몽 숲의 제1선 참호 전체가 곧 무너졌다. 동행한 독일군 기관총 분대들은 부리나케 움직여 노획한 무기를 차지했고, 산소 아세틸렌 토치를 든 병사들은 프랑스군의 남은 가시철조망을 잘랐다. 땅거미가 내렸을 때 독일군은 프랑스군 방어 시설에 첫 번째 결정적인 발판을 확보했다. 부아도몽 숲을 방어하던 대대의 지휘관 들라플라스 대위는 정신이 나가 여단장 볼레 대령에게 이런 통신문을 보냈다. "저는 어떻게 해야 합니까?"

베스트팔렌 병사들이 부아도몽 숲의 제1선 참호를 점령했을 때, 부아데코르 숲의 프랑스 방어군은 상황을 찬찬히 살피고 있었다. 그날 포격이 두 번째로 멈췄을 때 구덩이에서 기어 나온 생존자들은 흙먼지가 가라앉은 현장을 보고 경악하고 전율했다. 눈앞에 펼쳐진 숲은 섬뜩했다. 식별할 수 있는 것이 전혀 없었다. 마치 거대한 쇠망치로 지면을 전부 다 거듭 내리친 것 같았다.* 멋진 오크나무와 너도밤

---

* 훗날 추정한 바로는 가로 약 457미터(500야드), 세로 약 914미터(1,000야드)의 직사각형 안에 8만 발의 중포 포탄이 떨어졌다.(저자 주)

나무는 대부분 몇십 센티미터 높이의 들쭉날쭉한 그루터기로 변했다. 얼마 남지 않은 나뭇가지에는 맹폭의 끔찍한 증거들이 예사로 걸려 있었다. 갈기갈기 찢긴 군복이 차마 무엇이라 이름 붙이기 어려운 인간의 유해를 담은 채 흔들거렸다. 때로는 사람의 창자가 가지에 걸려 있었는데, 포탄이 직접 명중한 결과였다. 치밀하게 두들겨 맞아 파괴되고 갈아엎어진 숲에선 아무도 살아남을 수 없어 보였다. 그런데도 몇몇은 살았다. 성난 어린아이가 거듭 짓밟은 모래 땅 속 개미집처럼, 그들은 묻히고 또 묻혔지만, 언제나 몇몇은, 이를테면 스테판과 숄레크처럼 기적적으로 밖으로 기어 나왔다. 드리앙이 숲의 방어 진지를 훌륭하게 설계한 덕분에 많은 병사가 살아남았다. 그 방어 진지는 보루와 작은 각면보(角面堡)로 나뉘어 있어서 서부전선의 다른 지역에서 흔히 볼 수 있는 연속된 참호선과 달랐다.

그렇지만 손실은 엄청났다. 콘크리트로 만든 기관총 진지들은 성냥개비처럼 산산조각이 났다. 두 개의 거대한 대피호 R4와 R5는 직격탄을 맞아 파괴되었고, 각각에 숨어 있던 소대는 전부 몰살당했다. 드리앙의 벙커 한쪽 끝에 있는 R2는 타격을 받아 중위 한 명이 사망하고 아홉 명이 중상을 입었다. 그들 중 한 병사는 흙더미에 파묻혀 있다가 구조되었을 때 포격 때문에 실성해 미친 듯이 웃으며 고함을 질러댔다. 추격병들의 대피호는 대부분 함몰되었고, 그 밑에 파묻히지 않은 병사들은 심한 뇌진탕을 겪었다. 드리앙이 이끌던 1,300명 중에 부상을 피한 병사는 절반도 안 되었던 것 같다. 어느 하사는 이렇게 어림잡았다. "푸알뤼 다섯 명 중 둘은 대피호 밑에 생매장되었고 둘은 이러저러한 부상을 당했으며, 나머지 다섯 번째는 (부상을) 기다리고 있다."

독일군이 포를 거둔 지 3분 만에 한 추격병이 드리앙에게 달려와 소리쳤다. "저기 독일군이 몰려옵니다!" 대령은 직접 소총을 들고 지휘소에서 뛰쳐나가 부상당한 병사들을 끌어모았다. 그는 이렇게 외쳤다고 한다. "우리는 여기에 있다. 여기가 우리가 있을 곳이다. 저들은 우리를 이곳에서 내몰지 못할 것이다!" 동시에 그는 예비 대대를 데려오고자 전령을 후방으로 보냈다. 잠시 뒤, '할아버지' 스테판이 자신의 중대장 로뱅 중위의 전갈을 들고 드리앙의 지휘소에 도착했다. 제1선 참호의 진지들을 이미 독일군에 빼앗겼으니 포 지원을 요청한다는 내용이었다. "자네가 휴가를 가지 못하게 된 것이 안타깝군." 드리앙은 스테판에게 이렇게 무덤덤하게 말하고는 자신도 지난 한 시간 동안 75밀리미터 포의 탄막을 요청했으나 헛수고였다고 덧붙였다. "솔직히 말해서, 하사, 나는 이제 우리가 기댈 데라고는 우리 자신밖에 없다고 생각하네."

스물세 살에 이미 전투 경험이 많은 고참병이었던 로뱅은 전쟁 초기에 독일군의 야습을 받아 패주하던 연대를 재편성하면서 대단한 용기를 보여주었다. 이제 부아데코르 숲의 북단을 지키는 로뱅은 포격이 멈춘 순간 자신의 중대에 부서진 흉장(방어용 낮은 방벽) 위로 올라가라고 명령했다. 그러나 약 150명 규모의 독일군 정찰대가 산산이 부서진 숲의 혼돈 속에 모습을 감춘 채 로뱅의 중대와 왼편의 세 갱 대위의 중대 사이로 침투해 들어왔다. 교통호로 기어 들어온 독일군은 제1선 참호 한참 뒤에 있는 지원 진지 S7의 배후에 갑자기 나타났다. 거구의 헤센 병사가 로뱅에게 권총을 겨누었는데 소대의 중사가 그를 쏘아 쓰러뜨렸다. 그 중사는 이어 여섯 명을 더 해치웠다. 로뱅은 병사들을 S6으로 후퇴시켰고 ─ 기습당한 상황이었는데도 놀랄 만큼 질서 있게 물러났다. ─ 그곳에서 수류탄과 총검으로 야만적인 백병전을 벌였다. 거기서 로뱅 자신도 발에 수류탄 파편을 맞고 부상을 입었다. 앞쪽에서는 공격해 들어오는 독일군을 저지했으나, 측면을 돌아 들어온 정찰대가 다시 좌우에 출현했다. 밤이 되면서 로뱅은 다음 지원 진지 참호선으로 한 번 더 퇴각해야 했다. 이제 그의 중대는 80명도 되지 않았다.

로뱅의 왼편에서는 상황이 더 나쁘게 펼쳐졌다. 세갱 대위 중대의 우익에는 기관총 두 정이 설치되었는데, 하나는 레제 중사가, 다른 하나는 포 하사가 맡았다. 이 뛰어난 하사는 꽤나 비협조적인 다섯 명의 고참병으로 구성된 분대를 이끌었는데, 약 46미터도 채 안 되는 거리에 약 2백 명의 독일군 전열이 나타났을 때 총좌에 가득 찬 물을 누가 퍼낼 것인가를 두고 분대원들과 열띤 토론을 벌이고 있었다. 서로 다투던 이들이 총을 작동하기에는 너무 늦었기에 포와 그의 분대원들은 지원 참호선의 S9 목조 진지로 퇴각했다(놀랍게도 적군에게 포착되지 않았다). S9에는 단도브 상사가 지휘하는 소대가 있었는데, 단도브 상사는 포격에 몹시 충격을 받은 상태였다. 포 하사의 기관총 분대가 얼굴 가득 놀란 표정을 하고 도착한 바로 그 순간, 반대편에서 흰색 완장을 찬 소규모 병력이 나타났다. 단도브는 처음에는 그들이 프랑스군 들것병이라고 생각하고 소대에 사격 중지 명령을 내렸다. 그러다 문득 그들이 독일군임을 알아차렸다. 단도브 상사는 허둥대며 퇴각을 명령했고 소대 전체가 교통호를 따라 빠르게 퇴각했다.

교통호는 R2에 있는 드리앙의 지휘소를 지나 이어졌는데, 그곳에서 드리앙이 직접 추가 퇴각을 막았다. 조프르에게 어울릴 법한 평온함으로, 조금도 책망하는 기색 없이, 드리앙은 단도브에게 이렇게 말했다. "병사들을 대피호 안으로 데려가 쉬게 하게. 동트기 전에 자네 진지를 탈환해야 해." 한편, 재앙을 부르는 돌파로 이어졌을지 모를 상황이 레제 중사와 병사들의 영웅적 행위로 저지될 수 있었다. 포보다 경험 많은 하사관이었던 레제는 포격이 계속되던 중에 주의 깊게 기관총을 엄폐가 되는 곳으로 옮겼고 결정적인 순간에 다시 거치해 처음 나타난 독일군 정찰대에 맹렬한 사격을 가했다. 하지만 적군은 레제 주위로 침투해 들어왔다. 포위된 상태에서 탄약이 떨어지자 레제는 기관총을 박살 낸 뒤 수류탄으로 계속 싸웠다. 결국 열두 명 분견대의 마지막 생존자였던 레제는 심한 부상을 입고 쓰러져 의식을 잃었다.

교전 중인 추격병들의 동쪽으로는 제51사단의 영역인 부아데르브부아 숲에서 비슷하게 지리멸렬한 전투가 펼쳐지고 있었다. 캥탱 상사는 며칠 동안 소대 맞은편 수마잔 농장을 주시하며 그 뒤에서 무슨 일이 일어날지 궁금해했는데 이제 그곳에서 회녹색 형체들이 나타나는 것을 보았다. 마치 구멍에서 기어 나오는 쥐떼 같았다. 곧 캥탱의 참호는 소총 세례를 받았고, 포격 때문에 파묻힌 구역에서 살아 나온 세 명의 생존자가 와서 그의 왼편으로는 단 한 명도 살아남지 못해 큰 틈이 생겼다고 말했다. 캥탱의 남은 병사들(약 40명 중 12명)이 발포하자마자, 독일군 정찰대는 바위에 부딪힌 파도처럼 멈췄다가 우회했다. 황혼이 짙어지면서 캥탱은 적군의 방해를 받지 않고 새로운 진지로 후퇴했다. 왼편에 뚫린 틈으로 조금씩 새어 들어온 회녹색 물결이 젊은 사관후보생* 베르통의 소대가 지키는, 거의 온전하고 잘 방비된 진지에 도달했다. 독일군은 잠시 멈춰 의논했다. 그리고 베르통의 병사들이 사격을 가할 유효 표적을 찾기 전에 먼저 맹렬한 불기둥이 그들을 덮쳤다. 사흘 전 베르통의 중대장은 수마잔 농장 뒤쪽에서 수상한 화염과 검은 연기가 피어오르는 것을 목격했다. 중대장은 그 현

---

* 프랑스 육군에서 훈련의 마지막 단계에 들어선 사관후보생(Aspirant)은 실제로 임관되기 전에 전선에 파견되어 분견대를 지휘했다.(저자 주)

상을 설명할 수 없었지만 포격을 요청했다. 이제 베르통의 소대는 독일군이 처음 써보는 가공할 신무기 앞에 인간 기니피그가 될 운명에 놓였다. 곧 화염방사기가 윗가지를 엮어 만든 참호의 외벽에도 불을 질렀다. 방어군은 의복과 머리카락에 불이 붙은 채 고통 속에 울부짖으며 어지럽게 도망쳤다. 독일군은 연기를 내뿜는 진지를 신속히 점령한 뒤 기관총을 설치해 공포에 사로잡힌 프랑스군의 등에 총탄을 퍼부었다.

한편, 부아데코르 숲에서는 로뱅 중위가 헤센 병사들에게 매서운 일격을 가했다. 로뱅은 비록 부상당했지만 어둠 속에서 서둘러 총검 돌격을 감행하여 빼앗겼던 지원 진지 두 곳을 되찾았다. 반격이 매우 성공적이어서, 로뱅이 계속해서 프랑스군 제1선 참호의 한 구간을 탈환하러 갈 정도였다. 그곳의 자신만만한 독일군 정찰대는 벌써 잠에 빠져 있었다. 완전히 깜짝 놀란 독일군은 무질서하게 퇴각했다. 사로잡힌 독일군 포로 중 한 명은 오늘 침입이 정찰 활동일 뿐이며 주공격은 다음날 정오까지 없을 것이라고 작전을 누설했다. 로뱅은 드리앙에게 보고하며 이렇게 물었다. "병력 80명으로 어떻게 대처해야 합니까?" 드리앙은 대답했다. "가엾은 로뱅, 우리는 현재 자리를 지키라는 명령을 받았네."

밤이 되어 전투가 끝났지만, 지독한 포격이 다시 시작되었다. 드리앙의 전령이 밥스트 장군에게 전달한 상황 보고에는 이렇게 쓰여 있었다. "포격이 지독하지만 우리는 보슈를 저지할 것입니다." 어디서나 프랑스군은 파괴된 진지를 열심히 보수했고 최선을 다해 부상자를 치료했다. 새벽녘의 반격을 준비하던 지휘관들은 오지 않을 때가 더 많았던 증원 병력을 애타게 기다렸다. 전선의 전 구간에서 사단 사령부로 필사적인 전갈이 쏟아져 들어왔다. 부아데르브부아 숲에 있던 보도 소령은 이런 전갈을 보내왔다. "부아데포스 숲을 떠나 쿠퓌르에서 저와 합류하기로 했던 제233대대의 2개 중대를 찾고 있지만 아무런 소식도 듣지 못했습니다."

전선 전체에 걸쳐 전투 첫 날은 프랑스군에게 소소한 재앙과 기록되지 않은 수많은 작은 테르모필라이 전투가 번갈아 일어난 날이었다. 독일군 화염방사기가 섬뜩하게 첫선을 보인 곳은 어디든 공황에 빠졌다. 부아도몽 숲에서는 장교 한 명과 병사 36명이 화염방사기 분견대 한 조에 항복했다. 그러나 이 테르모필라이 전투들은 대체로 승리였다. 방어선은 유지되었다.

실제로 독일군에게 첫날 전투는 베르됭에서 겪을 여러 실망스러운 일들의 전주곡이었다. 먼저, 포격은 환상적이었지만 기대만큼 효과를 보지 못했다. 장교들이 프랑스군 제1선 참호에서는 시신만 보게 될 것이라고 장담했기에, 방어선의 열린 틈으로 들어가자마자 총탄 세례를 받은 독일군 병사들은 큰 충격을 받았다. 투입된 병력이 많지 않은데도 사상자는 자정 무렵에 벌써 6백 명에 이르렀다. 그럼에도 전투 초기에 상당한 성공을 거두었기에, 전선 전체에서 정찰대 지도자들은 프랑스군의 혼란을 틈타 22일로 예정된 주공격을 즉각 실행해야 한다고 강력히 촉구했다. 듣자 하니 크노벨스도르프도 깜짝 놀라서, 폰 츠벨이 부아도몽 숲에서 빠르게 진격했다는 소식을 받자마자 곧바로 반응을 보였다. 그는 다른 두 군단에 "최대한 빨리 밀고 나가라"고 명령했다. 그러나 그 명령이 복잡한 통신망을 거쳐 부하 지휘관들에 전달되었을 즈음에는 이미 어둠이 내려앉고 있었다. 때가 너무 늦었다. 제18군단의 주력은 독일군 측 지하 진지 밖으로 나오지도 못했다. 군단의 정찰대가 난타당해 겨우 한 줌밖에 남지 않은

프랑스 추격병들 때문에 부아데코르 숲에 묶여 있었기 때문이다. 폰
츠벨 장군의 제7예비군단만이 부분적으로는 그의 불복종 덕분에 다
섯 시간 만에 부아도몽 숲 전체를 장악했다. 덕분에 프랑스군 전선에
처음으로 틈을 열어 중요한 기여를 했다. 소중한 기회가 날아갔고,
팔켄하인의 신중함 탓에 독일군은 전투에서 첫 번째 좌절을 겪었다.
게다가 실망스럽게도 기상학자들이 실수를 했고, 밤이 지나는 동안
몸을 피할 곳 없는 독일군 정찰대 주변으로 차디찬 눈보라가 휘몰아
쳤다.

7장

돌파당한 방어선

대포는 오늘날 군대와 국민의 진정한 운명을 결정한다.
— 나폴레옹 1세

크노벨스도르프는 22일을 위한 명령을 하달하면서 군단들의 목표
에 제한을 두지 않았다. 크노벨스도르프는 제18군단 참모장에게 직
접 전화를 걸어, 어떤 희생을 치르더라도 그날 안에 부아데코르 숲
을 점령하라고 명령했다. 방어군이 정말로 '약해질' 때까지 전날 아침
에 퍼부은 포격을 되풀이하고 오후에 돌격부대가 공격할 예정이었다.
그러나 동이 트자 프랑스군이 일시적으로 주도권을 잡았다. 프랑스
군이 전선 여러 지점에서 대대나 중대 차원의 작은 반격들을 가한 것
이다. 이러한 반격은 1914년에 프랑스군에 주입된 가르침, 즉 빼앗긴
땅은 모두 즉각 반격해 탈환해야 한다는 신조를 대표했을 뿐 아니라,

프랑스군이 행한 맹렬한 돌진의 특징이기도 했다. 몇 세기 동안 유럽에서 경이와 공포를 불러일으켰던 '프랑스의 용맹함'이 부활한 것 같았다. 그러나 안타깝게도, 늘 그렇듯이, 이러한 소규모의 성급한 공격으로 얻는 소소한 성과는 그 과정에서 치르는 혹독한 대가에 비해 너무 초라했다. 그리고 대부분 반격은 개시하자마자 깨졌다. 독일군이 새롭게 펼친 괴멸적인 탄막이나 밤중에 참호에 자리 잡은 적 정찰대의 기관총에, 아니면 월등한 독일군의 공격에 무모하게 돌진함으로써 프랑스군의 반격은 무산되곤 했다. 부아데코르 숲에서는 공세 첫날 크게 수모를 겪은 단도브 상사가 명예를 회복하고자 새벽 공격을 감행했으나 거의 시작과 동시에 실패했다. 그 공격은 그 전투에서 처음으로 효과적이었던 프랑스군 포격에 당했기에 정말 운이 없었다. 포탄이 적군과 공격하는 아군 추격병들 사이로 어지럽게 떨어졌던 것이다. 같은 포격이 부아데르브부아 숲에서 보도 소령이 찾고 싶어 했던 사라진 2개 중대의 잔여 병력 위로 떨어졌다. 마침내 소재가 파악된 그 중대들은 독일군 화염방사기에 빼앗긴 벙커를 되찾으려 준비하던 중이었다.

부아데코르의 왼편에서는 빼앗긴 부아도몽 숲을 탈환하려고 프랑스군이 계획한 대규모 반격이 더 심한 혼란 때문에 엉망이 되었다. 현지 지휘관 봉비올 중령은 공격을 위해 병력을 끌어 모아 즉석에서 대대 하나를 편성하려 했지만 절반도 채우지 못했다. 그런데도 그는 오전 5시경에 숲의 남서쪽 모퉁이를 공격할 수 있을 만큼 힘을 모았다. 그런데 예정된 공격 개시 시각 한 시간 전에 흙투성이가 된 전령이 밥스트 장군의 명령을 들고 나타났다. 전날 밤 11시에 출발한 전령은 약 다섯 시간 걸려서 약 6.4킬로미터를 주파한 것이었다. 그 명령에서 밥스트 장군은 봉비올에게 추가 병력을 주면서 오전 6시에 숲 전체를 겨냥한 반격을 계획하라고 지시하고 있었다. 이즈음 제72사단 사령부로 이어지는 통신선이 어렵게 복구되었고, 봉비올과 밥스트 사이에 격렬한 토론이 벌어졌다. 봉비올은 최소한 자신의 계획은 준비가 다 되었고 성공할 전망이 있다고 말했다. 그러나 밥스트는 고집을 부렸다. 두 사람이 열악한 전선 상황을 두고 의견을 교환한 뒤, 재앙 같은 타협이 이루어졌다. 밥스트가 요구한 전면적인 공격을 펼치기로 했지만 공격은 오전 8시 30분까지 연기되었다. 그때쯤이면 날이 완전히 밝을 것이었다.

오전 7시 20분, 부아도몽 숲 뒤쪽으로 약 3.2킬로미터 떨어진 304고지의 배면에서 제165연대 소속 대대를 지휘하던 베르트랑 소령은 이동해서 반격에 합류하라는 명령을 받았다. 이는 그가 받은 첫 명령이었는데, 그가 볼 수 있었던 것은 앞쪽에 독일군이 재개한 엄청난 탄막뿐이었다. 베르트랑은 기동이 불가능하다고 판단하고 추가 명령을 받기 위해 전령을 보냈다. 명령을 기다리는 동안 그는 계속 그 자리에 머물렀다. 그러나 곧 날이 더 밝으면서 움직이기에는 때가 늦어버렸다. 독일군 항공기가 베르트랑이 모은 증원 부대를 탐지했고 거의 즉시 난사를 퍼부어 대학살이 벌어졌다.

독일군 보병도 프랑스군의 반응을 기다리며 한가로이 대기하고 있었던 것만은 아니다. 폰 츠벨 장군은 동이 트자마자 전선의 나머지 부분에 긴 시간 퍼부어진 기선 제압 포격을 크게 신경쓰지 않고 다시 한번 서둘러 움직였다. 부아도몽 숲의 왼편으로, 프랑스군 제72사단이 주둔한 곳에서 뫼즈강 쪽으로 측면 가까운 곳에 부아드콩상부아 숲이 있었다. 그곳을 지킨 향토연대는 대체로 평편발인 40대 남자들로 구성되었는데 절대로 전선에 투입되지 말아야 할 사람들이었다. 봉비올의 반격이 예정된 바로 그 순간, 폰 츠벨의 추격병 부대가 엄청난 병력으로 이 부대를 타격했다. 역시 화염방사기가 들어왔으며, 이번에는 1개 중대 전체가 무너져 뫼즈의 사모뇌에 도달할 때까지 멈추지 않고 달아났다. 정규 연대인 제351연대의 어느 대대는 독일군의 돌격을 저지하려다 거의 전멸했다. 오후까지 장교 9명을 포함해 450명이 독일군에 포로로 잡혔다. 프랑스군의 제1선에 커다란 구멍이 뚫렸는데, 이용할 수 있는 예비 병력은 전부 봉비올의 반격에 투입하려고 파견했기에 당장 이 공백을 메울 병력이 없었다. 사모뇌는 심각한 위기에 놓였다.

오몽 마을 근처에서 공격 직전 마지막 순간에 마음을 졸이고 있던 봉비올은 대규모 독일군 보병이 맹렬한 탄막 뒤에서 부아도몽 숲을 빠져나와 진격하는 것을 목격했다. 독일군 대포가 마을을 사납게 때리기 시작했다. 이 프랑스 지휘관은 즉시 자신의 작전이 너무 늦었음을 깨달았다. 이제 부아도몽 숲 탈환은 불가능했다. 봉비올이 모은 병력은 모두 오몽 마을을 사수하는 데 필요할 것이었다. 오전 8시 30분 직전 봉비올은 공격 취소 명령을 내렸다. 그러나 제165연대의 젊은 중대장 드롬 중위는 명령을 받지 못했다. 예정된 공격 개시 시간에 드롬은 사브르 검을 휘두르며 독일군의 탄막 안으로 돌격했다. 힘 빠진 프랑스군 중대가 폰 츠벨의 정예 사단 소속 중대와 맞붙었다. 드롬과 살아남은 50명의 중대원은 심각한 부상을 입고 포로가 되었다.

한편, 아직 344고지에 있던 베르트랑 소령은 쌍안경으로 봉비올의 공격이 실패하는 것을 지켜보았다. 그는 새로운 명령을 기다리며 계속 그 자리에 머물렀다.

드롬 중위의 무모한 돌격이 아예 부질없었던 것은 아니다. 그 돌격에 독일군은 깜짝 놀랐으며, 폰 츠벨의 부대도 좀더 신중히 진격하기로 결정했다. 덕분에 봉비올은 대대 하나를 파견해 부아드콩상부아

화염방사기를 든 독일군 병사들. 독일군은 1916년 베르됭 전투에서 처음으로 화염방사기를 도입
해 프랑스군에 큰 타격을 주었다.

숲과 사모뇌 사이의 늘어진 방어선을 보강할 잠깐의 여유를 얻었다.
그러나 곳곳에 구멍이 났고, 그 구멍들을 다 메우기에는 자원이 부
족했다. 회녹색 무리는 오몽 마을을 향해 조금씩 더 가까이 다가왔
다. 폐허 속 어디선가 기관총이 두 차례에 걸쳐 총탄을 쏟아내자 돌
격부대는 포격이 재개될 수 있도록 뒤로 물러났다. 420밀리미터 괴
물 대포 두 문이 파괴의 음악에 소리를 보탰고, 전쟁 발발 전에 주
민이 채 1백 명도 되지 않았던 그 작은 마을에 포탄과 중박격포탄이
분당 20발씩 비 오듯 쏟아졌다. 포탄이 떨어질 때마다 마을의 형태가
바뀌었다. 콘크리트 벙커 하나가 420밀리미터 포탄에 정통으로 맞아
무너져 병사 80명과 기관총 두 문이 파묻혔다. 오후 3시쯤이면 마을
을 지키던 봉비올 부대의 가용 병력은 5백 명 이하로 줄었다. 장교는
대부분 사망하거나 부상을 당했다. 오후 4시경 독일군은 최후의 일격
을 가하려고 삼면에서 전진했다. 하지만 부서진 집의 지하 저장고에
숨은 프랑스군이 여전히 기관총을 퍼부어 독일군을 닥치는 대로 쓰

러뜨렸다. 화염방사기로 무장한 독일군 공병들이 나타났고, 이들의 무자비한 화염이 마지막 남은 용감한 방어군을 집어삼켰다. 봉비올은 기적적으로 탈출했다. 화염방사기 한 대가 봉비올이 지휘소로 쓰던 방의 환기구에 주둥이를 밀어 넣고 그와 참모진이 떠나기로 결정하기 전에 뜨거운 화염을 쏟아냈다. 어떻게든 봉비올은 마을을 빠져나왔다. 옷이 그을고 총탄에 찢겼으나 다친 데는 없었다. 그의 연대에서 남은 병력은 봉비올과 다섯 명의 장교, 약 60명의 병사가 전부였다. 사상자는 총 1,800명이었다. 폰 츠벨의 군단은 오몽을 차지함으로써 공세 중에 처음으로 마을을 점령했다. 이로써 프랑스군 전선에 위험한 균열이 생겼다. 한편으로는 사모뇌로 곧장 이어지는, 전략적으로 중요한 골짜기가 열렸고, 다른 편에서는 부아데코르 숲의 측면이 노출된 것이다. 지친 베스트팔렌 병사들은 오몽의 폐허에서 찾아낸 프랑스군의 브랜디로 이 최초의 주목할 만한 정복을 의기양양하게 축하했다. 그럴 만했다.

22일에 독일군의 관심이 요충지인 부아데코르 숲에 집중되리라는 것은 예상할 수 있었다. 폰 크노벨스도르프는 제18군단에 '신호'를 보낸 데 이어 다른 두 군단에도 부아데코르 숲 공격에 힘을 보태라고 명령했다. 그렇게 집결한 압도적인 병력은 규모가 축소된 두 개 추격병 대대를 상대하게 되었다. 다시 오전 7시부터 대규모 독일군 포대가 숲으로 포탄을 쏟아 부었다. 중박격포에서 발사된 공뢰가 프랑스군 가시철조망에 구멍을 냈다. 추격병들은 숨어 있던 대피호가 포격에 함몰되자 다른 피신처를 찾으려고 미친 듯이 내달렸다. 그렇게 정신이 나간 어느 병사는 로뱅 중위의 진지 가장자리로 뛰어들며 웅얼거렸다. "중위님, 대피호가…" 그는 말을 끝맺지 못한 채 화염 속으로 사라졌다. 이번에 발생한 사상자가 전날 포격의 사상자보다 많았다. 제1선 참호는 흔적도 없이 사라졌다.

정오에, 전날 밤 로뱅에게 사로잡힌 포로가 예상한 바로 그 시점에 포격이 끝났다. 그러자 독일군 제18군단의 전 병력이 약 457미터(500야드) 간격으로 대열을 이루어 드리앙 중령이 이끄는 2개 대대의 잔여 병력을 향해 전진했다. 어느 측면에서든 상황은 추격병들의 형세가 극도로 위태로워지는 쪽으로 전개되었다. 특히 부아도몽 숲이 점령당한 것은 재앙이었다. 부아도몽 숲의 측면을 따라 이동하던 독일군 돌격 부대는 프랑스군 제165연대가 진지 공사를 제대로 하지 못해 방어선에 생긴 틈을 통해 쉽게 빠져나갔다. 독일군 정찰대는 프랑스군 방어 체계의 아킬레스건 하나를 알아냈다. 앞서 드리앙이 하원 국방위원회에 편지를 보내 경고했다가 조프르를 격노하게 만들었던 바로 그 약점이었다. 그리고 부당하게도 이제 이 전쟁에서 프랑스의 태만에 책임을 지게 된 사람은 조프르가 아니라 드리앙이었다. 프랑스 추격병들의 오른쪽에서 독일 제3브란덴부르크군단은 마찬가지로 방비되지 않은 틈을 통과해 재빨리 부아드빌 숲을 점령했다. 이로써 헤센인들은 우회하여 드리앙의 배후를 타격할 수 있게 되었다. 이 새로운 방향에서 약 5천 명에 이르는 독일 대군이 나타나는 것을 드리앙의 지휘소에서는 분명히 볼 수 있었다. 드리앙은 75밀리미터 포의 탄막을 펼치라는 신호탄을 거듭 쏘아 올렸지만 응답이 없었다. 그러나 남아 있던 프랑스군 기관총의 단호한 응사에 다가오던 적군의 진격이 중단되었다. 드리앙이 적절한 자리에 만든 방어 시설에서 괴멸적인 십자 포화가 이어졌고, 독일군은 거듭 당하여 많은 사상자를 냈다. 폐허가 된 숲의 혼돈 속에서 독일군은 예상보다 훨씬 진격하기가 어렵다는 사실을 깨달았다. 소대들은 중대에서 분리되었고, 소대장들은 분대들을 시야에서 놓쳤다. 분대들은 길을 잃고 헤매다가 뒤이은 공격에 휩쓸렸다. 공격군은 곧 고립된 소집단으로 싸우게 되었고 곳곳에 숨어 있던 프랑스군의 총격을 받았다. 공격은 동력을 크게 잃었지만, 여기서 포기하기에는 승산이 너무 컸다.

숲 북쪽의 노출된 고지대에서 제1선 중대들이 조금씩 무너졌다. 지독한 수류탄전이 벌어졌다. 추격병들은 수류탄이 떨어지자 돌과 총개머리로 싸웠다. 세갱 대위의 중대는 40명으로, 다시 10명으로 줄었고 작동되는 소총은 겨우 여섯 정뿐이었다. 작은 포탄에 대위의 오른팔이 날아가 중대 선임부사관이 군화 끈으로 지혈을 하고 있을 때 적군이 몰아쳤다. 첫 24시간 동안 그토록 용맹하게 싸웠던 로뱅 중위의 운명에 관해서는 두 가지 서로 다른 이야기가 전한다. 다른 중대의 중위였지만 나무랄 데 없이 훌륭하게 전투를 설명한 그라세에 따르면, 로뱅은 자신의 신분증을 태운 뒤 소총을 손에 쥔 채 독일군 정찰병에게 붙잡혔다. 그러나 당시 로뱅과 함께 있던 스테판 하사의 설명은 덜 낭만적이다. 스테판에 따르면 로뱅의 벙커는 포격이 멈추자마자 곧바로 포위되었다. 로뱅은 소리쳤다. "사격, 제발 사격해!" 어느 추격병이 외쳤다. "불가능합니다. 저기 6미터 앞에 수백 명이 깔렸습니다." "어쨌거나 사격하라고!" "중위님, 미친 짓입니다. 말했잖아요. 저기 백 명도 넘는 적군이 진지를 포위하고 있다니까요!" 이어서 스테판은 그 젊은 장교가 울음을 터뜨리면서 이렇게 물었다고 주장한다. "그러면 이제 우린 어떻게 해야 하지?" 그가 아직 어떻게 할지 결정하지 못하고 있을 때 스테판은 누군가 능숙한 프랑스어로 이렇게 부르는 소리를 들었다. "안에 누가 있나?" 그 말과 거의 동시에 징박힌 철모와 금테 안경, 창백한 얼굴이 나타났다.

독일군 전선을 통과해 끌려갈 때 스테판이 이틀 만에 부아데코르 숲의 흙먼지와 잔해에서 벗어나 처음으로 알아챈 것은 해가 밝게 빛나고 있다는 사실이었다. 또한 스테판은 아직 자신의 중대원들이 점거하고 있는 참호가 독일군 공병의 화염방사기에 차례차례 말끔히 지워지는 것을 보고 공포를 느꼈다. 좀더 뒤쪽으로 독일군의 새로운 공격 대열이 지나갔다. 이들은 평시 기동 작전처럼 정확하게 대형을 이루고 자신들의 상사가 쉰 목소리로 외치는 구령에 따라 움직였다. "전부 건강하고 말쑥하게 빛나는" 가는 금발의 청년들은 말끔히 면도했고 깨끗한 새 군복을 입었으며 태평하게 뻐끔뻐끔 궐련을 피웠다. 포로가 된다면 아마도 이런 자들에게 붙잡히는 것이 좋을 것이다. 도로를 따라 쌓인 거대한 포탄 더미에 스테판의 눈은 더욱 휘둥그레졌다. 저주받을 420밀리미터 포 중대가 전투에 참여하고 있었는데, 대포가 발사되고 한참 지난 후에도 공중에서 검은 점을 볼 수 있다는 것이 신기하다고 스테판은 생각했다. 나중에 어느 장교가 스테판을 심문했는데, 부아데코르 숲에서 누가 살아서 나온 것은 기적이라고 말했다. 대략 1만 톤의 포탄이 그 위에 떨어졌기 때문이다. 스테판은 말했다. "그렇긴 하지만 우리는 일요일까지는 베르됭을 빼앗을 것이다."

드리앙 중령은 부아데코르 숲 한가운데 있는 R2 지휘소에서 자신의 전위 중대들 위로 어른거리는 화염방사기의 불길을 고통스럽게 주시했다. 적군은 곧 R2가 자리 잡은 콘크리트 보루의 'R선'으로 다가왔다. 오른쪽으로 약 730미터 떨어진 R1은 부아드빌 숲에서 빠져나온 독일군이 후방에서부터 점령했고, 오후 1시에 그들은 R2를 급습하려 했다. 드리앙은 소총을 쥔 채 보루 밖의 노출된 진지를 차지하고는 침착하게 주변의 추격병들에게 사격을 명령하고 지켜보았다. 총탄이 공중에 가득했다. 병사들이 몸을 숨기라고 사정했을 때에도 드리앙은 그곳에 서서 이렇게 말했다. "저들이 나를 맞힌 적이 없다는 것을 잘 알고 있지 않은가!" 독일군은 포로만 몇 명 남긴 채 밀려났다. 적군의 분견대들은 이제 흔한 침투 전술을 이용하여 R2와 R3(R2의 왼쪽) 사이로 천천히 진입했고 후방에서 사격을 가했다. 공격군은 다시 격퇴되었으나, 이번에는 부아도몽 숲의 열린 틈을 통해 독일군 연대가 통째로 들어와 R3를 정면에서 공격했다. 오후 4시 30분, R3를 맡고 있던 대위는 그곳을 포기할 수밖에 없었다. 그 결과 R2와 드리앙이 고립되었다.

이제 8개 소대의 잔여 병력, 즉 80명을 약간 웃도는 추격병들이 지휘관 드리앙 중령을 중심으로 집결해 있었다. 대대 규모 병력으로 R2를 친 세 번째 공격은 격퇴되었다. 그러나 갑자기 진지 후방에서 빠른 속도로 발포가 시작되었다. 처음에 방어군은 그 포탄들이 아군 포대에서 마침내 드리앙의 신호에 반응하여 발사한 것이라고 추정하고 욕설을 퍼부었다. 하지만 실제로는 독일군 야포 중대의 진취적인 지휘관 폰 빈스코프스키 대위가 빌(Ville)에서 나오는 도로를 따라 77밀리미터 포 두 문을 끌어와 시야가 트인 곳에서 R2에 포격을 가하는 중이었다. 드리앙은 포격의 원점이 어디인지 깨닫자 즉시 한 중위에게 기관총으로 적군의 야포 두 문을 공격하라고 명령했다. 기관총을 발포하자마자 빈스코프스키의 두 야포 중 하나에서 직격탄이 날아와 기관총과 사수를 쓸어버렸다. 제87보병연대(46년 전 스당에서 전투 훈장을 받은 부대였다)의 헤센 보병들이 대기하고 있다가 환호성을 터뜨리며 돌격했다.

더는 R2를 지킬 수 없다는 것이 분명해졌다. 생존자들의 유일한 탈출로는 겨우 몇 분 안에 가로막힐 터였다. 드리앙은 앞서 전투 내내 보인 모습 그대로 침착하게 휘하의 두 대대장 르누아르와 뱅상에게

에밀 드리앙(가운데) 중령과 병사들. 프랑스는 1916년 2월 22일 부아데코르에서 드리앙과 추격병들의 희생으로 독일군의 진격을 잠시나마 늦출 수 있었다.

말했다. "후방 진지로 물러나는 것이 더 현명하다고 생각하네." 중령은 자신의 신분증을 태웠고, 어느 사려 깊은 추격병이 연대 병참 하사관의 럼주 통에 구멍을 냈다. 세 무리로 나뉜 생존자들은 부아데코르 숲의 후면을 통해 탈출하여 보몽 마을로 가라는 명령을 받았다. 그러나 그들이 개활지로 나왔을 때 독일군 3개 연대가 종사(縱射)를 퍼부었다. 뱅상은 두 차례 총탄에 맞았다. 드리앙은 두 번째 무리를 이끌고 가다가 부상당한 추격병의 응급 처치를 위해 포탄 구덩이에서 잠시 멈췄다. 다시 이동하려고 일어났을 때, 한 공병 하사의 눈에 드리앙이 팔을 올리며 "오! 신이여, 이제 그만!"이라고 외치고는 바닥에 쓰러지는 모습이 보였다. 하사가 가까이 다가갔을 때 드리앙은 이미 사망한 상태였다. 총탄이 그의 관자놀이를 관통했던 것이다. 몇 분 뒤 드리앙 휘하의 대대장 르누아르 소령도 치명상을 입었다.

드리앙과 추격병들의 희생은 프랑스 참모본부의 태만이 부른 결과였다. 1,200명 병력의 두 대대에서 살아 돌아온 사람은 소수의 장교와 500명가량의 병사가 전부였다. 그나마 다수가 부상자였다. 그러나 이 희생은 결코 헛되지 않았다. 공격군도 심한 손실을 입었다. 그날 첫 번째 공격에 참여한 독일군 2개 연대는 440명 이상을 잃었고, 제87연대의 한 중대에서만 사상자가 80명으로 보고되었다. 그때까지 독일군이 입은 가장 큰 손실이었다. 확신이 흔들렸다. 그러나 프랑스에 가장 중요했던 것은 드리앙의 용맹한 저항 덕분에 황태자의 공세가 하루 지연되었다는 사실이었다. 그 하루는 아주 중요했다. 이제 독일의 제18군단은 22일로 정해진 목표를 달성할 수 없었다. 죽음으로써 드리앙은 당연하게도 프랑스의 전설적인 제1차 세계대전 영웅이 되었고, 그의 부아데코르 숲 방어는 심지어 라인강 반대편(독일)에서도 찬사를 받았다. 전쟁이 치열해지면서 전투원들이 서로 기사도적 태도를 보이는 경우는 점점 더 드물어졌지만, 독일의 어느 남작 부인은 남편이 드리앙의 시신을 발견하자 그의 개인 소지품을 스위스를 통해 드리앙 부인에게 보냈다. 조의를 담은 편지와 함께.

시간은 22일 오후 5시에 가까워지고 있었다. 344고지에서는 베르트랑 소령이 드리앙에게 도움이 될 수 있었던 유일한 병력을 이끌고 여전히 그의 명령을 기다리고 있었다. 한편, R2에서 22일 오후 4시에 마지막 절박한 구조 요청을 갖고 파견된 전령은 이튿날 오전 2시까지도 볼레 대령의 여단 사령부에 도착하지 못한다. 전선 전체에서 프랑스군은 맹렬한 포격에 난타당해 물러났다. 밤이 되자 에르브부아와 뫼즈의 방어 거점인 브라방을 제외하면 사실상 제1선 참호 전체가 독일군 수중에 떨어졌다. 에르브부아는 그날 프랑스군 포대 탄막이 주

공격을 저지하는 데 유일하게 효과를 본 곳이었으나 여전히 치열한 전투가 계속되고 있었다. 프로이센 병사들의 공격을 독려하는 나팔 소리가 한 번 더 숲속에서 날카롭게 울려 퍼졌다. 그러나 이번에도 독일 제3군단은 밀려났고 이튿날 아침 세 번째 기선 제압 포격을 기다린 뒤 다시 조직적으로 전진했다. 장비가 부실해 일격에 무너지는 세르비아인들에게 익숙했던 거만한 브란덴부르크 군대는 그날의 실패로 쓰라린 평판의 실추를 맛보았다. 이때도 역시 폰 츠벨의 베스트팔렌 예비군만 목표를 달성했다. 그날 독일군이 입은 인명 손실은 전체 2,350명이었는데 제1차 세계대전의 기준으로 보면 보통이었으나 거의 모두 대체하기 힘든 정예 돌격부대원이었다. 방어군의 손실은 훨씬 더 심각했다. 앞서 서부전선에서 겪은 것에서 크게 벗어난 결과였다. 이틀에 걸친 전투 끝에 그라세 대령은 제72사단에 관해 이렇게 말했다. "추격병 1개 중대의 $\frac{1}{2}$, 제165연대의 대대 $2\frac{1}{2}$, 제351연대의 대대 $1\frac{1}{2}$, 제44향토연대의 중대 $2\frac{1}{2}$. 이것이 남은 병력 전부다."

프랑스군 포병도 보병 못지않게 당했다. 포병들도 완전히 실망스러운 하루를 보냈다. 전화 통신은 오랫동안 끊겼고, 보병 부대의 간절한 요청을 담은 신호탄은 독일군이 뿜어낸 포연에 가려 거의 보이지 않았다. 전령이 임무를 완수하는 경우는 더 적었다. 정찰기와 관측 기구(氣球)는 독일군 전투기에 의해 하늘에서 제거되었다. 포대는 대부분 이미 확인된 표적을 타격하는 데 만족하고 마구잡이로 포격을 했기에 곤경에 빠진 보병들에게는 거의 도움이 되지 못했다. 동시에 그들의 대포는 독일군의 150밀리미터 포에 하나씩 차례로 파괴되었다. 독일군 관측병들은 프랑스군의 발포가 꾸준히 줄어들고 있음을 알아차렸다. 운 좋게도 아직 살아 있는 말 여러 필을 보유한 포대에서는 대포를 뒤로 끌어내기 시작했지만, 진격하는 적군에게 많은 대포를 넘겨줘야 했다. 에르브부아에 있던 젊은 해군 장교의 일화는 포병들이 고정된 대포를 얼마나 헌신적으로 지켰는지를 전형적으로 보여준다. 사관후보생이었던 피에리는 포신이 긴 160밀리미터 포의 지휘관으로 있었다. 그 포는 약 16킬로미터 거리 밖에서 베르됭을 포격하는 거대한 380밀리미터 포 하나를 맡았다. 다윗과 골리앗의 싸움이었다. 21일 거대한 포탄 네 발이 한번에 떨어져 피에리의 대포를 바위 위 포좌에서 사실상 떼어냈다. 그러나 피에리는 포를 다시 작동하도록 만들었고 독일군 보병들이 다가올 때까지 포를 조작했다. 어쩔 수 없이 철수해야 했을 때 피에리 일행은 탄약을 폭발시키고 인근 참호에 자리를 잡았다. 불운하게도 해군이 (의례 행사용으로) 제공한 1874년형 소총은 흑색 화약을 탄약으로 썼기에 위치가 발각되어 한 번 더 퇴각해야 했다. 전투의 혼돈 속에서 피에리는 어느 순간 포를 되찾을 수 있었다. 그는 두 번이나 포를 폭파하려 했으나, 신관이 젖어 있었다. 그런데 놀라운 일이 벌어졌다. 독일군이 이미 포좌의 한쪽 모퉁이를 차지하고 서둘러 기관총을 설치하는 중이었는데, 피에리는 포의 마개쇠(breech block)를 제거하는 데 성공했고, 살아남은 포병들이 가까운 참호에서 그것을 곡괭이로 부쉈다.

22일 밤, 된서리가 내려 녹초가 된 공격군과 방어군 모두 똑같이 잠시 고통을 멈출 수 있었다. 그러나 양쪽 전선 사이에 보살핌을 받지 못한 채 누워 있는 수많은 부상병에게는 훨씬 더 혹독한 밤이었다.

8장

무너진 크레티앵 군단

정복의 의지는 방해하는 것을 모조리 쓸어버린다.
— 페르디낭 포슈 원수

프랑스군 방어선 배후의 여러 사령부에서는 혼란과 두려움이 꾸준히 커지고 있었다. 제72사단의 밥스트 장군은 21일 일찍부터 독일군의 포격 때문에 말을 탈 수 없게 된 이후로 매우 고된 시간을 보냈다. 그는 여전히 원기 왕성했고 차분한 성품이었으나 예순 살이 넘은 터라 사단장을 맡기엔 너무 고령이었다. 밥스트는 복무 기간 대부분을 한가롭게 포병대 병참부에서만 보냈고, 브라의 작은 학교 건물에 설치한 그의 사령부는 대체로 평시를 기준으로 조직되었다. 장군과 그의 참모진을 위해 준비된 대피호는 하나뿐이었는데, 크기가 가로와 세로 각각 약 3.65미터였다. 그러나 어쨌든 밥스트는 그곳에서 잘 준비하고 있었다. 21일 점심 때 제30군단으로부터 바슈로빌로 이동하라는 명령이 내려왔다. 밥스트는 서둘러 참모진을 소집해 밤이 오기를 기다렸다가 이동했다. 새 사령부에서 그는 흥분과 혼란 속에서도 최선을 다해 자리를 잡았다. 작전 지도를 걸어놓을 방도 없었고, 유일한 조명이었던 깜빡이는 촛불은 독일군의 포격에 자주 꺼졌다. 밥스트는 그러한 상황에서는 지휘하기 어렵다고 크레티앵 장군에게 항의한 뒤 브라로 돌아가도 좋다는 허락을 받았다. 22일 오전 10시, 밥스트는 심하게 포격을 받은 데다 부대 이동으로 혼잡한 도로를 따라 출발했다. 그 사이에 제72사단은 극도로 중요한 몇 시간 동안 다시 한번 사실상 지휘부 없이 방치되었다. 혼란 속에서 브라에 도착한 밥스트는 그 작은 학교가 온갖 병과의 병사들과 취사병, 행정병, 부상병의 피신처가 된 것을 보았다. 어려움이 없지 않았으나 이들을 지체 없이 내쫓았다. 그러나 이제 밥스트는 서서히 압박을 느끼기 시작했다.

22일 오후, 혼란스럽고 피로가 쌓인 분위기에서 밥스트의 좌익으로부터 위협적인 소식이 들어왔다. 독일군이 부아드콩상부아 숲을 돌파하고 오몽을 점령하면서 뫼즈의 방어 거점인 브라방이 포위될 위험에 놓였다는 것이었다. 밥스트는 브라방의 수비대가 고립되면 베르됭을 향해 상류로 더 올라간 지점에 있는, 똑같이 중요한 사모뇌 마을을 지킬 병력이 없다는 것을 알았다. 밥스트는 후퇴는 없다는 자신의 엄중한 명령을 떠올렸지만 브라방을 포기해도 좋다는 허락을 정식으로 받기 위해 수빌 요새에 있는 크레티앵의 사령부로 퓌조 대위를 보냈다. 퓌조는 오후 5시 30분경 수빌에 도착했고 곧바로 군단장을 만났다. 크레티앵 장군은 인도차이나에서 전쟁을 치른 강인한 용사였는데 상처로 입이 비뚤어져 더욱 사납게 보였다. 그러나 사나운 겉모습 뒤에는 우유부단한 인간이 숨어 있었던 듯하다. 밥스트의 요청에 대해 크레티앵은 우선 즉각 단호하게 "안 돼."라고 답했다. 프랑스군 장교가 자발적으로 땅을 내어주는 것은 있을 수 없는 일이었다. 그것은 명예의 문제였다. 그런 뒤에 크레티앵은 망설이기 시작했고 명확한 명령을 내리지 못한 채 퓌조를 두 시간 동안 대기시켰다. 결국 퓌조는 몹시 불만족스러운 답변을 들고 출발했다. 밥스트 장군이 현장에 있으니 알아서 판단해야 한다는 것이었다.

그동안 브라에는 매시간 훨씬 더 나쁜 소식이 도착했다. 적군이 브라방 뒤쪽에서 뫼즈로 계속 가까이 다가오고 있으며 브라방에 발이 묶인 부대 중 제44향토연대의 대위 한 명과 사병 60명이 항복했다는 것이었다. 전선의 다른 구간에서는 보고가 아예 오지 않거나, 오더라도 내용이 뒤죽박죽이었다. 봉비올 중령은 오몽에서 살아남은 소수의 병력을 이끌고 사모뇌에 도착했고, 부아데코르 숲의 드리앙은 불길하게도 소식이 없었다. 긴장감이 점점 커져 견딜 수 없을 지경에 이르렀다. 오전 12시 45분 마침내 퓌조가 수빌에서 돌아왔다. 드디어 명령이 왔다! 군단장의 명령은 마치 백지 위임장 같았다. 밥스트는 즉시 브라방에서 철수하라는 명령을 내렸다. 곧이어 그의 사령부에 큰 포탄이 떨어져 비축한 수류탄들이 폭발했다. 그 바람에 원래 지내기 불편한 곳이었던 사령부는 사람이 살 수 없는 환경이 되어버렸다. 밥스트가 명령을 내렸다는 소식은 오전 3시에 수빌 요새에 도착했다. 그런데 크레티앵은 퓌조가 떠난 뒤로 새로 증원군을 보내주겠다는 약속을 받고 생각이 바뀌기 시작했다. 이제 브라방이 전략적으로 중요해진 것 같았다. 크레티앵은 세 시간 반 동안 더 주저했다. 결국 드 그랑메종의 신조가 승리했다. 크레티앵은 밥스트에게 최종 명령을 내렸다. "브라방 진지에서 상부의 허락 없이 철수해서는 안 되었다. …… 제72사단을 지휘하는 장군은 브라방 탈환을 위해 조치를 취하라."

반 시간 뒤 크레티앵은 밥스트에게 작전에 너무 많은 병력을 투입하지 말라고 다시 명령했다. 이 모든 것은 제30군단이 전선의 실제 상황에 얼마나 어두웠는지를 보여준다.

우연히도 뫼즈강의 짙은 안개가 가려준 덕분에 브라방 철수는 가벼운 손실만 남긴 채 마무리되었다. 그러나 복종심 강한 군인이었던 밥스트는 즉시 브라방 탈환을 명령했는데, 그것이 얼마나 불가능한 일인지 그도 분명히 알았을 것이다. 그의 명령에 반격에 투입할 병력이 단 한 명도 없다는 답변이 돌아왔다. 명령은 철회되었고, 정오에 폰 츠벨의 병사들이 브라방에 진입했다.

프랑스의 군사 저술가들은 브라방 포기를 베르됭 방어에서 프랑스군이 저지른 첫 번째 중대한 전술적 실수로 묘사했다. 특히 밥스트가 제일 먼저 희생양이 되었다. 그는 간신히 군법회의를 피했지만 다시는 현역으로 지휘권을 얻지 못한다. 사실 그의 결정은 당시 상황에서 유일하게 가능하고 명백히 옳은 판단이었다. 끝까지 버티며 브라방을 지켰다면 프랑스군 2개 연대의 남은 병력이 학살당했을 것이며, 폰 츠벨이 거의 틀림없이 훨씬 더 빠르게 전진했을 것이다.

23일 오전에 명령이 내려졌다가 철회되면서 불가피하게 혼란이 일어났다. 제72사단은 한계에 다다르고 있었다. 낙오한 부상병들이 가져온 전선의 끔찍한 이야기가 아직 투입되지 않은 소수의 예비 병력 사이에 퍼져 나갔다. 그러나 종종 소대 절반 수준으로 줄어든, 영웅적인 소수 병사들이 벌이는 자살 행위와도 같은 반격이 여전히 전선 곳곳에서 진행되고 있었다. 마침내 명령을 접수한 베르트랑 소령의 대대가 가한 공격은 그러한 반격 중 규모가 가장 큰 편에 속했다. 그들은 독일군 제18군단의 정예 부대가 점령한 부아데코르 숲을 새벽에 공격하려 했다. 베르트랑은 흔히 그렇듯이 손실은 컸지만 대범한 기습으로 약간의 성공을 거두었다. 그러나 볼레 대령이 새벽 공격에 합류하라고 명령을 내린 인접 부대는 정오가 되어서야 그 명령을 수령했다. 겨우 약 1.6킬로미터밖에 되지 않는 거리였는데 명령서가 전달되는 데 열 시간이 걸렸다. 너무 늦어 절망적이었지만, 그래도 볼레의 명령은 수행되었다. 그러나 공격 부대는 전진하자마자 비탈에서 유쾌하게 노래를 부르며 소총을 들고 진군하는 독일군 연대 하나와 정면으로 충돌했다. 프랑스군은 간단히 쓸려 나갔다.

프랑스군의 즉흥적이고 무계획적이며, 자살 행위와도 같은 반격은 바로 이러한 운명을 맞곤 했다. 그러나 그들의 사나움은 한 번 더 독일군으로 하여금 더욱 신중하게 행동하도록 만들었다. 독일군은 프랑스 제30군단이 맡은 전선 전체에 걸쳐 여느 때처럼 기선 제압용 포격을 퍼부은 뒤 전력으로 공격을 재개했다. 하지만 전투 사흘째 되는 날에도 여전히 돌파하지 못했고, 방어하는 프랑스군은 수적으로 엄청나게 열세였는데도 패주하지 않았다. 우측의 제51사단은 제72사단보다는 독일군의 맹공을 덜 받았지만 똑같이 영웅적으로 싸우고 있었다. 제51사단은 프랑스군 제1선 참호 중 아직 빼앗기지 않은 유일한 구역인 에르브부아를 완강하게 시수했다. 여기서 독일군 화염방사기는 처음에 보여주었던 공포의 위용을 일부 잃었다. 무거운 화염방사기를 운반하는 독일군 공병들이 사거리를 확보하기 전에, 프랑스군 저격병들이 그들을 하나씩 쉽게 쓰러뜨릴 수 있음을 깨달았기 때문이다. 이제 오스트리아군의 거대한 305밀리미터 구포가 숲을 겨냥했다. 결국 오후 4시 30분에 제51사단 사령부는 에르브부아에서 철수하라는 명령을 내렸다. 그러나 한 시간 반 뒤에도 캥탱 상사는 남은 소대원들과 함께 계속 저항했고 결국 포위되어 사로잡혔다.

　전략적으로 중요한 고지이자 전날 드리앙의 철수 지점이었던 보몽 마을에서는 프랑스군 여러 연대의 분대들이 거듭된 공격에 맞서 필사적으로 싸웠다. 그 저항에 독일군은 큰 타격을 입어 공식 역사는 보몽의 싸움을 프랑스-프로이센전쟁에서 최고로 잔혹한 전투 중 하나였던 생프리바 전투(battle of Saint Privat, 그라블로트 전투의 다른 이름)에 견준다. 마을로 다가오던 제18군단의 헤센 병사들은 지하실의 보이지 않는 틈 사이에서 쏟아지는 기관총탄에 쓰러졌다. 자살 행위와도 같은 공격이었다. 결국 집이 무너져 그 밑에 깔리면서 기관총은 조용해졌다. 프랑스 방어군이 볼 때 빽빽한 독일군 대형은 너무도 빠르게 다가와 마치 뒤에서부터 연이어 밀려오는 파도처럼 프랑스군의 기관총 앞으로 휘몰아치는 것 같았다. 독일군 사상자도 엄청나게 많았다. 2월 24일 보몽이 마침내 그 밀어닥치는 힘에 굴복했을 때, 독일군의 어떤 중위는 병사들에게 붙잡힌 프랑스군 지휘관의 목숨을 구하고자 끼어들어야 했다. 병사들이 사상자가 많은 데 격노했기 때문이었다. 인접한 부아드와브리유 숲에서도 헤센 병사들은 크레티앵의 중포들이 숲에 집중적으로 쏟아부은 포격에, 그리고 너무 짧게 날아와 떨어진 아군의 탄막에 큰 손실을 입었다. 공황에 가까운 분위기가 퍼졌고 그 와중에 제115연대와 제117연대가 서로 심하게 뒤얽혔다. 마침내 연대별로 부대가 정비되었지만 그날 다시 공격을 시도하기에는 때가 너무 늦었다. 독일군의 공식 설명에 처음으로 '절망적인 상황'과 '참사의 하루' 같은 표현이 등장했다.

　에르브부아와 보몽에서 시간을 끌며 맹렬하게 방어한 결과, 제72사단은 귀중한 방어 진지를 얻었고 이로써 23일 거의 내내 보몽에서 사모뇌로 이어지는 축선을 지킬 수 있었다. 이 저항으로 독일군의 진격이 한 번 더 저지되었는데, 이번에 가로막힌 부대는 폰 츠벨의 군단이었다. 폰 츠벨은 이미 알려진 프랑스군의 제1선과 제2선 사이에서, 꼼꼼히 준비된 독일군 지도 어디에도 표시되지 않은 새로운 방어선을 맞닥뜨리고 크게 놀랐다. 따라서 그 방어선은 예비 포격 때 상대적으로 거의 관심을 끌지 못했다. 그 장애물은 사실 드 카스텔노 장군이 1월에 방문했을 때 명령해 서둘러 조성한 '중간 방어선'이었다. 드 카스텔노가 베르됭 방어에 기여한 바는 여기서 끝이 아니었다. 계속해서 속도가 빨라지던 독일군의 진격을 몇 시간 지연시킴으로써 프랑스군은 더없이 귀중한 여유 시간을 얻었고, 그동안 크레티앵은 비틀거리는 제72사단의 배후에 새로운 사단 즉 제37아프리카사단 부대를 증원할 수 있었다.

그러나 제72사단의 남은 병력은 상황이 급속히 나빠졌다. 목적지에 도착하지 못하는 전령이 점차 많아졌고, 이들이 목적지에 도착해 전달한 전갈도 절망적인 내용이었다.

제60연대 제3대대를 지휘하는 중위가 제143여단에 보냄.
부대장과 모든 중대장이 전사했다. 대대 병력은 대략 180명으로 줄었다. 탄약도 식량도 없다. 어떻게 해야 하는가?

23일 오전 10시, 자신의 여단을 효과적으로 통제할 수 없는 데 조바심이 난 볼레 대령은 전선으로 좀더 가까이 다가가기로 결정했다. 볼레는 1914년 프랑스 육군의 강인함을 보여주는 전형적인 인물이었다. 쉰일곱 살의 볼레는 사병부터 시작해 진급한 인물이었는데, 1914년 중령으로서 '국경 전투'에서 싸우던 중 복부에 중상을 입었다. 볼레는 독일군에 사로잡혔으나 보름 만에 탈출했다. 상처 부위는 여전히 노출된 상태였다. 볼레는 프랑스의 어느 감옥에 피신했고, 그곳에서 민간인 복장으로 갈아입고 석방 예정인 부랑자로 서류를 위조했다. 그는 다시 독일군에 붙잡혀 간첩 혐의로 재판을 받았으나 무죄로 방면된 뒤 독일에 있는 전쟁포로수용소로 보내졌다. 4개월 뒤, 건강이 몹시 안 좋고 부상으로 고통받던 볼레는 병역 부적격자로 판정받아 스위스를 통해 본국으로 송환되었다. 1915년 3월 볼레는 군무에 복귀했다. 2월 21일 베르됭 전투가 시작된 이래, 늙었지만 강인한 이 대령은—드리앙의 직속 상관이었다.—프랑스군 여단장 중에서 특히 두드러진 역할을 수행했다. "반격, 또 반격, 언제나 반격"이라는 말을 주문처럼 외우고 다닌 볼레는 제72사단이 지닌 저항 의지의 화신이었다. 이제 그는 대피호를 벗어나 아수라장인 전선을 향해 전진했고, 폭발하는 화염 속으로 사라졌다.

지휘관들이 한 명씩 차례로 쓰러졌다. 볼레, 드리앙, 르누아르는 사망했고, 베르트랑과 여러 대대장은 부상을 당했다. 더 심각한 문제는 부대 전체가 자취를 감추기 시작했다는 점이었다. 사모뇌에서 베르나르 중령이 받은 명령은 병사들의 사기가 어떤 상태인지 보여주는 불길한 암시였다. 그가 받은 명령은 기관총 분견대를 하나 남겨 두어 "자신의 의무를 잊을 수도 있는 병사들에게 복종을 강요하라"는 것이었다. 하지만 악몽은 거의 끝난 것처럼 보였다. 제37사단의 알제리인과 모로코인, 즉 강인한 주아브와 티라이외르가 가까이 있었다. 밤 12시 직전에 크레티앵 장군은 밥스트에게 뒤로 물러나 각각 탈루 고지(Côte de Talou), 푸아브르 고지(Côte du Poivre)라고 불리는 두 능선에서 사단의 잔여 병력을 재편성하라고 명령했다.

제72사단 앞에는 시련이 아직 더 남아 있었다. 사모뇌였다. 사모뇌에 내려진 명령은 흔히 볼 수 있는 단순한 내용이었다. "반드시 사수

하라." 화염이 사납게 타오르고 포격이 더욱 격렬해지던 사모뇌에서
는 베르나르 중령이 대대 규모의 병력을 지휘하고 있었다. 두 방면에
서 폰 츠벨의 부대가 전진해 마을을 에워쌌고, 또 다른 한 방면은 뫼
즈강으로 막혔다. 뒤페 소령이 이끄는 대대가 베르나르의 병력을 보
강하기 위해 투입되었으나, 그들이 사모뇌에서 약 800미터 떨어진 곳
에 이르렀을 때 강 건너편 독일군 포대에 포착되었다. 엄청난 포탄 세
례가 베르나르와 증원 부대 사이를 가로막았다. 큰 손실을 입은 증원
부대는 그 자리에 멈춰 섰다. 한편, 상관인 장교들이 이미 전사해 공
황 상태에 빠진 병사들은 사모뇌 밖으로 뿔뿔이 흩어져 나왔다. 그들
은 스스로 자신을 변호하느라 마을이 점령당했으며 자신들이 수비대
에서 유일한 생존자라는 말을 하고 다녔다. 소문은 밥스트의 사령부
에 들어갔고, 밥스트는 즉시 베르나르에게 확인을 요청하는 전갈을
보냈다. 화가 난 베르나르는 답변을 보내 '겁쟁이들과 공포를 조성하
는 자들'을 비난했다. 그는 이렇게 전했다.

  (상황은) 좋지 않습니다. 그러나 저는 사모뇌를 사수하고 있습니다.
  …… 말은 모조리 죽었고 자전거는 전부 박살 났으며 전령들은 부상을
  당했거나 오합지졸을 따라 흩어졌습니다. 장군께 계속 상황을 알리는
  것은 불가능할 것입니다.

그러고는 연락이 끊겼다. 사모뇌에서는 계속해서 (프랑스군이) 무너
졌다는 소문이 흘러나왔다. 그날 밤 10시, 크레티앵의 부참모장 베케
르 소령 옆으로 전령 하나가 말을 타고 전속력으로 달려 지나가며 이
렇게 외쳤다. "보슈가 사모뇌에 있다!" 베케르는 이렇게 자세히 이야
기했다. "그를 세워 누구에게 이 정보를 들었는지, 자신의 임무는 무

엇인지 묻고 싶었다. 그러나 그는 나의 지시를 무시하고 질주했고, 나는 그의 등 뒤에서 권총을 두 발 쏘았는데 성과는 없었다."

그리고 이제 재앙 같은 일이 벌어졌다. 밥스트는 사모뇌가 정말로 점령당했다고 확신했고 늘 하던 대로 탈환 명령을 내렸다. 같은 시각 베르됭 후방에서는 에르 장군이 바슈로빌(Vacherauville) 요새 뒤 뫼즈강 좌안에 집결해 있는 강력한 프랑스군 포대들에게 점령당한 지점에 온 화력을 다 쏟아부으라고 명령했다. 24일 0시 15분, 베르나르가 자신이 아직 사모뇌를 사수하고 있다고 보고를 보내던 바로 그 순간, 프랑스군 155밀리미터 포의 첫 번째 일제사격이 아군 진지에 떨어졌다. 포격은 유달리 정확했다. 불과 몇 초 만에 강 좌안을 지키던 기관총들이 다 파괴되었다. 방어하던 프랑스군은 '사격 중지'를 알리는 초록색 신호탄을 미친 듯이 쏘아 올렸으나 헛수고였다. 두 시간 동안 프랑스군의 탄막은 끔찍한 짓을 저질렀다. 공격해 들어오는 독일군 사령관을 죽였지만 방어하는 프랑스군도 죽였던 것이다. 대기하던 독일군은 재빨리 상황을 이용했고, 오전 3시경 사모뇌에서는 모든 상황이 종료되었다. 포격에 무너진 어느 동굴 옆을 지나던 독일군 병사들의 귀에 애처롭게 간청하는 프랑스인의 목소리가 들렸다. "어이, 제발 살려주시오!" 병사들은 가던 길을 멈추고 그 남자를 꺼내려 했으나 성공하지 못했다. 그들은 계속 전진해 공격하라는 명령을 받았다. 베르나르는 사로잡혀서 카이저 앞으로 끌려갔다. 카이저는 잘 엄폐된 곳에서 망원경으로 전투를 지켜보려고 전선 가까이 이동해 있었다. 그는 베르됭이 곧 함락되리라 생각했고 결정적인 순간에 현장에 있고 싶었다. 잡혀 온 프랑스군 대령은 카이저에게 도전적인 말투로 장담했다. "당신은 결코 베르됭에 들어가지 못할 겁니다."*

사모뇌의 마지막 비극과 더불어 제72사단은 베르됭 전투에서 사라진다. 그라세의 말을 빌리자면, 제72사단은 이제 존재하지 않았다. 나흘에 걸친 전투 끝에 제72사단은 장교 192명과 사병 9,636명을 잃었고, 그들의 전우였던 제51사단은 장교 140명과 사병 6,256명을 잃었다. 두 사단을 합치면 2만 6,523명의 완전 편성 병력 중에서 1만 6,224명을 잃은 것이었다. 드리앙과 볼레는 전사하고 베르나르, 로뱅, 스테판, 캥탱은 포로가 되었으며 밥스트는 망신을 당하면서, 베르됭이라는 무대에 새로운 주인공들이 등장한다. 그러나 그들도 우울하리만치 빠른 속도로 사라져 곧 다른 이들로 대체된다. 그리고 풍광도 서부전선에서 좀처럼 볼 수 없던 속도로 급속하게 바뀌기 시작한다.

독일군 진영은 점차 환희로 들떴다. 약 1만 명의 프랑스군을 포로로 잡았고 대포 65문과 기관총 75문을 노획했다.

1916년 2월 24일은 둑이 터진 날이었다. 독일군이 보몽과 사모뇌 사이의 '드 카스텔노 방어선'을 돌파하자, 방비가 불충분한 상태에서 나흘 동안 최악의 포격을 당한 프랑스군 제2선 전체가 단 세 시간 만에 무너졌다. 그 비참한 하루에만 독일군은 처음 사흘 동안 올린 것만큼 많은 성과를 거두었다. 그날 저녁 무렵에 이르러 마른강 전투 이후 처음으로 전쟁은 다시 기동전이 되었다. 참호도 없었고 가시철조망도 없었으며 죽음을 불러오는 기관총 진지도 없었다. 포슈와 조프르, 헤이그가 지난 불모의 18개월 동안 돌파를 시도하며 그토록 열렬히 추구했던 '개활지(rase campagne)' 전투에 마침내 가까워진 것 같았다. 전투가 이루어진 방식만 연합군 사령관들의 바람과 조금 달

---

* 제1차 세계대전 내내 잘못된 통신과 포대의 부실한 연결 때문에 사모뇌와 같은 재앙이 우울하리만큼 주기적으로 발생했다. 프랑스의 군사 전문가인 알렉상드르 페르생 장군은 《우리 보병의 학살(Le Massacre de Notre Infanterie)》에서 제1차 세계대전에서 아군 포대에 '쓰러진' 프랑스군 병사를 7만 5천 명으로 추산했다.(저자 주)

랐다.

 크레티앵은 제51사단과 제72사단에 생긴 구멍을 메우려고 새로운 사단, 즉 제37아프리카사단을 삽으로 진흙을 떠서 제방의 갈라진 틈으로 밀어넣듯이 조금씩 투입했다. 헤이그는 24일의 베르됭 전투에 관한 설명을 처음으로 들었을 때 일기에 동맹국에 관해 쓸 때 으레 그랬듯이 거만한 논조로 이렇게 기록했다. "짐작컨대 이 사단은 엔강에서 나의 우측에 있다가 도망친 '모로코인 티라이외르'들과 거의 같은 방식으로 도망친 것 같다." 안타깝게도 헤이그가 크게 과장한 것은 아니었다. 제37아프리카사단은 프랑스군의 정예 부대 중 하나로 알려졌다. 그 사단의 주아브 연대들은 북아프리카 '평정' 원정*에서 단련된 강인한 식민지인(프랑스 본토 출신 이주자)으로 구성되었고, 티라이외르 연대들은 오늘날 펠라가*의 선조인 모로코와 알제리의 사나운 부족들로 구성되었다. 이 프랑스 식민지 군대는 적군 병사들 사이에서 소름 끼치는 평판을 얻었다(그들은 포로를 잡는 것을 몹시 싫어했다). 새로운 구역으로 이동하는 독일군은 늘 신경질적으로 물었다. "건너편에 아프리카인들이 있나?" 그러나 공격할 때 광적이라고 해도 될 정도로 용감하고 뛰어났던 북아프리카 군대는 불같은 성미를 지닌 남유럽 민족들처럼 제 성질을 못 이겼고, 더 끈기 있는 북유럽 민족들만큼 안정된 전사도 아니었다. 2월 23일, 그들이 마치 중세의 무슬림처럼 귀를 싸맨 채 베르됭 전장에 도착했을 때 모든 것이 그 자부심 강한 북아프리카 사단에 불리했다. 북아프리카 사단은 여러 집단으로 나뉘어 낯선 장교들 아래로 들어갔고, 정규 프랑스군은

---

* 1907년에 시작된 프랑스의 모로코 침공을 프랑스에서는 '모로코 원정', '모로코 전쟁', '모로코 평정(pacification de Maroc)'이라고 불렀다.
펠라가(Fellagha) 프랑스령 북아프리카에서 식민지 반대 운동에 참여한 무장 전사들.

식민지 부대를 으레 대포의 먹잇감으로 여겼다. 전선에서 제37아프리카사단 병사들은 준비된 진지가 전혀 없는 방어선을 지켜야 한다는 사실을 알았다. 모든 대피호는 거친 날씨를 피하기 위한 것이든 포격을 피하기 위한 것이든 독일군의 포탄에 완전히 파괴되었다. 혹독한 추위가 새로운 환경에 적응하지 못한 북아프리카인들의 뼛속 깊이 파고들었다. 야외에서 하룻밤 숙영을 하면 사기가 극도로 떨어졌다. 동시에 그들의 방어선으로 패배의 잔해들이 끊임없이 밀려 들어와 사기를 꺾었다. 부상자들과 포격에 충격을 받은 병사들이 두 눈을 크게 부릅뜬 채 정처 없이 배회했고, 심한 공격에 궤멸된 연대들의 잔여 병력이 섬뜩한 이야기를 지닌 채 안전한 곳을 찾아 쏟아져 들어왔다. 그러나 이들은 총탄 한 발이면 제어할 수 있었다.

모든 것을 부숴버릴 듯 끊임없이 쏟아지는 포탄이 북아프리카인들을 덮쳤는데, 이들에게는 전투의 첫 이틀간 드리앙의 추격병들을 보호했던 엄폐물 같은 것도 전혀 없었다. 이들은 한계에 부딪혔다. 이전에는 이런 일을 겪은 적이 없었다. 독일군 보병들이 마치 거대한 회색 양탄자가 마을 위로 펼쳐지듯 나타났을 때, 티라이외르 분대 하나가 평정심을 잃었고, 이어 분대, 중대, 마지막으로 대대 전체가 흔들리면서 패주했다. 독일군은 점점 더 빠른 속도로 밀어닥쳤다. 매우 중요한 푸아브르 고지에 있으면서 프랑스군 제3선의 요충지였던 루브몽을 빼앗긴 것 같았다. 전선 오른쪽에서는 이와 비슷한 재앙이 주아브를 집어삼켰다. 에르브부아와 보몽이 점령된 후, 제3군단의 브란덴부르크 병사들은 두오몽 요새 방면으로 밀고 들어왔다. 크레티앵 장군은 진격을 저지하고자 마지막까지 남겨 둔 예비 부대인 제3주아브연대를 마지막 한 사람까지 저항하라고 늘 하던 통상적인 격려를 건네며 전장에 투입했다. 그러나 그들은 이른 아침의 안개처럼 사라졌다. 라뱅들라보슈(Ravin de la Vauche, 보슈 계곡)에서 독일군은 프랑스군 보병의 저항이 전혀 없는 상황에서 일단의 중포와 75밀리미터 포대 4개를 노획했다. 탈출한 어느 포병 장교는 계곡과 수빌 사이에서 프랑스군 보병을 단 한 명도 보지 못했다고 보고했다. 주아브에 무슨 일이 일어났는지는 여전히 불가사의로 남아 있다. 프랑스의 공식 역사는 여기에 대해 별다른 이야기를 하지 않는다. 그날 아침 주아브 대대 하나가 지휘관이 사망하면서 패주하기 시작했다는 크레티앵의 부참모장 베케르의 말이 실마리가 될지도 모른다. 그때 어떤 대위가 지휘권을 맡아 방어선을 구축하려 했으나 허사였다. 그의 외침은 무시당했다. 마침내 "기관총반 하나가 달아나는 병사들의 등에 발포했고, 그들은 파리처럼 죽어 나갔다."*

프랑스 군사사에는 자기 희생적인 용감한 행위가 주기적으로 등장해 역사의 페이지들을 환하게 밝혀준다. 그날도 바로 그런 작은 사건이 하나 일어나 프랑스군이 겪은 재난과 수치심을 어느 정도 상쇄해주었다. 루브몽에서 한 티라이외르 대대장이 마을을 방어할 병력이라고는 패배해 좌절하고 공황 상태에 빠진 오합지졸과 본부중대밖에 없는 상태에서 자신들이 포위되었음을 알았다. 마을을 방어할 부담은 본부중대에 배속된 어린 '신입 하사들'의 소대에 돌아갔다. 상황이 긴박했기에 막 도착한 새로운 하사들을 중대로 배치할 시간이 없었다. 그날 소대원 58명 중 9명만 살아남았다. 그러나 루브몽은 당분간은 안전했다.

---

* 북아프리카인들의 사기 저하는 대체로 포로로 잡힌 프랑스군에 관한 독일 정보부의 보고서로 확인된다. "특히 주아브와 투르코(알제리인 보병)는 완전히 무너졌다는 인상을 준다. 포로들은 장교들과 선임 지휘관들의 제지에도 큰 소리로 불평하며 포로로 들어온 다른 프랑스군 연대의 장교들에게 침을 뱉었다."(폰 클뤼퍼von Klüfer, p. 73) (저자 주)

24일 밤, 프랑스군의 사기는 심각하게 떨어지고 있었다. 무슨 일이든 벌어질 것만 같았다. 프랑스군의 대포는 불길하게도 조용했고, 이런 상황은 언제나 보병을 의기소침하게 만들었다. 프랑스군 포대는 제1선에서 후퇴하면서 가능한 곳에 다시 자리를 잡아야 했다. 포좌를 설치할 시간은 없었다. 독일군의 탄막이 그 취약한 진지를 하나씩 차례로 뭉개버렸다. 베르됭에 설치된 두 문의 거대 대포, 즉 각각 퀴미에르와 보에 있던 240밀리미터 함포는 신경과민 상태에 빠진 포병들이 분명치 않은 이유로 망가뜨렸다. 그 지역에 설치된 다른 장사거리 함포 대부분이 그런 운명을 맞았다. 보병들의 머릿속에는 무서운 의심이 자라났다. 대포가 우리를 겨냥하고 있는 건 아닐까? 지원 포대가 보이지 않는 것 다음으로 전투 중인 병사의 사기를 크게 꺾은 것은 치료받지 못한 수백, 수천의 부상자를 보는 것이었다. 야전병원(결코 프랑스군의 강점이 아니었다) 후송자들의 고통은 묘사할 수 없을 정도였다. 베르됭에서 전투 초기 며칠 동안 앰뷸런스 운전사였던 피에르알렉시 뮈에니에는 종종 혹독한 추위에 상처가 얼어붙은 상태로 야전병원에 도착한 비참한 병사들에 관해 이야기했다. 포격의 소음 속에서도, 말할 수 있는 사람들은 보이지 않는 적이 엿들을까 두려워 낮은 목소리로 말했다. 그들은 이렇게 투덜거렸다. "조프르가 저들을 조금씩 갉아먹는다고, 참!" 독일군의 거대한 포탄에 섬뜩하게 사지가 잘린 병사들은 적군을 한 번도 보지 못했다는 사실에 몹시 당황한 것 같았다. (물론 이 현상은 베르됭 전투의 기본적인 특징이 된다.) 브라의 야전병원 밖에는 중상자들이 끊임없는 포격에 노출된 채 수백 명씩 누워 철수를 기다렸다. 한 번에 나갈 수 있는 사람은 소수에 불과했다. 뮈에니에 분대의 어느 앰뷸런스는 그 지옥에서 겨우 다섯 명의 사상자를 후송하는 데 12시간이나 걸렸다. 곳곳의 도로가 통행이 불가능했다. 동력 앰뷸런스는 포탄 구덩이에 빠져 움직이지 못했고, 말들은 포화에 날뛰면서 마차를 뒤엎어 중상자들을 도로에 내팽개쳤다. 베르됭의 후방 기지 병원에서도 상황은 별반 다르지 않았다. 독일군의 380밀리미터 포는 "지독히도 정확하게" 포격하여 베르됭에서 프랑스의 다른 지역으로 이어지는 간선 철도를 끊었고, 몇 안 되는 동력 앰뷸런스는 약 32킬로미터를 주파하는 데 10시간이 걸렸다.

크레티앵 장군의 군단은 괴멸되었다. 단 하나의 중대도 남지 않았다. 크레티앵은 전투 개시 전에 늘 강력한 반격을 수행할 수 있는 여단 규모의 병력을 남겨 두려 했지만, 상황 때문에 예비 부대를 차례로 허비할 수밖에 없었다. 21일에 14개 예비 대대 중 3개 대대를 두 사단장 밥스트와 불랑제에게 나누어주었고 이튿날에는 9개 대대를 내보내 2개 대대밖에 남지 않았다. 23일에는 제37사단이 도착했지만 그 즉시 나누어 조금씩 투입했다. 36시간 뒤, 제37사단은 완전 편성 인원 1만 2,300명 중 4,700명 이상을 잃었다. 제3주아브연대가 사라지면서 크레티앵의 마지막 예비 부대도 소멸했다. 발사할 수 있는 대포를 세 문 이상 가진 포대는 하나도 없었다. 대체로 화약으로 검게 그을린 대포 한 문뿐이었다. 그날 밤 10시, 크레티앵을 구하러 발푸리에* 장군이 왔다. 그러나 발푸리에는 사실상 부대 없는 지휘관이었다. '강철 군단(Corps de fer)'으로 알려진 그의 군단은 한때 포슈의 지휘를 받았고 1914년에 낭시를 지켰으며 아마도 전군에서 가장 평판이 좋은 부대였을 것이다. 그러나 발푸리에의 군단은 필사적인 강행군으로 베르됭으로 오는 중이었다. 발푸리에에 뒤이어 곧 도착한 선발대 2개 여단은 12시간 동안 식량을 보급받지 못했고 기관총을 대부

모리스 발푸리에(Maurice Balfourier, 1852~1933) 1914년 8월 29일부터 1916년 7월 17일까지 제20군단장을 맡았다.

분 남겨 두고 왔으며 일인당 겨우 120발의 탄약만 지니고 있었다. 앰뷸런스 운전사 뮈에니에는 '새로운' 엘리트 부대의 도착을 이렇게 설명했다. "많은 병사와 노새가 우리를 에워싼다. …… 장교들과 하사관들은 기동할 때처럼 쩌렁쩌렁한 목소리로 짧고 분명하게 명령한다. 병사들의 동작에는 절도가 있다." 그러나 지치고 굶주린 병사들의 생각은 하나뿐이었다. "침상이 몇 개라도 있으면 좋겠다." 바실리 베레샤긴(Vasily Vereshchagin)의 그림에 나오는 러시아의 겨울 벌판에 웅크리고 앉은 그랑다르메처럼, 기관총 사수들은 영하 15도의 혹독한 추위를 이기려고 서로 기댔다. 크레티앵은 이 증원 부대를 전투에 투입하고 싶었지만, 여단장들은 병사들이 더는 움직일 수 없다고 항의했다. 크레티앵은 이렇게 말하며 고집을 부렸다. 마른강에서도 병사들은 지쳐 있었지만 "지휘관들이 뒤로 돌아 적군을 향해 전진하라고 명령했을 때 더는 지쳐 있지 않았다." 그렇지만 이 마지막 희생으로 제20군단의 나머지 병력이 뫼즈강 우안 진지 전체가 무너지기 전까지, 더불어 베르됭이 함락되기 전까지 전선에 도착할 시간을 벌 수 있을지는 확실하지 않았다. 독일군이 그 점을 알아차렸다면, 전후에 어느 프랑스 역사가가 쓴 것처럼 "2월 24일의 캄캄한 밤에 베르됭으로 가는 길은 적군에게 열려 있었다."

그러나 그날 밤 독일군이 자신들의 문제 때문에 주의가 흐트러져서 프랑스군 진지가 얼마나 절망적인지 깨닫지 못한 것이라면, 그들은 확실히 자신들이 이 전역에서 가장 큰 성공을 거두기 일보 직전에 있음을 짐작할 수 없었을 것이다. 이제 곧 이 전쟁의 아주 특별한 일화 하나가 펼쳐진다.

9장

난공불락 두오몽 요새 점령

요새들은 내게 골칫거리다. 그것들은 나의 병사들을 앗아간다.
나는 요새를 상대하고 싶지 않다.
— 드 카스텔노 장군, 1913년

'두오몽'이라는 낱말은 독일군의 영웅적 행위를 보여주는 봉화처럼 밝게 타오른다.
— 폰 힌덴부르크 원수, 《나의 인생》

독일군에서 폰 로호 장군이 지휘하는 제3군단의 제24브란덴부르크연대만큼 자부심 강한 부대는 없었다. 이 연대는 나폴레옹전쟁 때 블뤼허(Gebhard Leberecht von Blücher) 장군에게 받은 찬사를 매우 자랑스럽게 되새겼다. "그 연대는 단 한 가지 결점이 있다. 지나치게 용감하다는 것이다." 제24연대에 배치되는 순간부터 젊은 소위들은 연대의 표어가 된 프리히드리히 대왕의 금언 "너의 임무보다 더 많은 것을 하라."와 함께 블뤼허의 찬사를 가슴에 새겼다. 1914년에 제24연대는 벨기에를 쉽게 관통해 몽스에서 영국원정군을 강타한 뒤 마른강으로 진격했다. 제24연대가 '해방된' 샴페인(샹파뉴)을 벌컥

벌컥 들이켜고 "우리는 프랑스를 쳐부수어 승리할 것이다(Siegreich woll'n wir Frankreich schlagen)"라고 유쾌하게 노래하며 프랑스를 천천히 통과할 때, 그들의 성공에는 한계가 없어 보였다. 마른강에서 돌아서라는 명령이 내려졌을 때 그들은 엄청나게 분노했다. 1916년 2월, 제24연대는 발칸반도의 세르비아에서 세르비아인을 내쫓는 데 일조하여 승전을 거두고 막 돌아온 참이었다. 그런데 베르됭에서는 상황이 제24연대에 그렇게 좋지만은 않았다. 에르브부아에서 프랑스군의 완강한 저항에 부딪쳐 제3대대가 진격이 지연되는 수모를 겪고 자존심에 상처를 입었는데, 성공에만 익숙한 연대에 이 일은 거의 치욕이나 다름없었다. 특히 전선의 반대편 끝에서 군복 입은 농부에 불과한 베스트팔렌 예비군들이 아주 잘 싸웠다는 보고가 들어왔기에 더욱 그러했다. 프랑스군 방어선이 마침내 무너졌을 때, 브란덴부르크 병사들은 퇴각을 보상할 새로운 월계관을 갈망했다. 이제 전방에는 최고로 영예로운 월계관이 한층 더 가깝게 보였다. 두오몽 요새였다. 제24연대는 베르됭 전선에 투입된 이후로 늘 그 커다란 거북등처럼 생긴 요새를 주시했다. 외면할 수가 없었다. 그것은 마치 무섭게 응시하는 매에 쫓기는 작은 설치류처럼 무방비 상태로 보호받지 못한다는 느낌이 들었다. 동시에 그것은 저항할 수 없는 매력으로 보는 이를 유혹했다.

이틀 정도 싸우면 그 거대한 요새에 다가설 수 있을 것 같았을 때, 군단 사령부는 두오몽 요새를 인접 연대인 제12척탄병연대의 진격 영역 안에 두었는데 이 결정은 제24연대를 격분시켰다. 2월 25일 진격 명령에서 브란덴부르크연대는 요새에서 약 800미터 떨어진 목표 지점에서 멈추어 결국 요새를 자기들 오른쪽에 있는 최대 라이벌에게 넘기게 되어 있었다. 말할 수 없이 부당한 일이었다.

1916년 독일군 정찰기가 촬영한 두오몽 요새. 두오몽은 당시 세계에서 가장 강력한 요새로 알려져 있었다.

　어느 방향에서 접근하든 두오몽 요새는 당당하고 위압적으로 보였다. 요새의 대포를 피할 수 있는 사각지대는 1제곱미터도 되지 않는다. 위태로운 프랑스 병사들에게 두오몽 요새는 배후에 난공불락의 강력한 버팀목이 있다는 안도감을 주었다. 페탱 원수가 훗날 말했듯이, 두오몽 요새는 베르됭 방어 체계 전체의 주춧돌이었다. 또 두오몽 요새는 기록상 당시 전 세계에서 가장 강력한 요새였다. 1885년에 '드 리비에르 방어선'의 일부로 착공된 두오몽 요새는 1887년과 1889년, 그리고 가장 가깝게는 1913년에 다시 현대화되고 보강되었다. 이 거대한 덩어리는 보방이 선호한 방식대로 전통적인 오각형 형태로 건설되었고, 지름은 약 400미터 정도였다. 요새 밖의 가장자리는 철조망을 약 27미터에 걸쳐 이중으로 겹쳐서 보호했다. 그 뒤로는 못이 박힌 튼튼한 철책을 2.4미터 높이로 설치했다. 그 너머 아래로는 깊이 7.2미터의 폭넓은 도랑, 즉 마른 해자가 요새를 둘러쌌다. 북쪽 모퉁이들에는 해자 쪽을 향해 콘크리트 전망대가 자리를 잡았는데, 제일 높은 꼭대기의 모퉁이에는 M자를 눌러 편 것 같은 모양의 이중 전망대가 있었다. 이 세 전망대는 추정컨대 경포나 폼폼 기관포, 기관총으로 무장하고 탐조등이 설치되었을 것이다. 목적은 두 모퉁이에서 치명적인 종사를 퍼부어 해자로 기어 내려가는 적을 소탕하는 것이었다. 각 전망대는 긴 지하 통로로 요새 중심부와 연결되어 적군이 사격을 가해도 병력을 증원할 수 있었다. 그 다음 북쪽에는 완만한 경사의 비탈진 제방이 있었는데, 만일 측면 전망대가 뚫리면 요새의 기관총탑이 그곳에 총탄 세례를 퍼부을 것이었다. 혹시라도 적군이 비탈진 제방을 넘어서까지 살아남아 요새 중간을 동서로 가로지른 성채 통로에 침투하더라도 지하 깊은 곳에서 올라온 수비대 병사들이 배후에서 제압할 수 있었다.

요새 남쪽 방비가 허술한 부분에서는 이중의 측면 전망대를 갖춘 독립된 토치카가 입구를 지켰다. 남서쪽 접근로는 75밀리미터 야포 두 문이 발포하는 '카즈마트 드 부르주'*라는 벙커가 지켰다. 동시에 보 요새를 비롯한 다른 인접 요새들의 대포가 두오몽 요새의 이쪽 측면 전체를 보호했다.

안에서 보면 요새는 진정한 지하 도시였다. 미로로 연결되어 있어 제대로 살피려면 일주일은 걸렸다. 대대 병력 대부분을 수용할 수 있는 시설이 있었는데, 병사들은 지하 두 개 층에 걸쳐 있는 막사에 머물렀다. 막사의 각 방에는 두꺼운 콘크리트 벽에 남쪽으로 노출된 총

카즈마트 드 부르주(Casemate de Bourges) 카즈마트(casemate)는 토치카나 벙커 같은 요새화된 사격 진지를 말하는데, 명칭은 1885년 제니 로랑(Génie Laurent) 소령이 개발하여 1899년 부르주(Bourges)에서 실험하고 채택한 데서 유래한다.

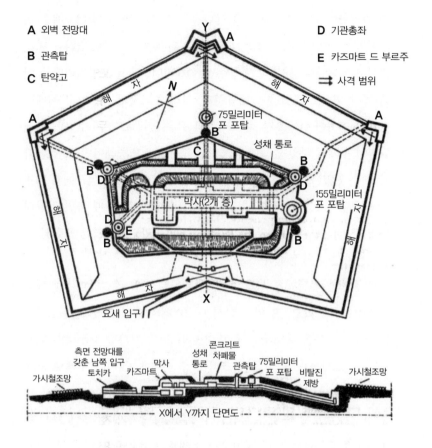

A 외벽 전망대
B 관측탑
C 탄약고
D 기관총좌
E 카즈마트 드 부르주
⇒ 사격 범위

해자

N

75밀리미터
포 포탑

성채 통로

막사(2개 층)

155밀리미터
포 포탑

E

요새 입구

X

측면 전망대를
갖춘 남쪽 입구
토치카
카즈마트
막사
성채
통로
콘크리트
차폐물
관측탑
75밀리미터
포 포탑
비탈진
제방
가시철조망
가시철조망

─ X에서 Y까지 단면도 ─

안이 있어서, 적군이 그곳까지 도달하는 경우에 각 방이 독립된 토치카가 되어 요새를 강고히 방어할 수 있었다. 수비대에 방어 의무를 상기시키려고 중앙 복도에 큰 글씨로 다음과 같이 써놓았다. "항복하느니 차라리 무너진 요새의 잔해 밑에 묻히리라." 그러나 요새의 진짜 위력은 밑으로 끌어내릴 수 있는 포탑에 설치된 대포에 있었다. 분당 세 발을 토해낼 수 있는 짧은 포신의 155밀리미터 중포가 있었고, 북쪽 사면에 세운 다른 포탑에는 포신이 짧은 75밀리미터 쌍포를 설치했다. 기관총좌를 설치한 탑이 세 개 있었고, 두꺼운 장갑을 입힌 관측탑이 네 개 있었다. 그 포탑은 처음 등장했을 때에는 매우 독창적인 장치였다. 그 구조는 삼사십 년 뒤 마지노선에도 별다른 변경 없이 채택되었다. 48톤의 평형추가 30센티미터에서 60센티미터 높이의 발사 위치로 포탑을 들어올린다. 그러나 적군의 중포탄이 불쾌할 정도로 가까이 날아오면, 콘크리트와 같은 높이로 쑥 내려간다. 75센티미터 두께의 강철 덮개에 중포탄이 정통으로 명중해야만 포탑을 파괴할 수 있었다. 그러기 전까지 이 포탑들은 다가오는 적군에게 엄청난 희생을 강요했다. 1915년 조프르가 요새들을 치울 때 측면 전망대와 카즈마트 드 부르주의 대포가 제거되었지만, 이 강력한 포탑의 대포들은 여전히 작동했다.

요새 전체는 두께가 거의 2.4미터나 되는 강화 콘크리트 차폐물로 뒤덮여 보호받았고, 그 위로 다시 1~2미터의 흙이 쌓였다. 두오몽의 콘크리트 지붕은 독일군의 420밀리미터 포에 강타당해 무너진 벨기에의 큰 요새들과 달리 두 콘크리트 층 사이에 1.2미터 두께로 모래를 채워 넣어 샌드위치처럼 건설되었다. 모래는 대단히 효과적인 완충제였다. 베르됭 공세가 시작되기 정확히 1년 전인 1915년 2월, 황태자는 두오몽에서 직접 성능을 시험해보려고 420밀리미터 포를 가져왔다. 전부 62발을 발사했고, 독일군 포병 장교들은 "두오몽의 비탈진 제방에서 마치 큰 나무가 자라는 것처럼 피어오른 연기와 먼지의 기둥"을 만족스럽게 바라보았다. 두오몽 요새의 대포가 침묵했기에 독일군은 크루프 사의 '뚱보 베르타'가 한 번 더 훌륭한 솜씨를 보여주었다고 추정했다. 그러나 실제로는 비록 요새 내에 퍼진 진동과 충격이 몹시 불쾌하긴 했지만, 포격은 단지 정문 위에 새겨진 명문 'DOUAUMONT'의 절반을 부쉈을 뿐이었다. (요새의 155밀리미터 포가 반격을 하지 않은 이유는 단순했다. 포의 최대 사거리는 5,486미터를 간신히 넘었는데, 그 정도로는 프랑스군 최전선에 닿을 수 없었다.) 1916년 2월의 포격에서도 독일군의 420밀리미터 포가 요새에 입힌 손해는 무시해도 될 정도였다. 따라서 조프르와 총사령부의 비관론과 달리 두오몽 요새는 사실상 난공불락처럼 보였다.

1916년 2월 25일, 공격하는 독일군은 두오몽 요새가 심하게 파괴되었으나 여전히 강고하고 성가신 장애물이라고 가정할 이유가 있었다. 독일군은 두오몽 요새가 손상되지 않았다고 추정할 수도 없었고 동시에—프랑스군의 거의 믿을 수 없는 연속된 실수 때문에—사실상 무방비 상태라고 추정할 수도 없었다.

2월 25일 제24브란덴부르크연대가 받은 명령은 부아아술 숲을 점령한 뒤 두오몽 북동쪽 약 686미터 지점에서 멈추라는 것이었다. 통상적인 기선 제압 포격은 오전 9시에 시작되었고, 탄막을 거두어 요새 자체에 포격을 퍼부을 때 공격을 개시할 예정이었다. 진용은 다음과 같았다. 오른쪽에 제2대대, 왼쪽에 제3대대, 제1대대는 예비 부대. 제24연대의 우익에서는 제12척탄병연대가(행군로에 두오몽 요새가 놓여 있었으나 요새에 못 미쳐 멈추게 된다), 좌익에서는 제20연대가 동시에 진격하기로 했다. 그러나 이 공격 계획은 제1차 세계대전 때 전령이 '워키토키' 역할을 대신하면서 매우 자주 벌어졌던 마지막 순간의 좌절을 겪게 되었다. 두 연대 모두 제때 명령을 받지 못한 것이다. 그래서 탄막이 걷힌 공격 개시 시각에 제24연대는 지원 없이 진격했다. 제24연대는 여느 때처럼 상황을 살피지 않고 맹렬히 치고 들어갔다. 다행히도 제24연대는 위험한 덫에 걸리지 않았고 전날 주아브 부대가 흩어지며 남긴 빈 틈으로 쏟아져 들어갔다. 브란덴부르크연대가 가는 방향에 있던 소수의 프랑스군 잔여 병력은 다급히 무질서하게 흩어졌다. 200명이 포로로 잡혔고, 도주하는 프랑스군 뒤로 거친 추격전이 벌어졌다. 25분이 채 안 되는 시간에 제24연대 제2대대의 선봉은 약 1.2킬로미터를 주파해 목표물에 도달했다. 그 전쟁에서는 거의 기록적인 성과였다.

제24브란덴부르크연대 휘하 제2대대의 왼쪽 끝에는 펠릭스 쿤체 중사가 지휘하는 공병 분대가 있었다. 튀링겐의 농민 집안 출신인 쿤체는 스물네 살이었고 정규군이었다. 사진을 보면 그는 그다지 지적이지 않은 인상을 주는데, 실제 전투에서는 겁이 전혀 없는 사람 같았다. 그렇지만 그것은 대체로 상상력의 부족이 반영된 대담함이었을 것이다. 쿤체 같은 이들이 독일군의 기반을 이루었다. 그들은 무엇이든 자신에게 떨어진 명령이라면 아무 의심 없이 맹목적으로 총탄에 맞아 쓰러질 때까지 전진해 수행하려 했다. 독일군의 일반적인 관행에서 쿤체의 분대는 제일 먼저 출격한 돌격부대와 함께 나가 앞을 가로막는 철조망이나 기타 장애물을 제거하는 임무를 맡았다. 쿤체의 분대는 지형의 도움을 받아 전방의 목표 지점에 이르렀다. 쿤체는 오후에 이미 많은 일을 겪었다. 기관총 진지를 점령하고 부상당한 프랑스군 하사관에게 응급 처치를 해주었는데, 은혜를 모르는 그 포병은 어떻게 했는지 무기를 되찾아 다시 발포했다. 쿤체는 서둘러 돌아와 미련 없이 그자를 해치웠다. 몇 분 후 적군의 다른 진지에서 소총을 드는 프랑스군 병사가 보였으나 쿤체가 먼저 쏘았다. 마침내 목표 지점에 도착했을 때, 그는 피가 있는 대로 끓어오른 상태였다. 그날의 짧은 전투가 끝났을 때 쿤체는, 번역하기는 꽤나 어렵지만 독일군이 즐겨 쓰는 표현대로, 진취적인 정신으로 가득했다(unternemungslustig). 쿤체는 잠시 멈춰 숨을 고르면서 전방에 어렴풋이 모습을 드러낸 두오몽의 거대한 돔을 보았다. 믿을 수 없을 만큼 가까웠고 위압적이었지만 동시에 물리치기 힘들 만큼 유혹적이었다. 오른쪽 멀리서 프랑스군의 기관총이 덜컥거리는 소리가 들렸으나, 두오몽 요새는 조용한 것 같았다. 이제 쿤체는 그날 아침에 받은 명령을 다시 생각해보았다. 전진하는 보병 앞길에 놓인 모든 장애물을 제거하라는 명령이었다. 그리고 여기, 바로 자기 앞에 가장 큰 장애물이 있었다! 순간의 흥분 때문에 그는 다른 명령을—지시받은 목표 지점을 넘어가지 말라는 명령—묵살하고 앞으로 두오몽에 도착했을 때 (또는 만약 도착한다면) 무엇을 해야 할지 아무런 생각도 하지 않은 채, 요새 방향으로 출발했다. 그의 분대가 순순히 뒤를 따랐다. 열 명이서 세계에서 가장 강력한 요새를 치다니! 그것은 정말 터무니없는 미친 짓으로 보였다.

몇 분 안에 쿤체와 그의 분대는 요새 밖 가장자리에 설치된 철조망에 이르렀다. 매우 고무적이게도 아무도 그들에게 총을 쏘지 않았지만, 쿤체는 자신들의 머리 위로 멀리 떨어진 표적을 향해 발포 중인 요새의 155밀리미터 포를 보았다. 또한 쿤체는 두오몽 마을의 교회 첨탑 꼭대기에 교묘히 자리 잡은 프랑스군 기관총이 제24브란덴부르크연대의 우익 쪽 부대를 곤경에 빠뜨리고 있음을 알아차렸다. 빽빽이 설치된 가시철조망은 독일군의 포격에 대부분 찢겨 나갔고, 쿤체의 분대는 철사 절단기의 도움으로 곧 이중 철조망을 관통하는 길을 냈다. 이들은 요새의 북쪽 꼭대기에서 동쪽으로 약 46미터 떨어진 못 박힌 철책에 도달했다. 3시 30분을 막 지났다. 이 장애물을 통과하거나 넘어갈 방법은 전혀 없었다. 이제 쿤체는 철책을 따라 왼쪽으로 이동했다. 이 결정은 분명히 오른쪽 방향에 있는 프랑스군 기관총 때문이었다. 쿤체는 북동쪽 모서리를 돌았고 돌자마자 운 좋게도 포탄이 철책에 떨어지면서 그곳에 너비 약 1.2미터의 틈이 생겼다. 약 7.3미터 깊이의 해자로 어떻게 내려갈지 고민하던 차에, 신의 섭리가 쿤체를 대신해 결정을 내려주었다. 가까이 떨어진 폭탄이 쿤체를 가장자리에서 밀어 떨어뜨린 것이다. 잠시 기절했을 뿐 다치지 않았던 쿤체는 분대의 나머지 병사들에게 합류하라고 재촉했다. 분대장이 정신 나갔다고 확신한 어느 하사는 퇴각하겠다고 소리쳤으나, 나머지 병사들은 서로 도와서 쿤체가 있는 곳으로 내려갔다. 밖으로 드러난 요새의 상부에 여전히 빈틈없이 떨어지는 아군의 중포 때문에 어쩔 수 없이 내려왔을 것이다.

그 해자는 버려진 상태였다. 철책에 난 구멍 근처 성벽 위쪽에 작은 창문처럼 보이는 것들과 닫힌 철문이 있었다. (사실 창문처럼 보인 것은 북동쪽 전망대에 나 있는 구멍이었다.) 그중 한 곳으로 작은 대포의 포신이 튀어나와 있어서 쿤체와 그의 병사들은 해자 바닥에 널린 잔해 속으로 최대한 재빨리 몸을 숨겼다. 그러나 그곳에도 사람이 있다는 징후는 없었다. 한 번 더 쿤체는 어떤 위험이 도사리고 있을지 생각해보지도 않고 전망대 안으로 들어가려 했다. 그러나 강철 문은 굳게 닫혀 있었고, 총안은 해자 바닥에서 약 3.6미터 이상 높이에 있었다. 그때 쿤체는 문득 전쟁 전에 지겹도록 반복했던 신체 단련 체조에서 무언가를 떠올렸다. 쿤체는 병사들에게 인간 피라미드를 세우라고 재빨리 명령했다. 여러 번 무너져 팔다리가 뒤엉켰지만, 결국 쿤체는 지키는 사람이 없는 총안의 연발 대포를 치우고 그 안으로 몸을 쑤셔 넣을 수 있었다. 전망대는 텅 비어 있었다. 여러 차례 시도한 끝에 쿤체는 강철 문을 비집어 열었고 분대원들에게 안으로 기어 올라오라고 지시했다. 쿤체의 작은 부대는 이제 서서히 기가 죽었다. 요새 외벽에 뚫린 음침한 구멍에 갇혔고 앞으로 어떤 끔찍한 위험이 닥칠지 모르는 상황에서 차라리 아군 대포에 죽는 편이 훨씬 더 나았다!

그리하여 병사들은 어리석은 중사가 멋대로 하게 내버려 두고 사라졌다. 두 명을 빼고.

그래도 쿤체는 조금도 주저하지 않고 칠흑같이 어두운 긴 터널을 따라 발걸음을 내딛었다. 바깥에서 귀를 찢을 듯한 포격 소리가 들린 후 숨 막힐 듯 섬뜩한 고요가 이어졌다. 쿤체는 계속 전진했다. 터널은 끝이 없는 것 같았다. 계속 가면 어디가 나올까? 방어하는 프랑스군은 어디에 있는가? 마침내 계단이 나타났다. 계단을 올라가니 맨 위에서 통로가 갈라졌다. 이제 쿤체는 가까운 곳에서 중포의 둔한 발포 소리를 희미하게 들을 수 있었다. 쿤체는 남은 두 명에게 통로의 한쪽을 지키게 하고 발포 소리가 나는 다른 방향으로 향했다. 쿤체는 곧 방출된 탄피가 내는 덜커덕 소리를 들을 만큼 접근했다. 이 대담무쌍한 중사는 권총을 손에 쥔 채 문을 박차고 들어가 독일어로 고함을 질렀다. "손 들어!" 화약으로 얼굴이 검게 그은 프랑스군 포병 네 명이 크게 놀라 멈춰 섰다. 그들은 정신을 차리기도 전에 포탑 밖으로 거칠게 떠밀렸다. 쿤체는 한 손으로 그 요새에서 가장 큰 대포인 155밀리미터 포의 발포를 멈추었다.

이렇게 거친 전투가 한창일 때, 거의 희극에 가까운 막간극이 시작되었다. 쿤체는 포탑에서 나오면서부터 토끼 굴 같은 두오몽 요새에서 방향을 잘못 잡은 것이 분명했다. 통로에서 망을 보던 두 명의 전우를 찾을 수 없었다. 쿤체는 네 명의 프랑스군을 앞세우고 전진하면서 전방에서 희미하게 비치는 햇빛을 보았고 한 번 더 포격의 소음을 들었다. 그들은 곧 탁 트인 곳(요새 남쪽 안마당)으로 나왔고, 포로들이 갑자기 내달렸다. 포로들은 번개처럼 빠르게 요새의 다른 통로 안으로 들어갔다. 쿤체가 뒤따라가 총을 쏘려 한 순간, 그들은 좌측 길로 사라졌다. 그때 쿤체의 눈에 막사의 어느 방에서 나이 든 하사 한

명이 약 스무 명쯤 되는 무리를 나무라는 모습이 언뜻 스쳤다. 쿤체
는 또다시 "손 들어!"라고 외쳤으나, 그 순간 중포탄 한 발이 위에서
폭발해 방 안의 촛불이 다 꺼졌다. 이어진 혼란 속에서 쿤체의 머릿속
에는 곧 이런 생각이 떠올랐다. "이제 저들이 나를 덮칠 거야." 쿤체
는 무거운 문을 재빨리 거세게 밀어 닫았고, 다행히도 밖에서 잠글 수
있었다. 쿤체는 잠시 동안 그 방 바깥에서 주변을 경계했지만, 포로
가 될 새로운 후보는 나타나지 않았다. 이제 쿤체는 어찌할 바를 몰
랐고 시간은 점점 더디게 갔다. 쿤체는 공을 세울 일이 없나 생각하며
정찰을 재개했다. 쿤체는 곧 무장하지 않은 다른 프랑스군 병사와 마
주쳤는데, 그는 극도의 두려움에 사로잡혀 쿤체를 계속 '대위님(mon
capitaine)'이라고 불렀다. 쿤체는 비록 프랑스어를 한마디도 못 했지
만 요새의 장교들이 어디 있는지 알고 싶다는 점을 그럭저럭 분명하
게 표현했다. 그렇게 쿤체가 마지막으로 잡은 포로는 벌벌 떨면서 그
를 막사의 다른 방으로 데려갔다. 장교들이 쓰는 방이 분명했다. 방
은 비어 있었으나 식탁 위에는 달걀과 포도주, 기타 식량으로 가득한
커다란 바구니가 있었다. 쿤체가 여러 달 동안 보지 못한 것이었다.
쿤체는 전투가 시작된 이래로 푸짐하게 먹은 적이 없었다. 지하 진지
에서 몇 주 동안 비참하게 대기하면서 먹은 것이라곤 전투 식량이 전
부였다. 쿤체는 갑자기 극심한 허기를 느꼈다. 이 단순한 농민의 마
음속에서 먹고 마시고 싶은 본능이 다른 모든 생각을 지워버렸다. 막
사에 갇힌 포로들, 자신이 적의 요새 안에서 적군에 둘러싸인 채 홀로
있다는 사실, 전쟁 자체까지도. 쿤체는 모든 것을 잊었다. 그는 마지
막으로 잡은 포로가 경악하며 쳐다보는 가운데 자리에 앉아서 게걸
스럽게 먹기 시작했다.

그런데 이 강력한 요새를 지키는 수비대의 주력은 이 모든 일이 벌

어지는 동안 어디에 있었나?

　전쟁이 시작되었을 때, 두오몽에는 보병 약 500명으로 구성된 수비대가 상주해 있었다. 1915년에 요새의 등급을 낮춘 조프르의 명령 때문에 수비대는 포탑의 대포에 배속된 이들만 남겨두고 전선에 투입되었다. (운명의 장난이었는지 두오몽의 첫 번째 전시 수비대는 전투 초기 부아데코르 숲 근처에서 벌어진 전투에서 많은 사상자를 냈고 지휘관은 중상을 입었다.) 프랑스 요새의 운용 규정에 따라 베르됭의 요새들은 베르됭 요새지구 사령관인 에르 장군이 직접 지휘했다. 베르됭 요새들을 담당 구역 안에 두었던 군단장은 그 요새들에 대한 통제권이 없었다. 따라서 크레티앵 장군은 지휘권을 처음 맡고서 두오몽을 방문했을 때 터무니없이 퇴짜를 맞았다. 해자의 도개교에서 상사에 불과한 초로의 포병중대 선임부사관 슈노가 이렇게 말하며 크레티앵을 쫓아냈다. "이 요새의 문은 베르됭 요새지구 사령관에게만 열립니다. 요새지구 사령관의 명령 없이는 누구도 들여보낼 수 없습니다. 장군이 방문한다는 통지를 받지 못했습니다. 저는 장군을 간첩으로 체포해야 합니다!" 크레티앵은 이 굴욕적인 일을 겪고 난 뒤에 두오몽 요새에 관해서는 더 걱정하지 않았다. 3성 장군을 들이지 않을 수 있다면 적군을 두려워할 일은 없으리라고 추정했기 때문일 것이다. 어쨌거나 두오몽 요새는 **그의** 책임이 아니었다. 전투가 시작되었을 때, 두오몽을 지킨 병력은 사실 슈노 상사와 155밀리미터 포와 75밀리미터 포가 있는 포탑에 배속된 56명의 향토연대 포병들뿐이었다. 조프르가 포를 빼낸 이후 이 두 포탑에만 무기를 두었다. 필사적이었던 24일에 에르 장군은 실제로 베르됭의 모든 요새를 파괴할 준비를 하라고 명령했다. 이에 따라 두오몽을 지키던 병력에 대호공병 중사 한 명이 증원되었으나, 지뢰를 부설하라고 베르됭에서 파견된 그 하사관은 도중에 사라졌다. 지뢰는 설치되지 않았다.

한편 제20군단의 선발대 2개 여단이 현장에 도착했고 수빌에서는 크레티앵이 발푸리에 장군에게 지휘권을 넘겨주려던 참이었다. 지휘권을 넘기기 직전에, 베르됭의 에르가 제정신이 아닌 듯한 목소리로 전화를 걸어와 "요새들의 전선을" 다시 점령하고 "끝까지 지키라"고 말했다. 크레티앵이 마지막으로 한 일 중 하나는 참모들에게 이 명령을 사단장들에게 전달하라는 특별 임무를 내린 것이었다. 오랜 강행군으로 지친 채 도착한 발푸리에는 요새들을 방어할 준비가 이루어지고 있으며 그 점에 관해선 걱정할 일이 없다는 크레티앵의 단언을 아무 의문 없이 그대로 받아들였다. 두오몽의 양 측면에 자리 잡은 새로운 2개 여단을 지휘한 델리니 장군*은 크레티앵에게 두오몽 요새에 사령부를 설치해야 할지 물었다. 크레티앵은 하지 말라고 했다. "두오몽 요새는 잘 지키고 있으니, 내일 내가 떠날 때 이곳의 내 사령부를 넘겨받으시오."

최고로 잘 통제된 참모진도 지속된 전투의 압박에 때로 무너졌다. 다른 때라면 상상할 수 없을 실수도 일어나곤 했다. 그러한 실수 하나가 이때 일어났다. 크레티앵의 참모 한 사람이, 아마도 변변찮은 통신대 하사였을 텐데, 요새들을 탈환하라는 매우 중대한 명령을 전하는 것을 잊었다. 크레티앵의 사령부에서 꼭 한 구간 떨어져 있던 델리니는 다음날 이미 너무 늦어버린 상황이 될 때까지 그 명령을 받지 못했다고 맹세한다. 전선 위쪽에서는 문제의 두 여단을 이끄는 여단장들이 한편으로는 견고하게 방비되는 두오몽 요새가 자신들 사이에

앙리 빅토르 델리니(Henry Victor Deligny, 1855~1938) 1915년 3월 29일부터 1916년 3월 26일까지 제153보병사단 사단장을 맡았다. 베르됭 전투에서는 2월 24일부터 26일까지 활약했다.

있다고 추정하며 마음을 놓았다. 그러나 그와 동시에 포격을 끌어당기는 그 요새의 무시무시한 평판을 떠올리며 휘하 연대들에 두오몽 요새에서 최대한 멀리 거리를 두라고 명령했다.

쿤체가 요새 안에서 만족스러울 만큼 배를 채우는 동안, 요새 밖의 양 측면에서는 제24브란덴부르크연대의 장교 세 명이 서로 다른 방식으로 등장할 준비를 하고 있었다. 그들은 오이겐 라트케, 한스요하임 하우프트, 코르트 폰 브란디스였다. 짧은 간격으로 잇달아, 그렇지만 각기 전장의 다른 지점에서 매우 독립적으로, 이들도 두오몽의 벗어날 수 없는 마력에 사로잡혔다. 라트케는 제6중대의 스물네 살 난 중위로 무테 안경을 끼고 어깨가 처진 것이 프로이센 장교라기보다는 은행원이나 하급 공무원을 연상시키는 예비군이었다. 라트케는 쿤체가 목표 지점으로 가면서 지났던 것과 비슷한 경로를 따라 소대를 이끌고 전진했고, 이어 '딸기골'이라는 이름의 좁은 골짜기를 통해 몸을 숨기며 요새 가장자리의 가시철조망을 향해 기어갔다. 라트케는 다시 철조망 가의 공터로 나왔을 때 두오몽 마을의 프랑스군이 자신을 향해 발포하지 않는 데 놀랐다. 라트케의 걱정거리는 두 가지였는데, 하나는 주위에 떨어지는 아군의 맹렬한 포격이었고 다른 하나는 우측에 제12척탄병연대가 나타날 기미가 안 보인다는 것이었다. 라트케는 아군의 탄막을 거두기 위해 소지한 베리 신호총*의 탄을 전부 다 발사했으나 종종 그렇듯이 독일군 포대는 신호를 알아차리지 못했다. 집중 포격에 소대원 일부가 서서히 용기를 잃어 갔으나, 라트케는 그들을 격려했다. 쿤체처럼 라트케도 쉽게 철조망을 통과할 방법을 찾아냈고 요새의 북쪽 꼭짓점 부근에 도착했는데 쿤체가 있는

베리 신호총(Very Pistol) 가장 일반적인 신호탄으로 미군 해군 장교였던 에드워드 베리(Edward Wilson Very, 1847~1910)가 개발했다.

곳에서 오른쪽으로 약간 떨어진 곳이었다. 매우 다행스럽게도 그동안 중포탄 하나가 근처 철책에 떨어져 훨씬 더 큰 틈이 생겼다. 그 중포탄이 모서리에 구멍을 내면서 바로 아래쪽 해자에 잔해 더미가 쌓여 바닥부터의 실제 높이가 크게 줄었다. 라트케는 약 스무 명의 소대원을 이끌고 해자로 기어 내려갔다. 두오몽 요새에 처음으로 진입한 독일군 장교였다.

라트케가 쿤체보다 30분쯤 뒤에 두오몽 요새의 해자로 뛰어들기까지는 분명히 쿤체보다 더 많은 용기가 필요했을 것이다. 라트케는 쿤체가 별다른 저항 없이 진입하는 모습을 볼 수 없었을 것이고 장교로서 요새에 관해 많이 알았으므로 측면 전망대에서 살인적인 발포에 직면하리라고 예상할 수 있었기 때문이다. 라트케는 요새에 배치된 병력이 거의 없다시피 하다는 사실을 깨닫자마자 해자에서 발견한 무거운 나무를 부서진 철책에 대고 뒤따르는 소대원들이 쉽게 내려올 수 있도록 도왔다. 라트케와 그의 병사들은 쿤체처럼 전망대 안으로 난입하는 대신 비탈진 제방 위로 전진했다. 독일군의 포격 때문에 네 발짐승처럼 기어가야 했다. 성채 통로에 도착한 라트케 일행은 곧 막사의 위층으로 이어지는 길을 찾아냈다. 희미하게 깜빡이는 석유 램프가 통로를 비추고 있었다. 발자국 소리가 들리자 일행은 어둠 속으로 몸을 웅크렸고, 라트케는 겁에 질린 비무장 프랑스군 병사 세 명을 첫 포로로 잡았다. 라트케는 포로들에게서 요새 안에 약 60명밖에 없다는 말을 듣고 크게 놀랐다. 그들은 곧 라트케를 다섯 명이 모여 있는 막사의 방으로 안내했다.

아래층에서는 이제 쿤체가 식사를 끝내고 다시 임무를 재개하려고 했다. 쿤체는 포로를 통로 아래쪽으로 끌고 가서 앞서 다른 포로들을 가둔 방에 밀어 넣었다. 그런데, 오, 하느님, 방이 텅 비어 있는 것이 아닌가! 아마도 바로 그 순간 도망친 포로들은 수비대 전체에 경고를 하고 있을 것이었다. 쿤체는 자신의 태만이 얼마나 중대한 일이었는지를 깨닫기 시작했다. 상관에게 이 일을 어떻게 설명할 것인가? 희극의 마지막을 장식한 것은 따로 있었다. 그 사이에 프랑스군 포병 네 명으로 이루어진 교대반이 155밀리미터 포탑에 올라왔는데, 교대해야 할 포병들의 흔적이 보이지 않아 말문이 막혔다. 그런데도 그들은 갈리아인답게 어깨를 한번 으쓱하고는 자리를 잡았고, 약 반 시간 동안 중단되었던 포격은 다시 먼 곳을 향해 목표도 없이 재개되었다.

이제 하우프트 대위가 등장한다. 오래 복무한 평범한 장교로서 마흔 살이 다 된 하우프트는 제7중대 지휘관이었다. 하우프트는 중대원을 최대한으로 모아 라트케가 출발하고 5분이 지난 시점에 요새를 향해 전진했다. 눈이 심하게 내렸다. 한 부하가 정지선을 지나 너무 멀리 왔다고 항의하자 하우프트는 이렇게 대답했다. "우리는 요새를 습격할 것이다." 오른쪽으로 약간 더 멀리 떨어진 곳에서 접근한 하우프트의 부대는 두오몽 교회의 첨탑에 자리 잡은 프랑스군 기관총으로부터 맹렬한 총격을 받았으며, 부하 한 명이 치명상을 입었다. 하우프트는 계속 전진하여 북쪽에 철책이 부서진 곳과 라트케가 쓰기 좋게 놓아 둔 나무를 발견했다. 아군인 독일군의 중포탄이 계속해서 요새에 비 오듯 쏟아졌고, 하우프트의 중대원 한 명이 기특하게도 용감하게 요새 꼭대기에 우뚝 서서 커다란 포대 깃발을 흔들었다. 아군의 포격을 멈추려 했던 것이다. 하우프트는 라트케와 거의 같은 방법으로 막사 위층으로 진입했는데 그와 거의 동시에 프랑스군 포병 한 명과 맞닥뜨렸다. 그는 약 15분 전에 쿤체의 포로 26명을 발견하고 풀어준 사람이었다. 또다시 새로운 독일군 한 무리와 마주쳐 기가 꺾인 그는 재빨리 그들을 흰 콧수염이 난 슈노 상사에게로 인도했다. 슈노는 요새의 낮은 곳에서 포격을 피하고 있던 것이 분명했다. 그 가엾은 남자는 요새를 공격한 독일군이 소수에 불과하다는 사실을 알았을 때 몹시 괴로워했다.

차츰 모든 것이 다 맞아떨어졌다. 라트케는 하우프트와 우연히 마주쳤다. 하우프트와 함께 요새에 도착한 쿤체의 상관인 포이크트 중위는 다시 쿤체를 만났고, 쿤체는 그에게 요새 안에서 자신의 행적을 매우 모호하게 설명했다. 현장에서 계급이 가장 높은 장교로서 지휘권을 맡은 하우프트는 언제 있을지 모를 프랑스군의 반격에 대비해 재빨리 요새 방어를 준비하고 라트케를 보내 남은 수비대가 있는지 알아보게 했다. 침투한 독일군들은 자신들이 거둔 성공이 너무 놀라운 나머지 요새 어딘가에 시한폭탄이 설치되어 있어서 요새와 자신들을 박살 낼지 모른다고 의심했다. 그래서 이중 안전장치로서 불운한 슈노와 다른 포로를 탄약고 바로 위에 있는 방에 가두었다.

하우프트가 도착해 슈노를 체포한 시점부터 두오몽 요새는 프랑스군의 손을 떠나 독일군 수중으로 넘어갔다. 하루의 싸움에서 브란덴부르크연대의 사망자는 겨우 32명이었다. 세계 최대의 요새를 방어하면서 단 한 발의 총탄도 발사되지 않았다. 베르됭의 어느 프랑스군 사단장이 추산한 바에 따르면, 두오몽 요새를 빼앗기면 프랑스군 10만 명을 희생시키는 결과가 초래된다.

시간은 4시 30분, 쿤체가 해자에 발을 내딛은 지 45분이 지났다.

이제 우리가 마저 확인할 것은 두오몽 점령에서 폰 브란디스가 수행한 다소 모호한 역할이다. 브란디스는 스물일곱 살로 제8중대를 지휘하는 정규군 중위였다. 브란디스가 직접 쓴 글에서 그다지 매력적이지 않은 프로이센인의 성격을 더러 볼 수 있었다. 즉, 말을 과장했고 초인*으로서 유럽의 소규모 종족들을 경멸했다. 브란디스는

1914년 마른강으로 진격할 때 프랑스 시골 농장의 불결함을 조롱하며 이것이 그 종족의 쇠락을 보여주는 참된 징후라고 추론했다. 그가 보기에 전쟁은 사기 꺾인 프랑스군 병사들이 두 손을 머리 위로 올린 채 "용서하시오, 동지들!"이라고 중얼거리며 줄 지어 지나가는 것이었다. 2월 25일, 브란디스의 중대는 대대의 오른쪽 끝에 배치되었다. 그가 이끄는 중대는 그날 의심의 여지 없이 최악의 하루를 보냈다. 제12연대는 나타나지 않았고 두오몽 마을에서는 중기관총이 계속 사격을 가해 전진 속도가 더뎠으며 다른 중대보다 사상자가 더 많이 발생했다. 그래서 4시 30분에 브란디스는 하우프트 중대와 라트케 중대보다 한참 뒤처졌으며 여전히 개활지에 있었다. 브란디스에 따르면, 그도 역시 요새로 진격하고 싶은 충동에 사로잡혔는데 그 시점에 다른 누군가가 먼저 그곳에 도착한 것은 전혀 몰랐다고 한다. 그러나 당시 대대 부관이 들은 말에 따르면 브란디스는 실제로 하우프트 부대가 요새에 도착한 것을 **보았다.** 그리고 어쨌거나 브란디스의 중대원이 요새 꼭대기에서 휘날리는 커다란 독일 포대 깃발을 그렇게 가까운 거리에서 알아채지 못했을 가능성은 없어 보인다. 휘몰아치는 눈 폭풍 속에서 브란디스는 북쪽의 부서진 벽에 도착했고, 이상하게도 마을의 프랑스군은 브란디스가 하우프트나 라트케보다 당연히 더 가까이에 있었는데도 그에게 총격을 가하지 않았다. 브란디스와 그의 중대원들은 부서진 철책 밑에 놓인 나무를 타고 해자로 기어 내려갔다. 짐작건대 누가 그토록 편리하게 그곳에 나무를 가져다 놓았을까는 조금도 궁금해하지 않았을 것 같다. 또 그에 앞서 요새에 도착한

초인(Übermensch) 프리드리히 니체가 《차라투스트라는 이렇게 말했다》에서 인류의 목표로 내세운 개념. 히틀러는 생물학적으로 우월한 게르만 종족이라는 관념을 설명할 때 이 용어를 자주 썼다.

50명 남짓의 병사들이 낸 길도 알아보지 못했을 것이다. 브란디스는 비탈진 제방을 가로질러 동쪽 끝에 열린 통로를 통해 요새 내부에 진입했고 아래층으로 내려가 닫힌 문 뒤에서 프랑스인의 목소리를 들었다. 한때 프랑스에서 식당 종업원으로 일한 적 있는 한 병사가 프랑스어로 이렇게 소리쳤다. "너희는 포로다!" 그리고 문 안쪽의 프랑스 병사들과 활발한 토론이 이어졌다. 그들은 자신들이 어떤 대우를 받게 될지 물었다. 26명의 향토연대 포병들은 '군인' 대우를 약속받자 밖으로 나왔다. (브란디스는 '50명에서 60명 사이'라고 주장했다.) 요새의 모든 프랑스 병사들이 총 한 발 쏘지 못하고 체포되었다. 이제 현장에 있는 독일군은 90명을 넘었다. 5시 직전, 브란디스는 하우프트를 만났고, 계급이 두 번째로 높은 자로서 외부 방어를 맡았다. 15분 뒤, 땅거미가 짙어지는 가운데 브란디스의 병사들은 요새로 접근하는 허약한 프랑스군 정찰대를 격퇴했다. 이것이 그날 프랑스군이 두오몽 요새를 탈환하려고 유일하게 시도한 일이었다. 5시 25분, 하우프트는 브란디스를 보내 대대장에게 보고하고 대대의 나머지 병력을 데려오라고 했다. 이것이 우리가 브란디스에 관해 듣는 마지막 이야기는 아니지만 그날 두오몽 점령에서 브란디스가 수행한 역할의 전부였다.

두오몽 요새의 실제 점령 이야기를 끝내기에 앞서 프랑스군의 방어에 관해 두 가지 당혹스러운 질문에 답할 필요가 있다. 슈노 상사는 왜 접근하는 독일군을 보지 못했고 왜 75밀리미터 쌍포로 그들을 겨냥하지 못했나? 확실히 요새의 양 측면 어디에서도 프랑스군은 독일군을 저지하기 위해 한 일이 거의 없었다. 왜 그랬을까?

첫 번째 질문에 대한 답변은 간단하며 인간적이다. 독일군이 날려 보낸 420밀리미터 포탄은 요새의 콘크리트를 전혀 관통하지 못했지만, 마지막 사흘간의 포격은 요새 안 프랑스 병사들에게 파괴적인 영향을 끼쳤다. 중포탄이 머리 위에 떨어질 때마다 등불은 꺼졌고 복도는 먼지와 연기로 가득 차 질식할 것 같았으며 지하에 울려 퍼진 진동은 거대한 북 안에 갇힌 느낌을 주었다. 나이 많은 향토연대 병사들이 요새가 언젠가는 자신들의 귓전에서 무너지리라고 두려워한 것도 당연하다. 그래서 실제로 155밀리미터 포 포탑에 배속되지 않은 모든 포병과 슈노는 표면에서 가장 깊은 곳 즉 지하실에 피신했다. 슈노는 포로가 된 뒤 관측소가 파괴되었기 때문이라고 주장하며 자신을 변호했다. 하지만 사실이 아니었다. 관측소에는 단지 병사들이 없었을 뿐이다. 슈노는 바깥세상과 단절된 채, 전투의 추이와 멀리 떨어져 있었기에 지난 24시간 동안 독일군이 그렇게 환상적인 속도로 전진했다는 사실을 전혀 몰랐다. 그래서 그는 관측소에 병력을 배치할 필요를 느끼지 못했다. 포탑 안에서 155밀리미터 포를 운용하는 포병들은 미리 계산해 둔 지점에, 이미 표적이 떠난 지 오래된 곳에 맹목적으로 발포했다. 슈노는 체포되기 약 30분 전에 독일군이 예상보다 가까이 있다는 경고를 받았다. 슈노는 지하실에서 올라와 확인하지는 않았지만 포반 하나를 보내 처음으로 75밀리미터 포 포탑에 배치했다. 그러나 너무 늦었다. 라트케가 이미 요새 안에 들어왔고 포탑에 올라가던 포병들을 포로로 잡았다.

두 번째 질문의 답변은 프랑스군이 저지른 일련의 비극적 실수들 중 마지막 실수에서 찾을 수 있다. 두오몽 요새 양 측면의 2개 연대, 즉 발푸리에의 '강철 군단' 중 먼저 도착한 선발대들이 두오몽 요새가 스스로 방어할 수 있을 것이라는 말을 들었음을 기억하자. 25일, 제95연대는 북쪽에서 요새로 접근하는 움직임을 잘 관찰할 수 있는 두오몽 마을에 단단히 자리를 잡고 있었다. 제95연대는 허둥지둥 서둘러 도착했기에 주변의 아군에 관해 아는 것이라고는 오른쪽 어디쯤

엔가(즉 북쪽에서 요새를 방어하는 곳) 주아브 연대가 있다는 것이 전부였다. 오후 내내, 교회 첨탑에 설치한 기관총이 약 800미터 밖에서 공격해 들어오는 브란덴부르크연대 병사들에게 계속해서 맹사를 퍼부었다. 눈이 심하게 내렸고, 시계(視界)는 급속히 나빠졌다. 그런데 독일군 한 무리가 마지막으로 포착된 곳보다 훨씬 가까운 지점에 갑자기 나타났다. 그들은 요새의 비탈진 제방 위로 올라오고 있었는데 측면을 지키는 프랑스군 중대에서 약 180미터가 못 되는 거리였다. 그 중대는 즉시 발포했지만, 적으로 추정된 이들은 응사하지 않았고 요새에서 이들에게 발포하지도 않았다. 게다가 그들은 맹렬한 탄막 안으로 곧장 들어오고 있었다. 강한 눈보라로 시야가 흐려진 가운데 프랑스군 중대장은 눈을 크게 뜨고 앞을 보다가 사격 중지 명령을 내렸다. 그는 자기 중대가 안타깝게도 아군에 총을 쏜 것이 분명하다고 판단했다. 중대장은 자신이 주아브만 쓰는 두건인 셰시아까지 식별할 수 있다고 확신했다. 그렇게 해서 하우프트의 분견대와 브란디스의 분견대는 지극히 중요한 마지막 얼마간의 거리를 사실상 프랑스군 제95연대의 저항을 받지 않고 전진하여 비탈진 제방 위로 올라가 요새 안으로 진입할 수 있었다. (쿤체와 라트케가 동쪽의 좁은 골짜기를 따라 요새에 접근했음을 앞서 언급했다.) 틀림없이 프랑스군은 베르됭의 짙은 덤불숲을 쉽게 빠져나가려고 징을 제거한 독일군의 철모를 셰시아로 착각했을 것이다. 이 사건의 주요 증인인 프랑스군의 자크 페리카르와 뒤라시에는 두오몽 요새가 일종의 트로이 목마 같은 음흉한 속임수 없이 점령되었다는 사실을 쉽게 믿을 수 없었기에 지금도 그때 독일군이 포로로 잡은 주아브의 군복을 입고 있었다고 강력히 주장한다. 그렇지만 슬프게도 '가짜 주아브 부대' 설을 확증하기에 충분한 증거는 여태껏 나오지 않았다. 분명한 것은 슈노가 그날 오후에 요새에서 본 자들 가운데 독일군의 회녹색 군복 말고 다른 것을 입은 사람은 아무도 없었다는 사실이다.

독일에서는 큰 환호로 두오몽 점령을 축하했다. 어느 영국인 종군 기자에 따르면 그 일은 "서부전선에서 독일이 보여준 노력의 정점"으로 마른강 돌파 이래 그곳에서 거둔 가장 주목할 만한 승리였다. 나라 곳곳에서 교회 종이 울렸으며, 학생들은 특별 휴일을 받았다. 독일의 한 신문은 베르됭 뒤쪽으로 약 40킬로미터 떨어진 바르르뒤크와 생트므누에서 프랑스군이 철수했다고 전했으며, 다른 신문은 "베르됭의 승리…… 프랑스의 몰락……"을 선언했다. 참모본부의 강경한 '동부전선론자들'까지도 서부에서 공격하기로 한 팔켄하인의 결정이 어쩌면 옳았을지도 모른다고 마지못해 인정했다. 카이저는 스테네에 있는 황태자의 사령부를 방문해 직접 브란덴부르크 연대의 공을 치하했다.

승자에겐 전리품이 떨어지게 마련이다. 독일군이 요새 내부를 확실하게 점유한 다음, 남은 일은 이 뛰어난 공적을 포상하는 것이었다. 독자들이 보기엔 브란덴부르크연대에서 누가 가장 상을 받을 만한지 매우 분명할 것이다. 그러나 전쟁 중에는 실제로 이따금 상이 주인을 잘못 찾아가는 경우가 있다. 두오몽에서도 그런 일이 벌어졌다. 하우프트가 두오몽 요새 점령 소식을 대대 사령부에 전하라고 보낸 자는 폰 브란디스 중위였다. 브란디스는 제24연대 제2대대를 이끌던 대대장 폰 클뤼퍼 소령(Kurt von Klüfer)에게 두오몽 점령을 설명한 뒤 그 소식을 연대 사령부에도 전할 수 있게 해 달라고 요청했다. 그날 밤 여단 참모부는 오로지 브란디스의 설명에만 기대어 전쟁 일지에 이렇게 기록했다. 두오몽은 "…… 24일 하우프트 대위와 폰 브란디스 중위가 이끄는 제7중대와 제8중대의 습격을 받았다. 두 장교가 가장 큰

두오몽 요새를 점령한 공을 인정받아 독일군 최고 훈장을 받은 하우프트(왼쪽)와 폰 브란디스(오른쪽). 그러나 가장 큰 공을 세운 라트케와 쿤체는 훈장을 받지 못했다.

두각을 나타냈다." 그리고 이 문장은 전선을 따라 황태자의 책상 위까지 그대로 올라갔다. 한편, 다음날 아침 라트케는 프랑스군의 반격에 중상을 입는 바람에 자신이 요새 점령에서 한 역할을 설명할 수 없었다. 라트케는 일주일 이상 요새 안 의무실에 혼수상태로 누워 있다가 독일의 병원으로 후송되었다. 그곳에서 라트케는 하우프트와 폰 브란디스가 독일군 최고 훈장인 푸르르메리트 훈장을 받았으며 자신은 아무런 상을 받지 못했다는 (쿤체도 마찬가지로 상을 받지 못했다는) 소식을 들었다. 폰 클뤼퍼 소령은 나중에 기록을 바로잡으려 했지만 소용없었다. 호엔촐레른 가문의 상속자가 기록에 잘못이 없다고 인정했기 때문이다. 게다가 폰 브란디스는 황태자가 자신의 부대에서 그토록 칭찬한 '반짝이는 눈'을 지녔기에 다소 군인답지 못한 라트케보다는 분명히 영웅으로 바뀌기 쉬운 존재였다. 브란디스는 폰(von)이 붙은 귀족의 이름을 가졌고 라트케는 그렇지 않다는 사실도 영향이 있었을 것이다.

겸손한 하우프트는 진정으로 큰 상을 받을 만했지만 곧 이름 없는 존재로 사라졌다. 브란디스는 그렇지 않았다. 브란디스는 재빨리 황태자가 총애하는 부하가 되었다. '빌헬름'이라는 글자가 새겨진 금박 담뱃갑을 받았으며, 황태자의 참모 차량에 타고 함께 사진을 찍거나 공중전의 에이스인 조종사 오스발트 뵐케(Oswald Boelcke) 같은 영웅들과 함께 팔짱을 끼고 사진을 찍었다. 이듬해인 1917년에 브란디스는 《두오몽의 습격자들(Die Stürmer vom Douaumont)》이란 책을 냈는데 출간 즉시 베스트셀러가 되었다. 그 책은 과장으로 가득하고 하우푸트의 역할을 축소해 그리고 있었다. 영웅을 찬양하는 편지가 독일 전역에서 밀려 들었으며, 심지어 결혼해 달라는 편지도 날아들었다. 전쟁이 끝난 후, 프로이센의 어떤 마을은 그의 이름을 따서 브란디스라고 개칭했고, 브란디스가 두오몽 요새 점령에 관해 여러 학교에서 한 감명 깊은 강연은 후세대 독일인들이 오늘날까지도 되새기고 있다. 10년간 폰 브란디스의 역할에 관해서는 논란이 없었다. 그러다가 '제국기록보관소'*에서 라트케가 요새 점령에서 하우프트 다음으로 중요한 역할을 했다는 것을 처음으로 규명했다. 다음에는 라트케가 자신의 이야기를 직접 출간했다. 그리고 경찰관이 된 쿤체 중사

---

* 포츠담의 제국기록보관소(Reichs Archiv)는 1919년부터 1945년까지 독일제국의 중앙 기록보관소 역할을 했다. 제1차 세계대전에 관한 독일의 공식 역사인 《제1차 세계대전, 1914~1918》을 펴냈다.

가 마침내 이러한 논의 재개에 자극을 받았다. 그는 그토록 많은 시간이 지난 뒤에 거의 20년 전의 직무 태만을 인정하는 것은 지나치게 경솔한 행동은 아닐지 모른다고 느끼고 옛 지휘관인 폰 클뤼퍼 소령을 찾아가 모든 이야기를 다 했다. 누가 두오몽 요새를 점령했는가에 관한 관심이 거의 사라졌을 때인 제2차 세계대전 발발 직전에, 클뤼퍼가 여러 해 동안 자료를 수집하여 엄밀하게 조사한 결과물이 발행되었다. 라트케의 주장이 사실로 확인되었으며, 요새에 제일 먼저 침투한 자가 프로이센의 장교가 아니라 공병 중사였음이 처음으로 알려졌다. 쿤체는 경감으로 고속 승진하는 상을 받았고, 라트케도 황태자의 서명이 담긴 사진을 받아 뒤늦게 보상을 받았다.

독일군은 두오몽 요새 점령을 찬양하면서 사소한 일을 과장했지만, 그것은 그 재앙의 의미를 축소하려 한 프랑스군의 노력에 비하면 별것 아니었다. 프랑스군 총사령부의 선전가들은 프랑스에서 검열의 상징인 가위를 든 늙고 추한 여인 '아나스타지(Anastasie)'*의 부추김을 받아 당당하게 위기에 대처했다. 1916년 2월 26일에 발표된 첫 번째 공식 성명은 걸작이었다.

베르됭의 오래된 요새 중 앞쪽에 자리 잡은 두오몽 요새 주변에서 격렬한 전투가 벌어졌다. 적군이 매우 심한 손실을 입으면서 여러 차례 무익한 공격을 펼친 끝에 오늘 아침 진지를 차지했으나, 이후 아군이 적군의 그 모든 저지 노력을 실패로 돌리며 뚫고 지나갔다.

그런 다음, 요새를 탈환할 희망이 없음을 깨달았을 때, 공식 성명

---

* 프랑스 화가 앙드레 질(André Gill, 1840~1885)의 1874년 작품 〈아나스타지 부인 (Madame Anastasie)〉의 주인공.

은 독일군의 절망적인 손실을 묘사하는 데 집중했다. 그렇게 만들어진 한 보고서는 "눈밭에 떨어진 암회색 잎사귀들의 완연한 가을"을 서정적으로 얘기했다. 최종적으로는 두오몽 요새가 사실은 선견지명이 있는 프랑스군이 어느 때인가 먼저 파괴했고 독일군은 그저 쓸모없는 폐허를 점거했을 뿐이라는 정보가 '새 나가도록' 했다. 미국 같은 중요한 중립국들에는 프랑스군이 "새로운 전쟁 방식을 채택했으며, 베르됭은 그에 따라 충분히 준비되어" 있고 이 새로운 방식에서 요새들은 아무런 역할도 없다고 다소 이상하게 설명했다. 엘리제궁에 파견된 총사령부의 무관 '4월의 미소' 페늘롱은 프랑스군의 포격으로 독일군은 두오몽에 오래 머물지 못할 것이라고 침착하게 푸앵카레 대통령을 안심시켰고, 이어서 사실상 요새를 탈환했다고 말했다. 그러나 세상은 오래 속지 않았다. 진실이 밝혀졌을 때, 푸앵카레는 그날 하원에서 '흥분'이 일었다고 가볍게 적었다. 하지만 실제로 프랑스 국민이 받은 충격은 엄청났다. 두오몽 요새는 개선문에서 겨우 약 240킬로미터밖에 떨어져 있지 않았다.

전장에서 두오몽 요새의 함락은 즉각적이고 중대한 영향을 끼쳤다. 제30군단 소속으로 전선에 남은 마지막 부대였던 제37아프리카사단 사령관은 어처구니없는 짓을 했다. 전투는 드 본느발에게 매우 불리하게 진행되었다. 드 본느발은 베르됭에 도착하자마자 자신의 훌륭한 사단이 해체되어 제51사단과 제72사단에 조금씩 편입되는 것을 지켜보았다. 설상가상으로 그는 자기 휘하에서 가장 뛰어났던 식민지 부대들이 여태껏 보지 못한 방식으로 하나씩 비틀거리다 패배하는 것을 목격했다. 드 본느발은 동시대인들이 '명장의 태도'가 있다고 묘사한 인물이었지만, 25일 오후가 되자 완전히 기가 꺾였다. 프루아드테르 능선의 지휘소에 있던 드 본느발은 두오몽 요새에서 독일군이 포격을 중단시키려고 쏘아 올린 불꽃을 탐지했다. 불길하게도 우측이 뚫린 것이 분명했다! 드 본느발의 심하게 공격당한 사단은 이제 지극히 중요한 돌출부인 탈루 고지와 푸아브르 고지를 지키고 있었지만 뫼즈강이 범람해 배후가 막힌 상황에서 협공 작전에 걸려들 것이었다. 드 본느발은 그날 하루 내내 아무런 공격도 받지 않았지만 당장 프루아드테르로, 이어 벨빌 능선까지 단계적으로 철수하라고 명령했다. 브라에 있던 중요한 다리도 폭파했다. 벨빌은 베르됭 앞에 뫼즈강을 가로지르는 횡단축의 마지막 돌출부로서 도시 자체를 내려다보는 곳이었고 도시에서 발사하는 기관총의 사거리 안에 있었다. 벨빌 능선으로 퇴각한다는 것은 뫼즈강 우안의 모든 요새와 참호를 내준다는 뜻이었다. 그리고 불가피하게 짧은 시간 안에 베르됭을 잃는다는 뜻이기도 했다.

　독일군은 비행기로 프랑스군 방어선에 전단을 뿌려 자신들이 거둔 승리를 재빨리 이용했다. 전단에 쓰인 문구는 이러했다. "두오몽이 함락되었다. 이제 곧 모든 것이 끝날 것이다. 헛되이 죽음을 자초하지 말라." 우려스럽게도 일종의 집단 공황 상태가 베르됭을 휩쓸었다. 전선에서는 성급히 전투에 투입된 새로운 부대 중 하나였던 제8연대의 뒤브뢸 중사가 일지에 "패배로 가는 길을 닦은 종잡을 수 없는 감정의 발로"에 대해 썼다. "우리는 졌다! 저들이 우리를 용광로에 집어던졌다. 전투 식량도 없고 탄약도 거의 다 떨어졌다. 우리가 마지막 자원이다. 저들은 우리를 제물로 삼았다. …… 우리의 희생은 헛될 것이다." 총포와 부상병, 탈영병이 도로마다 쏟아져 나와 혼잡하게 뒤섞였다. 한 주아브 병사는 어느 장군이 한 말을 우연히 들었다. "내가 나폴레옹이라도 이 패배의 소나기를 멈출 수는 없을 것이다." 전투의 충격에서 벗어나지 못한 제51사단의 잔여 병력은 자신들이 묵었던 막사로 피신했고 조금도 움직이려 하지 않았다. 그러나 전선에서 한참 떨어진 막사 안에서도 공포가 프랑스군 병사들을 괴롭혔다. 전선에서 벗어나자마자, 뒤브륄과 그의 연대가 지냈던 마르소 병영 위로 갑자기 독일군 장사정포 포탄이 마구 쏟아졌다. 밖에 묶여 있던 말들이 끔찍하게 도륙되었고, 한 건물의 지붕이 무너져 1백여 명 이상이 깔렸다. 생존자들은 밤중에 밖으로 빠져나왔으나, 가엾게도 다쳐서 날뛰는 말들 속에서 포탄에 갈기갈기 찢겼다. 지치고 사기가 꺾인 병사들은 결국 죽음의 덫인 막사에서 빠져나와 다시 전선으로 향했고 참호를 파라는 명령을 받았다.

인내심이 한계에 다다랐다. 베르됭 안에 있던 어느 중위는 거리를 돌아다니며 이렇게 외치다가 체포되었다. "피할 수 있는 사람은 피하시오!" 뫼즈강 교량들의 폭파 준비와 임박한 철수의 여러 징후를 목격한 민간인들이 집을 버리고 떠나기 시작했다. 얼마 지나지 않아, 모든 민간인은 몇 시간 안에 베르됭을 떠나야 한다는 명령이 내려졌다. 한 세대 후에 프랑스의 도로에서 매우 익숙한 광경이 될 애처로운 전쟁 난민 대열이—매트리스와 가재도구를 실은 손수레를 힘겹게 밀며 나아가는 절망적인 피난민들의 행렬—도시에서 외부로 이어지는 도로에 혼란을 더했다. 베르됭의 시민 일부는 식탁에 음식을 남겨 둔 채 성급히 떠나 왔으며, 어떤 이들은 지하실에서 술통을 끌어올려 길거리에서 구멍을 내버렸다. 배수로가 포도주로 붉게 물들었다. 성채 인근 식량 창고가 열렸고 병사들은 챙길 수 있는 만큼 가져가라는 말을 들었다. 도시의 다른 곳에서도 군사적 패주의 변함없는 동반자인 약탈이 벌어졌다. 주민이 빠져나간 집에서 지하실에 피해 있던 겁먹은 병사들은 한껏 술에 취했고 그 상태로 다른 층을 약탈했다. 무장 경관들이 술에 취한 약탈자들을 제지하려다 목이 매달려 죽었다는 보고가 있었다.

프랑스 고위 당국자인 바르텔레미에드몽 팔라(Barthélémy-Edmond Palat) 장군에 따르면 2월 25일은 "베르됭 공격 중 어쩌면 가장 사악" 했을 것이다. 그날 밤, 승리의 황태자가 프랑스의 최강 성채를 점령하는 것을 가로막을 장애물은 아무것도 없는 것 같았다. 황태자가 훗날 회고록에 쓴 말이 전혀 과장은 아니었다. "우리는 사실 승리에 매우 가까이 있었다!" 과연 황태자는 팔켄하인이 '말려 죽이기' 실험을 할 기회를 허락하지 않을 것인가? 그 비참한 실험을 실행하기 전에 희생자가 충격으로 죽을 가능성이 분명히 있는 것 같았다.

후기: 나는 두오몽 요새의 점령에 관해 쓸 때 오이겐 라트케가 이미 죽었다고 생각했다. 그러나 이 책의 독일어 번역본이 출간되고 여러 해가 지났을 때, 베를린에서 라트케가 장문의 편지를 보내왔다. 나는 편지를 받고 놀랍고도 기뻤다. 라트케는 내가 재구성한 이야기의 정확성에 관해 이러한 말로 친절하게 평했다. "혼, 당신이 그 공격에 관해 어떻게 이처럼 상세한 정보를 얻었는지 놀랍습니다. 그 첫 번째 공격조에 속했던 우리만이 알 수 있는 이야기일 텐데요."

이후 나는 70대에 들어선 라트케를 파리에서 만났다(그에게는 50년 전 베르됭 전투 이후 첫 번째 프랑스 방문이었다). 그때 프랑스 참전 군인인 뒤라시에와 우연히 만났는데, '가짜 주아브 병사들' 이야기가 나오자 두 노병은 열띤 논쟁을 벌였다. 마치 제1차 세계대전이 다시 벌어질 것 같은 분위기였다.

10장

베르됭을 사수하라

불운하게도 자국 내에서 전쟁을 치러야 할 때,
항상 순전히 전략만으로 상대를 막을 수 있는 것은 아니다.
— 에밀라울 드 토마송 중령,《베르됭의 준비 태세》

상티이의 조프르 장군은 첫 이틀간의 전투 소식에 딱히 당황하지
는 않았다. 프티 부르주아의 평온한 일상은 여느 때처럼 계속되었다.
〈일러스트레이티드 런던 뉴스(Illustrated London News)〉의 한 통신원
은 조프르가 "그 공격을 두고 만족스럽다는 듯 두 손을 비볐다."라고
단언했다. 그러나 23일에 들어온 전황 보고는 총사령부를 거치며 순
화되었는데도 너무 나쁘게 들려서, 조프르는 부참모장 클로델(Henri
Édouard Claudel) 대령을 베르됭에 보내 현장을 확인하고 보고하게
해야겠다고 결심했다. 클로델은 자신의 직책에 필요한 재능, 특히 낙
관적 태도를 많이 지녔던 것 같다. 이튿날 오후, 즉 독일군이 가장 큰

성과를 거둔 날, 클로델은 전화로 적군의 공격이 "늦춰졌고 아군은 적을 막을 수 있으며 나아가 반격도 가할 수 있을 것 같다."라고 보고했다. 그날 저녁 조프르가 저녁식사를 하려던 참에 (중앙집단군 사령관이자 에르 장군의 직속 상관이던) 드 랑글 드 카리 장군*이 전화로 훨씬 더 암담하게 설명했다. 그는 독일군이 뫼즈강 고지대를 향해 빠르게 진격해서 와브르 평원 전체가 위협받고 있다면서 그곳에서 철수하겠다고 허락을 구했다. 보통의 상황이라면 베르됭에서 일어난 참사를 책임질 희생양 찾기가 곧 시작될 것임을 잘 아는 프랑스 장군에게, "모든 건 귀관에게 달렸다."라는 조프르의 침착하고 어정쩡한 답은 조금도 위안이 되지 않았다. 총사령관은 식사를 재개했다. 한 시간 뒤, 조프르의 부총사령관 드 카스텔노 장군이 세 명의 장군과 함께 와서 조프르에게 베르됭의 상황이 긴박함을 알렸다. 드 카스텔노는 예비 부대로 남겨 둔 제2군 전체를 즉시 베르됭으로 급파해 뫼즈강 좌안을 방어해야 한다고 주장했다. 제2군 사령관은 필리프 페탱이었다.

조프르는 동의했다. 밤 11시에 드 카스텔노는 뫼즈강 우안 방어선이 완전히 무너질 것을 예고하는 듯한 추가 정보를 들고 조프르의 집무실로 돌아왔다. 그러나 그 대단한 분은 불변의 일과에 맞춰 이미 잠자리에 든 상태였다. 뒤이은 일에 관한 한 가지 설명이 몇 달 뒤 〈르마탱(Le Matin)〉에 실렸을 때—조프르를 끌어내리고 드 카스텔노를 그 자리에 앉히고 싶어 한 장교들의 공모가 분명했다.—프랑스에 큰 소란이 일었다. 그 설명에 따르면, 처음에는 전속 부관이 어떠한 경우

페르낭 드 랑글 드 카리(Fernand de Langle de Cary, 1849~1927) 1914년 8월 2일부터 1915년 12월 12일까지 제4군 사령관, 1916년 5월 2일까지 중앙집단군(Groupe d'armées du Centre) 사령관을 맡았다.

라도 총사령관을 방해할 수 없다며 드 카스텔노를 막았다. 그러나 드 카스텔노는 고집을 꺾지 않았고 직접 빌라 푸아레(Villa Poiret, 총사령부가 입주한 샹티이의 저택)로 갔다. 그곳에 도착하자 드 카스텔노는 부관을 보내 조프르를 깨우게 했고, 잠옷 차림의 조프르가 이중 잠금장치가 된 문을 열고 나왔다. 드 카스텔노는 조프르에게 상황이 얼마나 심각해졌는지 말한 뒤 베르됭으로 직접 가서 필요한 조치를 취할 테니 전권을 위임해 달라고 요청했다. 〈르마탱〉에 따르면, 조프르는 (앞서 드 랑글 드 카리 장군에게 했던 응답과 거의 비슷하게) "원하는 대로 하게."라고 말하고는 다시 자러 들어갔다. 조프르는 이 일화를 단호히 부인했다. 실제로 무슨 일이 일어났든 간에 두 가지 사실은 분명하다. 드 카스텔노의 요청은 승인되었고, 조프르는 그날 밤의 휴식을 지켰다. 조프르의 말을 빌리자면, 그날 밤 "내 평생 무소부재의 능력을 그때만큼 바란 적이 없었다." 그러나 조프르가 그 시간에 직접 베르됭에 갔다면 그토록 많은 것의 토대였던 침착함의 전설이 귀가 먹먹할 정도로 요란한 소리를 내며 단번에 무너졌을 것이다. 게다가 그 당시에 프랑스군이 작동한 방식을 보면 조프르가 이 점을 고려하지 않았다고는 믿기 어려운데, 이후 베르됭에서 일이 심하게 잘못되었다면 총사령관의 책무는 다른 사람이 나누어야 했을 것이다.

총사령부에서 드 카스텔노의 지위는 이상했다. 1915년의 재앙에 따른 상부의 압력에 (주로 유능하지만 병약했던 육군장관 갈리에니가 행사한 압력에) 조프르는 총사령부를 숙청할 수밖에 없었다. 가장 중요한 변화는 12월에 조프르 곁에 일종의 배후 인물로서 드 카스텔노가 참모장에 임명된 것이었다. 조프르의 찬미자가 아니었던 갈리에니는 (다른 무엇보다도 조프르는 갈리에니에게 돌아가야 할 마른강 승전의 공을 가로챈 인물이었다.) 결국에는 조프르를 파리로 끌어와 주로 참모총장의 행정 업무만 맡기고 야전 군대의 지휘권은 드 카스텔노에게 넘기고 싶어 했는데, 이 계획은 전혀 비밀이 아니었다. 드 카스텔노는 언젠가 농담조로 총리 아리스티드 브리앙(Aristide Briand)에게 자신과 조프르의 관계에 대해 "이제 함께 자는 것 말고는 우리가 친밀한 사이라는 걸 보여주기 위해 더 할 수 있는 일이 없다."고 말했다. 매일 오후 그는 샹티이에서 행하는 의례의 일부로 총사령관의 식후 산책에도 동행했지만, 조프르와 그의 무리는 드 카스텔노를 질시했다.

완전한 이름으로 노엘 마리 조제프 에두아르, 드 퀴리에르 드 카스텔노 자작이었던 이 사람은 포슈와 조프르처럼 피 끓는 피레네 출신이었지만 동시에 귀족이었고 야전 장군의 긴 계보에 속했다. 드 카스텔노 가문은 프랑스가 전쟁을 치를 때마다 거의 공을 세웠다. 위대한 나폴레옹 휘하에도 드 카스텔노 장군이 있었고, 루이 나폴레옹은 스당에서 쓸쓸하게 항복한 뒤 망명길에 오를 때 다른 카스텔노 장군*과 동행했다. 그 가문의 수장으로서 이제 예순다섯 살이 된 드 카스텔노는 과거 프랑스-프로이센전쟁에서도 싸웠다. 아마도 한편으로는 그때의 자존심 상하는 패배 때문에, 다른 한편으로는 전통 때문에, 드 카스텔노는 '죽을 때까지 공격하는' 드 그랑메종 파의 '대제사장'이 된 것 같다. 1913년에 릴의 군사총독 알베르 르바(Albert Isidore Lebas) 장군에게 자신은 요새 거점과 "아무 관련도 없다"고 말한 사람이 바로 그였다. 그러나 드 카스텔노는 프랑스 참모본부에서 이 분파에 속한 다른 대부분의 사도들과 달리 뛰어난 지성과 재치, 융통성을 갖춘 사람이었다. 제17계획에 따른 첫 번째 무모한 돌격에서 당시 그가 지휘

---

* 앙리피에르 카스텔노(Henri-Pierre Castelnau, 1814~1890)를 말한다. 그는 나폴레옹 3세의 제1부관으로 스당에 동행했으며 항복 이후 헤센주 카셀의 빌헬름스회헤 성(Schloss Wilhelmshöhe)에 황제가 유폐되었을 때도 같이 있었다.

1915년 프랑스군 총사령관 조프르의 참
모장에 임명된 에두아르 드 카스텔노.
1916년 베르됭 전투 초기에 방어를 맡
았다.

한 제2군단보다 더 심하게 패한 부대는 없었다. 그러나 패배의 순간
에 드 카스텔노는 놀라운 반격을 보여주었다. 현명하게도 당시 다른
프랑스 장군이라면 대부분 놓쳤을 지역을 선택해 훌륭하게 방어함으
로써 지극히 중요한 도시 낭시를 구한 것이다. 또 베르됭 방어에서는
그가 1월에 내린 빠른 판단 덕분에 급조된 '중간 방어선'으로 이미 더
없이 귀중한 기여를 했으며—당시 그도 제시했던 제3선을 완공할 시
간이 있었다면—24일에 독일군의 돌파를 완전히 막을 기회가 있었
던 것으로 보인다. 드 카스텔노가 프랑스 육군에서 그렇게 높은 지위
까지 올랐다는 사실은 그의 진짜 실력을 보여주는 증거였다. 여전히
드레퓌스 사건의 영향에서 벗어나지 못한 공화국 프랑스에서, 그가
물려받은 전통과 그의 종교 둘 다 그에게 아주 불리하게 작용했다.
전군에 '싸우는 카푸친 수도사(le Capucin Botté)'로 알려진 드 카스텔
노는 개인 신부를 늘 수행원으로 동반했다. 프랑수아 라블레(François

Rabelais)를 숭배하는 예수회 신부였는데 공교롭게도 그의 조카였다. 드 카스텔노는 제2차 세계대전 끝 무렵까지 살았지만 그의 교권주의와 보수주의가 그에게서 원수의 지휘봉을 앗아갔다는 주장이 있다.

총사령부의 연대기를 생생하게, 종종 신랄하게 기록한 장 드 피에르푀(Jean de Pierrefeu)는 드 카스텔노를 이렇게 묘사했다.

쾌활하고 작고 날렵했으며 말이 빠르고 친절했던 그는 군인다운 태도에 흰 콧수염을 기른 전형적인 프랑스 기병 장교였다. 총사령부의 청렴한 군인들은 전부 그를 절대적으로 숭배했다. 그가 그 저택으로 들어가* 지팡이로 바닥을 두드리고 소년 같은 장난기 어린 밝은 눈으로 주위를 돌아볼 때, 모든 사람이 본능적으로 그에게 다가갔고 단지 그를 볼 수 있다는 사실만으로도 몹시 기뻐했다. 그는 단 한마디 친절한 말로 만나는 이들의 얼굴을 밝게 만드는 재주가 있었으며, 그런 식으로 사람들을 단번에 자신의 찬미자로 만들었다. 이 작은 남자는 매우 민첩하고 명랑했으며, 정직하고 믿을 만한 사람이라는 느낌을 내뿜었다.

샹티이의 세련된 참모 장교들만 드 카스텔노의 매력에 빠진 게 아니었다. 전선의 병사들도 똑같이 그에게 빠졌다. 전투로 완전히 지친 병사들도 긴 검정 외투를 입은 땅딸막한 드 카스텔노를 보면 마치 마법에 걸린 듯 다시 전의를 불태울 수 있었다.

드 카스텔노는 1914년 이후 많은 것을 배웠지만 그래도 여전히 포슈 파의 '야전 장군'이었다. 푸앵카레에 따르면, 포슈가 1916년 연합군 공세에 대해 의구심을 드러냈을 때 드 카스텔노의 조바심이 '터져

---

* 총사령부가 입주한 곳.(저자 주)

나왔다'. 베르됭 전투에서 최악의 몇 주가 흐르는 동안, 드 카스텔노는 리츠 호텔로 저녁식사를 하러 가는 레핑턴 중령에게 이런 말로 깊은 인상을 주었다. (레핑턴은 체구가 육중한 영국군 장교 출신으로서 식사 자리를 오가며 사교계의 얘깃거리를 전달하다가 간간이 매우 날카로운 군사 평론가의 면모를 보인 〈더타임스〉 전쟁 통신원이었다.) "프랑스 국민은 독일의 노예가 되느니 차라리 전장에서 죽을 것입니다." 드 카스텔노가 적을 강타하기를 바랐던 데에는 전통과 본능뿐만 아니라 개인적인 이유도 있었다. 그의 세 아들이 이미 프랑스를 위해 목숨을 바쳤던 것이다.

2월 24일 자정 직후 베르됭을 향해 서둘러 떠난 이는 바로 그런 사람이었다. 베르됭 전투에서 그는 비록 짧은 기간 동안 활약했지만 그의 역할은 대단히 중요했다.

드 카스텔노는 드 랑글 사령부의 비관론을 가라앉히고, 불쌍한 에르 장군에게 더는 물러서지 말라고, 그러지 않으면 "그(에르)에게 매우 심각한 결과가 닥칠 것"이라고 미리 전화로 경고하려고 아비즈에서 잠시 멈췄다. 25일 아침 식사 시간에 드 카스텔노는 베르됭에 도착했다. 놀랄 일도 아니지만 그는 그곳에서 '침울'하고 '다소 지친' 에르 장군을 보았다. 드 카스텔노는 밤새 잠을 못 잤지만 즉시 뫼즈강 우안으로 가서 방어선 복구 작업에 착수했다. 전선에서 패주가 절정에 이르기까지는 아직 시간이 남은 동안, 막후에서는 여러 사령부에서 어느 모로 보나 기적적인 변화가 일어났다. 그날 "그가 가는 곳마다 결정과 명령이 내려졌다." 그의 두 눈이 지형을 훑으면, 그의 기민한 정신이 재빨리 형세를 평가했다. 25일 오전 3시 30분, 쿤체 중사가 두오몽 요새의 해자로 뛰어든 때와 거의 비슷한 시간에, 드 카스텔노는 총사령부에 전화를 걸어 베르됭을 구할 수 있다는 자신의 판단을 알렸다. 뫼즈강 우안의 남아 있는 교차 능선에서 효과적인 방어를 유지할 수 있다는 이야기였다. 뫼즈강 좌안으로 퇴각하는 일은 단연코 없을 것이었다. 드 카스텔노는 뫼즈강 좌안뿐 아니라 우안에서도 페탱에게 지휘권을 주어야 한다고 권했다. '피곤한' 에르 장군은 잠시 페탱의 조언자로 있다가 조용히 '리모제(좌천)'시켜야 했다. (에르 장군은 낯선 사람들에 둘러싸여 지내지는 않을 것이다. 불명예를 안고 물러난 장군들을 위한 그 망각의 장소로 그에 앞서 간 사람들 중에는 불운했던 밥스트, 드 본느발, 크레티앵이 있었다.) 드 카스텔노는 위임받은 전권을 이용해 조프르의 승인을 기다리지 않고 페탱에게 필요한 명령을 하달했다.

드 카스텔노가 즉석에서 내린 결정은 단순히 베르됭 전투의 방향이나 전쟁 자체의 추이뿐만 아니라 이후 프랑스 역사 전체의 흐름에도 영향을 끼칠 수 있는 중대한 의미가 있었다. 비록 나중에 베르됭의 구조가 확실해 보였을 때 조프르의 무리가 영예를 요구했지만, 드 카스텔노가 샹티이에서 출발할 때 조프르가 뫼즈강 좌안으로 퇴각하지 않겠다고 결단했다는 암시는 없다. (또 조프르가 독일군의 공격이 있기 전 6개월 동안 베르됭 **배후**로, 즉 뫼즈강 좌안으로 후퇴선을 설치하는 데 몰두했음을 기억해야 한다.) 그러므로 그 중대한 결정은 드 카스텔노가 홀로 내린 것이 분명해 보인다. 프랑스 국민의 유서 깊은 전사 본능과 허세(panache)의 화신이었던 그 작은 기병은 독일군의 도전에 응했다. 프랑스는 정확히 팔켄하인이 예상한 대로 (그리고 희망한 대로) 행동했다. 적어도 프랑스 국민의 심리에 관해서는 팔켄하인이 정확히 평가했던 것이다. 이제 '말려 죽이기' 단계를 시작할 수 있었다.

거의 반세기가 넘게 지난 지금, 극도로 절망적인 전투가 한창이던 때 한 장군이 내린 결정을 비판하기는 얼마나 쉬운가. 그는 왜 반대로 결정하지 않았는가? 그는 왜 지금 우리가 아는 것을 예상하지 못했나? 제2차 세계대전 이후 평론가들이 들고일어나 엘 알라메인 전투* 후에 패배한 독일아프리카군단(Deutsches Afrikakorps)을 추적하자고 충분히 열성적으로 밀어붙이지 못했다며 몽고메리를 거세게 비난했다. 아마도 평론가들이 옳을 것이다. 그러나 매우 중요한 정신적 요인인 그 순간에 느끼는 압박과 긴장은 시간이 흐르면서 보이지 않게 되곤 한다. 사후에 글을 쓰는 군사 평론가들의 시각에서 영국 제8군 병사들이 몇 년간 계속 패배한 뒤 느낀 불안한 기분은 더 눈길을 끄는 전술적, 물질적 고려 사항에 밀려 지워졌다. 베르됭에서도 그랬다. 지금 우리는 팔켄하인의 의도와 베르됭에서 전개된 섬뜩한 비극을 모두 알기에 프랑스가 베르됭 사수 결정을 내리지 말았어야 했다고 말할 수 있다. 윈스턴 처칠은 비범한 통찰력으로 그 당시에 이렇게 썼다.

포격을 받는 것은 크리켓 공을 잡는 것과 비슷하다. 손을 뒤로 빼며 받으면 충격은 사라진다. 약간의 '내밀기'와 약간의 유연성, 그 정도면 충격의 강도는 크게 줄어든다.

프랑스군은 뫼즈강 우안에서 영웅적인 불굴의 정신으로 맞서지 않고 베르됭에서 손을 뗄 수도 있었을 것이다. 그랬다면 그곳의 요새들이 무너진 이후 베르됭이 필수불가결한 방어의 한 축으로 남지는 않았을 것이다. 베르됭 배후로 뫼즈강 좌안에는 기복이 심한 구릉지와

---

* 제2차 엘 알라메인 전투(1942년 10월 23일~11월 11일)를 말한다. 버나드 몽고메리 장군이 제8군을 지휘하여 승리하며 북아프리카 전역의 흐름이 바뀌었다. 북아프리카를 통해 유전을 확보하려던 추축국의 시도가 실패로 돌아갔다.

숲이 우거진 시골 땅이 멀리 생트므누까지 약 40킬로미터에 걸쳐 이어진다. 여기라면 전략적 후퇴가 가능했을 것이고, 지세마다 방어선을 연이어 쳐 독일군의 진격을 저지할 수 있었을 것이다. 당시에 가능한 수단을 썼다면, 독일군이 샬롱쉬르마른 주변의 평평한 개활지로 돌파해 들어오기는 사실상 불가능했을 것이다. 돌파는커녕 황태자 부대는 프랑스군이 미리 준비한 75밀리미터 포와 기관총에 끔찍한 희생을 치렀을 것이다. 방어군은 비교적 희생이 적었을 것이다. 공격은 점차 흐지부지되었을 것이며, 독일군은 지치고 약해진 채 솜강에서 연합군에게 철퇴를 맞았을 것이다.

바로 이와 같은 일이 **일어날 수도** 있었다. 드 카스텔노의 결정을 실행에 옮기게 되는 페탱이 그의 자리에 있었다면, 아마도 그런 일이 일어났을 것이다. 그러나 아무리 전략적 후퇴라고 해도 퇴각은 제1차 세계대전 당시 프랑스군의 신조와 맞지 않았고, 드 카스텔노의 성격과도 맞지 않았다. 드 카스텔노는 특히 결정을 명확히 할 때 심리적 요인에 영향을 받았다. 베르됭에 관해 글을 쓴 프랑스 작가로는 분별력이 있던 토마송(Émile-Raoul de Thomasson) 중령은 이렇게 말했다. "때때로 감정은 다른 경우라면 냉철한 이성에 억눌렸을 용기를 불러낸다." 베르됭에서 프랑스군은 사기가 떨어져 패주 직전까지 몰렸다. 그 배경에는 18개월 동안 꾸준히 이어진 잔혹하고 실망스러운 패배가 있었다. 이제 와서 끈질기게 싸우면서 퇴각하는 '전투 퇴각'이 필요하게 될지 누가 알았겠는가? 패주가 속도를 더하고 나아가 완전한 붕괴로 이어져 파리로 가는 최단 접근로를 열어놓게 될지 여부를 누가 알 수 있었단 말인가? 드 카스텔노는 청년 장교로 참전한 프랑스-프로이센전쟁에서 프랑스군이 일단 퇴각한 뒤에는 이를 되돌리지 못하고 결국 포위되었음을 아주 생생히 기억했다. 그는 자신의 프랑스 병사들을 잘 알았다. 그리고 그는 불굴의 영국군보다 더 강한 용기와 공격에 대한 열정을 지녔기에 역경에 훨씬 더 민감했다. 군사사에서 영국군에 오랫동안 익숙했던 전술인 '방어하며 질서 있게 퇴각하기'는 그로서는 결코 할 수 없는 일이었다. 게다가 자신의 병사들은 구석구석 남김없이 신성한 프랑스 땅에서 싸우는 프랑스 농민이었다. 이러한 상황에서, 드 토마송이 말했듯이, "단순히 전략만으로 늘 상대를 막을 수 있는 것은 아니다." 마지막으로, 프랑스 국민은 많은 전설적 신비를 간직한 베르됭을 잃고도 정신적으로 그 충격을 견뎌낼 수 있었을까? 드 카스텔노는 헌신적이었다. 그리고 드 카스텔노의 결정을 실행하도록 선택된 인물도 마찬가지였다.

11장

구원자 페탱

자신의 군대에 실제와 상상을, 가능한 것과 불가능한 것을
구별하라고 가르친 지도자가 나타났다.
파멸과 이성 사이에서 선택이 이루어진 그날, 페탱은 진급했다.
— 샤를 드골 대령, 《프랑스와 그 군대》(1938년)

페탱 원수는 우리 역사에서 일부는 찬란하지만
나머지는 여전히 모순적인 격정을 불러일으키는 해석을 낳은 사건들을 만들어냈다.
우리는 전자를 기려야 한다. 우리는 후자를 무시할 수 없다.
— 앙드레 프랑수아퐁세, 1953년*

베르됭 공격 6주 전에 프랑스 제2군은 급속히 확충된 영국군 덕분에 한숨 돌리게 되었고 전선에서 빠져나와 전체가 예비 부대가 되었다. 샹파뉴의 혹독한 가을 전투 이후 휴식이 주어진 것은 당연하게 느껴졌다. 노아유에 편안히 자리 잡은 군사령관은 아름다운 숲에서 날마다 말을 타는 등 매우 여유로운 일상을 보냈다. 실제로 프랑스의 지방 도시에서는 오락거리가 한정되었기에 생활은 지나치게 고요했다.

---

* 페탱 원수의 사망으로 공석이 된 프랑스학술원(Académie Française) 자리에 선출되면서 한 추도사.(저자 주)

페탱의 참모진이 그의 임명을 알리는 첫 번째 명령을 수령했을 때* 노아유에는 당황스러운 분위기가 퍼졌다. 때는 밤 10시였고, 장군은 이튿날 아침 8시에 샹티이에서 조프르에게 보고를 해야 했다. 그러나 페탱 장군은 집무실에도 숙소에도 없었고 어디서도 보이지 않았다. 비상! 위기에 놓인 프랑스가 구원자를 청했으나, 구원자로 지명된 이는 행방불명이었다. 그러나 프랑스에는 다행스럽게도 페탱의 참모인 베르나르 세리니(Bernard Serrigny) 대위는 ─ 훌륭한 부관이었다. ─ 그 초로의 독신 장교가 어떤 습관을 지녔는지 알고 있었다. 세리니는 직접 참모 차량을 운전하여 파리를 향해 밤새도록 전속력으로 내달렸다. 몇 년 후에 썼으나 오랫동안 발표되지 않은 그의 회고록에는 이렇게 나온다. "운이었는지 섭리였는지 나는 파리 북부역(Gare du Nord) 건너편 테르미뉘스 여관의 문을 두드렸다." 시간은 새벽 3시. 파리 여관 주인들이 그 시간에 누가 깨우면 대개 그렇듯이, 테르미뉘스의 주인은 처음에는 화를 내며 페탱이 전날 저녁 여관을 찾았다는 사실을 극구 부인했다. 세리니는 "프랑스의 존망이 걸린 문제"라고 호소하며 그 여성의 민감한 감정을 건드렸다. 결국 주인은 장군이 여관에 있다고 인정하고는 다소 머뭇거리듯이 세리니를 위층으로 데려갔다. 침실 문 밖에 "위대한 지휘관의 누르스름한 군화가 긴 각반과 함께" 놓여 있었다. "그러나 그날 밤에는 분명 여자 것인 작고 예쁜 몰리에르 슬리퍼도 곁에 나란히 있었다." 세리니는 상황에 구애받지 않고 문을 두드렸다. 장군이 "최소한의 옷만" 걸친 채 나타났다. 역 앞 여관의 음침한 복도에서 짧은 회의가 이어졌다. 세리니는 조프르가 소환했다고 전했다. 불 꺼진 침실 안에서 흐느끼는 듯한 소

---

* 2월 25일 드 카스텔노는 조프르의 뜻에 따라 베르됭 요새지구 지휘권을 페탱에게 위임한다.

리가 들려왔다. 페탱은 냉정하고도 단호하게 세리니에게 방을 하나 잡으라고 말했다. 두 사람은 아침에 총사령부로 가기로 했다. 한편 페탱은 밤에 할 일을 하기 위해 방으로 돌아갔다.

조만간 동포들로부터 그렇게 많은 존경과 사랑을 받고 나중에는 그렇게 많은 증오와 불명예를 얻게 될 이 장군은 어떤 사람이었나? 당시에 페탱은 예순 살의 독신 남자로서 나이에 비해 정력이 대단했다. 종전 후에 그를 진찰한 한 의사는 이렇게 말했다. (페탱을 알아보지 못했다는 것이 매우 놀랍다.) "당신이 참전하지 않았다는 건 알겠소." (슬프다, 육신의 강건함이 아니었다면 이 마지막 모욕은 피할 수 있었을지도 모른다.) 프랑스군의 연병장에서 생시르 사관학교 출신의 명백한 표지인 당당한 자세와 '청회색' 군복보다 더 인상적인 것은 볼 수 없었다. 페탱과 드 카스텔노가 함께 있는 것을 보았다면, 누구라도 당연히 페탱은 타고난 귀족이고 땅딸막하고 가무잡잡한 드 카스텔노는 농민 출신이라고 생각했을 것이다(사실은 이와 반대였지만). 냉소적이고 관찰력이 예리한 피에르푀는 총사령부에 나타난 페탱을 이렇게 설명했다.

박물관에 서 있는 로마 원로원 의원의 대리석상을 보는 것 같았다. 거구에 활력이 넘치고 풍채가 좋았으며 무표정하고 창백한 얼굴에다 시선은 날카롭고 생각이 많은 듯했다.

앙드레 프랑수아퐁세(André François-Poncet)는 프랑스학술원에서 페탱의 자리를 이으며 이렇게 묘사했다.

위엄 있는 태도, 타고난 당당함 …… 그의 푸른 눈은 어떤 신비를 담고 있었다. 얼음으로 만들어진 눈이라고 생각할 사람도 있을 것이다. ⋯⋯ 그는 온몸으로 군주의 풍채를 드러냈다. ⋯⋯ 그는 어느 곳에 나타나든지 감화를 준다. ⋯⋯ 누구든 이 사람을 한번 보면 절대로 잊지 못할 것이다.

여자들은 확실히 그를 잊지 못했다. 페탱은 쉽게 출세했기에 종종 위험한 모험에 빠졌다. 예를 들어, 1917년 프랑스는 마드리드 주재 독일 대사가 본국에 보내는 전문을 빼냈는데, 페탱이 한 달에 1만 2천 페세타라는 소소한 비용으로 새로운 총사령관(페탱 자신)에게 정부를 구해주었다는 내용이었다.*

페탱이 지닌 농민적 특질 중 많은 것이 평생 그를 따라다녔다. 하나는 단순함이었다. 이는 조프르에게도 어느 정도 해당되는 특질인데, 두 사람의 공통점은 이것 말고는 없었다. 페탱은 일찍 일어나고 늦게 잠자리에 들었다. 드물게 여가를 즐길 때면 정원 주변을 산책하기를 좋아했으며, 늘 은퇴하면 농사를 짓겠다고 말했다. 저녁에 즐겨 했던 소일거리는 역사 화보집을 넘기며 지난 반백 년 동안 유럽에 발자취를 남긴 이들의 초상화를 유심히 보는 것이었다. 페탱은 자정 전에 자는 일이 거의 없었고 종종 밤 2시까지도 코르네유의 희곡을 읽었다. 페탱은 언제나 정복자의 자세, 즉 한 발을 다른 발 앞에 두는 자세를 취할 준비가 되어 있던 포슈와는 대조적으로 사진 찍히는 것을 너무 싫어해서 1918년에 레핑턴이 〈더타임스〉에 실을 인물 사진으로 찾은 단 한 장은 참으로 그답게도 사진기를 뚫어져라 응시하는 모습이었다. 1945년 재판을 받을 때 페탱은 프랑스 원수의 매우 단순한

---

* 페탱은 1917년 5월 17일부터 1920년 1월까지 총사령관을 지냈다.

1916년 베르됭 방어에 성공해 프랑스의 영웅이 된 필리프 페탱.

제복을 입겠다고 고집했다. 그것이 그의 유일한 전공 훈장(Médaille militaire)이었다.

페탱은 온갖 형태의 음모, 특히 정치와 정치인을 지독히도 경멸했는데, 이것도 보여주기와 선전을 싫어하는 성격과 완전히 무관하지는 않다. 페탱은 제3공화국에서 진급의 원동력이 어디에 있는지 잊지 않았던 대다수 동기생들이 주도면밀하게 정치인들에게 알랑거리던 초급 장교 시절에 이미 대담하게도 사소한 군법 위반을 이유로 들어 예비군이었던 어느 하원 의원을 체포했다. 페탱은 정치인을 비꼬는 '농담'으로 유명했는데 아무도 두려워하지 않은 것 같다. 이를테면 페탱은 당시 대통령이던 푸앵카레에 대해 이렇게 신랄하게 말했다. "프랑스를 이끌거나 통치하는 사람이 아무도 없다는 사실을 알기에 대통령보다 더 좋은 위치에 있는 사람은 없다." 1939년 페탱은 일찍이 자신이 대통령 후보는 "패배한 원수에게나 적합한" 자리라고 말했음을 상기시키며 후보가 되기를 거절했다. 1917년에 페탱은 군대에서 일어난 폭동의 책임 일부를 하원 의원들의 잦은 전선 방문 탓으로 돌렸다. 이러한 불신은 상호적이었다. 당시 프랑스 하원에서 매우 인상적인 활동을 펼친 아벨 페리*도 거의 같은 시기에 일기에 이렇게 썼다.

페탱은 개자식이다. 그는 지휘권을 가졌지만 오로지 군사적 명령에 속한 것에만 열려 있다. 그는 의회와 함께 일할 때도 결점만 본다.

페탱과 하원 의원들의 적대 관계는 부분적으로는 그가 지닌 뜻밖의 소심한 기질, 자신의 변변찮은 배경에서 비롯된 불안정 탓으로 볼 수 있다. 페탱은 정치인들이 "손을 뻗었을" 때 조프르처럼 "굽실거리는" 대신 날카롭고 싸늘하게 비꼬는 말로 장막을 치고 뒤로 물러났다. 해석이야 어떻든 사실은 변함없으며, 그가 드러낸 반감은 유감스러운 것이었다. 푸앵카레를 향한 경멸은 결코 잊히지 않았으며 나중에 페탱의 경력과 전쟁 수행에 똑같이 해로운 것으로 밝혀진다. (결국 전쟁에 더욱 큰 손해를 끼쳤다.)

여러모로 페탱은 제1차 세계대전 시기 프랑스군 고위층에서 예외적인 인물이었던 것으로 보인다. 조프르, 포슈, 드 카스텔노가 피레네 사람이었던 반면, 페탱은 파드칼레 도의 농민 집안 출신이었고 북부 지방 사람의 특질을 모조리 지녔다. 페탱 집안은 군인 전통을 자

아벨 페리(Abel Ferry, 1881~1918) 외무 차관과 하원 의원을 지낸 정치인. 하원 국방위원회의 주요 인사로 전선을 자주 방문했는데 엔(Aisne) 도의 전선을 방문했다가 포화에 부상을 입고 사망했다.

랑한 적이 전혀 없었다. 프랑스-프로이센전쟁이 끝났을 때 열다섯 살이었던 페탱은 조프르나 드 카스텔노와 달리 참전하기에는 너무 어렸다. 페탱이 육군에 입대하기로 결정한 데는 이제 90대에 접어든, 과거 그랑다르메의 용사였던 종조부의 일화들이 영향을 끼쳤던 것으로 보인다. 페탱은 생시르의 전사 양성소(즉, 생시르 육군사관학교)를 힘들게 통과한 뒤 새로 편성된 산악추격병(Chasseurs Alpins) 부대에 합류하기로 결정했다. 5년간의 혹독한 복무는 그가 뛰어난 체력을 지닌 사람이었음을 보여준다. 페탱은 이어서 브장송의 보병 부대로 전속했는데, 그곳에서 중위였던 에르와 친구가 되었다. 페탱은 매우 부지런했지만 진급은 더뎠다. 평시 기준으로 보아도 이상할 정도로 진급이 늦었다. 소위로 5년, 중위로 7년, 대위로 10년을 복무했다. 페탱은 마흔네 살이 되도록 대대장이 되지 못했다. 제1차 세계대전이 일어났을 때 페탱은 쉰여덟 살의 대령이었고 외국에서 복무한 적도 없었다. 평균 이하의 경력을 남긴 채 은퇴가 다가왔고, 이런 상황을 예상했던 페탱은 은퇴를 대비해 생토메르 변두리에 작은 집을 사 두었다. 그런데 18개월 만에 페탱은 몇천 명을 이끄는 연대장에서 50만 명이 넘는 병력을 지휘하는 군사령관으로 진급한다.*

신앙 고백은 포슈와 드 카스텔노, 그 밖에 여러 열렬한 가톨릭교도 군인들의 경력을 방해했지만 페탱의 경우 신앙 고백이 진급을 더디게 만든 요인은 아니었다. 실제로 페탱은 30년간 미사를 드리지 않았다고 자랑했으며 이것만으로도 빠른 진급 대상자로 선정되어야 했다. 그러나 군 경력에 유력한 연줄이 필수적이었던 시절에 생토메르의 농민 출신인 페탱은 아는 실력자가 없었다. 통 제조업자의 아들이었던

---

* 1915년 6월 제2군 사령관에 임명되었다.

조프르도 같은 경우였다고 말할 수 있지만 조프르는 재빨리 부족한 것을 채웠다. 반면에 페탱은 군 생활 초기에 습득한 제3공화국에 대한 경멸을 굳이 숨기려 하지 않았다. 대다수 동기생들과는 대조적으로 페탱은 거의 자학에 가까울 정도로 야심이 없었던 것 같다. 사격술학교(École Normale de Tir) 교장 자리를 제안받았을 때 그는 선임 소령들보다 먼저 진급할 수 없다며 거부했다. 그러나 페탱에게 가장 불리했던 것은, 정력적으로 시류를 따른 조프르, 포슈, 드 카스텔노와 달리 그만 홀로 드 그랑메종 운동이라는 대세에 반대했다는 사실이다. 다른 이들은 여전히 1870년의 대재앙에 사로잡혀 있었지만, 페탱은 보어전쟁과 1905년 러일전쟁 같은 최근 전쟁들을 열심히, 실제적으로 연구했다. 전부 방어가 좋은 성과를 낸 전쟁이었다. 그는 드 그랑메종 파가 무기고에서 경멸하듯이 없애버린 신무기들, 즉 기관총과 중박격포, 나아가 변변찮지만 현대화한 라이플총의 잠재력을 놓치지 않았다. (페탱 자신이 훌륭한 명사수였다.) 페탱의 핵심 주장은 "화력이 적을 죽인다."는 것이었다. 페탱 이론의 논리적 결론은 (만약 그가 옳았다면) '죽을 때까지 공격하기'는 적군에 도달하기 한참 전에 잘 준비된 방어선에 의해 꺾일 수 있다는 것이었다.

그것은 완전히 이단의 주장이었다. 페탱은 오랫동안 앞길이 막혀 있었기에 자신의 복음을 설파할 기회를 갖지 못했다. 그는 1906년에 육군대학 교관이 되면서 마침내 기회를 얻었다. 드 그랑메종의 영향력이 정점에 달했던 그곳에서 페탱의 강의는 불같은 포슈와 보병 과정 주임교관 드 모뒤(Louis Ernest de Maud'huy) 중령의 강의와 나란히 유달리 흥미를 끌지 못했다. 드 모뒤는 매일 저녁 자신의 아들들에게 "바야르*처럼 용감해지게" 해 달라고 기도하게 시켰다는 사람이었다. 페탱의 학생들은 그에게 '1초까지 정확한 사람(Précis-le-sec)'이라는 별명을 붙여주었다. 그러나 페탱 쪽으로 전향한 이들도 있었다. 그중 한 사람은 샤를 드골이라는 신중하고, 키가 크고 여윈 청년이었는데, 드골은 페탱의 가르침에 몹시 감명받아서 생시르 육군사관학교를 졸업하자마자 페탱이 지휘하던 제33연대에 지원했다. 무명의 은퇴한 대령이라는 것 외에 다른 미래가 안 보였던 페탱은 대전 발발과 제17계획의 극적인 실패로 자신의 생각을 증명할 뜻밖의 기회를 얻었다. 조프르가 무능한 장군들을 가차 없이 좌천시키는 바람에 뛰어난 사람들이 빠르게 진급했고 페탱은 그중에서도 제일 앞섰다. 전선에서 퇴각할 때, 이어 마른강에서 부대의 화력을 필사적으로 집중해 견고하게 방어한 일은 적군과 아군에 똑같이 깊은 인상을 남겼다. 1914년 8월 말 페탱은 준장으로 진급해 전투에 참여했다. 너무나 갑작스럽게 이루어진 일이라 바느질을 해준 어느 초로의 여인은 자기 아버지의 군복에서 별 기장을 뜯어내 달아주었다. 페탱은 곧이어 빠르게 사단장으로, 군단장으로 진급했다.** 1915년 5월 실패로 끝난 아르투아 공세에서 페탱 군단의 비미(Vimy) 능선 공격은 정말 준비가 잘 된 것이어서 한동안 독일군 전선 전체가 무너지는 것처럼 보였다(제2차 아르투아 전투). 페탱은 실수를 거의 하지 않았는데 가을에 샹파뉴에서 한 차례 실수를 했다. 페탱의 특징이었던 맹렬한 예비 포격이 너무 오래 계속되는 바람에 기습이라는 필수적 요소가 희생되었다. 그러나 적어도 페탱은 제1차 세계대전의 다른 대다수 지휘관과 달리, 그리고 당시 그의 직속 상관이던 드 카스텔노와는 반대로 끔찍한 병력 손실을 감수하면서 실수를 만회하려 들지 않았고, 멈추어야 할 때를 알았다.

피에르 테라이(Pierre Terrail, seigneur de Bayard, 1473~1524) 바야르의 영주로, "두려움을 모르고 나무랄 데 없는 기사"로 알려진 프랑스 군인.
* 1914년 9월 14일 제6사단 사단장, 10월 20일 제33군단 군단장이 되었다.

페탱은 무엇을 배울 때 언제나 동료들에 비해 거의 유례없이 빨리 습득했고, 자기 나이로는 드물게 뛰어난 적응력을 발휘했다. 스피어스는 이렇게 말했다. "전쟁의 모든 단계에서 그는 당시의 관행과 이론, 사고보다 조금 더 앞서 나갔다." 보병과 포병이 서로 상대방의 임무에 무지한 것을 자랑하던 시대에, 생시르 출신이던 페탱은 어떤 포병보다도 대포의 쓸모를 더 잘 알았다. 아르투아 공세 중에 페탱은 모든 대포를 직접 조준했다고 한다. 심지어 영국원정군의 헤이그도 페탱을 처음 본 순간 좋은 인상을 받았다. "나는 그가 능률적이고 총명하며 말수가 적은 사람이라는 것을 알아보았다. 내가 알기로 말수가 적은 것은 프랑스인에게서는 보기 힘든 자질이다."

1915년 말이면, 여전히 대중에는 잘 알려지지 않았지만 군 엘리트층에서는 널리 존경받는 군사령관이었던 페탱은 화력에 관한 자신의 이론을 일련의 간결한 원리와 일관된 공식으로 발전시켰다. 페탱은 이렇게 말했다. "공격은 진격하는 화력이고, 방어는 저지하는 화력이다.", "대포는 정복하고 보병은 점령한다." (이것은 그가 팔켄하인이 베르됭 비망록을 작성하기 한참 전에 다다른 결론이다.) 페탱은 봄철 아르투아 공세 때 자기 부대의 작전이 어떻게 중단되었는지 설명하면서 프랑스군의 가장 신성한 주문을 냉정하게, 빈정거리며 공격했다.

적에게 땅을 내어주는 것은 언제나 해롭다. 그러나 이것은 어느 때고 적에게 서너 개 대대가 공략당해 결과적으로 수천 명의 병력을 잃는 비롯되는 해로움에 비할 수 없다.

가을 공세가 실패한 뒤, 페탱은 보고서를 써서 조프르의 완고한 돌파 노력을 노골적으로 비판했다. 페탱은 이렇게 선언했다.

(연합군의 중포 자원 부족 때문에) 적군의 진지들을 연이어 똑같은 기세로 빼앗는 것은 불가능하다. …… 우리는 실제로 돌파를 시도하지 않는다. 이 첫 번째 공세에서 우리가 원한 것은 나중에 특정 지점을 선택해 철저하고 우세하게 공격할 수 있도록 적군에게 손실을 입히는 것이다.

페탱도 소모전의 신봉자였으나 그의 소모전은 조프르나 헤이그의 소모전과는 의미가 완전히 달랐다. 조프르와 헤이그는 총알받이가 될 병사의 수를 따져볼 때 연합군이 우세하기 때문에 장기적으로 양쪽이 한 사람씩 병력을 잃는 방법을 쓰면 결국 독일군을 물리칠 수 있다고 비인간적으로 단순하게 계산했다. 페탱이 좋아한 금언 중에 이런 것이 있다. "병력으로 대포에 맞서 싸우지 않는다." 소모전은 보병이 아니라 대포로 수행해야 했다. 페탱은 제한적인 목표를 염두에 두고 세세하게 계획한 효율적 공세를 신뢰했다는 점에서—한 번의 '대대적 공세'가 아니라 이러한 연속된 공격이 '결정적인 일격'을 가할 순간이 올 때까지 적군을 조금씩 소모시켜 완전히 피로하게 만든다.—위대한 튀렌을 닮았다. 또 페탱은 확실한 성공 가능성이 보일 때까지, 공격군이 3대1로 우세할 때까지 '결정적인 일격'을 미룰 수 있다고 판단했다는 점에서 몽고메리에 견줄 수도 있다. 페탱이 소중히 여긴 다른 금언은 이것이다. "담대함이란 지나치게 담대히 행동하지 않는 법을 아는 기술이다." 이 신조는 훗날 그에게 지나치게 신중한 장군, 더 나중에는 비관적인 장군, 최종적으로는 패배주의자라는 평판을 안겨주는 원인이 된다.

그러나 이러한 신중함, 즉 인력을 아껴 쓰는 행태는 순전히 냉철한 이성에만 근거를 둔 것은 아니었다. 페탱은 자신과 비슷한 지위에 있는 사람, 특히 자신을 찾아온 정치인과 기자에게 위엄 있게, 거의 비인간적으로 냉담한 태도를 보였다. 조각상처럼 위풍당당한 풍채는 그러한 냉담함을 더욱 두드러지게 했다. 레핑턴은 1918년 페탱과 함께 식사를 한 후(그때도 페탱은 익숙해졌을 법한 사회적 성공을 즐기지 못했다) 일기에 이렇게 썼다. "여느 때처럼 딱딱하게 격식을 차렸다. 페탱은 오래 함께한 소수의 사람들을 제외하면 누구에게나 두려움을 안겨준다. 페탱을 보면 모임에서 어울릴 때와 혼자 있을 때 다른 사람이 되는 보통의 왕실 저명인사들이 떠오른다. …… 대개 페탱이 먼저 말을 걸지 않으면 아무도 그에게 말하지 않았고, 한 번에 한 사람만 얘기했다." 1943년에 쓰인 지독하게 적대적인 책에는 페탱이 대령일 때 제33연대의 지휘권을 넘겨받으면서 엄격히 격식을 차렸다고 말한다. 생시르 시절에 분명히 페탱과 친한 친구였던 한 중령이 새로운 연대장을 맞이하며 너(tu)라고 불렀다가 몸이 움츠러들 정도로 심하게 질책당했다. "거리를 지켜주길 바라오. 내게 경례를 하고 내게 말할 때는 항상 존칭(vouz)을 쓰시오. 대령님(mon colonel)이라고 불러주면 좋겠소." 이 책이 쓰인 시기의 분위기를 고려하더라도 이 일화는 아마 사실이었을 것이다. 페탱의 성격에 전적으로 어울리는 일화이다. (그리고 제33연대는 그가 부임했을 때 규율이 부족했다.) 이렇게 페탱은 지위가 비슷한 사람들에게는 냉정했지만 푸알뤼 사이에서는 지휘관으로서 유일무이하게 전설적인 평판을 누렸다. 페탱은 아버지 같은 인물로서 병사들과 함께 고초를 겪고 진정으로 병사들을 염려한 지도자였다. 프랑스의 여러 성채에서 공격을 이끈 장군들과 대조적으로, 마른강에서 독일군의 포탄에 보병들이 기겁하자 페탱이 전선의 맨 앞으로 나섰다는 이야기가 빠르게 퍼졌다. 나중에 페탱은 타격을 입은 연대를 점검하며 이렇게 말했다.

그대들은 〈라마르세예즈〉를 부르며 공격에 나섰다. 대단한 일이다. 그러나 다음번에는 〈라마르세예즈〉를 부를 필요가 없을 것이다. 그대들의 공격을 확실한 성공으로 만들기에 충분한 대포가 올 것이다.

페탱은 약속을 지켰다. 1915년 공세 이후 병사들은 페탱이 공격을 명령하면 분명히 어떤 의미가 있을 것이라고 믿게 되었다. 페탱을 따르다 죽는 것은, 어떤 대가를 치르더라도 적군 참호 몇 미터를 빼앗아서 상부의 인정을 받으려 애쓰는 야심만만한 장군들에게만 유익한 무의미한 희생은 아닐 것이라고 믿게 되었다.

페탱은 하급 지휘관으로 오랜 세월을 보낸 덕에 다른 대다수 지도자와 달리 병사들과 친밀했으며, 1914년에도 계급이 낮았기에 헤이그나 조프르와 달리 부상병이 어떤 상황에 놓이는지 아주 잘 알았다. 페탱은 매우 빠르게 주역으로 떠올랐지만 좋은 지휘관의 온정적 태도를 어느 정도 유지했다. 그는 명백히 사소해 보이는 일들이 전투병에게 얼마나 중요한지 알고 있었다. 그런 일들을 무시하면 페탱은 격분했다. 이를테면 병사들이 전선에서 빠져나와 쉴 때 머무는 숙영지를 포성이 들리는 곳에 설치한 사실을 알았을 때 그러했다. 베르됭에서 어느 대대장이 식량이 막 도착했을 때 경계 명령을 받자 배고픈 병사들에게 당장 자리에서 일어나라고 지시했다는 얘기를 듣고 페탱은 이렇게 말했다. "이런 바보 같은! 하사 자격도 없는 인간 같으니라고."

사실상 진정으로 위대한 지도자라면 누구라도 그랬겠지만, 페탱도 나폴레옹이나 몽고메리처럼 기습적으로 전선을 방문하거나 공격 직후 직접 훈장을 수여하거나 부상병에 관해 물어봄으로써 일반 사병들에 대한 영향력을 높였다. 북부 지방 사람 특유의 옅은 푸른색 눈이 어디서나 지켜보는 듯했으며, 페탱은 누구를 칭찬하고 누구를 비

전선을 방문한 페탱. 그는 직접 전선을 찾아가 부상병에 관해 묻거나 병사들의 처지에 진정으로 관심을 보임으로써 병사들에게 신망을 얻었다.

난해야 할지 잘 아는 놀라운 본능을 지니고 있다는 소문이 돌았다. 페탱은 병원을 방문할 때마다 큰 충격을 받았지만 그렇다고 할 일을 소홀히 하지는 않았다. 한번은 심한 부상을 당해 가망이 없는 열여덟 살 난 병사를 만나 감동을 받아 자비를 들여 그 어린 병사가 어머니를 만날 수 있게 해주었다.

많은 시간이 지난 후, 최고로 비극적인 순간에, 즉 나이가 많아 정신이 흐려진 페탱이 나치와 더 긴밀히 협력하라는 압박을 받았을 때, 충성스러운 세리니는 페탱에게 이렇게 말했다. "장군은 프랑스인에 관해서는 너무 많이 생각하고 프랑스에 관해서는 충분히 생각하지 않습니다." 아마도 사실이었을 것이다. 1916년에 프랑스 병사를 사랑하는 페탱의 마음은 정말로 순수하고 진실했으며, (최근에 어떤 이야기들이 쓰였던 간에) 거짓된 인기 추구와는 놀랍도록 거리가 멀었던 것 같다. 어쨌거나 세계 어디서나 병사들은 진짜와 가짜를 놀랍도록 빠르게 구별한다. 피에르푀는 페탱이 총사령관에 임명된 후 그에 관해 이렇게 말했다.

페탱은 부대 앞에서 결코 자제력을 잃지 않았다. 격의 없는 언행을 삼갔고 아버지 같은 애정을 보이지 않았으며 감정을 드러내지 않았다. 그런 것으로는 단 한순간도 병사들을 속일 수 없었다. 페탱은 침착함과 당당함을 유지했으며 최고의 권위를 행사한 진정한 총사령관이었다. 페탱은 병사들에게 인간 대 인간으로 이야기했고 스스로 쌓은 신망으로 병사들을 지배했다. 그는 민중을 잘못 이해하는 자들이 그렇듯이 자신을 낮추지 않았다. 그러나 그의 어조에는 진실함과 진지함이 있었고, 그는 절대적으로 정직하고 공평하고 인간적인 사람으로 보여서 아무도 그의 말을 의심하지 않았다. 이 장군의 모든 힘은 사실상 그의 인간성에서 나왔다.

앞서 보았듯이, 페탱이 베르됭의 지휘관으로 선택된 것은 그의 자질 때문이라기보다는 그때 그가 이용 가능한 인물이었기 때문이다. 그렇지만 페탱의 두 가지 큰 자산, 즉 방어에 대한 이해력과 병사들에게 주입한 열의 덕분에 페탱은 그곳의 임무에 더할 나위 없이 적합했다. 드 카스텔노가 미리 페탱에게 위임한 권한 때문에 이 유례없이 인도주의적인 장군이 머지않아 그 전쟁 전체에서 가장 비인간적으로 변할 전투에 휘하 병사들을 투입하는 것은 비극적인 운명의 장난이었다.

12장

베르됭의 생명선

전쟁에서 병사들은 아무것도 아니다. 단 한 사람이 전부이다.
— 나폴레옹 1세

페탱과 세리니는 2월 25일 아침 샹티이에서 보고하면서 공포가 최고조에 이르렀다는 사실을 알았다. 베르됭이 당장 함락될 것으로 예상되었고, "모든 사람이 에르 장군을 총살해야 한다고 말하고 다녔다." 어떤 경로를 통했는지 알 수 없으나 페탱이 노아유가 아니라 파리에서 왔다는 사실이 누설되었고, 음모에 능한 자들은 페탱이 총사령부의 철천지원수였던 육군장관 갈리에니를 먼저 만나기로 했다는 소문을 빠르게 퍼뜨렸다. 이 소문은 확실히 불안을 퍼뜨리는 데 한몫했다. 조프르만이 언제나 그랬듯이 아무 영향도 받지 않은 듯 보였다. 조프르는 이런 말로 페탱을 맞았다. "아, 이런! 페탱. 알겠지만 실제로 상황은 전혀 나쁘지 않소." 그리고 간단하게 상황을 설명한 뒤 새로운 사령관을 보내면서 알 수 없는 말을 덧붙였다. "이제 자네는 마음이 편하겠군."

페탱 일행은 베르됭을 향해 길을 나섰다. 페탱은 샬롱쉬르마른에서 멈춰 외팔이 영웅 구로(Henri Gouraud) 장군*과 점심을 함께 했다. 이제 페탱은 오른쪽 눈꺼풀의 신경성 경련이 무심코 드러냈듯이 일종의 우울함에 (그리고 확실히 피로에) 빠진 것 같았다. 언제나 완벽한 부관이었던 세리니는 20년 전의 군 생활을 익살스럽게 들추어내 페탱의 주의를 다른 곳으로 돌리려 했다. 대화를 나누던 중에, 구로 장군이 대위 시절에 열렬히 사랑했던 아미앵 주둔지의 미녀 니니가 사실은 시간이 흐르면서 세 명의 장교 모두와 사귀었음이 밝혀졌다. 구로가 당황스러움을 감추지 못하자 페탱은 즐거워했고, 세리니에 따르면 그는 "샬롱을 떠날 때 더할 나위 없이 평온했다." 그러나 기분은 곧 다시 나빠졌다. 높이 쌓인 눈과 길을 뒤덮은 빙판 때문에 일행은 더디게 전진했고, 바르르뒤크를 지나 혼돈에 빠진 베르됭 군대의 후방으로 들어가면서는 시간당 평균 약 3.2킬로미터로 행군 속도가 줄었다. 자신이 지휘할 병사들을 처음 본 페탱의 두 눈에 명백한 패배의 징후들이 들어왔다. 좁은 도로는 이루 말할 수 없이 혼잡해 빠져나갈 수가 없었다. 증원군 수송대들이 베르됭에서 후방으로 끊임없이 빠져나오던 민간인 피난민, 기진맥진한 병사들과 뒤섞였다. 끔찍한 상황이 혼란을 부채질했다. 대포를 끄는 말은 빙판길에서 속절없이 미끄러졌고, 부상병으로 가득한 앰뷸런스는 미끄러져 도랑에 처박혔다. 이 광경, 특히 낙담한 보병들의 모습에 페탱은 큰 충격을 받았다. 많은 손

* 앙리 구로의 아들도 아버지처럼 군인이 되었는데 그 아들은 1961년 알제리 반란에 참여해 투옥되었다.(저자 주)

실을 입은 제2주아브연대의 진흙투성이 생존자 75명과 함께 줄지어 지나가던 어느 중위는 새로 온 장군이 눈물을 참지 못했다고 적었다. 그는 이 모습을 평생 기억했다.

세리니는 뒤니에 있는 에르 장군 사령부에 도착했을 때를 이렇게 떠올렸다. "우리가 정신병원에 들어왔다는 인상을 아주 분명하게 받았다. …… 모든 사람이 말과 몸짓을 동시에 하고 있었다." 에르 장군은 부대가 와해 직전에 몰려 거의 제정신이 아니었다. 그의 참모장은 심지어 휘하 군단들의 경계가 어딘지도 모르는 것 같았다. 부대의 위치를 보여주는 지도도 없었고, 어떤 명령을 받았는지 말할 수 있는 사람도 없었다. 그들이 뒤니에서 페탱에게 확실히 보고할 수 있던 것은 두오몽이 함락되었다는 무서운 소식이 전부였다. 페탱은 재빨리 분위기를 파악한 뒤 세리니에게 쌀쌀하게 말했다. "상황이 이러하니 수이이에 자리를 잡겠소. 그곳이라면 좀더 평온을 찾을 수 있겠지." 페탱은 바르르뒤크에서 베르됭으로 이어지는 간선 도로에 걸쳐 있는 작은 마을 수이이로 발걸음을 되돌리던 중에 드 카스텔노를 만났고 두오몽에 관한 비보를 전했다. 드 카스텔노는 공책 한 장을 찢어 어떤 희생을 치르더라도 뫼즈강 우안에서 베르됭을 사수해야 한다는 역사적 명령을 휘갈겨 페탱에게 건넸다. 베르됭의 모든 병력에 대한 지휘권은 자정에 이양될 예정이었다. 이미 밤 11시였다. 페탱은 먼저 아직 상황을 제대로 파악하지 못했다는 이유로 이의를 제기했다. 그러나 드 카스텔노는 강경했고, 이 두 번째 명령을 벌써 내렸다(페탱은 몰랐다). 혈기 왕성한 작은 장군은 이제 무대에서 사라진다. 그가 베르됭에서 맡은 극적인 역할은 마무리되었다.

페탱은 자정에 지휘권을 넘겨받자마자 제일 먼저 제20군단 사령관 발푸리에 장군에게 전화를 걸었다. "여보시오, 나 페탱이오. 내가 지휘권을 넘겨받았소. 부대에 말하시오. 반드시 사수하라고. 당신을 믿습니다."

발푸리에는 이렇게 대답했다.

"장군이십니까? 잘됐군요. 이제 모든 것이 다 잘되겠군요."

페탱은 뫼즈강 좌안에서 부대를 지휘하던 조르주 드 바즐레르(Georges de Bazelaire) 장군과도 비슷한 통화를 했다. 페탱은 회고록에 이렇게 간단히 기록했다. "지도자에서 실행자까지 정신적으로 확실히 연결되었다."

참모장 모리스 드 바레스퀴(Maurice de Barescut) 대령이 도착했고, 페탱은 두꺼운 목탄으로 자신이 지휘해 지켜야 할 전선을 그렸다. 그날 할 수 있는 일은 다 했다. 남은 일은 장군에게 그날 밤 몸을 누일 자리를 찾아주는 것뿐이었다. 수이이 마을의 관청은 잠 잘 곳은 고사하고 소박한 사령부를 꾸릴 공간도 충분하지 않았다. 결국 세리니는 현지의 어느 법무사가 소유한 작은 집을 찾아냈다. 차디찬 식당에 불을 지피려 했으나 연기가 집을 가득 채우면서 포기해야 했다. 페탱은 일꾼들이 남긴 콩으로 초라하게 저녁 식사를 마친 뒤 안락의자에 몸을 웅크리고 잠들었다. 이튿날 아침, 당연한 일이 벌어졌다. 신체가 강건했을지언정 초로에 접어든 사람이 한밤중에 눈길을 헤치고 먼 길을 간 뒤 난방이 되지 않는 집에서 잤으니 무리가 갈 수밖에 없었다. 페탱은 잠에서 깼을 때 열이 올랐고, 의사는 양측 폐렴을 진단했다. 하루이틀 사이에 치료하기란 불가능했다. 장군은 최소한 대엿새는 침상에 누워 있어야 했다. 게다가 그 질병은 치명적일 수 있었다. 프랑스를 괴롭히는 재앙에 한계는 없단 말인가?

의사는 비밀 엄수를 약속했고, 신임 사령관이 쇠약하다는 소식이 새어 나가 뫼즈강을 지키는 병사들의 사기가 더 꺾이는 일이 없도록 보안을 철저히 했다. 드 바레스퀴와 세리니는 페탱의 눈이 되어 재차 전선으로 파견되었고, 이후 며칠간 페탱은 퐁트누아 전투 당시 (부종 때문에 말을 탈 수 없어서) 침상 가마에 누워 전투를 지휘했던 삭스처럼 병상에 누워 고열로 벌벌 떨며 전투를 지휘했다. 어쨌거나 비밀은 놀랍도록 잘 유지되었다.

이 환자는 매우 신속하게 전투 상황을 종합해 장악했고, 곧 질서가 혼돈을 대신하기 시작했다. 페탱은 베르됭의 상황이 언뜻 볼 때와 달리 전술적으로 그다지 절망적이지 않다는 점을 재빨리 깨달았다. 도시 방어에 매우 중요한 요새 중 빼앗긴 것은 단 하나, 두오몽 요새뿐이었다. 페탱은 이렇게 생각했다. "2월 25일에 베르됭이 여전히 우리 수중에 있다는 사실은 진정한 성공이었다." 이제 발푸리에의 제20 '강철' 군단 전체가 전선에 도착했고, 두 개 군단이 베르됭으로 오고 있었으며, 한 개 군단이 대기하고 있었다. 영국원정군의 헤이그는 마지못해 프랑스군으로부터 추가로 전선 한 구간을 더 넘겨받기로 동의했으며, 따라서 증원 부대가 보강될 것이 확실해 보였다. 이삼 일 더 버틸 수만 있다면 베르됭은 안전하리라고 페탱은 생각했다. 그러나 "마구잡이로 당한 우리의 제1선은 일순간에 무너질 수 있었다." 더는 치명적인 실수를 할 여유가 없었다. 페탱은 절대로 그런 실수를 저지르지 않기 위해 체계적인 준비에 들어갔다. 드 카스텔노는 늘 그랬듯이 두오몽 요새를 즉각 탈환하라고 명령했지만, 한 차례 치명적인 실패 뒤에 페탱은 즉시 명령을 취소했다. 페탱은 지휘관들에게 이렇게 말했다. "힘을 아끼시오. 반격이 뒤따를 거요." 이제 여기에 대비해 페탱이 지휘권을 넘겨받은 밤에 그린 '저항선'을 따라 '진지의 장벽'을 잘 준비해 설치할 예정이었다. 그때까지 경시되어 방치돼 있던 요새들이 저항선의 주축이 될 것이었다. 그 요새들을 재무장하고 요새 파괴용으로 설치한 지뢰를 제거하라는 명령이 내려졌으며, 14일치 식량과 함께 절대로 항복하지 말라는 명령을 받은 보병 수비대가 파견됐다. (동시에, 사병들은 당연히 그 존재를 몰랐지만, 벨빌과 수빌, 타반, 믈랭빌의 요새를 잇는 곡선의 내부에 '공포의 방어선'이 쳐졌다. 일이 완전히 잘못되어 도시를 지키기 위해 최후의 전투를 벌여야 한다면, 바로 그 전투가 벌어질 곳이었다.)

베르됭의 프랑스군에서 새로운 사령관의 영향력을 가장 크게 의식한 부대는 그가 오랫동안 열렬히 아꼈던 포병 부대였다. 페탱은 사실상 포병 부대를 직접 관장하여 매일 아침 지휘관들에게 이렇게 물었다. "그대들의 포대는 무엇을 하고 있었나? 다른 자세한 이야기는 나중에 듣겠네." 페탱은 포병 부대가 "보병 부대에 자신들이 지원하고 있으며 꺾이지 않는다는 인상을 주어야 한다"고 거듭 주장했다. 보병이 너무 약해서 적에게서 주도권을 빼앗아 올 수 없을 때, 페탱은 신중히 준비한 대포 '공격'을 지휘하여 아군의 손실을 최소화하면서 적에게 최대의 손실을 입히려 했다. 프랑스군 대포는 벼룩이 무는 듯 돌발적이고 체계적이지 못한 사격을 멈추고 그 전투에서 처음으로 화력을 집중해 무서운 무기가 되었다. 그때까지 연합군 편에서는 그런 공격을 본 적이 없었다. 이것은 독일군에게 곧바로 영향을 끼쳤다. 제국 기록보관소에 따르면, 독일군 측은 그때부터 "두오몽 북쪽 협곡과 도로에 측면 포격이 시작되어 심한 손실을 입었다."

2월의 마지막 필사적인 며칠간 페탱이 직면한 심각한 문제는, 가장 극적인 문제로 보이지는 않았지만, 분명히 병참 문제였다. 베르됭을 프랑스의 다른 지역과 연결하는 보급선은 매우 불안정했다. 1916년 이전에 총사령부는 베르됭으로 이어지는 새로운 철도 노선을 건설하라는 하원 국방위원회의 권고를 무심하게 거부했다. 그리고 이제 적군이 생미엘에 자리를 잡으면서 뫼즈강 상류의 간선 철도는 끊어졌다. 생트므누를 거쳐 파리로 이어지는 다른 철도는 황태자 부대의 함포들이 끊임없이 포격하고 있었다. 그 철도가 파괴되면서 베르됭의 포병 부대는 포탄 소비량을 급격히 줄여야 했다. 남은 것은 협궤 철도로 평시에 수비대에 물품을 공급하기 위해 부설한 뫼지앙 철도(Le Chemin de Fer Meusien)와 이것과 나란히 바르르뒤크에서 약 80킬로미터가량 이어진 2급 도로뿐이었다. 이 도로는 독일군의 공격 개시 전 베르됭에서 프랑스 총사령부가 선견지명을 발휘한 유일한 사례였다. 1915년에 그 도로는 폭이 약 6.4미터로, 딱 트럭 두 대가 부딪치지 않고 지나갈 정도로 확장되었다. 이 공급로가 없었다면 베르됭은 천천히 목이 졸려 죽었을 것이다. 도착하던 날 얼어붙은 도로에서 목격한 혼란을 잊지 못한 페탱은 온갖 것이 다 의심스러웠다. 곧 베르됭의 군대는 병력 50만 명에 동물 17만 마리가 되고, 페탱의 굶주린 대포들은 이전보다 두세 배 많은 포탄을 요구하게 된다. 그 가냘픈 생명선을 극한까지 혹사하지 않고 이 엄청난 부대에 군수품을 보급할 수 있을까? 그 도로가 이전에 그 정도 규모의 부대를 지탱한 적이 없음은 분명했다.

페탱의 조직 능력은 베르됭으로의 수송을 책임진 공병대의 리샤르 소령이 훌륭하게 보완했다. 두 사람은 필수적인 수송을 유지하기 위해 엄격한 규칙을 세웠다. 도로는 여섯 구역으로 분할되었고, 각 구역에는 공병들이 커다란 작업장을 갖추어 조잡한 운송 수단을 수리했다. 도로는 오로지 자동차만 이용할 수 있었다. 행군하는 부대는 도로 양쪽 가장자리로 이동해야 했다. 고장 난 트럭은 즉시 도랑으로 빼내야 했다. 도로 정체는 있을 수 없었다. 이와 동시에, 향토연대의 10개 대대가 르비니로 이어지는 새로운 광궤 철도* 건설에 투입되었다. 그러나 프랑스 군대가 이러한 수송 흐름을 지탱할 만큼 충분한 차량을 보유하고 있었던가? 다른 많은 나라의 군대들과 마찬가지로, 전쟁 이전에 프랑스군은 새로운 발명을 지독히도 무시했다. 1914년에 전군이 보유한 차량은 겨우 170대였고, 전쟁 내내 프랑스군 병참부대 담당 장교의 최고 계급은 중령을 넘지 못했다. 다행히도 마른강 전투에서 발현된 뛰어난 임시변통*에 총사령부는 차량을 이용하는 수송의 가능성을 깨달았다. 독일군이 공격했을 때 베르됭 요새지구와 그 옆의 제3군에서 전부 7백 대의 트럭을 모을 수 있었고, 하루 수송 능력은 1,250톤이었다. 그러나 베르됭에서 프랑스군은 최소한 하루에 2천 톤의 수송 능력이 필요했고, 사단이 하나 추가될 때마다 100톤씩 더 필요해졌다. 리샤르 소령과 공병들은 운송 수단을 찾아 프랑스를 구석구석 뒤졌다. 마른강의 택시 기적이 한 번 더 일어났다. 이번에는 파리 거리에서 민간인 화물 자동차가 한 대씩 차례로 사라지면서 채소 가격이 두 배로 뛰었다. 페탱이 지휘권을 넘겨받을 때까지 리샤르는 그럭저럭 여러 종류의 차량 3,500대를 모았다. 일개 소령이 한 일 치고는 깜짝 놀랄 만한 성취였다. 그렇지만 고질적인 문제가 있었으니 숙련된 운전병이 부족한 것이었다. 50시간, 때로는 75시간까지 휴식 없이 운전하면 운전병은 녹초가 되었고, 귀중한 차량은 무용지물이 되었다. 정비소로 데려온 세네갈인들은 처음에는 그 이상한 괴물의 윤활제로 공급된 유지를 먹어버렸다. 기술은 부족했고 조잡한 장치는 신뢰할 수 없었기에 리샤르의 정비소는 늘 일이 넘쳤다.

어느 미국인 평론가는 접지면에 홈이 없는 딱딱한 타이어를 단 채

광궤 철도(廣軌鐵道, broad-gauge railway) 궤간의 폭이 표준 궤간인 1,435밀리미터보다 넓은 철도. 인도, 오스트레일리아, 에스파냐, 남아메리카, 러시아 등지에서 채택하고 있다.
* 1914년 마른강 전투 때 파리에서 전선까지 택시로 병력을 수송한 것을 말한다.

베르됭 전투 당시 프랑스군의 생명선이 된 '부아사크레'. 사진에서 보는 것처럼 이 도로는 프랑스군의 물자
와 병력 수송에 결정적 역할을 했다.

얼어붙은 도로 위를 달리는 차량들의 별난 모습을 보고 어린 코끼리
들의 무질서한 행진을 떠올렸다. "여러 대가 도로 가장자리 너머로
미끄러져 뒤집혔고, 다른 것들은 불이 붙었다." 그렇지만 운송은 계
속 이어졌다. 밤에 멀리서 보면 흐릿하게 불을 밝힌 차량들은 "멈추
지도 않고 끝나지도 않는 거대한 야광 뱀의 주름" 같았다. 차량의 전
조등은 도로 양쪽에서 등을 구부린 채 걸어가는 병사들의 끝없는 행
렬을 비추었다. 마치 프랑스의 모든 생명력이 이 좁은 동맥을 따라
흐르는 것 같았다. 그리고 2월 28일 재앙이 닥쳤다. 갑자기 날씨가 따
뜻해졌고, 불과 몇 시간 만에 비포장도로는 질척이는 진창으로 바뀌
었다. 도로는 곳에 따라 약 46센티미터까지 내려앉았다. 어린 코끼리
들은 버둥거리다 멈출 것 같았고, 더불어 베르됭으로 이어지는 생명
선도 끊어질 것 같았다. 페탱에게 전권을 위임받은 리샤르는 동원 가
능한 향토부대 병사들을 전부 필사적으로 불러 모았다. 이들은 도로

를 따라 거의 어깨가 닿을 듯이 줄지어 서서, 지나가는 트럭의 바퀴 밑으로 쉴 새 없이 자갈을 퍼부었다. 근심 가득한 페탱이 리샤르에게 전화를 걸었다.

"도로가 버틸 것 같나?"

"버텨줄 것입니다."

"좋아. 만약 그러지 못한다면 강 우안에서 철수하라는 명령을 내리 겠네."

도로는 유지되었다. 2월 28일부터 시작된 결정적인 한 주 동안 군 수품 약 2만 5천 톤과 병력 19만 명이 그 도로를 거쳐 베르됭으로 들 어갔다. 차량 1만 2천 대가 이용된 6월의 절정기에는 14초마다 한 대 씩 그 도로를 통과했으며, 약 80킬로미터라는 짧은 거리를 따라 매주 늘어난 주행거리는 지구 둘레의 25배에 이른 것으로 추산된다. 2월의 위기가 결코 되풀이되지 않도록 페탱은 도로를 계속해서 보수하는 데 사단 병력보다 많은 인원을 동원했다. 프랑스 식민 제국의 온갖 다채 로운 구성 인자들이 베르됭의 생명선을 유지하는 데 투입되었다. 노 란색 군복을 입은 작고 부지런한 베트남인들 옆에서 힘센 세네갈인들 이 노래를 부르며 곡괭이를 휘둘렀다. 포위가 이어진 열 달 동안 리샤 르의 도로 보수반은 거의 75톤에 달하는 자갈을 도로에 깔았다고 한 다. 이는 군사사의 한 장을 장식할 만한 일이었다. 프랑스 육군의 약 3분의 2가 그 길을 따라 무시무시한 수난의 땅, 베르됭이라는 골고다 로 향했기에 모리스 바레스가 붙인 '부아사크레(Voie Sacrée, 신성한 길)'라는 명칭은 결코 불경스러운 이름이 아니었다.

"페탱이 지휘한다"는 소식은 전선에서 곧바로 마법 같은 효과를 냈다. 페탱은 자신의 첫 번째 일정에서 병사들에게 이렇게 말했다.

'부아사크레'를 보수하는 프랑스군.(1916년 4월 〈릴뤼스트라시옹〉에 실린 삽화)

"프랑스가 그대들을 지켜보고 있다." 병사들은 비록 거의 한 주 내내 새 사령관을 실제로 보지는 못했지만 페탱을 주시했다. 드 카스텔노가 여러 본부에 직접 나타나 병사들의 사기를 진작했다면, 페탱은 그 이름만으로도 평범한 병사들의 사기를 끌어올렸다. 무너지던 방어선은 보강되었고 마침내 고착되었다. '제국기록보관소'는 2월 27일을 이렇게 기록했다. "병사들이 피를 흘리며 영웅적으로 싸우고 희생했는데도 베르됭 전투에서 독일군이 처음으로 어디서도 성공하지 못한 날."정예 부대인 제20군단은 이제 뫼즈강 우안에 완전히 자리를 잡았으며, 앞에서 설명했듯이 대규모 증원 부대가 베르됭으로 오는 중이었다. 드 본느발이 급작스럽게 벨빌 능선으로 퇴각하면서 전선에 뚫린 큰 구멍도—12시간 동안 열려 있었는데도—지나치게 신중한 독일군이 이용하기 전에 메워졌다. 성급히 끌어모은 그 유명한 75밀리미터 대포들이 전방의 프루아드테르로 이동했고, 75밀리미터 포가 펼친 치명적인 탄막은 제20군단의 새로운 사단 하나가 퇴각하는 드본느발의 제37아프리카사단 잔여 병력을 지나쳐 브라에서 오드로몽까지 튼튼한 방어선을 치기에 충분한 시간을 마련해주었다.

전투가 가장 극렬하게 전개된 곳은 두오몽 마을 주변이었다. 독일군은 세 차례 공격했으나 성과가 없었다. 여전히 승리에 우쭐했던 제24브란덴부르크연대는 두오몽 요새의 (폰 브란디스가 담당했던) 기관총좌로부터 엄호를 받아 다시 싸움에 몸을 던졌다. 그러나 이번에는 전투가 시작된 이래 가장 심한 손실을 입었다. 작센인들로 구성된 새로운 연대가 등장했으나 아군의 중포에 학살당했다. 27일, 어느 추격병 대대는 413명이 전사했다. 실제로 두오몽 마을은 여러 차례 주인이 바뀌었다. 그러다가 420밀리미터 포가 배치되어 1톤에 달하는 포탄으로 그 폐허를 난타했다. 두오몽 마을에서 지하 엄폐호를 지키던 어느 프랑스군 중위는 이렇게 썼다. 포탄이 떨어지는 동안 "가로와 세로가 각각 30미터인 정사각형의 이 거대한 공간이 때로는 배처럼 솟구칠 정도로 요동쳤다." 그러나 마을 뒤쪽 박살 난 잔해 속에 자리 잡은 기관총 진지들이 떼 지어 몰려오는 독일군을 쓸어버렸다. 두오몽으로 이어지는 사면에 깔린 회색 융단은 점점 더 두꺼워졌다. 2월 25일 재앙 같던 날에 두오몽 마을을 지킨 프랑스군 제95연대는 심한 손실을 입고 전투에서 빠졌다. 다른 연대들도 그 뒤를 따랐다. 마침내 기이한 운명의 반전으로 페탱의 제33연대가 두오몽에 나타났다. 제33연대의 한 장교는 전선으로 가던 중에 어떤 예감이 들었는지 부모에게 이렇게 써 보냈다. "이것으로 작별인가요?" 많은 이에게 그것은 작별이었다. 사흘이 지나지 않아서 페탱에게 그의 옛 연대에 속한 한 대대가 사실상 완전히 분쇄되었으며 어떤 중대는 병력이 19명으로 줄었다는 소식이 전해졌다. 장교 사상자 명단에는 페탱이 기억하기로 그의 연대에 합류하기를 유달리 간절하게 바랐고 미래가 매우 유망해 보였던 젊은 중대장의 이름이 있었다. 중상을 입고 포로가 된 그 중대장은 샤를 드골 대위였다.

3월 4일 오전 이른 시간에 프랑스군 제33연대의 잔여 병력이 소탕되었고, 두오몽 마을은 파괴된 돌더미가 되어 독일군 수중에 떨어졌다. 현지 지휘관은 자발적으로 반격을 시도해 마을을 탈환하려 했지만, 페탱이 개입해 할 만큼 했으니 그만두라고 명령했다. 두오몽 마을의 함락으로 베르됭 전투의 첫 국면은 끝났다. 그리고 훨씬 더 잔인한 국면이 시작된다.

13장

독일의 잃어버린 기회

3월까지는 독일이 베르됭에서 승리했다고 느꼈다.
— 에리히 루덴도르프 장군

조언이 필요 없는, 스스로 상황을 판단하고 결정하는 군사 지도자들이 있다.
그들의 측근은 그저 실행할 뿐이다.
그러나 이런 지도자는 백 년에 한 번 나올까 말까 하는 인재다.
대부분의 경우에 군대의 지휘관은 조언 없이 일하기를 원치 않을 것이다.
— 대(大)몰트케,《1895년 이탈리아전쟁》

2월 27일, 베르됭 전선에 있던 화가 프란츠 마르크는 자신이 복무하는 독일군에 대한 경외심을 담은 편지를 집으로 보냈다. "……프랑스군 방어선 전체가 완전히 무너졌습니다. 직접 경험하지 못한 사람은 독일군 공세의 엄청난 맹위와 파괴력을 상상조차 할 수 없을 것입니다." 그리고 이렇게 동정하는 말을 덧붙였다. "아, 말들이 불쌍해요!" 3월 2일자 편지는 승리를 단언함으로써 오히려 약간의 불안을 드러낸다. "나는 베르됭의 함락을 단 한순간도 의심하지 않습니다." 3월 3일자 편지에는 우울함이 배어난다. "며칠 동안 제가 본 것은 전부 인간의 정신으로 그릴 수 있는 가장 끔찍한 것이었습니다." 그리고 바로 다음날 프랑스군이 쏜 포탄에 서신 왕래가 끊겼고 뛰어난 인재 한 명이 사라졌다.

전쟁과 관련해 연구자들에겐 몹시 매혹적인 일이지만 참가자들에겐 몹시 당혹스러운 일이 하나 있다. 그것은 위기가 최고조에 이른 순간, 자신들의 어려움에 사로잡힌 쪽은 적 진영의 상황이 얼마나 나쁜지 좀처럼 알 수 없다는 사실이다. 당시 고전하고 있던 프랑스군은 적군의 상황을 파악할 수 없었지만, 실제로 독일군의 세심한 계획에는, 다시 말하면 황태자의 계획에는 아주 잘못된 부분이 있었다. 독일군의 공격은 초기에 그 추진력이 예사롭지 않았는데도 2월 말이 되면서 수렁에 빠졌는데, 대체로 자초한 일이었다. 그중에 특히 중요했던 일은 말 그대로 군대가 수렁에 빠진 것이었다. 독일군 제5군의 포병대는 순전히 대포의 화력으로 프랑스군을 섬멸한다는 팔켄하인의 계획에 따라 적의 제1선이 무너지자마자 새로운 진지로 이동하라는 명령을 받았다. 포병대의 전진 이동 시간표는 참모부의 걸작이었지만—독일의 철저한 군사 정신에 따른 최종 결과물에 종종 나타나듯이—한 가지 작은 일을 소홀히 한 탓에 그들은 패했다. 땅이란 땅은 모조리 공격하는 아군의 포격으로 도로가 아예 흔적도 없이 사라졌는데, 거대한 둔덕과 구덩이로 바뀐 전장에서 중포를 옮기는 물리적 어려움을 미처 고려하지 못했던 것이다.* 베르됭으로 이어지는 프랑스의 생명선을 심각하게 위협했던 해빙기는 결국 프랑스군의 적이 아니라 동지가 되었다. 가루처럼 부서진 땅은 얼음이 녹으면서 끈적끈적한 진창으로 바뀌어 독일군 보병의 무릎까지 올라오는 꽉 끼는

---

* 그러나 적어도 독일군은 배운 게 있다. 1918년 독일군이 돌파에 성공한 것은 대체로 루덴도르프가 이동식 경사로와 건널판을 공급해 포병대가 포격 지대를 지나 돌격할 수 있게 한 덕분이었다. 연합군 지휘관들은 경험에서 배우지 못했다.(저자 주)

부츠를 빨아들였고, 무게가 8톤에 달하는 곡사포는 차축까지 빠졌다. 독일군의 새로운 동력 견인차는 수가 너무 적었고 힘이 약해 곡사포를 끌지 못했다. 남은 것은 말과 인간의 근육뿐이었다. 독일군은 짐승의 힘으로—중간 크기의 야포 한 문을 옮기는 데만 최소한 말 열 필이 필요했다.—결국 대포를 전방으로 옮겼으나, 이동이 지연되면서 독일군의 공격 전술에서 필수 요소인 치명적인 210밀리미터 포 여러 문을 베르됭 전투의 가장 결정적인 국면에 오랫동안 이용하지 못했다.

독일군 대포는 개활지에서 적에게 포착되어 프랑스군의 155밀리미터 장사정포(그 수가 점점 더 늘고 있었다)에 심각한 타격을 받았다. 전투의 첫 번째 국면이 펼쳐지는 동안 자신의 전진 포대에서 좀처럼 떨어지지 않았던 용감한 노장, 제3군단 야전 포병대 지휘관 빌헬름 폰 로터러(Wilhelm von Lotterer) 장군이 파편에 맞아 사망했다. 한편으로 프란츠 마르크가 언급한 대로 말들이 겪는 고통이 특히 끔찍했다. 어느 날은 하루에만 7천 마리가 죽었고, 프랑스군 함포에서 날아온 포탄 한 발에 97마리가 죽었다. 오랜 시간 포격을 계속하는 단순한 소모 전략은 독일군의 손실에 일조했다. 독일군은 초인적인 노력 끝에 420밀리미터 괴물 대포 한 문을 부아데포스 숲으로 옮겼다. 목표는 수빌 요새 파괴였다. 그러나 세 번째 발사할 때 닳은 포신 안에서 포탄이 폭발해 포반원이 거의 전부 사망했다. 마침내 모든 대포가 진지에 자리를 잡았지만, 포병들이 극도로 지쳐서 발포의 속도와 정확도가 모두 떨어졌다. 결국 폐허가 된 전장과 접근로 위에서—접근로는 와브르 평원의 질퍽거리는 진흙 때문에 혼란한 상태가 되었고 대포 견인조들 때문에 길이 꽉 막혔다.—전투 시작 후 첫 나흘간의 발포 속도에 가까운 속도를 유지할 수 있게끔 탄약을 충분히 공급하기란 불가능한 일이었다. 결국 독일군은 3월 3일에 곡사포 포대 여럿을 완전히 철수해야 했다.

페탱이 재조직한 프랑스군 포병 부대가 실전에 투입되던 시점에 이같은 독일군의 화력 감퇴는 즉각 치명적인 결과로 이어졌다. 공격해 들어가는 독일군 보병들은 아군의 포격에도 멀쩡한 프랑스군 기관총 진지를 점점 더 자주 보게 되었다. 독일군의 상황은 그동안 연합군이 서부전선의 모든 공세에서 경험한 침통한 상황을 암울하게 닮아 갔다. 일단 대포가 자기 일을 잘 해내면 보병들은 그저 베르됭으로 걸어 들어가기만 하면 된다는 팔켄하인의 약속은 어떻게 되었나? 사상자 명부는 점점 더 길어졌다. 2월 21일에서 26일까지 프랑스군의 손실은 2만 5천 명에 이르렀고, 그 며칠간 프랑스군과 독일군의 사상자 비율은 대략 3 대 1이었다. 하지만 29일까지 독일군의 손실은 이미 2만 5천 명을 넘었다. 3월 1일 프랑스군의 어느 청음 초소는 독일군의 전화를 도청했다. "이런 식이라면 우리는 전쟁이 끝났을 때 단 한 명도 살아남지 못할 것이다." 제3군단 소속의 어느 프로이센 근위척탄병 대대는 두오몽 마을 전투 중에 196명으로 줄어들었고, 같은 여단의 다른 연대는 3월 2일까지 장교 38명과 사병 1,151명을 잃었다. 제18군단에서는 부아데코르 숲에서 드리앙을 무너뜨린 여단의 헤센 연대 3개가 각각 1천 명 이상을 잃었다. 두 군단은 녹초가 되어 3월 12일에 전선에서 빠져야 했다. 그때쯤이면 제18군단에서만 사병 10,309명과 장교 295명을 잃었다.

그러나 가장 심한 손실은—가장 부당한 손실이기도 했다.—전투 첫날 혁혁한 공을 세운 폰 츠벨의 제7예비군단이 입었을 것이다. 제7예비군단은 뫼즈강 우안으로 신속히 진격하는 동안 강 건너편 구릉지에 있던 프랑스군에게 점차 측면이 노출되었다. 2월 27일 페탱은 그곳에 강력한 중포를 배치했다. 그러나 이 중포들은 주퇴복좌기*가 도입되기 전에 제작된 것이라 나폴레옹 시대의 대포, 즉 놀랍도록 정확도가 높았던 프랑스의 옛 155밀리미터 대포처럼 발포한 뒤에는 뒤로 밀렸고 매번 다시 자리를 잡아주어야 했다. 프랑스군 포병은 겨우 몇 킬로미터 정도 떨어진 강 건너편 비탈의 아군 제1선을 넘어 이동하는 밀집한 회녹색 무리에 포격을 가했기에 표적을 놓칠 일이 없었다. 뫼즈강으로 이어지는 어느 협곡은 특별히 많이 노출되었는데 독일군이 적절하게도 '볼링장'이라는 별명을 붙여주었다. 탈루 능선을 넘어 진격한 제77여단은 심각한 손실을 입은 채로 그 길에서 저지당했다. 오로지 점령한 땅을 지키려 했을 뿐인데도 날마다 더 비싼 대가를 치러야 했다. 프랑스군의 무서운 대포를 피할 안전지대는 없는 것 같았다. 3월 초순 며칠 동안 어느 연대는 전선 배후에서 대기하면서 공세 첫날 부아도몽 숲에서 공격할 때보다 더 많은 손실을 입었다. 설상가상 독일군은 학살을 멈추기 위해 할 수 있는 일이 없어 보였다. 가동할 수 있는 포대는 전부 프랑스군 대포를 겨냥했지만, 프랑스군 대포의 상당수는 부아부뤼 능선에 집중된 요새들의 흉벽 뒤에 있었기에 명중시키기가 매우 어려웠다.

특히 폰 츠벨 장군은 승리를 거둔 자신의 군단이 학살당하는 광경을 보자니 분통이 터졌다. 전쟁 발발 전에 그는 베르됭 점령을 목표로 한 작전 훈련에 세 차례 참여했으며, 그때마다 뫼즈강 양안에서 동시에 공격을 감행해 측면에 포화를 맞는 위험을 미리 방지해야 한다는 결론에 이르렀다. 공세가 시작되기 전에 그는 상관들에게 이 점

주퇴복좌기(recoil buffer) 주퇴기(駐退機)와 복좌기(復座機)를 함께 붙인 장치. 주퇴기란 대포를 발사했을 때 포신만 후퇴시킴으로써 반동을 줄이는 장치이고, 복좌기란 후퇴한 포신을 제자리로 돌려놓는 장치다.

을 이해시키려 했으나 소용없었다. 그리고 이제 자신의 병사들이 그 대가를 치르고 있었다. 폰 츠벨은 27일 새벽 사모뇌에서 뫼즈강 건너 편으로 병력을 이동시키려고 필사적으로 노력했지만, 병사들은 범람 한 강 밑에 숨겨진 철조망에 걸려 거의 전부 익사하거나 포로가 되었 다. 폰 츠벨은 황태자에게 참모장을 보내 뫼즈강 좌안에서 총공격을 개시해야 한다고 한 번 더 분명하게 촉구했다.

목격자에 따르면, 독일군의 손실이 늘어나면서 전투에 충격을 받 은 어떤 대위는 대대장의 소환을 받자 이렇게 고함을 질렀다. "뭐? 대대? 아직도 그런 게 남아 있어?" 또 어떤 장군은 부상병들이 사령 부를 지나쳐 무질서하게 퇴각하는 광경을 보고 지옥의 풍경 같다고 묘사했다. 모든 지휘관은 저마다 직속 상관에게 증원을 간청했다. 그 러나 베르됭으로 이어지는 길이 넓게 열린 2월 25일에 이르면, 제5군 전체에 남은 예비 부대는 새로 편성한 연대 하나뿐이었다. 황태자는 팔켄하인에게 전화를 걸어 약속한 증원 부대를 보내라고 재촉했다. 그러나 증원 부대는 오지 않았고 올 예정도 없었다. 400명을 잃은 대 대는 그 절반밖에 안 되는 증원 병력을, 그나마 찔끔찔끔 나누어 받 았다. 한편, 약속한 두 사단은 이틀간 행군할 거리만큼 떨어진 메스 에 여전히 머물고 있었다. 만약 그 두 사단을 제때 투입할 수 있었다 면 독일군은 베르됭을 거의 확실히 손에 넣었을 것이다. 그러나 팔켄 하인은 대부분의 프랑스군이 자신의 덫에 걸리기 전에는 병력의 통제 권을 내놓을 생각이 없었다. 서부전선에 남은 독일군의 나머지 예비 부대는 영국군 반대편에서 영국군의 지원 공세를 예상하며 쓸데없이 대기하고 있었는데, 영국원정군의 헤이그는 공세에 나설 의지도 수단 도 없었다. 그리하여 팔켄하인은 2월 25일과 26일에 자신의 소심함, 미봉책을 선호하는 성향, '말려 죽이기' 실험에 대한 집착 때문에 그 전쟁에서 가장 큰 승리를 거둘 기회를 날려버렸다. 다시없을 기회였다. 당시에 팔켄하인은 거의 알지 못했지만 이때 그는 분명 독일이 전쟁에서 승리할 마지막 좋은 기회를 놓친 것이었다.

여러 역사적 사건에서 연합군을 구한 독일의 오판 중에서 특히 팔켄하인이 황태자에게 예비 부대를 보내지 않은 일은, 비록 동기는 달랐지만 히틀러가 됭케르크에서 영국군 포위를 눈앞에 두고 있던 독일 전차 부대를 멈춰 세운 것을 생각나게 한다. 그러나 베르됭 전투 첫 주에 독일군이 겪은 실패를 두고 팔켄하인에게 책임을 물을 수 있을지 몰라도(황태자는 회고록에서 모든 허물을 팔켄하인에게 돌린다), 제5군 사령부도 비난을 완전히 피할 수는 없다. 프랑스와 독일의 믿을 만한 군사 평론가들은 황태자가 팔켄하인이 내놓지 않은 예비 부대 없이도 최초 공격 때 베르됭을 점령할 수 있었다고 판단한다. 제5군은 공격을 전개하면서 분명히 지나치게 조심스럽고 복잡하게 일을 처리했다. 히틀러의 지휘관들이었다면 대부분 결코 지지하지 않았을 방식이었다. 제5군은 21일 신중하게 탐색만 하면서 귀중한 하루를 버렸다. (그날 명령에 복종하지 않아 유일하게 성공을 거둔 폰 츠벨만이 예외였다.) 프랑스군 전선 전체가 확실하게 무너지던 24일까지도 독일군 돌격부대는 여전히 포병대가 새롭게 준비하기를 기다리고 있었고 그런 다음에 마치 덫 안으로 마지못해 걸어 들어가듯이 조심스럽게 이동했다. 서부전선이 어느 편도 돌파할 수 없는 완전한 교착 상태에 빠진 지 18개월이 지난 뒤라서, 베르됭의 독일군 하급 지휘관들은 자신감을 잃었다. 그렇게 많은 사람이 실패한 곳인데 자신들이라고 성공할 수 있겠냐는 생각이었다.

2월 마지막 날, 황태자와 그 참모진은 폰 팔켄하인 장군과 협의회를 열었다. 제5군은 이제 무엇을 해야 하나? 분위기는 전혀 부드럽지 않았다. 베르됭에서 제5군이 보여준 실망스러운 결과를 덮기 위해 팔켄하인이 내놓을 수 있는 것은 동시에 전개된 유보트 작전이 이미 놀라운 성과를 거두었다는 소식이 전부였다. 황태자는 뫼즈강 좌안의 프랑스군 진지들이 가하는 위협에 특히 신경을 썼기 때문에 "내가 경고하지 않았나"라는 태도를 감추기가 분명 다소 어려웠을 것이다. 팔켄하인 홀로 공격을 한쪽 강가로 한정하자고 고집했기 때문이다. 베르됭 요새의 건설자인 드 리비에르 장군은 그곳의 아킬레스건은 좌안에 있다고 경고했다. 전쟁 이전 독일군 기동 훈련이 준 교훈이 있었기에 팔켄하인의 포병대 고문들은 모두 뫼즈강 양안을 동시에 공격해야 한다고 강조했다. 바이에른 왕세자 루프레히트도 베르됭에서 멀리 떨어져 있었지만 공세가 시작되기 며칠 전에 팔켄하인에게 뫼즈강 좌안의 프랑스군이 측사(側射)를 가하면 진격을 저지당하게 될 것이라고 경고했다. 그러나 냉정하고 초연한 총사령관은 누구에게도 조언을 구하지 않았고 어떤 조언도 받아들이지 않았다. 회고록에서 팔켄하인은 그때 자신이 위험을 예견했지만 가용 병력이 제한된 상황에서 좌안을 공격한다면 "튼튼하게 축조된" 적군 진지에 의해 저지될 것이라 생각했다고 설득력 없는 주장을 폈다. (실제로 2월 21일 뫼즈강 좌안의 프랑스군 방어선은 우안보다 결코 더 잘 준비되어 있지 않았고, 적절한 병력을 갖추지 못했다면 우선 공세를 취하지 **말아야** 했다는 답변은 너무도 당연하다.)

그러나 황태자는 공세의 향방을 두고 견해를 알려 달라는 요청을 받았을 때 공세를 계속해야 한다고 말했다. 기습을 놓쳤기에 이후 진행이 더 어려워질 것이 분명했지만, '상당한 정신적, 물질적 승리'의 전망은 여전히 엄청나게 유혹적이었다. 황태자는 세 가지 조건을 내세웠다. 첫째, 즉시 뫼즈강 좌안으로 공세를 확대해야 한다. 베르됭으로 가는 최선의 방법이기 때문이 아니라 "주공격의 부담을 덜어주어야 할 전술적 필요성" 때문이었다. 둘째, 황태자는 "총사령부가 공세를 지속하는 데 필요한 병력과 물자를 찔끔찔끔 주는 것이 아니라 대규모로 공급할 수 있어야 한다고 확신"했음이 분명하다. 셋째, "우리가 적보다 더 많은 손실을 입고 더 빨리 지치는" 순간 작전을 중지해야 한다.

팔켄하인이 정확히 어떻게 답변했는지는 기록되지 않았지만 황태자와 폰 크노벨스도르프 장군을 만족시켰던 것 같다. 3월 6일에 뫼즈강 좌안에 대규모 공세를 퍼붓기 위한 준비가 시작되었다. 이를 위해 새로운 군단인 제6예비군단이 배정되었다. (병력 수로 말하자면 팔켄하인이 2월에 움켜쥐고 있던 예비 부대보다 더 많았다.) 동시에 이튿날 뫼즈강 우안에 두 번째 공격을 가해 보 요새를 점령하기로 했다. 앞서 그곳 대포의 종사(縱射) 때문에 제5군이 측면을 공격당해 전진하지 못했기 때문이다. 두오몽 요새에 닻을 내린 중앙군은 이 두 위협 요소가 제거될 때까지 버텨야 했다. 이른바 '양익 전투(Battle of the Wings)'가 시작될 순간이었다. 팔켄하인의 '제한된' 공세는 빠르게 부푸는 종기처럼 이미 규모가 두 배로 늘었다.

솜강 너머 자신의 사령부에 머물던 영리한 바이에른 왕세자 루프레히트는 일기에 이렇게 적었다. "베르됭에서 이제야 뫼즈강 좌안도 공격한다는 이야기가 들려온다. 즉시 결행했어야 했다. 이제 기습의 기회는 사라졌다."

지리적으로 뫼즈강의 양안은 뚜렷한 대조를 보인다. 우안은 짙은 숲으로 뒤덮인 산등성이와 도랑이 갑자기 나타나 자주 끊긴다. 입증되었듯이, 독일군이 침투 기술을 펼치기에는 이상적이었다. 다른 쪽, 즉 좌안은 풀이 무성한 넓은 사면에서 양 떼가 평화롭게 풀을 뜯는

탁 트인 구릉지이다. 계곡은 넓고 고개는 혼잡하지 않으며 덤불이 적어서 전망이 트였다. 베르됭과 제1선 사이의 지형에서 독일군 사령부가 정한 주된 목표 지점은 강을 향해 직각으로 이어지는 길고 황량한 구릉이었는데 꼭대기에 작은 언덕이 두 개 있었다. 그 구릉의 이름은 르모르옴(Le Mort Homme, 죽은 남자)이었다. 모르옴의 고도는 두오몽 요새보다 약 90미터 낮지만, 그곳에서 사방으로 트인 시야는 대단했다. 이 구릉을 차지하면 배후에 웅크리고 숨은 프랑스군 야포 중대 가운데 가장 해로운 것을 제거할 수 있었고, 베르됭으로 이어지는 그 다음 능선, 즉 프랑스군 중포가 집중되어 있는 지극히 중요한 부아부뤼 숲을 사실상 내려다볼 수 있었다. 모르옴은 독일군의 전방 진지에서 겨우 약 3.2킬로미터밖에 떨어져 있지 않았기에 결연한 공격을 결코 피할 수 없을 것 같았다. 특히 제5군이 뫼즈강 우안을 공격한 처음 나흘 동안에만 세 차례나 멀리 진격했음을 생각하면 더욱 그랬다. 하지만 모르옴은 실제로는 이후 거의 석 달 동안 가장 치열한 접전의 중심지가 된다.

조마조마했던 첫 주 동안 드 바레스퀴 대령은 매일 아침 수이이의 병상을 찾아 전날 전황을 보고할 때마다 페탱에게 같은 질문을 받았다. "좌안에 새로운 일은 없나?" 이동 중인 독일군 병력의 긴 행렬, 그리고 이제는 익숙해진 지하 진지가 뫼즈강 좌안에서 만들어지고 있음을 경고하는 첩보가 계속 들어왔는데도 예상했던 공격이 여전히 시작되지 않았기 때문에, 페탱은 이렇게 말했다고 한다. "저들은 무엇을 해야 하는지 모르는군." 프랑스는 적어도 이번에는 기습을 당하지 않을 것이었다. 프랑스군은 방비를 보강했고, 그들의 끊임없는 포격에 독일 황태자도 이렇게 인정할 수밖에 없었다. "우리의 공격 준비는 적지 않게 방해를 받았다." 독일군의 포격이 우레 소리를 내며 프랑스군 진지를 타격하기 시작한 6일 아침이면, 드 바즐레르 장군은 뫼즈강 좌안의 방어선에 4개 사단을 배치하고 다섯 번째 사단을 예비 부대로 준비한 상태였다. 그때까지 베르됭에서 이루어진 가장 통일성 있는 방어 체계였다.

그랬는데도 독일군은 맹공을 퍼부어 곧바로 아주 쉽게 몇 가지 성공을 거두었다. 독일군의 중포탄이 2월 21일의 파괴적인 포격에 견줄 만한 강도로 프랑스군 제67사단(역량이 그다지 뛰어나지 못한 부대였다)에 비 오듯 쏟아졌다. 그때까지 제67사단은 이런 일을 강 건너편에서 간접적으로 전해 들었을 뿐 직접 경험한 적은 없었다. 늘 그렇듯이 반 시간 안에 후방 통신선이 전부 끊겼고, 병사들의 사기가 꺾였다. 뒤이어 이번에는 독일군 보병들이 지체 없이 공격해 들어왔다. 휘몰아치는 눈보라 속에서, 독일군 제77여단은 범람한 뫼즈강을 브라방과 샹뇌빌에서 건너 앞선 실패를 만회했다. 폰 츠벨 장군은 장갑열차를 들여보내 그 열차에 탑재된 대포로 강 건너편의 보병들을 근접 지원했다. 부아부뤼 숲 배후에서 경계를 늦추지 않던 프랑스군 포병들은 곧 독일군 기관차의 연기로 열차의 위치를 파악해 정밀 타격을 가했고, 열차는 다소 치욕스럽게 물러나야 했다. 그런데도 피해는 있었다. 폰 츠벨의 병사들은 뫼즈강 좌안, 프랑스군 제1방어선 뒤쪽으로 확고히 자리를 잡았다. 전혀 예기치 않은 참화가 프랑스군을 덮쳤다. 부아부뤼 숲의 포병들은 진격하는 독일군에게 무시무시한 포탄 세례를 퍼부었지만 뫼즈강에 인접한 질척한 습지에서 꽤 많은 포탄의 신관이 폭발하지 않았다. 뫼즈강 좌안을 따라 신속히 이동한 리만 장군의 제22예비사단은 폰 츠벨의 부대에 합류해 레뉴빌에서 뫼즈강의 만곡부에 갇힌 프랑스군을 협공했다. 방어는 약했다. 밤이 되자 독일군은 포르주와 레뉴빌 두 마을과 루아 고지(Côte de l'Oie, 거위 능선)

위의 중요한 265고지를 점령했다. 이 능선은 서쪽 끝에서 부아데코르보 숲과 합쳐지며, 부아데코르보 숲은 북동쪽으로부터 모르옴의 측면과 직접 이어진다. 신속히 이동한 독일군 선봉대는 어둠을 뚫고 벌써 부아데코르보 숲으로 들어가고 있었다. 모르옴 인근의 유일한 숲인 이곳에서 침투 전술을 잘 실행하면 대단히 유리한 위치를 차지할 수 있었다.

그러나 모르옴을 정면에서 들이받은 주공격은 출발점에서 얼마 나아가지 못했다. 그 방향에서 공격해 들어오리라 예상한 프랑스군의 포화에 저지당한 것이다. 상사들이 쉰 목소리로 거듭 병사들을 독려해 한 번 더 힘을 내려 했으나, 결과는 같았다. 보병의 운명은 전적으로 상대편 포대의 성공 여부에 달려 있었다. 이것은 이미 베르됭 전투의 변함없는 특징이었다.

프랑스군은 경악했다. 제67사단은 너무 쉽게 물러났다. 둘째 날 전투가 끝날 때쯤 3천 명 이상이 항복했다. 제211연대에서만 1,200명이 넘었다. 드 바즐레르 장군의 사령부는 관례적으로 아주 엄격한 명령을 내렸다. (안타깝게도 이 사령부도 독일군 손안에 들어왔다.) 포르주의 지휘관은 의무를 다하지 못했으므로 군법회의에 회부될 것이었고, 대포와 기관총이 퇴각하는 부대를 겨냥할 것이었다. 독일군의 의도와, 그들이 얼마나 위협적으로 보일지는 쉽게 알 수 있었다. 결정적인 고지인 모르옴은 북동쪽에서 부아데코르보 숲을 통해 측면을 공격해야만 점령할 수 있었다. 7일 오후, 구간 전체를 뒤덮은 탄막이 강도를 더하면서, 독일군은 부아데코르보 숲을 전부 점령했다. 프랑스군 제211연대 연대장은 막판까지 용감하게 방어해 불명예에서 벗어나긴 했지만 부상을 입고 포로가 되었다.

부아데코르보 숲은 어떤 희생을 치르더라도 되찾아야 했다. 드 바즐레르는 자신이 맡은 방어선의 다른 쪽 끝에서 정예 연대를 끌어와 8일 새벽에 신속히 반격을 가하기로 결정했다.

이 필사적인 공격의 지휘관으로 선택된 사람은 기품 있는 마케르 중령이었다. 그의 거친 콧수염은 1914년 이전 프랑스의 생시르 사관학교 출신의 특징이던 자긍심과 스파르타 정신, 전통, 광적인 용기 모두를 전형적으로 보여주는 듯했다. 마케르의 전투는 제1차 세계대전의 어두운 연대기가 아니라 아우스터리츠나 보로디노 전투의 한 장처럼 읽힌다. 8일 아침 동이 트기 전, 그 잘생긴 중령은 포격 소리가 시끄럽게 울리는 가운데 전령이 깨워서 일어났다. 그는 물이 없어서 포도주로 콧수염을 씻으면서 침착하고 세심하게 싸움을 준비했다. 마케르 중령의 연대는 마치 나폴레옹 부대의 대형처럼 어깨와 어깨를 밀착시킨 촘촘한 제대(梯隊) 세 개로 정렬했고, 연대장은 맨 앞에서 곤봉을 휘두르며 조용히 엽궐련을 태웠다. 연대는 절도 있는 구보로 약 365미터 앞에 놓인 숲을 향해 출발했다. 독일군의 기관총과 유산탄으로 숲 곳곳에 큰 구멍이 패였으나, 마케르의 연대는 나폴레옹의 선임근위대를 명예롭게 했던 규율을 지키며 대열을 흩뜨리지 않았다. 약 91미터 전방에서 마케르의 병사들은 착검하고 돌격했다. 숲 속에는 독일군이 전진하며 다소 불안정한 돌출부가 만들어졌는데 적절하게 보강되지 못했다. 독일군은 프랑스군이 눈 내리는 새벽에 회색으로 빛나는 총검을 꽂고 당당하게 돌진하자 몹시 당황했고 지휘관이 일찍 사망하면서 더욱 기겁하여 퇴각했다. 오전 7시 20분 부아데코르보 숲은 사실상 프랑스군이 다시 장악했다.

부아데코르보 숲을 잃었다는 소식이 전해지면서 독일군의 뫼즈강 좌안 계획은 가장 중대한 시점에 거의 전부 엉망이 되어버렸다. 전면적인 최종 공격에 앞서 모르옴을 포격하기로 한 일정이 갑자기 취소되었고, 프랑스군의 새로운 출격에 맞서 6일에 점령했던 지역을 지키는 데 전력을 쏟았다. 프랑스군의 즉흥적 반격이 그토록 큰 성공을 거둔 적은 없었다. 3월 9일 독일군이 베탱쿠르를 거쳐 북서쪽으로 모르옴을 다시 습격할 준비가 되었을 때, 프랑스군은 최초의 패배 이후 제대로 강화된 상태였다. 독일의 제국기록보관소는 "좌안에서 완전히 실패한 첫 번째 공격의 비극"을 기록했다. 그러나 안타깝게도 프랑스군의 미남 중령은 승리를 오래 만끽하지 못했다. 10일에 펼쳐진 두 번째 용감한 새벽 공격에서 마케르의 연대는 부아데코르보 숲에 붙은 작은 숲 밖으로 독일군을 몰아냈다. 이후 마케르는 휘하의 어느 대대장을 축하하러 전방으로 이동했다. 두 사람은 독일군의 기관총 사격에 사망했다. 바로 그 순간 독일군이 다시 공격해 왔고, 뛰어난 지도자가 죽었을 때 종종 그렇듯이 마케르의 병사들은 낙담했다. 부아데코르보 숲은 다시 한번 주인이 바뀌었다. 그러나 독일군은 손실이 너무도 커서(어느 슐레지엔 대대는 병력이 300명으로 줄었다) 더 전진할 수 없었다. 다음 한 달 동안 모르옴으로 가는 이 접근로의 전선은 거의 변동이 없었다.

한편 뫼즈강 우안에서 독일군이 재차 노력을 쏟아 거둔 성과는 훨씬 더 초라했다. 대포에 탄을 공급하는 것이 매우 큰 문제였는데 마지막까지도 극복하지 못했다. 강인한 독일군 보병들까지 인간 노새로 투입되어 무거운 포탄을 등에 지고 힘겹게 운반했다. 그러나 커다란 박격포에 쓰이는 독가스탄은 위험할 정도로 불안정해서 병사들은 당연히 운반하기를 주저했다. 결국 공격을 48시간 연기해야 했고, 그러면서 뫼즈강 양안에서 동시에 공격하는 이점은 사라졌다. 최초 돌격은 보 마을의 변두리까지, 보 요새의 가장자리까지 이어졌으나 그곳에서 벌어진 살벌하고 혼란스러운 전투 중에 점차 동력이 사라졌다. 혼란 속에서(보 마을은 3월 전투 중에 열세 차례 주인이 바뀌었다고 한다) 독일군 제5예비군단 제9예비사단 사단장 폰 구레츠키코르니츠(Hans von Guretzky-Cornitz)는 아군이 보 요새를 사실상 점령했다는 말을 들었다. 그는 진위를 확인하지 않고 자랑삼아 약간 살을 보태서 사령부에 보고했다. 그 소식은 다시 아무런 의심도 받지 않고 여기저기로 전해졌고, 동시에 카이저가 구레츠키코르니츠에게 푸르르메리트 훈장을 수여했다는 발표가 나왔다. 사실상 점령이라는 소식을 믿고 보 요새를 접수하기 위해 정찰 없이 4열 종대로 출발한 독일군은 요새 앞에서 장난감 병정처럼 쓰러졌다. 실제로 그때까지 보 요새에 발을 들인 독일군은 아무도 없었다. 두오몽 때문에 여전히 기가 눌려 있던 프랑스군 총사령부의 선전가들은 독일군이 저지른 커다란 실수와 뒤이은 합리화 시도를 포착하고 기쁨의 환호성을 질렀다. 조프르는 독일군의 공격이 전선 전체에서 저지되고 있다는 소식에 승리를 선언하고 공을 차지할 준비를 하며 기뻐했다. 조프르는 일일 명령을 내려 제2군에 이렇게 선포했다. "훗날 그대들을 두고 사람들은 이렇게 말할 것이다. '그들이 베르됭으로 가는 길을 막았다!'" 하원 국방위원회에서 조프르는 뫼즈강 우안을 포기할 생각은 당연히 전혀 없었다고 주장했다. 짜증이 난 페탱에게 조프르는 베르됭에서 조기에 대반격을 가하는 문제를 이야기했다.

14장

불타오르는 지옥, 모르옴

적은 새롭게 시도할 수 있다. …… 자신감 넘치는 프랑스는
군대가 적을 막고자 세운 방책이 무너지지 않을 것임을 알고 있다.
— 조제프 갈리에니 장군

페탱은 물론이고 베르됭에서 싸운 프랑스 지휘관들 중에 조프르
의 낙관론을 온전히 공유한 사람은 아무도 없었다. 독일 황태자가 아
직 두 번째 화살을 쏘지 않았기 때문이다. 약속된 예비 병력은 이번에
는 좀더 자유롭게 이동했다. 3월 14일 따사로운 봄볕이 처음 느껴지
던 날, 독일군은 새로이 6개 사단을 투입해 모르옴에 전면 공격을 가
했다. 공격은 매일같이 계속되었다. 프랑스군이 볼 때 적군은 이 황량
한 작은 산을 손에 넣으려고 병력과 포탄을 끝도 없이 준비한 것 같
았다. 전장의 이 자그마한 구역에 단조롭고 지루한 패턴이 나타났고
그것은 이후 두 달간 거의 중단 없이 지속되었다. 몇 시간 동안 집중

포격이 이루어진 뒤, 독일군 공격 부대가 프랑스군 방어선의 남은 것을 쓸어버리려고 쇄도하곤 했다. 참호 이야기는 할 수 없었다. 참호 따위는 남아 있지 않았기 때문이다. 독일군이 진격해 점령한 것은 대부분 여기저기 널린 포탄 구덩이였다. 구덩이 안을 보면 고립된 병사들이 수류탄과 곡괭이 자루로 자신들의 '진지'를 지키며 살아 있거나, 잠들어 있거나, 죽어 있었다. 이번에는 독일군의 상황도 별로 나을 것이 없었다. 프랑스군 대포가 쉴 틈을 주었더라도, 독일군이 소중히 여긴 지하 진지를 만들 물자가 없었기 때문이다. 부아부뤼 숲의 대포들이 친 치명적인 탄막 때문에 독일군의 힘이 소진되면, 그 뒤엔 반드시 프랑스군의 반격이 이어져(24시간 이내에 반격했다) 생존자들을 다시 밀어냈다. 그러나 그 움직임은 늘, 언제나 밀물과 비슷했다. 밀물과 썰물처럼 진퇴가 반복되었지만 회녹색(독일군 군복 색) 바다는 조금씩 더 앞으로 다가왔다.

대체 무엇을 위해 그런 대가를 치러야 했나? 격렬한 전투 속에서 양측 사상자는 섬뜩할 정도로 늘었다. 당시에 런던에서 발행되던 잡지 〈랜드 앤 워터(Land and Water)〉는 "베르됭. 르모르옴 습격"이라는 제목으로 만평을 실어 카이저와 황태자가 독일 병사들에게 채찍질을 가해서 죽음의 품으로 밀어 넣는 장면을 묘사했다. 3월 말이 되자 사상자는 독일군 8만 1,607명, 프랑스군 8만 9천 명에 이르렀다. 전투 지역이 압축되면서 상급 지휘관의 손실도 점차 사병의 손실만큼이나 늘어났다. 프랑스군의 어느 사단에서는 3월 중순에 벌어진 전투에서 네 명뿐인 대령 중 세 명이 사망했다.

뫼즈강 좌안에서 독일군은 전술적으로 점차 불리해지고 있음을 깨달았다. 자신들의 침투 방법이 뛰어난 효과를 낼 수 있었던 숲과 울퉁불퉁한 땅이 사라졌고, 무시무시한 화염방사기는 이제 대체로 자

모르옴에서 화염방사기를 들고 진격하는 독일군 병사들. 화염방사기는 프랑스 병사들에게 공포의 대상이었지만 트인 곳으로 나오는 순간 표적이 되어 오히려 자살 무기가 되기 쉬웠다.

살 무기가 되었다. 트인 땅으로 나오는 즉시 표적이 되었기 때문이다. 화염방사기를 든 독일군 공병은 수류탄이나 포탄에 의해 연료통에 구멍이 나면 곧바로 꿈틀거리는 횃불로 바뀌었고, 또 부상을 당하면 고통 때문에 몸이 휙 돌아가 지옥의 액체를 전우들에게 뿌려댔다. 프랑스군 병사들은 홀린 듯 그러한 광경을 바라보며 공포에 사로잡혔다. 그러나 이러한 전술적 무능 중에서도 최악은 개활지로 나왔을 때 정면 공격을 무산시킨 측면 사격이었다. 제5군은 자신들의 우측면을 괴롭힌 대포를 제거하기 위해 뫼즈강 건너편으로 공격을 확대했다. 그런데 이번에는 그 2차 공격이 우측면, 즉 모르옴의 두 봉우리 중 서쪽에 있는 304고지 능선에 설치된 프랑스군 대포에 의해 저지되었다. 연합군이 자신들이 시도했던 모든 실패한 공세에서 깨달았듯이, 전선이 아무리 넓어도 측면에는 늘 악마 같은 기관총이 지키고 있어서 1개 사단 전체를 저지할 수 있었고, 적의 기관총을 제거하기 위해 전선을 확대하면 새로운 측면에 새로운 기관총이 반드시 나타났다. 외과 의사가 급성 종양을 다룰 때처럼, 칼은 최초의 환부에서 한층 더 깊이 들어간다. 그래서 이제 독일군은 모르옴을 겨냥한 첫 번째 일련의 공격이 큰 희생을 치르고 실패한 뒤 304고지를 확보해야만 더 전진할 수 있다고 판단했다.

전에도 그런 적이 있듯이, 독일군의 첫 번째 노력은 프랑스군의 참사로 보상을 받았다. 독일군은 첫 번째 모르옴 공격에서—거의 성공할 뻔했다.—북동쪽으로부터 모르옴의 측면을 치려고 했고, 이제 304고지를 공격하면서 서쪽에서 비슷한 기동을 시도했다. 독일군이 선택한 지점은 베르됭 돌출부의 서쪽 끝으로 말랑쿠르 마을과 아보쿠르 마을 사이에 있었는데, 전선은 거기서부터 에스 숲의 끝을 지나 남쪽으로 돌았다. 그곳 부아다보쿠르 숲의 프랑스군 방어선에는 오목하게 들어간 위험 구역이 있었는데, 그런 위험을 인지해 방비가 튼튼했다. 보루는 잘 은폐되었고 길이 약 46미터의 삼중 철조망이 보호했다. 그곳은 뫼즈강 좌안의 프랑스군 방어선에서 가장 강한 구역이었을 것이다. 그러나 독일군에게 그곳은 304고지로 나아가는 열쇠였고, 304고지는 모르옴으로 가는 열쇠였다. 그리고 모르옴은 뫼즈강 우안과 그 밖의 많은 곳을 여는 열쇠였다.

임무는 제11바이에른사단에 떨어졌다. 최근에 세르비아 전역과 갈리치아 전역에서 폰 마켄젠*의 지휘로 이름을 떨친 부대였다. 사단장 폰 크노이슬(Paul von Kneußl)은 폴란드 프셰미실의 러시아 요새를 점령한 공로를 인정받아 푸르르메리트 훈장을 받았다. 부지런한 바이에른 병사들은 오랫동안 그와 같은 공격을 준비했다. 여느 때처럼

아우구스트 폰 마켄젠(August von Mackensen, 1849~1945) 대전이 발발했을 때 제17군단 군단장이었고 1914년 11월 2일 제9군 사령관이 되었으며 1915년 4월 22일부터 9월 8일까지 마켄젠집단군 사령관을 맡았다.

깊은 지하 진지를 팠고, 공병들은 프랑스군 방어선 밑으로 지뢰 갱도를 여럿 만들었다. 이중 어느 것도 프랑스군의 눈을 피하지 못했다. 프랑스군은 끌어올 수 있는 중박격포를 몇 문 가져왔고, 그 결과 지하 진지에 있던 많은 바이에른 병사들이 생매장당했다. 게다가 결정적인 순간에 최소한 한 개 이상의 지뢰가 폭발하지 않았다. 그러나 이러한 준비는 필요 없는 것이었다. 바이에른 병사들은 매우 다른 방식으로 성공을 거두게 된다.

부아다보쿠르 숲을 지키던 프랑스군 제29사단은 참호에 너무 오래 있었다. 병사들은 대부분 기후가 온화하고 풍경이 멋진 남부 지역 출신이었는데, 참호에 머물면서 사기가 떨어졌고 탈영자가 많았다. 폰 크노이슬의 정보 장교들은 탈영병들에게서 프랑스군 철조망을 지날 수 있는 통로에 관해 매우 정확한 정보를 입수했다. 프랑스 쪽에서도 훗날 '의심스러운 분자들'이 독일군과 협상했다고, 그들이 실제로 적군에게 길을 알려주었다고 주장했다. 진짜 원인이 무엇이었든 간에 ― 이 의혹은 결코 완전히 해소되지 않았으며, 독일의 공식 역사는 여전히 당시의 성공을 바이에른 부대의 순수한 '공격력' 덕분으로 돌린다. ― 3월 20일 오전 네 시간이 채 못 되어 프랑스군 진지는 전부 와해되었다. 공격군의 손실은 무시할 만한 수준이었다. 프랑스군 여단 하나가 전부 포위되어 항복할 수밖에 없었다. 포로와 노획물은 병력 2,825명, 기관총 25문, 각종 대포 12문에다 상자째로 발견된 무공훈장(Croix-de-Guerre)도 있었다. (무공훈장을 발견한 것은 독일 종군 기자들을 기쁘게 했다.) 포로가 된 58명의 프랑스군 장교 중에는 여단장과 두 명의 연대장이 있었는데, 자신의 대피호에 있던 여단장은 총성한 발로 붙잡을 수 있었다.

사정에 밝은 프랑스인들에게 아보쿠르에서 벌어진 참사는 커다란 충격이었다. 푸앵카레 대통령은 침울한 심정으로 일기에 이렇게 썼다. "또 실패했다!" 이 말은 베르됭에서 사기가 떨어졌다는 소식이 이번이 처음은 아니었음을 보여준다. 팔라 장군이 생각하기에 이 일화는 "제1차 세계대전 중에 우리 편에 일어난 가장 개탄스러운 일"이었다. 이 치욕은 새로운 위협을 선사했으며, 뫼즈강 좌안을 지키던 이들을 격분하게 만들었다. 그리하여 프랑스군은 155밀리미터 대포들을 동원해 부아다보쿠르 숲에 포탄을 퍼부어 바이에른 병사들을 최대한 불편하게 만들었다. 3월 22일, 독일군은 아보쿠르에서 거둔 성공의 효과를 극대화하려고 시도했지만 좋은 자리를 잡아 삼면에서 총탄 세례를 날린 프랑스군 기관총에 막혔다. 비가 내리면서 전장은 습지로 변했고, 중박격포를 가져와 독일군을 물리치기는 불가능했다. 프랑스군 기관총 사수들은 단 한 명의 독일군도 남지 않도록 모든 대대를 전부 해치울 때까지 계속 발사했다. 제국기록보관소는 그날의 싸움이 베르됭 전투 전체에서 "가장 영웅적인 싸움의 하나"였다고 기록했다. 이것은 제1차 세계대전 공식 기록에, 특히 사상자가 섬뜩할 정도로 많았을 때에도 자주 쓰이지 않은 표현이다. 베르됭의 이 작은 귀퉁이에서 벌어진 전투에 참여한 독일군 대대는 비교적 소수였는데, 실제로 그날 하루 동안 독일군 사상자는 2,400명을 넘었다. 1944년 6월 6일 노르망디 상륙 작전이 감행된 날에 발생한 영국군 총 사상자 수보다 약간 적은 수였다. 소득은 거의 없었다.

3월 29일, 프랑스군은 부아다보쿠르 숲의 방어선에 뚫린 위험한 구멍을 메우려고 애썼다. 프랑스의 유명한 군사 작가인 드 말르레 중령이 공격을 이끌었다. 드 말르레 중령은 숲의 일부를 탈환했으나, 자주 그렇듯이, 이후 치명상을 입어 두 다리를 절단했다. 같은 연대의 소위였던 아들 드 말르레는 아버지가 부상을 당했다는 소식을 들었지만 다리 절단에 관해서는 듣지 못했다. 드 말르레 소위는 그날 저녁 전선으로 가던 중에 아버지의 상관인 연대장을 우연히 만났다. 아들은 자랑스럽게 물었다. "연대장님, 저의 아버지가 마음에 드십니까?" 연대장이 할 수 있었던 말은 이것이 전부였다. "아! 가엾은 것!"

공격군에서 피로의 징후가 점점 더 늘었다. 아직 한창 나이인 어느 중령은 심장마비로 사망했고, 독일군 의무 장교들은 병사들의 건강 상태에 심각한 우려를 드러냈다. 독일군 부대들이 '(참호 흙벽을 넘어) 돌격하기'를 거부했다거나 너무 쉽게 항복했다는 보고들이 처음으로 올라왔다. 병사들이 집으로 보내는 편지에서 다음과 같은 어조가 점점 더 자주 나타났다. "열아홉 명으로 이루어진 우리 반(半)소대에서 겨우 세 명 남았어요. …… 귀휴 부상(Heimatschuss)을 입고 떠난 사람들은 운이 좋았다고 말합니다." 부분적으로는 인명 손실을 끊임없이 보충병으로 메우면서 사단들을 오랫동안 전선에 머물게 하는 독일군 사령부의 가혹한 체제가 문제였다. 숙련된 고참병들의 영향력이 점점 더 약해지면서, 고국의 연병장에서 갓 들어온 애처로운 열여덟 살짜리들은 베르됭 전투의 냉혹한 요구를 견디기가 점점 더 어려워졌다. 그들의 머뭇거림은 연대 전체의 공격력에 영향을 끼쳤다. 팔켄하인은 그다운 냉정함으로 3월 전투의 결과를 다음과 같이 요약했다. "우리는 이 성공을 이용해 포대를 앞으로 충분히 전진시키려 했으나 독특한 지형 탓에 그럴 수 없었고, 따라서 여기서 준비 작업을 계속해야 했다." 시련의 조짐이 보이고 결과가 실망스러웠지만, 독일군은 '준비'를 계속했고 희생이 얼마나 크든 간에 뫼즈강 좌안을 집요하게 타격했다. 회녹색 물결은 조금씩 꾸준히 전진했다. 3월 31일, 말랑쿠르가 함락되었다. 4월 5일에는 오쿠르, 4월 8일에는 베탱쿠르가 함락되었다. 독일군 지휘관들은 프랑스군의 사정이 틀림없이 훨씬 더 나빠졌을 것이기에 사상자도 한층 더 늘었을 것이라고 생각했다. 프랑스군은 얼마나 더 견딜 수 있을까? 4월 1일, 카이저는 처음으로 독일의 패를 드러내면서 이렇게 선언했다. "1870년 전쟁은 파리에서 결정되었다. 이 전쟁은 베르됭에서 끝날 것이다."

독일군은 한 번 더 전술을 바꾸었다. 4월 9일, 독일군은 베르됭 전선 전체에서, 뫼즈강 양안에서 전면 공세를 취하기로 결정했다. 일찍이 2월 21일에 결행했어야 할 일이었다. 304고지와 모르옴은 동시에 공격해야 했다. 독일군은 제5군 사령부를 능률적으로 편제해 뫼즈강 우안 공격은 폰 무드라(Bruno von Mudra) 장군에게 맡겼고 좌안 구간의 공격은 발칸 반도에서 데려온 폰 갈비츠(Max von Gallwitz) 장군에게 지휘를 맡겼다. 폰 갈비츠는 유능한 포병 장교로서 전쟁 직전에 야전 포대 감찰감을 지냈으며 최근에는 세르비아에서 제11군을 지휘해 승리를 거두면서 명성이 더 높아졌다. 젊은 참모 장교가 폰 갈비츠와 동행했는데, 그는 이후 제2차 세계대전에서 독일의 가장 훌륭한 지휘관 중 한 명으로 꼽힐 에리히 폰 만슈타인이었다. 그러나 폰 갈비츠 장군은 베르됭에 도착하자마자 프랑스군 대포의 힘에 압도되었다. 그의 휘하 사단장 한 명이 타고 있던 자동차를 날려버렸던 것이다. 폰 갈비츠는 침울하게 일기에 이렇게 썼다. "너무나 큰 임무를 부족한 예비 병력으로 수행했다."

모르옴 점령이라는 까다로운 임무는 총사령관의 형 오이겐 폰 팔켄하인(Eugen von Falkenhayn)이 맡았다. 그는 기병 장군으로서 제22예비군단 사령관이었고 황태자의 어릴 적 가정교사였다. 오이겐 폰 팔켄하인은 신중함이라는 가문의 특성을 충분히 지녔던 것 같다. 폰 갈비츠는 그가 지나치게 꼼꼼해 굼뜨다고 불평하면서 이렇게 빈정댔다. "우리는 빨라도 1920년은 되어야 베르됭에 있을 것이다." 전선 전체에서 심하게 압박을 받은 프랑스군 지휘관들은 모든 구역에서 간절하게 예비 병력을 요청했지만, 예비 병력이 없는 경우가 많았다. 그러나 연로한 팔켄하인이 좌우에서 대규모로 지원을 받았는데도 할 수 있는 일은 모르옴의 북쪽 산마루로 전선을 밀어 올리는 것이 전부였다. 독일군 진영에서는 잠시 큰 환호가 일었다. 지도에는 이 산마루가 모르옴으로 표시되어 있었기 때문이다. 녹초가 되도록 전투를 수행한 끝에 막 그곳에 도착한 보병들은 환호하지 않았다. 그 너머로 약 91미터 떨어진 곳에 30미터 더 높은 다른 꼭대기, 즉 진짜 모르옴이 있었던 것이다. 그곳은 프랑스군이 여전히 굳게 지키고 있었다. 이들보다 더 쓰라린 좌절을 겪은 등반가는 없을 것이다.

2월 21일 이후 최대 규모로 이루어진 이 공세를 위해 독일군은 열차 17대분의 탄약과 수천 명의 추가 병력을 투입했다. 오이겐 폰 팔켄하인 휘하 사단들 중 단 하나의 사단만이 모르옴의 피로 물든 북사면에 2,200명을 버려두고 왔다. 프랑스군 방어선은 곳에 따라 작은 충격을 받기는 했지만 어디서나 유지되었다. 이번에도 독일군 사상자들은 대다수가 304고지 배후의 분노한 대포들에 당했다. 페탱은 드물게 낙관론이 깃든 일일 명령을 발표했다. 명령은 이렇게 시작했다. "4월 9일은 우리 군대에 영광스러운 날이었다." 그리고 이렇게 잔 다르크가 남긴 말을 살짝 바꾼 문구로 끝냈다.* "용기를 내라, 저들을 해치우자!"

4월 9일 이후, 양쪽 군대의 집중 포격에 마치 화산처럼 연기를 내뿜던 모르옴이 실제로 어느 쪽에 속하는지 말하기는 어려웠다. 서로 대적하던 두 군대는 두 봉우리, 즉 265고지와 295고지 사이를 오가며

---

* 원문은 이렇다. "우리의 적들, 저들은 망상에 빠져 있다. 저들을 해치우자! 프랑스 땅 밖에서 때려눕히자."(저자 주)

점점 더 심한 절망에 갇혔다. 그 절망감은 뫼즈강 좌안에서 몇 달간 끝없이 지속된 최악의 전투를 상징했다. 스물두 살 난 프랑스군 소위 로제 캉파나(Roger Campana)는 이미 베르됭에서 한 차례 전투에 투입되었는데, 그의 일기는 일정한 형태도 없는 야만적인 전투에 사로잡힌 이들에게 그 전투가 어떻게 비쳤는지 보여준다. 4월 6일 265고지와 모르옴 북사면의 진지를 차지한 캉파나는 비교적 조용한 상황에 놀랐고 기뻤다. 어느 전위 중대의 중위는 전쟁 발발 전에 수학자였는데 대피호에서도 공부를 계속하려고 초를 하나 요청했다. 평온함은 이틀 동안 지속되었다. 그러다가 4월 8일에 '수학자 중위'는 정찰 중에 독일군 탈영병 두 명을 사로잡았다. 이들은 곧 공격이 있을 것이라고 경고했다. 이튿날은 유례없이 화창한 일요일이었다. 그날 아침 놀랍게도 모르옴에서 종달새들이 지저귀었고 이런 날 적군이 공격해 오는 일은 일어나지 않을 것 같았다. 그때 갑자기 포탄이 한 발 떨어지더니 이어서 빗발치듯 쏟아졌다.

오전 11시 포격이 더욱 심해져 캉파나는 서로 붙어 있는 두 중대에 분당 다섯 발의 비율로 포탄이 떨어지는 것을 헤아릴 수 있었다. 전날 밤 그가 포기하라고 명령했던 배후의 어느 참호에서는 포탄 여덟 발이 거의 동시에 폭발했다. 정오에 독일군이 착검한 채 구덩이 밖으로 무리 지어 뛰쳐나와 공격했다. "그들(독일군)은 몇 미터를 내달려 전진했으나 우리 기관총이 내는 드르륵 소리에 맞추어 쓰러졌다. …… 단 한 명도 자신의 참호에 도달하지 못했다." 달아날 수 있기를 기대했던 몇몇은 '토끼처럼' 누워 죽은 체했으나 곧 냉정함을 잃고 자신들의 참호로 뛰어갔다. 그들은 결국 캉파나의 병사들에게 한 명씩 조준당해 죽었다. 프랑스군에게 이 광경은 상당히 재미있었다. 포격이 재개되었고, 기관총은 마침내 중포탄에 파괴되었다. 캉파나는 독일군이 다시 정렬하는 것을 보았다. "몇 분 안에 265고지의 사면은 우리를 향해 돌격하는 적군으로 뒤덮였다. 이번에는 겨우 소총 네 정으로 저들을 막아야 한다. 그것으로는 충분하지 않다." 아래쪽 수학자의 참호에서는 벌써 백병전이 벌어졌다. 캉파나는 붉은색 신호탄을 쏘아 올렸고, 아군의 75밀리미터 포가 한 차례 응답했다. 포탄이 진격하는 독일군 한가운데에 떨어졌다. 그런데도 그들은 전진했다. 독일군이 약 27미터 떨어진 지점까지 다가왔을 때, 캉파나는 착검 명령을 내렸다. 그러나 바로 그 순간에 독일군은 75밀리미터 단거리포의 일제 포격과 소총 세례에 갇혔다. 불타는 헛간 속의 쥐처럼 "그들은 미친듯이 좌우로 내달렸다."

이제 캉파나는 반격을 시작해 빼앗긴 참호를 되찾는 광경을 쌍안경으로 지켜보았다. 생시르 사관학교에서 그와 같은 반에 속했던 젊은 중위가 흰 장갑을 낀 채 반격을 이끌었다. 몇 분 뒤 캉파나는 두 손을 "푸른색 외투 위에 두 개의 흰 얼룩처럼" 가슴에 포갠 채 땅 위에 뻗어 있는 동창을 보았다. 밤이 왔고, 더불어 전투도 일시적으로 중단되었다. 커다란 붉은 달이 내뿜는 불길한 빛 아래서 캉파나는 자신의 소대가 지켜보는 가운데 180구가 넘는 독일군 시체를 헤아렸다. 캉파나와 병사들은 한 주 더 모르옴에 머물렀다. 그리고 전투 임무에서 벗어나자마자 훈장 행진이 있었다. 캉파나는 기품 있는 참모진의 선두에 서서 제151연대의 누더기가 된 병사들의 성긴 대열을 지나 빠른 속도로 말을 몰았다. 이 행진은 젊은 소위에게 '내 생애 가장 아름다운 순간'으로 보였다.

캉파나와 같은 연대에 소속된 소위였던 스물여섯 살의 레몽 쥐베르(Raymont Jubert)에게 —쥐베르는 1917년에 베르됭에서 전사한다.—그날 모르옴에서 벌어진 전투는 상당히 혼란스러웠다. 당시 예비 부대였던 쥐베르 중대의 장교들은 카드놀이를 하고 있었는데 전방 진지들이 괴멸되어 즉시 탈환해야 한다는 말을 들었다. 모르옴 정상은 혼돈 그 자체였다. 하늘을 뒤덮은 연기가 가시지 않아서 적과 아군이 어느 구덩이를 차지하고 있는지 분간할 수 없었다. 쥐베르의 중대는 목표 지점에 도달하기도 전에 살인적인 포격에 많은 병사를 잃었고, 홀로 떨어진 쥐베르는(아마 유일하게 살아남은 장교였을 것이다) 대대장에게 이런 전갈을 보냈다. "제가 어디 있는지 모르겠습니다만, 진지가 제일 중요합니다. 진지를 사수할 병사는 열 명밖에 없습니다." 쥐베르는 적어도 2개 중대는 필요하다며 절박하게 증원을 요청했다. 그 절망적인 날에 딱 맞는 답변이 돌아왔다. "증원 부대는 없다." 포격이 계속되는 가운데 36시간이 더 지났고 그동안 쥐베르는 여하튼 진지를 지켰다. '포탄'의 지옥에서 인간의 무력함에 충격을 받아 멍해진 채 돌아온 쥐베르는 겸손한 마음으로 이렇게 썼다.

전투가 한창일 때 사람은 바다의 파도에 지나지 않는다. …… 그림 속으로 사라진 한 번의 붓질이다. …… 용기는 우리 시대에 경시되지 않는 가치이지만 너무 많이 써서 더럽혀졌다.

좀더 극적인 공식 기록에 따르면, 제11중대의 잔여 병력은 쥐베르의 지휘에 따라 약 800미터를 "분열 행진을 하듯 줄을 서서 노래하고 웃으며" 한때 참호였던 곳들을 되찾아 "제151연대를 구했다."

쥐베르처럼, 그리고 캉파냐와는 대조적으로, 제145연대의 오귀스탱 코생(Augustin Cochin) 대위는 4월 9일부터 4월 14일까지 독일군 보병을 한 명도 보지 못한 채 모르옴에 앉아 있었다. 베르됭에서는 흔한 경험이었다. 그런데도 그가 지휘하는 중대에서는 날마다 포격 때문에 평균 20명에서 30명의 사상자가 나왔다. 박살 난 참호의 구덩이에 있던 그의 중대본부에는 "부상자들이 흘린 피가 홍건했다. 그들은 마치 내가 무엇이라도 해줄 수 있을 것처럼 내게 가까이 다가와 몸을 피했다. 슬프다." 코생 대위는 습격 직전 평온한 시간에 모르옴에 도착하자마자 어머니에게 쓴 편지에서 그곳이 "그 구역에서 최고로 좋은 구석"이라고 묘사했다. 그러나 4월 14일에 그는 이렇게 썼다.

나는 일생 최악의 시련을 겪고 돌아왔다. (코생은 이미 2월 25일에 두오몽 인근에서 세 번째로 부상을 당했다.) 나흘 밤낮, 96시간의 시련이었다. 마지막 이틀은 얼음같이 차가운 진창에 흠뻑 젖었고, 공포스러운 포격을 받았으며, 피할 곳이라곤 협소한 참호밖에 없었지만 그마저도 너무 넓어 보였다. 구덩이도 없고 대피호도 없고 아무것도 없었다. 보슈는 당연히 공격하지 않았다. 공격은 너무도 어리석은 짓이었을 것이다. 우리의 등에 멋지게 포격 훈련을 하는 것이 훨씬 더 편했을 것이다. ……결과: 나는 175명을 데리고 그곳에 도착했는데 돌아올 때는 34명과 함께했다. 여럿이 반쯤 미쳤다. 지금은 우리 대신 어린 추격병들의 소대가 그 자리를 지킨다. 그들이 다음 코스 요리이다. 머지않아 다른 코스 요리가 나올 것이다. 그 괴물의 식욕은 끝이 없기 때문이다. …… 반쯤 정신 나간 나의 불쌍한 보병들. 놀라서 동그랗게 뜬 눈들은 내가 말을 걸어도 더는 대답이 없다.

코생은 (죽음을 맞게 되는) 7월 솜강에서 적의 포격이 베르됭에 비할 바가 아니라며 얕보듯이 썼다.

4월 9일 공세에 관해 〈테글리헤 룬트샤우(Tägliche Rundschau)〉는 순응적인 독일 독자들도 도저히 납득할 수 없게끔 이렇게 썼다.

위대한 독일 참모본부의 뛰어난 전술과 전략은 프랑스군의 야만적인 돌파 시도와 크게 다르다. …… 미리 세운 계획에 따라 우리는 천천히, 질서 있게, 한 걸음씩 전진한다. 우리는 프랑스군이 샹파뉴 전투에서 했듯이 어느 한 지점을 파괴하려 하지 않는다. 우리는 저들의 방어선을 조금씩 무너뜨린다. 그렇게 우리는 지나친 손실을 피한다.

전선의 병사들이 자신들의 노력에 대한 이러한 설명을 어떻게 생각했는지 알았다면 꽤 흥미로웠을 것이다. '미리 세운 계획'의 훌륭함에 관하여 폰 갈비츠 장군은 아무런 환상도 품지 않았음이 분명하다. 폰 갈비츠는 황태자의 참모장인 폰 크노벨스도르프에게 304고지를 점령하지 못하면 모르옴을 계속 공격하는 것은 의미 없다고 다소 강하게 얘기했다. 독일군은 특유의 독창성을 발휘해 길이 약 1.6킬로미터의 터널 두 개를 파는 데 착수했다. 두 터널에는 적절하게도 '갈비츠'와 '황태자'라는 이름을 붙였는데, 그 터널을 통해 모르옴의 북쪽 기슭까지 병력을 안전하게 보내는 것이 목적이었다. 한편 프랑스군은 4월 내내 끊임없이 반격을 가해 4월 9일에 독일군이 확보한 곳을 사실상 완전히 파괴하고 모르옴의 산마루를 탈환했다. 304고지의 프랑스군 대포들은 계속해서 많은 목숨을 빼앗았다.

4월 9일 공격 이후 12일 동안 호우가 내려 모든 작전이 중단되었다. 시신 썩는 악취가 풍기는 진창 속에서 불쾌한 구덩이를 지키던 양측 병사들은 더욱 고통스러워졌다. 제국기록보관소는 이렇게 기록했다.

참호 안에서는 물이 무릎 위까지 차올랐다. 병사들은 온몸이 흠뻑 젖었다. 마른 잠자리를 제공할 수 있는 대피호는 하나도 없었다. 환자 수

1916년 봄 304고지의 프랑스군. 304고지에서만 프랑스군 1만 명 이상이 목숨을 잃은 것으로 추산된다.

가 걱정스러울 만큼 늘었다.

그러나 어쩔 수 없이 작전을 연기하게 된 덕분에 독일군은 소총의 조정간을 반안전 상태로 둔 채 뛰쳐나가지 않아도 되었다. 포술 전문가인 폰 갈비츠가 보기에 304고지를 새로 공격하려면 순전히 대포로만 해야 했다. 포격은 프랑스군을 그 고지에서 완전히 치워버릴 것이고, 나아가 계속될 것이었다. 이전에는, 2월 21일에도, 그러한 집중 포격은 볼 수 없었다.

5월 3일은 숨 막힐 듯 더운 날이었다. 500문이 넘는 독일군 중포가 겨우 약 1.6킬로미터가 약간 넘는 전선을 따라 포격을 시작했다. 프랑스군 비행사들이 연기 기둥이 약 750미터 상공까지 치솟았다고 보고할 때까지 꼬박 1박 2일 동안 포격이 계속되었다. 지상의 병사들은 "살아 있는 것은 다 죽여 없애려는 듯 독일군은 우리 한 사람마다 대포 한 문씩 지정한 것 같다"고 느꼈다. 몇 주 동안 심한 포격이 이어진 뒤라서 프랑스군 측에는 깊은 대피호가 절대적으로 부족했고 결국 끔찍하게 많은 사상자가 났다. 어느 장교는 자신이 어느 하루 동안 참호에서 어떻게 세 번이나 파묻혔는지, 또 그때마다 병사들이 어떻게 자신을 꺼내주었는지 묘사했다. 운이 나쁜 사람들도 있었다. 어느 대대에서는 겨우 세 명만 살아남았다. 나머지는 대부분 포격 때문에 산 채로 땅에 파묻혔다. 프랑스군 기관총은 하나씩 차례로 파괴되었다. 방어하는 부대에는 이틀 넘게 식량도 보급품도 전달할 수 없었고, 부상병을 철수시킬 수도 없었다. 운 좋게 도착한 증원 부대는 능선 꼭대기에서 혼란에 빠졌고 밤새도록 새 진지를 찾아 헤맸다. 공격을 견뎌낸 어느 중대장은 이렇게 회상했다. "누구도 어지럽게 뒤섞인 연대들의 위치를 정확히 알지 못했다. …… 이동할 수가 없었다. 병사들은 계속해서 상관의 명령에 압박을 받아 무시무시하게 밀려오는 독일군에 맞서 인간 장벽을 쌓았다." 마침내 독일군은 흙먼지와 연기로 어둑한 틈을 타 정상에 발판을 확보하는 데 성공했다. 그러나 독일군이 304고지를 최종적으로 차지하기까지는 사흘간 더 치열한 근접전을 치러야 했다.

304고지를 점령한 독일군 병사들은 제일 먼저 담배 배급량을 두 배로 늘려 달라고 요구했다. 시체에서 풍기는 참을 수 없는 악취를 차단하는 용도로 쓰려 한 것이다. 종전 후 최종 대차대조표가 나왔을 때, 프랑스의 이 작은 한 구석에서만 프랑스군 1만 명이 목숨을 잃은 것으로 추산되었다.

304고지 점령은 페탱이 지휘권을 잡자마자 지시한 '저지선'이 처음으로 뚫렸음을 뜻했다. 그리고 연로한 팔켄하인이 다시 한번 지휘권을 잡은 가운데 모르옴을 겨냥한 독일군의 최종 공격이 준비될 것임을 뜻했다. 팔켄하인은 이번에는 실수하지 않을 수 있었다. 과거에 그의 제자였던 황태자가 옆에서 모든 움직임을 주시했다. 황태자는 기쁨에 겨워 이렇게 말했다.

(1914년 이래 처음으로) 전투를 매우 분명하게 볼 수 있었다. ……
우리 포병대가 가한 맹렬한 포격이 고지의 비탈면 전체를 휩쓸었는데 그 광경은 참으로 멋지고 장엄했다. 모르옴은 화산처럼 불타올랐고, 포탄 수천 발이 폭발하는 충격에 하늘과 땅이 흔들렸다. 공격 개시 시간이 다가오고 정확히 그 시간에 탄막이 걷히자, 나는 우리의 전초병들이 참호를 벗어나 꾸준히 전진하는 것을 쌍안경으로 뚜렷이 볼 수 있었다. 심지어 곳곳에서 포탄이 폭발하면서 이는 연기 바람도 분간할 수 있었다. 전초병들 바로 뒤에 예비 병력과 수송대, 참호 구축 중대가 따라갔다. 상황은 어떻게 전개되었나? 먼저 프랑스군 참호 몇 곳에서 소수의 포로가, 이어서 점점 더 많이, 마침내는 전 대열이 우리 전열 쪽으로 빠져나오는 것을 볼 수 있었다. 나는 한 번 더 마음껏 숨을 내쉬었다! …… 다소 멀리 떨어진 뫼즈강 우안의 부아드콩상부아 숲에 있는 진지에서 공격의 추이를 지켜보던 나의 참모장이 전화를 걸어와 공격이 실패했으며 곳곳에서 우리 병사들이 후퇴하고 있다고 알려 왔다. 나는 그의 잘못을 바로잡을 수 있었다. 그가 본 것은 포로 무리였던 것이다!

5월 말이면 독일군은 모르옴 전체와 모르옴 동쪽의 중요한 마을 퀴미에르까지 점령했다. 저지당하기 전에 독일군은 단번에 샤탕쿠르의 기차역에 이르렀고 부아부뤼 능선의 발치까지 덮쳤다. 그것이 뫼즈강 좌안에서 독일군이 펼친 공세의 끝이었다. 황태자는 3월에 착수한 일을 마쳤다. 그렇지만 소규모의 부차적인 정리 전투 때문에 거의 석 달을 더 허비했고 적게 잡아도 그때까지 그 전투의 다른 싸움 전체만큼이나 많은 병력을 잃었다. 더 심각한 문제는, 5월 말에 이르자 독일군의 손실이 처음으로 프랑스군의 손실보다 클 수 있다는 지표가 나타난 것이었다. 한 주 만에 완전히 새로운 여단 하나가 사라진 셈이었다. 그렇지만 프랑스군의 퇴각 여력은 크게 줄었고, 서부전선에서 독일군은 뫼즈강 우안의 페탱 군대를 겨냥해 전력을 쏟을 수 있었다.

15장

포탄 구덩이와 시체들의 땅

오, 신이시여! 전쟁은 얼마나 멋진가요
노래와 긴 여가가 있으니.
— 기욤 아폴리네르, 〈경기병의 작별 인사〉

가장 좋은 것은 이 전쟁에 참가할 기회였다. ……
우리는 매일 배운다, 우리의 지평선은 매일 넓어진다.
—《독일 학생들의 전쟁 편지》(필리프 비트코프 편집)

　3월부터 5월 말까지 독일군은 뫼즈강 좌안에 주력을 투입했지만 그렇다고 우안이 '조용한 구역'이 된 것은 아니었다. 전혀 그렇지 않았다! 양쪽 포대에서 끊임없이 퍼붓는 포격 때문에 많은 사상자가 발생한 데 이어 프랑스군과 독일군은 여기저기서 규모는 작지만 잔인한 공격을 감행해 사상자 명단을 꾸준히 늘렸다. 소소한 전술적 이득을 노린 공격이었다. 전투 첫 달에, 엄청나게 집결한 대포가 런던의 리치먼드파크(면적 약 9.53제곱킬로미터)만 한 구역에 끊임없이 집중 포격을 가한 끝에 뫼즈강 양안에 공통된 환경이 조성되었는데, 이것이 베르됭 전투 전체의 특징이 되었다. 오늘날 서구 독자들에게 제1차 세계대전에서 벌어진 참호전과 끝없는 학살의 공포는 너무 익숙한 이야기여서 더 자세히 묘사해봐야 그저 정신을 잠시 멍하게 만들 뿐이다. 그러나 베르됭 전투는 강도 때문에, 나중에는 지속된 시간 때문에 공포를 새로운 차원으로 끌어올렸다. 유달리 비참했던 베르됭의 환경이 사람들의 기억 속에 제1차 세계대전의 다른 전투들과 다른 흔적을 남기게 되었다는 사실만 아니라면, 특히 프랑스에서 그 전투가 불러오는 악몽이 종전 이후 오래도록 남아 있지 않았더라면, 베르됭 전투도 길게 설명할 이유가 없다.

베르됭 상공을 내내 초연하게 날아다닌 어느 프랑스 비행사가 보기에 비가 내린 뒤 베르됭 전선은 역겹게도 '엄청나게 큰 두꺼비의 눅눅한 피부'와 닮아 있었다. (나중에 라파예트 비행중대에서 활약하다가 전사하는) 미국인 비행사 제임스 매코널은 '붉은 지붕의 베르됭'—"붉은색이 보이지 않는 지점들이 있었는데 그곳에서 무슨 일이 벌어졌는지 짐작할 수 있을 것이다."—상공을 지난 뒤에 이렇게 적었다.

(갑자기) 비참한 갈색 띠가, 좁고 길게 이어진 망가진 자연만이 나타난다. 마치 다른 세상에 속한 것 같다. 인간의 흔적은 모조리 파괴되었다. 숲과 도로는 칠판에 분필로 쓴 글자처럼 지워졌다. 여러 마을에서 남은 것이라곤 회색 얼룩뿐이다. …… 나는 맹렬한 포격과 공격 중에 빗발치듯 떨어지는 포탄을 보았다. 많은 연기 기둥은 귀스타브 도레 (Gustave Doré)가 그린 단테의 〈지옥편〉에 나오는 이교도의 불타는 무덤을 떠올리게 한다. …… 때때로 괴물 같은 포탄이 공중으로 날아와 가까이 지나가면 비행기가 심하게 흔들린다. 포탄에 두 동강 난 비행기도 있다.

지상 전투에서 나는 소음이 항공기 모터 소리에 묻혀 들리지 않으면, "그것은 고요와 파괴의 …… 기이한 조합이었다."

베르됭으로 접근하는 지상군에게 제일 먼저 들리는 소리는 '밤낮 없이 계속 가동되는 거대한 용광로'를 떠올리게 했다. 그들은 곧 전투 지역의 음침한 단일 색조를 알아차렸고 그것 때문에 몹시 불쾌해졌다. 어떤 이들이 보기에 전투 지역은 "녹색 구간은 전혀 없이 노랗고 군데군데 벗겨져 있었다." 또 어떤 이들에게는 갈색과 회색, 검정색이 뒤섞인 것처럼 보였는데 포탄 구덩이를 제외하면 형체를 알아볼 수 있는 게 없었다. 뫼즈강 우안 베르됭의 웅장한 숲에서 얼마 남지 않은 그루터기들은 벗겨진 나무 껍질들이 길게 늘어져 있거나 아니면 벌거숭이 상태였다. 굶어 죽을 지경인 짐말들이 오래전에 나무 껍질을 먹어 치웠던 것이다. 봄이 오자 포격으로 쪼개진 나무에서도 새잎이 돋았지만 독기가 서린 공기 속에서 곧 병들고 시들었다. 밤이 되면 베르됭의 하늘은 '오로라'가 펼쳐진 듯했지만, 화가 출신 프랑스군 병사가 남긴 말에 따르면 대낮에 베르됭에서 볼 수 있는 색은 접근로 주변에 널브러진 죽은 말들의 끔찍한 상처에서 퍼져 나온 장밋빛이 유일했다. 이 무색의 암울함을 더욱 악화시킨 것은 베르됭을 거의 내내 뒤덮은 연기의 장막이었다. 빛이 그 연기를 통과하면 잿빛으로 변했다. 베르됭 전선에 여러 번 나섰던 한 프랑스 장군은 병사들이 폐허가 된 구역을 지날 때면 절대로 노래를 부르지 않았다고 내게 알려주었다. 그리고 이렇게 덧붙였다. "알다시피 프랑스 병사들은 노래를 많이 부르지요." 병사들은 그 구역을 빠져나오면 "지붕 위에 떨어지는 빗소리가 조화로운 음악처럼 들리는 …… 색깔의 세계, 풀밭과 꽃과 숲의 세계에" 돌아온 것만으로도 종종 미칠 듯이 기뻐했다.

최전선에서 약 1.5킬로미터에서 3킬로미터쯤 떨어진 곳에서 병사들은 첫 번째 교통호에 진입했다. 물론 교통호라는 말은 일반적으로 과장이자 시대착오적인 표현이었다. 흉장이 계속 낮아져 참호가 도롯가 도랑만큼의 깊이가 됐던 것이다. 좁은 곳에 밀집한 병사들 사이로 포탄이 점점 더 규칙적으로 떨어지기 시작했다. 어둠 속에서 —전투 구역으로의 이동은 당연히 대개 밤에 이루어졌다.—대열은 바닥에 누워 신음하는 부상자들을 밟고 지나갔다. 돌연 참호는 "포탄 구덩이 사이에 난 찾아내기 힘든 흔적에 불과"한 것으로 바뀌었다. 연이은 포격에 끈적거리는 버터처럼 변한 진창에서 병사들은 거듭 비틀거리며 넘어졌고, 한 걸음 옮길 때마다 추적하여 가차 없이 포탄을 퍼붓는 적이 듣기라도 할까 봐 낮은 목소리로 욕설을 내뱉었다. 때로 커다란 포탄 구덩이 가장자리에 판자를 깔아 길을 내기도 했다. 그러나 판자가 없는 경우가 더 많았고, 무거운 짐을 진 병사들은 물이 가득 찬 구덩이 속으로 떨어지면 미끄러운 비탈을 기어오를 수 없어서 결국 익사했다. 구덩이에 빠진 전우를 구하려고 멈춰 서서 손을 내어 주다가 둘 다 빠져 죽는 경우도 많았다. 오래전에 모든 판단의 기준이 사라진 전장의 혼돈 속에서, 교대 병력은 자주 길을 잃었고 밤새 절망 속에서 헤매고 다녔다. 그러다 결국 새벽이 오면 적에게 노출되어 기관총에 몰살당하곤 했다. 교대 병력이 출발 인원의 절반만 남은 채 전선에 도착하거나 악몽 같은 교대 과정이 열 시간 넘게 이어지는 것은 특별한 일도 아니었다.

베르됭 전장에 새로 투입된 병사들을 처음 맞이하는 것들 중 하나는 시체에서 나는 지독한 악취였다. "너무 메스꺼워서 역겨운 가스탄 냄새가 차라리 더 나을 정도였다." 영국인들은 연합군의 다른 동맹군이 사망자를 묻을 때 자신들만큼 깨끗하게 처리하리라고는 생각하지 않았지만, 포격이 멈추지 않는 베르됭에서 시신을 매장하려는 시도는

베르됭 전장은 계속되는 포격으로 끈적거리는 진창으로 변했고 물이 고인 포탄 구덩이들 때문에 제대로 행군하기 힘들 지경이었다.

곧 새로운 시신 두 구를 더 처리해야 하는 상황으로 이어지기 쉬웠다. 사망자를 천으로 싼 뒤 흉장 너머로 굴려 인근에서 가장 큰 포탄 구덩이로 밀어 넣는 것이 더 안전했다. 큰 포탄 구덩이를 보면 한때 인간이었던 살점들이 고인 물 위에 둥둥 떠다니며 악취를 풍기고 있었다. 프랑스군 병사들은 뫼즈강 우안의 여러 골짜기에 '라빈들라모르(Ravine de la Mort, 죽음의 계곡)'라는 이름을 붙였는데 그럴 만했다. 그 골짜기들은 대부분 프랑스군이 장악하고 있었지만 그중 한 곳에서는 독일군 기관총이 양쪽 끝에서 종사를 퍼부어 꾸준히 희생자를 냈다. 날마다 독일군 중포가 죽음의 계곡에 포격을 퍼부었고, 계곡에 놓인 시체들은 사지가 더 잘게 찢겼다. 목격자에 따르면, 계곡은 누구도 매장할 수 없고 매장하려 들지도 않는 잘린 팔과 다리들로 가득한 것 같았다. 심지어는 매장되었어도 "포탄이 시신들을 밖으로 드러냈다가 다시 묻고 갈가리 찢고 마치 고양이가 쥐를 희롱하듯이 갖고 놀았다."

날씨가 점점 따뜻해지고 사망자 수가 크게 늘면서 공포가 새로운 최고점에 도달했다. 압축된 전장은 파헤쳐진 공동묘지가 되어 부패한 살점을 밟지 않고는 한 발도 내디딜 수 없었다. "참호 내벽에는 전사자들의 머리와 다리, 절반만 남은 몸뚱이가 박혀 있다. 마치 작업반이 걸리적거리지 말라고 곡괭이와 삽으로 집어넣은 것처럼."

향토연대에서 복무한 어느 미대 교수의 말을 빌리자면, 최전선의 병사들은 삶이 "포병과 토목 인부의 싸움, 대포와 흙벽의 싸움으로" 축소되었음을 알았다. 적군 포병대는 하루 종일 쉬지 않고 포격해서 전날 밤 애써 긁어 파낸 구덩이들을 다시 평평하게 만들었다. 낮 동안 이어진 포격으로 녹초가 된 병사들은 밤이 와도 잘 수 없었다. (최전선에 있던 병사들이 11일 동안 잠을 자지 못했다는 이야기가 있다.) 어둠이 내리자마자 장교가 포탄이 떨어진 곳 위에 흰색 테이프로 구역을 표시하면 '토목 인부들'이 땅을 파기 시작했다. 노출된 상황에서 적군의 조명탄이나 기관총에 잡히지 않기를 바라면서 열심히 팠다. 새벽이 되면 참호는 최소한 45센티미터 정도 깊이가 되었지만, 적군 포병들이 평탄 작업을 재개하는 동안 하루 종일 그 안에 머물러야 했다. 그런 상황에 변소가 있을 리 없었다. 병사들은 그 자리에서 할 수 있는 대로 용변을 해결해야 했다. 베르됭에서는 이질이 기본으로 여겨졌다. 다른 전선의 전투원들이 중요하게 생각한 이에 관해서는 별다른 언급이 없었다. 운이 좋으면 이튿째 아침에 참호 깊이가 간신히 약 90센티미터에 이를 수 있었다.

당시에 베르됭에 있었던 사람들은 전선에 두 번, 세 번 투입되었는데도 적군 보병을 한 명도 보지 못해서 이상한 기분이 들었다고 거듭 증언한다. 처음 전선에 들어갈 때 쥐베르*의 연대장은 장교들에게 베르됭에서 틀림없이 1천 번은 되풀이되었을 지시를 내렸다.

그대들은 희생이라는 임무를 띠고 있다. 여기, 저들이 공격하고 싶어 하는 곳에 명예로운 진지가 있다. 여러분 중에서 매일 사상자가 생길 것이다. 저들이 그대들의 일을 방해할 것이기 때문이다. 저들은 원하는 날에 그대들을 마지막 한 명까지 죽일 것이다. 쓰러지는 것이 그대들의 의무이다.

포격으로 많은 병사를 잃은 대대는 곧 다른 대대로 교체되었지만, 교체된 대대도 전투 부대로서 유효할 때까지만 버티다가 역시 살인적인 포격에 사라졌다.** 그때 스무 살이던 어느 프랑스군 하사는 포격이 멈추지 않는 가운데 포탄 구덩이 속에서 얼음같이 차가운 비에 흠뻑 젖으며 며칠 밤을 보낸 뒤 이렇게 썼다.

아, 침대에서 잠을 자는 사람들, 그 사람들은 내일이면 신문을 읽으며 즐겁게 말할 것이다. "아직도 잘 지키고 있겠지!" 저들은 '지킨다'는 단순한 낱말의 의미를 상상이라도 할 수 있을까?

---

* 14장을 보라.(저자 주)
** 우리에겐 이런 식의 쓸데없는 희생은 제1차 세계대전 때의 심리 상태를 상징한다. 그러나 일단 드 카스텔노가 독일의 도전에 강하게 대응한 뒤로는 베르됭의 프랑스군이 진퇴양난의 궁지에 몰렸음을 항상 기억해야 한다. 1916년에 양쪽 다 포격에 의한 사상자를 줄이기 위해 전방 지역의 '솎아내기' 실험에 이미 성공했다. 그렇지만 전선 약 90미터(100야드)의 상실이 곧 도시의 상실로 이어질 수 있었던 베르됭의 좁은 공간에서, 프랑스군은 그러한 '솎아내기'의 위험을 감수할 수 없었다. 마찬가지로 항상 공격하기만 했던 독일군도 늘 최전방에 병력을 집중할 수밖에 없었다.(저자 주)

장시간 이어진 중포 포격이 유발한 감각은 본질적으로 개인적이고 주관적인 것이었다. 직접 체험한 이들이 하는 설명은 매우 다양한 경험을 포함한다. 베르됭에서 프랑스군 보병 중사로 복무한 서른네 살의 예수회 수사 폴 뒤브륄은 가감 없는 사실주의로 뛰어난 일지를 남겼다. 그에게는 포격이 이렇게 비쳤다.

멀리서 호각 소리가 들리면, 엄청나게 강력한 폭발 진동을 견디기 위해 온몸을 움츠린다. 그 일이 되풀이될 때마다 새로운 공격, 새로운 피로, 새로운 고통이 찾아온다. 이러한 상황에서는 최고로 단단한 강심장도 오래 버틸 수 없다. 그 순간이 오면 피가 머리끝까지 솟구치고 열기에 몸이 타버릴 것만 같고 진이 빠져 대처할 수 없게 된다. 가장 적절한 비교 대상은 아마도 뱃멀미일 것이다. …… 마침내 우리는 단념하고 상황에 몸을 맡긴다. 파편을 막으려고 배낭으로 몸을 엄폐할 힘조차 없다. 신에게 기도할 힘도 남아 있지 않다. …… 총탄에 맞아 죽는 것은 별일 아니다. 몸의 나머지 부분은 멀쩡하지 않은가. 그러나 사지가 잘리고 찢어져 과육처럼 으깨지는 것, 그것은 인간으로서 도저히 받아들일 수 없는 공포다. 그것이 기본적으로 포격이 주는 고통이다.

뒤브륄은 베르됭에서 살아남았지만 이듬해인 1917년 니벨 공세에서 전사한다.

끊임없이 이어진 포격은 강심장을 지닌 사람들마저 굴복시켰다. 평시에 전 세계를 항해했고 전쟁의 공포에 별다른 영향을 받지 않는 것처럼 보였던 강인한 모험가 세자르 멜레라 상사는 베르됭에서 경험한 포격을 처음에는 무감하게 몇 마디 낱말로 묘사했다. "더러운 밤, 포탄." 사흘 뒤 그는 야간 포격 때문에 "벽들이 번갈아 다가오는 에드거

앨런 포의 악몽의 방이 생각난다."라고 일기에 털어놓았다. 다시 다음날에는 이렇게 썼다. "아, 포탄에 파묻히기를 기다리는 대신 총검으로 돌격할 수 있는 이들이 부럽다!" 그리고 마침내 이렇게 인정했다.

베르됭은 소름 끼친다. …… 사람이 대포와 싸우기 때문이다. 텅 빈 하늘에 대고 주먹을 휘두르는 느낌이다.

멜레라는 베르됭에서, 그리고 이후 전쟁 기간 내내 살아남았다가 종전을 보름 앞두고 전사한다.

프랑스 포병대의 능력이 꾸준히 좋아지면서 양측 보병들은 점점 더 비슷한 일을 겪게 되었다. 6월에 독일 제50사단 소속의 한 병사가 보 요새 앞에서 "포격전이 한창일 때 무방비 상태로 무기력하게 누워 있는 고통"은 "지구상에서 비할 바 없는 고통"이라고 단언했다. 서로 대적하는 보병들은 고통이라는 공통분모를 통해 연민의 감정을 공유했다. 희한한 일이었다. 보병들의 증오는 대체로 포병대를 겨냥했다. 모르옴의 코생 대위가 보기에는 마치 양쪽 포병대가 불쌍한 두 보병 부대 중 어느 쪽에 더 많은 손실을 입힐 수 있는지 확인하고자 서로 멍청한 게임을 벌이는 것 같았다.

불쌍한 보병들이 아군 포병에 느낀 감정은 프랑스군의 다음과 같은 평가로 헤아릴 수 있다. 베르됭의 참호에 떨어진 열 발의 포탄 중에서 "평균 두 발은 아군 포대가 쏜 것이다." 엘리 타르디벨 중사는 6월에 인접 소대에서 프랑스군의 155밀리미터 포탄 한 발에 일곱 명이 죽은 과정을 이렇게 설명했다.

나는 중대장을 만났다. 그에게 수류탄 몇 발과 가시철조망을 가져왔다고 말했다. 어디에 두어야 하냐고 물었다. 중대장은 이렇게 대답했다. "아무 데나 두게. 두 시간 동안 아군 대포가 우리에게 포탄을 쏘아대고 있어. 포격이 계속되면 중대를 이끌고 포병들에게 이 수류탄을 내던질 생각이네!"

보병과 포병이 서로에게 느끼는 감정은 이따금 제2차 세계대전 때 지상군이 중폭격기 승무원에게 느낀 감정과 비슷했다.* 지상군은 폭격기 승무원들이 호사스럽게도 적군으로부터 한참 떨어진 곳에 자리를 잡았다고, 잠깐 출격해 적군과 아군을 가리지 않고 무차별적으로 폭탄을 흩뿌린다고 생각했다. 프랑스군 중대장 샤를 델베르는 베르됭으로 가는 도중에 지나친 2개 함포 중대를 이렇게 묘사했다.

단 한 명도 걷지 않는다. 모두 차에 타고 있다. 장교들은 별도로 편안한 작은 차를 이용했다. ······ 나는 불쌍한 나의 병사들을 바라보았다. 그들은 비참하게도 군장 무게에 짓눌려 몸이 반으로 접힌 듯 잔뜩 등을 구부린 채 땀을 뻘뻘 흘리며 도로를 따라 제멋대로 흩어져 걸었다. 그렇게 계속 가서 결국 녹초가 되어 진흙투성이 참호 속으로 들어간다.

어떤 보병들은 보이지도 않는 표적에 포격을 가하려고 감정 없는 무심한 태도로 안락한 대피호에서 나오는 중포 포병들에게 질렸다. 포병들은 "막 들어온 수프나 양동이 가득한 포도주를 훨씬 더 많이 걱정하는 듯했다."

---

* 감정은 훨씬 더 격했다. 두 병과의 병사들이 휴가를 나갔다가 마주치면 서로 주먹질을 해댔다.(저자 주)

이러한 모습은 포병들에게서도 어느 정도 확인된다. 105밀리미터 포대에서 복무한 퐁사그리브 상사는 뫼즈강 우안에서 3월 전투가 절정에 달했을 때 일지에 이렇게 적었다. "날씨는 계속 좋다. 낮이 길어진다. 아침에 일어나는 것이 즐겁다." 그는 머리 위에서 공중전을 벌이는 비행기들을 보면서 여러 시간 동안 여유롭게 아내와 가족을 생각하며 공상에 잠겼다. 훗날 퐁사그리브는 다소 짜증스럽게 이렇게 적었다.

어느 날 사과나무 밑에 앉아 조용히 편지를 쓰고 있는데, 130밀리미터 포탄 한 발이 내 뒤로 40미터쯤 되는 곳에 떨어져 깜짝 놀랐고 불쾌했다.

퐁사그리브와 마찬가지로 포병이었던 앙슈 소령은(그해 가을 솜강에서 사망한다) 베르됭의 5월 전투 중에 시간을 내서 아내에게 편지를 쓸 수 있었다.

아이들에게 불쌍한 떠돌이 개를 한 마리 데려왔다고 전해주시오. 끔찍한 공포로 괴로워하는 그 개는 더럽고 밤에는 코를 골아 나를 불쾌하게 만든다오. 또 우리 근처에 제비 두 마리가 둥지를 틀었소.

그러나 프랑스군 포병이 전부 퐁사그리브 상사처럼 운이 좋지는 않았다. 독일군의 장사거리 대(對)포병 포격으로 인해 죽음이 놀랍도록 갑자기 찾아오곤 했다. 대포에 걸터앉아 수프를 마시던 포병, 모여서 카드놀이를 하던 하사관들이 예고 없이 닥친 일제 포격에 죽어나갔다. 교전 중에는 특히 야포가 보병보다 엄폐 수준이 크게 낮았다. 게다가 포격을 피해 엄폐하는 것을 비겁하다고 믿은 자부심 강한 프랑스군의 낡은 생각을 지닌 장교들이(그렇게 믿는 자들이 많았다) 상황을 더욱 악화시켰다. 일부 포병대는 사실상 보병 부대만큼이나 사상자가 많았다. 제97보병연대의 생시르 사관학교 출신 욍베르 대위는 독일군 포대가 프랑스군 야포 중대들이 전부 배후 지역에 있음을 인지하여 그 지역을 체계적으로 포격한 것이 어떤 효과를 냈는지 이렇게 증언한다.

아무도 탈출하지 못한다. 오늘 무사한 대포가 있으면 그들은 내일 그 것을 공격할 것이다. …… 여기에 있는 포대 전체가 파괴되었다.

가스통 파스트르(Gaston Pastre) 중위는 중포 포병이었지만 퐁사그리브와 사뭇 다른 상황을 전한다. 5월에 베르됭에 도착한 파스트르는 자신들과 교대할 부대가 실질 병력의 40퍼센트를 잃었다는 사실을 알았다. 그들은 파스트르에게 이렇게 경고했다. "보통 있는 일이지만, 여기서 한 달을 머문다면 당신도 부대의 절반을 잃게 될 겁니다." 파스트르의 포병대는 뫼즈강 우안의 생미셸 요새로 올라가는 배면 비탈에 자리를 잡았는데, 그곳에는 온갖 구경의 대포가 가득했다. 그곳은 "약 500문의 대포가 있는 하나의 거대한 포대나 다름없었다." 독일군이 집중 포격하기에 아주 좋은 표적이었다. "생미셸 요새와 도로 사이에 떨어지는 것은 무엇이든 다 좋다." 하루 중에 전반적으로 평온한 때가 오전 4시에서 6시까지, 오후 4시에서 7시까지 두 번뿐이었는데, 그때 프랑스군 포병들은 땅 위로 모습을 드러내고 망가진 곳을 보수했다. 다른 시간에는 대피호에서 다른 대피호로 약 18미터를 이동하려면 상당한 용기가 필요했다. 밤이 되면 베르됭으로 이어지는 유일한 도로를 통해 프랑스군의 군수품 수송 행렬이 줄지어 지나갔는데, 이 사실을 안 독일군 포병들이 그곳에 계속해서 포탄을 날렸다. "지옥에나 어울릴 법한 광경"이 펼쳐졌고 즉사하지 않은 병사들은 포탄이 폭발하면서 포가에서 내동댕이쳐졌고 어둠 속에서 탄약 상자에 치여 뭉개졌다.

갈수록 격렬해지는 포격, 시신이 부패하면서 나는 악취, 폐허로 변한 전장에 이어 베르됭의 전투원들은 끔찍한 고립에 대해 거듭 증언했다. 다른 전투 구역에선 베르됭과 같은 정도의 고립을 겪기 어려웠다. 베르됭 전투는 전형적인 '병사들의 전투'였다. 조직적인 공격이나 반격이 시작된 지 채 한 시간이 못 되어 심지어 하급 지휘관도 의미 있는 역할을 하지 못했다. 중대장들은 이따금 간신히 연결되는 경우를 제외하면 때로 한 번에 며칠씩 소대들과 연락이 거의 끊어졌다. 프랑스군의 어느 기관총반은 며칠간 부대와 완전히 분리된 채 방어선에 뚫린 폭 약 180미터의 구멍을 기관총 두 정으로 막았는데, 이러한 경우가 이때만 있었던 건 아니다. 이처럼 사기를 떨어뜨리는 고립감을 악화시키는 요인은 더 있었다. 포격으로 발생한 강력한 연기 장막 때문에 최전선 병사들은 배후의 지원 병력을 볼 수 없을 때가 많았다. 설상가상으로 포병대에 탄막을 거두라거나 아군 진지를 향한 포격을 멈추라는 간절한 요청을 담은 신호탄이 후방에서는 보이지 않았다. 포탄 구덩이에서 작은 테르모필라이 전투를 수행한 베르됭의 진정한 영웅들은 무수히 많았지만 아무도 그들의 영웅적 행위를 증언하지 못했기에 여전히 훈장도 받지 못한 채 무명으로 남아 있다.

나는 스무 달 동안 전투를 치르면서 스무 번은 죽었어야 했지만(레몽 쥐베르는 이렇게 인정했다) 아직도 내가 상상한 전쟁을 보지 못했다. 전혀 못 봤다. 단번에 죽음이 찾아오는 파죽지세의 타격과 생생한 색채가 곁들여진 장대한 비극의 광경은 보지 못했다. 내가 본 것은 눈에 띄지 않는 귀퉁이, 진흙이 육신인지 육신이 진흙인지 분간할 수 없는 좁은 구역에 펼쳐진 작은 고통의 현장뿐이었다.

베르됭의 모든 전투원 가운데 영웅 칭호를 받기에 이들보다 더 적합한 사람들은 없을 것이다. 바로 가장 초라한 세 분야의 병사들, 즉 전령병, 급량병, 들것병이다. 수빌에서 사단 전령병을 관리한 어느 정규군 중위는 이렇게 간명하게 말했다. "위험 속에 고립된 병사의 용맹함이 진정한 용기다." 통신선은 가설되자마자 포격으로 끊겼기에 베르됭에서는 전령이 유일한 통신 수단이었고, 사령부에서 가장 자주 듣는 명령은 "전령 둘을 보내"라는 것이었다. 보병들은 폭발하는 티엔티(TNT) 연기를 뚫고 이리저리 몸을 피하며 내달리는 전령의 푸른 모자를 상대적으로 안전한 구덩이 안에서 조용히 지켜보며 감탄했다. 그것은 자살 행위나 마찬가지였다. 거의 모든 통로에서 전령들의 뒤틀린 유해가 표지판 역할을 했으며, 모르옴에서는 1개 연대가 세 시간 만에 21명의 전령을 잃었다.

그렇지만 훨씬 더 큰 용기가 필요한 보직은 퀴스토(cuisto, 취사병), 라비타이외르(ravitailleur, 보급병), 옴수프(homme-soupe, 수프병)라고도 부른 급량반이었다. 적막한 야밤에 힘들게 일했기 때문이다.

어둠 속에, 위험한 상황에 홀로 있음을 의식하면 특별한 공포를 느끼게 된다. 용기를 내야 한다. (쥐베르는 이렇게 썼다.) 홀로 있다면, 자신 말고는 생각할 것이 없다면 …… 신의 허락 없이 죽는 것밖에 할 일이 없다면! 영혼은 빠르게 물러나고 육신은 전율한다.

포격 때문에 자동차 수송은 부아사크레 끄트머리에 있는, '지혈대(Le Tourniquet)'라는 별명이 붙은 교차로 너머까지 갈 수 없었다. 말은 포격을 경고하는 호각 소리를 들어도 엄폐할 수 없었기에 학살당했는데, 이것은 감당하기 어려운 손실이었다. 그래서 최전선에서 싸우는 병사들의 식량을 전부 등짐으로 운반해야 했다. 중대에 서너 명이었던 취사병은 일반적으로 나이가 많거나 사격에 서투르거나 무능한 병사 중에서 선발했다. 〈릴뤼스트라시옹(L'Illustration)〉에 베르됭에서 허리띠에 포도주 병을 여러 개 묶은 채 땅바닥에 바짝 엎드려 최전선으로 포복하는 불쌍한 취사병들의 사진이 실렸다. 취사병은 각각 무거운 포도주 병 열두 개와 탄띠처럼 줄에 꿴 빵 스무 덩이를 운반했다. 이들은 끈적끈적한 진창에서 하중 탓에 몸이 굽은 채 걷기는커녕 간신히 네 발로 기어 다녔지만 밤에 종종 왕복 약 19킬로미터를 이동했다. 취사병들은 녹초가 되어 도착했지만, 허기와 갈증을 달래려고 혈안이 된 전우들은 귀중한 피나르 병이 포탄 파편에 구멍 나고 빵은 오물 범벅이 되어버린 것을 보고 욕설을 퍼부었다. 취사병이 목적지에 도착하지 못하는 경우도 많았다. 적군 대포는 고정된 위치에서 이미 잘 알려진 몇몇 통로에 2분에서 3분마다 한 발씩 포탄을 날려 보냈다. 오랫동안 해온 일인 만큼 정확했다. 위험 지대를 지나는 것은 잔혹한 라스트 어크로스 게임(달리는 차 앞을 누가 맨 나중에 건널지 겨루는 놀이)을 하는 것과 같았다. 한 취사병이 한 명의 사상자가 난 이후로 마흔 명의 취사병이 안전하게 지나갔다는 이야기를 듣는다. 이제 취사병은 자신이 마흔한 번째라면 다음 포탄에 내 이름이 쓰여 있을 것임을 알기에 폭발을 기다렸다가 개활지를 미친 듯이 비틀거리며 지나간다.

취사병들이 보여준 용기와 자기 희생에도 불구하고 베르됭에서 굶주림과 갈증은 일상이었으며 그곳에서 견뎌야 하는 고통의 총량을 늘렸다. 앞서 모르옴에서 소개한 캉파나 소위는 3월의 어느 날 밤 여덟 명으로 구성된 급량반을 파견했던 일을 회상했다. 이튿날 아침에 다섯 명이 돌아왔다. 휴대 식량은 없었다. 그날 밤, 또 다른 여덟 명이 출발했다. 아무도 돌아오지 못했다. 그 다음날 밤, 모든 중대에서 약 1백 명이 출발했지만 맹렬한 포화에 말 그대로 학살당했다. 캉파나 소위 휘하의 병사들은 사흘을 식량 없이 지낸 뒤 진지 근처에 널브러진 시체들을 뒤지며 남은 식량을 찾아 헤맸다. 많은 시신이 몇 주 동안 부패하고 있었다. 그런 경험은 이례적인 것이 아니라 일반적이었다. 겨울철의 고통이 지나가고 뜨거운 여름이 왔을 때 눈앞에 보이는 이런 광경도 마찬가지였다.

나는 더껑이가 앉은 녹색 습지의 물을 벌컥벌컥 들이켜는 병사를 보았다. 그곳에는 죽은 병사가 검은빛 얼굴을 물속에 파묻고 엎어져 있었는데 여러 날 동안 계속 배에 물을 채운 것처럼 부풀어 올라 있었다.

들것병의 운명이 가장 나빴다. 들것병의 임무는 대개 연대 군악병에게 돌아갔다. 프랑스군이 다른 전투 구역에서 부상자를 운반하는 주된 수단으로 썼던 바퀴 두 개짜리 달구지는 베르됭의 울퉁불퉁한 지형에서는 쓸모가 없었다. 냄새로 부상자를 찾으라고 데려온 개들은 포격에 미쳐 날뛰었다. 부상자를 운반하는 군악병/들것병은 전령병이나 취사병과 달리 머리 위로 포탄이 날아갈 때마다 땅에 엎드릴 수 없었다. 그리고 일이 사람의 몸이 감당할 수 있는 한계를 넘을 때가 많았다. 부상자를 운반할 자원병을 애타게 요청했지만 반응은 대체로 시원찮았고, 베르됭의 병사들은 자신들이 의료 지원을 받기는 커녕 치료 대상자로 뽑힐 가능성도 지극히 낮다는 사실을 깨닫게 되었다.

제2차 세계대전 때 영국 근위사단의 고참병들도 전투 중에 최소한 다섯 시간 동안 외과 응급 처치를 받지 못할 수 있음을 알게 되면 사기가 꺾였다. 당시 서부전선 대부분의 전장에서는 보통 한두 시간 걸리는 문제였다. 외과 의료진과 간호사들은 혈장, 설파제, 페니실린을 넉넉히 준비한 채 전투 지역으로 깊숙이 들어가 활동했고, 따라서 중상자는 울퉁불퉁한 길을 따라 병원으로 후송되지 않아도 응급 처치를 받을 수 있었다. 더 심각한 부상자는 항공기를 통해 후방으로 수백 킬로미터 떨어진 기지 병원으로 직접 후송했다. 반면 (제1차 세계대전 때) 베르됭에서는 치료 대상자로 선정된 다음에도 부상자가 24시간 안에 어떤 치료라도 받으면 운이 아주 좋다고 여겨졌다. 필사적으로 싸웠던 7월에 부상자들은 후송되기까지 엿새 넘게 수빌 요새의 배설물이 넘쳐나는 더럽고 어두컴컴한 지하실에서 간신히 목숨을 부지했다.

프랑스군 의무 부대는 어설프게 조직되었기에 거의 전쟁 내내 수요가 공급을 크게 웃돌았다. 하지만 베르됭에서는 의료 체계 자체가 여러 차례 완전히 무너질 뻔했다. 외과의가 부족했고 앰뷸런스도 충분하지 않았으며 당연히 '특효약'도 없었다. 짓이겨진 수족을 절단하는 수술이 끝없이 이어졌는데 마취제가 없을 때도 많았다. 야전 병원에 도착해도 부상병의 시련은 결코 끝나지 않았다. 베르됭에서 복무한 군의관으로서 훗날 프랑스학술원 회원이 되는 조르주 뒤아멜은 《순교자의 삶(La Vie des Martyrs)》에서 이 원시적인 납골당에서 벌어진 혼란을 생생하게 묘사했다. 베르됭 전투 초기에 전장에 도착한 뒤아멜은 절망한 나머지 이렇게 썼다. "여기서 한 달간 일해야 한다." 야전 병원은 며칠 전부터 치료를 기다려 온 중상자로 가득했다. 그들은 눈물을 흘리며 후송해 달라고 간청했다. 중상자들은 '후송 불가'로 분류될까 봐 두려워했다. 그렇게 분류된 사람들은, 가망 없는 부상병뿐만 아니라 정신없이 바쁜 외과 군의관들이 시간을 들여 검사하기엔 상처가 너무 복잡한 부상병이나 더는 군대에 쓸모없어 보이는 부상병까지 모두 야외의 지독한 추위 속에 누워 있었다. 머지않아 독일군 포탄이 이 무력한 이들 사이에 떨어졌는데, 그것은 어쨌거나 군의관의 일을 덜어주었다. 안에서는 외과 군의관이 절단된 수족으로 가득 찬 쓰레기통에 둘러싸인 채 커다란 포탄 파편 때문에 생긴 소름 끼치는 상처를 최선을 다해 꿰맸다.

손에 피 한 방울 묻힌 적 없는 어느 감찰감이 어느 날 뒤아멜과 그의 의료진을 방문하고는 음침한 야전 병원 둘레에 꽃이라도 좀 심으라고 말했다. 그가 떠날 때 뒤아멜은 누군가 먼지로 뒤덮인 그 고위 장교의 차에 '바슈(Vache)'*라고 낙서해놓은 것을 보았다.

야전 병원에서는 후송되지 못하는 병사들 때문에 수용 인원이 놀랍도록 급증했다. 보급로인 부아사크레가 늘 붐비는 상황에서 앰뷸런스 용도로 쓸 차량이 너무 적었기 때문이다. 영국 적십자사 단원들이 전선에 등장했고 뒤이어 미국인 자원자들도 찾아왔다. 그들은 시야가 흐려진다는 이유로 방독면도 쓰지 않은 채 쉬지 않고 24시간을 운전했지만, 그래도 부상자 수는 앰뷸런스의 수용 능력을 넘어섰다. 한편 지저분하고 과밀한 후방 기지 병원에서는 그때까지 살아남았던 자들이 파리처럼 죽어 가고 있었고, 그들이 누웠던 침상은 곧 다른 이들로 다시 채워졌다. '라파예트 비행중대' 소속으로 전투에 참가한 미

---

* 암소라는 뜻이나 속어로 뚱뚱한 여자, 매춘부, 망할 놈 따위를 의미한다.

국인 클라이드 밸즐리(Clyde Balsley)는 베르됭에서 매우 심한 부상을
입었는데 훗날 이렇게 기록했다.

베르됭에서 벌어진 어쩔 수 없는 학살 이후 과학이 일군 기적 덕분에
…… 미국 병원에서 보낸 1년 6개월이 (프랑스의) 베르됭 병원에서 보
낸 6주보다 더 빨리 지나갔다.

이런 병원에 입원한 부상자들은 주기적으로 치러지는 훈장 행진을
두려워했다. 죽음 직전의 병사에게 무공훈장을 수여하는 것이 인정
된 관례였기 때문이다. 뒤아멜이 묘사한 애국적이고 세련된 '녹색 옷
을 입은 귀부인' 같은 '직업적' 방문객들의 방문은 작은 보상이었다.
뒤아멜은 팔이나 다리를 절단한 위대한 병사들에 관해 이렇게 멋지게
이야기했다.

전투에 대한 뜨거운 열정! 이제 막 앞으로 돌진하려는 이의 위대한
고뇌, 햇빛에 번쩍이는 총검.

병원들이 갖춘 장비는 절망스러울 정도로 형편없었지만, 베르됭의
사정은 수많은 시체가 부패하면서 오염된 유독한 환경 때문에 한층
더 나빠졌다. 의학적으로 좀더 앞선 독일인들도 베르됭에서는 아무리
작은 상처라도 자주 입으면 치명적일 수 있다고 지적했다. 종전을 몇
주 앞둔 시점에서야 효과적인 치료법이 발견되는 가스 괴저는 점점
더 많은 목숨을 빼앗았다. 뫼즈강 우안에서 벌어진 4월 전투 중에 어
느 프랑스 연대에서는 32명의 장교가 부상을 당했는데 대체로 가스
괴저 때문에 19명이 잇달아 사망했다. 조프르는 두부 부상에 따른 감

염을 줄이기 위해 턱수염을 기르지 말라는 명령을 내렸는데, 병사들은 심하게 불평했고 부상자는 계속 죽었다. 1916년 2월 21일에서 6월 말까지 베르됭에서 입은 부상 때문에 병원에서 죽은 병사는 프랑스군만 2만 3천 명으로 추산된다. 얼마나 많은 병사가 병원에 도착하기도 전에 죽었을지는 짐작만 할 뿐이다.

몸에 관련된 이야기는 이 정도로만 하자. 그러면 베르됭에서 겹겹이 쌓이고 쌓인 공포는 정신에 어떤 영향을 주었는가? 본래 매우 종교적이었으며 전쟁의 도덕성에 대한 회의로 괴로워하던 어느 젊은 독일군 병사는 6월 1일 베르됭에서 죽기 직전에 집으로 이런 편지를 보냈다.

여기서 우리는 전쟁을, 가장 섬뜩한 형태의 전쟁을 하고 있습니다. 우리는 고통 속에서 신이 가까이 있음을 깨닫습니다.

모든 전쟁에서 그렇듯이, 병사들은 죽음에 직면하면 기도하는 법을 잊었거나 전혀 몰랐어도 열심히 기도했다. 예수회 수사였던 뒤브릴 중사는 티엔티 폭탄이 신이 창조한 육체에 가하는 끔찍한 모욕을 특히 혐오했다. 전투 초기에 지독한 포격이 끝난 후 인체 각 부분이 나뭇가지에 걸려 흔들리고 "쓰러지고 쪼개진 나무 기둥에 머리도 팔도 다리도 없이 몸통만 박힌" 광경을 보았던 뒤브릴은 훗날 이렇게 회상했다. "이러한 모욕을 끝내 달라고 신에게 얼마나 애원했던가! 그렇게 진심으로 기도한 적이 없었다." 그러나 하루하루, 한 달 두 달 시간이 지나도 그러한 간절한 바람은 응답을 받지 못했다. 베르됭의 병사들이 후방으로 보내는 편지에서 점차 불가지론이 확산되었다. 이후 솜강에서 뒤브릴조차 가톨릭 신도답지 않은 정서를 드러낸다.

우리는 그러한 참사 속에서 살아남을 가망이 없었기에 죽임을 당하게 하지 마시고—(그곳에서는 삶에서 죽음으로) 이행이 너무 끔찍했다.—그냥 죽은 상태가 되게 해 달라고 신에게 간청했다. 우리의 바람은 단 하나였다. 끝!

뒤브륄의 기도 중 이 부분만은 이듬해 응답을 받았다.

숭고한 생각에 마음이 머물렀던 병사들 가운데 아마 세 명은 마르크 보아송 중사의 견해에 동의했을 것이다. 가톨릭으로 개종한 유대인이었던 보아송은 1918년에 전사했는데 이런 기록을 남겼다. 베르됭의 "끔찍한 환경은 영혼을 타락시키고 괴롭히고 녹여버린다."

타락은 잔인함의 옷을 입고 나타났다. 스물한 살 난 데르빌 중위는—1918년 엔강에서 전사한다.—베르됭에서 전투가 시작하기 한참 전에 이렇게 내다보았다.

아마도 우리 모두는 잔인함과 냉담함에서 곧 제1제정 병사들의 수준에 도달할 것이다.

부상당한 전우를 호송할 수 없어서 그가 누운 자리에서 죽어 가는 모습을 지켜보는 기분은 정말로 비참했다. 어느 사단의 군종 신부였던 텔리에 드 퐁셰빌은 마차에 묶인 채 거대한 포탄 구덩이의 진창에서 발버둥 치던 말을 떠올렸다. "그 말은 이틀 밤 동안 그곳에서 점점 더 깊이 가라앉고 있었다." 그러나 자기 자신의 고통에 사로잡힌 병사들은 그 불쌍한 짐승에 눈길 한번 주지 않고 지나쳤다. 날마다 공포를 대면하다 보니 감각이 무뎌진 것이다. 뒤아멜은 이렇게 설명한다.

얼마 전에 죽음은 잔인한 이방인, 으름장을 놓으며 다가오는 방문객이었다. …… 오늘 그것은 집 안에 있는 미친개다. …… 우리는 죽은 사람 옆에서 먹고 마시고 죽어 가는 자들 가운데에서 잠을 자며 시체 더미 사이에서 웃고 노래한다. …… 죽음의 잦은 방문은 삶을 소중하게 만들지만 때때로 삶을 혐오하게 만들며 그보다 더 자주 삶을 권태롭게 만든다.

베르됭의 전장에 익숙해지는 시기를 거치면서 병사들은 자신의 부상에 냉담해졌고 지금 우리가 보기엔 거의 야만스러운 일인 신체 절단을 소름 끼치게 무심히 받아들였다. 프랑스 전쟁 작가 중에서 정직하고 허세가 없는 편인 델베르 대위는 베르됭 전선에 처음 접근했을 때 받은 충격을 이렇게 설명했다. 그때 그의 중대는 포탄에 다리가 박살 난 채 누워 있는 어느 병사를 지나쳤다.

아무도 그를 돕지 않았다. 병사들은 중대를 떠나면 안 되고 죽음이 빗발치듯 찾아오는 곳에서 머뭇거리지 말아야 한다는 생각에 빠져서 잔인해진 것 같았다.

분노와 번민에 빠진 뒤브뢰과는 전혀 다르게, 캉파나 소위는 베르됭 전선에서 세 번째 투입이 끝날 무렵 자신의 대피호를 강타한 포탄에 죽은 어느 병사의 시신을 어떻게 냉정하게 사진에 담았는지 상세히 설명했다.

정육점 진열장에 네 조각으로 나뉜 고기 덩어리처럼 어깨에서 허리까지 절개되어 있었다.

캉파나는 자신이 운 좋게 벗어났다는 증거로 그 사진의 사본 한 장을 구해 친구에게 보냈다.

레몽 쥐베르는 모르옴에서 돌아온 뒤 자신을 관찰하듯 세 가지 질문을 던졌다.

공격하는 순간에 어떤 숭고한 감정이 나를 움직였나?

– 진창에서 발을 빼는 것 말고 다른 생각은 없었다.

공격을 견디고 살아남은 뒤에 어떤 생각이 들었나?

– 포도주 없이 며칠을 더 지내야 할 것 같아서 투덜댔다.

제일 먼저 무릎을 꿇고 신에게 감사하지 않았나?

– 아니다. 나는 내가 구한다.

이런 식의 도덕적 마비는 베르됭 전투 경험이 남긴 가장 흔한 영향이었을 것이다. 심지어 쥐베르처럼 상대적으로 더 민감하여 모든 정상적인 반응이 얼어붙어버린 것을 인정하는 야만화 경향에 저항한 사람들도 마찬가지였다. 쥐베르는 자기 연대의 어느 병사가 전선에서 돌아온 뒤 베르됭 외곽의 자기 집이 여전히 무사하다는 사실을 알고 기뻐 날뛰던 모습을 기억한다. 그러나 그 병사는 집 안의 물건을 모조리 약탈당했음을 알자마자 그저 웃음을 터뜨렸다.

베르됭에서 아직 시련을 겪지 않은 병사들에게 자신과 교대해 전투에서 빠지는 이들을 지나치는 것은 우울한 경험이었다. 그들은 다른 세계에서 온 존재들처럼 보였다. 조르주 고디 중위는 두오몽 인근에서 5월 전투를 마치고 돌아오는 자기 연대를 이렇게 묘사했다.

먼저 바짝 말라서 뼈만 남은 중대들이 들어왔는데 이따금 부상당한 장교가 지팡이에 몸을 의지한 채 이끌었다. 모두 마치 취한 듯이 갈지자로 행군했다. 더 정확히 말하면 좁은 보폭으로 전진했다. …… 그들은 얼굴빛과 군복 상의 색깔을 구분하기가 어려웠다. 온몸을 뒤덮은 진흙은 바짝 말랐고 그 위에 한 겹 더 진흙이 덮여 있었다. …… 그들은 아무 말도 하지 않았다. 불평할 힘조차 없었다. …… 이 침묵의 얼굴은 무엇인가 끔찍한 것, 믿을 수 없는 순교의 공포를 외쳐 말하는 것 같았다. 내 옆에 서 있던 몇몇 향토연대 병사들은 시름에 잠겼다. 그들은 장례 행렬이 지나갈 때 찾아오는 슬픔의 분위기를 띠었고, 나는 누군가 이렇게 말하는 것을 들었다. "저건 이제 군대가 아니야! 저들은 시체야!" 향토연대 병사 두 명이 숨죽여 울었다.

앞에서 설명한 것은 대체로 프랑스 자료에 나오는 내용이다. 프랑스군은 포위당한 돌출부에서 압박당하고, 늘 우세했던 적군 포대에 난타당하고, 늘 적군보다 열등한 조직의 지휘를 받았다. 따라서 프랑스군의 상황은 거의 언제나 그 정도로 나빴다. 그러나 시간이 흐르면서 서로 대적하는 두 군대의 고통은 갈수록 격차가 줄어 거의 인지할 수 없을 정도가 되었다. 4월 중순이면 독일군 병사들은 집에 보낸 편지에서 급량반 사상자가 많다고 불평하고 있었다. "많은 병사들이 식량을 조달하는 위험한 원정길에 오르느니 차라리 배고픔을 견디려 한다." 전투가 지속된 열 달 내내 증원군도 없이 베르됭을 지켜야 했던 폰 츠벨 장군은 그곳의 병사들이 특수한 '일종의 정신병'에 걸렸다고 말한다. 마지막으로, 찬사를 받은 두오몽 정복자, 위세 당당했던 폰 브란디스조차(이전에 그에게 전쟁이란 곧 환희였다) 결국 공포를 드러냈다. 그는 이렇게 분명히 밝힌다. 어디서도, 솜강에서도, '베르됭의 죽음의 계곡'보다 더 나쁜 것은 찾을 수 없었다.

16장

전선과 후방

하루에 사상자가 3천 명에서 4천 명 발생한다는 사실을 기사에서 읽고도
평소처럼 아무렇지 않게 생활한다면 꽤 냉담하다는 말을 들어도 당연하다.
— 레핑턴 대령, 《제1차 세계대전》

그들은 여기에서 다른 사람들이다.
내가 제대로 이해할 수 없는 사람들, 내가 부러워하고 경멸하는 사람들이다.
나는 카트와 알베르트, 뮐러, 티야덴을 생각해야 한다. 그들은 무엇을 할 것인가?
…… 그들은 곧 다시 최전선으로 올라가야 할 것이다.
— 에리히 마리아 레마르크, 《서부전선 이상 없다》

앙리 바르뷔스의 뛰어난 전쟁 소설 《포화》의 등장 인물 중 한 사람
은 휴가 중에 이런 쓰라린 말을 내뱉는다. "우리는 이질적인 두 나라
로 나뉘었다. 저 너머에 있는 너무나 고통스러운 전선과 너무도 만족
스러운 이곳 후방으로." 이는 베르됭에서 싸운 양 진영의 전투원들이
거의 똑같이 느낀 감정이었다. 최전선에 한 번이라도 투입된 병사는
자신이 마치 배후의 평신도들은 이해할 수 없는 엄격한 의식을 갖춘
배타적 수도회에 속한 것처럼 느꼈다.

병사들은 짧은 휴가를 보내러 집에 돌아왔을 때 뭐라고 정의할 수
없는 막연한 불안을 느꼈다. 강한 민족 본능을 지닌 독일의 많은 젊

은 병사들은 알자스의 멋진 숲과 산속에 차려진 휴양소에서 베르됭에서의 경험을 나눈 전우들과 함께 회복기를 보냈다. 그들은 그런 시간을 전쟁의 목가적인 순간으로 여겼다. 전시의 결핍 탓에 조국의 삶은 가혹하고 쓸쓸했으므로 집에서 보내는 휴가는 휴양소 생활과 판이하게 달랐다. 귀대하는 병사는 민간인들이 그들 자신의 어려움에 사로잡혀서 병사들이 베르됭에서 어떤 일을 겪는지 이해하려 하지 않는다는 것을 알았다. 주요 교전국 중에서 1916년에 전쟁의 압박을 가장 심하게 느낀 나라는 독일이었다. 영국이 감행한 봉쇄 조치는 치명적인 결과를 가져왔다. 어디서나 물자가 부족했다. 독일 농가는 척박한 토양에 반드시 필요한 비료를 얻지 못해 차츰 수확 체감의 법칙에 적응했다. 1915년에 전시에는 처음 벌어지는 대규모 시위가 베를린에서 일어났다. 주부 5백 명이 제국의회 의사당 앞에서 휩트 크림의 품질이 1914년 이전 수준에 못 미친다고 항의했다. 이듬해가 되자 그들은 더는 항의하지 않았다. 이제 크림은 아예 구할 수 없었고 버터도 몹시 귀했기 때문이다. 커피는 도토리 가루로 만든 메스꺼운 대용물로 바뀌었다. 빵은 이미 1915년 초에 주당 약 900그램씩 배급되었는데, 밀가루에 무엇을 더 섞었는지 빵이 잿빛이 나고 모래를 씹는 듯 거칠었다. 사정은 점점 더 나빠졌고, 결국 이듬해 겨울은 '순무로 나는 겨울'이 된다. 베르됭에서 마구 소비되는 포탄의 구동 벨트를 만드느라 공공 건물의 구리 지붕은 대부분 벗겨졌고, 공원의 난간이 곧 구리 지붕의 운명을 따랐다. 거리를 지나는 차량들은 타이어 없는 바퀴 때문에 덜거덕거리며 운행했다. 머지않아 심지어 전선에서도 공군이 격납고에서 비행기를 끌어낼 때 귀한 고무가 닳는 것을 늦추기 위해 비행기 바퀴를 나무 차꼬로 감싸게 되었다. 면이 부족해서 민간 병원은 종이로 만든 붕대를 썼으며, 인력이 부족해서 솜강 전투 후 곧 열일곱 살에서 예순 살까지 부역 동원령이 내려진 것도 전혀 놀랍지 않았다.

카이저는 이런 가혹한 삶의 현장에서 동떨어진 채 통치했다. 불안해하는 몇몇 조언자가 보기에 카이저는 나라의 나머지 지역에서 고난이 커질수록 전쟁 이전의 화려한 시절을 빠르게 되찾아 가는 듯한 환경에 머물렀다. 그는 베르됭에서 처음 실망한 이후로 자신의 동화 같은 세계로 더 깊숙이 물러났다. 그 동화 같은 세계 속에서 현실은 주로 그의 만족을 모르는 욕구를 위해 전선에서 들여온 있을 법하지 않은 '참호 일화'에 바탕을 두고 있었다. 그런 일화는 종종 쉽게 날조되기도 했다. 사냥 여행이 점점 더 잦아졌고, 점점 더 많은 시간을 오버슐레지엔의 장엄한 플레스성에 고립된 채 여유롭게 보내거나 바트홈부르크에서 황비와 측근들과 함께 온천을 즐기며 보냈다. 저녁에는 지루해하면서도 묵묵히 따라주는 궁정 신하들과 함께 느긋하게 카드놀이를 즐겼다(카이저는 좀처럼 이기지 못했던 것 같다). 카이저가 베를린과 샤를빌메지에르의 총사령부에 나타나는 일은 매우 드물어서 나이 많은 조언자들까지도 전쟁에 대한 그의 무관심에 공개적으로 불만을 드러냈다. 그렇지만 독일제국의 권위주의적 구조와 검열, 독일인의 타고난 자제력 때문에 각성은 대체로 상층부에 한정되었다. 1916년 5월 1일 포츠담 광장에서 반전 대중 집회를 열려던 리프크네히트의 시도는 찻잔 속의 태풍으로 끝났다.* 국민 대다수는 여느 때처럼 전쟁에 헌신적이었다. 침착했고 의문을 품지 않았으며 베르됭에서 돌아온 병사들이 전하는 이야기에 마음을 닫고 귀를 닫았다. 다음 세대가 강제수용소에서 새어 나온 소문을 걸러낸 것과 똑같았다.

전선에서 빠져나온 프랑스 병사들은 베르됭 시에 도착하자마자 알

---

* 카를 리프크네히트가 다른 사회주의자들과 함께 결성한 스파르타쿠스단이 반전 시위를 벌인 뒤, 리프크네히트는 체포되어 반역죄로 유죄를 선고받았다.

자스의 낙원으로 보내진 독일군 병사들이 느낀 기쁨과 크게 다르지 않은 기분을 느꼈다. 베르됭 시의 한 음악당에 있던 배우 휴게실은 평시 요새 도시의 삶의 흔적을 공고문의 형태로 아쉬운 듯이 간직하고 있었다. "경찰의 명령에 따라 배우들은 공연 중에 휴게실 출입을 금한다." 그러나 배우들은 모두 오래전에 떠났으며, 버려진 음악당에는 기계식 피아노가 박살 난 채 널려 있었다. 이미 3월 초에 베르됭은 유령 도시가 되었다. 민간인은 즉시 소개되었다. 요새 주둔군을 상대로 물건을 팔거나 노동력을 제공하던 민간인 가운데 모험심 강하고 용감한 소수가 헌병대의 통제를 피해 마지막까지 머물렀지만, 결국 부대를 위해 매점을 운영하도록 허락받은 초로의 시민 세 명만 남게 되었다. 도시 중심지는 대부분 독일군의 380밀리미터 장거리포에 파괴되었다. 버려진 거리마다 파괴된 주택들이 맥없이 주저앉아 내부를 드러내고 있었다. 포탄에 산산이 부서진 어느 주택에는 무표정한 시선으로 독일군에 맞서는 듯 팔짱을 끼고 북쪽을 응시하는 나폴레옹 흉상만 덩그러니 남아 있었다. 버려지고 파괴된 도시는 어쩌다 찾아온 방문객에게는 우울하게 보였겠지만, 전선에서 빠져나온 병사들에게 그곳은 삶을 뜻했다. 보방 성채 아래 깊은 곳에 있던 지하 묘지에서는 안전과 따뜻한 음식, 침상을 제공받았고 심지어 목욕도 할 수 있었다. 그러나 특히 좋았던 것은 독일군 포탄에서 벗어날 수 있다는 점이었다.

1916년 프랑스 전선 후방의 생활 조건은 대략 당시 영국과 독일의 중간 정도였다. 그때까지 영국은 전쟁 수행 능력을 프랑스만큼 동원하지 않은 상태였다. 이듬해, 윤택한 생활을 누리던 레핑턴 대령조차 자국에서 다음과 같은 사실을 알아차리고 약간 충격을 받았다.

전쟁의 유일한 징후는 저녁에 남자들이 보통 짧은 상의를 입고 검은 넥타이를 매며 저녁 식사 시간이 짧아지고 시중드는 급사들이 줄어들고 그들의 자질도 나빠지는 것이다.

그러나 독일과 달리 프랑스 주민들은 물품 부족으로 그다지 심하게 고생하지 않았다. (물론 북동부 점령 지역은 예외였지만 그곳에서도 삶은 전체적으로 나치 치하의 점령지 프랑스보다는 훨씬 견딜 만했다.) 가장 부족한 것은 석탄이었다. 독일군이 릴을 침공하면서 프랑스 석탄 생산량의 약 40퍼센트가 줄어드는 바람에 프랑스 주민들은 겨울이 올 때마다 추위에 몸서리쳤다. 농업 분야에서 손실이 컸지만 식량 배급이 심각한 문제가 되지는 않았다. 1914년에 크루아상 제조가 금지되었으나 고작 다섯 달이 지난 뒤 다시 허용되었다. 1915년 가을, 프랑스 정부는 모든 곡물을 고정 가격에 징발할 권한을 가졌다. 1916년에 이 권한은 설탕, 우유, 달걀로 확대되었으나 실제로는 제한적으로만 행사되었다. 진주만 공습 이후 미국의 경우와 마찬가지로, 매주 하루 육류 없는 식사를 하도록 법령으로 정해졌지만 강제로 집행되지는 않았다. 1917년 유보트 작전이 절정에 이르렀을 때에야 식량부가 설치되었다. 식량부는 정육업자에게 일주일에 이틀씩 가게를 닫으라고 명령했고, 빵집 주인에게 화려하게 장식된 케이크를 팔지 못하게 금지했으며, 결국 어쩔 수 없이 배급 카드를 배부하기 시작했다. 미식가들은 이 같은 조치에 불평을 해댔지만 암시장 덕분에 그럭저럭 식생활을 꾸려 나갔다. 1916년 내내 식량 부족 문제는 그다지 두드러지지 않았다.

베르됭의 병사들은 휴가를 받는 일이 드물었지만 일단 휴가를 나오면 자연스럽게 파리로 이끌렸다. 베르됭에서 겨우 240킬로미터 정도 떨어진 곳이었지만, 파리행은 다른 나라, 다른 세계로 들어가는 것 같았다. 휴가병은 때때로 파리 사람들이 도대체 전쟁을 알기는 하는지 궁금했다. 파리 특유의 활기는 결코 오래 억누를 수 없었다. 그 활기는 전쟁 초기의 속박을 깨뜨리고 터져 나와 1916년 중반에는 전쟁으로 피폐해진 세계에 기적 같은 발랄함을 선물했다. 베르됭에서 온 병사들에게 파리는 《아라비안나이트》의 바그다드와 같았다. 1940년대 런던처럼 1916년의 파리도 연합군의 대의에 충실한 모든 군대와 인종의 집결지처럼 보였다. 샹젤리제에서 모로코인, 세네갈인, 베트남인, 마다가스카르인이 말끔한 프랑스 기병 장교들과 외인부대 병사들, 킬트를 입은 하일랜드 병사들, 라파예트 비행중대의 미국인 조종사들이 함께 뒤섞여 있을 때 얼마나 색상이 다양하고 볼 만했던가! 열정이 불타올랐던 전쟁 초기에 오페라 극장과 영화관은 문을 닫았지만 독일군이 베르됭을 공격하기 직전에 다시 문을 열었다. 미스탱게트*는 음악당 폴리베르제르에 엄청나게 많은 관객을 끌어 모았고, 나이 들고 몸도 아팠지만 여전히 매혹적이었던 위대한 베르나르*는 시간을 쪼개어 무대와 자신이 오데온 극장에 차린 병원을 오갔다. 오페라코미크(Opéra-Comique) 극장에서는 〈마농〉이 대유행했고, 독일군이 304고지를 맹렬히 공격하던 5월에는 영화 〈살람보〉가 화려하게 개봉했다. 꽃 박람회가 전쟁 이전처럼 성황을 거두었다. 대부분의 극장 상연 작품에는 애국적 분위기가 스며들었다. 몰리에르 탄생을 축하하는 공연이 끝나갈 무렵 오페라 가수 마르트 슈날(Marthe Chenal)은

미스탱게트(Mistinguett) 당대 프랑스의 인기 있는 배우이자 가수였던 잔 부르주아(Jeanne Bourgeois, 1875~1956)의 예명.
* 당시 프랑스의 유명 배우였던 사라 베르나르(Sarah Bernhardt, 1844~1923)를 가리킨다. 1870년 프랑스-프로이센전쟁에서 파리가 포위되었을 때 오데온 극장을 부상자를 위한 병원으로 바꾸는 일을 맡았다.

〈라마르세예즈〉를 열정적으로 표현하고자 삼색기를 두르고 등장했으며, 음악당에서는 영국군 병사들이 들여온 노래 〈티퍼레리〉와 〈피카르디의 장미〉*가 불리지 않는 밤이 단 하루도 없었다. 1914년에 미술 학교들은 거의 쇠퇴했다. 모델들은 탄약 공장으로 사라졌으며, 골치 아픈 일을 피해 정신의 휴식을 찾는 은퇴한 사업가들이 학생들을 대신했다. 예술계는 이미 비참할 정도로 구성원들을 많이 잃었다. 조르주 브라크(Georges Braque)는 전투 중에 머리에 중상을 입었고, 페르낭 레제(Fernand Léger)는 베르됭에서 독일군의 독가스에 중독되었으며, 앙드레 드랭(André Derain)은 부상을 입진 않았지만 포탄 통이나 장식하는 신세가 되었다. 작가인 샤를 페기와 알랭푸르니에(Alain-Fournier)는 전사했으며 기욤 아폴리네르는 머리를 다쳤다. 하지만 화랑들은 어쨌든 다시 문을 열고 활발하게 거래를 했으며, 출판계는 그렇게 많은 책을 판 적이 또 있었는지 기억할 수 없을 정도로 호황을 맞았다.

베르됭에서 온 병사들은 파리의 눈부신 광경을 착잡하게 바라보았다. 델베르 대위는 1916년 4월 불로뉴 숲에서 멋진 옷을 차려입고 남성들의 에스코트를 받으며 산책하는 여인들을 보고 이렇게 생각했다.

국경일이나 롱샹 경마 …… (델베르는 불쾌하게 덧붙였다.) 국민은 고통받는 것 같았고 나라의 모든 힘은 최후의 승리라는 목표를 위해 쏟아

---

* 〈티퍼레리(Tipperary)〉는 1912년 잭 저지(Jack Judge)가 작곡한 노래인데, 제1차 세계대전 때 영국군 병사들 사이에서 인기가 있었다. 티퍼레리는 아일랜드 사우스 티퍼레리주의 도시 이름이고, 이 노래의 원 제목은 "티퍼레리까지는 아주 멀다(It's a Long, Long Way to Tipperary)"이다. 〈피카르디의 장미(Roses of Picardy)〉는 영국의 헤이든 우드(Haydn Wood)가 작곡하고 프레더릭 웨덜리(Frederick Weatherly)가 작사했는데, 역시 제1차 세계대전 시기에 인기를 끌었다.

부어지는 듯했다. 그러나 이러한 노력이 산책 행렬을 줄이지는 못한다.

이튿날 그는 외식을 하면서 이렇게 말했다.

베베르(Weber)든 뵈프아라모드(Boeuf à la Mode)든 식당은 어디나 붐비는군. 전쟁이 더 오래 지속된다면, 이미 그럴 가능성이 보이지만, 식당 주인들은 부자가 될 거야.

휴가 중에 델베르는 어디에서나 평소답지 않은 신랄함을 내비치며 이렇게 평가했다.

생활은 좋다. …… 전선 후방에서 이 사람들이 전쟁을 운명으로 받아들이고 체념하는 것은 이해할 수 있는 일이다. …… 어떤 사람이 전선의 가시철조망에서 끔찍하게 죽는다 해도 사람들이 그의 희생에 너무 큰 영향을 받지는 않을 것임을 우리가 완벽하게 확신할 수 있다는 사실이 위안을 준다.

델베르는 연대로 복귀하면서 일종의 안도감을 느꼈다.

파리의 활력 넘치는 허세를 벗어나면 나라 전체에서 전쟁 때문에 불가피하게 발생한 왜곡과 부패를 쉽게 감지할 수 있었다. 1916년이면 이러한 현상이 전선의 병사들을 심하게 괴롭히기 시작했다. 교묘하게 전쟁에서 빠진 앙뷔스케(embusqué) 즉 후방 근무자와, 물자 부족을 이용해 폭리를 취해 큰 재산을 긁어모은 부당 이득자들이 있었다. 군수품 공장에서 일하는 변변찮은 노동자도 하루에 100수를 벌었다. 비교하자면 푸알뤼는 일급으로 5수를 받았다. 그 결과, 인플레

이션에 점점 더 속도가 붙었다. 1916년에 들어섰을 때 생계비 지수는 120에 이르렀고(1914년 7월을 100으로 보았을 때), 1916년 말에는 135가 된다. 암시장이 매우 활발했으며, 당국은 때때로 시민들에게 감추어 둔 금을 꺼내라고 부추겨야 했다. 전쟁 초기에는 심한 혼란으로 희생이 컸다. 많은 농민이 군대에 소집된 탓에 농업이 붕괴했고, 결국 군대에 간 농민 중 일부가 다시 밭으로 돌아와야 했다. 르노 자동차 공장은 들것을 만드는 작은 작업장을 제외하면 거의 전부 폐쇄되었다. 자동차는 전쟁에 별다른 쓰임새가 없는 사치품으로 여겨졌기 때문이다. (르노가 파산했다면 베르됭에서 무슨 일이 일어났을지는 앞서 부아사크레에 관하여 했던 이야기로 쉽게 짐작해볼 수 있다.) 그러나 납득할 수 없을 때가 많았지만, 웬일인지 경제는 조롱하듯 붙여준 이름인 이른바 '시스템 D'('그럭저럭 해내다'라는 뜻을 지닌 'se débrouiller'에서 나온 말이다)에 따라 굴러갔다.

'시스템 D'에 따라 주기적으로 발생한 혼란은 보통은 선의에서 비롯된 결과였다. 그러나 1916년 제27병원에서 발각된 독직 사건 같은 것은 순수한 의도에서 비롯된 일이 아니었다. 어느 부정한 의사가 한 번에 수천 프랑씩 받고 가짜 제대증을 발급해준 사건이었다. 범죄자들은 부당하게도 가벼운 형을 선고받았고, 사건에 연루된 하원 의원들과 심지어 장관들까지 그 일을 다급히 은폐했다는 추악한 소문이 돌았다. 더 사악한 의도에서 시작된 사건들도 있었다. 내무장관을 지낸 루이 말비(Louis Malvy)의 지휘로 신문 〈르보네루즈(Le Bonnet Rouge)〉를 중심으로 모인 패배주의자들의 활동, 그리고 프랑스 국민의 사기 저하를 획책하는 대가로 독일로부터 수백만 프랑을 받은 노골적인 반역자들의 활동이 바로 그런 경우였다. 말비는 5년 추방형을 선고받았으며, 볼로 파샤와 마타 하리는 총살당했고, 알메레이다는 감방에서 목을 맨 채로 발견되었다.* 그러나 후방에서 늘어나는 온갖 병적 존재 가운데 전선의 병사들이 가장 크게 원망한 대상은, 그러니까 혼란을 일으키는 자들과 후방 근무자, 부당 이득자, 패배주의자보다 더 싫어했던 자들은 이른바 기만하는 자들(bourreurs de crâne)이었다. 작가와 기자, 돈을 받고 일하는 선전 기구의 일꾼들, 그리고 '아나스타지의 가위' 즉 검열관이 그런 자들이었다. 그들은 파리의 안락한 사무실에 앉아서, 폴 데룰레드의 관점으로 전쟁의 숭고함에 관해 그리고 조국을 위해 훌륭히 전사하는 용감한 소년들에 관해 글을 썼고, 베르됭이 공격당할 때마다 "산더미처럼 쌓인 독일군 시체"와 프랑스군의 '무시할 만한' 손실을 기술했으며, 상이군인의 사진에 "두 발을 잃었지만 훌륭한 의족 덕분에 잘 걷는다."라거나 "두 손을 잃었지만 이전처럼 능숙하게 담배를 다루고 경례도 할 수 있다."라는 설명을 붙였다.** 베르됭이라는 지옥에 내던져진 병사들을 가장 크게 격앙시킨 것이 바로 이 같은 역겨운 표현이었고, 장교들은 전쟁을 합리적으로 정확히 전하는 보고를 찾기 위해 〈르 주르날 드 주네브(Le

---

* 〈르보네루즈〉는 1913년부터 1922년까지 발행된 아나키스트 신문인데, 1917년 편집장 에밀조제프 뒤발(Émile-Joseph Duval)이 스위스에 다녀오는 길에 독일 은행에서 발행한 10만 프랑 수표를 지닌 채 체포되었다. 미겔 알메레이다(Miguel Almereyda)로 불렸던 신문 창립자 외젠 비고(Eugène Vigo)는 극우파로부터 거센 공격을 받고 체포되어 투옥되었으며, 그의 정치적 동지였던 루이 말비와 조제프 카요(Joseph Caillaux)는 독일과 거래한 죄로 체포되어 유죄를 선고받았다. 볼로 파샤(Bolo Pasha)라는 이름으로 더 잘 알려진 폴 볼로(Paul Bolo)는 프랑스인 금융가로 독일과의 강화를 위해 언론에 영향력을 행사하라는 명목으로 돈을 받아 반역죄로 체포되어 처형되었다. 일명 '마타 하리(Mata Hari)'로 알려진 네덜란드 무용수 마르가레타 젤러(Margaretha Geertruida Zelle)는 프랑스를 위해 간첩 활동을 하던 중 독일을 위해 일했다는 혐의로 체포되어 처형되었다.
** 한편 독일군도 고초를 겪었다. (물론 프랑스 작가들의 더 뛰어난 상상력 때문이었고 아마도 동일한 수준으로 고생하지는 않았을 것이다.) 독일의 전형적인 '속임수'는 프랑스군의 포탄이 폭발하지 않았으며 그들의 총탄은 심한 상처를 남기지 않고 깨끗하게 몸을 관통한다는 전쟁 초기의 보고서였다.(저자 주)

프랑스군의 선전 사진. 1916년 〈뉴욕타임스〉에 실린 설명은 이렇다. "두 발을 잃은 병사. 그러나 훌륭한 의족으로 상당히 잘 걷는다."

Journal de Genève)〉를 입수해야 했다.

　파리의 쾌활함이 피상적인 것이었다면 무능과 부패에 따른 여러 추문은 프랑스 사회의 피부를 뚫고 조금 더 깊이 침투한 감염증 같았다. 그러나 프랑스의 깊은 속살과 조직은 여전히 온전했다. 더 심한 고난을 견디고 메스의 날카로운 절개를 버텨내기에 충분할 정도로 건강했다. 이듬해가 되면 베르됭에서 치른 희생 때문에 지치고 약해진 육신에서 이러한 질병들이 결국 악성 종양으로 발전하지만,*** 아직은 아니었다. 프랑스는 손실을 입고 고난을 겪었지만 독일과 마찬가지로 여전히 전쟁 속행을 위한 놀라운 결속을 보여주었다. 특히 '신성한 동맹' 운동과 여성들이 이 단결의 버팀목이 되었다. 프랑스 같은

*** 1914~1915년에 국내 전선에서 파업은 무시할 정도였지만, 1916년에는 314건이 일어났고(대부분은 마지막 사사분기에 발생했다) 군대가 폭동을 일으킨 1917년에는 696건이 일어났다.(저자 주)

급진주의자와 독립적 인간들의 나라에서 온갖 정치적 색채를 띤 사람들이 국가의 결속을 위해 불화를 덮고 '신성한 동맹'을 창설한 것은 역사적인 기적이었다. 철저한 반군국주의자인 데다 사회주의자, 비밀 아나키스트였던 아나톨 프랑스는 — 전쟁이 일어나자 70대 나이에 입대하려 했다. — 드레퓌스 사건 직후 떠났던 보수파 중심의 프랑스 학술원 회원으로 돌아왔다. 또 성직자의 천적이었던 조르주 클레망소가 어느 신부의 양쪽 볼에 가볍게 입을 맞추는 모습이 목격되었다. 더욱 놀라운 것은 프랑스에는 너무도 자연스럽지 못했던 이 '신성한 동맹'이 거의 2년간 지속된 전쟁과 좌절 이후에도 여전히 유지되어야 했다는 사실이다. 국제 사회주의 운동 조직인 사회주의인터내셔널(제2인터내셔널)이 1916년 4월 스위스 키엔탈에서 회의를 열었을 때, 프랑스 사회주의자들 가운데 누구도 즉각적인 강화를 요구하는 결의안에 찬성하지 않았다는 사실은 의미심장하다. 젊은 하원 의원 피에르 라발이 유일한 예외였다.

프랑스 여성들에게 전쟁은 해방의 혁명을 가져다주었다. 일찍이 프랑스에서 여성들이 그토록 강한 권력을 지닌 적이 없었다. 전쟁이 일어났을 때 여성들은 앞다퉈 간호사가 되고 남자들이 전선으로 떠나 생긴 행정 공백을 메우고 탄약 공장에서 일했다. 병사들은 집에 돌아왔을 때 폭발물에 쓰인 피크르산 때문에 피부가 누렇게 변한 아내를 보고 불평했지만 배상을 받지 못했다. 아마 처음에는 예쁜 간호사 제복과 모험심에 끌린 여성도 있었을 것이다. 그러나 시간이 지나 남편이나 연인, 형제를 잃은 여성들이 점점 더 늘어나면서 각별한 헌신이 하찮은 동기를 대신했다. 대다수 여성이 병사 한 명 이상의 전쟁 대모가 되어 단순한 위문 편지부터 음식물과 모직물 옷 꾸러미, 때로는 여자가 남자에게 줄 수 있는 최고의 선물까지 은혜를 베풀었다. 대모들은 모두 편지에서 자신의 양자가 된 병사들에게 "반드시 버티라"고 권했고 그들의 영향력은 막강했다. 프랑스 사회의 어떤 집단도 여성 만큼 전쟁 의지를 굳세게 고취하지 못했으며, 영감의 원천으로서 〈라 마들롱〉*이 〈라마르세예즈〉를 거의 대체한 것은 분명 우연이 아니었다. 1916년 프랑스의 정신을 상징하는 것은 아마도 한쪽 다리를 절단했지만 여전히 목발을 짚고 무대 위를 걸어 다녔던 사라 베르나르였을 것이다.* 베르나르가 바로 프랑스였다. 사지를 잃어도 굴복하지 않는 프랑스!

그렇게 베르됭에서 전투의 잔인함이 절정에 이르렀을 때, 대적하는 두 나라의 국내 전선에 나타난, 다시는 보지 못할 굳은 의지가 제1차 세계대전과 베르됭 전투를 둘 다 확실히 지속시켰다.

〈라마들롱(La Madelon)〉 제1차 세계대전 때 프랑스에서 인기를 끌었던 노래. 가사는 시골 선술집에서 병사들이 젊고 사랑스러운 여종업원과 농탕치는 내용이다.
* 사라 베르나르는 1905년 공연 중에 오른쪽 무릎을 다쳤는데 1915년에 괴저가 심해져 오른쪽 다리를 절단했다.

17장

공중전 시대가 열리다

전쟁이 끝나면 전투기 조종사는 한 명도 남지 않을 것이다.
— 라울 러프베리, 라파예트 비행중대

그들은 이 전쟁의 기사단이다. 두려움도 없고 비난받을 일도 없다.
그들은 대담한 위업뿐만 아니라 고귀한 정신으로도
전설적인 기사도 시절을 떠올리게 한다.
— 데이비드 로이드 조지, 영국 하원 연설(1917년 10월 29일)

불운한 보병이 보기에 중포 포병은 특이한 종족이었을지 모른다. 그러나 그들 말고도 보병과 같은 세계에 속하지 않은 듯한 작은 집단이 있었다. 5월 모르옴의 들끓는 지옥에서 레몽 쥐베르 소위는 장 나바르(Jean Navarre)의 주홍색 비행기가 프랑스 전선 위에서 곡예 비행을 선보이며 또 한 번의 승리를 선언할 때 부러운 눈으로 올려다보았다. 쥐베르는 이런 생각까지 들었다. 이 '행복한 조종사들'은 승리하든 패배하든 똑같이 "어떤 영광도 없이 죽는 이들의 응원을 받는다. 그들은 이 전쟁에서 병사들이 꿈꾸는 삶과 죽음을 누리는 유일한 자들이다." 지상에서 경험하는 긴 고통과 사지 절단과 비교해보면, 조종사의 생존 확률이 기관총 사수보다 낮다는 사실을 알아도 보병들의 시샘은 덜해지지 않았다. 조종사의 죽음이 대개 산 채로 불타는 것을 의미한다 해도 그런 죽음은 적어도 빠르고 깨끗했다. 수많은 병사가 그것을 목격했다. 부러움에다 지독한 열등감이 따라붙었다. 머리 위에서 맴도는 비행기들과 비행기의 보호를 받으며 두 줄로 하늘 위를 떠다니는 포대 관측 기구를 보면서 보병들은 신과 같은 파괴력을 지닌 독수리가 뚫어져라 응시하는 가운데 아무런 보호도 받지 못하는 설치류가 된 기분이었다. 무시무시한 싸움에서 나는 소음을 들을 수 없고 거울에 살짝 비치는 듯한 자그마한 섬광과 발 아래 지상에서 피어오르는 연기를 초연히 바라보던 비행사들로서는 그 모든 것이 지상의 병사들에게 얼마나 큰 고통인지 이해하기 어려웠다. 우선 실제 전장이 터무니없이 작게 보였다. 제1차 세계대전 당시 항공기가 다다를 수 있는 낮은 고도에서도 관측자는 아군의 장거리포와 적군 전선 뒤로 멀리 떨어져 있는 표적을 동시에 볼 수 있었다. 야간에 전선을 돌아다니는 정찰기는 때때로 마치 토양에 인을 뿌린 듯이 멀리서 빛나는 적군 비행장과 아군 기지에서 나오는 불빛을 다 보았다. 조종사가 전장 위를 비행하며 보인 반응은 대체로 혐오감이었고 여기에 약간의 오만과 군중에 대한 개인주의자의 멸시가 뒤섞였다. 관측병 베르나르 라퐁(Bernard Lafont)은 이렇게 비난을 쏟아냈다. "저런 상황을 반란도 일으키지 않고 받아들이다니 겁쟁이들 같으니라고! 머릿수가 셀 수 없이 많은데도 저렇게 소심하다니."

비행사들의 우월 의식에는 여러 가지 근거가 있었다. 불쌍한 비팽(biffin, 보병)은 병역의 대가로 하루에 5수를 받은 반면, 프랑스 공군은 하사만 되어도 하루에 2프랑을 받았고 장교는 10프랑에다 추가로 비행 수당을 받았다. 적군 비행기를 한 대 격추할 때마다 사흘

씩 휴가를 받았으며 훈장 띠에 종려나무 잎 기장을 달았다. 그 밖에도 타이어 제조 회사 미슐랭이 창설한 기금에서 '장려금'이 지급되었다. 프랑스 공군의 아스데자스(as des as, '격추왕')* 조르주 기느메르(Georges Guynemer)는 죽기 전까지 대략 1만 5천 프랑의 큰 돈을 벌었다(그는 이 돈을 부상당한 조종사를 위한 기금에 넘겼다). 특히 국민들이 영웅을 갈망한 이 특색 없고 단조로운 전쟁에서 공군 격추왕은, 1940년 영국 전투에서 독일 공군에 맞서 영국 본토를 지킨 '더퓨(The Few)'가 경험한 것을 뛰어넘는 찬사를 받았다. 검열에 좌절한 어느 신문은 공군 조종사들을 연재 만화에서 영웅으로 묘사해 그들의 최근 업적을 날마다 자세히 설명하고 과장했으며 그들의 별난 복장을 두고 즐겁게 떠들어댔다. 뜻밖에도 유명한 여배우들이 격추왕들에게 다음 휴가에는 파리에서 자신과 함께 시간을 보내자고 간청하는 초대장을 보냈다. 찬사의 시와 흠모의 편지가 쇄도했다. (독일의 오스발트 뵐케는 하루 평균 20통에서 30통의 편지를 받았다.) 독일 공군의 위대한 에이스 막스 이멜만(Max Immelmann)이 1916년 6월에 격추당해 사망하자 황태자와 스무 명의 장군이 장례식에 참석했다. 기느메르는 신성시되었다. 어느 날 기느메르는 구름 속으로 들어갔고 이후 다시는 그의 비행기나 조종사의 흔적을 찾을 수 없었다. 한 세대의 프랑스 초등학생들 사이에서는 그가 육신 그대로 천국에 갔다는 전설이 생겨났다. 몇몇 격추왕은 이러한 떠받듦에 염증을 느꼈다. 겸손한 뵐케는 휴가 때 오페라를 보러 갔다가 아리아 도중에 자신에게 경의를 표하는 특별 가사가 삽입된 것을 듣고는 기분이 상해 극장에서 뛰쳐나왔다.

---

* 공중전에서 다섯 번 승리하면 '격추왕'의 자격이 주어졌는데 나중에 자격 기준이 열 번으로 늘어났다.(저자 주)

대중에게 공군 조종사가 매력적으로 보인 것은 당연히 그들의 수가 부족하다는 사실, 그리고 비행기라는 완전히 새로운 무기와 관련 있었다. 1910년 프랑스 참모대학 사령관은 정통 군인 정신을 예시하며 이렇게 선언했다. "비행기는 스포츠에 아주 잘 어울린다. 군대에서는 쓸모가 없다." 프랑스는 겨우 150대의 비행기로 전쟁에 돌입했고, 독일은 약간 더 많이 보유한 채로 시작했다. 그렇지만 그 사령관의 견해는 전쟁 개시 후 첫 달이 지나면서 바로 논파되었다. 폰 클루크가 마른강에서 저지른 고전적인 실수를 갈리에니가 비행기를 이용해 탐지했던 것이다. 전쟁이 끝날 무렵 프랑스 공군 병력은, 확대하려고 엄청나게 노력했는데도 총 1만 3천 명을 넘지 못했다. (격추왕들의 생존 가능성을 이해하려면 이 전체 인원을 3,500명의 전사자 수와 비교해보면 된다. 훈련 중에만 2천 명이 사망했고 비행 사고로 3천 명이 부상을 입었다.) 체계가 무너진 프랑스 공업은 좀처럼 정상 궤도에 오르지 못했고, 정작 궤도에 진입했을 때에는 너무 많은 모델을 내놓는 전통적인 실수를 저질렀다(독일은 그렇지 않았다). 프랑스의 전투기 조종사들은 처음에는 블레리오 비행기를 몰았다. 이 비행기는 시속 약 80킬로미터 속도로 비행했고 1,800미터 상공까지 올라가는 데 한 시간 반이 걸렸다. 그 뒤에는 적절하게도 '닭장(cage à poule)'이라고 불린 복엽기 파르망 비행기와 코드롱 비행기가 등장했다. 프랑스의 어느 비행사는 코드롱 비행기를 두고 이렇게 말했다. 이 비행기와 독일 공군의 비행기는 "화물 트럭과 롤스로이스 정도로 차이가 크다." 언젠가 기느메르는 만일 독일이 그런 비행기를 쓴다면 자신은 하루에 한 대씩 잡을 수 있을 것이라고 주장했다. 프랑스 조종사들이 독일 조종사들과 비교적 대등한 조건에서 겨루게 된 것은, 1916년 봄 베르됭에 시속 172킬로미터로 비행하는 니포르 전투기가 등장한 때부터였다. 그러나 독일도 내세울 게 거의 없었다. 그들은 체펠린 비행선에 집중함으로써 일찍이 중대한 실수를 저질렀고, 전쟁 내내 기술적 우위를 유지했지만 그것은 거의 전적으로 스물다섯 살 난 네덜란드인 토니 포커*의 탁월함 덕분이었다.

무기와 장비가 똑같이 원시적이었다. 무선 통신은 등장한 지 얼마되지 않았으며, 포대 관측 비행기는 대체로 방드롤(banderole) 즉 긴 끈에 매단 캡슐에 메시지를 담아(보통은 지도에 표시를 해서 넣었다) 떨어뜨려 아군 포대와 연락을 취했다. 그러면 지상군은 이제 다시 땅 위에 표시물, 즉 약 180센티미터 길이의 흰색 캔버스 천 조각으로 문자를 만들어 늘어놓음으로써 표적을 알렸다. 하지만 이런 방식은 베르됭에서는 그다지 지지받지 못했다. 늘 적군의 맹렬한 포격을 불러왔기 때문이다. 라이트 형제의 발명품을 치명적인 수단으로 쓰려는 시도가 처음 이루어졌을 때, 조종사들은 강철로 만든 작은 다트들을 가지고 날아올랐다가 공중에서 다발로 떨어뜨렸으며 지급받은 권총으로 서로 마구 쏘아댔다. 뒤이어 소총이 쓰였고 그 다음에 기관총이 동원되었지만, 제1차 세계대전의 공중전에서 가장 획기적인 발전은 1915년 포커 비행기에 프로펠러 사이로 총을 발사할 수 있는 동조 기어를 도입하면서 이루어졌다. 이 부문에서도 프랑스는 뒤처졌다. 프랑스의 격추왕들은 총의 결함 때문에 미칠 지경이었다. 공중에서는 결정적인 순간에 총이 작동하지 않다가 착륙할 때 느닷없이 발사되어 종종 지상 근무자들을 맞히는 성가신 문제가 있었다. 독일군의 무기가 재장전 없이 1천 발을 발사할 수 있었던 반면, 프랑스군의 탄창

토니 포커르(Anthony 'Tony' Fokker, 1890~1939) 네덜란드인 비행기 조종사이자 비행기 제작자. 제1차 세계대전 때 독일에서 단엽기 포커 아인데커(Fokker Eindecker), 삼엽기 Dr. 1, 복엽기 D.VII을 제작했다.

에는 겨우 47발이 들어갔다. 공중에서 탄창을 교환하는 것은 기술과 담력을 요구하는 위험한 일이었는데 무릎으로 조종간을 쥔 상태로 비행기를 조종하면서 조종실 밖으로 절반쯤 몸을 내밀고 올라가야 했다. 적군이 사냥을 위해 선회할 가능성은 언제나 있었다.

그러나 초기의 전투 전술에서는 프랑스가 돋보였다. 공중전이 프랑스 군인의 개인주의 기질에 더할 나위 없이 잘 들어맞는 형태의 교전이었기 때문이다. (그렇지만 그 기질은 나중에는 쓰라린 손실의 원인이 된다.) 어느 프랑스군 조종사는 이렇게 말했다. "우리는 숨막힐 듯한 정신의 감금, 부대의 규율을 …… 두려워하는 모든 자들의 피난처이다." 중세 이래로 그리고 장궁이 발명된 이후로 유럽의 전장에서는 이러한 종류의 일대일 전투를 볼 수 없었다. 양측 최고의 전사들이 만나 구름 속을 드나들며 눈부신 결투를 벌일 때, 나머지 전쟁은 잊힌 것 같았다. 참호의 병사들까지도 마치 헥토르와 아킬레우스가 대결할 때 옆에 서 있던 그리스와 트로이의 전사들처럼 하던 일을 멈추고 지켜보았다. 대규모 군대가 출현하면서 거의 사라진 기사도와 스포츠 정신이 이렇게 개인화된 전투 행위와 더불어 되돌아왔다. 적과 적 사이에 놀라운 동지애가 싹텄다. 어느 독일군 조종사는 프랑스군 비행장을 공습하던 중에 값비싼 모피 장갑 한 짝을 떨어뜨렸다. 이튿날 그는 다시 돌아와서 장갑 한 짝으로는 쓸모가 없으니 찾는 사람이 갖기를 바란다는 짧은 쪽지와 함께 나머지 한 짝도 떨어뜨렸다. 장갑과 쪽지를 받은 사람은 중세적 예의를 갖추어 기증자의 기지 위에서 다시 감사의 쪽지를 떨어뜨렸다. 냉혹한 살인자였던 폰 리히토펜(Manfred von Richthofen)보다 뵐케와 나바르를 본받은 비행사들이 더 많았다. 두 사람 모두 살인을 혐오했고 가능하면 언제나 조종사 대신 엔진을 겨냥했다. 이름난 적이 죽으면 승자의 주둔지에는 대체로 승리의 기쁨보다 애도의 분위기가 번졌다. 뵐케가 가장 친한 친구의 비행기와 충돌해 사망했을 때, 항속 거리 내에 있던 영국의 모든 비행장에서 비행기들이 이륙해 위험을 무릅쓰고 그의 기지에 화환을 떨어뜨렸다. 이러한 기사도 정신이 전쟁 내내 이어지기는 했으나, 베르됭 전투를 계기로 삼아 고독한 에이스 그리고 일대일 대결의 시대는 끝나게 된다. 베르됭에서 비로소 '공군'이라는 말이 처음으로 의미를 띠기 시작했다.

1916년 1월, 조프르와 드 카스텔노는 푸앵카레 대통령에게 프랑스 항공기의 우월함을 열정적으로 설명했다. 하지만 베르됭에서 전투가 시작되었을 때 프랑스 항공기는 (보유 수로만) 거의 5 대 1로 열세였다. 심한 압박을 받은 프랑스 보병들은 하늘 위를 가득 메운 채 아무런 방해도 받지 않고 전장을 돌아다니며 지긋지긋하게 폭격을 퍼붓는 독일군 포커 비행기를 실망스럽게 바라보았다. 그러나 프랑스 공군은 대단히 이례적으로 빠르게 집결했다. 공군 조직 책임자이자 탁월한 공중전 전략가인 바레스 대령은 즉시 바르르뒤크에 사령부를 설치했다. 이 새로운 무기에 여전히 회의적이고 비협조적이던 육군은 바레스에게 지도는 물론이고 조종사 침상에 깔 밀짚도 제공해주지 않았다. 하지만 그는 한 주 안에 총 15개 밖에 없던 프랑스 전투비행대대 가운데 6개를 베르됭 전선에 배치했으며 추가로 8개 정찰비행대대도 배치했다. 전체 120대의 비행기였다. 공군의 기동력을 놀랍게 보여준 것이었다. 이 대규모 부대를 이끈 사람은 계급이 고작 소령이었던 드 로즈(Charles de Tricornot de Rose) 후작이었는데 그가 바레스에게 받은 임무는 간단했다. "하늘을 쓸어버려라." 스피어스가 자기 군복을 직접 디자인하러 나타난 '쾌활하고 씩씩한 인물'로 묘사했던 이 마흔 살의 기병 출신 장교는 5월에 비행 사고로 사망하지만, 그

때까지 그는 임무를 거의 완수했다.

드 로즈는 최고 실력의 조종사 60명을 모으면서 임무에 착수했다. 빛나는 별 같았던 그 젊은이들 중 많은 수가 유명한 '황새 중대(Groupe des Cigognes)'로 집결했다. 중요한 인물은 거의 빠지지 않았다. 그들은 대부분 나이가 20대 초반이었고 푸알뤼의 턱수염과 장교들의 지저분한 콧수염과는 확연히 다르게 깔끔하게 면도를 했다. 기민한 정신을 갖춘 그들의 얼굴은 향후 몇 년간 미래를 이끌 얼굴들로 보였다. 황새 중대 지휘관 브로카르(Félix Antonin Brocard) 대위는 베르됭 전투 초기에 부상을 입고 이듬해 지휘권을 놓았다. 이유는 간단했다. 초기에 황새 중대를 유명하게 만든 일대일 전투 방식을 새로운 공중전의 조건에 맞게 바꿀 수 없었기 때문이다. 매우 강인한 샤를 넝제세르(Charles Nungesser) 중위도 있었다. 넝제세르는 전투 중에 자주 부상을 입었는데 베르됭에서는 너무 심하게 다쳐서 다른 사람들이 그의 몸을 들어서 조종석에 앉혀야 했고 한쪽 다리로만 방향타를 조종한 경우도 있었다. 그러나 그는 매우 능숙한 조종사여서 라파예트 비행중대의 어느 미국인 조종사는 비행기가 넝제세르의 조종이 아니라 그의 생각을 따르는 것 같았다고 말했다. 넝제세르는 베르됭에서만 독일군 비행기 여섯 대와 기구 하나를 떨어뜨렸다. 그는 금 보강재로 인공 턱을 접합해 넣었으며, 약간 일그러진 턱으로 미소를 지을 때면 두 열의 견고한 금니가 드러났다. 넝제세르는 부상을 당하고도 삶을 불태웠다. 때로는 힘든 전투를 끝낸 뒤 오픈카를 타고 약 240킬로미터 떨어진 파리까지 천둥소리를 내며 내달려 밤새 파티를 즐기고 술을 마신 뒤 돌아와 새벽 정찰 비행에 나서곤 했다. 넝제세르는 17번이나 부상을 입었지만 드물게 전쟁에서 살아남았다. 스무 살 된 잘생긴 준위 장 나바르는 두오몽 요새가 함락된 다음 날 요새 상

베르됭 전투에서 프랑스 공군의 에이스였던 장 나바르.

공에서 독일군 비행기 두 대를 격추해 황새 중대가 베르됭에서 거둔 첫 승리의 주인공이 되었다.* 부유한 제지업자의 아들로 한량이었던 나바르는 살인을 몹시 싫어했으며 자신이 비행하는 이유는 그래야만 하기 때문이라고 주장했다. 그는 공군의 느슨한 규율도 제대로 지키지 않았으며 항공 일지도 기록하지 못했고 명령 불복종으로 체포된 적도 있었다. 그래도 참호의 병사들은 나바르를 숭배했다. 공중에 적이 없을 때 나바르가 그의 주홍색(나중에 폰 리히토펜이 도용하는 색채) 비행기로 전선 위에서 (엄격히 금지된 행위였던) 간담이 서늘할 정도의 곡예 비행을 보여주어 잠시 전쟁을 '잊게' 해주었기 때문이다. 나바르는 베르됭에서 도합 257번의 전투를 치렀고, 대체로 불리한 조건에

---

* 나바르는 4월 1일에 소위로 진급한다.

서 싸웠지만 11대를 격추했다. 나바르는 부상을 입고 병원에 들어가면 울화통을 터뜨렸고 회복 휴가를 나와 방탕하게 지내며 파리를 충격에 빠뜨렸으며 결국 형이 죽은 뒤에 얻은 만성 우울증 때문에 정신병원에서 종전을 맞았다. 1919년에 나바르는 개선문을 통과하는 곡예 비행을 준비하던 중 전화선에 걸리는 사고로 사망했다. 당시 정황은 자살을 암시했다.

특히 황새 중대에는 위대한 기느메르가 있었다. 황새 중대가 베르됭으로 이동했을 때 막 임관한 스물한 살의 기느메르는 그 전해 여름 하사 시절 어느 아침에 독일군 비행기들을 해치워 유명해졌다. 기느메르 집안은 샤를마뉴까지 거슬러 올라가는 용감한 선조들을 추적할 수 있지만,* 조르주 기느메르만큼 영웅에 안 어울리는 사람은 없었다. 그는 거의 여자처럼 예뻤고 몸이 허약했기에 세 번이나 복무 부적합 판정을 받았다. 기느메르는 참모 장교처럼 한껏 멋을 부려 옷을 입었고 늘 격식을 갖추어 훈장을 달고 다녔다. 드리앙 중령이 잠수함과 비행선에 관해 쓴 상상력 넘치는 글에 매혹된 청년 기느메르는 전쟁과 비행을 모두 지극히 진지하고 개인적인 일로 받아들였다. 기느메르는 휴가를 나갈 때에도 자신을 숭배해 몰려든 미인들에게는 아무런 관심도 보이지 않았고 대신 항공기 설계사들과 대화하며 시간을 보냈다. 그는 자신의 개인 '종마'인 비행기 세 대에 관해 속속들이 잘 알았으며 매일 몇 시간씩 엔진과 총을 점검했다. 그는 이렇게 말했다. "내게 비행기는 날아다니는 기관총일 뿐이다." 그리고 기느메르는 명사수였다. 그가 그토록 오래 버틸 수 있던 비결이 바로 이것이었다. 그에게는 르네 퐁크(René Fonck)와 나바르, 넝제세르처럼 전쟁에서

---

* 기느메르 집안은 부르봉 왕실의 후손으로서 카페 왕조와 연결된다.

살아남은 이들이 갖춘 냉정한 신중함이나 예민함이 없었다. 성마른 성격을 지닌 기느메르는 전투에 임할 때면 잔뜩 눌린 용수철처럼 덤 벼들어 맹렬하게 적을 몰아세웠다. 경험이 부족한 젊은 비행사 여럿 이 그렇게 싸우다가 목숨을 잃었다. 기느메르는 신비로울 정도로 정 확한 사격 솜씨 덕에 여러 번 가까스로 목숨을 구했다. 그의 전기를 쓴 앙리 보르도에 따르면, 기느메르는 심지어 착륙한 뒤에도 "기체에 여전히 흐르고 있는 액체에 감전되기라도 한 듯이" 황홀경에 빠져 있 었다. 그는 수많은 공중전을 치르는 동안 불사신처럼 보였지만 신경 질적인 충동은 재앙으로 이어질 수밖에 없었다. 베르됭에서 거의 그 럴 뻔했다. 3월 13일, 황새 중대와 함께 전선으로 가던 중에 기느메르 는 독일군 비행기를 처치했다. 그가 격추한 8번째 비행기였다. 그때 적기 두 대가 나타나 기느메르에 달라붙어 약 9미터 사거리에서 총을 발사했다. 기느메르는 왼팔에 두 발을 맞았고 수많은 금속 파편이 얼 굴로 날아들었다. 그중 하나는 턱에 꽂혔고 죽을 때까지 빼내지 못했 다. 상처에서 흘러나온 피 때문에 앞을 거의 볼 수 없었던 기느메르는 급강하했고, 세 번째 적기가 나타나 하강하는 그를 해치우려 했지만 착륙하는 데 성공했다. 그것이 베르됭에서 그의 마지막 모습이었다. 4월 26일 기느메르는 부상을 치료하지 않은 상태에서 병원에서 탈출 했으나 장난꾸러기 꼬마처럼 전선에서 다시 쫓겨났다. 기느메르는 전 부 여덟 번 부상을 당했고, 마지막으로 부상을 당했을 때에는 상처가 제대로 낫기도 전에 하늘로 날아올랐다. 1917년 9월, 기느메르는 구 름 속으로 사라졌고 온 프랑스가 애도했다. 기느메르는 독일군 비행 기 54대를 떨어뜨렸다.

1916년 2월, 독일군은 베르됭에 공군력을 최대로 집결했다. 비행기 가 168대, 관측 기구 드라헨(Drachen) 14대, 체펠린 비행선 4대였다.

그러나 독일군은 두 가지 심각한 전술적 실수를 저질러 이 우위의 가치를 실현하지 못하고 허비했다. 첫 번째 실수는 방어적으로 '공중 탄막'을 치는 데 전력을 쏟은 것이었다. 이것은 이론적으로는 독일군 전선 상공을 봉쇄하는 것이었다. 이를 위해 독일군은 베르됭 전선 전체를 매우 작은 구간으로 분할했고, 각 구간을 두 대의 비행기로 하루 24시간 정찰하기로 했다. 연료 문제 때문에 각 정찰기는 겨우 2시간만 비행할 수 있었고, 비교적 느리고 다루기 힘든 2인승 비행기만 쓸 수 있었다. 1916년의 항공기 속도로는 그러한 공중 봉쇄에 168대가 아니라 적어도 720대는 있어야 최소한의 효과라도 볼 수 있었을 것으로 판단된다. 실제로 168대로는 베르됭에 처음부터 있었던 소수의 프랑스 비행기가 정찰을 위해 출격하는 것을 간신히 막을 정도밖에 되지 않았다. 기운차게 돌진하는 황새 중대는 베르됭에 도착한 뒤로 탄막 속에 흩어져 위아래로 움직이는 독일군 비행기들을 향해 즐겁다는 듯 덤벼들어 무사히 탄막을 찢고 독일군 포대의 중요한 눈이었던 드라헨 기구에 총격을 가했다. 프랑스군은 여전히 독일군에 비해 수적으로 열세였고 압도당하고 있었지만 열흘이 지나지 않아 기백과 공격 정신으로 독일군으로부터 공중의 우위를 빼앗았다. 그때 오스발트 뵐케가 도착했다.

작센 출신인 뵐케는 스물다섯 살이었고 이미 비행기 아홉 대를 격추했으며 최연소로 푸르르메리트 훈장을 받은 조종사였다. 1916년 1월 말 뵐케는 매우 은밀하게 두에에서 베르됭 북쪽 자메츠로 전속했다. 뵐케는 장 질환으로 병원에 입원하느라 전투의 시작을 놓쳐서 몹시 실망했다. 그는 뇌물을 써서 병원에서 나왔고 기지에 맹사를 퍼붓는 조심성 없는 침입자의 비행기를 격추했다. 3월 11일에 이르자 독일 공군 사령부는 확실히 걱정스러운 상황에 놓였고 중위에 불과한 뵐케에게 백지 위임장을 주어 적진으로 육박하게 했다. 뵐케는 즉시 전선에서 약 22킬로미터 떨어진 자메츠의 기지를 떠나 — 그의 주장에 따르면 자메츠는 전선에서 너무 멀었다. — 모르옴에서 약 10킬로미터 거리인 시브리쉬르뫼즈로 이동했다. (당시에는 비행기의 항속 거리가 매우 짧았기 때문에 실제로 적군의 포격을 받으며 기지에 착륙하는 것이 특별한 경험은 아니었다.) 첫 열흘 동안 뵐케는 네 대의 비행기를 더 격추했다. 프랑스군의 쓰라린 손실이었다. 황새 중대에서만 지휘관 브로카르 외에 기느메르와 여러 명의 최고 비행사들이 일시적으로 전투력을 잃었다. 주도권은 다시 독일군에 넘어갔다. 포대의 표적 탐지가 개선되어 3월 말에는 뫼즈강 좌안 공격이 성공하는 데 큰 영향을 끼쳤다. 4월 11일, 뵐케는 이렇게 우울하게 썼다. "날마다 실적이 나빠진다. 프랑스군은 이제 우리에게 오지 않는다. 그들은 전선 뒤쪽 먼 곳에서 비행한다."

그러나 공중전에서는 공격과 보복이 빠르게 이어진다. 이제 프랑스군은 통제는 느슨했지만 집중 대형으로 비행했다. 오래된 검투사 기법에서 벗어나는 첫걸음이었다. 뵐케는 이렇게 썼다. "저들은 정찰기 두 대를 보호하려고 최대 열두 대까지 비행기를 출격시키고 있다. 이 보호 장막을 뚫고 정찰기를 타격하기는 어렵다." 그리고 이번만은 수적 우세 면에서 독일군이 불리해지기 시작했다. 4월 중순에 이르러 바레스와 드 로즈는 순전히 뛰어난 조직력을 통해 베르됭의 비행기를 226대까지 늘렸다. 이런 집중은 모든 전선에서 안전을 도모하는 전술을 펼친 팔켄하인으로서는 모방할 수도 없고 그럴 의지도 없는 것이었다. 5월 7일 공격을 위해 티오몽(Thiaumont)에 모인 독일군 부대는 공중에서 좌표를 받은 프랑스군 포대의 정확한 포격에 갑자기 당했고 아군 비행기가 사실상 처음으로 프랑스군 정찰기를 몰아낼 수 없

제1차 세계대전 때 독일 공군의 영웅이었던 오스발트 뵐케.

다는 사실을 쓰라리게 깨달았다. 같은 달 하순 프랑스군 비행기들은 어느 해군 장교가 발명한 특수 로켓을 발사해 단 하루 만에 황태자의 소중한 드라헨 다섯 대를 불덩어리로 만들어버렸다. 열여덟 번째 승리를 거둔 후 대위로 진급한 뵐케는 12대의 비행기가 3대씩 편대로 나뉘어 서로 돕는 대형으로 비행하는 전투기 편대 — 뵐케의 전투비행대는 '사냥꾼 무리'라는 뜻을 지닌 야크트슈타펠(Jagdstaffel)로 불렸다. — 를 만들 생각을 했다. 그러나 베르됭에서 뵐케의 전투기 편대가 완전히 형태를 갖추기 전에, 6월 18일 이멜만이 사망했다는 충격적인 소식이 전해졌다. 독일은 이제 남아 있는 위대한 비행 영웅을 잃는 모험을 할 수 없었다. 뵐케는 카이저가 직접 내린 명령에 따라 비행을 하지 못하게 되었고 실망한 채 러시아 전선으로 가서 교육 임무를 맡았다.

이멜만의 죽음이라는 사건이 없었다면, 뵐케의 전투기 편대가 베르됭 상공에 출현해 프랑스의 개인주의적 조종사들에게 분명히 재앙을 안겼을 것이다. 7월에 솜강 전투가 시작되었을 때 뵐케는 자신이 전선에 꼭 필요하다는 점을 상관들에게 납득시킨 뒤 바로 그 전투기 편대로 적기 51대를 격추했다. 그중 20대는 그가 직접 떨어뜨렸다. 그해 가을 독일 공군은 최고의 성과를 냈다. 솜강 상공에서 한 달 동안 연합군 비행기 123대를 떨어뜨리면서 겨우 27대를 잃었다. 그리고 장차 제2차 세계대전에서 쓰일 전투기 전술이 등장했다. 한편 그 전술의 진정한 탄생지인 베르됭에서는 프랑스군이 공중에서 계속 우위를 유지했다. 6월과 7월, 페탱의 군대가 매우 심각한 붕괴 위험에 놓였을 때 독일 공군은 가장 무기력한 상태였다. 만약 그렇지 않았다면 전투의 결과는 달라졌을지도 모른다. 그러나 프랑스 공군은 눈에 띄는 승리를 위해 지나치게 버거운 노력을 기울였던 것으로 보인다. 베르됭 이후 공중전은 점차 영국군과 독일군의 직접 대결로 바뀌었고 프랑스 공군은 꾸준히 쇠락했다.

베르됭 상공에서 독일군이 저지른 두 번째 실수는 초기의 우위를 이용해 프랑스군의 베르됭 보급로를 차단하지 못한 것이었다. 이것은 그때까지는 첫 번째 실수보다 큰 손실을 초래한 것이었다. 폭격은 이미 공군의 임무로 확립되었으며(일찍이 1914년 9월에 독일군의 타우베 비행기가 파리를 폭격했다), 독일군에게는 동원할 수 있는 비행기가 있었다. 베르됭에서 프랑스군의 운명을 확실히 정할 수 있었을 텐데 독일군이 왜 비행기를 폭격에 이용하지 않았는지 지금으로선 거의 믿어지지 않을 정도다. 실제로 당시 독일 비평가들에게도 그렇게 보였다.

한스 리터는 종전 직후 이렇게 말했다.

신중히 준비해서 반복적으로 폭격을 가했다면 이미 포화 상태였던 그 간선 도로(부아사크레)에 어떤 혼란을 주었을지 자세히 설명할 필요도 없다. 첫 번째 공격 이후에도 수많은 차량들이 파괴되어 불타면서 도로가 막혔을 것이다. 탄약 수송차들의 폭발로 혼란은 더 커졌을 것이다. 중폭탄이 만든 구덩이들은 곳곳에서 도로를 끊었을 것이다. 해결할 수 없는 혼돈이 발생했을 것이다.

나아가 리터는 독일군이 C형 비행기(C-Machine) 중대 3개를 대기시켰다고 지적했다. 전부 72대였던 C형 비행기는 90킬로그램 폭탄 하나를 투하할 수 있었고 반 시간을 비행하면 표적에 다다를 수 있었다. 따라서 사기를 꺾는 야간 공격은 말할 것도 없고 부아사크레에 매일 거의 20톤의 폭탄을 퍼부을 수 있었을 것이다. 그러나 몇 가지 터무니없는 이유로 이 폭격기들은 이미 효과적으로 포격이 이루어지고 있던 철도 교차점에 투입되어 허비되었다. 게다가 원거리 폭격에 쓸 수 있는 것으로 황태자 군에 체펠린 비행선이 일곱 대 있었다. 그 일곱 대 중에는 전투기가 실제로 도달할 수 있는 고도를 지나 3,650미터 높이까지 올라갈 수 있는 독일 최대이자 최신의 비행선 LZ.95도 있었다. 그렇지만 바르르뒤크 같은 교통 요충지가 심한 폭격을 받은 것은 6월에 들어선 이후였다. 독일의 다른 군사 평론가인 헤르만 벤트는 전력을 기울여 뫼즈강의 중요한 다리를 파괴하려는 시도는 없었다고 지적했다. 베르됭 전투 내내 34개 교량 중 단 하나만 파괴되었고, 이것도 2월 28일에 프랑스군이 필요시 다리를 파괴하려고 설치한 장약이 실수로 폭발하면서 무너진 것이었다.

독일군은 왜 이런 의외의 실수를 저질렀을까? 아마도 진실에 가장 가까운 답은 독일군 항공대 사령관 회프너(Ernst von Hoeppner) 장군의 놀라운 고백에서 찾을 수 있을 것이다. 베르됭에서 "우리는 비행기에 무엇을 요구해야 할지 정확히 알지 못했다."

1916년 5월 18일 독일군 정찰기 한 대가 알자스의 아주 한산한 구역으로 출격했다가 돌아오고 있었다. 정찰기가 아군 방어선을 막 넘었을 때, 이른 아침 햇살 속에서 갑자기 비행기 한 대가 불쑥 나와서 달려들었다. 날개에 원형 삼색기가 보였으나, 동체에는 깃털 전투모를 쓴 인디언 전사의 사나운 얼굴이 그려져 있었다. 이전에는 보지 못한 기장이었다. 독일군 정찰병은 공격자를 피하려고 조종석에서 일어섰지만, 불과 몇 초 만에 그와 조종사 둘 다 사망했고 그들의 비행기는 땅으로 빙빙 돌며 떨어졌다.

이 일화는 승리한 조종사의 국적이 아니었다면 공식 성명의 통계로만 남았을 것이다. 그는 노스캐롤라이나 애슈빌 출신의 키핀 록웰(Kiffin Rockwell) 하사였다. 록웰의 승리는 새로이 편성된 제124 비행중대가 기록한 첫 번째 승리였다. 이 비행중대는 미국 정부의 고립주의 정책에 따른 로비 때문에 '라파예트 비행중대(Escadrille Lafayette)'로 이름이 바뀌기 전까지는 '미국인 비행중대(Escadrille Americaine)'라는 이름으로 알려졌다. 이 비행중대는 뉴잉글랜드 사람인 노먼 프린스(Norman Prince)의 발상으로 탄생했다. 1914년 매사추세츠에서 비행을 배운 노먼 프린스는 미국인 자원병 조종사로 부대를 결성하려는 의도를 품고 프랑스로 건너갔다. 파리에서 그는 미국야전병원(American Ambulance Field Service) 창설에 관여한 유력한 미국인 의사 에드먼드 그로스 박사에게 도움을 받았다. 프린스와 그로스는 온갖 연줄을 다 동원하고 동시에 외인부대와 미국야전병원을 찾아 적당한 사람들에게 자원 입대를 권유했다. 그러나 프랑스 당국은 주저했고 그러한 부대가 선전에서 엄청난 잠재력이 있음을 깨닫기까지는 1년이 더 걸렸다. 1916년 4월 16일이 라파예트 비행중대의 공식 창설일이었다. 처음에는 미국인 하사관 일곱 명과 두 명의 프랑스인 장교 조르주 테노 대위와 라주 드 뫼 중위로 시작했다. 속도가 빠른 새 비행기 니포르를 갖춘 라파예트 비행중대의 첫 임무는 보주 산맥의 뤽쇠유에 기지를 둔 프랑스 폭격기 중대의 호위 비행이었다.

그때나 이후로나 라파예트 비행중대의 미국인들은 부자와 가난한자, 한량과 대학생, 전문 비행사와 모험가가 뒤섞인 기묘한 조합이었다. 공통분모가 있다면 그것은 드 라파예트 후작이 조지 워싱턴이 이끄는 식민지인들의 싸움을 도우러 떠난 이후 프랑스가 미국 젊은이들에게 끼친 신비로운 영향력이었다. 일곱 명의 창설 대원은 대부분 이미 프랑스에서 일을 하고 있었다. 제일 먼저 장교로 임관한 윌리엄 소(William Thaw)는 예일대학에서 공부할 때 수상 비행기를 갖고 있었는데 그 덕에 프랑스군 폭격기 조종사로 받아들여졌다. 그는 처음으로 다리 아래로 지나가는 비행을 한 사람으로 유명했는데, 헤밍웨이 같은 얼굴과 체격, 음주 습관을 지녔다. 부상을 당하면서 팔이 완전히 비뚤어져 그 상태로 굳어졌다. 하버드대학 졸업생인 빅터 채프먼(Victor Chapman)은 전쟁이 일어났을 때 파리 에콜데보자르(École des Beaux-Arts)에 다니고 있었고 즉시 외인부대에 사병으로 입대했다. 당시 스물한 살이던 의대생 키핀 록웰도 마찬가지였다. 둘 다 조부가 남부연합군 장교였다. 채프먼과 록웰은 참호에서 거의 1년을 보냈고, 록웰은 1915년 5월 허벅지에 중상을 입었다. 엘리엇 카우딘(Elliot Cowdin)과 다른 남부 출신 제임스 매코널(James McConnell)은

라파예트 비행중대 초창기 구성원인 (왼쪽부터) 제임스 매코널, 키핀 록웰, 조르주 테노, 노먼 프린스, 빅터 채프먼. 라파예트 비행중대는 제차 세계대전 당시 미국인 자원병 조종사들로 이루어진 프랑스 공군의 단일 부대였다.

둘 다 미국야전병원에서 왔다. 텍사스 출신 모험가였던 버트 홀(Bert Hall)은 전쟁 전부터 화려한 비행 경력을 쌓은 사람이었다. 1913년에 그는 술탄 압뒬 하미트 2세와 계약하고 자신의 비행기를 몰고 '용병'으로 불가리아인들과 싸웠다. 홀은 현명하게도 급여를 매일 금으로 받겠다고 주장했고 술탄의 돈은 곧 고갈되었다. 1914년에 외인부대에, 이후 프랑스 공군에 입대한 홀은 독일군 비행기를 프랑스 전선 배후로 착륙시켜 처음으로 고스란히 노획했다.

  나중에 추가로 합류한 사람들 중에 버트 홀과 성이 같은 제임스 홀(James Hall)이 있었다. 그는 키치너 군대의 '첫 십만 명'에 속한 사병으로 전쟁을 맞았다. 거의 초인적인 행운을 지닌 비행사였던 홀은 — 한 번은 AA폭탄이 엔진에 꽂혔는데도 폭발하지 않고 무사히 착륙했다. — 라파예트 중대에서 찰스 노도프(Charles Nordhoff)라는 다른 비행사와 문학적으로 교류하여 소설 《바운티 호의 반란》을 써냈다. 중대가 창설되고 며칠 뒤에 합류한 라울 러프베리(Raoul Lufbery)는 버트 홀처럼 전쟁 전에 전문 비행사였다. 프랑스에서 태어난 그의 부모는 미국으로 이민을 갔으나 1912년 러프베리는 마르크 푸르프라는 무모한 프랑스 비행사와 함께 어울렸다. 두 사람은 2년 동안 극동과 근동을 여행하며 오래된 블레리오 비행기로 비행 시범을 보였으며 미신에 사로잡힌 중국의 촌락민들에게 죽을 뻔했으나 간신히 벗어났다. 1914년 푸르프는 군에 입대했고 초기 공중전에서 사망했다. 러프베리는 친구의 죽음에 복수해야 한다는 강박에 시달렸고(이 생각은 1918년 5월 그 자신이 죽을 때까지 그를 따라다녔던 것 같다), 미국인으로서는 처음으로 격추왕 칭호를 얻었다.

외인부대와 함께 참호에서 1년을 보냈거나 엄격한 미국야전병원에서 불편하게 지내다 온 자원자들은 보주 산맥의 아름다운 자연 속에 자리 잡은 뤽쇠유에 도착하자마자 실제라고 믿기에는 생활 환경이 너무 좋다고 생각했다. 그들은 로마 시대 목욕탕 옆에 있는 호화로운 주택에 묵었으며 최고의 호텔에서 장교들과 함께 회식했다. (분명히 프랑스군의 관례에서 벗어난 일이었다.) 창설 대원 일곱 명 중 전쟁에서 살아남지 못한 네 명에 속했던 제임스 매코널은 이렇게 불길한 예감을 표현했다.

나는 우리가 누리는 사치에 대해, 우리의 편안한 침상과 욕실, 자동차를 생각했다. 그리고 희생 제물로 선택된 이에게 정해진 날을 맞기 전에 멋진 시간을 보내게 해주는 고대 관습이 떠올랐다.

그러나 아무도 그런 생각을 입 밖으로 내지 않았다. 분위기는 거의 늘 유쾌했다. 출격과 출격 사이의 생활은 체계적이어서 생각할 겨를이 없었다. 조종사들은 온 정신을 집중해서 포커 게임과 브리지 게임을 끝도 없이 했고, 그러는 동안 축음기에서는 낡아빠진 음반이 계속 돌아갔다. 중대 마스코트로 기르던 새끼 사자 '위스키'가 식당에서 어슬렁거리며 돌아다녔다. 파티가 있을 때면 종종 지역 내 호텔을 완전히 다 차지하면서 끝이 났다. 라파예트 비행중대의 모습은 규율을 잘 지키는 프랑스군 조종사들에게 충격과 함께 깊은 인상을 남겼다.

키핀 록웰이 라파예트 비행중대의 첫 번째 승리를 거둔 다음 날, 중대를 베르됭 전선으로 옮기라는 명령이 내려졌다. 베르됭은 라파예트 중대에 첫 번째 큰 시험대가 된다. 5월 24일 두오몽을 둘러싼 치열한 싸움에서 윌리엄 소는 포커 비행기 한 대를 격추한 뒤 저녁에 다시 출격했다가 적기 세 대에 쫓겨 궁지에 몰렸다. 비행기 곳곳에 총탄 구멍이 뚫렸고 그는 팔에 한 발을 맞아 동맥이 잘렸으나 가까스로 프랑스 전선 안쪽에 안전하게 착륙했다. 소는 그날의 공적으로 제1차 세계대전에서 처음으로 레지옹 도뇌르 훈장을 받은 미국인이 되었다. 마찬가지로 같은 날에 버트 홀은 비행기 한 대를 떨어뜨리고 부상을 당했다. 사상자가 점차 늘었다. 이멜만이 죽기 전날인 6월 17일 채프먼은 위대한 뵐케와 맞붙었고 총탄 세례를 받았다. 오른쪽 보조익 조종간이 잘렸고 채프먼은 머리에 부상을 입었다. 놀랍게도 그는 절단된 보조익 조종간의 철사를 잡고 착륙에 성공했다. 다음날, 새로운 대원인 클라이드 밸즐리는 폭발탄 때문에 허벅지에 끔찍한 부상을 당했다. 파편이 내장 열두 곳에 구멍을 냈다. 프랑스군 일선 부대가 그를 비행기에서 구해냈다. 채프먼이 지저분한 프랑스 병원에서 고열과 지독한 갈증에 시달리는 밸즐리를 찾아냈다. 밸즐리는 오렌지가 먹고 싶어 죽겠다고 중얼거렸는데, 오렌지는 제2차 세계대전 시기의 영국

만큼이나 1916년 프랑스에서도 귀했다. 밸즐리가 회생할 것 같지 않다는 말을 들은 채프먼은 오렌지를 찾으려고 프랑스를 샅샅이 뒤졌다. 6월 23일까지 채프먼은 몇 개를 찾았고 병원에 있는 밸즐리에게 갖다 주려고 이륙했다. 채프먼은 도중에 독일군 비행기 다섯 대로부터 공격을 받았다.

라파예트 비행중대에서 처음으로 추락했고 가장 많이 사랑받은 대원이었던 빅터 채프먼의 죽음과 더불어 새로운 분위기가 중대를 엄습했다. 조종사들은 점점 더 많은 시간을 하늘에서 쓰라린 심정으로 무모하게 사냥감을 찾으며 보냈다. 피할 수 없는 일들이 일어났다. 록웰은 형에게 보낸 편지에서 이렇게 썼다. "프린스와 나는 내일 열 시간을 비행할 예정이야. 그리고 우리는 빅터를 위해서 최선을 다해 독일 비행기 한두 대를 처치할 거야." 이튿날 두 사람 모두 약속을 지켰지만 그 다음날 록웰은 추락했다. 며칠 지나서 라파예트 비행중대의 창설자인 노먼 프린스는 록웰의 복수를 위해 늦은 시간까지 오래 비행하다가 어둠 속에서 착륙하던 중 고압선에 걸렸다.

1917년 미국이 참전한 후에도 오랫동안 라파예트 비행중대는 계속 프랑스의 삼색기를 달고 비행했다. 1918년 2월 라파예트 비행중대가 마침내 해산하게 되었을 때, 생존자들은 모두 새로운 미국 육군항공대에 합류하기에는 의학적으로 부적합한 상태였다. 잔인한 역설이었다. 그러나 그때쯤이면 라파예트 비행중대는 두 번 표창 받은 부대의 어깨 띠를 다는 영예를 얻었다(그럴 수 있는 다른 부대는 기느메르의 황새 중대뿐이었다). 라파예트 비행중대에서 복무한 미국인 38명 가운데 9명이 사망했고(창설 대원 7명 중 4명 포함) 많은 조종사가 부상을 입었다. 라파예트 비행중대는 첫 여섯 달 동안 156차례의 전투를 치렀고 17차례 승리를 인정받았다. 대체로 1916년 5월에서 9월까지 간

헐적으로 싸운 베르됭에서 거둔 승리였다. 라파예트 비행중대는 아직 완전한 상태는 아니었지만 베르됭 전투에 직접적으로 상당히 중요한 기여를 했다. 그렇지만 이는 그들이 그곳에 존재함으로써 프랑스의 대의에 간접적으로 기여한 바에 비하면 아무것도 아니었다. 라파예트 비행중대는 오로지 미국인으로만 구성된 부대로서 제1차 세계대전에 참전한 순간부터 미국 전역에서 엄청난 선전의 대상이 되었다. 당연하게도 라파예트 비행중대의 활약은 언론에서 그 전쟁의 다른 부분에 비해 어울리지 않게 크게 다루어졌다. 대원들이 보낸 편지는 널리 알려졌고 종종 지역 신문의 특별 기고란에 실렸다. 미국의 시민들은 그 전쟁이 시작된 이래 처음으로 유럽 서부전선의 대규모 지상전에 직접 연결되어 있다고 느꼈다. 라파예트 비행중대를 통해, 더욱 특별하게는 빅터 채프먼이 베르됭에서 보여준 영웅적 행위를 통해 미국 안에서 다른 어떤 전투도 불러일으키지 못한 푸알뤼를 향한 존중과 위로가 서서히 나타났다. 베르됭은 1940년 영국 전투가 그랬듯이 미국인의 상상력을 사로잡았다. 여기에 비하면 솜강에서 벌어진 거대한 충돌은 그다지 큰 관심을 일깨우지 못한 편이었다. 독일의 유보트 작전이 불러온 즉각적인 도전을 제외하면, 프랑스의 결연한 베르됭 방어는 감정적인 면에서 1917년 4월 미국의 참전을 이끄는 데 그 무엇보다도 더 큰 역할을 했다.

18장

황태자는 왜 공격을 멈추지 못했나?

그 어떤 것도 퇴각보다는 낫다.
— 페르디낭 포슈

　3월에서 5월까지 석 달 동안 베르됭에서 독일군이 모르옴과 304고지의 정상을 향해 고통스럽게 조금씩 전진하는 동안, 바깥 세계에는 교전국들이 위안 삼을 만한 일이 별로 없었다. 영국은 오랜 싸움 끝에 역사상 최초로 징병제를 도입했다. 그러나 더블린에서는 부활절 봉기가 아일랜드에 불을 붙였으며 메소포타미아에서는 찰스 타운젠드(Charles Townshend) 장군이 쿠트에서 오스만제국에 항복했다. 러시아는 오스만제국으로부터 트라브존을 빼앗았으나 베르됭을 구하기 위한 양동 작전에 나서 달라는 조프르의 호소에 고결하게 응했다가 나라츠 습지에서 무참히 패배했다. 바다에서는 미국인 여러 명을 태운 정기 기선 서식스호가 독일 유보트의 어뢰 공격을 받아 격침되는 사건이 일어나 미국 대통령 우드로 윌슨이 최후통첩을 발표했다. 양 진영은 곧 저마다 윌란 해전*의 승리를 주장했다. 베를린의 포츠담 광장에서는 카를 리프크네히트가 반전 집회를 열어 독일 최초의 반전 파업을 이끌어냈다. 스위스에서는 세계 각지의 사회주의자들이 만나 전쟁을 규탄하고 소모전을 예언했다. 그러나 전쟁은 계속되었다. 지구 반대편에서는 어니스트 섀클턴이 남극에서 2년간 탐험한 후 사우스조지아 섬에 도착했다.

나는 물었다. "저기요, 전쟁은 언제 끝났습니까?"
그는 대답했다. "전쟁은 끝나지 않았습니다. 수백만 명이 죽어 가고 있어요. 유럽은 미쳤습니다. 세상이 미쳤어요."

베르됭에서 석 달 동안 양측은 매우 큰 희생을 치르고도 아주 조금밖에 전진하지 못했다. 앞서 보았듯이, 뫼즈강 좌안에서는 끔찍한 인명 소모가 있었고, 독일군은 전면 공세를 벌였지만 중요성이 떨어지는 두 고지를 차지했을 뿐이었다. 뫼즈강 우안에서는 두오몽 요새의 남쪽 접근로에 '죽음의 사변형(Deadly Quadrilateral)'이라는 어울리는 이름이 붙은 작은 구간 안에서 일진일퇴의 공방전이 벌어졌다. 연이은 날카로운 국지적 공격으로 양측은 주도권을 쥐었다가 빼앗기곤 했다. 4월 거의 내내 폰 츠벨의 제7예비군단은 작은 지형, 즉 오드로

윌란 해전 1916년 5월 31일부터 6월 1일까지 독일 함대와 영국 함대가 윌란반도 인근 북해상에서 벌인 전투. 제1차 세계대전 중 최대 규모의 해전이었으며, 양측이 모두 승리를 주장했다. 영국은 북해에서 제해권을 유지했으나 선박과 인명에서 독일보다 훨씬 큰 피해를 입었다. 독일 해군은 전력의 우수성을 입증했으나 이 전투 이후로 위축되면서 무제한 잠수함전에 집중했다.

몽의 채석장을 확보하기 위한 접전에 열중했다. 그 기간 내내 뫼즈강 우안의 전선은 겨우 약 900미터밖에 움직이지 않았다. 독일군에는 공세 시작 후 첫 나흘 동안 약 8킬로미터를 전진했던 것과 대비되는 쓰라린 결과였다. 한편, 이제 거의 4천 문에 가까운 양측의 대포는 단 한순간도 살인적인 전면 포격을 멈추지 않았다.

그렇게 작은 성과를 위해 그렇게 많은 사람이 죽은 적이 있었나? 4월 1일부터 5월 1일까지 총 사상자는 독일군이 8만 1,607명에서 12만 명으로, 프랑스군이 8만 9천 명에서 13만 3천 명으로 늘었다. 5월 말까지 프랑스군만 대략 18만 5천 명을 잃었다. (제2차 세계대전 때 스탈린그라드 전투에서 발생한 독일군의 총 사상자 수와 대략 같다.)

사상자 명부가 길어지면서 양측 고위 사령부에서 거의 동시에 피로의 징후가 나타나기 시작했다. 3월 말, 황태자와 그의 참모장 폰 크노벨스도르프는 무슨 일이 일어나든 여전히 베르됭 점령에 진력했다. 마찬가지로 팔켄하인도 여전히 베르됭에서 프랑스군을 괴멸할 때까지 말려 죽인다는 목표에 (그만의 우유부단한 방식으로) 충실했다. 그 과정에서 베르됭 시의 함락 여부는 상관없었다. 그러나 점차 태도에 분명한 변화가 나타나기 시작했다.

2월 29일, 팔켄하인은 뫼즈강 좌안을 '쓸어버리기' 위해 공세를 확대하는 데 동의했고 아끼던 예비 부대 일부를 투입했다. 제5군의 첫 번째 모르옴 공격이 실패한 이후 팔켄하인은 3월 30일 황태자에게 이렇게 써 보냈다. "새로운 사단 4개를 썼으나 아무런 성과를 내지 못했습니다." 그러면서 황태자의 향후 의도와 예상에 관한 정보를 요청했다. 이튿날 그는 크노벨스도르프가 틀을 잡은 답변을 받았다. 여전히 낙관론으로 가득한 답변에서 크노벨스도르프는 독일군의 공세로 프랑스군은 이미 "예비 부대에서 단연코 가장 큰 부분을 베르됭에"

투입할 수밖에 없다고 단언했다. (팔켄하인은 여백에 빈정대듯이 이렇게 적었다. "불운하게도 그렇지 않다!") 크노벨스도르프는 계속해서 프랑스군이 국지적으로 공격을 가할 수 있지만 베르됭에서 입은 손실 때문에 대규모 작전은 수행할 수 없다고 적었다. (팔켄하인: "틀렸다. 영국군 14개 사단을 쓸 수 있기 때문이다!") 크노벨스도르프는 결론적으로 이렇게 평가했다. "그러므로 나는 베르됭에서 프랑스군의 운명이 결정될 것이라는 견해에 전적으로 찬동합니다." 그는 뫼즈강 우안에서도 공격을 재개해야 한다고 권고하며 공세를 지속할 것을 촉구했다. 목표는 티오몽 보루에서 플뢰리와 수빌 요새, 타반 요새로 이어지는 방어선으로 밀고 들어가는 것이었다. 그러나 크노벨스도르프는 새로운 공격에 '이전과 동일한 교체 부대'가 필요할 것이라고 말했다. (팔켄하인: "그것은 불가능하다!")

나흘 뒤, 제5군 지휘관들은 팔켄하인에게서 냉랭하면서도 희한하게 의미심장한 답변을 받았다. 팔켄하인은 그들이 3월 31일에 내린 판단이 "몇 가지 중요한 점에서 옳지 않다"고 말했다. 팔켄하인은 그들이 "우리에게 무엇이 가능하고 무엇이 가능하지 않은지에 관해 지나치게 낙관적"이라고, 그리고 대규모 공세에 착수할 수 있는 적의 능력을 과소평가했다고 비판했다.* 그는 제5군에 대한 비난을 이어갔다.

우리가 전투에 지친 병사들을 대체할 잘 훈련된 새로운 부대와 필요한 보급품과 탄약을 끊임없이 공급할 수 있다는 가정은 틀렸다. 전력을

---

* 팔켄하인도 과도한 낙관론에 똑같이 희생되었다는 것은 그가 프랑스군이 이미 4월 초에 20만 명을 잃었다고 판단했다는 사실에서 드러난다. 팔켄하인은 1919년 회고록을 출간할 때까지도 여전히 3월 전투 중에 "전투에 투입된 독일군 두 명 당 프랑스군 다섯 명이 피를 흘려야 했다."고 착각했다. 앞서 인용한 사상자 통계가 완전히 잘못된 것임을 보여주는 비율이다.(저자 주)

다한다 해도 그럴 수 없을 것이다.

팔켄하인은 뫼즈강 우안에서 공세를 재개하자는 제5군의 제안을 이러한 경고를 덧붙여 승인했다. 그리고는 놀랄 만한 동요를 드러내며 "프랑스군의 운명이 베르됭에서 결정될 것"이라는 크노벨스도르프의 주장에 찬물을 끼얹었다. 그 주장이 불과 넉 달 전에 자신이 쓴 비망록의 토대였는데도 그랬다. 새로운 공격이 적당한 기간 안에 목적을 달성하지 못할 것임이 분명해지자마자 팔켄하인은 공세를 포기하고 "다른 곳에서 해결책을 찾아야" 한다며 이렇게 열의 없이 덧붙였다.

이 전투에서 이긴다면 전쟁을 신속히 끝낼 가능성은 분명히 크게 높아질 것이다. 그러나 이기지 못하면 이미 얻은 것이 있더라도 승전은 연기될 것이다. 적당한 때에 베르됭에서 쓸데없는 노력을 그만두고 다른 곳에서 공격을 주도하기로 결정한다면 승리가 불가능하지는 않을 것이다.

그 전쟁의 가장 필사적인 전투에서 상관에게 철저히 비판받은 군사령관에게 이 마지막 말은 거의 자극이나 격려가 되지 못했을 것이다. 그런데도 황태자는 이렇게 말했다. "나는 공세의 지속 여부를 강 동쪽(우안)에 대한 부분적 공격의 결과로 판단해야 한다는 그의 제안에 완전히 동의했다." 황태자와 팔켄하인이 이렇게 의견이 일치하기는 이번이 마지막이었다.

이제 팔켄하인이 '말려 죽이기' 실험에 흥미를 잃고 있음이 분명했다. 4월 6일, 팔켄하인은 호엔촐레른 가문 황태자가 눈치채지 못한 상태에서 바이에른 왕세자 루프레히트에게 아라스에서 영국군을 신속히 타격할 수 있는지 물었는데, 그때는 팔켄하인 자신이 예상했던 영국군의 구조 공격이 실현되지 않은 상태였다. 이러한 마지막 순간의 심경 변화에 루프레히트는 분명히 격앙했을 것이다. 3월 21일에 팔켄하인은 급전을 보내 영국군이 공세에 나설 수 없다는 루프레히트의 견해가 옳다고 인정하면서 동시에 그의 사단 3개를 빼내 예비부대로 유지하라고 명령했다. 그리고 열흘 후 팔켄하인은 직접 전화를 걸어 영국군이 결국 구조 작전, "아마도 상륙을 시도할 것"이라는 걱정을 드러냈다. 4월 17일에 루프레히트는—그는 짜증이 났고 팔켄하인이 세운 또 다른 미봉책에 불과한 공격에 관여하고 싶지 않았다.—영국군을 공격해 달라는 팔켄하인의 요청에 전선에 많은 증원군이 투입되었음을 지적하면서 냉정하게 거절했다. 전혀 놀랍지 않은 일이었다. 팔켄하인은 마지못해 다시 베르됭을 주시했다.

한편, 팔켄하인으로 하여금 더 극심한 환멸을 느끼게 만들 타격이 전혀 다른 방향에서 다가오기 직전이었다. 팔켄하인 비망록의 '두 번째 기둥'은 무제한 잠수함전에 착수해 프랑스 전선으로 향하는 보급을 끊는 것이었다. 이 새로운 작전은 처음에는 기대가 컸지만, 서식스호 사건에 미국 대통령 윌슨이 예상치 못한 격렬한 반응을 보였다. 이에 카이저, 그리고 팔켄하인의 숙적인 총리 '선한 테오발트' 베트만홀베크(Theobald von Bethman-Hollweg)*가 크게 놀랐다. 베트만홀베크는 유보트를 풀어놓는 데 처음부터 반대한 사람이었다. 4월 30일, 팔켄하인은 총사령부의 정원을 거닐면서 그 확실한 솜씨로 주인을 안심시키는 데 성공했다. 카이저는 베트만홀베크에게 이렇게 분명히 밝

---

* 베트만홀베크는 처음부터 독일의 통치 집단 내 팔켄하인 반대파의 중심이었다. 1915년에 팔켄하인을 육군장관 직에서 물러나게 한 것도 바로 베트만홀베크였다.(저자 주)

혔다. "이제 당신은 미국과 베르됭 중에서 선택을 해야 하오!" 그러나 다음날 카이저는 독일 주재 미국 대사 제임스 제러드(James W. Gerard)와 대화를 나눈 뒤 선박이 계속 침몰하면 미국이 정말로 외교관계를 단절할 것이라 확신하고는 갑자기 마음을 바꿔 무제한 잠수함전을 즉각 중단하겠다고 약속했다. 감정이 상한 팔켄하인은 카이저에게 사임을 청했으나 거부되었다.

팔켄하인의 4월 4일자 편지에 뒤이어 제5군은 뫼즈강 우안의 수빌 요새를 겨냥해 정력적으로 공세를 준비했다. 그러나 4월, 뒤이어 5월도 공세 없이 지나갔다. 공세가 연이어 연기된 것은 세 가지 요인이 합해진 결과였다. 첫째, 4월 거의 내내 일기가 나빠서 돌격 개시용 참호를 팔 수 없었다. 둘째, 새로운 지휘관이 부임한 뫼즈강 우안의 프랑스군이 큰 희생을 치르면서도 짜증스럽게 계속 반격을 가해 왔다. 세 번째 요인이 가장 중요했는데, 뫼즈강 좌안을 따라 전개한 공격이 예정보다 훨씬 늦어졌고, 우안에서는 치명적인 측면 공격 포대들을 제압하지 못하면 전진할 가망이 거의 없었다. 뫼즈강 우안의 독일군 사령관 폰 무드라 장군은 대신 소규모의 국지적 진격 체제를 권했다. 그러나 4월 9일에서 11일까지 프랑스군이 기세 좋게 방어한 뒤, 폰 무드라조차 이 새로운 방법이 성공할 것 같지 않다고 인정했다. 독일군 군단장 중 가장 유능한 축에 드는 폰 무드라가 베르됭 공세 전체의 미래에 관해 비관론을 드러내면서 그와 크노벨스도르프 사이에 격한 다툼이 벌어졌다. 4월 21일, 크노벨스도르프는 폰 무드라를 아르곤 숲에 주둔한 그의 군단으로 되돌려 보냈으나, 폰 무드라는 출발하기 전에 황태자에게 메모를 전해 의심을 드러냈다.

4월 21일은 베르됭의 독일군 사령부에는 중요한 날이었다. 황태자가 폰 무드라의 주장에 흔들려 '심판 작전'은 실패했으며 완전히 중지해야 한다는 돌이킬 수 없는 결론에 이른 날이었기 때문이다. 황태자는 이렇게 썼다.

4월 내내 지속된 뺏고 빼앗기는 힘든 땅따먹기 싸움 끝에 나는 이러한 확신에 도달했다. 우리가 여러 번 공격 방식을 바꾸었는데도 베르됭에서 결정적인 승리를 얻으려면 우리가 바라는 성과와 전혀 균형이 맞지 않는 엄청난 희생을 치러야만 한다는 것이다. 당연히 나도 이러한 결론을 내리기가 무척 싫었다. 책임을 맡은 지휘관으로서 희망과 승리라는 꿈을 포기하기란 결코 쉬운 일이 아니었다.

황태자는 1년 전 힌덴부르크와 루덴도르프가 러시아를 몰락시킬 듯 보였던 그때 팔켄하인이 고를리체 공세를 어떻게 중단시켰는지 떠올릴 수 있었다.* 더 가깝게는 베르됭 전투의 첫 국면을 위해 남겨둔 예비 부대를 받지 못해 실망했던 일을 잊을 수 없었다. 이제 황태자는 팔켄하인의 타고난 우유부단함뿐만 아니라 그가 자주 거론했던 '프랑스군 말려 죽이기'의 배후에 무엇이 있는지도 충분히 알았다. 전투가 결정적 순간에 이르렀는데도 총사령관에게 '엄청난 손실'을 메워줄 병력 보충을 기대할 수 없다고 생각할 정도였다. 그렇게 제5군의 그 모든 노력은 무익하게 허비되었다.

황태자는 자신의 견해가 단 한 번을 제외하고 전부 제5군 작전참

---

* 1915년 동맹국의 주 공세인 고를리체-타르누프 공세에서 러시아는 대패해 후퇴했다. 힌덴부르크와 루덴도르프는 카우나스와 빌뉴스를 점령하여 폴란드에서 러시아로 이어지는 모든 철도를 장악하면 폴란드에 있는 러시아 군대를 가두어 강화를 이끌어낼 수 있으리라고 생각했으나 팔켄하인은 자원이 부족하다며 대신 정면 공격을 명령했다.

모부의 지지를 받았다고 말한다. "그 한 번의 예외는 나의 참모장(크노벨스도르프)이었다." 같은 날 크노벨스도르프는 비관적인 폰 무드라를 프로이센 제3군단 사령관 폰 로호로 대체했다. 폰 로호는 전투에 관한 견해에서 프랑스의 '죽을 때까지 공격하기' 신조의 열렬한 신봉자들과 대체로 비슷했다. 그의 역할은 베르됭 공세의 "속도를 더하는 것"이었다. 역시 같은 날, 크노벨스도르프는 황태자와 의논도 하지 않고 황태자의 개인 참모 장교 폰 하이만 중령을 전속시키려고 했다. 황태자는 몹시 놀랐고 무척 짜증이 났다. 폰 하이만 중령은 황태자의 측근 중에서는 크노벨스도르프의 강철 같은 의지에 맞설 수 있는 유일한 장교였다.

5월 8일, 두오몽 요새 안에서 발생한 끔찍한 재앙 때문에 황태자는 결의를 더욱 굳히게 되었다. 요새의 포병 장교가 우연한 폭발의 위험성을 거듭 경고했으나 소용이 없었다. 살아남은 목격자는 없었지만, 몇몇 바이에른 병사들이 수류탄에서 빼낸 폭약을 연료로 써서 화약 상자를 뒤집어 놓고 그 위에서 커피를 끓이다가 벌어진 일이라고—남부 독일인들답게 들떠서 부주의해진 탓에—믿을 만한 이유가 충분했다. 작은 폭발이 일어나 쌓여 있는 수류탄을 터뜨렸고, 그로 인해 다시 많은 화염방사기 연료통이 폭발했다. 불타는 용액이 불과 몇 분 만에 요새 통로를 따라 흘러 퍼졌다. 어떤 조치를 취하기도 전에 불붙은 용액이 155밀리미터 포탄으로 가득한 탄약고에 도달했고 결국 탄약고가 폭발했다. 요새 수비대 병사 중 폭발에 즉사하지 않은 이들은 통로를 따라 이동한 열기 폭풍에 폐가 타버렸다. 더 먼 곳에 있어서 폭발을 견디고 살아남은 이들은 연기에 질식했다. 전등은 전부 꺼졌고 공포가 엄습했다. 미친 듯이 내달려 요새 밖으로 빠져나온 병사들에게는 더 비극적인 운명이 기다리고 있었다. 밖에서 요새를 지키던 독일군 병사들은, 갈기갈기 찢긴 군복에 얼굴은 검게 그을린 채 혼란 속에서 연기를 뚫고 나타난 전우들을 적군 중에서도 가장 큰 두려움의 대상이었던 프랑스 아프리카 부대 병사들로 오인하고 가차 없이 쓸어버렸다. 제12척탄병연대의 참모진 전체를 포함하여 독일군 650명이 사망했다. 오늘날까지도 그들 대부분은 그때의 폭발로 폐허가 된 두오몽의 한 포탑 안에 갇혀 있다.

두오몽의 재앙이 발생한 지 닷새가 지난 5월 13일 황태자의 사령부에서 베르됭 전투의 세 번째 주요 회의가 열렸다. 뫼즈강 우안에서 선봉을 맡은 제10예비군단 참모장 호프만 폰 발다우 중령이 몹시 암울한 소식을 보고하면서 회의가 시작되었다. 최전선 병사들은 예비 병력으로 빠진 부대가 회복하기도 전에 지쳤다. 게다가 두오몽 요새 안에서 발생한 사고로 사기가 떨어졌다. 그의 군단에서 중심 사단이었던 제5사단은 이제 남은 힘이 없었다. 제10예비군단은 새로이 공격을 전개하기 위해 자리를 잡았지만, 두오몽 요새의 양쪽에 배치된 진지는 지키기가 어려워서 가만히 앉아 있기만 해도 프랑스군의 포격에 매일 230명을 잃었다. 따라서 그는 결국 티오몽과 플뢰리를 잇는 선위의 고지대로 밀고 들어가는 것이 낫겠다고 생각했다.* 뫼즈강 우안에서 온 제3군단 참모장 게오르크 베첼(Georg Wetzell) 소령은 자신감을 잃은 상태였으며 가용 병력이 부족하다는 진부한 불평을 해댔다. 그때 황태자가 개입하여 이렇게 말했다. "우리는 지휘관들과 병사들이 성공을 완전히 확신해야만 공격할 것이다." 분명히 그들은 확신이 없었다. 그래서 황태자는 뫼즈강 우안의 '대공세'를 한 번 더 연

---

* 옮긴이가 확인한 바에 따르면, 막스 호프만 폰 발다우 중령은 제10예비군단 참모장이 맞으나 제5사단은 제3군단 소속이다. 두오몽 공세의 주력이 제3군단이었으므로 아래 나오는 제3군단 참모장과 이름이 바뀐 것이 아닌지 의심스러우나 정확한 내용을 확인할 수 없다.

기하자고 권고했다. 놀랍게도 크노벨스도르프가 동의했다. 크노벨스도르프는 나아가 베르됭의 모든 작전을 종결하는 데 팔켄하인의 승인을 얻어내겠다는 의사를 밝혔다. 황태자는 매우 기뻤다.

그러나 크노벨스도르프는 샤를르빌메지에르에 도착하자마자 사실상 정반대 노선을 따랐다. 크노벨스도르프는 망설이는 총사령관에게 뫼즈강 좌안에서 304고지와 모르옴의 대부분을 점령했음을 지적하며 뫼즈강 우안에서 공세를 지속해야 베르됭에서 전부를 얻을 수 있다고 강조했다. 팔켄하인은 동요했고 마침내 새로운 공격을 허가했으며 나아가 이를 위해 새로운 사단을 하나 더 배정했다.

새로운 결정이 내려졌다는 소식이 스테네에 닿았을 때, 황태자는 '절망'에 빠졌다.

나는 고함을 질렀다. "장군은 내게 오늘 이런 얘기를 하고 내일은 다른 얘기를 하는군요! 공격 명령을 거부합니다! 총사령부가 이를 명령하면 나는 복종해야 하지만, 내 책임으로 그렇게 하지는 않겠습니다!" 그리고 총사령부는 곧 베르됭 공격을 계속하라는 지시를 내렸다!

사흘 뒤, 팔켄하인이 직접 스테네로 왔다. 극도의 환멸에 빠진 황태자는 이렇게 썼다.

이제 그와 폰 크노벨스도르프의 합의에 대해 분명하게 이해했다. 증원 부대를 보내겠다는 약속에 따라 세운 공격 계획은 분명 대규모 추가 공세의 서막일 뿐이었다.

독일군의 세 주요 인물 중에서 황태자는 베르됭 공세 전체를 끝내야 한다는 데 완전히 찬성했다. 흥미를 잃은 팔켄하인은 바람 부는 대로 이리저리 흔들렸다. 그리고 셋 중 계급이 가장 낮은 크노벨스도르프가 남았다. 그는 팔켄하인의 '말려 죽이기' 신조로 전향하면서 극도로 단호해졌고 어떤 희생을 치르더라도 계속 공격할 것을 지지했다. 콘스탄틴 슈미트 폰 크노벨스도르프는 확실히 매우 강력한 인물이었다. 동시대 사람들은 그를 오크(참나무)처럼 단단하다고 묘사했는데, 그의 사진을 보면 둥근 머리와 위로 빗어 올린 콧수염, 다소 돼지 같은 눈은 사납고도 상상력이 부족한 단순함을 온전히 다 갖춘 전형적인 프로이센 군대의 상사(Feldwebel)를 연상시킨다. 기품 있지만 우유부단한 팔켄하인과는 전혀 달랐다. 야심에 휩싸여 베르됭 승리의 조직자로 자처하고 서부전선의 루덴도르프가 될 듯이 의기양양했던 크노벨스도르프를 쉽게 상상할 수 있다. 크노벨스도르프는 두 명의 상관에 대해 약간의 우월함을 느꼈다. 장교 명부에서 그는 팔켄하인보다 선임자였으며 팔켄하인 직전에 제4근위보병연대 지휘관을 맡았다. 그리고 그는 전쟁이 일어나기 전에 황태자에게 전술과 전략을 가르친 스승이기도 했다. 그러나 크노벨스도르프가 아무리 강력했다 해도 카이저에게 직접 이야기할 수 있는 유일무이한 인물인 황태자가 왜 자신의 참모장을 압도하지 못했을까? 제6군에서는 바이에른 왕세자 루프레히트의 완전한 지지 없이는 어떤 명령도 실행되지 않았다. 그렇다면 독일의 제위 계승자가 정책에 끼치는 영향이 더 크지 못했던 이유는 무엇인가? 그 답은 황태자의 성장 배경에서 찾을 수 있다.

영국에서 '리틀 윌리(Little Willy)'라는 별명으로 불렸던 독일제국의 황태자는* 아마도 제1차 세계대전과 관련해 가장 심하게 비난받은 사람일 것이다. 기울어진 좁은 어깨, 모딜리아니의 그림 속 인물처럼 높은 깃 속에 숨은 기다란 목, 붙임성 있는 그레이하운드처럼 긴 얼굴은 풍자 만화가들에게 좋은 먹잇감이 되었다. 여기에 전선에서도 끌고 다닌 두 마리의 휘핏과 평소에 쓰고 다닌 경기병연대 샤코의 해골 문양이 그림을 완성했다. 황태자는 무능한 바보처럼 보였으며, 실제로 여러 점에서 무능력하고 미련했다. 그러나 이것이 전부 그의 잘못은 아니었다.

아버지가 제위에 올랐을 때 황태자는 겨우 여섯 살이었고, 그 순간부터 그와 카이저 사이의 모든 의사소통은 지극히 사적인 것이라도 군사추밀원장(Chef des Militärkabinetts)**의 공식적인 중개를 거쳐야 했다. 교육은 몇몇 군사 교관이 담당했고, 이 애처로운 꼬마는 일곱 살이 되기도 전에 프로이센 군대의 최연소 하사에 임명되었고 심지어 아버지의 서른 번째 생일에 군복을 입고 축하해야 했다. 황태자가 포츠담의 스파르타적이고 청교도적인 환경에 반감을 드러내는 것도 어쩌면 당연한 일이었다. 황태자가 처음에, 어린 나이에 보인 반응은 항상 적절했다고는 말할 수 없는 일련의 모험적 연애였다. 그의 긴 생애 내내 취향은 변하지 않았다. 전쟁 전에 인도를 공식 방문했을 때 황태자는 무도회에서 만난 예쁜 버마(미얀마) 공주를 보려고 연회에서 몰래 빠져나와 관료들을 격분시켰다. 전쟁 중에는 황태자가 점령지 프랑스에서 프랑스 여성들과 정사를 나눈 일로 측근이 자주 분개했다. 전후 1923년에 네덜란드 망명 중이던 황태자가 몰래 독일로 들어왔을 때 친구들은 그가 호텔 객실 담당 종업원과 사랑에 빠질까 봐, 그 결과로 계획 전체가 위험해질까 두려워 그에게 아침을 서둘러

---

* '리틀 윌리'는 영국의 전차 마크 원(Mark I)의 원형을 부르는 이름이었는데 당시 영국의 황색 언론에서 독일 황태자를 조롱하여 그렇게 불렀다.
** 군사추밀원은 프로이센 국왕에게, 통일 후에는 독일제국 카이저에게 군 장교단 문제에 관하여 조언한 군사 자문 기구였다.

먹게 했다.

황태자와 엄격한 아버지의 관계는 여러 면에서 웨일스 공과 조지 5세의 관계와 대체로 비슷했다. 황태자는 그의 육촌 동생*처럼 허례와 의식을 지독히 싫어했다. 황태자는 쾨니히스베르크(오늘날 칼리닌그라드)를 방문한 뒤 카이저에게 전형적인 전문을 보내 '75번의 연설과 4시간 반의' 체류, 끔찍했던 형식적 연회에 관해 보고했다. 한번은 국가 행사를 빼먹었다가 카이저에 의해 가택 연금을 당했다. 황태자는 스포츠를 좋아했으며(불구인 아버지는 당연히 이를 말렸다), 1909년에는 비행기 제작자인 오빌 라이트(라이트 형제의 동생)와 함께 비행해 궁정을 발칵 뒤집어놓았다. 황태자는 한 가지 견해에 얽매이지 않고 서민층 사람들과 골고루 사귀었다. 또 그는 많은 사람에게 위험할 정도로 전위적으로 보인 독일 내 여러 사회적, 정치적 경향을 접했다. 정치나 외교 정책에 간섭했다는 이유로 크게 질책을 당한 적도 여러 번이었다. 황태자는 연극과 오페라에 정말로 관심이 많았다. (가장 오랫동안 열정적으로 좋아한 가수는 미국인 제럴딘 패러였다.) 스테네의 황태자 사령부에서는 저녁 식사 이후에 대체로 음악이 흘렀다. 때때로 황태자가 직접 바이올린을 연주했는데 그는 상당히 괜찮은 연주자였다. 황태자가 친척 중에서도 자신의 아버지가 가장 싫어한 쾌활한 종조부 에드워드(에드워드 7세)를 제일 좋아했다는 사실은 전혀 놀랍지 않다.

전쟁이 임박했을 때 황태자는 전쟁을 도발하는 범게르만주의 분파에 크게 동질감을 느꼈다. 아가디르항 위기(제2차 모로코 위기) 때, 황

---

* 황태자 빌헬름의 할머니, 즉 프리드리히 3세의 부인 빅토리아 황후는 영국 빅토리아 여왕의 딸이며, 그녀의 남동생이 에드워드 7세이고 그의 아들이 조지 5세이다. 여기서 말하는 웨일스 공은 조지 5세의 장남, 즉 에드워드 8세이다.

1916년 서부전선을 찾은 카이저 빌헬름 2세(왼쪽)와 빌헬름 황태자(가운데).

태자는 "파리의 무도한 무리에 포메른 척탄병 한 명이 무엇을 할 수 있는지 한 번 더 깨닫게 해주기에 딱 알맞은 순간"이 왔다고 과장되게 선언했다. 황태자는 전쟁을 미화하는 《무장한 독일》이라는 어린이책을 편집했고, 독일 청년에게 다가올 '행복하고 즐거운 전쟁'에 관해, 그것이 무엇을 의미하든지, 이야기하기를 즐겼다. 언젠가 한번은 저녁 식사 자리에서 "전쟁을 일으키고 자신의 연대 앞에서 돌격을 지휘하는 것이 소중히 간직한 꿈"이라고 말해 어느 연합국 대사의 부인을 깜짝 놀라게 했다. 미국 대사 제임스 제러드는 이렇게 말했다.

(황태자는) 자신이 모은 놀라운 나폴레옹 유물과 나폴레옹을 떠올리게 하는 것들에 둘러싸여 오로지 성공적인 정복 전쟁을 이끄는 것만 꿈꾸면서 …… 자기 아버지가 살아 있을 때 전쟁이 일어나기를 바란다고 말했다. 그러나 만약 그렇게 되지 않는다면 자신이 즉위하는 즉시 전쟁을 시작하려고 했다. 그렇지만 (제러드는 이렇게 덧붙인다) 나는 황태자의 전체적인 의견에 동의할 수 없다. 내가 보기에 그는 매우 유쾌한 사람이고 날카로운 관찰자이며 비범한 지적 능력을 갖춘 사람이었다.

당시 황태자가 보인 격앙된 모습을 두고 제러드는 현명하게도 "그가 어린아이였을 때 시작된 지옥 같은 군사 교육의 영향"을 비난했다. 그런 점에서 황태자는 전쟁 이전 유럽의 전반적인 분위기를 생각하면 다름 아닌 바로 그 시대의 자식처럼 보인다.

놀랍고도 인정할 만한 점은, 일단 전쟁이라는 비극이 시작되자 황태자가 그것이 어떤 결과를 낳을지 독일의 어느 누구보다 빠르게 깨달았다는 사실이다. 황태자는 충동적이고 무책임한 바람둥이였는지 몰라도 그의 아버지에게는 확실히 부족했던 통찰력과 기본적인 감각을 타고났다. (황태자가 이러한 자질을 활용하도록 두었다면, 독일의 운명, 전 유럽의 운명이 어떻게 달라졌을지 누가 알겠는가?) 오랜 시간이 지난 후 황태자는 1947년 뉘른베르크 전범 재판에서 증언하며 다음과 같은 흥미로운 말을 했다.

아버지는 황태자가 정치 문제에서 여성적 본능을 지녔다고 말했다. 나는 아버지가 내 말을 좀더 경청하기를 바랐다. 무엇인가 불쾌한 일이 일어날 것 같으면, 나는 언제나 추운 느낌이 들었다. 순전히 신체적인 느낌이다. 나는 제1차 세계대전에서도 그런 느낌을 받았다. 그렇게 추운 느낌이 들었을 때 작전도 대체로 실패했다.

마른강 전투 때 황태자는 폰 클루크의 우익이 직면한 어려움에 관해 카이저에게 우려를 전달했으나 돌아온 것은 생각해주는 척하는 부정적 반응이었다. "애야! 너의 두려움은 전혀 근거가 없다." 마른강 전투 후 황태자는 스테네에서 이렇게 공개적으로 발언해 미국 통신원을 깜짝 놀라게 했다. "우리는 이 전쟁에서 졌다. 나는 오래도록 계속해서 싸우겠지만 이미 전쟁은 패했다." 1915년 12월 팔켄하인이 비망록을 제출하던 바로 그때, 황태자는 아버지에게 "만일 우리가 조국이 완전히 고갈될 때까지 계속 싸우기를 원하지 않는다면" 영국이나 러시아와 개별적으로 강화를 체결할 수 있지 않겠냐고 편지를 쓰고 있었다. 1916년 4월 말, 황태자는 폰 갈비츠 장군에게 프랑스와 타협할 준비가 되어 있다는 의사를, 심지어 메스를 되돌려줄 의향까지 내비쳤다고 한다.

황태자이자 아마추어 군인이었던 이 바람둥이가 직업 군인들보다 먼저 임박한 재앙의 전조를 보았다는 사실은 제1차 세계대전 당시의 군인들을 존경하기 어렵게 만든다. 황태자는 정말로 아마추어였다. 황태자는 일곱 살에 하사에서 출발해 스물세 살에 대위, 스물다섯 살에 소령으로 해롭다 싶을 정도로 빠르게 진급했다. 1911년 황태자는 스물아홉 살에 단치히(그단스크)로 파견되어 경기병연대를 지휘했지만—베를린의 정치와 연애의 유혹에서 떼어놓은 것은 분명 일종의 유배였다.—곧 군대의 지루한 직무에서 탈출하는 데는 도가 텄음을 증명했다. 독일의 정치 풍자 잡지 〈짐플리치시무스(Simplizissimus)〉는 테니스복을 입고 이렇게 말하는 황태자를 묘사해 그를 조롱했다. "단치히, 단치히! 어디서 들어본 이름인데!" 그래서 대전이 일어나면서 (서른두 살에) 장군으로 진급했을 때 황태자는 명백히 독일에서 가장 미숙한 지휘관이었다. 황태자가 크노벨스도르프에게 약했던 한 가지 중요한 이유가 여기에 있었다.

동원령이 떨어지자마자 뷔르템베르크 공작*과 바이에른 왕세자는 각각 군대의 지휘권을 받았다. 프로이센의 왕위 계승자가 군대를 지휘하는 것도 왕조를 위해 절대적으로 필요한 일이었다. 그러나 황태자와 달리 두 사람은 진정한 직업 군인이었고 자신의 능력으로 지휘권을 얻었다. 카이저는 아들에게 이 점을 분명히 했다. 동시에 카이저는 이전에 황태자를 가르친 스승 폰 크노벨스도르프를 그의 참모장으로 임명하면서 아들에게 이렇게 지시했다. "그가 무슨 조언을 하든지 그대로 따라야 한다." 그리고 카이저는 황태자가 그가 맡은 부대의 명목상 지도자에 불과하다는 점을 확실하게 해 두려고 할 수 있는 모든 일을 다 했다. 전쟁 발발 몇 해 전 황태자가 서른 살이 되어 가던 무렵 소령이었을 때 다음과 같은 일이 있었다. 어느 열병식에서 카이저는 병사들이 보는 가운데 아들을 불러내 여단장에게 "저 녀석에게 말 타는 법을 가르쳐!"라고 말해 창피를 주었다. 두 사람의 관계는 여느 때처럼 멀고 어려웠다. 제1차 세계대전은 윈스턴 처칠의 말을 빌리자면 "이제까지 태평했던 사람으로 하여금 정신을 차리고 집중하게 만드는 효과"가 있었지만, 황태자는 여전히 아버지와 직접 만나는 것을 엄격하게 거부당했다. 황태자는 루덴도르프에게 이렇게 불평했다.

뷔르템베르크 공작(Albrecht Herzog von Württemberg, 1865~1939) 제1차 세계대전이 발발하면서 독일군 제4군단장을 맡아 아르덴 전투와 제1차 마른강 전투를 치렀으며 1917년 2월 알브레히트 집단군을 맡아 종전 때까지 서부전선의 남쪽 구간을 담당했다.

만일 내가 아버지와 직접 대면해 어떤 일에 관해 이야기하기를 원하고 그렇게 하도록 허락되면, 아버지가 한 시간 동안 이러저러한 일에 관해 이야기하고 대화 시간은 그렇게 끝났다. 나는 하고 싶은 말을 한마디도 할 수 없었다. 내 생각을 글로 써서 제시하면, 아버지는 표시를 해서 관련 부서로 보내버린다.

1915년 폰 티르피츠 제독은 일기에 이렇게 털어놓았다. "카이저는 그에게 기회를 주지 않는다."

그리하여 베르됭 전투가 가장 잔인한 국면에 돌입하던 시기에 독일군에서 유일하게 학살극을 멈출 수 있었던 사람에게는 그럴 권한이 없었다. 한편 전선 반대쪽에서도 비슷한 상황이 펼쳐졌다.

19장

프랑스 공격 정신의 화신, 니벨

우리에겐 승리의 공식이 있다.
— 로베르 니벨 장군

두오몽! 두오몽! 그것은 한낱 마을 이름이 아니다.
그것은 엄청난 고통이 초래한 비통한 울부짖음이다.
— 샤를 라키에즈

　1916년 3월 24일, 프랑스의 푸앵카레 대통령은 늙은 운전사처럼 보이게 직접 디자인한 군복 비슷한 옷을 입고 조프르와 세르비아 섭정 왕자 알렉산다르 카라조르제비치*와 함께 베르됭을 방문했다. 전투가 시작된 이래 첫 방문이었다. 푸앵카레는 어느 요새에 오르면서 조프르가 살이 많이 쪄서 숨쉬기를 매우 힘들어한다는 사실을 알아차렸다. 반면 페탱에 대해서는 이렇게 말했다. "페탱의 눈은 신경성 틱(경련)을 보인다. 약간 피로하다는 뜻이다." 페탱의 '틱'은 실제로

알렉산다르 카라조르제비치(Alexander Karađorđević, 1888~1934) 1921년 유고슬라비아 국왕이 되어 1934년까지 재위했다.

그 이상을 의미했다. 이미 전투는 그의 감정에 깊은 영향을 남겼다. 페탱은 수이이의 마을 사무소에 차린 사령부 계단에 서서 부아사크레를 따라 오가는 사람과 물자의 행렬을 지켜보며 베르됭 전투의 온전한 공포를 전투원의 시각에서 보는 것만큼이나 정확하게 추론했다. 다음 인용문에서 페탱은 프랑스의 다른 위대한 지휘관의 글 어디서도 볼 수 없는 동정심을 드러낸다.

우리의 스무 살 난 청년들이 베르됭의 용광로 속으로 들어가는 것을 보니 심장이 요동쳤다. 나이에 걸맞은 명랑함을 지닌 그들이 첫 교전의 열정을 곧 잃어버리고 고생에 겨워 피로에 내몰릴 것이라는 데 생각이 미쳤기 때문이다. …… 불편한 트럭에서 심하게 흔들리거나 군장 무게에 짓눌렸지만 그들은 노래를 부르거나 농담을 하면서 대수롭지 않은 척 서로 격려했다. …… 그러나 그들이 돌아올 때, 부상을 입거나 발이 아파 낙오자가 되어 따로따로 오든, 사상자가 많아 크게 줄어든 중대 행렬에 섞여서 오든 그들의 귀환은 얼마나 우울한가! 그들의 얼굴은 공포를 목격하고 얼어붙은 표정이었다. 말로 표현할 수 없을 정도였다. 걸음걸이와 자세를 보면 그들이 완전히 낙담했음을 알 수 있다. 그들은 소름 끼치는 기억의 무게에 짓눌려 축 늘어졌다. 내가 말을 걸어도 거의 대답하지 못했고, 고참병의 우스갯소리도 그들의 근심 어린 마음에는 아무런 반향을 일으키지 못했다.

페탱은 처음부터 무자비한 곤경에 직면했다. 페탱이 전투의 책임을 맡았다면, 그는 분명코 화력을 방어에 집중하고 손실을 최소화한다는 자신의 전술적 이상에 걸맞게 뫼즈강 우안의 위험한 돌출부를 비우고 베르됭을 포기했을 것이다. 그리고 면밀하게 방어선을 준비해 여기를 통과하는 황태자의 부대를 "말려 죽이려" 했을 것이다. 페탱은 지휘권을 받자마자 매우 은밀히 그러한 철수 계획을 마련했으며 비밀이 새나가지 않도록 철저히 단속했다. 종전 후 조프르는 페탱이 뫼즈강 우안에서 철수하려는 것을 적어도 두 차례 막아야 했다고 주장했다. 과장했을지 모른다는 점을 감안하더라도 조프르의 주장은 페탱이 계속 철수를 염두에 두었음을 암시한다. 그러나 페탱이 뛰어난 전술 감각으로 무엇을 하고 싶었든 간에, 철수할 기미를 보이자마자 조프르와 드 카스텔노가 즉각 자신을 해임하리라는 것이 페탱에게는 불을 보듯 뻔했다. 병력을 아끼려는 마음은 조금도 없는 '죽을 때까지 공격하기' 파의 장군이 자신을 대신할 것이 거의 분명했다. 따라서 페탱이 행동할 여지는 실질적으로 제한되었다. 그럼에도 페탱은 원치 않는 전투를 수행하는 대가로 우선 베르됭에서 프랑스군의 공세를 매우 엄격히 제한함으로써, 또 부분적으로는 '노리아(Noria)'로 알려진 신속한 병력 교체 제도에 대해 조프르의 동의를 얻어냄으로써 적어도 상황을 완화할 수는 있었다.

페탱의 전투 경험은 그가 수이이의 마을 사무소에서 날마다 목격한 것들로 인해 확충되었고, 그는 그 경험을 바탕 삼아 베르됭 전선에 너무 오래 머문 부대들은 전투력이 급속히 저하된다는 사실을 곧바로 알아차렸다. 노리아 제도에 따라 이제 프랑스군은 병력이 급감하고 병사들의 사기가 꺾이기 전에 미리 며칠마다 사단들을 전선에서 빼내 멀리 떨어진 곳에서 평화롭게 휴식하며 힘을 보충하고 병력을 보강하게 했다. 독일군은 이와 대조적으로—아마도 적보다 더 침착하게 공포를 받아들일 수 있는 민족적 능력에 기댔을 것이다.—신병 훈련소에서 갓 나온 보충병들을 채워 넣음으로써 부대를 말 그대로 가루가 될 때까지 전선에 머물게 했다. 이 방식의 약점은 앞에서 이미 언급했다. 5월 1일까지 프랑스군 40개 사단이 베르됭을 지나 26개 독일군 사단을 향했다. 이 차이는 독일군에 두 가지 중대한 영향을 끼쳤다. 첫째, 전장에 있는 병사들의 사기를 떨어뜨렸다. 그들은 거듭 자문했다. "프랑스군은 도대체 어디서 이 많은 신병을 데려오는가?" 둘째, 독일군 정보부를 속여 프랑스군이 독일군보다 훨씬 더 큰 손실을 입었다고 추정하게 했고, 그리하여 크노벨스도르프가 공세를 지속하도록 조장했다. (이것은 또한 프랑스군에는 그 세대의 많은 남자들이 제1차 세계대전의 다른 어느 전투보다도 베르됭 전투를 기억에 깊이 새기게 되었음을 의미했다.)

상티이로 돌아온 조프르는 페탱의 전투 수행 방식에 점차 인내심을 잃었다. 향토연대의 손실은 확실히 미미했지만, 페탱은 임명된 이후 땅을 빼앗기기만 했을 뿐 한 일이 없어 보였고, 4월에 들어선 후에도 여전히 대규모 반격을 거부했다. 이는 교범에 완전히 어긋나는 것이었다! 게다가 제2국(정보국)은―피에르푀가 단순히 2주에 '10만 명 정도'로 어림잡았다고 표현한 그 놀라운 계산 과정을 거쳐―4월 1일까지 프랑스군 사상자를 겨우 6만 5천 명으로 계산하고 독일군 사상자는 20만 명으로 추정했다. (기묘하게도 20만 명은 팔켄하인이 그날까지 프랑스군이 입은 손실을 말하려고 선택한 수이기도 했다. 앞서 말했듯이 진짜 사상자 수는 독일군 8만 1,607명에 프랑스군 8만 9천 명이었다.) 이러한 추정치에 속은 조프르는 적이 훨씬 더 오래 공격을 유지할 수 있다고는 믿을 수 없었다. 페탱은 총사령부 내 반대파의 괴롭힘에 틱이 심해졌지만 굳건히 버텼다. 상티이에서는 강력한 조프르가 총사령관에 임명된 후 처음으로 자신의 권위가 도전받았다고 느꼈다. 설상가상으로 페탱의 '노리아' 요구 때문에 조프르가 그해 여름 솜강에서 영국-프랑스의 대규모 합동 공세를 감행하려고 비축해 두었던 예비 병력이 유출되고 있었다. 그 공세는 조프르가 자신의 모든 것을 내건 계획이었다. 조프르는 회고록에서 이렇게 주장했다. 페탱의 증원 부대 요청에 전부 응했다면 "프랑스군 전체가 그 전투에 빠져들었을 것이다. …… 적의 의도에 말려드는 꼴이 되었을 것이다." 실제로 프랑스군 총사령부는 먼저 베르됭에서 팔켄하인의 도전을 '수용'함으로써 바로 그렇게 했고, 2월에 드 카스텔노가 페탱에게 역할을 넘기면서 현장 책임자가 보기엔 베르됭을 지키려면 정말로 '프랑스군 전체'가 필요한 것 같았다.

조프르와 페탱의 불화는 그렇게 시작되었다. 조프르는 솜강 공세를 포기하지 않고 솜강 공세에 먼저 병력과 물자를 공급하기로 결심했다. 하지만 동시에 조프르는 페탱이 베르됭에서 공세적으로 나서기를 원했다. 반면에 총사령부가 동조해주지 않는 데 점차 감정이 상한 페탱은 베르됭을 지키려면 1916년 프랑스군의 주력을 쏟아부어야 한다고 확신했고, 결국 솜강은 전적으로 영국군에 맡겨야 한다는 극단적인 태도를 보였다. 또 페탱은 조프르로 하여금 그가 현재 이용할 수 있는 수단으로는 솜강 돌파를 해낼 수 없다고 생각한다고 확신하게 만들었다. 확실히 페탱은 장군으로서는 한계가 있었다. 페탱은 포슈나 드 카스텔노와 달리 폭넓은 전략적 이해가 부족했고 눈앞의 전선에만 집중했기에(야전 지휘관에게 흔한 일이다) 조프르처럼 전쟁 전체를 보는 시야가 부족했다. 이 모든 것은 사실이다. 그러나 페탱이 베르됭을 전부로 여겼다고 해도, 그는 1917년 봄에 프랑스 군대에서 일어난 폭동(27장을 보라)으로 입증되는 인간의 불가해한 측면과 관련해 베르됭에서 조프르나 포슈, 드 카스텔노보다 훨씬 더 뛰어난 통찰력으로 무언가를 보았다.

조프르는 페탱을 임명한 지 몇 주 만에 자신의 행동을 완전히 후회했고 그를 제거할 방법을 깊이 고민했다. 그러나 '베르됭의 구세주'로 여겨진 페탱은 이미 프랑스의 우상이었던 반면, 조프르의 인기는 전쟁 발발 후 처음으로 비참했던 그달 이래로 — 베르됭에서 준비가 부족했다는 이야기들이 조금씩 새어 나가면서 — 바닥을 쳤다. 샹티이의 상습적인 음모자들은 지금 당장 페탱을 해임하는 것은 경력을 망치는 자살과도 같다고 조언했다. 그러던 중 베르됭에 새로운 별이 떠오르면서 조프르는 갑자기 알맞은 해법을 얻었다.

베르됭 전투 당시 쉰여덟 살이던 로베르 니벨 장군은 유서 깊은 군인 가문 출신으로서 이탈리아인과 영국인의 피가 섞인 사람이었다. 그는 비록 나중에 포병을 선택했지만 소뮈르의 유명한 기병학교를 나왔고 프랑스 기병 특유의 위풍당당한 태도를 계속 간직했다. 니벨은 마른강 전투에서 포병 연대를 지휘한 대령이었다. 그는 자신의 앞쪽에서 보병 부대가 무너지자 퇴각하는 오합지졸을 뚫고 야포를 끌고 가서 근거리에서 폰 클루크의 부대와 교전했다. 매우 신속하고 정확하게 타격했기에 적군은 패주했다. 1914년 10월 니벨은 준장으로 진급했고, 석 달 뒤에는 사단장이 되었으며, 1915년 12월이면 제3군단을 지휘한다. 그의 인생 행로는 유성처럼 빠르고 화려했다. 그는 사라질 때도 역시 유성처럼 흔적도 없이 사라진다. 니벨은 진급 속도에서 페탱을 닮았지만, 두 사람의 유사점은 그것이 전부였다. 니벨은 철저하게 드 그랑메종 파에 속해 있었고, 포슈처럼 승리는 오로지 정신력의 문제라고 믿었다. 니벨의 야망은 그의 자신감만큼이나 끝이 없었다. 니벨은 자신이 지휘한 보병들의 사상자 명부에 무감했다. 포병이어서 보병의 전투에 대한 이해력이 부족한데다 끝이 좋으면 다 좋다는 확고한 신념을 지녔기 때문이었다. 그러나 니벨이 지닌 가장 뛰어난 특성은 페탱과 조프르 두 사람과는 달리 정치인을 다룰 줄 아는

1916년 5월 페탱의 뒤를 이어 베르됭 전투를 지휘하게 된 로베르 니벨.

것이었다. 그는 교양 있고 정중하며 온화한 성품을 지닌 달변가였다. 그의 매력은 거의 최면술에 가까웠던 것 같다. 하원 국방위원회의 최연소 의원이자 가장 비판적인 의원이었던 아벨 페리는 니벨에게 받은 충격을 이렇게 묘사했다.

인상이 좋다. 상대방을 바라보는 맑은 눈, 정연하고 엄밀한 사고, 허세 없는 말투, 분별 있는 태도가 모든 것을 지배한다.

푸앵카레는 니벨에게 완전히 마음을 빼앗겼다. 총사령부의 냉소적인 기록관 피에르푀조차 첫눈에 넘어갔으며, 본능적으로 장군들을 불신했던 로이드 조지는 니벨에게 매료되어 1917년에 그의 이름을 딴 재앙 같은 공세(니벨 공세)를 지지했다. 어머니가 영국인이어서 영어가 완벽했던 것이 로이드 조지를 사로잡는 데 한몫 했는지 모르지만, 정말로 사람들을 휘어잡은 것은 니벨의 넘치는 자신감이었다. 그의 각진 어깨는 힘과 담대함을 지녔다는 인상을 주었다. 그의 얼굴은 무자비한 결의로 불타올랐고, 그가 어떤 의도를 드러낼 때면 청중은 어찌 된 일인지 그것을 이미 기정사실로 느꼈다. 영원히 기억될 베르됭의 도전은 때때로 페탱의 작품으로 여겨지지만 사실 그 도전을 낳은 사람은 니벨이었다.

저들은 지나가지 못할 것이다!

그런데 니벨은 실제로는 삼인조였다. 그의 왼팔은 달랑송(d'Alenson) 소령이라는 침울하고 인상 나쁜 참모장이었다. 키가 엄청나게 크고 몸이 앙상하게 말랐으며 퀭한 두 눈은 사람들의 눈길을 끌었다. 피에르푀는 달랑송을 이렇게 표현했다.

옷차림이 늘 형편없었고 머리와 턱수염이 지저분했다. 그런 상태로 바지의 허리띠 안으로 한 손을 집어넣은 채 아무도 보지 않고 생각에 잠겨 우울한 돈키호테처럼 복도를 걸어 다녔다.

참모대학을 거친 장교 중 가장 뛰어난 부류에 속하는 달랑송은 니벨의 에미낭스 그리즈(éminence grise, 배후에서 움직이는 숨은 실력자)였다. 달랑송은 폐병으로 죽어 가고 있었지만 그 사실을 숨겼다. 열

광적이고 뜨겁게 불타올랐으며 때로는 명백히 광기에 사로잡힌 것 같았던 그는 죽기 전에 프랑스를 구하는 것이 자신의 임무라고 믿었다. 달랑송은 나중에 이렇게 말했다. "내가 죽기 전에 승리해야 한다. 나는 살날이 얼마 남지 않았다." 사형 선고를 받은 사람이 타인의 목숨을 중요하게 여겼을 리 없다. 프랑스군을 무너뜨린 1917년의 돌이킬 수 없는 슈맹데담(Chemin des Dames) 공세에 대해 니벨의 상상력에 불을 지핀 사람이 바로 달랑송이었다. 몇 주 뒤 달랑송은 죽는다.

니벨의 오른팔은 그의 행동 대장으로서 거친 일을 도맡아 처리한 샤를 망쟁(Charles Mangin)이었는데, 그는 프랑스군 전체에서 손꼽히게 거친 장군이었다. 부대원들에게 때로 '도살자'나 '식인종'으로 알려졌다. 이 이야기에 등장할 무렵 망쟁은 니벨의 제3군단 소속 제3사단을 지휘했고 나이는 마흔아홉 살이었다. '잃어버린 영토'에서 태어난 망쟁은* 프랑스 식민지군의 뛰어난 군인이었다. 그는 제1차 세계대전 이전에 경력의 3분의 2를 식민지에서 보냈는데, 대부분은 '모로코 평정'에 관여했으며 그동안 세 차례 부상을 당했다. 1898년 당시 중위였던 망쟁은 아프리카를 가로질러 파쇼다로 향한 장바티스트 마르샹(Jean-Baptiste Marchand)의 원정에서 선봉대를 맡았다. 이 원정으로 프랑스는 아프리카에서 영국과 거의 한판 붙을 뻔했다('파쇼다 사건'). 프랑스로 돌아와 여단을 이끌고 전쟁에 들어갔을 때에도 망쟁은 여전히 가능하면 언제라도 위험을 무릅쓰고 사막 텐트에서 잠을 잤다. 망쟁은 아프리카 부대의 자질을 크게 칭찬했다. 그러나 이런 칭찬은 종종 비참한 식민지인들을 그의 공세에 투입해 끔찍하게 학살당하게 만드는 결과로 이어졌다.

---

* 망쟁은 프랑스-프로이센전쟁 후 프랑크푸르트 조약(1871년)에 따라 거의 전부 독일제국에 양도된 모젤 도의 사르부르(Saarebourg) 출신이었다.

니벨의 오른팔이었던 샤를 망쟁. 극도로 호전적인 태도 때문에 '도살자', '식인종'이라는 별명으로 불렸다.

망쟁은 살인자였고 그 역할에 적격이었다. 그의 얼굴은 사하라 사막에 붉게 그을어 상했다. 각진 턱은 마치 쥐를 물었다가 이빨이 끼어 미칠 듯이 괴로워하는 테리어처럼 완전히 고정된 것처럼 보였다. 입이 크고 입술은 얇고 잔인해 보였다. 짧고 새까만 머리는 거칠게 솟아 있었다. 망쟁은 신경질적으로 빨리 걸었으며, 나폴레옹처럼 고개를 약간 앞으로 내민 채 뒷짐을 지고 서 있는 습관이 있었다. 진심으로 망쟁을 칭찬했던 어느 미국인 기자는 이렇게 말했다. "그의 모습은 전체적으로 먹이를 찾는 독수리의 인상을 풍긴다." 그 기자는 개선식에서 망쟁을 다시 보고 이렇게 썼다. 개선문에 가까이 다가왔을 때 망쟁은 그답게 "검을 공중으로 올렸다가 다시 휙 내리면서 일찍이 본 적 없는 화려한 경례 동작을 취했다." 이 야만스럽게 보인 군인에게서 의외였던 면모는 놀랍도록 높고 날카로운 목소리와 그가 지닌 대단한 매력이었다.

다른 이야기를 더 할 수도 있겠지만 어쨌든 망쟁은 프랑스군에서 기술적으로 가장 유능한 축에 드는 장군이었다. 망쟁은 공격을 조정하고 공격 개시 시간에 부대를 참호 위로 올려 보내는 데 어느 누구보다 뛰어났다. 그는 지나치게 엄했다. 니벨만큼이나 여러모로 자신만만했던 망쟁은 자신에게 바라카(Baraka, 천운을 뜻하는 아랍어)가 따른다고 병사들에게 말했다. 병사들은 그 말을 믿었으며 망쟁을 위해 거듭, 1917년 이후로도 계속 희생했다. 시어도어 루스벨트도 1914년 봄 망쟁의 전염성 강한 활력에 휩쓸린 것이 분명하다. (그렇게 마음 맞는 사람을 만나서 느낀 흥분은 감당할 수 없을 정도였을 것이다.) 그래서 루스벨트는 베를린 방문을 취소하고 프랑스에 돈을 걸기로 결심했다. 이야기는 그렇게 흘러간다. 망쟁의 좌우명은 이러했다. "모든 것을 한 지점에 집중하되 한계에 이를 때까지 집중하라!" 문제는 망쟁에게는 한계가 없었다는 사실이다. 공포와 죽음은 그에게 아무것도 아니었다. 진정한 전선의 장군이었던 망쟁은 전쟁 중에 터무니없는 위험을 무릅쓰면서 여러 차례 부상을 당했다. 1917년 해임된 후로도 그의 진심은 변함이 없었다. 망쟁은 사병으로 다시 참전하고 싶다는 뜻을 드러냈다. 그 바람이 받아들여졌다면 자신의 병사들에게 목숨을 포기하라고 요구했을 때와 마찬가지로 태평하게 자신의 목숨을 바쳤을 것이 분명하다. 윈스턴 처칠은 망쟁에 대해 이렇게 훌륭하게 요약했다.

모든 목숨을, 자신의 목숨까지도 개의치 않으며 부대의 선두에 서서 돌격하고, 사령부에서 탈출할 수 있을 때에도 소총을 쥐고 싸우며 전화를 걸어 부하에게 큰 소리로 무자비한 명령을 내리고, 필요하면 상관에게도 반항하는 망쟁은 때에 따라 패자나 승자, 영웅이나 도살자로 여겨졌는데 베르됭이라는 모루에서 프랑스 최강의 전사가 되었다.

망쟁이 모로코에 있을 때 상관이었던 위베르 리요테(Hubert Lyautey)는 이렇게 말했다.

사람을 궁지에 몰아넣는 데 그보다 더 뛰어난 자는 없다. …… 그리고 사람을 궁지에서 빼내는 데 그보다 더 뛰어난 자도 없다.

그러나 1916년 프랑스는 청년들의 귀중한 피로써 곤경에서 벗어날 수 있었던가?

베르됭 전투가 시작되기 직전, 니벨은 휘하의 향토연대가 (심한 압박을 받아) 크게 패했을 때 해임된 망쟁을 다시 불러들였다. 그 순간부터 니벨의 짧게 빛난 이력이 끝날 때까지 두 사람은 떼려야 뗄 수 없는 관계였다. 3월 말, 니벨의 삼인조가 지휘한 제3군단은 베르됭으로 이동해 뫼즈강 우안 두오몽 반대편 구간을 맡았다. 망쟁이 도착한 4월 2일, 독일군이 중요한 부아들라카이예트 숲을 기습 점령했다는 소식이 전해졌다. 망쟁은 즉시 자기 뜻대로 운용할 수 있는 유일한 연대를 반격에 투입했다. 프랑스군은 사흘 뒤 숲을 탈환했다. 망쟁이 반격에 성공하면서 프랑스군은 뫼즈강 우안에 새롭게 입지를 마련했다. 니벨-망쟁은 거의 매일 강력한 소규모 공격에 나섰다. 그러한 공격이 과연 얼마나 가치가 있었을까? 독일 황태자는 프랑스군의 공격이 뫼즈강 우안에서 공세를 재개하려는 독일군의 계획을 엉망으로 만드는 데 기여했다고 인정했다. 그러나 그런 소규모 공격보다는 페탱이 명령했던 뫼즈강 좌안의 완강한 방어전이나 독일군 내부에서 발생한 어려움이 더 큰 힘을 발휘했을 것이다. 한편 페탱은 큰 희생이 따르는 니벨-망쟁 방식에 애가 탔고 니벨을 제지하려고 최선을 다했다. 그러나 사태는 곧 페탱의 손을 벗어나게 된다. 4월 10일, 조프르는 니벨의 담당 구역을 방문한 후에 다음과 같은 기록을 남겼다.

(니벨이) 올린 성과에 깊이 감명받아 나는 니벨 장군에게 두오몽의 오른편과 왼편에서 우위를 확보할 수단을 주라고 페탱에게 요청했다. 그러나 패탱의 요구는 점점 더 집요해졌다.

이제 조프르가 기회를 잡았다. 조프르는 고집 센 페탱을 해임하는 대신 진급시키려 했다.

4월 19일, 드 카스텔노는 샹티이에서 페탱에게 전화를 걸었다. 그는 이렇게 전했다. 총사령관은 중앙집단군 사령관 드 랑글 드 카리를 좌천시키기로 결정했으며, 페탱이 후임자로 들어갈 것이고, 니벨은 베르됭의 제2군을 지휘할 것이다. 페탱은 제2군이 그의 집단군 안에 있는 한 여전히 베르됭 전투를 간접적으로 통제하겠지만, 이후로는 멀리 떨어진 바르르뒤크에서 통제권을 행사할 수밖에 없을 것이었다. 반면에 니벨은 현장 책임자가 될 것이었다. 더없이 절묘한 해법이었다. 조프르는 후세에 이 결정을 "페탱 장군을 베르됭 전장에서 끌어내는 방법"이었다고 설명했다.

그에게 좀더 멀리서 볼 여지를 줌으로써 …… 그가 전체적인 상황을 더 명료하게 보기를 바랐다. …… 그는 기뻐하지 않았다.

이것은 수위를 낮춰 약하게 말한 것이다. 페탱은 베르됭에서 '자신의' 군대 앞에 펼쳐질 사태에 가슴 아파하고 좌절했으며 매우 비관적이었다. 그는 수이이의 방 한 칸짜리 소박한 사령부에서 짐을 꾸렸다. 5월 1일, 니벨이 도착했다. 니벨이 마을 사무소 계단에 올라섰을 때, 그곳을 떠나던 세리니는 니벨이 달랑송에게 외치는 소리를 들었다. 분명히 들으라고 한 말이었다. "우리에겐 승리의 공식이 있다!" 페탱이 물러나고 며칠 지나지 않아서 조프르는 노리아 제도를 포기하는 후속 조치를 취했다. 이후로 베르됭의 프랑스군은, 어떤 기적을 요구받았든 간에, 전투로 소진되지 않은 부대를 더는 정기적으로 충원받지 못했다.

망쟁은 독일군의 두오몽 요새 점령 소식을 듣고(그때 전선의 다른 쪽에 있었다) 휘하 장교들에게 이렇게 말했다. "우리 부대가 요새를 탈환하면 이는 온 우주의 상상력을 자극할 군사적 위업이 될 것이다." 이제 망쟁은 수빌 요새에 새로 차린 사령부에서 겨우 약 3.2킬로미터 정도 떨어진 두오몽의 거대한 돔을 내다보며 하우프트 대위와 브란덴부르크연대 병사들을 끌어들인 바로 그 저항할 수 없는 힘의 먹이가 되었다. 망쟁은 오로지 요새 탈환만 생각했다. 두오몽 요새는 프랑스군 입장에서는 심각한 골칫거리였다. 독일군이 두오몽 요새를 점령하고 있다는 단순한 사실 때문에 니벨-망쟁의 반격은 피비린내를 풍기며 실패하곤 했다. 요새 포탑의 대포는 작동하지 않았지만, 독일군은 북쪽에 새로 입구를 여러 개 만들었고 요새를 거대한 지하 진지로 썼다. 그곳에서 새로 온 부대와 휴식하던 부대는 프랑스군의 위협이 가해지면 곧바로 출격할 수 있었다. 매일 밤 평균 1천 명의 병사들이 각 방향으로 요새를 거쳐 지나갔다. 그러나 두오몽 요새는 특히 전선 전체를 내다볼 수 있는 가장 좋은 관측점이었다. 망쟁 부대의 기관총 사수였던 로베르 데소블리오(Robert Desaubliaux)는 4월과 5월에 전개된 전투에 두오몽 요새가 끼친 영향을 이렇게 설명했다.

저들은 두오몽 요새를 차지하고 우리를 지배한다. 우리가 무엇을 하든 저들은 다 알 수 있으며 참호를 파도 저들의 포대가 탐지하여 즉각 포격할 수 있다.

망쟁은 4월 22일에 이미 한 차례 요새를 탈환하려 시도했다. 그때 그의 병사들은 놀라운 열정으로 요새의 상부 구조에 거의 도달했으나 기관총에 밀려났다. 5월 8일 망쟁은 두오몽에서 거대한 연기 기둥이 솟구치는 것을 목격했고, 요새 내부에서 발생한 재앙의 온전한 의미가 조금씩 그의 사령부로 전해졌다. 방어하는 독일군 병사들이 아직 혼란에서 벗어나지 못한 지금보다 요새를 탈환하기에 더 좋은 기회가 또 올까? 망쟁은 1킬로미터의 전선을 2개 연대로 공격하자고 제안했다. 니벨은 즉각 승인했다. 페탱은 주저했다. 페탱이라면 더 넓은 전선에서 공격하기에 충분한 병력이 확보될 때까지 기다렸을 것이다. 그래야만 성공 가능성이 더 확실할 것이기 때문이다. 그러나 조프르가 강하게 압박했고, 두오몽 요새에서 일어난 폭발이 설득력을 더했다. 그리고 마지막으로 니벨의 세련된 말솜씨가 상황을 결정했다.

5월 13일, 크노벨스도르프가 팔켄하인을 압박해 뫼즈강 우안 공세를 재개하도록 한 바로 그날, 니벨의 사령부에서 첫 번째 공격 명령이 내려졌다(공격은 5월 22일로 예정되었다). 48시간 안에 독일군은 세부 내용까지 전부 알아냈다. 독일군은 즉시 공세 계획을 전부 중지하고 두오몽 방어를 위한 보강 작업을 시작했다. 이듬해 비극적으로 분명하게 드러나듯이, 보안은 전혀 니벨의 강점이 아니었다.

공격 직전 어느 날, 망쟁은 두오몽 요새와 거의 쌍둥이나 다름없던 물랭빌 요새를 방문했다. 망쟁은 끊임없이 이어지는 맹렬한 포격은 분명 안중에도 없다는 듯 밖에 서서 요새 사령관에게 요새를 점령하는 최선의 방법이 무엇인지 물었다. 망쟁은 이런 질문을 받았다. 어떤 종류의 포를 쓸 겁니까? 망쟁은 대답했다. 370밀리미터 신형 구포 몇 문. 물랭빌 요새는 지난 10주 동안 독일군의 420밀리미터 포로부터 지속적으로 포격을 당했지만 아직 결정적인 손상은 입지 않았다. 요새 사령관은 이렇게 대답했다. "장군, 그것은 매우 적절하지 않습니다." 망쟁은 난처해하며 자리를 떴다.

망쟁은 예비 포격을 위해 그토록 중요하게 여겼던 370밀리미터 포 네 문을 포함하여 약 300문의 포를 끌어 모았다. 그때까지 베르됭에 집결한 포대로는 가장 강력했다. 공격 전 닷새 동안 표적이었던 약 2.6제곱킬로미터(1제곱마일)의 진창 구역에 매일 1천 톤의 포탄이 빗발치듯 떨어졌다. (이 때문에 아직 남아 있던 기습의 기회는 포기했다.) 이제 프랑스군이 베르됭 상공을 지배한 덕분에 관측 조건은 훌륭했으며, 작전 개시 40분 전에 포격이 얼마나 타격을 주었는지 알아보려고 찍은 항공 사진이 공격에 돌입하기 전에 망쟁의 정보과 장교들 손에 들어왔다. 모든 조짐이 좋아 보였고, 망쟁은 어느 대대장을 이렇게 안심시켰다.

예비 포격 덕분에 우리는 소총을 어깨에 건 채 요새에 도달할 수 있을 것이다. 요새가 완전히 주저앉았을 것이기 때문이다.

야외에 나와 있던 독일군은 흔히 그렇듯이 프랑스군의 포격으로 희생자가 많았고, 제일 먼저 날아온 중포탄 한 발은 북쪽에서 두오몽 요새로 들어오는, 새로 만든 중요한 입구를 강타했다. 사방에서 부상자들이 고통에 겨워 신음하며 요새 안으로 밀려들었고 결국 요새의 야전병원은 부상자를 더 받을 수 없었다. 요새 꼭대기의 신호 초소는 관측병들과 함께 날아갔고, 5월 22일이면 모든 관측탑이 파괴된다. 포탄이 터지면서 나온 먼지와 연기로 내부는 거의 숨 쉴 수 없을 지경이었다. 요새에 전깃불을 밝히려고 막 설치한 보조 발동기의 배기 가스가 누출되면서 사태가 더 악화되었다. 이 문제를 해결했을 때, 폭발이 일어나 발동기 위에 올려 둔 모래주머니가 터졌다. 요새 내부가 암흑에 빠지면서 바깥세상을 보는 요새의 눈도 감겼고, 요새 안에는 걱정스러운 분위기가 퍼졌다. 어떤 이들에게는 중압감이 너무 심했다. 칠흑같이 깜깜한 복도를 배회하며 지휘관을 쏴 죽이고 싶다고 거칠게 소리치는 어느 중대장을 세 명의 병사가 제지해야 했다. 남서쪽 측면 포탑은 직격탄을 맞아 파괴되어 내버릴 수밖에 없었다. 그렇게 열린 틈은 프랑스군의 공격에 매우 중요한 역할을 하게 되지만, 이를 제외하면 망쟁의 구포는 요새 본체에는 금조차 내지 못했다. 물랭빌 요새 사령관이 옳았다.

프랑스군의 최전방 돌격 개시용 참호에서 제74보병연대의 스물세 살 된 중사 기 알레(Guy Hallé)는 속이 뒤틀리는 익숙한 경험을 하고 있었다. 그가 나중에 쓴 바에 따르면, 그의 반원들은 전부 한 가지 생각에 집중했다.

죽음 앞에서 옳게 처신할 수 있어야 한다. 이 간단한 말을 하는 것은 그다지 어렵지 않다. 하지만 오! 하느님, 그렇게 하려면 얼마나 애써야 하는가! 이 순간 스스로 나는 나라고, 완전히 온전한 나 자신이라고 말하는 것은 얼마나 섬뜩한 일인가. 동맥으로 피가 돌고 맥박이 뛴다. 내겐 두 눈이 있고, 피부는 전부 멀쩡하다, 나는 피 흘리지 않는다! …… 끝났다고, 나는 살 것이라고, 환희와 고통, 슬픔, 기쁨을 느낄 것이라고, 나는 죽임을 당하지 않을 것이라고 생각하며 잠들 수 있으면 좋으련만!

공격 개시 35분 전에 독일군이 쏜 포탄 두 발이 호젓하게 날아와 프랑스군 참호에 떨어졌다. 알레 같은 고참병은 그저 어깨를 으쓱했을 뿐이다. 자신들이 독일군 사거리 안에 있고 독일군은 자신들이 공격하려고 머리를 내밀기만 기다린다는 것을 잘 알고 있었기 때문이다. 그날 오전 일찍 프랑스군 비행기가 새로운 유형의 로켓을 발사해 그 구역의 독일군 관측 기구 여섯 개 중 다섯 개를 파괴했지만, 독일군 포병들은 포를 조준할 수 있는 정보를 충분히 얻었기에 관측이 조금도 필요하지 않았다. 그들은 프랑스군 병사들이 참호 위로 올라서자마자 끔찍하게도 정확한 반격 탄막으로 전선 전체를 쓸어버렸다. 요새 점령 임무를 맡은 제129연대는 불과 몇 분 만에 중대들의 유효 병력이 평균 45명으로 줄었다. 어느 중대는 겨우 중위 한 명과 병사 27명만 남았다. 쉰다섯 살의 르페브르디봉 소령이 지휘하는 제74연대의 어느 대대는 공격진의 우익에 배정되었는데 목표 지점에 도착했을 때 두오몽 요새의 동쪽을 점령해야 할 왼편의 대대가 보이지 않았다. 그 대대는 완전히 분쇄되었다. 그리고 르페브르디봉을 오른쪽에서 지원해야 할 제74연대의 다른 대대는 독일군의 포격 때문에 참호를 떠나지도 못했다. 망쟁은 수빌 요새 꼭대기에서 공격의 추이를 지켜보고 있었는데, 탁 트인 곳에선 언제나 그랬듯이 포탄이 날아와 함께 있던 참모 장교 네 명이 큰 부상을 입었으나 망쟁은 운 좋게 멀쩡했다.

그런데도 제129연대의 남은 병력은 총탄과 포탄을 뚫고 대담하고 당당하게 돌격해 정확히 11분 만에 두오몽 요새에 도착했다. '프랑스군의 용맹함'을 더할 나위 없이 잘 보여준 사례였다. 프랑스군은 요새의 북쪽 끝에서 남쪽 모퉁이를 잇는 선으로 구획되는 상부 구조의 4분의 3을 반 시간 안에 장악했다. 브란디스 중위는 청회색 인간들이 '자신의' 두오몽에 떼 지어 몰려드는 것을 멀리 떨어진 곳에서 낙담하여 바라보았다. 나중에 황태자도 인정했다. "정말 요새를 단번에 잃어버릴 것만 같았다." 요새 안에서는 지축을 흔드는 맹렬한 포화의 울림이 더 날카로운 소리로 바뀌었다. 수류탄이었다! 곧 외침이 들렸다. "프랑스군이 여기 있다!"

피오 중사가 이끄는 프랑스군 작은 무리가 남서쪽의 카즈마트 드 부르주에 뚫린 틈을 통해 요새 안으로 침입했다. 그들은 아무런 방해도 받지 않고 요새 심장부인 동-서 통로에 다다랐다. 긴박한 몇 분이 흐른 뒤 요새의 주인이 바뀐 것 같았다. 그때 독일군 추격병 분견대가 현장에 도착했다. 피오 중사 무리는 세 명의 사망자를 남기고 격퇴되었고, 독일군은 이후의 침투를 막기 위해 기관총을 한 문 설치했다. 그날 외곽 통로에서 전투가 계속되었지만, 프랑스군은 점차 밀려났다.

밖에서는 프랑스군 제129연대가 반파된 카즈마트 드 부르주를 차지하고 그 지붕에 잘 방비된 기관총좌를 설치했다. 그 기관총 진지에서는 요새의 상부 구조 전체가 훤히 내려다보였다. 독일군 요새 수비대는 용감하게, 그렇지만 믿을 수 없을 만큼 너무도 어리석게 그 진지를 정면 공격으로 빼앗으려고 거듭 출격했다. 제20연대 병사 50명이 돌격했으나 33명이 쓰러졌다. 추격병 70명이 다시 시도했지만 15

명만 돌아왔고, 근위척탄병 40명 중에서는 겨우 두 명만 기어서 요새로 귀환했다. 또 다른 공격은 아군 야포 때문에 많은 사상자를 낸 채 끝났다. 기관총 진지를 몰아내려는 시도는 실패했고, 22일 밤에서 이튿날까지 내내 그 기관총 진지가 요새 상부 구조를 지배했다.

22일 저녁, 프랑스군이 요새를 점령했다는 보고가 양쪽에 똑같이 전달되었다. 망쟁은 훈장이 추서된 장교들의 신상 서류로 가득 찬 큰 가방을 지닌 참모 장교를 대동하고 니벨의 사령부에 도착한 뒤 이렇게 선언했다. "두오몽은 우리 것입니다." 그러나 상황은 공격군에 심하게 불리했다. 독일군의 반격이 본격적으로 시작되었다. 그들의 강공에 공격진의 좌익을 맡은 프랑스군 부대는 23일 오전 안개 속으로 사라졌으며, 요새에 남은 2개 대대는 좁은 돌출부에 갇혀 삼면에서 총격을 받았다. 우익에서는 르페브르디봉이 연대장에게 병력의 40퍼센트 이상을 잃었고 증원 병력 없이 전선을 지키기가 점점 어려워지고 있다고 보고했다. 그러나 망쟁이 무자비하게 전방으로 내몬 신규 부대는 큰 손실을 입은 채 도착하거나 아예 도착하지 못했다. 인접 진지에서 교전 전체를 지켜보던 중대장 샤를 델베르는 이 구조 시도를 이렇게 묘사했다.

제124연대의 2개 중대가 독일군 참호를 공격해 빼앗았다. 그들은 총한 발 쏘지 않고 그곳을 통과했다. 그러나 그들에겐 수류탄이 충분하지 않았다. …… 보슈는 수류탄으로 반격했다. 두 중대는 무방비 상태로 궤멸되었다. 이들을 지원하기 위해 온 제3대대는 교통호에서 탄막에 분쇄되었다. 전부 합해서 거의 500명이 사망하거나 부상을 입었다. …… 사망자가 흉장 높이로 쌓였다.

제124연대 소속의 스물한 살 된 소위 알프레드 주베르(Alfred Joubaire)는 며칠 전 연대 악단이 〈티퍼레리〉를 연주하며 뒤따르는 가운데 베르뎅으로 행군했다. 지난 15개월 동안 그는 일기를 썼다. 대체로 사실만 기록했으며 전선의 생활을 건방지게 논평했다. 그러나 그가 포탄에 죽기 직전에 쓴 5월 23일자 일기는 매우 다른 어조로 끝난다.

인류는 미쳤다! 이런 짓을 하는 걸 보면 미친 게 틀림없다. 이 학살극을 보라! 이 공포와 주검들을 보라! 내가 받은 인상을 말로는 표현할 수 없다. 지옥도 이 정도로 끔찍하지는 않을 것이다. 인간은 모두 미쳤다!

23일 늦은 오후, 요새 오른쪽에 있던 르페브르디봉의 대대는 포위되어 백기를 흔들어야 했다. 유효 병력의 72퍼센트 이상이 사망자나 부상자였다. 요새 꼭대기의 제129연대도 고립되었다. 남서쪽 포탑에 설치한 기관총좌는 흔들리지 않고 사격을 지속했으나 탄약이 떨어져 갔다. 게다가 프랑스군이 상부 구조 전체를 점령하지 못한 탓에 독일군은 북동쪽 모서리의 터널을 통해 요새 지하로 증원 부대를 보낼 수 있었다. 그러한 방식으로 독일군은 23일 밤 중박격포 한 문을 요새 안으로 몰래 들여왔다. 뫼즈강의 안개를 뚫고 태양이 솟아오르자, 독일군은 그 중박격포를 프랑스 기관총 사수들로부터 약 73미터도 떨어지지 않았지만 직사가 미치지 않는 포좌에 설치했다. 중박격포는 남서쪽 포탑으로 연이어 빠르게 여덟 발의 공뢰를 날려 보냈다. 각각의 공뢰에는 엄청난 양의 폭약이 들어 있었다. 마지막 강렬한 폭발의 연기가 사라지기 전에, 독일군 3개 중대가 요새에서 뛰쳐나와 멍한 상태의 생존자들을 덮쳤다.

그것으로 끝이었다. 그날 밤 프랑스군 선봉대의 극소수 잔여 병력은 한두 명씩 참호로 기어 돌아왔다. 방어군의 손실도 컸지만, 공격군인 프랑스군의 손실은 비교할 수 없이 더 컸다. 적의 손에 들어간 포로만 1천 명이었다. 망쟁의 제5사단은 남은 예비 병력이 1개 중대도 되지 않았으며, 약 460미터 너비의 전선에는 한동안 위태롭게 구멍이 뚫려 있었다. 망쟁도 제3군단장 르브룅(Léonce Lebrun)에 의해 갑자기 그 전투지구에서 밀려나 일시적으로 불명예를 안았다. (그런 일이 처음도 아니고 마지막도 아니었다.) 전체적으로 비극적 사건이었던 이 공격은 너무 소규모였고 너무 빨랐다. (페탱이 원한 것처럼) 더 넓은 전선에서 공격할 수 있는 병력이 확보되었다면 두오몽 요새를 탈환할 수 있었을지도 모른다. 그러나 그러한 병력을 동원할 수 없었기에, 분명 공격을 실제와 같이 실행해서는 안 되었다. 페탱은 이 패주의 책임을 완전히 뒤집어썼다. 그가 전투를 설명하면서 단 한 순간도 니벨이나 망쟁을 비난하지 않았다는 사실은 전쟁이 끝나고 지도자들이 남긴 사후 설명에서는 찾아보기 힘든 아량을 보여준다.

그러나 전선에서 실패는 군대의 사기를 현저히 떨어뜨렸다. 5월 말경에는 불길하게도 베르됭에서 '군기 위반' 사례에 관한 보고들이 올라왔다. 파리에서는 두오몽의 소식을 들은 갈리에니가 이미 한 차례 수술로 허약해진 상황에서 심한 우울에 빠졌다. 갈리에니는 이틀 후 사망했다.

20장

미친 소모전의 늪

인간이 겪는 온갖 고통 중에서 가장 괴로운 것은 이것이다.
아주 많은 것을 알지만 아무것도 통제하지 못하는 것.
— 헤로도토스

너무 자주 되풀이할 수는 없다.
전투는 이제 더는 피와 포화 속에서 스러져 가는 삽화가 아니었다.
전투는 매주 무자비하게 더욱 깊이 구덩이를 파서 몸을 숨기도록 조절된 것이었다.
— 에른스트 윙거, 《강철 폭풍 속에서》

베르됭의 5월이 뜨거운 6월로 넘어가면서 석 달 반 동안 이어진 전투는 가장 치명적인 국면에 들어섰다. 일이 그렇게 된 것은 단지 순수하게 군사적인 측면 때문만은 아니었다. 인간사에서 어떤 사안이 상징의 위치를 차지할 때보다 더 위험한 상황은 없다. 그러한 상황에서는 어떤 이유도, 가치 판단도 힘을 발휘하지 못한다. 이제 베르됭은 프랑스와 독일 양측에 똑같이 대단한 상징이 되었다. 무엇보다도 나쁜 점은, 베르됭이 명예의 상징이 되었다는 사실이었다. 프랑스의 명예(L'honneur de France)! 오늘날에도 중세의 열정을 불러일으키는 이 마법 같은 말은 프랑스를 베르됭과 불가분의 관계로 엮어놓았다. 독일 측에도 베르됭 점령은 역시 국가의 운명과 떼어놓고 생각할 수 없는 부분이 되었다. 작전을 수행하는 군사령관들보다 훨씬 더 높은 차원에서, 두 나라는 베르됭의 전략적 중요성에 좌우되기에는 이미 오래전에 너무 멀리 가버렸다. 두 나라는 이 상징, 국가의 우월함을 보여주는 이 우승컵을 차지하겠다는 각오로, 지난 천 년 동안 튜턴인과 갈리아인의 경쟁에서 축적된 모든 분노를 담아 서로를 타격했다. 폴 발레리는 페탱 원수를 학술원에 받아들이며 했던 찬사에서 베르됭 전투를 "당신이 프랑스의 투사로서 …… 독일 황태자와 얼굴을 맞대고 대결한 일대일 전투"라고 언급했다. 전설적인 일대일 대결에서 대체로 그렇듯이, 문제는 단순히 명예가 아니라 두 나라 국민의 사내다움이었다. 서로 뿔이 걸린 채 죽을 때까지 싸우는 두 마리의 수사슴처럼, 어느 한편의 사내다움이 최종 승리를 거둘 때까지 포기하지 않을 것이고 포기할 수도 없었다.

숭고함의 차원에 국한하면 발레리의 비유는 멋지고 적절했다. 그러나 실제로 전투에 참여한 이들에게는 덜 고귀한 형태의 상징적 표현이 알기 쉬웠다. 전쟁 발발 전 어느 때인가 유럽 지도자들의 집단적 의지가 밀려나고 지옥에서 사악한 초인적 의지가 나타나 그들의 나약한 손에서 통제권을 빼앗은 것 같았다. 그 무시무시한 힘에 사로잡힌 나라들은 점점 더 빠르게 나락으로 끌려 들어갔다. 일단 전투가 시작되자, 사건들을 자신의 방식대로 이끄는 사악한 존재가 거듭 감지되었다. 제2차 세계대전에서는 상황이 인간의 손을 완전히 벗어나지는 않았던 것 같다. 아마도 처칠과 루스벨트, 히틀러, 스탈린 같은 전쟁 지도자들이 애스퀴스와 브리앙, 베트만홀베크 같은 왜소한 부류와 대비되는 거인이었기 때문일 것이다. 그러나 베르됭 전투가 6월로 접어들던 이때, 전투의 수행은 사실상 두 명의 '투사' 즉 페탱과 황태자의 직접 통제에서 벗어났다. 어떤 희생을 치르더라도 전투를 계속하겠다고 맹세한 니벨과 크노벨스도르프가 주도적 위치로 올라서면서, 전투는 최고로 잔혹하고 필사적인 단계에 이르렀다. 이제 베르됭 전투는 어떤 과정을 거쳤든 인간의 통제에서 완전히 벗어나 자체의 관성으로 지속되는 것 같았다. 어느 독일 작가는 전투가 끝나지 않을 것이라고 생각했다.

마지막에 남은 독일군과 프랑스군 병사가 주머니칼이나 이, 손톱으로 서로 죽이려고 목발을 짚고 절뚝거리며 참호 밖으로 나올 때까지.

그 당시 신문과 잡지를 보면, 양쪽에서 똑같이, 적군의 비열함이 점점 더 자주 언급된다. 살인적인 대포에 대한 보병의 증오가 점차 덜 두드러질 정도였다. 전투 자체가 혐오스러운 적이 되었다. 전투는 고유의 존재 양식과 인격을 지니게 되었으며, 전투의 목적은 바로 인류를 공평하게 파멸시키는 것이었다. 1916년 여름, 기록자들은 국적에 상관없이 베르됭 전투에 '식인귀', '괴물', '몰록', '미노타우로스' 같은 인격화한 표현을 점점 더 자주 붙였다. 전부 매일 사람을 먹어야 하는, 물릴 줄 모르는 식욕을 지닌 존재를 가리킨다. 민족주의적이거나 호전적인 감정 같은 단순한 정서는 전부 누구나 질색했던 이 악몽 앞에서 작아졌다. 그와 동시에 한 세대의 프랑스인과 독일인에게 지울 수 없는 흔적을 남기게 될 무기력한 체념이 함께 따라왔다.

외국에서는 프랑스가 베르됭에서 보여준 영웅적 행위를 두고 감탄하고 찬사를 보내는 게 일반적인 분위기였지만, 외국 만평가들 사이에서는 베르됭이 환기시키는 상징에 관해 폭넓은 합의가 있었다. 미국의 〈더 볼티모어 아메리칸(The Boltimore American)〉은 밀레의

베르됭에 해골을 뿌리는 독일 황제. 〈더 볼티모어 아메리칸〉에 실린 베르됭 전투에 관한 만평이다.

그림을 차용하여 베르됭에 해골을 뿌리는 카이저를 만평으로 실었다.* 〈필라델피아 인콰이어러(Philadelphia Inquirer)〉도 '미친 소모전(Attrition Gone Mad)'이라는 제목으로 비슷한 비유를 썼다. 이탈리아의 어느 만평에서는 죽음이 독일 황태자에게 이렇게 말한다. "일하느라 지쳤다. 더는 내게 희생자를 보내지 말라." 영국의 어느 만평은 세상 꼭대기에 앉아 있는 죽음을 보여준다. "논란의 여지 없는 새로운

---

* 삽화를 참조하라.(저자 주)

전리품을 챙긴 유일한 지배자." 독일의 만평에서는 섬뜩하게 무장한 기사가 '풍요의 뿔'에 가득 찬 피를 땅 위에 뿌린다. 빈정대듯이 페탱에게 헌정된 어느 선전 메달에서는 죽음을 세상 밖으로 피를 퍼내는 해골로 표현했다. 1916년 가을에 〈뉴욕타임스〉는 시간을 거슬러 올라가며 베르됭 전투가 초래한 망자들의 해골 춤(Totentanz) 이미지를 괴물 같은 전쟁의 신 마르스가 350만 개의 묘비를 조사하는 것으로 설명했다. "완벽한 한 해의 끝."

프랑스군이 두오몽 요새에 반격을 가하는 동안 독일군 제5군 참모장이 총사령부를 방문했다. 평소에는 무감했던 팔켄하인이 기쁘게 그의 두 손을 쓰다듬으며 이것이 "저들이 할 수 있는 가장 어리석은 짓"이라고 말했다. 프랑스군의 실패는 독일군의 새로운 공격 계획을 무산시키기는커녕(니벨은 이를 기대했을지도 모르겠지만) 팔켄하인이 일시적으로나마 더는 망설이지 않고 크노벨스도르프를 전폭적으로 지원하게 만들었다. 팔켄하인이 약속했던 병력과 물자가 보강되면서, '오월의 우승컵(May Cup)'이라는 기분 좋은 암호명이 붙은 새로운 공격을 위한 준비가 전속력으로 추진되었다. 전망은 한동안 생각했던 것보다 훨씬 더 좋아 보였다. 뫼즈강 우안의 프랑스군 방어선은 모험적인 두오몽 요새 탈환 작전에서 입은 손실로 아주 약해졌다.* 사기가 떨어지고 있다는 징후도 보였다. 뫼즈강 좌안에서는 전망이 좋은 모르옴과 304고지 둘 다 결국 독일군에 점령당했다. 독일군은 그곳에 대포를 설치해 부아부뤼 능선 배후에 대량으로 집결한 프랑스군 포대를 강력히 통제할 수 있었다. 페탱이 할 수 있는 모든 노력을 기울

---

* 5월의 지난 보름 동안 프랑스군 사상자는 실제로 독일군의 최초 공격 이후 그 어느 때보다 많았으며, 전선에 배치된 17개 사단 중 9개 사단이 교체되어야 했다.(저자 주)

였는데도 독일군은 5월 말에 베르됭에서 2,200문 대 1,777문으로 여전히 확실하게 포에서 우위를 차지했다. 어디서든 프랑스군이 후퇴할 수 있는 여지가 대단히 희박해졌다. 독일 언론은 한 번 더 용기를 얻어 과장되게 선언했다.

우리는 할 수 있다는 자신감으로 베르됭 점령을 제안한다.

'오월의 우승컵' 작전은 2월에 펼쳐진 최초의 맹공 이후 뫼즈강 우안을 겨냥한 최대 규모의 공격이었다. 이 작전은 제1바이에른 군단, 제10예비군단, 제15군단 등 3개 군단에서 총 5개 사단을 투입해 개시할 예정이었다. 공격력은 2월 21일과 거의 같았지만, 이번에 공격할 전선의 폭은 12킬로미터가 아니라 고작 5킬로미터였다. 대략 전선 1미터당 병사 한 명꼴이었다. 이번에는 기습도 예비 기동도 계획하지 않았다. 오로지 무자비한 맹공으로만 프랑스군 방어선에 구멍을 낼 생각이었다. 공격 목표는 베르됭을 향한 최후의 돌격을 위해 '출격 기지'를 확보하는 것이었다. 서쪽에서 동쪽으로 나열하자면 티오몽 보루와 플뢰리 능선, 수빌 요새가 포함된다. 그러나 가장 중요한 것은 프랑스군 방어선의 북동쪽 끝이 걸쳐 있는 보 요새였다.

앞서 말했듯이 3월 초 독일군은 보 요새를 점령했다고 성급히 주장해 조롱거리가 되었다. 이후 4월과 5월에도 보 요새를 점령하려는 시도가 이어졌고 마지막 공격 때에는 팔켄하인이 직접 동행했는데도 성과가 없었다. 매번 보병이 공격에 실패해서 뒤로 물러나면 그 뒤에 420밀리미터 '뚱보 베르타'가 공성을 재개했다.

전쟁 초기에 독일군에 손쉽게 승리를 안겨주었던 이 '공포의 무기'는 베르됭에서 최종적으로 빛을 잃는다. 2월 이래로 줄곧 420밀리미터 대포는 베르됭의 요새들에 1톤짜리 포탄을 날려 보냈다. 두오몽을 함락한 이후로는 베르됭 동쪽에 있는 두오몽의 '쌍둥이' 요새 물랭빌이 주요 표적이 되었다. 물랭빌은 아마도 콘크리트 외피가 두오몽만큼 효과적으로 충격을 흡수하지 못했기 때문일 텐데, 베르됭의 요새들 중에서 구조적으로 가장 큰 손상을 입었다. 1.8미터의 흙과 3미터의 콘크리트, 그리고 마지막으로 약 76센티미터 두께의 벽을 뚫은 420밀리미터 포탄 한 발이 발견되었다(다행히 폭발하지는 않았다). 다른 포탄들은 요새 내부 여러 곳에서 폭발해 끔찍한 결과를 낳았다. 사상자가 많았는데, 다수는 요새 안에 갇혀 빠져나가지 못하고 치명적인 티엔티 가스에 질식한 사람들이었다. 요새 사령관은 즉시 요새 환기구를 막은—공기의 순환을 두려워한 프랑스군의 전형적인 태도였다.—덮개를 전부 제거하라고 명령했다. 그러나 그가 돌아서자마자 수비대 병사들은 다시 덮개로 환기구를 막았다. ("철교 위를 내달리는 급행열차" 같다고 묘사된) 간담을 서늘케 하는 포탄 떨어지는 소리에 뒤이어 요새 전체에 무서운 진동이 울려 퍼지면서 많은 병사가 제정신을 잃었다. 매일 포격이 시작되기를 기다리는 불안감은 말할 것도 없었다. 한번은 심한 포격이 이어진 뒤 포격에 정신이 나간 '미치광이들'이 작은 폭동을 일으켰고 이에 요새 사령관이 권총을 들이대며 그들을 체포해 포탑에 가두어야 했다. 그 다음에는 요새 군의관이 미쳐서 요새 밖 인근 숲으로 뛰쳐나갔다. 나중에 그는 완전한 기억상실 상태로 나무 등걸에 앉아 있는 채 발견되었다. 그러나 수비대는 점차 포격에 익숙해졌다. 열아홉 살 된 어느 중사는 요새 꼭대기 관측소에서 약 11킬로미터 떨어진 쥐멜도른 너머에서 포탄을 쏘아대는 '뚱보 베르타'의 섬광을 볼 수 있었다고, 이후 요새에 경고하고 자신도 엄폐하기까지 꼬박 63초가 걸렸다고 썼다. 그 거대한 포탄이 불시에 요새 안으로 처박히지는 않을 것임을 알았기에 공포를 덜 수 있었던 것 같다. 그리고 마지막으로, 포격이 극심할 때 요새 사령관은 임시방편으로 낮 동안 수비대 전체를 요새 밖 참호로 소개했다.

독일군은 420밀리미터 포를 물랭빌 요새에 집중하는 중대한 전술적 실수를 저질렀다. 독일군이 그렇게 한 이유는 큰 골칫거리였던 155밀리미터 포탑을 제압할 필요가 있었기 때문이다. 그러나 실제로 물랭빌 요새는 프랑스군 최전방 방어선에 속하지 않았다. 그곳은 별로 중요한 요새가 아니었던 것이다. '뚱보 베르타'가 집중적으로 주목해야 했던 후보는 보 요새와 수빌 요새였을 것이다. 둘 다 포를 갖추지 않았지만, 수빌 요새는 뫼즈강 우안 프랑스군 방어선 전체에서 주요 관측소였을 뿐만 아니라 필수적인 중추부였으며 빈약한 방비 때문에 무너지기 쉬운 곳이었다. 마찬가지로 전면적인 포격을 가했다면 보 요새도 사람이 남아 있을 수 없는 곳이 되었을 것이다. 그러나 420밀리미터 포의 효과가 떨어진 데는 두 가지 다른 요인이 더 있었다. 6월이 되면서 '뚱보 베르타'가 발사한 포탄 수가 크루프 사가 허용한 최대치를 크게 초과했다. 포신이 심하게 닳은 탓에 포탄은 키홀링 현상*을 보였다. 때로 포탄이 비행 중에 빙글 돌아서 관통력이 크게 줄기도 했다. 실제로 포 여러 문이 폭발해 포반원에게 끔찍한 결과를 초래했다.

고정식 420밀리미터 포는 프랑스군의 대(對)포병 포격에도 심한 타격을 입었다. 프랑스군은 대포병 포격에 뛰어났다. 420밀리미터 포의 '불발탄'이 물랭빌 요새 안에 꽂힌 뒤 몇 분 만에 전문가들이 도착해 탄도를 계산하고 그 포탄을 발사한 대포의 위치를 정확히 짚어냈다.

키홀링(keyholing) 총탄이나 포탄보다 지름이 더 큰 총신이나 포신에서 발사된 탄이 표적에 남긴 형태. 이런 식으로 발사된 탄은 불안정하여 표적에 원형이 아니라 열쇠 모양의 구멍을 남긴다.

프랑스군이 포신이 긴 155밀리미터 포나 그 이하 구경의 경포로 독일군의 420밀리미터 포에 맞서면서 다윗과 골리앗의 싸움은 끝없이 이어졌다. 특별히 이 목적을 위해 베르됭으로 가져온, 정확도가 높은 함포 하나를 훗날 해군 제독이 되는 프랑수아 다를랑(François Darlan) 중위가 지휘했다. 골리앗이 불리했다. 포를 움직일 수 없었고, 비축한 탄약이 엄청나게 많았으며, 짧은 사거리 탓에 최전선에 위험할 정도로 가까이 배치할 수밖에 없어서 몹시 취약했다. 420밀리미터 포는 하나씩 차례로 파괴되었고, 중포탄 45만 발을 쌓아 둔 스팽쿠르 숲의 거대한 적치장은 전투 초기 프랑스군 함포 포병들에 의해 파괴되었다. 6월에 보 요새 공격을 지원하기로 했던 제5군은 앞서 2월에 '뚱보 베르타' 13문을 보유했으나 이제는 닳아빠진 4문만 남아 있었다.

6월 1일은 눈부시게 아름다운 여름날이었다. 그리고 제국기록보관소의 관점으로는 "독일군의 승리가 실수로 더럽혀지지 않은 몇 안 되는 날 중 하루"였다. 이전에 보 요새를 목표로 했던 공격은 매번 부아들라카이예트 숲과 부아퓌맹 숲의 헐벗은 비탈면에서 날아오는 종사 때문에 요새 근처에 가보지도 못하고 중단되었다. 두오몽과 보 사이에 자리 잡은 이 두 숲은 여전히 프랑스군이 장악하고 있었다. 독일군 제1사단과 제7사단의 대규모 돌격부대는 놀랍도록 빠르게 부아들라카이예트 숲을 휩쓸고 보 계곡을 건너 다시 보 요새와 이어진 부아퓌맹 숲의 융기부로 올라섰다. 저녁 때 그 구역을 담당한 프랑스군 지휘관 르브룅 장군은 빼앗긴 땅을 원래 점유하고 있던 부대가 "완전히 사라졌다"고 니벨에게 고백할 수밖에 없었다. 르브룅은 즉시 반격하라는 당연한 명령을 받았다. 그러나 이미 늦었다. 독일군이 갑자기 나타나 보 요새로의 접근을 막아주던 측사를 제거했던 것이다. 애초에 독일군은 나흘 후에 보 요새를 공격하려고 계획했지만, 1일 저녁 6시 제15군단 사령관 폰 다이믈링(Berthold Karl Adolf von Deimling) 장군은 참모진을 소집해 오늘 거둔 성공이 매우 고무적이므로 바로 내일 오전 3시에 보 요새를 기습 공격하려 한다고 말했다. 깜짝 놀란 참모장이 준비할 시간이 충분하지 않다고 이의를 제기했다. 그러나 다이믈링은 고집을 꺾지 않았다.

같은 날 프랑스군이 유일하게 성공한 것은 R1 방어선을 지킨 것이었다. 부아퓌맹 숲은 북서쪽에서 남동쪽으로 이어지는 세 개의 콘크리트 참호선 R3, R2, R1으로 방어했다. R1은 보 요새에서 겨우 약 365미터 떨어져 있었다. R3와 R2는 몇 시간 만에 무너졌지만, 샤를 델베르 대위가 제101연대의 중대를 이끌고 지킨 R1은 엄청난 열세에도 꼬박 한 주일 동안 사수할 수 있었다. 그 방어에 대한 델베르 자신의 설명은 베르됭 전투의 가장 생생한 묘사 중 하나이다. 델베르 중대는 두오몽 공격이 시작되기 직전에 전선에 도착했고, 그는 이 공격을 잘 볼 수 있었다. 델베르가 보 요새를 향해 이동했을 때, 교통호는 병사들로 넘쳐났다. 철모에 반사되는 황혼을 보며 델베르는 "헬싱외르*의 성벽에, 밤중에 근무를 교대하는 보초병들 사이에" 있는 것 같다고 생각했다. "그러나 이곳의 보초병들은 근무 교대를 받지 못했다."

연대 지휘소는 혼돈 그 자체였다. 연대장은 델베르에게 안내병을 붙여줄 여력이 없었다. 그래서 델베르 중대는 포탄이 터지고 부상병들이 교통호를 막은 상황에서 두 시간 동안 어둠 속을 헤맸다. 델베르가 마침내 R1에 도착했을 때, 그곳은 일련의 포탄 구덩이일 뿐이었다. 델베르의 중대 본부는 "380밀리미터 포탄에 부서진 강화 콘크리

헬싱외르 외레순(외레순드) 해협을 사이에 두고 스웨덴과 마주하고 있는 덴마크 동부의 도시. 셰익스피어의 희곡 《햄릿》에 나오는 크론보르(Kronborg) 성으로 유명하다.

트 밑에 난 틈새"였다. 부아쥐맹 숲의 토양은 "포탄에 심하게 파헤쳐져 땅이 모래처럼 흘러내렸고 포탄 구덩이는 사구 같았다." 델베르가 교체해준 부대는 그에게 지난 나흘 동안 아군의 75밀리미터 포에 열다섯 명이 사망했다고 말했다. 그 정도면 "매우 고무적"이었다.

6월 1일 독일군의 포격이 걷히자마자, 델베르는 독일군 보병이 "건어차인 개미탑의 개미 떼처럼" 참호 밖으로 떼 지어 몰려나오는 것을 보았다. 사거리 밖에 있었기에 그는 한 번 더 "마치 발코니에 있는 것처럼" 지켜볼 수밖에 달리 할 수 있는 일이 없었다. 델베르는 곧 적군이 부아들라카이에트 숲의 비탈면에 있는 프랑스군 최전방 참호로 뛰어드는 것을 볼 수 있었다. "피어오르는 흰 연기가 수류탄 전투가 벌어지고 있음을 알렸다. 그리고 정적이 찾아왔다." 이어서 포탄이 터지는 가운데 푸른색 옷을 입은 형체들이 부아쥐맹 숲 아래 계곡으로 '무질서하게' 떨어졌다. 그 다음, 똑같이 푸른색 옷을 입은 형체가 60명에서 80명가량 줄지어 반대 방향으로 이동했다. 그들은 무기를 들지 않았다. 포로였다! 잠시 후, 석탄 통 형태의 철모들이 델베르의 참호에서 겨우 약 23미터 떨어진 전방 참호에서 위아래로 움직이는 것이 포착되었다. 맹렬한 총격이 오갔다. "모두를 흥분시킨 전투 방식"이었다. 델베르 쪽에서는 열아홉 살 된 병사가 이마에 구멍이 난 채 쓰러졌다. 그때 갑자기 적이 델베르의 왼쪽으로 약 183미터 떨어진 R2에 도착했다는 외침이 들렸다. "격렬한 맹사. 저들은 저항하고 있다! 끝까지!"

그날 오후 2시 30분경, R2도 적에게 제압당했다. "거의 즉시, 그곳을 점령한 독일군이 우리 쪽으로 대호를 파는 것이 목격되었다. 이제 우리와 저들을 갈라놓는 것은 계곡뿐이다. 우리는 쥐처럼 이곳에 갇힐 것인가?"

그날 그 시간 이후 델베르 중대는 기관총으로 양 측면으로 적당한 거리에 적의 발을 묶어놓는 데 성공했지만, 오후의 뜨거운 열기에 통통한 금파리들이 역겹게도 참호 속의 사망자들을 습격했다.

6월 2일, 금요일. 불안과 끝없는 경계의 밤…… 어제는 휴대 식량이 오지 않았다. 특히 갈증이 괴롭다. 비스킷은 더러워졌다.

갑자기 격한 진동 때문에 델베르의 글쓰기가 중단되었다. 그는 흙을 뒤집어썼다. 프랑스군의 75밀리미터 포탄 한 발이 옆 대피호에 떨어져 중대 선임부사관을 날려버렸다. 그날 나머지 시간은 총격전을 주고받는 가운데 지나갔다. 그날 저녁 독일군의 상대는 처음으로 공격을 했다.

나는 모두에게 수류탄을 지급했다. 그렇게 가까운 사거리에서 소총은 무용지물이었기 때문이다.

적군은 격퇴되었다. 델베르의 뒤쪽에서 갑자기 화염과 연기가 크게 솟구쳤다. 적군의 화염방사기가 틀림없었다. "수류탄 상자에도 불이 붙기 시작했다!"(나중에 밝혀졌듯이 실제로는 신호탄을 쏘아 올려 포대에 탄막을 요청하라는 명령을 받은 델베르의 얼빠진 전령 샹피옹이 자신의 두 다리 사이에 신호탄을 끼운 채 터뜨리고 나머지 신호탄에도 불을 붙인 것이었다.) 그날 밤 10시 어느 급량병이 중대 전체가 마실 물 다섯 병을 들고 도착했다. 한 병은 비어 있었다. 약 7.5리터를 병사 68명과 장교 3명이 나눠 마셔야 했다는 뜻이다. 그리고 물에서는 "시체 썩는 냄새가 났다."

그러나 보 요새 안에 있던 병사들에게는 더 나쁜 일이 다가오고 있었다.

21장

보 요새의 마지막 일주일

베르됭은 전쟁을 다시 명예로운 일로,
개별 인간과 개인의 용기가 귀중한 기회를 부여받는 싸움으로 바꾸어놓았다.
— 폰 멜렌틴, 〈뉴욕타임스 먼슬리 매거진〉(1916년 6월)

보 요새는 베르됭의 전체 방어 체계에서 가장 작은 요새였으며 면적이 두오몽의 4분의 1도 되지 않았다. 요새에는 155밀리미터 포를 장착한 포탑은 없었고 75밀리미터 포의 포탑 하나뿐이었다. 그러나 이 포탑도 두오몽 요새 함락 직후 혼란스러운 상황에서 독일군의 420밀리미터 포탄이 그곳에 있던 750킬로그램에 달하는 폭파 장약을 폭발시키면서 완전히 파괴되었다. 조프르가 보 요새에서도 측면에 설치된 75밀리미터 포를 전부 제거했기 때문에 1916년 6월 당시 보 요새에서 가장 강력한 무기는 기관총이었다. 하지만 장갑을 두른 포탑에는 기관총이 하나도 설치되지 않았다. 75밀리미터 포탑이 파괴되었을 뿐만 아니라 지하 통로 중 하나도 포탄에 맞아 노출되었는데 모래주머니를 쌓아 막아놓았다. 외곽 통로도 대부분 손상을 입었고, 지하 막사 전체에 거대한 균열이 생겨 병사들을 불안하게 했다. 그밖에는 대체로 포격을 잘 견뎠다. 2월에 페탱의 명령에 따라 요새 복원 작업이 수행되었지만 만족스럽지 못했다. (수행되지 않았다고 할 수도 있다.) 요새를 배후와 연결하려고 (독일군이 두오몽 요새에서 한 것처럼) 땅속 깊이 진입 터널을 만들지 않았기 때문에, 요새는 쉽게 외부와 차단될 수 있었다. 더 심각한 문제는, 엄중한 경고가 있었는데도 식수 공급을 개선하려는 조치가 전혀 이루어지지 않았다는 점이었다. 이 두 가지 결점은 심각한 결과를 초래한다.

요새 사령관은 보르도 출신의 강인한 식민지군이었던 마흔아홉 살의 실뱅외젠 레날(Sylvain-Eugène Raynal) 소령이었다. 진급 운이 그리 좋지는 않은 사람이었다. 이미 전쟁에서 여러 차례 큰 부상을 입은 레날은 다리를 절어 지팡이에 의지했기에 당연한 권리를 행사해 전역했어야 했다. 그러나 레날은 상관들을 설득해 전선으로 복귀했고 참호보다는 덜 힘들다고 여겨진 요새 수비 임무를 맡았다. 두오몽 요새 탈환 시도가 실패한 5월 24일, 레날은 새로운 근무지인 보 요새에 도착했다. 첫인상은 요새가 병사들로 붐빈다는 것이었다.

(병사들이) 너무 많아서 움직이기가 몹시 힘들었으며, 지휘소에 도착하기까지 시간이 아주 오래 걸렸다. …… 공격이 실현되면, 요새 주둔 병사들은 방어 태세를 갖추기도 전에 전부 포로가 될 것이다.

정규 수비대를 제외하면 요새에는 길을 잃은 들것병과 통신병, 독일군의 맹공으로 발생한 혼돈 속에서 소속 부대와 연락이 끊겨 피신

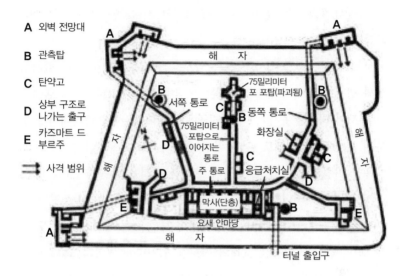

A 외벽 전망대

B 관측탑

C 탄약고

D 상부 구조로 나가는 출구

E 카즈마트 드 부르주

➡ 사격 범위

해 자

A

75밀리미터 포 포탑(파괴됨)

B 서쪽 통로

C

B 동쪽 통로

75밀리미터 포탑으로 이어지는 통로

화장실

주 통로

C

응급처치실

D

막사(단층)

요새 안마당

B

E

A

해 자

터널 출입구

처를 찾아온 낙오병으로 가득했다. 레날은 당장 이러한 이탈 병사들을 내쫓으려 했지만, 훨씬 더 많은 이탈 병사가 몰려들었고 이들이 요새를 떠나는 것은 곧 불가능해졌다. 그래서 포위 공격이 시작되었을 때, 레날은 원래 계획된 완전 편성 병력인 250명 대신에 600명 이상의 병력을 관리해야 했다. 그들 대부분은 부상자였다. 여기에다 보 요새의 수비대에는 통신 부대 생존자들이 데려온 전서구 네 마리와 코커스패니얼 한 마리도 포함되었다.

6월 1일, 레날은 약 2.4킬로미터 밖의 부아들라카이예트 숲을 지나 진격하는 독일군을 쌍안경으로 무기력하게 바라보고만 있었다. 요새에 75밀리미터 포가 한 문만 있었더라면! 그래도 상부 구조에 설치한 두 문의 기관총이 사거리가 꽤 길어서 기적 같은 성과를 냈다. 독일군 척탄병들은 눈에 보이지 않는 불가사의한 무기 때문에 대열에 구멍이 생겨 당황하면서도 계속 전진했고, 결국 레날은 참호 하나를 가득 채운 회녹색 형체들을 볼 수 있었다. 그리고 공격군은 계곡 속으로 사라졌다.

보 요새의 북동쪽에서 지면은 와브르 쪽으로 급격히 낮아졌기에 요새 성벽으로 이어지는 접근로는 요새의 총포나 R1에 있는 델베르의 총포가 타격할 수 없는 사각지대에 숨었다. 요새를 측면에서 보호하는 부아들라카이에트 숲과 퓌맹 숲을 잃었으므로, 레날이 보기엔 다음날 아침 독일군이 보 요새에 도착하는 것을 막을 수 없었다. 그날 밤은 모래주머니로 미친 듯이 바리케이드를 세우며 보냈다. 요새 곳곳에 뚫린 아홉 군데의 파열구에는 수류탄을 투척할 수 있는 총안을 냈다. 한편 독일군은 포격의 강도를 엄청나게 높였다. 레날에 따르면, 어느 포격 주기에는 요새의 좁은 구역에 시간당 1,500발에서 2,000발의 포탄이 떨어졌다. 그러다 6월 2일 동트기 직전 갑자기 탄막이 거두어졌다. 공격 시각이 된 것이다.

요새 가장자리 아래쪽으로 채 약 137미터도 떨어지지 않은 참호에 독일군 제50사단 소속 2개 대대가 대기하고 있었다. 최근 갈리폴리에서 오스만제국 요새들을 방어할 때 두드러진 활약상을 보인 베버 '파샤'(Weber Pasha) 소장이 특별히 지휘를 맡았다. (베버 파샤는 에리히 파울 베버Erich Paul Weber의 별명이었다.) 그의 병사들은 불과 몇 초 만에 요새의 해자로 몰려들었다. 곧바로 요새 북서쪽 모퉁이와 북동쪽 모퉁이에 있는 측면 전망대 두 곳에서 프랑스군의 기관총이 맹사를 퍼부었다. 두오몽 요새에서 브란덴부르크연대 병사들이 텅 빈 상태로 발견한 것과 비슷한 측면 전망대였다. 초기 전투는 여기에 집중되었다. 독일군 공병들이 북동쪽 전망대 지붕 위로 올라가 웅크리고 있다가 먼저 수류탄 몇 개를 묶어 내려 보내 총안 밖에서 폭발시켜 기관총을 처치하려 했으나 실패했다.

프랑스군 기관총 사수들은 다른 전망대를 공격하는 독일군 병사들에게 계속해서 발포했다. 그때 독일군 공병들은 아래쪽에서 기관총이 막히는 철컥 소리를 확실하게 들었고 뒤이어 욕설도 들었다. 그들은 재빨리 난간 안으로 수류탄을 던져 넣어 기관총반을 해치웠다. 한 용감한 프랑스군 장교는 밖으로 뛰어내렸다. 레날 휘하 부사령관이었던 타부로 대위였다. 타부로는 한동안 거의 한 손으로 수류탄을 투척하며 독일군이 전망대 입구로 오지 못하게 막았지만 결국 전망대 안으로 다시 들어가 사망했다. (그는 독일군이 던진 수류탄에 복부가 찢겨 열린 상태였다.) 그 직후, 병사 32명과 장교 한 명의 방어군은 전망대를 포기했다. 독일군은 전망대 안에서 노리쇠가 제거된 작은 포 두 문을 발견했다.

때는 오전 5시였고, 공격군은 이미 보 요새의 주요 거점 두 곳 중 하나를 차지했다. 그러나 북서쪽에 있는 규모가 더 큰 이중 전망대를 처리하는 일은 그렇게 쉽지 않았다. 독일군 공병들은 우선 화염방사기에 맞도록 특별히 길게 만든 관을 요새 성벽 위로 넣어 전망대 안에 있는 사람들을 "연기를 피워 내쫓으려" 했다. 이 기습에 놀란 프랑스군은 기관총 사격을 멈추었고, 제158파더보른연대의 라코 중위는 이 틈을 타 병사 약 서른 명과 함께 해자를 건너는 데 성공했다. 라코 일행이 요새 상부 구조에 제일 먼저 도착한 독일군이었다. 그러나 거의 즉시 프랑스군 기관총이 다시 작동하기 시작했고, 라코의 작은 무리는 여러 시간 동안 요새에 고립되어 고투했다. 극심한 포격 소음 때문에 겨우 약 18미터 밖에 있던 동료들조차 지원을 요청하는 외침을 들을 수 없었다. 불굴의 투지를 지녔던 독일군 공병들은 이제 수류탄으로 가득한 주머니를 줄에 묶어 전망대 바깥쪽으로 내려 보내려 했지만 자신들이 더 큰 손실을 입었다. 오전 내내 싸움이 지속되었고, 결국 프랑스군 기관총은 하나씩 차례로 조용해졌으며 전망대 안에 있던 프랑스군 열다섯 명 정도가 부상을 입었다. 그래도 그들은 버텼다. 요새 꼭대기에 있던 독일군은 마침내 레날이 북서쪽 전망대로 이어지는 복도에 난 큰 파열구를 막으려고 쌓은 모래주머니를 발견했다. 그들은 모래주머니를 치웠고 복도 안으로 수류탄을 던져 넣었다. 사태를 깨달은 레날은 배후에서 공격을 당하기 전에 즉시 전망대를 포기하라고 명령했다.

오후 4시경 레날은 외부 방어 진지 두 곳을 다 잃었고, 상부 구조는 적군이 확실히 장악했으며, 이제 전투 현장이 지하로 옮겨지기 직전이었다. 요새 수비대 병사들은 마치 '피터팬'의 아이들과 해적처럼 관측소 돔에 난 작은 구멍을 통해 자신들의 머리 바로 위쪽에서 젊은 독일군 병사들이 땅 위에 팔다리를 쭉 펴고 누워 있는 모습을 무기력하게 바라보았다. 그들은 태연하게 담배를 피웠고 이따금 죽은 자들을 향해 모욕적인 몸짓을 보였다. 한편, 전망대를 두고 전투를 벌이는 동안 레날은 요새 중앙으로 이어지는 복도에 모래주머니로 서둘러 바리케이드를 쳤다.

두 전망대를 점령하자마자, 이제 요새에서 모든 작전의 지휘를 맡은 라코 중위는 공병대의 루베르크 중위에게 분대의 지휘를 맡기고 북동쪽 통로를 따라 요새 본체로 침투하라고 명령했다. 루베르크와 소수의 병사들은 명령대로 좁고 어두운 통로를 따라 출발했다. 석 달 전 두오몽 요새에서 쿤체 중사가 맞닥뜨린 것과 비슷한 통로였다. 긴 계단이 아래쪽 해자 밑으로 이어졌다가 다시 위로 올라갔고, 루베르크는 곧 길을 가로막은 강철 문에 다다랐다. 문 뒤에서 프랑스군 병사들이 속삭이는 소리가 들렸다. 루베르크는 재빨리 수류탄에 화약을 준비했고(폰 다이믈링이 보 요새 공격을 서두른 탓에 공병들은 적합한 폭파 장약을 준비할 여유가 없었다), 마지막 남은 수류탄의 안전핀을 뽑고는 내달렸다.

철문 뒤에서는 레날이 성급히 쌓은 바리케이드가 마음에 들지 않아 직접 점검하고 있었다. 레날은 루베르크가 낸 소음을 듣고 무슨 일이 일어나고 있음을 깨닫고는 재빨리 병사들에게 뒤로 물러서라고 명령했다. 기가 막히게 시간을 잘 맞췄다. 바리케이드가 "강력한 폭발에 무너졌다." 철문 반대편에서 수류탄의 5.5초 지연 신관은 루베르크에게 멀리 벗어날 시간을 주지 않았고, 루베르크는 폭발과 동시에 뒤로 내동댕이쳐졌고 파편에 열상을 입었다. 폭발의 힘과 지휘관의 부상에 독일군은 죽음의 통로로 다시 들어가기를 주저했다. 레날이 바리케이드를 재건하고 그 뒤쪽에 기관총 한 문을 배치할 정도로 매우 긴 통로였다. 프랑스군은 한동안 그 통로를 계속 지배했다.

후방으로 이어지는 통신선이 이미 모두 끊어졌기에 그날 밤 레날은 전서구 한 마리에 상황 보고서를 묶어 날려 보냈다.

6월 3일 이른 시간에 독일군 돌격부대는 요새 남쪽으로 힘들게 전진했다. 보 요새는 이제 완전히 고립되었다. 요새의 프랑스군은 제2군의 나머지 부대와, 미약하나마 연결의 끈을 놓지 않고 있던 R1으로부터도 단절되었다. 포위 공격이 계속되었고, 요새 꼭대기의 독일군 지휘관 라코와 지하의 프랑스군 요새 사령관 레날 사이에 기묘한 교착 상태가 유지되었다. 그날 내내 요새 심장부로 통하는 복도 두 곳에서 맹렬하게 전투가 이어졌다. 프랑스군은 각각의 복도에 모래주머니로 몇 미터 두께의 바리케이드를 쌓았고, 용감한 척탄병 한 명이 그 뒤에서 지켰다. 한편 독일군 공병들은 강력한 폭약을 더 많이 가져왔다. 프랑스군 척탄병이 쓰러지는 것은 시간 문제였다. 그의 방벽은 무너졌다. 그러나 그 뒤에는 다른 바리케이드가 세워져 있었고, 그 뒤에는 기관총 한 문이 공격군에게 직사로 죽음을 뿜어냈다. 그동안 프랑스군은 뒤쪽에 일련의 장애물을 추가로 마련하고 있었다. 독일군은 1미터씩 전진할 때마다 큰 희생을 치렀다.

베르됭 전투에서 일어난 온갖 참사 중에서도 보 요새의 지하 통로에서 날마다 벌어진 싸움보다 더 오싹한 것은 상상하기 어렵다. 그곳의 전투는 대체로 폭 90센티미터에 높이 1.5미터를 넘지 않아 성인이 바로 설 수 없는 통로에서 칠흑 같은 어둠 속에서 벌어졌으며 수류탄이 폭발할 때 나오는 섬광만이 어둠을 깨뜨렸다. 벽에서 벽으로 튕겨나가는 기관총 총탄은 덤덤탄*만큼이나 끔찍한 상처를 남겼고, 좁은 공간에서 폭발하는 수류탄의 충격은 정말로 견딜 수 없을 정도였다. 양쪽 병사들은 티엔티 연기에 오염된 공기와 폭발로 흩날리는 시멘트 먼지 속에서 거듭 질식할 것 같았다. 게다가 시체에서 풍기는 악취가 점점 더 심해졌다. 요새 안에서는 적절한 매장 방법을 찾을 수 없었기에 시신은 6월의 열기 속에 빠르게 부패했다.

공격하는 독일군 2개 대대는 이미 엄청난 손실을 입었다. 요새 전망대에 설치된 기관총은 제압당하기 전까지 공격군을 쓰러뜨렸다. 6월 2일 저녁까지 제53연대의 대대에서 부상을 당하지 않은 장교는 단 한 명뿐이었다. 한편 요새 지붕 위에 있던 라코와 병사들은 점차 강력해지는 프랑스군의 포격에 노출되어 있었다. 이제 인근 물랭빌 요새의 155밀리미터 포까지 가세했다. 6월 3일 밤, 두 대대는 전력이 소진된 채 퇴각해야 했다. 그러나 레날과 그가 지휘하는 600명의 프랑스군을 구해줄 병력은 없었다.

그동안 요새 밖 R1에 있던 델베르는 독일군의 공격을 두 차례 더

덤덤탄(dumdum bullet) 관통력을 제한하거나 더 큰 상처를 내기 위해 충격 시 크게 퍼지도록 설계된 총탄.

성공적으로 격퇴했고, 그날 나머지 시간에는 심한 포격을 받았다. 델베르는 72시간 동안 잠을 자지 못했다고 일기에 썼다. 그날 밤 10시, 델베르 대위는 어느 초급 장교가 1개 중대의 증원군을 이끌고 도착하자 미칠 듯이 기뻐했다. 그러나 그 중대의 병력은 겨우 열여덟 명이었다. 한 시간 뒤, 다른 초급 장교가 나타나 1개 중대를 데려왔다고 주장했다. 델베르가 물었다.

"몇 명을 데리고 왔나?"

"170명입니다."

델베르가 헤아려보니 스물다섯 명이었다.

전투지구 사령부의 르브룅 장군은 레날이 전서구 다리에 묶어 보낸 보고서를 받았다. 니벨에게서 강한 압박을 받고 있던 르브룅은 즉각 반격을 가해 요새를 탈환하라는 처방을 내렸다. 르브룅은 극도로 흥분해 제124사단을 지휘하는 불쌍한 장군*에게 필요하다면 자신이 직접 공격을 이끌겠다고 말했다. 4일 동틀 무렵, 프랑스군은 여섯 개의 조밀한 대열로 진격했고 실제로 보 요새 서쪽 끝에 도달했다. 그러나 그곳에는 독일군 교체 병력인 제39뒤셀도르프퓌질리어연대가 이미 자리를 잡고 있었고, 총검으로 공격군을 몰아냈다.

6월 4일, 레날은 지금껏 가장 암울한 하루를 경험한다. 거의 파멸적이었다. 전날 밤에 독일군 공병들은 비지땀을 흘리며 요새 상부 구조에 여섯 대의 화염방사기를 끌어왔다. (네 대는 오는 도중에 포격에 망가졌다.) 이 화염방사기로 보 요새의 영웅적인 수비대를 쥐떼처럼 몰아낼 작정이었다. 정해진 시간이 되자 지하에서 공격하던 독일군 병사들이 철수했고, 지옥의 장치가 요새 외부에 벌어진 틈과 갈라진

---

* 타탱 준장(Georges Alexandre Ferdinand Tatin, 1858~1925)을 가리킨다.

파열구 안으로 분사구를 들이밀었다. (수비대에는 다행스럽게도, 큰 파열구 하나를 메워 요새를 밀폐하려던 독일군 분견대를 경계를 늦추지 않고 있던 물랭빌의 155밀리미터 포 포반이 흩어버렸다.) 레날이 제일 먼저 받은 경고는 요새 곳곳에 울려 퍼진 외침이었다. "가스다!" 거의 동시에 검은 연기가 중앙 회랑으로 밀려들어 왔다. 수비대 병사들은 북서쪽 복도를 따라 피신했다. 얼굴은 검게 그을렸고 바리케이드는 버려졌다. 요새 본체에서 화염이 솟구쳤고 한순간 집단적 공포가 휩쓸었다. 그리고 화염방사기가 멈추었다. 지라르 중위는 신속하게, 거의 초인적인 용기로 대응하여 연기로 가득 찬 북서쪽 복도로 급히 되돌아갔다. 지라르는 버려 두었던 기관총에 간발의 차이로 독일군에 앞서 도착했다. 그는 뒤이은 교전에서 여러 차례 부상을 입었지만 상황이 복구될 때까지 버텼다. 그러고는 연기의 독성 때문에 의식을 잃고 쓰러졌다. 한편 레날은 모든 환기구를 열어 연기를 빼내고 그러한 공격의 재발을 최소화하라고 명령했다.

독일군은 북동쪽 복도에서도 비슷하게 수비대를 급습하려 했지만 역시 실패했고, 요새 남서쪽 모퉁이의 벙커를 겨냥한 공격은 프랑스군의 작은 승리로 끝났다. 독일군 공병들은 모두 사망했고, 수비대가 화염방사기를 노획했다. 프랑스군 수비대는 그 화염방사기로 요새의 남쪽 해자에서 적군을 몰아낼 수 있었다. 결과적으로 독일군이 새로운 노력으로 얻은 것은 열다섯 명가량의 프랑스 수비대 병사에게 끔찍한 화상을 입히고 레날의 관측 돔 세 개 중 하나를 포함해 북서쪽 통로 약 23미터를 차지한 것이었다.

정오가 되기 직전에 레날은 마지막 전서구 편에 다음과 같은 소식을 보냈다.

우리는 여전히 요새를 사수하고 있다. 그러나 …… 증원군이 절실하다. 수빌에서 모스 신호기로 우리와 통신하라. 수빌은 우리의 호출에 응답하지 않고 있다. 이것이 마지막 전서구다.

직전 공격에서 가스에 심하게 중독된 가엾은 새는 내키지 않는다는 듯 주위에서 날개를 퍼덕이다 되돌아와 레날의 지휘소에 난 총안에 내려앉았다. 이 전서구는 여러 번 더 실패한 끝에 마침내 공중으로 날아올랐다. 그리고 베르됭에 도착했고, 발에 묶었던 전갈을 풀자 마라톤 평원의 전령 페이디피데스처럼 쓰러져 죽었다. (전서구로는 유일하게 레지옹 도뇌르 훈장이 '추서'된 이 고귀한 사자는 박제가 되어 지금도 파리의 어느 박물관에 앉아 있다.)

레날의 마지막 전서구가 가져온 전갈은 신속한 대응으로 이어졌다. 보 요새가 이미 굴복했고 그곳에서 보낸 신호는 독일군의 속임수라고 생각했던 수빌 요새의 프랑스군은 이제 레날에게 모스 신호기로 격려의 메시지를 보냈고, 추가로 구조 공격을 준비했다.

오전에 일어난 사건들도 심각했지만, 그날 오후 요새에서는 훨씬 더 위협적인 상황이 발생했다. 레날은 이렇게 전한다.

요새 병참부에 속한 한 중사가 내게 다가와 은밀히 지시를 요청했다. 그는 목멘 소리로 이렇게 말했다.

"사령관님, 수조에 사실상 물이 전혀 남아 있지 않습니다."

나는 벌떡 일어나 중사를 잡아 흔들며 다시 말해보라고 했다.

"이건 배반이야!"

"아닙니다, 사령관님. 저희는 사령관님이 지시한 양만큼만 배급했습니다. 그런데 눈금이 정확하지 않았습니다."

고통이 시작되었다. 나는 적게 남은 것이라도 보존하고 오늘은 배급하지 말라고 명령했다.*

3백 명 남짓한 요새 내 잉여 병력은 수비대 전체를 위험에 빠뜨릴수 있는 무익한 식구가 되었다. 레날은 어떻게든 이들을 내보내야 한다고 생각했다. 그러나 보 요새는 적군이 에워싸고 있었다. 죽을 각오로 위험을 무릅써야 했다. 레날은 고아원에서 자란 열아홉 살의 사관후보생 뷔페를 불러 그날 밤 늦게 요새를 벗어나 길을 찾으라고 명령했다. 탈출 병력의 대부분이 작은 무리를 지어 적당한 간격을 두고 뒤따르기로 했다.

역한 냄새를 풍기는 요새 안 어둠 속에 머물던 수비대는 바깥 날씨를 알지 못했고 신경도 쓰지 않았지만, R1의 델베르는 6월 4일이 청명하고 아름다운 날이라고 기록했다. 독일군의 공격이 더 있었지만, 델베르는 6월의 햇빛 속에서 "공놀이를 하는 이들의 아름다운 몸짓으로" 수류탄 투척 자세를 취한 척탄병들의 순수한 아름다움을 서정적으로 논할 여유가 있었다. 불운하게도 이후 프랑스군이 포격을 재개해 오랫동안 지속했고 목마름이 열기에 악화되면서 그날을 망쳤다. 그날 밤 9시 30분, 델베르는 중대에 교대 대기를 명령했다. 병사들은너무 지쳐서 기뻐할 힘도 없었다. 한 시간 반 뒤 연대 본부에서 전령이 와서 '상황 때문에' 교대가 연기되었음을 알렸다. 고맙게도 이튿날비가 내렸고, 중대는 방수 깔개를 펼쳐 빗물을 받았다. 한편 반대쪽의 독일군 참호에서는 전례 없이 새로운 활동의 조짐이 보였다. 그들

---

* 훗날 조사를 통해 드러났듯이, 실제로 이미 3월에 보 요새의 식수 공급이 부족하다는 경고가 있었지만 어떤 조치도 취해지지 않았으며, 레날이 지휘를 맡았을 때 수조는 벌써 절반이 비었던 것으로 보인다. 프랑스군이 두오몽 요새를 지키지 못했을 때와 똑같은 과실이었다.(저자 주)

은 교통호를 넓히고 있었는데, 이는 곧 R1에 대한 새로운 전면 공격을 의미했다. 달리 해석할 여지는 없었다. 델베르의 영웅적인 중대가 파묻히기 전에 증원 부대가 올 것인가?

6월 5일, 해가 진 후 고대하던 교대 병력이 마침내 도착했다. 그러나 시련은 아직 끝나지 않았다. 엄폐를 제공할 교통호가 없었기에 델베르 중대는 독일군이 R2에 설치한 기관총에는 윤곽이 보이는 표적이었다. 그리고 무섭도록 정확한 포의 탄막이 이어졌다. 중대가 안전한 곳에 도착했을 때 남은 병력은 겨우 37명의 쇠약한 병사뿐이었다. 독일군의 계산에 따르면 이 중대의 사상자는 3백 명이 넘었다. 델베르 중대를 대신한 부대는 다시 사흘 동안 용감하게 방어했고, R1은 5백 명의 포로를 남긴 채 독일군의 손에 들어갔다.

레날과 병사들에게는 증원 부대도 없었고 점점 심해지는 갈증을 덜어줄 빗물도 없었다. 포위 공격 나흘째인 6월 5일은 동틀 무렵 요새 남서쪽 모퉁이의 카즈마트 드 부르주 근처에서 강력한 폭발이 일어나면서 시작되었다. 요새 성벽에 거대한 파열구가 생겼고, 독일군 공병들이 곧 화염방사기를 들고 나타났다. 그러나 바람의 장난으로 화염은 독일군의 얼굴 쪽으로 되돌아왔다. 지라르 중위가 척탄병을 이끌고 대응 출격에 나서서 상황을 복구했다. 그 과정에서 지라르는 또 부상을 당했다.

레날은 작은 구멍으로 독일군을 볼 수 있었다. 독일군은 복도를 따라 전개한 공격이 실패하자 요새 외부에서 다른 쪽 지하에 수직 갱도를 파고 있었다.

유쾌한 광경은 아니었다. 레날은 모스 신호기로 수빌 요새에 전갈을 보내 "포격으로 저들을 신속히 해치우라"고 요구했다. 만족스럽게도 답변이 빨리 왔다. 둔탁하게 쿵 소리가 났고, 레날은 다음과 같은 광경을 목격했다. "독일군 병사들이 해자로 내동댕이쳐졌다. 우리 위에서 벌어지던 작업은 즉시 중단되었다."

요새 밖의 공격군은 앞서 화염방사기 공격이 실패한 것 때문에 몹시 침울했다. 그 지옥의 기계는 포위 공격을 당하는 프랑스군보다 자신들을 더 많이 죽이는 것 같았다. 그들은 철수했다. 독일군은 전날 화염방사기가 보 요새의 저항을 거의 깨뜨릴 뻔했음을, 요새의 식수가 바닥났음을 깨닫지 못했다. 그들이 확인한 것은 프랑스군이 요새 상부 구조에 끊임없이 퍼부은 포격 때문에 자신들이 큰 희생을 치렀다는 사실과 지하 통로를 따라 전진한 거리가 무시해도 될 정도라는 사실이 전부였다. 보 요새는 정말 난공불락인 듯했다. 요새 내부의 프랑스군은 아마도 한 달, 아니 일 년은 더 버틸 수 있을 것 같았다. 마지막으로, 엎친 데 덮친 격으로 독일군 공병들은 폰 다이믈링 장군으로부터 모욕적인 전갈을 받았다. 다이믈링은 요새를 점령했지만 소수의 고립된 프랑스군 무리가 지하실 한두 곳에서 여전히 버티고 있다며 그들을 당장 '치워버리라'고 명령했다.

그날 늦게 레날은 또 다른 두 가지 불운을 겪었다. 모스 신호기 통신병이 수빌로 전갈을 보낸 직후, 그 자리에 포탄 한 발이 떨어져 세 명이 사망하고 여러 명이 부상을 입었으며 신호기 장비가 부서졌다. 그날 북동쪽 복도를 따라 지하에서 전투가 전개되는 과정에서 적군은 마지막 남은 화장실의 입구를 차지했다. 이것은 이미 고약한 냄새로 가득한 요새에서 사기에 영향을 끼치는 중요한 일이었다. 이제 레날의 지휘를 받는 생존 장교는 여덟 명이었는데, 그중 한 명은 중상을 입었고, 세 명은 다소 덜한 부상을 입었으나(두 명은 최소한 두 차례 부상을 당했다) 자리를 지켰다. 다른 한 명은 고열에 시달렸다. 레날 자신은 재발한 말라리아 때문에 몸을 와들와들 떨었다. 그날 저녁 레날은 "피로에 짓눌려 말이 없고 침울한" 병사들을 점검했다.

　내가 그들에게 한 번 더 노력하자고 요청할 수 있었다고 해도, 그들에겐 힘이 없었을 것이다. 그래서 나는 마지막 남은 몇 방울의 물을 나눠주기로 결정했다.

　한 사람당 4분의 1 파인트(1파인트는 0.473리터)에도 못 미치는 양이었다. 그들은 앞선 24시간 동안 단 한 모금의 물도 마시지 못했다. 그리고 물에서는 시체에서 풍기는 악취가 심하게 났다. 고농도로 염장된 생주(singe, 소고기 통조림)를 먹을 수는 없었다('생주'는 많이 비축되어 있었다). 레날은 이틀 동안 아무것도 못 먹었다고 썼다. 수비대는 얼마나 더 버틸 수 있을까? 그날 밤, 임시방편으로 신호기를 만들어 수빌 요새에 전갈을 보냈다.

　오늘밤 구조와 물이 절실히 필요함. 한계에 도달했음.

　그런데 극도로 낙담한 분위기 속에 갑자기 다른 세계에서 온 진흙투성이 인물이 나타났다. 뷔페가 자랑스럽게 빛나는 메달을 걸고 나타난 것이다. 수비대 병사들은 피로와 갈증도 잠시 잊고 뷔페 주변으로 몰려들었다.

　뷔페는 불가능한 일을 해냈다. 요새를 벗어난 병사들은 대부분 독일군 기관총에 쓰러지거나 포로가 된 것으로 밝혀졌지만, 뷔페를 포함한 아홉 명은 탈출에 성공했다. 뷔페는 타반 요새의 피신처에 도착했고, 그곳 여단장을 거쳐 전투지구 사령관인 르브룅에게 보내졌으며, 결국 니벨에게로 갔다. 니벨은 뷔페에게 훈장을 수여했고 당장 반격을 준비해 이번에는 반드시 성공시킬 것이라고 말했다. 그 자리에서 열아홉 살짜리 사관후보생은 독일군 참호선을 뚫고 요새에 이 소식을 전하겠다고 자원했다. 뷔페와 동행한 중사는 부상을 당해서 도중에 두고 와야 했지만, 뷔페는 다시 적진을 통과했다.

수비대 장교들은 절실한 마음으로 뷔페에게 달려들어 약속된 구조 공격에 대해 자세한 내용을 물었다. 뷔페는 공격이 다음날 오전 2시에 시작될 예정이며 1개 대대 전체가 참여할 것이라고 말했다. 레날은 이렇게 회상한다. "나는 점차 어두워지는 장교들의 표정을 보았고 그들의 속마음을 짐작했다. 내 생각도 그들과 같았기 때문이다. 그 작전은, 계획대로 진행된다면, 선험적으로 부적절해 보였다."

자정 직후 요새 수비대 병사들은 프랑스군 75밀리미터 포탄 특유의 소음을 들었다. 그러나 단발이 아니었다. '기선 제압' 탄막은 요새 너머 먼 곳에 펼쳐졌고 요새에는 아무런 해를 끼치지 않았다. 오전 2시, 수비대는 증원 부대를 지원하기 위해 자리를 잡았다. 탄막이 걷히자 포위 공격을 받던 수비대는 구조대가 오는지 지평선을 샅샅이 탐색했다. 2시 30분, 여전히 아무런 조짐이 없었다. 3시경 마침내 카즈마트 드 부르주로부터 분대 규모의 적은 병력이 요새에서 몇 미터 떨어진 곳에서 독일군의 기관총 사격에 발이 묶였다는 보고가 들어왔다. 관측하던 병사들은 고립된 프랑스군 병사들이 하나씩 차례로 쓰러지고 두 손을 머리 위로 올린 채 포탄 구덩이에서 올라오는 것을 절망스럽게 지켜보았다. 보 요새의 수비대가 니벨 장군이 뷔페에게 약속했던 구조 공격과 관련해 본 것은 이것이 전부였다. 구조대는 최선을 다했고 심한 손실을 입었다. 장교가 전부 사망하거나 부상을 당해 상사가 대대 지휘권을 넘겨받을 정도였다.

요새 내부의 사기는 더 떨어질 데가 없을 만큼 낮았다. 어느 젊은 중위는 중압감을 못 이기고 정신이 나가 수류탄 창고를 폭파하겠다고 위협했다. 오래 버티기는 힘들었다. 레날은 신호기로 다시 전갈을 보내 호소했다. "완전히 지치기 전에 개입하라. …… 프랑스 만세!" 그렇지만 수빌로부터 추가 응답은 없었다. 보 요새가 굴복했으리라고 확신했던 것이다. 그날 늦게 거대한 포탄 한 발이 요새에 떨어져 중앙 통로의 둥근 천장 일부가 함몰되었고, 질식과 갈증에 대한 우려에 생매장될지 모른다는 걱정이 더해졌다. 그런데도 독일군은 여전히 지하 통로를 따라 전진하지 못했다. 저녁이 되자 갈증에서 오는 고통은 이루 말로 다 할 수 없었다. 6월의 지난 사흘 동안 수비대 병사는 각자 전부 합해서 반 잔의 더러운 물을 받았다. 절망에 빠진 병사들은 요새 벽면의 습기와 점액을 핥았다. 레날이 지팡이에 기대어 요새를 점검했을 때, 일부 병사들은 통로에 기절해 있었고 다른 이들은 자신의 오줌을 마시고 심하게 토악질을 해댔다. 그중에서도 최악은 90명 남짓 되는 부상자들의 상태였다. 치솟는 열을 내릴 물이 한 방울도 없는 상황에서 어떤 이들은 심한 화상을 입었고, 많은 부상병들이 6월이 시작된 이래로 쭉 적절한 관리 없이 방치된 어둡고 불결한 치료소에 누워 있었다.

레날 소령은 보 요새가 책임을 다했다고 판단했다. 프랑스와 단절된 상황에서 고작 기관총 몇 문으로 버티면서 '뚱보 베르타'의 포격과 포위 공격, 가스와 화염의 공격을 받으면서도 황태자 군대의 압박을 한 주 동안 버텨냈다. 독일군은 실제로 요새에 침투한 이후에도 닷새 동안 싸우면서 지하로는 겨우 약 28미터에서 37미터 정도밖에 전진할 수 없었다. 오로지 갈증만이 보 요새를 정복할 수 있었다. 강력한 요새였던 두오몽을 레날이 지휘했다면 어떤 기적이 일어났을까!

결단을 내린 레날에게 그날 밤 늦게 마지막 희망의 모스 신호가 깜빡였고 프랑스군 대포가 한 번 더 불을 뿜었다. 니벨이 드디어 구조하러 오는 것인가? 그러나 자정 무렵 전선 전체에 이상하리만큼 기분 나쁜 정적이 흘렀다. 새로운 구조 시도는 더 없었다.

6월 7일 오전 3시 30분, 수빌 요새의 졸음에 겨운 관측병들은 보 요새에서 보낸 마지막 신호기 전갈을 손상된 형태로 받았다. 해독할 수 있는 것은 "……멈추지 말라(ne quittez pas)"가 전부였다. 몇 시간 뒤 보 요새는 20세기 이전의 정중한 방식으로 항복했다. 제1차 세계대전의 전투로는 고립된 상태에서 가장 영웅적으로 싸웠던 전투에 어울리는 결말이었다. 북서쪽 통로의 바리케이드 뒤에 있던 독일군 제39퓌질리어연대의 베르너 뮐러 중위는 백기를 든 프랑스군 장교 한 명과 병사 두 명을 보았다. 그들은 '보 요새를 공격하는 독일군 지휘관에게' 보내는 공식 서한을 건넸다. 뮐러는 기쁜 마음을 간신히 억누르고 중대장을 데려왔고, 두 사람은 희미하게 불을 밝힌 터널에 '신병처럼' 엄격히 차려 자세를 취한 프랑스군 초병들을 지나 레날에게 안내되었다. 항복 조건에 정식으로 서명이 이루어졌고, 이어 레날이 보 요새의 멋지게 장식된 청동 열쇠를 독일군에게 넘겨주었다.

포로가 된 수비대가 소개되기 시작했다. 어느 독일 종군 기자는 생존자들에게서 '폐허의 생생한 이미지'를 보았다. 포로의 비참한 모습보다 더 동정을 유발하는 것은 없었다. 그들은 마치 레날의 개를 흉내 내듯이 배를 바닥에 대고 기어가 제일 처음 만난 포탄 구덩이의 악취 나는 물을 미친 듯이 마셨다. 포로의 수를 세어본 독일군은 레날의 발뒤꿈치를 졸졸 따라다닌, 전투에 지쳤으나 아직 살아 있는 흙투성이 코커스패니얼을 보고 놀란 것만큼이나 수비대 수에도 크게 놀랐다. 수비대의 사상자는 스무 명에 못 미치는 사망자를 포함하여 대략 1백 명이었다. 보 요새를 점령하기까지 직접 관여한 독일군 4개 대대

1916년 6월. 보 요새 함락 후 자신을 체포한 자들과 함께 있는 레날 사령관(가운데). 이 사진에는 "쓸쓸함을 생생하게 보여주는 이미지"라는 설명이 붙어 있다.

에서만 공병을 포함해 병사 2,678명과 장교 64명을 투입했다. (프랑스 군이 겪은 갈증 문제만 없었다면 더 오래 걸렸을 것이다.) 프랑스의 군사 전문가들이 곧 지하 요새의 가치에 관해 광범위한 추론을 내놓은 것 도 당연한 일이었다.

다음 날 레날은 스테네로 인도되어 황태자를 만났다. 레날은 기분 좋게 깜짝 놀라 이렇게 적었다. "프랑스 만평가들은 황태자를 원숭이 로 묘사하지만 그는 그런 사람이 아니다. …… 프로이센 사람의 완고 함은 전혀 보이지 않는다." 프랑스어를 유창하게 구사하는 황태자는 여러 차례 프랑스어로 훌륭하다는 말을 쓰며 요새를 방어한 프랑스 군을 크게 칭찬했다. 마지막으로, 레날이 검을 잃어버린 것을 본 황태 자는 군사적 존경을 표현하는 최고의 상징물로 다른 프랑스군 장교 에게서 빼앗은 검을 그에게 주었다.

레날과 병사들은 2년 반 동안 머물게 될 포로수용소로 가던 중이었지만, 보 요새에서는 비극적인 광경이 한 번 더 펼쳐졌다. 6월 2일이후로 니벨은 보 요새를 구하려고 다섯 차례의 개별 공격을 명령했다. 각각의 공격은 그 임무를 완수하기에 불충분했고 결국 공격은 쓰라린 손실만 남기고 실패했다. 요새 수비대를 실망시킨 6월 6일 공격이 실패로 돌아간 뒤, 니벨은 즉각 여섯 번째 공격을 명령했다. 이번에는 여단 규모로 실행될 예정이었는데, 베르됭 전선의 여러 곳에서정예 부대를 모아 구성한 '전진 여단(Brigade de Marche)'이 공격을맡았다. 공격 개시 시점은 6월 8일 새벽이었다. 니벨 휘하의 장군 약스무 명이 참석한 회의에서 강경하게 이의가 제기되었다. 니벨의 사악한 수호신 달랑송 소령까지도 이 새로운 시도에 반대했던 것 같다. 그러나 니벨은 강경했다. 위신의 문제였기 때문이다. 이튿날 독일 라디오에서 보 요새의 항복 소식이 전해지자, 니벨은 이를 3월의 경우와 똑같이 독일의 날조라고 선언했다.

'전진 여단'에 지명된 2개 연대는 제2주아브연대와 모로코식민지보병연대였다. 두 연대 모두 신병과는 거리가 먼 북아프리카 부대 병사들로 구성되었다. 지휘관인 사비 대령은 자신들이 선택된 이들이라는말을 니벨에게 직접 들었다.

프랑스군 부대가 맡을 수 있는 가장 멋진 임무, 비참한 상황에서도용감하게 의무를 다하는 전우를 돕는 임무를 위해.

니벨은 폭우가 쏟아지는 가운데 서둘러 북아프리카 부대를 전선에밀어 넣었다. 한편 그들이 투입되기로 한 바로 그 시간에 독일군 제50사단이 보 요새 점령을 기회로 삼아 타반 요새를 향해 돌진하려는 참이었다. 두 부대는 정면으로 충돌했다.

서른두 살 된 세자르 멜레라 상사는 식민지보병연대에 속한 자신의 대대 후방에 배속되어 낙오병들이 뒤처지는 것을 막는 임무를 맡았다. 그에겐 짜증나는 일이었다. 멜레라는 이어서 벌어진 전투를 바로 뒤에서 보고 생생하게 묘사한다. 전선으로 떠나야 했던 어느 병사는 "이해할 수도 납득할 수도 없는 전쟁에 질려" 자살했다.

(전선에 가까이 다가갔을 때) 흙이 너무 미끄럽고 올라가기 힘들어서 병사들은 행군할 때 두 발은 물론 무릎도 써야 했다. 땀에 흠뻑 젖어 수빌 고원에 도착하니 대대가 후위를 기다리고 있었다. 기관총 중대가 보이지 않았다. 반 시간 뒤에 찾았다. …… 길을 잃지 않으려면 앞사람의 외투를 붙들어야 한다. 구덩이 속에 빠졌다. 숲속 공터에 도착했다. 정지. 기관총반이 다시 사라졌다. 45분간 멈춤.

오전 4시, 멜레라 일행은 타반 요새에 도착했고 6월 8일을 그곳에서 보냈다. 그는 그날 밤 상황을 이렇게 전한다.

전령들이 소식을 가져온다. 공격은 실패했다. …… 우리가 출격하려는 순간, 독일군이 다른 지점에 나타났다. …… 두 보병 부대는 상대방의 포격에 학살당하고 자신들의 참호로 돌아가야 했다. 제1대대가 보 요새에 당도했다. 보슈(독일군 병사)는 철수한다. 우리도 똑같이 철수해야 한다. 보슈가 돌아온다. 8일 우측의 숲까지 전진한다. 보슈가 철수한다. 우리도 역시 철수할 수밖에 없다. 주아브도 상황은 비슷하다. 공격해봤자 얻을 것이 없다. 독일군 보병의 자질이 다시 떨어졌다. 환상적인 대포의 지원을 받는 평범한 무리. 보 요새 수비대가 항복했다. 공격 대대에는 부스러기밖에 남지 않았다.

실제로 제2주아브연대는 출발점을 벗어나지 못했다. 독일군이 공격을 쉽게 하려고 퍼부은 210밀리미터 곡사포의 괴멸적인 탄막에 막혀 지휘관을 비롯한 주아브연대 장교들은 단 한 명을 제외하고 전원 사망했다. 유일한 생존자인 어느 소위가 대대의 남은 병력을 이끌고 출발점으로 되돌아왔다. 모로코식민지보병연대가 단독으로 공격에 나섰다. 중앙 대대에서는 장교 여덟 명 중 일곱 명이 쓰러졌고, 각 중대는 평균 25명으로 병력이 줄었다. 사비 대령의 부대는 보 요새가 여전히 프랑스군 수중에 있다고 들었지만, 보 요새 안에서는 독일군 기관총 사수들이 총안을 차지하고 있었다. 그들은 나머지 공격군이 몇미터 안까지 다가오기를 기다렸다가 거의 직사거리에서 쓸어버렸다.

10개월 동안 벌어진 모든 전투들 중에 이보다 더 헛되고 잔혹한 교전을 찾기는 어려울 것이다. 그날 페탱은 학살극에 격노한 나머지 엄밀히 말해 자기 부하에 속한 명령권에 개입했고, 니벨에게 더는 보 요새를 탈환하려 시도하지 말라고 지시했다.

22장

벼랑 끝에 선 조프르

어느 날 베르됭을 빼앗긴다면 이 얼마나 큰 재앙인가!
베르됭을 구한다면, 이를 위해 치른 대가를 잊을 수 있을까?
— 레몽 푸앵카레, 《프랑스를 위해》

연합군 선전가들은 서둘러 세상에 이렇게 알렸다. 보 요새는 "베르됭 방어에서 급소가 아니다." 그러나 베르됭에 발이 묶인 양측 군대 어느 쪽도 이렇게 생각하지 않았다. 보 요새는 2월에 페탱이 정한 '저항선'에서 주된 버팀목 중 하나였다. 프랑스군 사령부는 (델베르와 그 중대의 죽다 살아난 생존자 37명까지 포함해) 가능한 병력을 모조리 동원해 베르됭 가까이 참호를 파는 데 투입함으로써 보 요새의 상실이 어떤 의미인지 드러냈다. 이제는 니벨까지도 뫼즈강 우안 전체에서 철수하는 것을 고려했다. 독일군 측에서는 다시 진격하기 위해 보 요새가 제거되기만을 오래도록 기다려 왔다.

폰 크노벨스도르프의 당면 목표는 베르됭으로 가는 길을 막고 있는 마지막 강력한 방어 거점인 수빌 요새의 측면 진지를 확보하는 것이었다. 그렇게 하면 요새 중앙부를 강타해 요새를 점령할 수 있으리라고 보았다. 그러나 날씨가 독일의 새로운 공격을 전혀 도와주지 않았다. 마치 하늘이 레날과 용감한 병사들을 애도하듯이 보 요새가 함락된 후 며칠 동안 계속해서 비가 내렸다. 왼쪽으로는 타반 요새를 향해 전진하려 했으나 결과는 실망스러웠다. 점령한 지역으로 보자면 우측의 성과도 그다지 고무적이지 못했다. 우측의 목표는 티오몽 보루라고 부른 요새화된 진지였다. 큰 벙커와 작은 요새의 중간쯤 되는 티오몽 보루는 대포는 갖추지 못했지만 특유의 전망 좋은 위치 때문에 중요했다. 티오몽 보루는 두 능선이 가로지르는 지리적 교차점에 있었다. (지금은 거대한 두오몽 납골당이 있는 곳에서 가깝다.) 한 능선은 두오몽에서 남서쪽으로 프루아드테르로 이어지고, 다른 능선은 남동쪽으로 플뢰리 마을과 수빌 요새를 지난다. 누구든 티오몽을 장악하는 쪽이 수빌로 이어지는 접근로의 주인이었고, 이후 두 달 동안 티오몽은 사실상 베르됭 전투의 핵심이 된다. 6월 8일, 독일군이 티오몽 보루를 점령했으나 거의 즉시 프랑스군이 탈환했고, 양쪽 모두 심각한 손실을 입었다. 여름이 지나는 동안 티오몽 보루는 주인이 열네 번이나 바뀌었는데, 이는 점점 격렬해지는 전투의 양상을 보여주는 것이었다. 프랑스군은 점점 더 궁지에 몰렸다. 독일군은 오래전에 약속된 승리를 손에 쥘 것만 같았고 매번 이번이 분명 마지막 공격이 될 것이라 생각했다.

티오몽을 차지하려는 전투 초기에 프랑스군의 위대한 제1차 세계대전 전설 가운데 하나가 될 일이 일어났다. 바로 '총검의 참호(Tranchée de Baïonnette)'이다. 티오몽 보루 북쪽 바로 아래쪽에 붙은 라빈들라담(Ravine de la Dame, 성모 마리아 계곡)은 전통적으로 프랑스에서 가장 강인한 전사들의 고향으로 알려진 방데 도 출신의 2개 연대가 지켰다. 연대 장교 중에는 몇 년 뒤 프랑스 육군 원수가 되는 장 드 라트르 드 타시니(Jean de Lattre de Tassigny)가 있었다. (당시 그는 제93보병연대 대위였다.) 제137보병연대 제3중대는 계곡의 북서쪽 사면에서 참호선을 지키고 있었다. 독일군 포대에서 잘 관측되는 곳이었기에 전술적으로 잘못 선택한 위치였다. 6월 10일 밤에서 이튿날까지 내내, 그 연대에는 독일군 210밀리미터 포탄이 빗발쳤다. 11일 저녁 점호에서 제3중대에 남은 병력은 전체 164명 중 70명뿐이었고, 포격은 그날 밤 한층 더 맹렬하게 지속되었다. 제대로 날아가지 못하고 중간에 떨어진 프랑스군의 155밀리미터 포탄 때문에 분명 포격의 피해가 더 커졌을 것이다. 이튿날 아침이 되자 제137보병연대는 이제 세상에 존재하지 않았으며(연대장은 이후 자신이 본 생존자는 소위 한 명과 병사 한 명이 전부였다고 말했다), 드 라트르의 연대가 방어선에 생긴 틈을 메우기 위해 급히 투입되었다. 제3중대의 운명을 알려줄 실마리는 종전 후에 프랑스 조사 팀이 전장을 살펴 찾아냈다. 제3중대가 지키던 참호는 흙으로 완전히 덮여 있었으나 일부에서 일정한 간격을 두고 녹슬고 구부러진 총구에 여전히 총검이 꽂힌 상태로 소총이 튀어나와 있었다. 발굴해보니 각각의 소총 밑에서 시신이 발견되었다. 여기에 인근에서 싸운 부대의 생존자들이 한 증언이 더해져, 제3중대가 참호를 버리는 대신 적의 공격을 격퇴할 준비를 하고 참호 흉벽에 소총을 거치한 상태에서 독일군의 포격에 마지막 한 사람까지 생매장된 것으로 추정되었다.

'총검의 참호' 이야기는 세상에 전해져 사람들의 상상력을 사로잡았고, 어느 미국인 후원자는 이 일을 후세에 알리고자 참호를 칙칙

한 빛깔의 콘크리트로 둘러 성지로 만들어 보존했다. 그러나 훗날 연구에 비춰보면 실제 이야기는 다소 다를 가능성이 있다. 우선 길이가 최소한 약 28미터는 되는 참호 전 구간이 동시에 폭발한 포탄들에 의해 그 안에 있던 병사들 위까지 흙으로 메워졌고, 단 한 명의 병사도—일부 전우들의 운명을 목격했을 텐데—생매장을 피할 수 없었다고 믿는 것은 하나의 가능성을 극단적으로 부풀린 것이다. 훨씬 더 그럴 듯한 설명은 이렇다. 제3중대 병사들은 실제로 참호에서 사망했을 것이다. 진격하던 독일군이 시신으로 가득한 참호를 발견하고는 전사한 프랑스군 병사들을 누워 있는 곳에 그대로 묻고 각각의 시신 위에 십자가 대신 소총을 꽂았을 것이다. 그러나 '총검의 참호' 이야기의 진실이 무엇이든 간에 방데 병사들이 보여준 용맹의 가치를 훼손하지는 못한다. 정황으로 보나 진실을 말해줄 생존자가 한 명도 없다는 사실로 보나 '총검의 참호'는 1916년 6월 베르됭에서 벌어진 전투가 차원이 다르게 격렬했음을 증명한다.

이렇게 전투가 격렬해지면서 니벨과 페탱은 군의 사기가 떨어지고 있음을 보여주는 증거를 날마다 보고받으며 점점 더 큰 걱정에 사로잡혔다. 조프르가 솜강 공세를 위해 신병들을 고집스럽게 붙들고 있었던 탓에, 페탱의 노리아 체제의 유익한 효과가 모두 사라지고 있었다. 6월의 전투에 어쩔 수 없이 전선에 더 오래 머물러야 했던 사단들은 교전할 때마다 평균 4천 명을 잃었다. 베르됭 특유의 참상을 두 번째, 심지어 세 번째로 겪은 부대도 많았다.

베르됭의 병사들이 견뎌야 했던 온갖 고초에 이제 갈증이 일상적인 고통으로 추가되었다. 6월 중순 플뢰리에서 방어선을 지키던 여단이 겪은 일이 전형적인 경우이다. 물을 가져오려는 첫 번째 시도는 독일군의 포격에 물통과 짐마차가 박살 나면서 무산되었다. 여단 병사들은 타들어 가는 듯한 뜨거운 열기 속에서 이틀 더 물을 마시지 못했다. 결국 약 1.6킬로미터 이상 떨어진 라포르슈에서 물을 가져오는 임무에 2백 명을 투입했다. 갈증 때문에 미칠 것 같았던 병사들은 식수원에 도착하자 명령은 물론이고 독일군의 포격도 까맣게 잊은 채 정신없이 물 쟁탈전을 벌였다. 병사들은 갈증을 해소한 뒤 남은 물을 전우에게 가져다주려고 양동이에 담아 출발했지만 돌아오던 중에 포격을 받아 물을 대부분 쏟고 말았다. 여단은 하루 더 갈증에 시달렸다. 몸 상태는 점점 더 나빠져 인간이 버틸 수 있는 한계를 넘어섰다. 게다가 몇 달 동안 소소한 승리조차 없이 재앙만 떠안은 채 계속 퇴각만 한 것의 심리적 영향이 서서히 나타났다. 제2군은 두오몽 요새를 겨냥한 반격이 실패하면서 받은 실망감을 극복하자마자 보 요새를 빼앗겼다. 이제 독일군은 과거 어느 때보다 더 강력한 포대의 지원을 받아 다시 사납게 전진하고 있었다. 이 상황이 어떻게 끝날지 누가 알겠는가?

파리에서는 푸앵카레 대통령이 패배주의적인 〈르보네루즈〉가 여느 때보다 활발하게 움직이는 데 주목했다. 전선에서는 서른 살의 미술사가 마르크 보아송 중사의 편지가 병사들의 감정을 정확히 대변했다. 가톨릭으로 개종한 유대인인 보아송은 전쟁이 일어났을 때 '전사의 애국심'과 적국을 향한 강한 증오심에 불타 기꺼이 참전했다. 그러나 베르됭이 모든 것을 바꿔놓았다. 7월 4일, 두오몽 근처에 있던 보아송은 아내에게 보낸 편지에 이렇게 썼다.

이제 우리는 무엇이 승리인지, 어떤 형태든 평화를 가져와 최소한 국민을 구하는 것이 승리는 아닌지 자문하오. 2월 21일 프랑스의 피가 흐르는 동맥이 끊어졌고, 피가 끝없이 쏟아지고 있소.

한때 군국주의자였던 보아송은 며칠 뒤 비전투 부대로 전속되어 더없는 기쁨을 느꼈고 이를 아내에게 설명했다. (그 덕에 그의 삶은 2년 가까이 연장되었다.) 편지 뒷부분에서 그는 베르됭에서 모든 병사가 겪는 심리적 탈진을 지적한다.

나는 많이 변했소. 이 전쟁이 내 안에 심어준 무서운 피로감을 당신에게 조금도 말하고 싶지 않지만 당신이 그렇게 하도록 만드는군요. 나는 짓이겨진 것 같소. …… 나는 완전히 무너진 사람이오.

사기가 추락하고 있었다. 제2군에 파견된 총사령부의 연락 장교는 편안한 참모 숙소에서 두오몽의 대실패에 뒤이은 '몇몇 규율 위반 행위'를 보고하면서 이렇게 적었다.

제140연대 병사 약 50명이 참호 복귀를 거부했다. 이 병사들의 태도를 여단장에 이르기까지 모든 장교가 용서했다. 그들은 군법회의에 불려 나왔지만 저지른 범죄에 비해 미미한 형벌을 선고받았다.
제21사단, 특히 제64연대에서는 부대를 베르됭이라는 도살장으로 돌려보내는 데 항의하는 움직임이 나타났다.
마찬가지로 제7군단에서도 연좌 농성에 관한 소문이 퍼지고 있다.

이것은 정확히 1년 후에 엄청난 규모로 프랑스군에 닥칠 일을 미리 보여준 경고였다. 역사가 루이 마들랭(Louis Madelin)이 생생하게 묘사한 이 '깊은 슬픔을 부른 위기'에 대처하고자 니벨은 모든 장교에게 최고로 단호한 조치를 취하라고 명령하면서 진부한 훈계를 되풀이했다. "굴복하지 말라, 한 걸음도 물러서지 말라, 있는 자리에서 죽어

라." 이러한 조치들은 곧 자의적이고 비극적인 형태로 적용되었다.

보 요새가 함락된 후, 티오몽 보루의 오른쪽 지역은 부아예 장군이 지휘하는 제52사단이 지켰다. 6월 7일 밤에 제52사단의 전위 연대들은 '총검의 참호'에 쏟아진 것과 똑같은 살인적인 포격을 받았다. 다음 날 아침 독일군 공격 부대가 움직였을 때, 제219연대의 한 대대는 지휘관이 전사하자 거의 전원이 항복했다. 그 옆에 있던 제347연대는 포격에 훨씬 더 심한 타격을 입었고(흔히 그렇듯이 이 포격에는 프랑스군 155밀리미터 포탄이 상당수 포함되었다) 공격이 시작되기도 전에 장교 여섯 명에 병사 약 350명 규모로 줄었다. 그래도 이 연대는 자기 위치를 지켰다. 그날 늦게 에르뒤앵이라는 소위는 약 35명으로 줄어든 자신의 중대가 포위될 상황에 놓이자 철수 명령을 내려 니벨의 지시를 위반했다. 에르뒤앵의 명령은 연쇄 반응을 일으킨 듯하다. 제347연대의 일부가 탈주했으며 그들 중 몇은 베르됭 근처에 다다를 때까지 계속 내달렸다. 두 연대의 이탈로 방어선 중앙에 일시적으로 위험한 틈이 벌어졌다. 니벨의 질책이 뒤따랐고, 부아예 장군은 에르뒤앵과 다른 젊은 소위 밀로드를 비겁했다는 이유로 재판 없이 총살하라고 명령했다. 두 장교의 소대원들은 눈물을 머금고 형을 집행했다. 에르뒤앵의 죽음에 관한 공식 설명에 따르면 그는 "총살 집행반에 발사를 명령하는 은혜"를 받았다. 전하는 바에 따르면 에르뒤앵의 마지막 말은 이랬다고 한다.

병사들이여! 그대들은 나를 총살할 것이다. 나는 겁쟁이가 아니며 나의 동료도 겁쟁이가 아니다. 그렇지만 우리는 진지를 포기했다. 우리는 끝까지, 죽을 때까지 그곳에 머물러야 했다. 그대들이 같은 상황에 처하거든 후퇴하지 말라. …… 끝까지 남아 있으라. …… 자, 이제 심장 한 가운데를 잘 겨냥하라! 조준! 사격.

왠지 사실처럼 들리지는 않는다.

두 소위의 이야기는 전쟁이 끝난 뒤에야 일반에 공개되었고 강력한 항의를 불러왔다. 처벌에 문제가 있어 보였다. 연대에서 에르뒈앵과 밀로드는 둘 다 포격을 당하는 상황에서, 과거에도 그리고 문제가 된 그때도 용감한 태도로 주목을 받은 이들이었다. 또 제347연대의 와해에는 다른 사람들도 그들만큼 책임이 있을 수 있었다. 처형이 집행되고 며칠 지난 후, 조프르는 불명예를 안은 제347연대와 제291연대를 즉각 '해체'하고 연대의 깃발을 병참부로 회수하라고 명령했다. 베르됭에 최고의 위기가 다가오고 있을 때, 프랑스는 동요하는 자들을 그렇게 가혹하게 처벌했다.

3월과 4월에 베르됭에서 싸운 어느 프랑스군 중대장은 와브르의 조용한 구역에서 6월의 사건들을 지켜보면서 베르됭이 곧 함락되리라고 극도로 우울하게 결론 내렸다. 더 나쁜 것은 "프랑스군이 무능하고 지쳤음을 인정해야 했다"는 것이다. 여전히 전장에서 먼 바르르뒤크의 집단군 사령부에 있던 페탱도 제2군에 널리 퍼진 우울한 분위기에 영향을 받았다. 거의 신비로울 정도로 놀랍고 때로는 지나치게 민감한 직관을 지닌 페탱은 베르됭의 병사들이 어떤 고초를 겪고 있는지, 그들의 사기가 일촉즉발의 위기로 치달을 수 있는 상황인 것도 누구보다 잘 이해했다. 페탱이 보기에 물질적인 조건에서도 상황은 절망적일 정도로 위험했다. 5월과 6월 초에 큰 희생을 치르게 만든 니벨의 반격 때문에 사단들은 이전에 허용된 대로 이틀에 하루의 비율이 아니라 사흘에 이틀 비율로 투입되고 있었다. 더 심각한 문제는 가장 중요했던 포병대의 상태였다. 대포는 적군의 대포병 포격으로 계속 파괴되었을 뿐만 아니라 천문학적으로 많은 포탄을 발사하면서 아직 교체할 수 없는데도 벌써 닳아서 못 쓰게 되었다. 반면에 독일군은 끝없이 교체 병력을 공급받는 것 같았다. 페탱은 6월 11일 조프르에게 보낸 편지에 한 달 전보다 중포가 많이 줄었으며 "포대의 관점에서 보면 우리는 2대 1의 열세로 싸우고 있다."고 썼다. 게다가 매번 후퇴할 때마다 프랑스군 포대는 결정적으로 관측 지점이 부족해졌다. 이는 프랑스군 보병이 아군 대포의 포격을 자주 받아 사기가 낮아지는 주된 원인 중 하나였다. 뵐케의 비행대가 잠시 등장했을 때는 독일군이 공중에서도 우위를 차지할지 모른다는 우려의 목소리가 나오기도 했다.

조프르가 교활하게 진급시켜 올려놓은 지위에 있으면서 페탱은 자신이 니벨과 조프르 사이에 끼어 곤란한 상황에 처했음을 깨달았다. 두 사람 다 터무니없이 자신만만했고 베르됭의 심각한 상황을 무시하거나 못 본 체했다. 한편에서는 니벨이 헛된 반격으로 군대의 중추를 마멸시키면서 내내 더 많은 병력을 요구하고 있었다. 다른 한편에서는 조프르가 한 달 넘게 페탱의 새로운 보충 병력 요청을 고집스럽게 거부하면서 나아가 그의 귀중한 중포를 일부 빼내고 있었다. 조프르는 조만간 솜강에서 전개할 전면적인 공세에만 몰두해 있었다. 니벨과 조프르 사이에 팽팽한 긴장이 감돌았다. 한편 페탱은 전투 초기에 자신도 뫼즈강 우안을 버리고 베르됭 배후에서 싸우기를 원했고 니벨까지도 철수의 필요성을 거론했지만, 프랑스군의 사기를 확실하게 파악했던 터라 **이제 와서** 베르됭을 포기한다는 것은 상상도 할 수 없음을 알았다. 때로 용감한 사람은 고문을 받으면서, 이미 너무 심한 고통을 견뎌 왔기 때문에 죽지는 않더라도 영원히 불구로 살아야 한다는 것을 알면서도 굴복하지 않고 끝까지 가야 한다고 생각하는 지점에 다다른다. 2월이나 3월이었다면, 어쩌면 4월이나 5월이기만 했어도 프랑스는 베르됭을 넘겨줄 수 있었을 것이다. 그러나 이제는 베르됭 방어에 너무 많은 것을 쏟아부었다. 너무 많은 피를 흘렸다. 6월에 베르됭이 함락된다면 국민의 사기는 완전히 무너질 것이었다. 페탱은 6월 11일 조프르에게 이렇게 썼다.

베르됭은 위협받고 있지만 무너져서는 안 됩니다. 독일군이 이 도시를 점령하면, 이는 그들에게 더없이 귀중한 성공이 될 것입니다. 그들의 사기는 크게 높아지고 상대적으로 우리의 사기는 크게 떨어질 것입니다. 영국군이 전술적으로 아무리 크게 성공한다고 해도 국민 정서의 관점에서 볼 때 그 성공은 이 도시의 상실을 보상하지 못할 것이며, 지금 국민 정서를 무시하는 것은 현명치 못한 일이 될 것입니다.

조프르와 니벨 사이에 끼어 크게 실망하고 무기력했던 페탱은 서서히 피로의 징후를 드러냈다. 숨길 수 없는 틱은 더욱 심해졌고, 측근들은 이때부터 그의 견해가 눈에 띄게 변했음을 알아차렸다. 한 세대와 하나의 전쟁이 지난 후에 패배주의로 불리게 되는 치명적인 비관론이 시작되었다. 5월 초에 304고지를 빼앗긴 뒤 페탱은 조프르에게 보낸 편지에서 이미 두려움을 드러냈다. "연합군이 개입하지 않는다면 우리는 결국 패배할 것입니다." 동맹국 영국에 대한 깊은 반감이 페탱에게 스며들기 시작했다. 그때 이후로 그 반감은 페탱을 떠나지 않았다. 프랑스가 베르됭의 제단에서 피를 흘리며 죽을 지경인데, 영국은 넉 달 동안 아무것도 하지 않고 지켜보고만 있다! 프랑스군 내부에 이러한 비난이 널리 퍼졌는데(보아송 중사는 이렇게 소리쳤다.

"저 카키색의 비열한 인간들!"), 여기에는 당연히 독일군의 선전도 영향을 끼쳤다.* 페탱은 조프르에게 솜강 공세 일정을 앞당기도록 영국원정군의 헤이그를 설득하라고 거듭 촉구했다.

6월에 〈짐플리치시무스〉는 조프르가 벼랑 끝에 튀어나온 나무에 가까스로 매달려 있는데 독일군 병사가 도끼로 나무를 잘라내려고 하는 그림을 만평으로 실었다. 제목은 이랬다. "상황을 보면 불안할 이유가 없다." 그러나 조프르를 지탱하고 있는 나무는 이제 다른 쪽에서도 공격을 받았다. 파리의 제3공화정 의원들은 거의 독재자처럼 권력을 행사한 조프르와 총사령부의 위세에 눌려 오랫동안 침묵했으나 이제 베르됭에 관하여 페탱이 느끼는 불안을 완전히 공유하면서 강력하게 불만을 표출했다.

프랑스에서는 대체로 부자연스러워 보였던 휴전에 따라('신성한 동맹') 대전 발발 이후 여러 정당 사이에 정치적 평화가 유지되었다. 1916년 6월 16일, 야당들이 정부에 첫 번째 전시 비밀 회기를 시작하라고 압박했을 때 휴전은 사실상 종료되었다. 주제는 베르됭이었다. 당연히 '아나스타지', 즉 검열관이 이 사실을 국민이 알지 못하도록 감추었다. 논쟁을 시작한 이는 중사로 복무한 의원 앙드레 마지노(André Maginot)였다. 180센티미터를 넘는 키에 체격이 당당한 마지노는 전쟁 초기 베르됭에서 부상을 당해 지팡이에 의지했다. 마지노는 베르됭을 알았고 드리앙 중령도 알고 있었다. 자신의 선거구 출신

---

* 물론 페탱도 그의 병사들도 비군사적인 영국이 아무 기반도 없는 상태에서 20세기의 전쟁 기구를 구축할 때 직면한 엄청난 어려움을 짐작할 수 없었다. 영국은 이미 자국 역사상 유례없는 어마어마한 노력을 기울여 원래 6개 사단뿐이었던 영국원정군을(1914년 몽스에서 퇴각할 때 사실상 거의 전멸했다) 42개 사단으로 늘렸다. 그러나 심한 시련을 겪던 베르됭의 병사들은 이 부대를 전혀 볼 수 없었다.(저자 주)

병사들이 드리앙과 함께 진군했던 것이다. 마지노는 주저하듯 입을 열었다. "지금까지 우리 모두 침묵을 지켰다는 사실이 정말 놀랍습니다."

그런 뒤에 마지노는 프랑스군 총사령부를 가차 없이 공격하는 대열을 올렸다. 그는 베르됭에서 독일군이 프랑스군보다 두 배 더 많이 사망했다고 주장하는 총사령부의 낙관론을 독일군이 밝힌 실제 사상자 수를 인용하며 비난했다. 프랑스군의 손실이 독일군의 손실보다 작지 않다는 마지노의 결론은(실제로는 훨씬 더 컸다) 하원에서 파란을 일으켰다. 마지노는 드리앙이 원인을 제공한 1915년 12월의 갈리에니-조프르 서신을 제시하며 베르됭은 "총사령부의 조심성 부족과 역량 부족을 보여주는 증거"라고 힘주어 이야기했다.

모리스 비올레트(Maurice Violette)라는 하원 의원은 구로 장군의 주장을 인용했다. 니벨이 두오몽을 공격하던 날 중포가 부족한 탓에 뫼즈강 우안에만 프랑스군의 포탄이 닿지 않는 곳에 독일군 포병 중대가 60개나 되었다는 것이다. 그는 이렇게 덧붙였다. "특히 그 장군은 18개월 동안 매순간 아무런 소득도 없이 용광로 속으로 내던져졌다고 느꼈습니다."

갈리에니의 후임으로 육군장관이 된 로크* 장군과 총리 브리앙은 총사령부가 베르됭에서 보인 행태를 최소한으로만 변호했다. 브리앙은 조프르가 2월에 기습을 당한 것은 독일군이 '여느 때와 달리' 돌격 개시용 참호를 파지 않고 공격했기 때문이라고 퉁명스럽게 말했다. 로크가 몇몇 장군에 대해 '징계 조치'가 필요하다고 말하자 이름을 대라는 아우성이 쏟아졌다. 하원은 뒤숭숭했고 불만을 쏟아냈으며, 한

피에르 오귀스트 로크(Pierre Auguste Roques, 1856~1920) 1916년 3월 16일에서 12월 12일까지 프랑스 육군장관을 맡았다.

동안 정부가 거의 무너진 것 같았다. 그러나 6월 22일 비밀 회기가 끝났을 때, 교묘한 정치적 책략을 써서 정부는 살아남을 수 있었다. 마지노는 설득을 당해 불신임 발의를 철회했지만 발의안을 기록 보관소에 보존해야 한다고 강력히 주장했다. 의사 일정에서 총사령관에 대한 특별한 존경 표시는 군사령관들에 대한 '집단적 존경 표시'로 대체되었다. 하원은 '파파' 조프르의 관에 첫 번째 못을 때려 박았다.

6월 8일, 조프르는 총리 브리앙의 런던 방문에 동행하고자 샹티이를 떠났다. 조프르가 자리를 비운 사이에 페탱이 총사령부로 전화를 걸어 왔다. 쉽게 상상할 수 있듯이 페탱은 보 요새의 함락과 이어진 독일의 공격 소식 그리고 제291연대와 제347연대의 해체가 불러올 파멸적인 영향을 생각하며 마음이 몹시 어지러웠다. 나중에 조프르가 전하는 바에 따르면 페탱은 전화로 "격한 감정을 토로했다." 그에 따르면 페탱은 "한 번 더 모든 사람을 을러댔다." 그리고 대포를 독일군에 빼앗기기 전에 뫼즈강 우안에서 즉시 철수하라고 위협했다. 조프르는 총사령부로 돌아오자마자 특유의 압도적인, 흔들림 없는 평정심으로 재빨리 모든 불안을 가라앉혔다. 조프르에 따르면 페탱은 과장했고 실제로 걱정할 일은 전혀 없었다. 그러나 조프르는 자신의 판단이 나무랄 데 없이 완벽하다는 걸 입증하기 위해 다음과 같이 했다.

그래서 나는 다음 날 아침 드 카스텔노 장군을 베르됭에 보내 페탱이 상황을 어떻게 판단하는지 들어보기로 결정했다. 드 카스텔노는 6월 13일에서 14일로 넘어가는 밤에 베르됭의 형세가 매우 유망하다는 인상을 들고 총사령부로 돌아왔다.

조프르는 오랜 시간이 지난 후 우쭐해하며 쓴 회고록에서 아주 솔직하지는 않았다. 우선 페탱의 비관론이 강력하기는 했지만 그때 그가 뫼즈강 우안에서 갑작스럽게 철수할 것을 진지하게 생각했다는 것은 사실이 아니다. 이는 앞서 언급한, 6월 11일 페탱이 조프르에게 보낸 편지에 명백히 드러나 있다.

게다가 페탱은 베르됭에 닥친 위협을 과장하지 않았다. 영리하고 통찰력 있는 드 카스텔노까지도 분명히 걱정스러운 마음에 헤이그와 포슈에게 전화를 걸어 솜강 공세를 개시하라고 간곡히 요청했다. 조프르도 후세에는 당황하지 않은 것처럼 비치기를 원했겠지만 당시는 그보다 더 애가 탔을지도 모른다. 6월 12일 일일 명령에 보이는 간절한 어조가 이를 암시한다.

베르됭의 병사들이여! …… 한 번 더 그대들의 용기와 열의, 희생정신, 애국심에 호소한다.

6월 8일에서 12일까지는 정말로 2월 25일 이래 프랑스에 가장 위험한 시기였을지도 모른다. 12일이면 니벨의 수중에 남은 예비 병력은 새로 편성된 여단 하나뿐이었고, 독일군의 힘이 소진되었다는 징후도 없었다. 독일군은 그때 공격했다면 거의 확실히 베르됭까지 돌파할 수 있었을 것이다. 실제로 그들은 거의 성공하기 직전이었다. 그러나 드 카스텔노가 베르됭에 도착해서 모든 것의 전망이 '밝다'고 판단했을 때, 독일군은 최종적인 성공을 거두기 직전에 알 수 없는 이유로 공세를 중단했다. 조프르는 자신의 선견지명 덕이라고 주장하고 싶겠지만, 독일군의 공격이 수그러든 이유는 조프르뿐만 아니라 프랑스군의 다른 어떤 지휘관과도 무관했다. 그때 베르됭이 구원받은 것은 멀리 유럽 전장의 다른 쪽 끝에서 발생한 사건 때문이었다. 그 사건에 대해서 프랑스는 간접적으로나마 에리히 폰 팔켄하인에게 감사해야 했다.

23장

동부전선이라는 변수

아킬레우스: 파트로클로스, 나는 누구하고도 말하지 않겠다.
— 셰익스피어, 《트로일러스와 크레시다》

팔켄하인의 '말려 죽이기' 실험에 내재한 몇 가지 오류가 2월에 황태자군이 승리를 거두는 데 짐이 되었다. 그 오류들로 인해 뫼즈강 양안을 동시에 공격하는 데 실패했고, 결정적인 순간에 예비 부대의 투입이 보류되었다. 그 다음에도 공세를 지속하려 할 때마다 팔켄하인은 끝없이 망설였다. 우유부단함은 팔켄하인의 성격에서 치명적인 결함이었다. 마찬가지로 그의 거만함과 비밀주의도 흠이었다. 이제 그의 결점들은 1916년 서부전선에서 독일이 승리할 수 있는 마지막 기회를 전혀 예기치 못한 방식으로 앗아가게 된다.

팔켄하인은 그해 초 '심판 작전'을 계획하던 중에 이례적인 실수를 저질렀다. 자신과 대등한 위치에 있는 동맹국의 협력자, 즉 오스트리아 총사령관 콘라트 폰 회첸도르프 원수에게 베르됭을 공격하려는 자신의 의사를 알리지 않은 것이다. 제1차 세계대전에서 동맹국을 패배로 이끈 원인으로는 여러 가지를 들 수 있지만, 단 하나만 고르라면 독일과 오스트리아 사이에 협력과 조정이 터무니없이 부족했던 것을 꼽을 수 있다. 이보다 더 강력한 원인은 없을 것이다. '최고 지도자(Supremo)'도 없고 합동참모회의도 없었다. 두 상급 협력자 사이에 최소한의 연락만 있었을 뿐이다. 이것은 제2차 세계대전에서 아이젠하워가 수행한 관리자 역할을 기억하는 세대는 이해할 수 없는 일이며, 제1차 세계대전을 기준으로 보더라도 다툼이 잦았던 연합군이 조프르가―나중에 전쟁 막바지에는 포슈가―연합군 총사령관으로 있을 때 수행한 협력과도 비교된다. 이는 실제로 동맹국이 연합국에 비해 우세했던 한 가지 전략적 이점, 즉 내륙의 병참선을 충분히 활용할 수 없었음을 뜻했다.

이 모든 일은 대체로 팔켄하인과 콘라트 폰 회첸도르프의 재앙과도 같은 사적 관계에 책임이 있었다. 헤르만 폰 쿨 장군은 드물게 두 사람이 함께한 어느 모임에서 그 둘을 보고 이렇게 묘사했다. 키가 컸고 꼿꼿하게 바로 섰으며 흠 하나 찾을 수 없을 만큼 단정히 옷을 입은 팔켄하인은 어느 모로 보나 융커였다. 콘라트는 전혀 달랐다.

(콘라트는) 작고 우아했으며 체구가 거의 소녀 같았다. 흰 황제 수염을 기른 잘생긴 얼굴은 입술과 눈꺼풀에 이는 신경성 경련 때문에 씰룩거렸다. 그의 군복은 치장이 아니라 의복이었다. 웃옷에는 훈장 하나 다는 일도 드물었다. 실제로 그는 행사에서 종종 훈장 다는 것을 잊었다. 수천 명을 움직이는 결정을 내리는 이 두 사람은 그렇게 함께 섰다. 한

제1차 세계대전 당시 독일의 동맹국이었던 오스트리아-헝가리제국의 콘라트 폰 회첸도르프 총사령관.

사람은 진정 군인다웠고, 다른 한 사람은 더 철저히 교육받은 군인이었
다. 한 사람에게는 초급 장교 시절의 건강함이 많이 남아 있었고, 다른
사람에게는 정신적 고투가 남긴 과민한 분위기가 남아 있었다.

두 사람은 북부 독일 사람과 남부 독일 사람의 근본적인 부조화를
보여준다. 콘라트는 그 시대의 전형적인 오스트리아 귀족이었다. 그
는 1866년 자도바(쾨니히그레츠) 전투 당시 열네 살이었다. 그 파멸적
인 패배의 기억, 그리고 뒤이어 유서 깊은 합스부르크제국이 신흥 강
국 프로이센에 굴욕적으로 종속된 일은 1870년이 포슈와 드 카스텔
노 세대에 그랬듯이 끝없이 가슴에 사무쳤다. 그리고 태도와 행동거
지가 거만한 팔켄하인은 늘 그 치욕을 떠올리게 했다. 언젠가 팔켄
하인은 합스부르크제국의 계승자인 카를 대공*에게 책상을 두드리며

카를 대공(Erzherzog Carl von Österreich, 1887~1922) 1916년 11월 21일부터 1918년 11월
11일까지 오스트리아-헝가리제국의 마지막 황제였던 카를 1세를 가리킨다.

고함을 질렀다. 닫힌 문 밖으로 이런 말이 들렸다. 참으로 그다운 일이었다.

전하는 대체 무슨 생각을 하고 계시는 겁니까? 지금 전하 앞에 있는 이 사람이 누구인지 아십니까? 나는 경험 많은 프로이센 장군입니다!

이런 태도가 과민한 협력자에게서 성과를 얻어내는 최선의 방법은 아니었을 것이다. 팔켄하인의 측근조차도 오스트리아 사령관들에게 좀더 외교적인 태도를 취하라고 이따금 경고했지만 팔켄하인은 이렇게 답할 뿐이었다. "오스트리아인들을 압도하려면 강경하게 나가야 해." 설상가상으로 그가 취한 '강경함'에는 현재 오스트리아의 군사적 역량에 대한 자신의 견해를 조금도 숨기려 하지 않는 것까지 포함되었다. 팔켄하인은 훗날 독일 제3제국 국방군 지도자들이 동맹국인 이탈리아와 루마니아를 경멸했던 것과 대체로 비슷하게 오스트리아를 경멸했다. 팔켄하인이 임명된 지 몇 달 후 콘라트는 그가 내뱉은ㅡ또다시 카를 대공이 있는 자리에서ㅡ참기 어려운 모욕에 대해 일기에 적었다. 팔켄하인이 한 발언의 취지는 이러했다. "우리 군대는 지리멸렬했다. …… 우리는 아무것도 이루지 못했다. 우리 군대는 전진하지 못했다."

팔켄하인의 발언에 상당한 진실이 들어 있었음은 부정할 수 없다. 오스트리아-헝가리제국이 그 전쟁에서 거둔 유일한 성공은 작고 보잘것없는 몬테네그로를 제거한 것이었다. 그나마도 의심스러운 승리였다. 러시아군과 대결했을 때, 여러 종족이 뒤섞인 그 제국의 열의 없는 군대는ㅡ47퍼센트는 슬라브족, 즉 체코인과 슬로바키아인, 폴란드인, 슬로베니아인, 크로아티아인이었고 18퍼센트는 마자르인이었다. ─ 파도에 휩쓸린 모래성처럼 무너졌다. 독일군은 동부전선에 거듭 지원군을 보내야 했다. 이 모든 것이 특히 콘라트에겐 견딜 수 없는 일이었다. 그는 실제로 팔켄하인보다 훨씬 뛰어난 장군이자 전략가였다. 콘라트는 양쪽 군대를 통틀어 가장 탁월한 축에 드는 인물로서 제1차 세계대전에서는 지휘관이 그의 명령을 받는 부대보다 실제로 더 나은 유일한 사례였다. (또한 콘라트 폰 회첸도르프는 조프르나 팔켄하인보다 더 오래 버텼다. 그의 재임 기간은 31개월이었지만 조프르와 팔켄하인은 각각 28개월 보름과 23개월 보름이었다.) 마지막으로, 그러나 결코 무시할 수 없는 것은, 루덴도르프가 경솔하게도 오스트리아는 당연히 "이 전쟁에서 독일이 받아야 할 승리의 상품"이 되어야 한다고 선언하기 한참 전에, 콘라트는 형님 국가의 정치적 의도를 잘 알았으며 일찍이 전쟁이 시작되고 7개월째 되던 때에 독일을 "우리의 숨은 적"이라고 말했다.

콘라트는 약자의 위치였지만 팔켄하인에게 반격할 방법을 찾아냈다. 둘이 드물게 만날 때면 콘라트는 팔켄하인의 뛰어난 말솜씨에 결코 맞서려 하지 않았다. 대신 무뚝뚝하게 침묵함으로써 팔켄하인에게 그의 견해가 우세하다는 거짓 인상을 심어주었다. 나중에야 팔켄하인은 편지로든 행동으로든 콘라트가 전혀 생각을 바꾸지 않았음을 알고 격노한다. 1914년 11월 팔켄하인이 임명된 직후 독일군과 오스트리아군의 참모본부 연락 장교들은 두 총사령관의 첫 번째 만남을 준비하려 했다. 그러나 비참할 정도로 요령이 부족했던 팔켄하인은 콘라트가 베를린으로 와서 자신을 만나야 한다고 고집을 부렸다. 콘라트는 계급이 겨우 중령인 부관을 보내는 것으로 응수했다. 바로 그 가을에 순전히 합리적인 행정적 이유로 콘라트는 러시아 전선에 막 도착한 독일군 제9군을 오스트리아군이 지휘해야 한다고 요구했다. 팔켄하인은 그 전선에서 자신의 통제권이 축소되는 것을 용인할 생각이 없었기에 이를 거부했다. 얼마 후 콘라트는 양국 군대의 협력이 부족해 바르샤바 공세가 저지된 후 오스트리아군 제1군을 힌덴부르크 휘하에 두자는, 독일군의 합당한 요청을 거부함으로써 보복했다.

이 모든 일은 거의 믿을 수 없을 정도로 유치하고 옹졸해 보인다. 물론 당시 영국 총리 로이드 조지와 원정군 사령관 헤이그를 떠올리기만 해도 팔켄하인과 콘라트의 관계가 제1차 세계대전에서 결코 예외적인 경우가 아니었음을 알 수 있다. 이러한 개인적 적대감만 보아도 이 두 군사령관이 전쟁 수행에서 의견이 전혀 일치하지 않았다는 사실은 결코 놀랍지 않을 것이다. 그러나 적대감과 별개로 두 사람은 전략적 태도에서도 날카롭게 충돌했다. 팔켄하인은 "모든 일에 안전"을 기하려는 방침 때문에 어디서든 궤멸적 공세를 배제했지만, 앞서 언급했듯이 본질적으로 '서부전선론자'였다. 반면 콘라트는 부분적으로는 오스트리아인 기질에 영향을 받아 '동부전선론자'였고 어느 정도는 폰 슐리펜 이론의 신봉자인 까닭에 동맹국이 승리하려면 적을 일시에 집중적으로 공격해야 한다고 믿었다. 콘라트는 러시아를 박살 낼 때까지는 프랑스에서 방어 태세를 취하기를 바란 힌덴부르크와 루덴도르프에 원칙적으로 동의했지만, 동시에 연이어 소규모 타격을 가해 세르비아와 몬테네그로, 이탈리아 같은 연합군의 약한 나라들을 신속히 처리해야 한다고 생각했다. 그러면 오스트리아 군대 전체를 러시아에 맞서는 데 돌릴 수 있으리라고 보았던 것이다. 동부전선에서 가장 큰 성과를 거둘 수 있다는 콘라트의 믿음은 1915년 5월 고를리체 공세에서 거둔 엄청난 성공으로 사실상 입증되었다. 제1차 세계대전 전체에서 고를리체 공세보다 더 큰 물질적 성과를 얻은 전투는 없었다. 150만 명을 포로로 잡았으며 대포 2,600문을 노획했고 430킬로미터를 전진했다. (베르됭에서 다섯 달 동안 거둔 성과는 포로 6만 5천 명에 대포 250문, 그리고 10킬로미터 전진이었다.) 고를리체 공세는 원래 콘라트의 발상이었는데, 공세가 성공했을 때 팔켄하인이 자신의 공을 주장해 콘라트를 격노하게 만들었다.

팔켄하인과 콘라트의 관계에서 마지막 치명적인 균열은 1915년 말에 나타났다. 팔켄하인은 1914년 이래로 오스트리아군이 — 다수는 피를 나눈 동포와 싸울 뜻이 거의 없던 크로아티아인이었다. — 무능하게 맞서 싸우던 세르비아를 격퇴하기 위해 독일군 병력을 빌려주기로 동의했다. (1941년 그리스에서 독일군과 이탈리아군 사이에 비슷한 일이 있었다.) 팔켄하인은 과연 그답게 그곳의 모든 부대를 독일의 폰 마켄젠 장군이 지휘해야 한다고 주장했다. 콘라트는 저항했지만 불가리아가 팔켄하인을 지지하자 양보해야 했다. 콘라트가 전투 진행 과정에 약간의 영향력을 행사하려 했을 때는 마켄젠으로부터 오직 독일군 총사령부의 명령만 받을 수 있다는 차가운 말을 들었다.

세르비아가 점령되자마자 콘라트는 자신의 생각에 충실하게 단독으로 몬테네그로를 끝장내겠다고 선언했다. 12월 중순에 그는 팔켄하인에게 이렇게 써 보냈다. "이제 세르비아 전투가 끝났으니 제3군이 마켄젠 휘하에 있는 상황도 종결된 것으로 판단된다." 팔켄하인은 편지를 받고 즉시 이렇게 충고했다. "그러면 불가리아와 맺은 협약이 깨질 것이다." 그러나 콘라트는 팔켄하인이 항의하기 전에 이미 몬테네그로로 진격했다. 화가 나서 얼굴이 붉으락푸르락했던 팔켄하인은 "엄숙한 약속의 위반"이라고 선언하고 콘라트와 모든 사적 관계를 끊었다.

콘라트는 몬테네그로 작전을 성공리에 마친 뒤 편지를 보내 팔켄하인을 달랬으나 답신을 받지 못했다. 이 즈음에 콘라트는 1916년에 오스트리아군 16개 사단과 독일군 4개 사단을 투입해 이탈리아를 무너뜨리자고 제안했다. 공세를 위해 추가로 독일군 4개 사단과 러시아 전선에 있는 오스트리아군 교체도 요구했다. 콘라트는 거의 모욕에 가까운 냉담한 답변을 받았다. 팔켄하인의 회고록에 따르면, 그는 이탈리아는 군사적으로 중요하지 않다는 이유로 콘라트의 계획을 경멸하듯 내쳤다.* 그러는 동안 팔켄하인은 베르됭 점령 계획 때문에 분주했다. 그는 1916년 독일군의 주요 작전을 가장 중요한 협력자에게 단 한마디도 전하지 않았다. 부분적으로는 기밀 유지에 대한 강박 때문이었지만 분명코 콘라트에게 화가 났기 때문이기도 했다.

믿을 수 없는 일이었다. 콘라트는 2월에 처음으로 베르됭 공세 소식을 들었을 때 당연하게도 격분한 나머지 거의 말을 못 했다. 독일이 그를 이런 식으로 대한다면, 그도 독일과 협의하지 않고 자신의 길을 가려 했다. 콘라트는 팔켄하인의 마음을 끌기에 충분할 정도로 은밀히 이탈리아군을 단독으로 공격할 계획을 세웠다. 그는 러시아 전선에서 교체 병력 없이 오스트리아군의 5개 정예 사단을 빼내 티롤 지방에 투입했다. 그러나 콘라트에게는 불운하게도 알프스 산맥의 일기가 나빴다. 직전에 내린 눈 때문에 5월 15일까지 거의 한 달 내내 공세가 지연되었고, 결국 기습의 이점은 사라졌다. 이탈리아군은 아시아고에서 큰 손실을 입었지만 한 달 안에 콘라트의 진격을 저지했다.**

---

* 콘라트 폰 회첸도르프가 내놓은 제안의 장점은 이 이야기에서 주된 관심사가 아니지만, 독일의 뛰어난 군사 평론가 중 적어도 한 사람 즉 호프만 장군은 콘라트가 옳다고 느꼈으며 1917년이 아니라 1916년에 카포레토 전투가 있었다면 이탈리아를 쉽게 무너뜨리고 연합군에 큰 타격을 입혀 다른 전선으로 병력을 돌릴 수 있었을 것이라고 보았다.(저자 주)

그때 갑자기 그 전쟁 전체에서 최악의 재앙이 오스트리아군을 강타했다. 프랑스의 푸앵카레 대통령은 차르에게 베르됭에서 독일군의 맹공을 약화시켜 달라고 절박하게 호소했는데, 여기에 응하여 러시아의 유능한 지휘관 브루실로프 장군이 7월 4일 40개 사단으로 공격했다. 브루실로프는 갈리치아의 오스트리아군 전선에서 가장 약한 지점을 타격했다. 콘라트가 이탈리아 공세를 위해 5개 정예 사단을 빼낸 바로 그곳이었다. 공격은 아무런 경고 없이 이루어졌고, 오스트리아군 전선은 예리코성처럼 무너졌다. 수많은 보병을 돌격하는 카자크의 처분에 맡긴 채 포병대만 재빨리 이동했다. 그러나 잡다하게 구성된 오스트리아-헝가리군의 슬라브인들은 종종 대포가 다 빠져나가기도 전에 무기를 버리고 항복했다. 브루실로프 공세가 끝날 때쯤 사로잡힌 포로는 약 40만 명이었다. 브루실로프 공세는 러시아군에는 최고의 순간이었고, 그 전쟁에서 유일하게 성공한 작전으로 주역인 브루실로프의 이름과 더불어 역사에 남았다.

동쪽의 오스트리아군-독일군 전선 전체가 뚫린 것 같았다. 6월 8일 독일군이 베르됭에서 새롭게 공세를 개시한 날, 콘라트는 베를린으로 팔켄하인을 찾아가 지원을 간청했다. 이제 그의 원대한 전략이 실패한 것을 본 팔켄하인은 그 더없는 굴욕의 시간에 조금도 인정을 베풀지 않았다.

1914년 몰트케가 동프로이센을 위협하는 러시아군에 대적하고자 중요한 2개 군단을 보내 프랑스 침투를 무산시켰듯이, 이제 팔켄하인은 서부전선에서 급하게 3개 사단을 빼내 동쪽으로 보내야만 했

** 1916년 5월 15일부터 6월 10일까지 이탈리아 북동부의 도시 아시아고(Asiago)에서 벌어진 전투. 아시아고 전투 혹은 트렌티노 공세라 불린다. 제1차 세계대전 때 오스트리아-헝가리제국 군대가 이손초강의 이탈리아군을 격파하고 전쟁에서 주도권을 잡기 위해 벌인 공격으로 시작되었다.

다. 베르됭의 황태자는 공세를 잠시 중지하라는 명령을 받았다. 오랫동안 예상된 영국의 서부전선 공세가 그리 멀지 않았다는 징후가 명확했고, 이에 맞서려면 더 많은 예비 부대가 필요했다. 팔켄하인은 한 주 넘게 주저했다. 그동안 황태자는 팔켄하인에게 베르됭 공세를 완전히 포기하라고 설득할 기회를 한 차례 더 얻었다. 그러나 이번에도 황태자는 아버지와 크노벨스도르프의 반대에 좌절했다. 훗날 황태자는 당시 상황을 이렇게 기록했다. 그 시기에 관한 기억은 "그 전쟁 전체에서 가장 고통스러운 순간이었다. …… 나는 공격을 지속하는 데 단호히 반대했지만 명령을 따를 수밖에 없었다."

동부전선에 닥친 위험은 곧 덜 심각해 보이기 시작했고, 서부전선에서 영국군 포대의 조준 포격은 아직 시작되지 않았으며, 팔켄하인은 여전히 크노벨스도르프의 사람이었다. 수빌 요새를 겨냥한 공격은 6월 23일 재개하기로 결정되었다. 그렇지만 그동안 프랑스군의 위기는 지나갔다. 브루실로프 덕분에 니벨은 절망적일 정도로 부족했던 예비 부대를 보충하고 요새를 보수할 수 있었다.

24장

독가스 공격과 죽음의 카니발

지휘관이 한 번 더 해보자고 말하면 우리는 한다.
그들은 3월에, 4월에…… 7월 중순까지 그렇게 말했다. 그러고는 더 말하지 않았다.
— 아르놀트 츠바이크, 《베르됭에 앞선 교육》

그들의 마음속에는 창백한 피투성이의 죽은 전우들이
회녹색 군복을 입고 길게 줄지어 행진하는 환상이 나타났다.
그들은 물었다. 왜? 왜?
그들은 대부분 괴로운 가슴 속에서 아무런 답도 찾지 못했다.
— 제국기록보관소

수빌 요새는 뫼즈강으로 이어지는 주요 교차 능선 중 마지막에 있었다. 그 뒤로는 적군에 제대로 저항할 수 없을 것 같은 두 개의 부차적 요새를 거느린 벨빌 능선뿐이었다. 수빌에서 베르됭까지는 내내 내리막으로 약 4킬로미터가 채 못 되었으며, 요새가(페탱이 처음에 구상한 '공포의 방어선'의 일부였다) 일단 적의 수중에 떨어지면 도시가 함락되는 것은 시간 문제였다. 수빌 요새에 정면으로 접근하는 길은 연결 능선을 따라 이어졌다. 그 능선은 'H'의 가로장처럼 자리를 잡아 수빌 고지를 프루아드테르에서 두오몽으로 이어지는 고지와 연결했다. 가로장의 먼 쪽 끝에는 다툼의 대상이던 티오몽 보루가 자리 잡고 있었고(그때는 프랑스군이 차지하고 있었다), 중요한 플뢰리 마을이 가운데 걸쳐 있었다. 수빌을 공격하려면 먼저 이 두 곳을 점령해야 했다.

크노벨스도르프는 공격을 위해 그럭저럭 3만 명을 끌어 모았다. 얼마 전에 도착한 크라프트 폰 델멘징엔(Krafft von Dellmensingen) 장군의 산악부대(Alpenkorps)도 여기에 포함되었는데, 이들은 독일군 최정예 부대였다. 새로운 공격은 약 5킬로미터의 전선에 압축됨으로써 2월에 있었던 최초 침투보다 훨씬 강한 집중도를 보였다. 브루실로프의 방해가 있었는데도 폰 크노벨스도르프는 자신의 군사령관과는 완전히 대조적으로 낙관론에 젖어 있었다. 크노벨스도르프는 사흘 안에 베르됭 시에 입성하리라고 생각했다. 그는 벌써 승리의 입성식을 위해 여러 연대의 깃발과 군악대의 입장 순서를 정했고, 최후의 일격을 구경하라고 카이저를 제5군 사령부로 초대했다. 공격 전 며칠 동안 독일군 중포 부대를 지휘한 파울 반지(Paul Bansi) 대령은 "눈부시게 아름다운 여름날, 생기 넘치게 꽃이 핀 들판을 가로질러" 포대에서 포대로 한 번 더 말을 달릴 수 있는 즐거움을 크게 기뻐하며 기록했다. "그것은 열정과 용기를, 더 자유롭고 상쾌한 기분을 느끼게 해주었다." 독일군의 걱정 없는 자신감은 순전한 허풍도 단순한 희망사항도 아니었다. 폰 크노벨스도르프는 마지막 계책을 준비해놓고 있었다.

독일군 돌격부대가 전선으로 가는 중에 대포가 설치된 포좌들을 지나칠 때였다. 병사들의 시선이 녹색 십자가가 그려진 엄청난 포탄 더미에 꽂혔다. 그 익숙하지 않은 표시에는 일부러 의도한 듯한 신비롭고 은밀한 분위기가 감돌았지만, 많은 병사들은 그것이 이번에는 베르됭까지 돌파할 것이고 실수가 없으리라는 지도자들의 확신과 관계가 있다고 이해했다.

6월 22일 저녁 프랑스군 제130사단 참모 장교였던 마르셀 베쉬 (Marcel Bechu) 중위는 수빌 인근 지휘소에서 사단장과 저녁을 먹으려고 앉아 있었다. 바람 한 점 없는 아름다운 여름밤이었다. 하루 종일 사납게 몰아친 독일군의 포격만이 유일한 훼방꾼이었다. 그런데 갑자기 독일군 대포가 전부 포격을 멈추었다. 며칠 만에 처음으로 완전히 고요한 상태가 이어졌다. 이 고요함은 "시끄러운 포성보다 더 끔찍한" 듯했다. 장교들은 의심스러운 눈빛으로 서로 바라보았다. 베쉬가 말했듯이, 이유는 이러했다. "군인은 전투를 두려워하지 않지만 함정은 무서워한다." 프랑스군 대포는 계속해서 맹렬히 포격했지만, 이번에는 적의 대응이 없었다. 기분 나쁜 정적이 몇 분 동안 이어졌다. 마치 몇 시간 같았다. 그동안 대피호 안에는 불안이 고조되었다. 그때 머리 위에서 어떤 소리가 들렸다. 베쉬의 시적인 표현에 따르면,

무수히 많은 휘파람 소리가 낮게 들렸다. 각각의 소리는 멈추지 않고 이어졌다. 마치 수천 마리 새들이 아찔하게 하늘을 가르며 우리의 머리 위로 질주하여 뒤쪽의 라빈데조스피스(Ravine des Hospice) 계곡으로 사라지는 것 같았다. 신기하고 이해할 수 없는 일이었다.

갑자기 중사 한 명이 노크도 경례도 없이 대피호 안으로 뛰어들었다. 중사는 흥분해 입술을 떨면서 말했다.
"장군, 포탄입니다. 수천 발이 머리 위로 날아가는데, 포탄이 터지지 않습니다!"
장군이 말했다. "함께 가서 보세."

밖에서 베쉬는 멀리서 으르렁거리는 독일군 대포 소리를 들을 수 있었지만 포탄이 터지는 소리는 듣지 못했다. 그때, 그들이 소리에 귀를 기울이고 서 있을 때, 계곡 쪽에서 "상한 식초의 퀴퀴한 냄새가 섞인, 시체가 썩는 듯한 역겹고 톡 쏘는 매운 냄새"가 스멀스멀 올라왔다.

질식한 듯 숨 가쁜 목소리가 속삭였다. "가스! 가스다!"

이웃한 제129사단의 피에르 드 마즈노(Pierre de Mazenod) 중위는 자신의 75밀리미터 포대 주위에 조용히 떨어지는 포탄 소리를 들었다. 그는 마치 "커다란 양탄자 위에 구슬 수천 개가 떨어지는 것" 같다고 생각했다. 휘하의 병사들은 잠시 동안 더 없이 행복한 망상에 빠져 독일군이 불발탄을 쏘아 보낸다고 믿었다. 그러나 곧이어 고약한 냄새를 풍기는 가스를 처음으로 맡고 숨이 막힐 듯한 기분이 들었다. 짐말들이 사납게 뒷다리로 발길질을 하다 앞다리를 들고 서더니 밧줄을 끊고 포대 여기저기로 미친 듯이 날뛰었다. 포병들은 서둘러 방독면을 쓰고 대포로 달려갔다. 드 마즈노는 방독면을 쓰고 대포와 씨름하는 병사들을 보고 '죽음의 카니발'을 떠올렸다. 당시의 조잡한 방독면은 숨쉬기가 너무 불편해서 어떤 행동을 하든 평소보다 몇 배에 달하는 노력을 해야 했지만 적어도 질식은 막아주었다. 하지만 이번엔 달랐다. 병사들은 방독면을 쓰고도 여전히 기침과 구토를 했으며 숨을 쉬려고 필사적으로 애쓰다가 목구멍이 찢어졌다. 어떤 무시무시한 방법으로 가스가 방독면 안으로 스며드는 것 같았다.

그랬을 것이다. 독일 과학자들은 몇 달간 새로운 제조법으로 실험을 계속했다. 그리고 마침내 그들은 노획한 프랑스군 방독면으로는 일부밖에 막지 못하는 독가스를 생산했다. 이제 그 가스가 처음으로 쓰였다. 포스겐—독일군은 그 가스탄에 그려진 문양을 따라 '녹십자

제1차 세계대전 때 사용된 다양한 방독면. 독일군은 1915년 4월 이프르 전투에서 처음으로 염소 가스를 살포해 적을 공격했고, 이후 독일군은 물론이고 연합군 측에서도 방독면과 독가스를 개발해 이용했다.

가스'라고 불렀다. ─이라는 이름이 붙은 가스는 전쟁에서 사용된 가장 치명적인 가스에 속한다. 독일군이 이 새로운 공격을 그토록 자신했던 것도 놀랍지 않다.

'녹십자 가스'는 살아 있는 모든 것을 공격했다. 나뭇잎은 시들었고 달팽이까지 죽었다. 한 가지 좋은 일이라면, 시체로 넘치는 전장 위를 날아다니는 파리 떼가 일시적으로 사라진 것이었다. 수빌까지 이어지는 길을 따라 말들이 입에 거품을 물고 섬뜩하게 뒤틀린 채 쓰러졌다. 이루 말로 다 할 수 없는 혼돈이었다. 버려진 이동식 급식대가 포탄 상자와 앰뷸런스와 뒤엉켜 있었다. 전날 제1선 참호의 보병들이 미친 듯이 요청한 탄약과 식수는 가스 장막을 통과할 수 없었다. 가스 장막은 밤의 정적 속에서 사라지지 않고 오래 남아 있었다. 가스의 효과는 후방까지, 심지어 베르됭 너머까지 퍼졌다. 당시 부상병이던 어느 준대위는 모두 방독면을 쓰고 있어서 망령처럼 보인 군의관과 그의 의무반에 치료를 받았던 일을 회상했다. 옆에는 역시 '얼굴 없는' 군종 신부가 죽어 가는 이의 죄를 사해주고 있었다. 의무병들도 이따금 목을 부여잡고 쓰러졌다.

'녹십자 가스'의 공격을 정면으로 받은 것은 프랑스군 포대였다. 드 마즈노의 포병 중대에서는 포반이 각각 한두 명으로 줄어들었는데, 많은 포병이 "시체처럼 창백했다." 뫼즈강 우안의 프랑스군 포병 중대는 차례대로 침묵했다. 전투 내내 쉬지 않았고 가스에도 영향을 받지 않았던 물랭빌 요새의 유용한 155밀리미터 포가 공교롭게도 그날 아침 요새 안에서 폭발한 '뚱보 베르타' 포탄에 박살이 났다. 4개월 동안 지속된 어마어마한 포격전에서 처음으로 한쪽 포병들이 상대편보다 우위에 섰다. 23일 새벽, 드문드문 남은 대포 몇 문이 발포하고 있었다. 그때, 시작할 때와 마찬가지로 갑작스럽게 '녹십자' 포탄의 포격이 멈추고 그 대신 우레 같은 소리와 함께 고성능 포탄의 탄막이 이어졌다. 오전 5시, 독일군 보병들이 이제껏 보지 못한 조밀한 대형으로 전진했고 첫 번째 공격선에 뒤이어 예비 부대가 바짝 따라왔다. 드 마즈노가 75밀리미터 포를 다시 작동하기 전에 독일군이 아주 가까이 다가왔다. 드 마즈노와 살아남은 병사들은 곧 자신들을 겨누는 소총을 보았다.

독일군의 주공격은 프랑스군 제129사단과 제130사단 사이 한가운데를 타격했다. 두 사단 모두 갈증과 탄약 부족으로 심한 고통을 겪고 있었고 포대의 지원을 받지 못해 사기가 몹시 떨어진 상태였다. 프랑스군 청음 초소들은 독일군 정찰대가 버려진 프랑스군 전초에 도착했다고 보고하는 소리를 암담한 기분으로 엿들었다. 프랑스군 방어선 중심부에 엄청나게 빠른 속도로 구멍이 깊게 뚫렸다. 바이에른 부대는 첫 번째 돌격에서 티오몽 보루를 폐허로 만들고 프루아드테르 요새에 도달하여 잠시 요새를 포위했다. 다른 바이에른 부대는 방어선을 돌파해 프랑스군 지휘소가 네 개나 있어서 카트르 슈미네(Quatre Cheminées, 네 개의 굴뚝)라고 불렸던 라빈데비뉴(Ravine des Vignes, 포도나무 계곡) 가장자리의 지하 지휘소까지 나아갔다. 여러 날 동안 참모진은 안에 갇혀 있었고, 독일군은 환기구를 통해 지휘소 안으로 수류탄을 떨어뜨렸다.

바이에른 부대 왼편에서는 델멘징엔의 산악부대가 그날 최고의 승리를 거머쥐었다. 선봉대는 왕실바이에른근위보병연대와 제2프로이센추격병연대였다. 근위보병연대는 훗날 나치 시절에 유명해지는 리터 폰 에프* 중령이 지휘했고, 추격병연대의 부관은 한 세대 뒤의 '베르됭' 즉 스탈린그라드 전투와 영원히 하나가 되는 프리드리히 빌헬름 에른스트 파울루스* 중위였다. 계류 기구에 타고 높은 곳에서 전투를 내려다본 프랑스군 관측 장교 투르테 중위는 플뢰리 마을로 돌격하는 폰 에프의 병사들을 목격했다. 공격이 시작되고 세 시간밖에 지나지 않은 8시 15분이었는데 독일군은 이미 약 1.5킬로미터나 전진했다. 몇 분 뒤 투르테는 독일군이 플뢰리 점령을 지원하기 위해 신속하게 끌어온 야포 24문을 목격했다. 그때 프랑스군의 방어가 시작되었다. 9시가 넘자 투르테 중위는 정신을 차린 프랑스군 포대의 첫 번째 탄막이 효력을 내는 것을 보고 미칠 듯이 기뻤다. 그날 하루 종일 플뢰리에서 격렬한 전투가 벌어졌지만, 23일 저녁 무렵 독일군이 확실하게 마을을 장악했다.

리터 폰 에프(Franz Ritter von Epp, 1868~1947) 1928년 나치당에 입당했고 제국의회 의원과 바이에른 제국판무관을 지냈다.
프리드리히 빌헬름 에른스트 파울루스(Friedrich Wilhelm Ernst Paulus, 1890~1957) 제2차 세계대전 중 독일 국방군 제6군을 지휘하여 스탈린그라드 전투를 치르다가 1943년 1월 31일 소련에 항복했다.

프랑스군이 볼 때 어느 여단장이 말했듯이 "모든 것이 무너질 것" 같은 순간이 있었다. 바르르뒤크의 페탱 사령부에는 나쁜 소식을 전하는 전화만 계속 걸려 왔다. 신체적, 정신적 피로를 가리키는 '쇠약(défaillance)'을 보고하는 경우가 많았는데, 특히 이 보고가 페탱을 불안하게 했다. 티오몽에서는 제121추격병대대의 병사 거의 절반과 장교 18명이 포로가 된 것으로 보였다. 추격병대대 같은 뛰어난 부대가 그렇게 쉽게 항복했다는 것은 나쁜 징조였다. 정오 전에 한 연락장교가 독일군이 이제 베르됭에서 직선으로 겨우 약 4킬로미터 떨어진 곳까지 진출했으며 마지막 능선인 벨빌 고지까지 약 1,100미터 정도 남았다는 전갈을 들고 왔다. 바로 뒤에 다른 연락장교가 도착해, 리터 폰 에프의 병사들이 기관총으로 베르됭 시의 거리를 향해 측사를 퍼부어 공포를 불러일으켰다고 페탱에게 보고했다. 페탱은 그날 부하들에게 놀란 내색을 전혀 하지 않았다. 그는 조프르에게나 어울릴 법한 침착함을 보이며 이렇게 말했다. "우리는 오늘 운이 좋지 못했다. 그러나 내일은 좋을 것이다."

그렇지만 페탱은 오후 3시에 드 카스텔노에게 전화를 걸어 몹시 비관적으로 뫼즈강 우안에 아직 엄청나게 많이 남아 있는 프랑스군 대포의 안위를 걱정하며 조프르가 솜강 공세를 앞당기도록 해 달라고 세 번째로 간청했다.

조프르와 그의 지지자들은 훗날 이 대화를 인용해 페탱이 그때도 여전히 뫼즈강 우안에서 자발적으로 철수하려 했으며 조프르와 니벨의 단호함이 그 철수를 막았음을 보여주는 또 다른 증거라고 주장했다. 사실은 달랐다. 베르됭에 집결한 프랑스군 대포의 3분의 1이 뫼즈강 우안에 배치되었고 이를 전부 옮기려면 사흘이 걸릴 것으로 추정되었다. 페탱은 독일군 공세가 계속되면 방어군은 뫼즈강 건너편으로 쫓겨나고 모든 대포를 빼앗길 것이라고 걱정했다. 충분히 근거가 있는 우려였다. 그런 일이 벌어지면 프랑스에는 베르됭 자체를 점령당하는 것 다음으로 큰 손실일 것이었다. 실제로 니벨은—비록 나중에 자신이 그때 전혀 겁을 먹지 않았다고 주장했지만—페탱과 마찬가지로 두려웠다. 니벨은 이미 브라에서 프루아드테르에 이르는 구간에서 대포를 일부 철수하라고 명령했다. 베르됭에서는 총독이 필사적으로 거리에 참호를 파고 시가전에 대비해 주택에 방어 시설을 설치하고 포위 공격에 대비하여 보방의 오래된 성채를 점검했다. 훗날 조프르는 "나는 전혀 걱정하지 않았다."라고 주장하지만 그 당시 그의 행동은 전혀 달랐다. 그는 솜강 공세를 위해 그토록 귀하게 아껴 두었던 병력 중에서 4개 사단을 서둘러 페탱에게 보냈다. 파리에서는 조프르의 장교들 중 누군가가 클레망소에게 조프르가 '굴복'했다고 인정했다. 그러자 클레망소는 이렇게 말했다. "이자들이 프랑스를 빼앗길 것이다!"

조프르가 회고록에 다음과 같이 위선적으로 쓴 것은 다 괜찮다. "페탱은 다시 한번 적에게 지나치게 큰 충격을 받았다." 어쩌면 페탱은 점점 깊어지는 자신의 비관론에 너무 쉽게 사로잡혔는지도 모른다. 하지만 6월 23일이 위기일발의 순간이었다는 데는 추호도 의심의 여지가 없다. 그날 밤 치명적인 '녹십자' 포탄이 다시 오지 않을 것이며, 이튿날 프랑스군 방어선을 똑같이 강력한 공격이 엄습하지 않으리라고 누가 말할 수 있었을까?

이는 오직 크노벨스도르프와 그의 지휘관들만 아는 것이었다. 뮌헨대학 학생이었던 스물다섯 살 난 한스 포르스터(Hans Forster)의—그해 늦게 베르됭 인근에서 전사했다.—편지만큼 6월 23일 독일군의 운명의 행로를 잘 보여주는 것은 없을 것이다. 포르스터는 제

24바이에른연대의 하사관이었는데 플뢰리와 프루아드테르 사이로 진격하는 부대에 배속되었다. 그날 오전 일찍부터 포탄 구덩이에서 대기하면서 그는 적군의 포탄이 거의 날아오지 않는다는 것을 알게 되었다. 앞선 이틀과 대비되는 유쾌한 상황이었다. 오전 7시에 베리 신호총이 불을 뿜자 연대는 전방으로 돌진했다. 몇 분 안에 첫 번째 목표 지점인 프랑스군의 A보루에 도달했다.

돌격! 프랑스군이 달아나고 있다. 어느 장교의 명령에 따라 그들은 다시 멈추어 자리를 잡았다. 우리 쪽에서 외침이 들렸다. "수류탄이다!" 방어군은 곳곳에서 무너지고 있었다. 다른 이들은 항복했다. 한번 더 강력한 타격이 이어졌다. A보루는 우리 것이다! 우리는 움푹 팬 도랑을 통해 전진했다. 우리 앞에 철도 제방이 있다. 오른쪽으로 그 안에 만곡부가 있다. 프랑스군 40~50명이 손을 들고 서 있다. 하사 한 명이 여전히 그들에게 총을 쏘아대서 내가 제지했다. 한 초로의 프랑스군 병사가 가벼운 부상을 입은 왼손을 들고 미소를 띠며 내게 감사를 표한다. …… 철도 위…… 왼쪽으로 약 9미터 떨어진 포탄 구덩이에 우리 중대장 A 중위가 있다. 중대장이 "아주 잘 되었어!"라고 외치고 웃고는 갑자기 심각해졌다. 미리 전진한 몇 명이 아군의 발포에 당할 위험이 있음을 알았기 때문이다. 중대장은 일어서서 소리쳤고, 그때 그의 지도 몇 장이 날렸다. 그는 두 손으로 가슴을 부여잡고 고꾸라졌다. 몇 명이 중대장에게 달려갔지만 그는 몇 분 후에 죽었다. 다시 전진. 멈추지 않고 계속 전진. 플뢰리에는 온통 가시철조망이 둘러 있다. 10분 만에 플뢰리는 우리 것이 되었다. 우리는 소총을 어깨에 메고 입에 담배를 문 채 웃고 떠들며 계속 전진한다. 포로가 된 프랑스군이 수백 명씩 되돌아왔다. …… (잘못 안 것이 틀림없지만 포르스터는 그때 긴 계곡의—아마도 라빈데

비뉴 계곡일 것이다. ─ 끝에서 베르됭 교외를 보았다고 주장했다.) 아, 베르됭. 이 얼마나 기쁜 일인가! 우리는 빨갛게 달아오른 얼굴로 서로 악수했다. 플뢰리 마을의 오른쪽에는 하인리히 공(Heinrich von Bayern, 근위보병연대 제3대대장)이 기쁨에 들떠 서 있다. (그는 나중에 이 전투에서 부상을 당한다.) 멋지고 웅장한 광경이다. 오전 8시 20분이다. 해가 빛나고 있다. …… 정오쯤 적군이 반격해 왔지만, 우리는 적을 격파하고 플뢰리 전방으로 1.5킬로미터쯤 떨어진 참호선을 점령했다. 포격이 개시되었다. 우리는 더는 개활지에 있을 수 없어 대피호를 찾았다. …… 그날 저녁 구덩이에서 기어나왔을 때 우리는 7시에 부대가 그 위치에서 철수했으며 우리 제24연대와 제10연대의 소수 병력만이 약 460미터 너비의 전선을 지키고 있음을 알고 경악했다. 믿기 어려운 일이었다. E중위는 우리가 잊혔으니 어둠을 틈타 퇴각하라고 명령했다. 그때 7시 30분부터 아군 대포가 우리 위치를 향해 발포하기 시작했다. …… 오전 3시까지 우리는 어느 구덩이 속에 있었다. 갈증이 너무 심했다. 마침내 비가 왔고, 우리는 철모 끝과 상의 소매에서 물기를 핥았다.

포르스터는 사타구니에 심한 부상을 입은 근위연대의 하사관 한 명을 끌다시피 데리고 독일군 참호선으로 향했다. 날이 밝자 포르스터는 그 부상병이 뮌헨 대학에서 함께 공부한 학생인 것을 알았다. 두 사람은 함께 두오몽 요새로 안전하게 돌아갔다.

그날 독일군의 공격이 서서히 약해진 데는 여러 요인이 있었다. '녹십자 가스'의 효과는 다소 실망스러웠다. 프랑스군 방독면은 전체적으로 예상보다 효과적이었고(프랑스군에서 가스로 인한 사상자는 1,600명밖에 안 되는 것으로 보고되었다), 가스는 구덩이 속으로 무겁게 가라앉는 경향이 있어서 고지대에 자리 잡은 프랑스군 포대는 상대적으로 덜 위험했다. 또 '녹십자' 포탄은 그 수가 전선 중앙부를 덮을 정도밖에 되지 않아서, 양 측면의 프랑스군 대포는 멀쩡했다. 특히 독일군 지휘관들은 새로운 것을 불신했기에 1914~1918년의 군사적 사고방식에 따른 전형적인 실수를 저질렀다. 우유부단한 헤이그가 나중에 전차의 뛰어난 기습 효과를 내버리듯이, 크노벨스도르프는 포스겐가스에 모든 것을 걸지는 않기로 결정했다. 따라서 보병이 진입하기 서너 시간 전에 포병들은 가스탄 발사를 중지하고 일반 포탄으로 바꾸라는 명령을 받았다. 이로써 프랑스군은 대포를 다시 작동하는 데 반드시 필요한 여유 시간을 얻었다.

전술적으로도 독일군은 (한 번 더) 예비 병력이 너무 적은 상태에서 너무 좁은 전선을 공격하는 오류를 범했는데, 그 이유는 부분적으로 6월 8일에 시작된 예비 공격 중에 티오몽과 당루의 '고지 포대' 진지를 점령해 양 측면을 보강하지 못한 탓이었다. 23일에 다시 독일군은 중앙에서 놀라운 성공을 거두지만 프랑스군 방어선을 깨는 데 완전히 실패했다. 그리하여 프랑스군은 플뢰리를 거쳐 수빌 요새로 향하는 직접적인 위협을 막는 데 집중할 수 있었다. 23일 오후 리터 폰 에프는 근위연대가 더 전진할 수 없다고 보고해야 했다. 근위연대는 이미 장교 14명과 병사 550명을 잃었다.

1916년 베르됭에서 가장 더운 날들 중 하루였던 그날, 무더운 한여름의 열기 속에서 독일군의 희망을 마지막으로 봉인한 것은 갈증이었다. 그날 오후 바이에른근위연대의 어느 대대장은 플뢰리에서 신호를 보냈다. "식수를 가져올 수 없다면, 대대를 전선에서 빼내야 할 것이다." 인근에서 부대를 지휘하던 하인리히 공은 물이 없어서 대대가 '심각한 패배'를 겪을까 두렵다고 보고했다. 그날 밤 리터 폰 에프는 두오몽 요새에서 근위연대로 식수차 95대를 보냈는데 현지에는 겨우

28대만 도착했다. 그런 상황에서 근위연대가 이튿날 공격을 지속하기는 물리적으로 불가능했다.

새로 편성된 뵐케의 비행대가 뛰어난 전력을 발휘하던 시점에 (이멜만의 사망에 뒤이어) 베르됭에서 철수한 것도 그날의 실패에 한몫했다. 프랑스군이 공중에서 우위를 되찾음으로써 독일군 포병들이 그로 인한 불이익을 모두 떠안게 되었다는 점에서 그러했다. 그러나 기본적으로 독일군 공격이 틀어진 원인은 병력 부족으로 압축된다. 제국기록보관소에 따르면, 전투의 결정적인 순간에 프랑스군은 추격병 연대 하나가 길이 약 1,370미터의 전선을 방어했으니 추정컨대 독일군 부대가 하나만 더 있었더라도 돌파할 수 있었을 것이다. 팔켄하인이 러시아로 보낸 3개 사단 중 하나만 크노벨스도르프가 쓸 수 있었다면, 혹은 그가 앞선 6월 12일의 공격을 중단시켜야만 하는 일이 없었다면, 어떤 일이 벌어졌을지는 쉽게 상상할 수 있다.

23일 저녁 크노벨스도르프는 베르됭 점령을 위한 궁극의 노력이 실패했음을 알았다. 프랑스군 약 4천 명을 포로로 잡았지만(이 전투에서 프랑스군 사상자는 약 1만 3천 명에 이르렀다), 독일군의 손실도 암울할 정도로 많았다. 제5군은 고갈되었고, 프랑스군은 갈수록 더 강하게 저항했으며, 곧 필연적으로 반격을 예상할 수 있었다. 가스 공격을 재개할 만큼 '녹십자' 포탄이 충분하지도 않았다. 그렇더라도 지치고 갈증에 시달리던 부대는 23일에 얻은 것을 지키기 위해서라도 계속 싸워야 했을 것이다. 실망한 카이저는 샤를르빌메지에르의 사령부로 돌아갔고, 연대 깃발들과 군악대는 조용히 자대로 해산했다.

프랑스군 방어선에 밤이 찾아오면서 페탱의 비관론도 어느 정도 사라졌다. 니벨은 다음과 같은 유명한 말로 끝나는 극적인 일일 명령을 공표했다.

저들은 지나가지 못할 것이다!

전투 직전에 잠시 밀려났다가 복귀하여 이제 뫼즈강 우안 전 구간을 지휘하는 지위로 진급한 망쟁은 변함없이 성급했다. 그는 즉각 반격을 개시하는 데 적극 찬성했다. 이번에는 그가 옳았다. 독일군은 진격하면서 혀처럼 좁고 길게 내민 돌출부로 들어갔는데, 그 꼭대기에 플뢰리가 있었고 전방의 비탈은 노출되어 있었다. 이튿날 프랑스군은 양쪽에서 그 돌출부로 반격해 들어갔고, 대규모 포대는 갈증에 시달리던 바이에른근위연대에 프랑스군이 2월 이후 내내 베르됭 주변의 큰 돌출부에서 겪은 고초를 맛보게 해주었다. 한 주 동안 망쟁은 거의 중단 없이 공격했다. 여덟 차례나 티오몽 보루를 탈환하려 했으며, 그때마다 독일군은 거세게 되받아쳤다. 사상자가 대량으로 발생했다. 망쟁 휘하의 한 대대는 장교가 14명이었는데 실패로 끝난 플뢰리 공격에서 13명을 잃었으며, 탈환한 땅은 없었다.

그러나 사상자는 이제 중요한 것 같지 않았다.

지난 몇 달 동안 영국의 낙서꾼들은 담벼락에 격려의 말을 써넣느라 바빴다. "베르됭을 구하라." "이제 서부전선에서 타격하라." 여론이나 프랑스의 압박에도 요지부동이었던 헤이그는 8월 중순으로 정한 솜강 공세 개시일을 고수했다. 그러다가 5월 26일 조프르가 (페탱에 떠밀려) 그답지 않게 흥분한 상태로 헤이그를 만나러 왔다. 조프르는 이렇게 소리쳤다. 영국군이 8월에 이르기까지 아무것도 하지 않으면 "프랑스군을 더는 볼 수 없을 것이오." 헤이그는 (그의 일기에 따르면) 1840년산 브랜디로 그를 진정시킨 후 공세를 6월 말로 앞당기는 데 동의했다. 6월 24일 베르됭에서 나쁜 소식이 전해진 뒤 총리 브리앙이 직접 헤이그를 찾아와 공격을 앞당기라고 다시 간청했다. 헤이그는 지금은 너무 늦었다고 말했지만, 예비 포격의 시기를 앞당겨 바로 그날 시작했다. 영국 남부에서나 들을 수 있던 영국 대포의 꽝음이 독일군 총사령부에서 들리자 팔켄하인의 귀에는(그는 유일하게 마지막 순간까지 '대규모 공격'이 어디서 실행될지 확신하지 못한 사람이었던 것 같다) 자신의 전략 전체가 무너지는 소리가 같이 들렸다.

포격은 7일 동안 맹렬하게 이어졌다. 그때까지 가장 긴 시간이었다. 그 다음 7월 1일 프랑스군과 영국군의 보병들이 참호에서 뛰쳐나왔다. 지난해 샹티이 회의에서 대략 결정된 조프르의 원래 계획에서는 (솜강 공세에) 포슈가 40개 사단, 헤이그는 25개 사단으로 공격하기로 되어 있었지만, 베르됭에도 병력이 필요했기에 이번 공세에 프랑스군은 겨우 14개 사단으로 축소되었다. 그러나 유일하게 진정한 성공을 거둔 것은 포슈의 병사들이었다. 2월에 베르됭 앞에서 호되게 당한 '강철 군단'이 기력을 회복해 선봉에 섰다. 이들은 기관총의 지원을 받으며 소집단으로 전진했는데, 베르됭에서 배운 대로 전술적으로 지형을 매우 능숙하게 이용했으며 가능한 경우 독일군의 침투 기술을 모방했다. 첫날 이들은 막히기 전까지 비교적 적은 사상자를 내며 독일군 제1선을 대부분 돌파했다. 영국군은 달랐다. 헤이그의 병사들은 대체로 '키치너 군'의 경험 없는 장교들이 전투를 이끌었고, (워털루 전투의 영웅인) 웰링턴에게 충분했다면 자신들에게도 충분하다고 믿는 장군들에게 훈련을 받았다. 섬나라 사람의 편협함으로 프랑스군을 경멸하여 프랑스군의 경험에서 아무것도 배울 것이 없다고 생각하는 이가 그들을 지휘했다. 그들은 무게가 30킬로그램이나 나가는 군장에 짓눌렸는데 데팅겐에서나 점수를 딸 법한 대열로 전진했다.* 그들은 지시받은 대로 "두세 발 간격"을 넘지 않게 일정한 공간을 두면서 한결같은 걸음걸이로 중간 지대를 지나 윈스턴 처칠이 말한 "틀림없이 세상에서 가장 강력하고 가장 완벽하게 방어되는 진지"로 진격했다. (헤이그가 "지나치게 과대평가되었다"고 묘사했던) 적군의 기관총은 포격에 나가떨어지지 않았다. 정확하게 정렬한 영국군 대열을 적군의 기관총이 앞뒤로 휩쓸었다. 병사들이 줄지어 쓰러지면, 약 90미터의 일정한 간격을 두고 다른 대열이 다가와 독일군이 보기에는 거의 믿을 수 없는 용기를 보여주었다. 공격군은 대부분 독일군 전방 진지에 도달하지도 못했다.

7월 1일 밤, 헤이그의 군대만 거의 6만 명의 사상자를 냈는데 그중 2만 명이 사망자였다.** 헤이그의 기록관 보라스턴 대령은 그날에 관해 주제넘게도 이렇게 썼다. 그날의 전투는 "영국군 고위 사령부가 낸 결론이 옳다는 것을 증명했으며, 채택한 전술적 방법의 정당성을 충분히 보여주었다." 최근에 어느 영국 작가가 말했듯이 "아마도 헤이스팅스 전투 이래 영국군이 겪은 최악의 재앙"이라고 불렀다면 더 정확했을 것이다. 그렇게 터무니없고 무의미한 학살극은 분명 전무후무한 일이다. 심지어 베르됭에서도 볼 수 없었다. 베르됭에서 최악의 달인 6월에 프랑스군이 낸 전체 사상자 수는 7월 1일 하루 동안 발생한 영국군 사상자 수를 거의 넘지 않는다. 이후 5개월 동안 더 완고하게 전투가 지속되었다. 훗날 팔켄하인과 그의 지지자들은 베르됭 작전을 옹호하면서 베르됭에서 그렇게 프랑스군을 약화시켜서 독일군

---

* 오스트리아왕위계승전쟁 중 1743년 6월 27일 데팅겐(Dettingen, 현재 카를슈타인 암마인)에서 영국군이 프랑스군을 물리친 데팅겐 전투를 말한다. 여기서 저자는 구시대의 전투 방식을 언급하고 있다.
** 비교하자면, 제2차 세계대전 때 엘알라메인 전투(1942년 10월 23일~11월 4일)에서 12일간 발생한 영국군 사상자는 사망자, 부상자, 행방불명자를 통틀어 1만 3,500명이었다. 제2차 세계대전을 기준으로 보았을 때 1916년 7월 1일의 전투는 '싸게 먹힌' 전투가 아니었다.(저자 주)

이 솜강에서 재앙을 피했다고 주장했다. 사실을 말하자면 베르됭에서 일어난 일은 결국 솜강에서 연합군이 더 큰 손실을 입지 않도록 막아 주었다.

그렇지만 영국은 끔찍한 희생을 치르며 베르됭을 구원하는 역할을 수행했다. 영국은 명예를 얻었다.

25장

한여름의 공방전

전략적 중요성에 관한 한,
베르됭 요새 점령 자체는 순전히 부차적인 문제가 되었다.
— 폰 멜렌틴, 〈뉴욕타임스 매거진〉(1916년 8월)

여기 독일제국의 궁극적인 희망을 깨뜨린 벽이 있다.
— 푸앵카레 대통령 (1916년 9월 13일)

1916년 6월 23일은 베르됭 전투의 절정이자 위기였다. 그날은 또한 제1차 세계대전의 전환점이었다. 물론 1942년 가을 알람엘할파*와 스탈린그라드에서 펼쳐진 방어 전투만큼 명확한 사실은 아닐 것이다. 추축국은 그 이후로 끝없이 후퇴하기만 했다. 그렇기는 해도 1916년 6월 말 독일군이 수빌 요새와 베르됭까지 돌진하는 데 실패하고 곧이어 솜강에 대규모 영국군 부대가 새로 출현하면서 독일군이 연합군

---

* 알람엘할파 전투(Battle of Alam el Halfa)는 제2차 세계대전 중 1942년 8월 30일에서 9월 5일까지 서부사막 전역에서 벌어진 전투였다. 독일의 에르빈 로멜이 지휘하는 아프리카기갑군이 버나드 몽고메리가 지휘하는 영국군 제8군을 공격했으나 실패했다.

을 군사적으로 쓰러뜨릴 마지막 실질적인 기회는 사라졌다. 그때부터 독일군은 상대적으로 열악한 병력 자원 탓에 점차 수세에 몰렸다. 그러다 러시아가 혁명의 압박에 무너지면서 독일이 서부전선에서 마지막 단 한 번의 필사적인 도박에 힘을 집중할 수 있게 된다. 하지만 루덴도르프 공세(1918년 3월~7월)는 한때 성공 가능성이 얼마나 크게 보였든 간에 너무 늦은 시도였다. 그때 독일은 이미 너무 약해진 상태였기 때문이다. 그동안 미국이 엄청난 영향력을 발휘해 전쟁의 균형을 바꿔놓는다. 라파예트 비행중대가 이룬 위업 덕분에 미국인들은 베르됭에서 프랑스군이 보여준 영웅적 행위에 마음이 끌렸고, 6월 23일 독일군이 공세를 멈춘 것이 냉정한 미국 기업가들과 정치인들에게 동맹국이 결국 전쟁에서 승리하지 못하리라는 점을 납득시켰기 때문이다.

그러나 결정적인 순간이 지나갔는데도 완고한 크노벨스도르프는 베르됭을 눈앞에 두고 패배했다는 사실을 여전히 인정하지 않았다. 크노벨스도르프는 팔켄하인에게 마지막 베르됭 공세를 시도하자고 설득했다. 이는 튜턴족 특유의 이상한 자기 희생과 멸망의 본능, 1918년 3월 공세와 1944년 말 아르덴 공세, 총통 벙커(Führerbunker)의 멜로드라마*를 초래한 바로 그 본능에 어울리는 행태였다. 조짐은 전혀 좋지 않았다. '녹십자 가스'는 이제 새롭지 않을 뿐만 아니라 터무니없는 공포를 자아내는 능력도 잃었다. 제5군의 중포 몇 문은 이미 솜강으로 보내졌고, 공격을 위해 보강할 병력도 없었다. 팔켄하인은 크노벨스도르프에게 무엇을 생각하고 있든 고갈된 그의 병력만으로 이루어내야 한다는 점을 분명히 했다. 그러나 크노벨스도르프는 집요

---

* 1945년 4월 말 베를린의 총리 관저 지하 방공호에서 벌어진 히틀러의 결혼과 자살을 가리킨다.

했다. 23일에 제5군은 과연 성공에 매우 가까이 다가간 듯했고, 따라서 팔켄하인은 한 번 더 마지못해 동의했다.

공격은 대략 3개 사단에 해당하는 병력으로(그중 제3추격병연대는 지난달 전투에서 벌써 1,200명의 사상자를 냈다) 23일의 공격보다도 더 좁은 전선에 국한할 예정이었다. 공격은 7월 9일에 개시하기로 했는데, 독일군은 공격을 준비하는 단계에서도 (교묘한 계략으로) 괜찮은 성공을 거두어 프랑스군을 당황하게 했다. 보 요새가 함락된 이후 거의 내내, 요새 남쪽에 위치한 당루의 '고지 포대'는 수빌 요새를 향해 동쪽으로부터 오는 적의 진격을 효과적으로 막아냈다. 이 고지 포대는 사계(射界)가 넓은 능선 끝자락에 있었고, 1.5개 보병 중대를 수용할 수 있는 콘크리트 벙커와 대피호를 갖춘 중무장 포 진지였다. '고지 포대'는 적의 공격을 수없이 격퇴했지만, 적은 참호를 파서 불편할 정도로 가까운 곳까지 다가왔다. 7월 3일 오전 일찍 보 요새를 점령한 독일군 제50사단의 부대가 일정한 간격을 두고 포대에 단거리 중박격포를 발사했다. 예상대로 프랑스군 수비대는 전부 콘크리트 대피호 안으로 엄폐했다. 한편 독일군 보병들은 '고지 포대'에서 불과 몇 미터 떨어진 곳까지 눈에 띄지 않고 기어왔다. 오전 2시 박격포들이 신관을 제거한 포탄을 발사했다. 폭발하지 않은 포탄의 둔탁한 소리를 들은 프랑스군은 그것이 불발탄이고, 포격은 계속되고 있지만 적은 아직 공격하지 않는다고 추정했다. 그러나 독일군은 첫 번째 '불발탄' 소리가 들릴 때 이미 흉장으로 쇄도하고 있었다. '고지 포대'와 기관총 세 문, 1백여 명의 병사는 거의 전투 없이 점령당했다.

그러나 7월 7일 밤 독일군의 계획은 한 번 더 베르됭의 날씨 때문에 실패했다. 며칠간 타는 듯한 열기와 갈증에 시달린 폰 에프의 바이에른근위연대는 비바람이 몰아치자 더없는 행복을 맛보았다. 그들은 여전히 플뢰리의 철도 제방 뒤에 모여 있었고 이제 선봉에 서서 두 번째로 수빌을 공격할 예정이었다. 그러나 비가 호우로 바뀌어 계속 내리면서 공격이 이틀 동안 연기되자, 대기하던 부대는 새로운 고통을 겪어야 했다. 전장은 빠르게 진흙 늪으로 변했고, 그곳에서 밤에 비틀거리며 길을 잃은 증원 부대는 마치 유사(流沙)에 빠진 것처럼 빨려 들어가 익사했다. 근위연대는 프랑스군이 속속들이 다 관측할 수 있는 비탈면에 있었기에 낮에는 절대로 움직이지 말라는 엄한 명령을 받았다. 그래야만 새로운 공격에서 적어도 약간의 기습 효과를 기대할 수 있었다. 이들은 사흘 동안 프랑스군의 집중 포격을 받으며 포탄 구덩이에 누워 있었다. 옆 구덩이에서 부상병들이 하루 종일 울부짖고 괴로워하는 소리를 들으면서도 명령 때문에 도와주러 갈 수 없어서 사기가 크게 떨어졌다. 공격 날 저녁에 점호를 해보니 선봉 대대는 이미 전체 병력의 5분의 1에 해당하는 120명을 잃은 뒤였다. 연대 역사에 따르면 "그날 밤 매우 힘들게 부대를 수습했다."

독일군 전 부대에서 그보다 더 사기가 낮은 적은 없었다. 이미 심하게 공격당한 수빌 요새에 독일군 중포가 한 번 더 화산처럼 타오르는 화염의 관을 씌우는 장관을 연출해도, 병사들의 사기는 조금도 올라가지 않았다.

10일 자정 '녹십자' 포탄 공격이 시작되었다. 독일군은 6월 23일의 실수에서 배운 바가 있어서 이번에는 보병들이 실제로 움직일 때까지 프랑스군 대포에 계속해서 가스를 퍼부었다. 그리고 동시에 포격 전선을 확대했다. 쌍안경으로 이를 지켜보던 마르크 보아송 중사는 이렇게 생각했다.

섬뜩한 광경이다. 시골 풍경이 조금씩 사라졌다. 골짜기는 잿빛 연기로 자욱했고 연무가 점점 크게 피어올랐으며 이 독성 유체 속에서 사물이 흐릿해졌다. 비누 냄새를 약간 풍기는 가스의 악취를 멀리 떨어진 우리도 이따금 맡을 수 있었다. 연무의 밑바닥에서 폭발하는 굉음이 들렸다. 둔탁한 북소리처럼 또렷하지 않은 소음이었다.

리터 폰 에프의 병사들에게 가스탄의 독특한 소음은 달콤한 음악처럼 들렸다. 과연 그랬다. "보병이 포대를 그렇게 크게 축복하고 찬미한 적은 없었다."

더욱 달콤한 일은 프랑스군 대포들이 이전처럼 침묵한 것이었다. 그러나 독일군 돌격부대가 포탄 구덩이에서 뛰쳐나와 새벽을 내달리자 전선 전체에서 프랑스군 75밀리미터 포탄의 탄막이 휘몰아쳤다. 6월 23일에 겪은 것보다 훨씬 더 강력했다. 공격군은 대형에 큰 구멍이 생기자 경악하여 서로를 바라보았다. 불과 몇 분 만에 제140연대 제2대대는 장교를 절반 가까이 잃었다. 6월에 이미 큰 손실을 입고 이제 수빌 정면 공격을 이끌기로 했던 제3추격병연대 제1대대 지휘관은 공격을 지속하는 책임을 질 수 없다고 보고하고 병사들에게 참호를 파라고 명령했다. 이것은 베르됭에서 몇 달 동안 독일군의 날카로움이 어떻게 무뎌졌는지 보여주는 사례였다.

무엇이 잘못되었나? 답은 간단했다. 23일 이후로 프랑스군 포병들은 더 효과적인 새 방독면을 갖추었다.* 이는 실제로 포스겐 가스가 출현하기 훨씬 전에 효과가 입증된 제품이었다. 프랑스군은 경탄스러울 정도로 놀라운 노련함과 자제력으로 적군이 태평하게 모습을 드러낼 때까지 포격을 참고 있었다.

---

* 1916년 7월 11일 독일군의 독가스 공격에 따른 프랑스군 사망자는 겨우 여섯 명이었다고 한다.(저자 주)

그렇지만 프랑스군에도 그날 일찍, 여느 때처럼, 까닭 모를 재난과 혼란을 부른 과실이 있었다. 화염방사기의 지원을 받은 독일군 추격병 부대는 당루의 '고지 포대'로부터 남서쪽으로 강력하게 치고 내려오면서 프랑스군 제217연대를 기습했다. 1개 대대 전체가 포위되었는데, 33명의 장교와 1,300명의 병사가 학살당하거나 포로가 되었다. 대대장 레랑 중령은 놀라운 탈출을 보여주었다. 레랑은 지휘소에서 붙잡혀 보 요새로 끌려가던 있었는데, 그를 호송하던 두 명이 프랑스군의 포탄에 죽었다. 부상을 입지 않은 레랑은 다시 지휘소로 돌아갔지만 그곳을 장악한 독일군에 다시 포로가 되었다. 그날 저녁 프랑스군이 반격해 지휘소를 되찾았고, 레랑은 여전히 부상을 당하지 않은 채 풀려났다. 한편 레랑의 연대가 패주하면서 공격진의 좌익에 있던 독일군은 타반 터널의 동쪽 끝에서 몇 미터 떨어지지 않은 곳까지 접근했다. 타반 터널은 서쪽 끝이 베르됭에서 가까운 뫼즈강의 계곡으로 연결되는, 지극히 중요한 신경 중추였다. 부상병과 가스를 마셔 구역질을 해대는 환자, 공포에 휩싸인 낙오병이 홍수처럼 터널의 안전지대로 몰려들었고, 그동안 프랑스군 공병은 독일군이 계속 진격할 경우에 대비하여 터널을 폭파할 준비를 했다.

전선의 반대쪽 끝인 플뢰리에서도 비슷한 일이 벌어졌다. 그곳의 근위연대는 지치고 사기가 떨어졌는데도 프랑스군 제255여단 사령부가 있는 벙커를 점령했다. 여단장은 전사했다. 인근의 다른 프랑스군 부대 병사들은 어떤 소대가 무기를 버리고 독일군 부대를 향해 가던 전우들을 등 뒤에서 쏘는 현장을 목격했다. 확실히 그날 프랑스군의 방어는 그리 잘 되지 않았다. 설상가상으로 망쟁이 제255여단의 와해로 생긴 틈을 메우라고 보낸 2개 대대가 진격 방향을 잘못 잡았고 결국 접근하는 독일군에 희생되었다. 바이에른산악부대는 한 번 더 프랑스군 방어선에 위험한 구멍을 뚫었다. 그렇지만 이번에는 약 370미터밖에 전진하지 못했다.

그날 밤 포로가 된 프랑스군은 2,400명을 헤아렸다. 공격 규모를 감안하면 역시 많은 수였다. 12일에 전투가 재개되었으나, 독일군은 지친 데다 투입할 예비 병력이 없었기에 급속히 약해졌다. 그렇지만 몇 시간 동안 전선이 정확히 어디에 있는지 양측 모두 똑같이 혼란에 빠졌다. 그날 아침 갑자기 한 독일군 참모 장교가 흥분한 채 폰 델멘징엔 장군에게 달려와 수빌 요새에서 정체를 확인할 수 없는 병사 한 무리가 독일군 깃발을 흔들고 있다고 보고했다. 폰 델멘징엔 장군은 쌍안경을 찾았다. 사실이었다! 요새에 독일군 병사들이 있었다. 장군은 곧 포대에 수빌 남쪽으로 보호 탄막을 치라고 명령했다. 독일군과 수빌 요새 사이에 프랑스군 부대가 없는 것이 분명했다. 그러나 마찬가지로 독일군에도 이 멋진 기회를 잡는 데 동원할 수 있는 연대 하나가 없었다.

요새의 비탈진 제방에 있던 독일군은 제140연대 소속으로 30명쯤 되는 무리였는데, 실상은 프랑스군 포대의 탄막 때문에 연대와 함께 후퇴하지 못하고 지휘관도 없이 전진할 수밖에 없던 이들이었다. 그 무리의 상급자는 무명의 젊은 소위였다. 그는 동료들에게 요새로 와 합류하라고 필사적으로 깃발을 흔들어 신호를 보냈다. 그들은 한동안 프랑스군의 방해를 받지 않았다. 저 너머로 약 3킬로미터밖에 떨어지지 않은 곳에 베르됭 성당의 쌍둥이 탑과 여름 안개를 뚫고 어렴풋이 모습을 드러내며 구불구불 베르됭을 관통하는 뫼즈강이 보였다. 약속의 땅이었다! 독일군 병사들에게는 1941년 가을 멀리 흐릿하게 보이는 모스크바의 뾰족탑들도 그보다 더 매혹적으로—얻기 어려운 것으로도—보이지 않았을 것이다. 황태자군 전체에서 오직 이

1916년 7월 12일 독일군의 수빌 요새 공격이 실패했음을 알리는 프랑스의 엽서. 사진에 보이는 것은 수빌 요새의 주 출입구이다.

30명만 볼 수 있는 광경이었다. 그러나 이 또한 오래가지 못했다. 수 빌 요새의 수비대는 대체로 패주했지만, 뒤퓌 중위가 이끄는 약 60명 의 프랑스군 연대 잔여 병력이 그곳에 피신해 있었다. 요새의 비탈진 제방에 독일군이 있음을 알아챈 뒤퓌는 즉각 병사들을 보내 그들을 몰아냈다. (독일군 병사들이 소수의 고립된 집단이라는 사실을 몰랐기에) 영웅적인 자살 공격이 될 수도 있었다.

격렬한 전투 끝에 수빌은 다시 한번 확실히 프랑스군의 소유가 되 었다. 두 눈으로 성스러운 도시를 바라보았던 독일군 10여 명은 포로 가 되었으며, 나머지는 전사하거나 흩어졌다. 폰 델멘징엔 장군은 더 없이 깊은 좌절감과 절망감을 느끼며 베르됭에서 독일군의 마지막 희 망의 불빛이 희미하게 꺼지는 것을 보았다.

독일군의 공세는 그날 정점에 이르렀다가 곧 비할 데 없이 빠르게 힘이 빠졌다. 7월 14일이 되자, 공격군은 망쟁의 반격에 밀려 사실상 7월 10일의 출발점까지 밀려났다. 베르됭을 점령하기 위한 노력은 마침내 끝났다. 2월 21일에서 7월 15일 사이에 프랑스군은 27만 5천 명이 넘는 병사(공식 전쟁사에 따른 수치)와 6,563명의 장교를 잃었다. 이중 6만 5천 명에서 7만 명 정도가 전사했고, 병사 6만 4천 명과 장교 1,400명이 포로가 되었다(황태자군 기록에 따른 수치). 12만 명이 넘는 프랑스군 사상자가 마지막 두 달 동안에 발생했다. 독일군은 팔켄하인의 '제한된 공세'에서 이미 약 25만 명을 잃었다. 이는 팔켄하인이 2월에 기꺼이 전투에 배정했던 9개 사단 완전 편성 병력의 두 배에 해당하는 수였다. 독일군 포대는 대략 2200만 발의 포탄을 발사했고, 프랑스군은 1500만 발은 쏘았을 것이다. 프랑스군은 서부전선에 투입한 총 96개 사단 중에서 70개 사단을 베르됭으로 보냈고, 독일군은 46.5개 사단을 보냈다.

이 마지막 공격이 결코 실행될 필요가 없었다는 사실은 베르됭의 비극 전체를 보여주는 징후였을 것이다. 황태자는 팔켄하인이 7월 11일에 한 번 더 마음을 바꿔 "이후로 방어 태세를 취하라"고 명령했다고 전한다. 그러나 사단 참모들에게 명령을 전하기에는 너무 늦었다. 쓸데없는 학살이 계속되었다. 7월 14일 이후 독일군이 공세를 중지한 뒤에도 비극은 멈추지 않았다. 7월과 8월 내내, 그리고 9월에 들어선 후로도 한동안 베르됭에서는 끔찍한 싸움이 조금도 누그러지지 않은 채 이어졌다. 다시금 인간은 자신들이 시작한 싸움을 멈출 힘을 잃은 것 같았다. 싸움은 자체의 동력을 얻어 계속되었다. 프랑스는 7월 11일의 공격이 베르됭을 점령하려는 독일군의 마지막 노력이라고 완전히 확신할 수 없었다. 프랑스군은 이미 위험할 만큼 베르됭 쪽에 가깝게 뒤로 밀렸고 여기서 한 번 더 돌파당하거나 한 번이라도 더 실수하면 도시가 함락될 수 있었다. 따라서 숨 쉴 여유를 확보하기 위해 필사적으로 싸워야 했다. 독일군은 끔찍한 딜레마에 직면했다. 독일군은 전진 동력이 사라지고 방어로 전환할 수밖에 없게 된 뒤로는 그토록 엄청난 희생을 치르고 점령한 땅을 전술상 대부분 포기해야 했다. 대체로 지킬 수 없었다. 황태자는 이를 인지했지만, 그조차도 포기는 불가능하다고 인정했다. 심리적으로 포기는 "헤아릴 수 없을 만큼 큰 재앙을 불러올 것"이기 때문이었다.

(이제 베르됭뿐만 아니라) 티오몽과 플뢰리 같은 의미 없는 폐허의 이름들이 독일군의 마음속에서 차지하는 상징적인 중요성이 그 정도로 컸다. 그래서 여름 내내 격렬한 전투가 이어졌다. 프랑스군은 맹렬하게 공격을 거듭했다. 독일군은 한 치의 땅이라도 더 차지하려 싸웠고 때로는 잃은 땅을 되찾기 위해 공격했다. 이 새로운 전투 과도기를 대표하는 것으로 티오몽 능선의 제119지휘소(PC119)를 차지하려는 긴 싸움을 들 수 있다. 12명 정도의 병력을 위한 지휘소로 만들어진 제119지휘소를 탈환하는 데 프랑스군 1개 대대가 필요했다. 플뢰리와 티오몽 보루의 주인은 거듭 바뀌었다. 결국 여름이 끝날 무렵 (한때 주민이 5백 명이었던) 플뢰리에 남은 것이라고는 공중에서나 볼 수 있는 흰색 얼룩 하나가 전부였다. 흰색 얼룩은 그곳에서 발견된 유일하게 식별할 수 있는 물체로 교회의 은제 성배였다.

양측에 똑같이 경고 신호가 있었다. 8월 4일 마이어 일병은 음악을 사랑하는 황태자를 위해 마련된 콘서트에 가창자로 뽑혔다. 그러나 갑자기 프랑스군이 티오몽을 돌파할 조짐이 보였고 마이어 일병의 부대는 틈을 메우기 위해 파견되었다. 콘서트는 취소되었고, 그 신진 테너는 프랑스군의 포로가 되었다. 7월 19일에 영국 총리 로이드 조지는 〈더타임스〉의 레핑턴에게 베르됭이 함락되지는 않을지 여전히 심각하게 걱정한다고 말했다. 독일군은 "그렇게 되면 대략 2천 문의 포를 우리 전선으로 돌리고 맹렬히 포격할 것이다." 9월 초 푸앵카레 대통령은 승리한 베르됭에 레지옹 도뇌르 훈장을 수여할 예정이었다. 그러나 평소보다 더 날카로운 독일의 반응에 프랑스의 두려움이 다시 깨어났고 새로운 위기가 지나갈 때까지 기념식을 연기하는 것이 신중한 처사로 판단되었다.

타는 듯한 여름 더위 속에서, 시체가 넘쳐 나는 좁은 전장에서 일진일퇴로 주고받는 격렬한 싸움이 이어지면서 공포의 나사가 (그런 일이 가능했다면) 한 바퀴 더 돌아 단단히 조여졌다. 프랑스군의 로망 소령은 7월 자신의 대피호 입구에 펼쳐진 광경을 이렇게 묘사했다.

나는 도착하자마자 흙과 돌, 정체 모를 잔해가 뒤섞인 더미에서 파란 모자를 쓴 보병의 시신 일부가 삐져나와 있는 것을 보았다. 그러나 몇 시간 뒤 그 현장은 달라졌다. 그는 사라졌고 황갈색 군복의 티라이외르가 그 자리를 차지했다. 연이어 다른 군복을 입은 다른 시신이 나타난다. 한 명을 묻은 포탄은 다른 한 명을 파낸다. 그러나 이 광경에 점차 익숙해진다. 우리는 이 납골당의 끔찍한 악취를 견디며 살아간다. 전쟁이 끝난 뒤 살아남은 기쁨도 그 해로운 영향을 영원히 떨쳐내지 못할 것이다.

베르됭의 프랑스군은 이 지독한 상황에 계속 매여 있었는데도 8월 중에 눈에 띄게 사기가 좋아졌다. 곳곳에서, 솜강과 러시아, 이탈리아, 근동에서 연합군이 공격하고 있었고, 특히 베르됭이 더는 심각하게 위협받지 않는다는 사실이 좋았다. 독일군의 사기는 푹 꺼졌다. 8월, 독일군이 지켜야 할 땅이 심하게 노출된 탓에 제5군은 처음으로 프랑스군보다 많은 사상자를 냈다.

8월, 막후에서 황태자와 크노벨스도르프, 팔켄하인 사이에 결정적인 충돌이 벌어졌다. 팔켄하인이 마침내 베르됭 공세를 종결했을 때 진심으로 안도했던 황태자는 7월 11일 이후 자신의 참모장이 여전히 베르됭 점령의 야심을 품고 있으며 팔켄하인을 다시 압박할 적당한 기회를 기다리고 있다는 사실을 알고 소름이 끼쳤다. 크노벨스도르프는 프랑스군이 분명히 솜강으로 병력을 보낼 것이라고 주장했다. 그리고 겨울이 오면 전술적으로 더 어려워질 것이라고 지적하면서 물었다. 후퇴보다 전진이 낫지 않은가? 8월 15일 팔켄하인은—황태자 없이 크노벨스도르프와 회담한 뒤—늘 하던 식으로 제5군에 애매한 전갈을 보냈다. 공세는 끝났지만 국내용으로나 적에게 보여주기 위해서나 공격 태세를 유지해야 한다는 내용이었다. 이어서 팔켄하인은 향후 전망을 평가해 달라고 요청했다. 이 편지를 확인하고 황태자는 곧바로 이렇게 추론했다.

(팔켄하인은) 앞서 내가 그가 버렸다고 믿었던 생각으로, 즉 프랑스군의 옆구리에 상처를 내 피를 빼내자는 생각으로 되돌아갔다.

더욱 나빴던 것은 황태자가 팔켄하인과 크노벨스도르프가 자기 몰래 새로운 공격을 계획하고 있다고 의심한 것이었다. 이러한 의심에는 근거가 없지 않았다.

제5군 사령부에서 뫼즈강 양안을 책임진 두 명의 지휘관 즉 (좌안을 맡은) 헤르만 폰 프랑수아* 장군과 (우안의) 폰 로호 장군이 참석한 가운데 논의가 이루어졌다. 폰 프랑수아는 공세를 반드시 재개해야 한다고 생각했다. 주된 이유는 공세 포기는 "약하다고 인정하는 것"이기 때문이었다. 그러나 폰 로호는 4월에 자신의 전임자 폰 무드라에게서 지휘권을 앗아간 견해에 동의했다. 폰 로호는 2월부터 제3군단을 지휘하며 계속 뫼즈강 우안에 머물렀기에 그곳 상황을 어느 누구보다 잘 알았다. 그가 보기엔 수빌 요새 점령도 보 요새의 반복일 뿐이며 훨씬 더 고된 전투와 많은 사상자를 초래할 것이라고 생각했다. 폰 로호는 황태자를 지지하여 기존 진지를 강화하는 데 전념해야 한다고 권고했다.

제5군 사령부의 견해 차이가 팔켄하인에게 보고되었고, 이에 총사령관은 특유의 가망 없는 우유부단함이 담긴 서한을 보냈다. 팔켄하인이 시작한 전투의 향후 수행은 이제 "집단군 사령관(황태자)의 결정에 맡겨졌다." 황태자는 이렇게 평했다.

이 문건의 수수께끼 같은 내용에도 불구하고 나는 견딜 수 없는 책임의 무게에서 벗어나 다시 마음대로 할 수 있어서 내심 기뻤다. 나는 내가 어떤 길을 택해야 하는지 충분히 잘 알았다.

황태자가 마침내 선택한 길은 아버지에게 최고로 절박하게 크노벨스도르프를 다른 사람으로 대체하라고 간청하는 것이었다. 베르됭 작전의 실패와 전반적인 전쟁 상황에 환멸을 느낀 카이저는 이번만은 아들의 말을 경청했다. 8월 23일 크노벨스도르프는 러시아로 내쫓겨 군단을 지휘하게 된다. 그의 자리는 발터 폰 뤼트비츠* 장군이 차지했

헤르만 폰 프랑수아(Hermann von François, 1856~1933) 1915년 6월 29일부터 1918년 7월 5일까지 독일군 제7군단 군단장을 맡았다.
발터 폰 뤼트비츠(Walther von Lüttwitz, 1859~1942) 1916년 8월 21일 제5군 참모장이 되었고 1916년 10월 27일부터 11월 24일까지 황태자집단군에서 복무했다.

다. 황태자의 말에 따르면 폰 뤼트비츠는 "나의 생각을 주저 없이 신속히 받아들였다."

폰 팔켄하인의 시간은 얼마 남지 않았다. 베를린에서 팔켄하인의 적으로서 오랫동안 그의 몰락을 꾀했던 베트만홀베크는 전쟁의 전망이 어두워짐에 따라 카이저가 이전 총신에게 품은 불만에 점점 세게 부채질을 했다. 8월 27일 드디어 기회가 왔다. 루마니아가 연합군 편으로 참전한 것이다. 팔켄하인이 예상하기로는 9월 중순 루마니아인들이 추수를 하기 전에는 일어날 수 없는 일이었다. 루마니아의 참전에 독일 지도자들은 깜짝 놀랐다. 이튿날 카이저는 폰 힌덴부르크 육군 원수를 불러들였고, 폰 팔켄하인은 사직서를 제출했다. 그가 떠나는 것을 슬퍼하는 사람은 거의 없었다. 빈과 스테네에서는 특별한 환호가 울렸다.

새로운 총사령관과 그와 불가분의 관계에 있던 루덴도르프는 서부전선을 처음으로 방문했을 때(두 사람은 1914년 타넨베르크 전투 이래로 계속 러시아 전선에 있었다) 베르됭의 상황에 치를 떨었다.

(힌덴부르크는 이렇게 말했다.) 그곳에서 벌어진 전투는 우리 병력을 벌어진 상처처럼 소모시켰다. 게다가 그 계획은 분명코 아무런 희망이 없었다. …… 전장은 완전한 지옥이었고 군대도 그렇게 생각했다.

(루덴도르프도 그대로 되풀이했다.) 베르됭은 지옥이었다. 베르됭은 전투에 참여한 참모들과 부대에 악몽이었다. 우리의 손실은 감당하기 어려울 정도로 컸다.

두 사람은 즉시 모든 공격을 중단하라고 명령했다. 독일군의 손실은 이제 총 28만 1,333명이었고, 프랑스군의 손실은 31만 5천 명이었다.

전선 반대편에서는 페탱이 성미 급한 부하 망쟁 때문에 점점 더 곤란해지고 있었다. 두오몽의 패주 이후 복직된 지 3주가 못 되어, 그리고 7월 11일 독일군의 공격이 실패한 지 불과 며칠밖에 지나지 않았는데, 망쟁은 플뢰리를 되찾기 위해 사단 규모의 반격을 개시했다. 선택된 부대는 불운한 제37아프리카사단이었다. 이 사단은 2월 전투 초기에 초라한 성과를 보였기에 이제 (새 지휘관과 더불어) 명예 회복을 간절히 바라고 있었다. 그러나 공격이 지나치게 성급했다. 사단 지휘부는 지형에 익숙해질 시간이 없었고, 포격 지원도 제대로 받지 못했다. 한 번 더 베르됭의 산비탈은 황갈색 군복의 티라이외르와 주아브로 뒤덮였다. 망쟁이 이 마지막 큰 실수를 저지른 뒤, 페탱은 (니벨을 따돌리고) 직접 망쟁에게 길고 몹시 퉁명스러운 편지를 보냈다. 이후 페탱은 그처럼 준비가 부족한 대규모 공격이 더는 없도록 주의를 기울였다. 제2군은 강력한 반격을 위해 병력을 보존해야 했는데, 그 반격은 페탱이 2월의 암울한 시기에 임명된 이래 늘 마음에 둔 것이었다. 9월 초부터, 프랑스의 공세 준비가 최고조에 이르고 힌덴부르크가 독일군의 모든 활동을 중단하라고 명령하면서, 황폐해진 전장에는 거의 7개월 만에 처음으로 불길하고 꺼림칙한 정적이 내려앉았다. 그러나 페탱의 계획이 결실을 맺기 전에, 프랑스군은 한 번 더 예기치 못한 무시무시한 재앙을 겪게 된다.

타반 터널은 메스-베르됭 간선 철도에 있는 단선 철도 터널이었다. 이 터널은 뫼즈강 구릉 지대를 관통해 약 1.3킬로미터 정도 이어져 있었다. 독일군은 7월 11일에 이 터널의 동쪽 출구에 매우 가깝게 다가간 적이 있었다. 만일 독일군이 터널을 온전한 형태로 장악한다면 트로이 목마에 올라탄 것처럼 프랑스군 요새들의 장벽을 쉽게 넘어 베르됭의 심장부로 곧장 나아갈 수 있을 것이었다. 2월 24일, 과민한 에르 장군은 실제로 조프르에게 전화를 걸어 터널 폭파를 승인해 달라고 청했다. 그러나 이것이 타반 터널이 중요한 유일한 이유는 아니었다. 독일군이 두오몽 요새를 통해 해결했던 여러 일을 프랑스군은 타반 터널을 통해 충족하고 있었다. 타반 터널은 여러 달 동안 수빌 요새 동쪽의 전선 전 구역에서 두오몽과 같은 역할을 수행했다. 즉, 그 철로를 따라 막사, 창고, 응급처치 구호소, 대피호, 교통호의 여러 기능이 결합했다. 여러 개의 상급 지휘소가 타반 터널 안에 자리를 잡았고, 터널에 약 3천 명에서 4천 명을 수용할 수 있었다. 반격하러 가는 예비 부대가 그곳에 묵었고, 반격에 실패한 부대는 그곳으로 돌아와 피신하고 수술을 받았다. 작은 아랍 당나귀도 포격이 너무 맹렬해서 밖에서 짐을 부릴 수 없을 때에는 터널 안으로 수백 미터까지 들어오곤 했다.

검댕으로 까맣게 변한 좁은 터널은 몇몇 구간에서만 흐릿하게 불을 밝혔기 때문에 터널을 거쳐 전선을 오가는 병사들은 잠든 사람과 부상병의 몸 위로 넘어지곤 했다. 피복이 벗겨진 전선에 스쳐 감전사하는 이들도 있었다. 소동과 혼란, 악취가 대단했다. 향토연대의 루이 우르티크(Louis Hourticq) 중위는 1916년 봄의 타반 터널을 이렇게 묘사했다.

지하의 생존은 낮과 밤의 구분을 없앤다. …… 활동, 이동, 소음은 모두 같다. 자정부터 정오까지 중단 없이, 멈추지 않고 계속된다. …… 의사들은 파리가 검게 뒤덮은 등잔불 밑에서 찢어진 살을 꿰맸다. 근처에는 어느 여단의 참모부가 자리를 잡았는데, 나무로 만든 작은 방에서 전령들과 전화선이 사방으로 퍼져 나갔다.

터널을 통해 R1으로 가던 델베르 대위는 터널 안의 오물을 보고 충격을 받았다. 출구로 나갈 수 없던 병사들은(양쪽 출구 모두 끊임없이 포격을 받았다) 철로 옆 도랑에 용변을 보았다. 주기적으로 작업반을 선발해 물로 도랑을 쓸어냈다. 그럴 때면 이런 외침이 들렸다.

"똥 조심…… 반합 치워! 어디나 즙이 흘러." …… (델베르는 이렇게 말했다.) 이 농담은 많은 것을 암시한다.

7월, 터널을 차지하고 있던 사단장은 결국 청소 작전을 포기할 수밖에 없었다. 오염된 진창을 휘저으면 질병이 퍼질까 봐 두려웠다. 델베르에 따르면, "그곳에서 하룻밤을 보내면 얼굴이 창백해지고 일그러진다. 병사들은 더는 두 발로 버티고 설 수 없다."

그렇지만 병사들은 너무도 기꺼이 그곳에 피신했다. 피에르 셴(Pierre Chaine) 중위는 이렇게 말했다. "포탄 세례 속에서 경험할 수 있는 가장 기분 좋은 만족을 우리는 그곳에서 경험했다. 머리 위에 산이 있다는 만족감."

두오몽 요새를 강타한 끔찍한 참사가 경고를 보내왔는데도, 타반 터널에 널리 퍼진 혼란 속에서 조만간 비슷한 일이 일어나는 것은 불가피해 보였다. 그리고 그 일은 9월 4일 저녁 늦게 발생했다. 아마도 노새가 막 터널 안으로 운반해 온 로켓 더미에 어떻게 된 일인지 불이 붙은 때였을 것이다. 5월에 두오몽에서 그랬듯이 불과 몇 초 만에 연쇄 반응이 일어났다. 로켓이 수류탄 보관소를 폭발시켰고, 이에 전기 발전기에 쓰는 석유에 불이 붙었으며, 이는 다시 더 많은 수류탄을 터뜨렸다. 얼마 안 되는 생존자 중 한 사람인 어느 소령은 델베르에게 이렇게 말했다.

박살 난 몸뚱이가 내게로 날아왔다. 아니 차라리 내 위로 쏟아졌다고 해야겠다. 나는 3미터 떨어진 곳에서 화염에 몸이 뒤틀리는 병사들을 보았지만 아무런 도움도 줄 수 없었다. 수류탄이 쉴 새 없이 폭발하는 가운데 여러 개의 다리와 팔이 공중으로 흩어졌다.

우르티크 중위는 이렇게 회상했다.

우리 의사가 출구 근처에서 걷고 있다가 밖으로 튕겨 나가 내동댕이쳐졌다. 그는 일어나서 화염에 휩싸인 채 굉음을 내는 터널 입구를 바라보았다. …… 폭발 소리에 뒤이어 정적이 흘렀다. 터널 안쪽으로 갑자기 공기가 거세게 밀려 들어가면서 불길이 크게 일어났고 터널 안에 있던 모든 것을 몇 시간 동안 태워버렸다.

안에서는 죽음의 공포가 터져나왔다. 버둥거리는 전우들의 몸은 물론이고 좁은 터널 안의 목재 침상과 칸막이 때문에도 탈출이 불가능하다는 것을 병사들이 깨달았기 때문이다. 동쪽 출구에서는 반쯤 질식한 병사들이 밖으로 몰려나왔지만 독일군의 포격이 엄습했다. 병사들은 다시 안쪽으로 밀어닥쳤고 한 대령이 권총을 들이대며 밖으로 내몰 때까지 출구를 막고 있었다. 공포에 사로잡힌 불쌍한 병사 여럿이 포탄에 죽임을 당했다. 안에서는 사흘 동안 불길이 맹위를 떨쳤고, 아무도 들어갈 수 없었다. 마침내 불길이 가라앉았을 때, 구조대는 통풍구 밑에 검게 그은 채 쌓여 있는 많은 시신을 발견했다. 통풍구로 탈출하려 했으나 실패한 것이 분명했다. 사망자는 5백 명을 넘었고, 여단장 한 명과 그의 참모, 그리고 향토연대의 2개 중대 거의 모두가 희생자에 포함되었다.

26장

최후의 대반격

2월에 독일군은 장비전(Materialschlacht)을 일으켰지만
불운하게도 그것의 독점권을 지키는 것을 잊었다.
— 아르놀트 츠바이크, 《베르됭에 앞선 교육》

내가 본 역사 유적 중에 아무리 인상적인 것도,
심지어 콜로세움이나 파에스툼의 신전들도
보 요새와 두오몽 요새보다 깊은 감동을 주지 못했다.
— 장 뒤투르, 《마른강의 택시》

프랑스군의 반격 준비는 페탱-니벨-망쟁으로 이루어진 베르됭 팀
이 어느 때보다도 조화롭게 움직였음을 보여준다. 적절하게도, 늘 미
치도록 뛰쳐나가고 싶어 했던 망쟁이 공격 실행을 맡았다. 니벨은 모
든 세부 계획을 책임지기로 했다. 페탱은 전반적인 계획을 짜고 공격
의 규모와 시기를 정하고, 그리고 특히 열의 가득한 부하들이 다시금
어리석게 성급히 나서지 못하도록 막는 일을 맡았다. 이번 전투는 페
탱이 군 경력 내내 원했던 대로 미리 잘 짜인 전투가 될 것이었다. 특
히 포 부문에서 국지적 우위를 얻기 전까지는 전투를 진행하지 않기
로 했다. 처음 공격을 개시할 전선의 길이는 6월 23일 독일군이 공격

할 때보다 더 길게 잡았으며, 목표는 다름 아닌 두오몽 요새였다. 제 1선에 3개 사단을 투입하고 뒤이어 3개 사단을 더 보내기로 했고 2개 사단을 예비 병력으로 남겨 두었다. 페탱은 프랑스 전선 구석구석을 뒤져 대포를 끌어 모았다. 전부 650문이었는데, 절반이 중포였다.(이들이 상대할 독일군의 대포는 대략 450문 내지 500문이었다.) 특히 '초대형 중포'도 있었다. 5월에 망쟁의 370밀리미터 포는 두오몽 요새에 아무런 영향도 미치지 못했는데, 그러한 결과가 나오기 전에 이미 페탱은 더 강력한 대포를 내놓으라고 조프르를 괴롭혀 왔다. (조프르는 언젠가 〈더타임스〉의 레핑턴에게 '초대형 중포'는 '주로 대중과 언론의 이목을 끌기 위한 것'이라고 밝힌 적이 있다.) 이제 마침내 400밀리미터 신형 열차포 두 문이 도착해 전선 후방으로 상당히 멀리 떨어진 곳에 위장막을 덮어쓰고 자리를 잡았다. 더 긴 사거리와 더 강한 관통력을 갖춘 이 슈네데르-크뢰소의 괴물 대포는—제1차 세계대전에서 프랑스군이 쓴 가장 큰 대포였다.—크루프 사의 '뚱보 베르타'보다 더욱 치명적이었다. 9월부터 10월 초까지 내내 탄약 열차들이 베르됭에 모여들어 그 괴물 대포에 쓸 약 1만 5천 톤의 포탄을 운반했다. 페탱이 이전에 병사들에게 약속했듯이, 이번에는 병사들이 대포의 지원 없이 〈라마르세예즈〉를 부르며 참호 위로 뛰어오르는 일은 없을 것이었다.

포병 출신인 니벨은 진격하는 공격진 앞에서 '이동 탄막'을 체계적으로 펼칠 수 있게 준비함으로써 공격에 크게 기여했다(이 기술이 시도된 초기 사례의 하나이다). 보병은 야포 탄막 뒤로 약 64미터, 중포 탄막 뒤로 약 137미터 떨어져서 4분에 정확히 약 91미터(100야드)씩 일정하게 전진하기로 했다. 병력과 포화가 마치 시골에서 도리깨질하듯이 가차 없이 마구 적을 때리며 함께 진격할 것이었다. 탄막을 거두어 적군에 보병의 진입을 알리는 치명적인 실수는 더는 저지르지 않

제1차 세계대전 당시 프랑스군이 전투에 투입한 400밀리미터 열차포. 프랑스군은 1916년 10월 두오몽 요새 탈환을 비롯해 독일군에 대반격을 가하기 위해 이 같은 대형 열차포를 준비했다.

을 것이었다. 이동 탄막 사격 전술의 성공은 (그리고 이전에 베르됭에서 프랑스군 보병들의 용기를 그토록 자주 꺾었던 재앙, 즉 아군 포탄이 너무 일찍 낙하함으로써 벌어지는 재앙을 피하는 것도) 보병과 포병대 간의 통신이 전례 없이 잘 이루어져야 가능한 일이었다. 니벨은 약 1.8미터 깊이의 참호에 전화선을 가설해 이 문제를 해결하려 했다. 그 정도 깊이면 적어도 한 번은 포격에 해를 입지 않으리라고 보았다. 이것은 엄청난 작업이었다.

두오몽 점령 임무는 제38사단의 기요 드 살랭* 장군에게 떨어졌다. 이 사단은 주로 망쟁이 아끼던 아프리카인 부대로 구성되었다. 아직 전투에 투입되지 않은 세네갈인 2개 대대가 포함되었는데, 이들은 크고 강인하며 겁이 없고 포로를 그 자리에서 바로 처리했기에 독일군

─────────

아르투르 기요 드 살랭(Arthur Guyot de Salins, 1857~1936) 1916년 4월 22일부터 1918년 10월 16일까지 제38사단 사단장을 맡았다.

이 몹시 두려워했다. 이들은 9월에 베르됭에 들어왔는데 마치 어린아이들처럼 색다른 '불꽃놀이'에 매혹되었으며, 곧 소규모 공격에 투입되어 능력을 검증받았다. 그들은 즉시 장교들의 통제를 완전히 벗어나 미친 듯이 날뛰며 독일군 진지 몇 곳을 점령하고 생존자를 도륙했다. 그때 독일군이 정신을 차리고 기관총 한 문을 설치했다. 기관총 사격을 받아본 적이 없던 불쌍한 아프리카인들은 도대체 어디서 그 많은 총탄이 날아오는지 이해할 수 없었고 당혹감 속에 한데 모였다. 그날 학살을 피한 이들은 곧바로 전선에서 물러나 강도 높은 훈련을 받았다. 이 불운한 사건 이후, 공격에 투입될 보병에 대해서도 포병대 교육만큼이나 세심하게 사전 교육을 진행했다. 바르르뒤크 인근의 스탱빌에 (두오몽 요새의 외형을 실물 크기로 재현한) 모의 전장을 마련해 그 위에서 병사들에게 눈을 감고도 어디가 어디인지 알 수 있을 때까지 '전투 훈련'을 시켰다. 한편 페탱과 니벨은 일단 두오몽을 탈환하면 절대로 다시 빼앗겨서는 안 된다고 결의를 다졌으며, 특히 보 요새의 비극적 교훈을 되새겨 파나마 운하 굴착 중에 식수 공급을 담당했던 프랑스인 기술자를 베르됭으로 불러들였다. 그는 포격 지대를 가로질러 요새까지 식수를 끌어올 기발한 이동식 직물 도수관 시스템을 짧은 시간 안에 만들어냈다.

프랑스군의 강력한 준비 태세가 정점에 이르렀을 때, 평소에도 낙관적인 망쟁은 어느 때보다 자신감이 넘쳤다. 그때 어느 하급 장교는 망쟁을 보고 고양이를 떠올렸다. 망쟁은 조만간 적에 큰 손실을 안길 것을 기대하며 "눈을 가늘게 뜨고 혀로 입술을 핥았다." 망쟁은 사령부를 베르됭 근교에 있는 어느 곡물상의 별장으로 옮겼다. 그의 책상 뒤에 천막 천으로 만들어 달아놓은 커튼에서는 옅은 아랍 향기가 났다. 방 안에는 되찾을 땅의 모형이 있었다. 망쟁은 모형을 가리키며 방문객들에게 이런 말을 되풀이했다. "여러분은 나의 식민지 부대 병사들이 저기에 진입하는 광경을 보게 될 겁니다."

공격 전날 밤에 조프르가 방문해 망쟁에게 이렇게 보장했다. "장군, 네 시간 안에 22개 대대를 주겠소."

이번에는 프랑스군 내부에 망쟁의 자신감을 공유하는 사람이 많았다. 드 살랭 장군은 병사들에게 이렇게 극적으로 말했다. "때가 왔다. …… 그대들은 확실히 승리할 것이다. 지긋지긋한 보슈를 응징할 시간이 다가왔다."

공격 제1진의 다른 사단에 속한 어느 장교는 대포와 보급품이 많아 안심이 된다면서 이렇게 쓰라린 말을 내뱉었다. "전쟁 초기에 이렇게 공급되었다면 지금 우리가 프랑스 땅에서 싸우고 있지는 않을 것이다."

황태자군의 병영에서는 이와 전혀 다른 상황이 펼쳐졌다. 공세 때 독일군이 보인 의기양양함은 사라졌다. 적에게 주도권을 빼앗겼으며 이제 공격이 임박했음을 알았기에 불안이 널리 퍼졌다. 상급 장교들은 새로운 총사령부가 베르됭에서 현재 전방 진지들을 언제 포기하는 게 좋을지 심리적으로 적당한 시기만 기다리고 있음을 알았고, 그런 장교들의 불안감이 병사들에게 옮겨졌다. 병사들은 지쳤다. 많은 병사가 솜강에서 끔찍한 여름을 보냈거나 아니면 베르됭에서 너무 오래 대기했다. 이를테면 폰 츠벨의 제7예비군단은 2월부터 교체 없이 계속 베르됭에 머물렀다. 병력 면에서 독일의 열세는 어느 때보다도 뚜렷한 사실이었으며 장비도 소모가 심했다. 닳아빠진 대포는 포탄을 당혹스러울 정도로 자주, 너무 일찍 떨어뜨렸는데 이는 그때까지 대체로 프랑스군에서 벌어지던 일이었다. 한편 노출된 전방 참호를 지키던 병사들의 고통은 날이 갈수록 심해졌다. 프랑스군은 몇 주 동안 끊임없이 포격하여 — 망쟁은 이를 가리켜 "무기를 거두지 않는다"고 말했다. — 방어 시설 개선이나 철조망 설치를 효과적으로 방해했다. 그때 가루가 된 땅으로 스며든 비가 베르됭의 모진 가을 날씨에 얼어붙었다 녹았다를 반복하면서 망쟁의 대포만큼이나 효과적으로 참호를 대대적으로 무너뜨렸다. 동상 걸린 발로 절뚝거리며 후방으로 걸어가는 독일군 행렬이 끊이지 않았고, 병원에 입원하리라는 필사적인 희망을 품은 채 죽은 말의 썩은 살점을 먹은 이들이 이 행렬에 합류했다. 베르됭에서 벗어날 수 있다면 무엇이든 삼켰을 것이다. 9월이 되자 탈영자가 전례 없이 늘어났고 폰 로호 장군은 겁쟁이에게 자비를 베풀지 말라는 특별 명령을 공표했다. 제5군 장교들은 전쟁이 시작된 이래 단결심이 이토록 바닥으로 떨어진 적이 있었는지 떠올릴 수 없었다.

두오몽 요새 안에서는 5월의 대재앙 이래로 규율이 강화되었고 화재 예방을 위해 더 엄격한 관리 조치가 도입되었으며 탈출구를 추가로 더 팠다. 그러나 이것을 제외하면 요새 안의 생활은 여름 내내 이전과 거의 비슷했다. 두오몽 요새는 들어오고 나가는 부대들로 항상 붐볐다. (요새는 애정 넘치게 '늙은 삼촌 두오몽'이라고 불렸는데, 매우 인간적이게도 부대들은 그 축복받은 성소에서 나갈 때보다 들어올 때 더 빨리 움직이곤 했다.) 프랑스군의 끊임없는 포격은 아직까지 이런 요새의 일상에 크게 영향을 끼치지 못한 듯했다. 그러나 몇 달간 맹렬한 포격이 지속되면서 은밀하게 달라진 것이 하나 있었다. 요새를 뒤덮어 보호하던 흙이(곳에 따라 깊이가 5.4미터에 이르기도 했다) 조금씩 깎여 나갔다. 요새 안의 병사들은 몰랐겠지만 강력한 두오몽 요새는 이제 머리카락이 일부 잘린 삼손과 비슷했다.

10월 19일 프랑스군의 예비 포격이 맹렬하게 쏟아지기 시작했다.

정찰기들이 상공에 떼 지어 모여든 가운데 포탄이 연이어 요새에 떨어졌다. 21일에는 프랑스군이 쏜 중포탄에 포 관측탑이 박살 나고 그 안에 있던 장교가 수 톤 무게의 콘크리트에 깔려 뭉개졌지만, 요새의 핵심 부분은 멀쩡했다. 두오몽은 여전히 당당하고 초연하게 미소를 짓고 있었다. 22일은 꽤 조용히 지나갔다. 그 다음 23일 정오 직전 이례적으로 강력한 충격에 구조물 전체가 흔들렸다. 전등이 꺼지면서 수비대 병사들은 어둠 속에서 저마다 비할 데 없는 공포를 경험했다. 5월 8일의 재앙이 반복될 것인가? 몇 분 뒤 거대한 포탄이 요새 상부 의무실 안에서 폭발한 것으로 밝혀졌다. 막사 전체가 아수라장으로 변했고, 내부에서는 여전히 불길이 맹렬히 타올랐다. 약 50명의 의무병과 부상병이 사망했다. 10분 뒤 요새 안의 많은 병사들이 거대한 비행체가 떨어지면서 내는 날카로운 소음을 들었고 뒤이어 가까운 곳에서 쿵 하는 충돌 소리가 이어졌다. 불과 몇 초 뒤에 시한 신관이 폭발했고, 요새는 한 번 더 진동했다. 이번에는 총안8의 벙커가 파괴되었다. 프랑스군이 지금껏 보유했던 것보다 더 큰 대포를 쓰고 있음이 분명했다. 400밀리미터 포탄이 10분에서 15분 간격으로 떨어졌다. 포탄이 날아올 것이 예상되었기에 더욱 무서웠다. 특히 포격의 정확도가 놀라웠다. 빗나간 포탄이 적었고, 여러 발이 남은 흙과 약 2.4미터 두께의 콘크리트 덮개를 관통해 요새의 주요 부분 안에서 폭발했다. 빵 굽는 곳이 박살 났으며, 잇따른 두 차례 타격에 총안11과 총안17이 파괴되었고, 네 번째인가 다섯 번째로 떨어진 포탄은 요새 상부 구조 주 통로 위의 지붕을 무너뜨려 통로를 완전히 막아버렸다.

매번 포탄이 날아올 때마다 새로운 재난이 닥쳤고, 요새 사령관 로젠달 소령은 공황 상태를 가라앉히느라 애를 먹었다. 선택의 여지가 거의 없었기에 로젠달은 상부 구조에서 즉각 철수하라고 명령했다.

요새 수비대는 2월에 슈노와 그의 향토연대 병사들이 붙잡힌 지하층에 웅크리고 몸을 숨겼지만 위험에서 벗어날 수는 없었다. 여섯 번째 포탄이 주 통로 위 지붕에 난 거대한 구멍을 통해 요새 지하의 중요한 공병 창고로 곧장 떨어졌다. 창고는 소화기(小火器) 탄약과 로켓으로 가득했다. 강력한 폭발이 이어졌고, 숨 막힐 듯한 연무가 요새 곳곳으로 퍼졌으며, 5월의 학살극이 되풀이될 것 같았다. 공병 창고 근처에 프랑스군의 중포 포탑용 포탄이 쌓여 있는 탄약고가 있었기 때문이다. 로젠달 소령은 끝이라고 생각했다. 그러한 위험을 다시 감수할 수는 없었다. 프랑스군의 가스탄 때문에 모든 출구가 사실상 봉쇄된 상태였지만 로젠달은 요새를 포기하라는 명령을 내렸다. 공병 창고에 난 화재를 진압하기 위해 소규모 결사대만 요새에 남았다. 해질녘 프랑스군 열차포가 살인적인 포격을 멈추었지만 요새 안에서는 불길이 여전히 사납게 날뛰고 있었다. 절망적이었다. 요새 안의 물이 전부 바닥나 부상병을 위해 병에 비축한 식수로 불을 끄는 지경에 이르렀다. 결국 23일 밤 두오몽 수비대의 마지막 병사들도 철수했다.

더 정확히 말하자면, 모두가 다 떠난 것은 아니었다. 요새 북서쪽 끝 모퉁이 전망대에 아직 두 명이 남아 있었다. 그들은 거대한 요새의 다른 곳을 타격한 400밀리미터 포탄에 크게 영향을 받지는 않았다. 그들은 수비대가 철수하는 것을 보지 못했으며 초소를 포기하라는 명령도 받지 못했다. 두 사람은 고립되어 잊힌 채—훌륭한 독일군 병사답게—그곳에 이틀을 더 머물렀다. 한편 이튿날 아침 7시쯤 인근 독일군 포병 부대의 프롤리우스라는 대위가 신호병과 전령들로 이루어진 소부대를 이끌고 헤매다가 두오몽 요새 안으로 들어왔다. 요새가 텅 빈 것을 알고 대위는 당연히 깜짝 놀랐다. 그는 이유를 알아내려고 요새 안을 재빨리 정찰했다. 공병 창고는 여전히 불타고 있었지만 제어할 수 없는 상태는 아니었고, 탄약고가 폭발할 위험은 사라진 듯했다. 요새 상부 구조는 통로가 막힌 탓에 둘로 나뉘었지만, 지하층을 통해 오갈 수 있었다. 프롤리우스 대위가 보기에 두오몽 요새는 병력만 충분히 모을 수 있다면 방어할 수 있었고—프랑스군의 공격이 임박한 상황에서—당연히 방어해야만 했다. 그가 당장 쓸 수 있는 병력은 약 20명 남짓이었다. 프롤리우스는 급히 후방으로 전령을 보냈다.

개활지에서 부분적으로 침수된 얕은 참호에 있던 독일군 보병들은 프랑스군의 '기선 제압' 포격에 전에 없이 심하게 고생했다. 상대적으로 운이 좋은 이들도 있었다. 예를 들면 메클렌부르크연대의 어느 대대는 영리하게도 맞은편의 프랑스군이 포격 시작 직전에 제1선 참호에서 물러났음을 알아차리고(당연히 불가피하게 '짧게 떨어지는 포탄'에서 벗어나려는 조치였다) 민첩하게 달아나 최악의 포격을 피했다. 부대마다 사실상 버틸 힘이 남아 있지 않다고 보고할 때까지 무서운 포격이 사흘 동안 쉴 새 없이 계속되었다. 그러다가 22일 오후 프랑스군 대포가 조용해졌고, 독일군은 적군의 돌격 참호에서 울려 퍼지는 함성을 들었다. 마침내 공격이 시작되려 한다! 그것은 거의 안도감에 가까웠다. 독일군 제1선의 관측병들은 아군 포대에 대응 탄막을 펼치라고 즉시 알렸다. 프랑스군 공격진이 전진할 지점에 탄막이 쳐졌다. 그런데 그들은 진격하지 않았다! 참호를 떠난 프랑스군은 사실상 한 명도 없었다.

이것은 모두 니벨이 놓은 교묘한 덫이었다. 여태껏 침묵 속에서 기다려 온 독일군 야포들은 이 한순간에 헛되이 자신들의 위치를 드러냈고, 이제 프랑스군 155밀리미터 포가 퍼붓는 숨 막히는 포화의 표적이 되었다. 하루 하고도 한나절 더 독일군 포대를 향한 포격이 계속되었는데, 그때까지 여전히 교전 가능한 독일군 포대는 약 158개 가운데 90개뿐이었고 나머지는 대개 무참히 당했다. 프랑스군의 '기선 제압' 포격이 완전히 끝날 때까지 대략 25만 발이 발사되었다. 거의 남지 않은 방어군 보병 부대의 근간도 서서히 무너졌다.

24일 오전 짙은 가을 안개가 뫼즈 강변 구릉지를 덮었다. 2월 25일에 그랬듯이 두오몽 요새가 두 번째 운명의 시간이 다가왔음을 감지하고 스스로 어둠 속에 몸을 숨겨 문제를 피하려는 것 같았다. 방어하던 독일군은 마지막 덧없는 안도의 순간을 만끽했다. 그러한 시계에서는 누구도 공격할 수 없었다. 그때 갑자기 안개 속에서 프랑스군의 날카로운 나팔 소리가 익히 알려진 돌격 신호를 보냈다.

저 높은 곳에 마실 물이 한 모금 있다……

프랑스군은 모의 전장에서 훈련을 했기에 이런 날씨는 오히려 그들에게 더없이 유리했다. 남아 있던 독일군 야포는 프랑스군 병사들이 참호에서 출발한 뒤 12분 동안 발포하지 못했고, 그때쯤 프랑스군은 방어군의 제1선 참호에 도달했다. 여름 내내 쟁탈전의 대상이었던 플뢰리의 요새와 티오몽 보루는 몇 분 만에 함락되었고, 드 살랭 장군의 사단은 라빈들라담 계곡(6월 '총검의 참호' 현장)으로 밀어닥쳐 어느 대대장과 그의 참모를 체포했다. 추격의 기운에 들뜬 프랑스군 부대가 무거운 짐을 벗어던지면서 전장은 군장과 잡낭으로 뒤덮였다. 그들이 얼마나 빨리 진격했는지 속옷 차림으로 붙잡힌 독일군 고위 장교도 있었다. 벙커는 두 번째 공격진이 해치우도록 내버려 두고 지나갔다. 한 프랑스군 중사는 한 벙커에서 2백 명을 포로로 잡았다. 독일군은 전에 없이 쉽게 항복했던 것으로 보인다. 프랑스군의 어느 청음 초소는 한 분견대가 후방에 전하는 보고를 도청했다. "한 명 빼고 다 달아났다."

몇몇 독일군은 자신을 체포한 프랑스군 병사들에게 6일 동안 아무것도 먹지 못했다고 말했고, 프랑스군 병사들은 곳곳에서 아군 대포가 수행한 파괴에 감명을 받았다.

그날 프랑스군 공격에서 가장 중요했던 요소를 하나만 꼽자면 모로코식민지보병연대의 어느 대대를 들 수 있다. 프랑스군에서 유일하게 옷깃에 숫자를 표시하지 않고 닻 그림 하나만 붙인 이 출중한 연대는 보 요새를 구출하려는 최후의 노력에서 크게 고생했다. 연대는 두오몽에서 벌어질 것으로 예상되는 근접전에 대비한 유일한 부대였다. 그러나 문제의 그 대대는 끔찍하게도 안개 속에서 길을 잃었던 것 같다. 대대장 니콜라이 소령은 체격이 당당하고 키가 컸으며 길게 늘어뜨린 콧수염을 기르고 있었다. 병사들은 그의 콧수염을 보며 19세기 기병을 떠올렸다. 니콜라이는 인도차이나반도에서 방금 돌아와 서부전선에 배속되었고 이것이 서부전선에서 그가 맞은 첫 번째 전투였다. 니콜라이는 손에 나침반을 들고서 미리 정해진 대로 4분에 약 91미터씩 전진하며 앞이 잘 보이지 않는 곳으로 대대를 이끌었다. 곧 지형지물을 통해 대대가 목표 지점에서 왼편으로 한참 벗어났음을 알게 되었다. 나침반이나 대대장 둘 중 하나는 틀렸다. 잠시 괴로운 정적이 흘렀다. 두오몽은 어느 쪽에 있나? 그때 마치 기적이 일어난 듯 갑자기 안개가 커튼처럼 걷히고 한 줄기 햇빛에 오른쪽 바로 앞으로 요새의 거대한 돔이 드러났다. 감격스러우면서도 몹시 두려운 광경이었다. 니콜라이는 자신의 병사들이 위협적인 적군에 제지당할 수 있다고 보고 대대에 요새 쪽으로 진격하라고 명령했다. 저항은 가벼웠다. 불과 몇 분 만에 대대 부관 도레 대위는 힘을 다해 헐떡이며 장교로는 제일 먼저 요새의 비탈진 제방 위로 기어올랐다. 요새에 난 틈으로 대호공병과 척후병이 신속히 투입되었다. 공격군은 곳곳에서 저항에 막혀 한두 시간 정도 붙들려 있었다. 그러나 요새 방어를 위해 절박하게 지원을 요청했던 프롤리우스 대위의 호소는 전혀 응답을 받지 못한 상태였다. 곧 프랑스군이 사방에서 화염방사기와 수류탄으로 공격해 몇 안 되는 프롤리우스의 병사들을 끝장냈다. 그날 이른 저녁, 몸집이 작고 날랜 파리 출신의 병사이자 민간인 시절에 십장이었던 대호공병 뒤몽은 다른 일병과 함께 두오몽 지하층에 있던 프롤리우스의 지휘소를 우연히 발견했다. 프롤리우스와 네 명의 장교, 24명의 병사는(요새 수비대의 남은 병력 전부였다) 뒤몽에게 항복했다. 프랑스군이 다시 두오몽을 차지했다. 어느 프랑스군 지휘관이 말했듯이, 두오몽 요새가 사실상 텅 빈 채로 점령되고 탈환된 것은 "8개월 동안 전장의 요충지로서 수십만 명의 피로 물든 요새의 운명으로는 기묘했다."

망쟁은 수빌 요새에 차린 전투 지휘소에서 군인으로 살아온 시간 중 가장 불안한 하루를 보냈다. 안개가 마지막 청회색 물결을 삼켜버린 후 다시 소식이 오기까지 몇 시간이 흘렀다. 정오쯤 포로 행렬이 시작되었고, 수빌 요새에서는 이동 탄막이 전진하면서 안개 위쪽으로 엄청난 먼지와 연기가 자욱하게 올라오는 것을 볼 수 있었지만 그 뒤쪽으로 보병은 흔적도 보이지 않았다. 여단장들조차도 하위 부대와 모든 연락이 끊겼다. 때때로 지친 전령들이 숨을 헐떡이며 도착했으나 그들이 묘사한 상황은 뒤죽박죽이었고 종종 혼란스러웠다. 프랑스 공군은 베르됭 상공에서 완전한 우위를 차지했는데도 별다른 도움을 줄 수 없었다. 용감한 조종사들은 시야가 흐린 곳을 돌파하려고 자신들의 비행기를 몰고 위험할 정도로 낮게 날았다. 그날 프랑스 공군은 약 20대를 잃었다. 많은 비행기가 안개 속에서 추락하거나 지상 탄막에서 나온 파편에 맞아 떨어졌다. 두오몽 요새 꼭대기가 안개 바다에서 솟구친 암초처럼 잠시 모습을 드러냈다가 이내 다시 사라졌다.

오후가 되고 한참 지나서야 프랑스 공군은 처음으로 확실히 고무적인 소식을 전했다. 제133사단 지휘관으로 라골루아즈(La Gauloise, 갈리아인)라고도 불리는 파사가* 장군은 비행기에서 떨어진 지도 조각을 입수했다. 그 지도에는 두오몽 요새 오른쪽으로 요새 위치까지 전진한 프랑스군 전열이 그려져 있었고 그 위에 이렇게 휘갈겨 써 있었다.

라골루아즈 16시 30분. 프랑스 만세!

거의 같은 시각, 수빌 요새에서 걱정스럽게 지켜보던 이들은 갑자기 전방에서 한 줄기 가을 햇빛에 매력적인 장밋빛 모습을 드러낸 두오몽 요새를 보았다. 돔 꼭대기에서 모로코연대 병사 세 명이 힘차게 팔을 흔들고 있었다. 망쟁의 측근인 어느 장군은 이 광경을 보고 '아우스터리츠*의 아름다운 태양'을 떠올렸다.

정말로 프랑스군은 두오몽 탈환을 또 다른 아우스터리츠로 보고 반겼지만, 지난날의 재앙에서 신중함을 배운 프랑스 검열관들은 처음에는 요새를 다시 잃지 않을 것이 분명해질 때까지 그 소식을 조심스럽게 다루었다. 24일 오후에 독일군이 반격했지만 무기력하게 실패했다. 이후에 다른 시도는 없었으며, 빌헬름 황태자는 베르됭에서 점령

페늘롱 프랑수아 제르맹 파사가(Fénelon François Germain Passaga, 1863~1939) 1916년 3월 3일부터 12월 19일까지 제133사단 사단장을 맡았다.
* 여기서 '아우스터리츠'는 1805년 12월 2일 나폴레옹 1세가 오스트리아와 러시아의 동맹군을 격파한 아우스터리츠 전투를 말한다.

1916년 10월 24일의 두오몽 요새 탈환을 기념하는 그림. 총검을 들고 용감하게 돌진하는 프랑스군 보병들의 모습을 표현했다.

한 땅을 대부분 포기하자는 데 동의했다. 그 일은 팔켄하인이 해임된 후 오로지 베르됭이라는 **상징**이 가하는 과도한 심리적 부담 때문에 황태자가 하지 못했던 일이다. 11월 2일 프랑스 제2군은 보 요새를 되찾았다. 앞서 요새 수비대가 부분적으로 파괴하고 떠난 곳이었다. 전쟁 중에 날씨가 유난히 혹독했던 겨울, (나중에 황태자가 '그 암담한 날'이라고 부른) 12월 15일에 프랑스군은 두 번째로 대반격을 개시해 루브몽과 브종보를 탈환했고(둘 다 2월에 빼앗겼다) 두오몽 너머로 약 3.2킬로미터 떨어진 곳까지 기분 좋게 전선을 밀어냈다.* 과거의 영광

---

* 두오몽 점령의 공을 인정받아 중령으로 진급하고 레지옹 도뇌르 훈장을 받은 니콜라이도 이 공격에 참여했는데 안타깝게도 독일군 저격병이 쏜 총탄에 맞아 사망했다.(저자 주)

은 그림자만 남았지만—여러 곳에 구멍이 뚫려 하늘이 보였고 통로에는 진흙과 물이 10여 센티미터 깊이로 들어찼다.—요새는 무사했다. 더불어 베르됭도 안전했다.

이상한 우연의 일치로, 프랑스군의 반격은 1년 전 팔켄하인이 카이저에게 '심판 작전'을 승인받은 바로 그날 끝났다. 독일은 대중의 기억력이 나쁘기를 기대하면서 보 요새와 두오몽 요새의 의미를 깎아내리려고 선전에 최선을 다했다. 그러나 특히 두오몽 요새를 잃은 것은 전군에서 중대한 패배로 여겨졌다. 어느 독일군 병사는 "조국의 일부를 빼앗긴 것 같다."고 말했다. 힌덴부르크는 10월 공격에 관해 이렇게 솔직히 말했다.

그때 적은 우리가 판 함정에 우리를 빠뜨렸다. 우리는 다가오는 해에 적이 그 실험을 더 큰 규모로 되풀이해 똑같은 성공을 거두는 일이 없기를 바랄 뿐이었다.

독일군이 앞선 몇 달간 보여준 믿기 힘든 완강함과 비교하면 10월에서 12월까지 그들이 수행한 전투는 단연코 열의 없는 것이었다. 그렇지만 프랑스군이 마른강 전투 이래로 가장 빛나는 성공을 거두었다는 사실을 부정할 수는 없다. 망쟁의 병사들은 황태자가 넉 달 반에 걸쳐 빼앗은 땅을 10월 24일 단 하루에 되찾았다. 그들은 끈적끈적한 진흙과 포탄 구덩이로 점철된 울퉁불퉁한 땅 위로 3킬로미터를 전진했다. 제1차 세계대전을 기준으로 보면 탁월한 성과였다. 독일군이 6월 23일이나 7월 11일에 이 정도로 해낼 수 있었다면 단숨에 베르됭 근교까지 도달했을 것이다. 니벨의 '이동 탄막'은 놀라운 성공을 거두었다. 이는 제1차 세계대전의 위대한 발명 중 하나로 보였다. 프랑스가 가한 일련의 반격에서 독일군은 실제로 공격군보다 큰 손실을 입었다. 12월에만 1만 1천 명이 포로로 잡히고 대포 115문이 노획되었다는 사실은 제5군이 얼마나 쇠락했는지를 보여준다. 그렇지만 프랑스군도 고통스러울 정도로 많은 사상자가 발생했다. 모로코식민지보병연대의 니콜라이 대대는 나흘 전 베르됭에 투입될 때 8백 명이었으나 두오몽에서 돌아올 때는 겨우 1백 명이었다. 반격 중에 희생된 프랑스군 병력은 총 4만 7천 명에 이르렀다.* 12월 어떤 희생을 치르더라도 목적을 달성하겠다는 니벨과 망쟁의 단호한 결의는 몇 가지 불길한 사건을 야기했다. 그 사건들은 베르됭이 프랑스군의 영혼에 쉽게 지워지지 않을 흔적을 남겼음을 보여주었다. 푸앵카레가 부대를 표창하기 위해 찾아왔을 때 "후방 근무자(Embusqués)!"라는 외침과 함께 그의 차량에 돌이 날아들었다. 누군가가 베르됭 외곽의 길가에 '도살장 길(Chemin de l'Abattoir)'이라고 휘갈겨 써놓았으며, 12월 10일 밤에 마지막 공세를 위해 이동하던 어느 사단은 마치 양처럼 징징대며 우는 소리를 냈다. 비록 그 사단이 영웅적으로 싸우기는 했지만, 이는 1917년에 닥칠 일을 불길하게 예고했다.

이런 것들은 프랑스 대중의 눈에는 보이지 않았다. 대중이 볼 수 있는 것은 '위대한 나라'에 어울리는 멋진 압승이 전부였다. 세계 곳곳에서 연합군 선전가들이 갑자기 보 요새와 두오몽 요새의 비할 데 없는 중요성을 재발견하는 동안(프랑스의 어느 역사가는 두 요새의 탈환을 롱스보의 전장에서 용사 롤랑의 복수를 하는 샤를마뉴 대제에 비유했다), 프랑스는 제1차 세계대전의 엘알라메인을 기쁘게 축하했다. 프랑스는 자신들의 몽고메리도 찾아냈다고 생각했다. 조프르는 빛을

---

* 엘알라메인 전투에서 몽고메리 장군이 잃은 병력이 1만 3,500명이라는 사실을 상기할 필요가 있다.(저자 주)

잃었고 성공적으로 반격을 준비한 페탱의 역할은 잊혔다. 이제 니벨이 주인공이었다. 주간지 〈릴뤼스트라시옹〉은 새로운 별을 찬미하는 짧은 글에서 이렇게 썼다.

여기 라틴어에서 우두머리를 뜻하는 낱말, 즉 머리(une tête)가 있다. …… 확신에 찬 희망이 우리 마음속의 편종을 울린다.

---------- 27장 ----------

돌아온 페탱

승리는 패배와 거의 구분할 수 없을 정도로 비싸게 사야 했다.
— 윈스턴 처칠, 《세계 위기》

고통의 도시 베르됭으로부터 프랑스에 새로운 영광의 시대가 열릴 것이다.
— 앙리 보르도, 《귀환자들》

엄밀히 말해 베르됭 전투는 끝났다. 그러나 시체로 뒤덮인 전장에서 싸움은 전쟁이 끝날 때까지 이따금 잔혹하게 타오르며 이어졌고, 베르됭은 그 전쟁이 끝난 뒤에도 더 넓게 더 오래 영향을 끼친다.

베르됭 전투의 가장 즉각적인 결과는 한때 전능했던 '파파' 조프르의 몰락이었다. 1916년 6월에 열린 첫 번째 비밀 회기에서 총사령부가 베르됭 방어를 소홀히 해서 조국에 엄청난 인명 손실을 안겼음이 의원들 앞에서 낱낱이 폭로되었다. 조프르가 세운 모든 전략의 정점이었던 솜강 공세는 이제 그저 연합군이 겪은 또 하나의 실패로 여겨졌다. 게다가 이번에는 1915년의 헛된 공세보다 사상자가 훨씬 더 많았다. 비밀 회기 이후로 여름 내내 조프르를 향한 불만의 목소리가 꾸준히 높아졌다. 전쟁 발발 후 세 번째 겨울이 찾아오고 솜강 공세가 실패하면서 그 소리는 귀가 먹먹할 정도로 커졌다. 파리의 의사당 복도에서 몇 차례 비열한 조작이 이루어진 뒤, 늙은 거인은 자신의 직위에서 물러났다. 프랑스를 거의 패전에 가깝게 끌고 갔지만 그의 차분한 신경계가 없었다면 프랑스는 전쟁 초기에 이미 패배를 피할 수 없었을 것이다. 12월 27일 조프르는 프랑스 육군 원수로 진급함으로써 지난날 자신이 그토록 가차 없이 좌천시켰던 무능하거나 불운했던 많은 지휘관 대열에 합류했으며 그렇게 잊혀 갔다. 변화의 바람을 가장 빨리 알아챈 이들은 총사령부에 있던 조프르의 부하들이었다. 피에르푀가 샹티이를 떠나는 조프르를 묘사한 것이 압권이다.

새 원수는 부서장들을 빌라푸아레로 소집해 작별을 고했다. 슬픈 작별이었다. …… 진급해서 이제 전속 부관 세 명을 휘하에 둘 자격이 생긴 원수는 참석자들 중 누가 퇴역하는 자신을 수행할 것인지 물었다. 투젤리에 소령만 손을 들었다. 이에 원수가 놀라자 가믈랭 장군이 부드럽게 말했다.* "장군, 경력을 쌓아야 하는 사람들을 비난해서는 안 됩니다." 실제로 조프르는 악의를 품지 않았다. 모두 떠났을 때, 원수는 찬란한 영광을 품었던 빌라를 한 번 더 훑어보았다. 그리고 미소를 지었고, 신의 있는 투젤리에를 다정하게 격려하고는 손을 머리 위로 올리며 총신에게 이렇게 외쳤다. "불쌍한 조프르! 대단한 투젤리에!"

조프르가 실질적으로 몰락하기 한참 전부터 총사령부는 그의 후

---

* 1916년에 조프르의 작전 과장이었던 가믈랭은 한 세대 뒤인 1940년의 대재난 중에 조프르처럼 총사령관에서 해임되는 경험을 하게 된다.(저자 주)

임자를 따르고 있었다. 모든 부서에서 새로 부임할 총사령관을 칭찬하는 소리가 들렸다. 바로 로베르 니벨이었다. 타당한 후임자로 여겨졌던 드 카스텔노와 포슈는 ─ 포슈는 솜강 전투 실패로 눈 밖에 났다. ─ 무시되었다. 니벨의 직속 상관 페탱도 마찬가지였다. 페탱의 경우는 부분적으로는 정치인들이 자신들을 악의에 차서 경멸하는 사람을 총사령관에 앉히고 싶어 하지 않았기 때문이다. 이를테면 푸앵카레는 페탱의 부적절한 농담을 결코 잊지 못했다. "프랑스를 이끌거나 통치하는 사람이 아무도 없다는 사실을 알기에 대통령보다 더 좋은 위치에 있는 사람은 없다."

반면 니벨은 국민이 선출한 사람들을 기쁘게 하는 재주로 유명했다. 그러나 그보다 더 중요한 것이 있다. 페탱처럼 자신을 내세우지 않는 겸손한 지도자는 1916년 12월 프랑스의 변덕스러운 상상력을 사로잡을 수 없었다. 두오몽 탈환 이후 니벨은 위대한 영웅, 승리를 거머쥘 때까지 맹렬히 돌진할 사람으로 여겨졌다. 피에르푀는 감탄스러울 정도로 솔직하게 말했다.

(니벨은) 경솔한 지휘관일 뿐만 아니라 국민적 기질을 대표했다. 그가 맹목적으로 추앙받았던 이유가 바로 여기에 있다.

1914년 포병 대령으로서 전쟁을 맞았던 니벨은 베르됭 반격의 마지막 공세가 시작되려 할 때 수이이를 떠나 새로운 사령부로 향했다. 일주일 뒤인 12월 22일에 망쟁도 제6군을 인계받으러 떠난다. 출발 직전에 니벨은 수이이에 도착했을 때 외쳤던 구호를 되풀이하며 ─ "우리에겐 승리의 공식이 있다!" ─ 다음과 같이 덧붙였다. "경험이 결정적이다. 우리가 택한 방법이 옳았음이 증명되었다. 승리는 확실하다. 내가 보장한다." 망쟁의 모로코연대 병사들에게 훈장을 수여하면서 니벨은 이렇게 말했다. "우리는 봄에 다시 저들을 보게 될 것이다."

니벨은 죽어 가던 달랑송의 다그침에 즉시 봄 대공세 계획을 세우기 시작했다. 니벨의 설명에 따르면 이 공세는 "맹렬하고 잔인하고 신속한" 한 번의 빠른 타격으로 전쟁을 끝낼 것이었다. 조프르의 완고한 소모전 전략이 완전히 폐기된 상황에서, 이 결정적인 타격으로 같은 날 적군의 제3선과 제4선까지 모두 '뚫을 것'이었다. 드 그랑메종 정신이 다시금 떠오를 것이고 그것은 전적으로 국가적인 일이 될 것이다. 니벨은 엔강이 내려다보이는 긴 언덕인 슈맹데담을 공격 구간으로 정했는데 슈맹데담은 독일군 방어선에서 방비가 가장 강력한 보루였다. 프랑스군은 두오몽에서 멋지게 성공했던 방법, 즉 집중 포격에 이어 이동 탄막을 펼치는 전술을 다시 쓸 계획이었다. 그러나 니벨은 베르됭에서 독일군의 '녹십자' 가스탄 공격이 준 교훈을 무시했으며 전쟁의 필수적인 격언 하나를 잊었다. 즉 성공이 두 번 연달아 반복되는 경우는 드물다는 것이다. 독일군은 베르됭에서 니벨의 기법을 연구할 기회가 10월, 12월에 각각 한 차례씩 두 번 있었고 그들은 배우는 데 결코 느리지 않았다. 황태자는 새로운 종심 방어 체계로의 변화를 설명하면서 이렇게 썼다.

우리가 그때까지 관례였던 무리한 방어를 고집했다면, 확신하건대 우리는 1917년의 큰 방어 전투들에서 승리하지 못했을 것이다.

두오몽에서 거둔 빛나는 승리가 결국 그 전쟁에서 프랑스에 가장 큰 재앙을 안겨주게 된다.

페탱과 다른 두 명의 집단군 사령관은 지극히 회의적이었지만, 정치인들은 (최근에 애스퀴스를 대신해 총리가 된 의심 많은 로이드 조지를 포함해) 니벨의 매력과 달변, 그리고 여느 때처럼 과장된 자신감에 완전히 흔들렸다. 고통이 곧 끝날 것이라는 니벨의 거듭된 약속에 전쟁에 지친 푸알뤼의 사기도 새롭게 다시 올라갔다. 니벨은 앞선 2월 팔켄하인이 장군들에게 했던 말을 완벽하게 흉내내어 어느 군사령관을 이렇게 안심시켰다. "당신은 눈앞에서 독일군을 한 명도 보지 못할 것이오." 교전을 기다리던 부대에 니벨은 이렇게 선언했다.

때가 왔다. 용기. 확신. ─니벨

한편 망쟁은 제6군에 이렇게 말했다.

나는 준비되었다. 모레 나의 사령부는 랑(Laon)에 있을 것이다.

불운하게도, 확신에 찬 니벨의 말은 독일군의 귀에도 들어갔다. 프랑스군은 1916년 5월 두오몽에서 대실패를 겪기 전보다도 훨씬 더 보안에 소홀했다. 공세가 시작되기 약 6주 전부터 방어군(독일군)은 앞으로 어떤 일이 닥칠지 정확히 알고 있었다. 니벨이 준비한 포 때문에 느끼던 엄청난 부담이 허공에 휘두르는 주먹을 보듯 가벼워졌다. 독일군은 그저 전방 진지를 비우고 뒤로 물러났다. 1917년 4월 16일, 프랑스군 보병들은 니벨의 약속에 들떠 프랑스군의 영광스러운 역사에서도 비할 데 없이 강력한 기세로 참호에서 뛰쳐나갔다. 거칠 것 없이 약 800미터를 전진한 병사들은 수많은 온전한 상태의 기관총에 맞닥뜨렸다. 기가 꺾이고 환멸에 빠지고 분노한 병사들이 학살 현장에서 떼 지어 빠져나왔다. 이튿날까지 사상자는 약 12만 명에 달했다. 니벨은 부상자가 1만 명에 이르리라고 예측했고 의무사령부는 이 추정치에 5천 명을 추가했다. 하지만 결과적으로 이 공세에서 9만 명 넘게 후송해야 했다. 후방 지역에서는 약 2백 명의 부상병이 병원 열차를 말 그대로 습격했다.* 자신의 야심이 산산이 부서지고 있는데도 니벨은 희망 없는 공세를 지속하려 했다. 결국 그는 프랑스군을 파괴했을 뿐이다.

슈맹데담에서 벌어진 학살의 세부 내용은—진실 자체도 끔찍했지만—지독히 과장되었다. 그와 더불어 베르됭에서 산발적으로 일어나던 것과 같은 종류의 사건들이 프랑스군 전체에서 증가했다. 전선에 투입된 연대들에서 양의 울음소리처럼 기분 나쁜 푸넘 소리가 또다시 들렸다. 이번에는 "전쟁을 끝내라!"와 "무능한 지도자를 타도하라!" 같은 외침이 뒤섞였다. 휴가를 떠나는 병사들은 붉은 깃발을 흔들고 혁명가를 불렀다. 그들은 헌병과 철도원을 구타했으며 열차가 전선으로 가지 못하도록 기관차를 분리하거나 탈선시켰다. 중재하려는 장교들은 공격을 받았다(그중에 장군도 최소한 한 명 있었다).

5월 3일, 진정한 폭동이 일어났다. 니벨 공세는 여전히 계속되었지만 실패했고, (의미심장하게도 지난해 6월에 베르됭 최악의 몇몇 전투를 경험한 부대였던) 제21사단에** 전투 투입 명령이 내려졌다. 부대 전체가 한 명도 빠짐없이 이를 거부했다. 주동자들은 즉결 처형을 당하거나 악마섬***으로 유배되어 제거되었다. 이틀 후 제21사단은 다시 교전

---

* 혼란의 전형이다. 어느 병원에는 침상이 3,500개인데 체온계가 네 개밖에 없었다고 한다.(저자 주)
** 제2군 사령부에 파견된 총사령부의 연락장교가 부대의 사기 저하를 보고할 정도였다.(저자 주)
악마섬(Île du Diable) 프랑스령 기아나에 있는 카옌 도형장(Bagne de Cayenne)의 감옥.

에 들어갔고 많은 병사가 사망했다. 이 일이 화약통에 불을 붙였다. 그 다음으로 제120연대가 전선으로 이동하기를 거부했고, 제128연대는 모범을 보이라는 명령을 받았으면서도 선례를 따랐다. 여러 부대가 잇따라 군무를 거부했는데 그중 일부는 프랑스군 최고의 부대였다. 2만 명 이상이 즉시 탈영했다. 연대들은 자신들을 대변할 평의회를 선출했는데 불길하게도 러시아군에서 이미 권력을 장악한 소비에트(Soviet)와 유사한 조직이었다. 그리고 그들은 일제히 파리를 향해 출발했다.**** 제119연대는 트럭에 기관총을 거치하고 슈네데르-크뢰소 공장으로 내달리려 했다. 명백히 공장을 날려버리려는 의도였다. 프랑스의 공식 전쟁사는 이를 완곡하게 '집단적 규율 위반'이라고 불렀는데 6월이 되자 54개 사단으로 확산되었다. 프랑스군 전체의 절반이었다. 한때 샹파뉴의 12개 사단 중 충성을 유지한 부대는 2개 사단뿐이었고, 수아송과 파리 사이에는 믿을 수 있는 사단이 하나도 없었다. 그러나 이 폭동 전체에서 가장 놀라운 점은 질서가 완전히 회복될 때까지 독일군 정보부가 전혀 눈치채지 못했다는 사실이다. 로이드 조지와 헤이그도 별반 다르지 않았다.

희한하게도 1917년 프랑스군 폭동의 자세한 내막은 반세기가 넘게 지난 오늘날까지 계속 수수께끼와 비밀에 싸여 있다. 그중에서도 특히 폭동을 진압하는 과정에서 실행된 보복의 실제 규모는 알려진 바가 거의 없다. 헤이그는 1917년 11월 일기에서 당시 "처리해야 할 '반란군'이 3만 명"이라는 이야기를 들었다고 썼다. 공식적으로는 주동

**** 파리로 행진하겠다고 위협한 첫 번째 부대는 분명히 제3군단 소속으로 니벨이 1916년 4월 베르됭에 도착하자마자 지휘한 부대였고, 최악의 혼란은 망쟁이 과거에 지휘했던 제3군단 제5사단에서 발생했다. 반면 폭동에 주요하게 참여한 다른 부대는 대체로 실제 여러 주 동안 전선에 투입되지 않았으며, 폭동은 제3군단이 휴식 주둔지에 있을 때 시작되었다.(저자 주)

자 수십 명만 재판을 받고 총살당했다고 보고되었는데, 얼마나 많은 사람이 더 즉결 처형을 당했는지는 짐작만 할 따름이다. 조용한 구역으로 이동했다가 아군 포대의 의도적인 타격에 당한 부대들에 관한 이야기가 이따금 비공식적으로 퍼졌다. 알려진 바로는 프랑스에 온 불쌍한 러시아 사단이 고국에서 일어난 혁명 소식과 니벨 휘하에서 겪은 비참한 패배로 인해 완전한 반란 상태에 빠졌고 충성스러운 프랑스군 부대에 포위되어 직사 포화에 진압되었다고 한다.

결국 마지못해 프랑스 정치인들은 군대의 질서를 회복할 수 있는 단 한 사람에게 애원하듯 호소했다. 프랑스는 두 번째로 페탱을 불렀다. 이번이 마지막도 아니었다. 새로운 총사령관은 엄격한 조치를 원하는 여러 군단장의 요청을 거부하면서 사형은 최소한으로만 승인하고 비교적 사소한 상황 개선에 '치료'를 집중했다. 이것이 프랑스군에 절실히 필요한 것이었다. 마침내 휴가가 적절히 준비되었고 역사(驛舍)에 (영국의 YMCA에 견줄 만한) 군용 매점이 설치되었다. 괜찮은 화장실과 샤워 시설, 숙박 설비를 마련하라는 명령이 내려졌다. 취사병에게 조리법을 교육했으며 소중한 피나르의 품질과 공급 문제를 개선했다. 특히 페탱은 100여 개 사단을 직접 방문해 니벨 식의 공세는 없을 것이라고 병사들을 안심시켰다. 그는 거듭 이렇게 말했다. "우리는 미국인들과 전차를 기다려야 한다." 이 치료법은 아주 단순했지만 놀랍도록 효과적이었다. 그러나 오직 페탱만이 내릴 수 있는 처방이었다. 페탱은 자신의 존재를 통해 군대에 제2군이 베르됭에서 그의 지휘를 받을 때 느낀 것, 즉 자신들의 목숨을 헛되이 낭비하지 않을 지도자가 있음을 느끼게 해주었다. 많은 병사가 이것을 결코 잊지 않았다. 말년에는 유감스러워지는 그의 긴 경력을 통틀어 페탱이 프랑스에 기여한 일 중에 이보다 더 큰 것은 없었다. 1916년 2월에 베르됭을 구한 일조차 여기에는 미치지 못한다. 그리고 그는 언제나 군 폭동에서 자신이 수행한 역할을 일생에서 가장 걱정스러운 임무였다고 생각했다.

그러나 페탱이 '군대의 의사(la Médécin de l'Armée)'로서 이룬 성취에도 불구하고 프랑스군은 이전과 같지 않았다. 이제 프랑스군은 베르됭에서 보여주었던 불굴의 영웅적 행위를 다시는 보여주지 못한다. (베르됭을 떠나 니벨 공세에 참여했던) 보아송 중사는 이렇게 말했다.

페탱은 유해한 환경을 정화했다. 그러나 병사가 자신의 지도자, 안내자, 보호자, 자신을 돌봐주는 친구로 여겨야 하는 이들을 향해 마음에 품었던 반항의 흔적까지 페탱이 지우기는 어려울 것이다. …… 그들은 프랑스 군인의 심장을 망가뜨렸다.

프랑스군은 1917년 나머지 기간 동안 내내 느릿느릿 움직였다. 노력을 많이 들이지 않고도 크게 성공한 제한적인 작전만 몇 차례 수행했을 뿐이다. (페탱이 사기 회복을 위해 궁리하여 마침내 모르옴에서 독일군을 몰아낸 작전도 포함된다.) 그러나 1918년 전쟁을 끝내기 위한 최후의 공세를 펼칠 때가 왔을 때, 방어의 천재 페탱은 그 과업을 달성할 인물이 분명코 아니었다. 페탱은 두 번이나 프랑스를 구했지만 새로운 역할에 적합한 사람은 아니었다. 군대 폭동 이후 페탱은 (베르됭의 공포가 심어준) 지독히 운명론적인 비관론에 더욱 강하게 사로잡혔다. 독일군의 마지막 필사적 도박, 즉 1918년 3월 루덴도르프 공세가 최고조에 달하고 잠시 모든 것이 위태로워 보였을 때, 헤이그는 일기에 직설적으로 평했다.

페탱의 몰골은 엉망이었다. 그는 공포에 휩싸여 주눅 든 지휘관처럼 보였다.

결국 마지막 순간에 연합군은 임무를 위해 당시로서는 최고의 조합을 찾아냈다. 페탱은 프랑스군 전체의 총사령관으로 남는다. 하지만 대신에 포슈가 처음으로 프랑스 내 모든 연합군을 지휘하는 최고 사령관이 된다. 포슈는 여전히 그랑메종 파의 공격 정신을 품고 있었지만 전쟁을 치르는 과정에서 어떤 연합군 지도자보다 많은 것을 배운 지휘관이었다. 1918년 여름 모든 전선에서 포슈가 이끄는 연합군은 루덴도르프가 자신이 전쟁에서 지고 있음을 깨달을 때까지 맹렬하게 진격했다. 11월 8일 미군 제26사단 부대가 부아데코르 숲을 탈환했다. 1916년 2월 드리앙과 그의 추격병들이 용감하게 싸우다 죽어 간 바로 그곳이었다. 사흘 뒤 프랑스군, 미군, 독일군 부대들은 당루의 '고지 포대'에 큰 화톳불을 지피고 둘러서서 함께 종전을 축하했다.

28장

결말 없는 전쟁, 승자 없는 전투

매우 이례적인 유대감이 그때 우리와 함께 있던 소수의 사람들을 연결해준 것 같았다.
그것은 함께 고생한 사람들을 단결시키는 일반적인 친밀감이 아니었다. ……
그것은 베르됭이 병사들의 영혼을 완전히 변화시킨 데서 유래했다.
날카로운 비명과 죽음으로 가득한 늪지대를 버둥거리며 헤쳐 나온 사람이라면,
그 많은 밤들에 와들와들 떨어보았고 삶의 마지막 경계를 지나쳤다면,
그래서 삶과 죽음의 중간에 놓인, 아니 그 너머에 놓여 있을지도 모르는 곳에 대한
무거운 기억을 마음속 깊이 간직한 이라면 누구든지……
― 제국기록보관소(베르너 보이멜부르크, 〈두오몽〉)

그들은 우리가 이것을 다른 날에 다시 하도록 만들 수 없을 것이다.
그렇게 한다면 우리가 쏟은 노력의 가치를 오해하는 것이다.
그들은 이날들을 겪지 않은 사람들에게 의지해야 할 것이다.
― 레몽 쥐베르 소위

1916년에서 1917년으로 넘어가는 혹독한 겨울, 전투의 열기가 가라앉은 뒤 모르옴 정상은 제203연대 로베르 페로 하사가 보기에 "쓰레기 더미와 비슷했다. 갈가리 찢긴 옷과 박살 난 무기, 썩어 가는 휴대 식량, 백골이 곳곳에 쌓여 있었다."

파리 에콜데보자르 교수였던 루이 우르티크 중위는 이듬해 두 번째로 베르됭 구역에 돌아왔다. 이때 그는 두오몽 인근 시골 지역과 그곳의 잘리고 검게 변한 나무 기둥들을 보고 "고문당한 얼굴을 한 시체"로 묘사했다. 그러나 겉으로 보기에 자연의 회복력은 대단했다. 부러진 나무에서도 곧 새싹이 돋았다. 포대 상사 퐁사그리브는 1917

년 여름에 돌아와서 양귀비 물결로 뒤덮인 전장을 보았다. 그렇지만 여전히 곳곳에 썩은 내가 진동했다. 베르됭 시는 파괴되거나 부분적으로 손상된 주택이 아마 전체의 절반은 되었을 텐데 서서히 회복되고 있었다. 피난 갔던 사람들이 되돌아와 도시를 정리하고 황폐해진 들판을 다시 갈았다. 베르됭 주변의 아홉 마을, 이를테면 플뢰리와 두오몽, 퀴미에르 같은 곳에는 주민들이 돌아오지 않았다. 그 마을들은 말 그대로 자취를 감추었다. 자연이 깊은 상처에서 회복되기까지는 더 오래, 훨씬 오래 걸렸다. 쟁기질을 하던 농민이 불발탄을 터뜨려 생명을 잃는 비극적인 일이 여전히 많이 일어났지만 샹파뉴, 아르투아, 피카르디, 플랑드르, 그리고 심지어 솜강 유역에서도 경작이 재개되었으며 그곳에서 벌어진 참사의 흔적은 거의 사라졌다. 그러나 베르됭은 그 모든 지역들보다 더 오래, 인간이 평화롭게 보상받는 일을 허용하지 않았다. 여러 곳에서 끝없이 이어진 포화에 표토가 마르고 타서 그야말로 사라져버렸다. 그런 곳에서는 이제 아무것도 자라지 않았다. 마치 신이 베르됭을 인간이 같은 인간에게 저지른 잔혹한 행동을 보여주는 최고의 본보기로 삼아 후세에 보여주려고 보전하고 싶어 하는 것 같았다.

그럴 만도 하다. 베르됭 전투를 역사상 '최악'의 전투라고 해도 과장은 아닐 것이다. 뒤이어 제2차 세계대전에서 인간이 보여준 것을 감안해도 그렇다. 어떤 전투도 그렇게 오래 지속되지 않았다. 스탈린그라드 전투도 독일군이 볼가강에 도착한 순간부터 파울루스가 항복할 때까지 겨우 5개월 동안 이어졌다. 베르됭은 10개월이었다. 솜강전투가 베르됭 전투보다 많은 사망자를 냈지만 참전 병사 대비 사상자 수를 보면 제1차 세계대전의 모든 전투들 중에 베르됭 전투가 현저히 많다. 전장 면적 대비 사망자 수도 마찬가지다. 베르됭 전투는

끊임없는 포격과 전투로 황폐해진 베르됭.

제1차 세계대전의 축소판이었다. 그 전쟁이 일으킨 모든 공포와 영광, 용기와 무익함이 강도 높게 드러난 곳이 바로 베르됭이었다.

베르됭 전투의 전체 사상자 수는 다양하게 추산되었다. 그 전쟁에서 인간의 생명은 결코 꼼꼼하게 집계되지 않았다. 프랑스의 공식 전쟁사(1936년 출간)는 1916년 10개월 동안 베르됭에서 입은 손실을 37만 7,231명으로 잡는데 그중 16만 2,308명이 전사나 행방 불명이다.* 반면 처칠의 《세계 위기(World Crisis)》(1929)를 바탕으로 한 계산은 46만 9천 명까지 높게 잡는다. 같은 기간 동안 독일군이 입은 손실은 가장 신뢰할 만한 수치에 따르면 대략 33만 7천 명이며(처칠은 37만 3천 명에 가깝다고 계산했다), 당대 독일군 명부에 따르면 사망과 행방 불명만 10만 명이 넘는다. 어떤 수치를 받아들이든 프랑스와 독일양측 사상자를 합치면 70만 명이 넘는 어마어마한 수가 된다. 그러나

* '행방 불명'에는 양쪽 모두 포로가 된 사람들까지 포함했다.(저자 주)

이것이 전부가 아니다. 엄밀히 따지면 '베르됭 전투'는 1916년에 벌어진 싸움에만 국한된다. 하지만 실제로는 팔켄하인의 공세가 시작되기 한참 전부터 베르됭에서 많은 전사자가 발생했고 피로 물든 그 땅에서 1917년에도 내내 혹독한 전투가 지속되었다. 최근 프랑스에서 제시한 추정치는 아마도 지나치다고 할 수 없을 텐데, 이에 따르면 베르됭 전장에서 프랑스군과 독일군의 총 사상자는 사망 42만 명, 부상을 입었거나 가스에 중독된 병사가 80만 명이었다. 다 합하면 거의 125만 명에 달한다. 종전 후 베르됭에서 신원 미상의 매장되지 않은 시신—혹은 시신 일부—약 15만 구가 수습되어 거대하고 섬뜩한 납골당에 안치되었다는 사실이 이러한 추정을 뒷받침한다. 그렇지만 유해는 오늘날까지도 계속 발견되고 있다. 비교 삼아 제2차 세계대전에서 대영제국의 전체 사상자를 이야기해볼 만하다. 총 124만 6,025명이었는데, 그중 사망자가 35만 3,652명이고 행방 불명이 9만 844명이었다.

베르됭 전투의 '승자'는 어느 쪽이었나? 수많은 전투들 중에서도 특히 베르됭 전투를 다룬 책이 많은데(터무니없이 과장된 것도 적지 않다), 이 문제에 대한 설명은 매우 다양하다. 제국기록보관소에서 발행한 책 몇 권은 적절하게도 '베르됭의 비극'이라는 제목을 달았던 반면,* 한 세대의 프랑스 작가들에게 베르됭 전투는 '영광(La Gloire)'의 정점을 의미했다. 프랑스가 베르됭 전투에 불멸의 가치를 부여함으로써 생긴 해로운 결과는 나중에 살펴볼 것이다. 여기서는 베르됭 전투가 프랑스와 독일 두 나라에 똑같이 끔찍한 비극이었다고 말하는 것으로 충

---

* 제국기록보관소는 1923년에서 1928년 사이에 '세계대전의 전투(Die Schlachten des Weltkriegs)'라는 주제로 제1차 세계대전의 전투에 관한 기록을 편찬했는데, 그중 제13권, 제14권, 제15권이 '베르됭의 비극'이라는 제목으로 베르됭 전투를 다루고 있다.

분할 것이다. 양측이 베르됭 전투를 통해 무엇을 얻었는지 생각해보기 전에 두 나라가 무엇을 이룰 수 **있었을지** 생각해보자.

1916년 초에 팔켄하인은 러시아 공격을 재개할 수 있었을 것이다. 러시아는 전해에 받은 타격 때문에 여전히 비틀거리고 있었다. 독일군의 전문가들만 바덴 공 막시밀리안*의 의견에 동의한 것은 아니었다.

상트페테르부르크 점령은 베르됭을 눈앞에 두고 쏟은 노력에 비하면 손쉬운 일이었을 것이다. 그랬더라면 러시아 전쟁 산업의 심장부를 타격해 동쪽의 적을 패퇴시켜 전투에서 내몰았을 것이다.

그러나 팔켄하인은 베르됭을 선택했다. 앞에서 개괄한 사상자 수를 보면 팔켄하인의 기발한 '말려 죽이기' 실험이 성공하지 못했음이 분명하다. 그 실험으로 프랑스군만큼이나 독일군도 '피'를 흘렸으며 병력의 열세 때문에 사실상 독일군이 더 큰 타격을 입었다. 팔켄하인은 늦어도 3월 중순에는 실험이 성공할 수 없으리라는 점을 확실히 깨달았을 것이다. 그런데도 그는 고집을 버리지 않았다. '심판 작전' 즉 베르됭의 완전한 점령에 대한 황태자의 해석에 따르면, 제5군은 세 차례, 다시 말해 2월 25~26일, 6월 8일~12일, 7월 23~24일에 베르됭을 점령**할 수도 있었**다고 추정하는 것이 타당하다. 독일군이 2월에 베르됭을 점령했다면 그것은 위대한 정신적 승리이자 눈부신 군사적 성공이었을 것이며 그 전쟁에서 가장 쉬운 전투의 하나가 되었을 것이다. 그러나 그렇더라도 프랑스를 전쟁에서 몰아내지는 못했을

바덴 공 막시밀리안(Maximilian Alexander Friedrich Wilhelm von Baden, 1867~1929) 바덴 대공국의 상속자. 제1차 세계대전이 일어났을 때 제14군단의 참모 장교였으며 곧 전역해 적십자 활동을 했고 1917년에는 잠시 총리를 맡았다. 전쟁 말기에 독일을 위한 강화를 호소했다.

것이다. 프랑스의 몇몇 믿을 만한 평자는 이미 느끼고 있었지만, 만일 그 승리의 여세를 몰아 다른 승리가 이어졌다면 프랑스군 전선 전체에 대한 '포위'로 이어질 수도 있었다. 아마도 프랑스는 1918년 3월보다 훨씬 더 큰 재앙을 맞았을 것이다. 그러나 황태자는 '다른 승리'는 커녕 베르됭 돌파를 위해 쓸 수 있는 예비 병력도 충분하지 않았다(물론 1916년 초에는 아직 예비 부대가 있었다). 팔켄하인이 베르됭에서 결정적인 성과를 얻어낼 준비, 다시 말해 다른 전투를 수행할 준비가 되어 있지 않았다는 단순한 이유 때문이었다.

만일 6월 중순에 독일군이 베르됭을 점령했다면 훨씬 더 큰 참사가 뒤따랐을지도 모른다. 프랑스가 베르됭 방어에 국가의 명예와 생명을 걸었기 때문이다. 1917년 폭동이 더 빠르게 진행되고 뒤이어 나라 전체가 극적인 붕괴를 맞았을 수도 있다. 그러나 그렇더라도 독일 입장에서 베르됭 점령은 위험한 도박에 지나지 않았을 것이다. 어쨌거나 6월에 독일군은 손실이 너무 커서 마지막 공격에 필요한 예비 병력을 어디서도 구할 수 없었다. 연합군의 솜강 공세가 임박했음을 고려하면 더욱 그랬다. 베르됭의 운명은 몇 차례나 면도날 위에 서 있는 듯한 위기를 맞았지만, 4월에 황태자가 베르됭에서 무엇을 얻을 수 있든 간에 그 정도 희생을 치를 가치가 없다고 깨달은 것은 옳았다(깨달음이 늦기는 했다).

독일의 군사 평론가들은 팔켄하인이 한 시점에 모든 힘을 집중하지 못한 점, '위험 없는' 제한적 공세를 선호한 점, 연합군의 '소모전' 전략을 암묵적으로 믿은 점(이는 동맹국에 불리하기만 했다), 베르됭에 과감히 발을 내딛은 후 한없이 우유부단했던 점을 두고 거의 만장일치로 비난했다. 루트비히 게레(Ludwig Gehre)는 다음과 같이 말했다 (《제1차 세계대전 중 독일군의 배치—클라우제비츠 연구》).

우리는 무조건 우세했는데도 전쟁에서 졌다. 결정적인 시점에 우월한 힘을 집중하지 못했기 때문이다.

헤르만 벤트는 이렇게 말했다(《베르됭, 1916》).

독일군 총사령관의 정신은 엄청난 임무를 감당할 수 없었다. …… 베르됭이 그를 정복했고 그의 주인이 되었다.

1915년 말 팔켄하인이 그 유명한 비망록을 작성했을 때, 독일은 여전히 전쟁에서 승리할 기회 아니면 적어도 강화 협상에서 괜찮은 무승부를 이끌어낼 좋은 기회가 있었다. 그것이 독일의 마지막 기회였다. 팔켄하인은 그 기회를 베르됭에서 허비했다. 팔켄하인이 힌덴부르크와 루덴도르프에게 넘겨준 패는 지는 패였다. 리델 하트 대위는 팔켄하인을 다음과 같이 인상적으로 요약했다.

가장 유능하고 과학적으로 사고하는 장군이었으나 위험을 각오하고 모험에 뛰어들기를 거부함으로써 조국을 영원히 망쳐버렸다("푼돈을 아끼고 큰돈을 잃는 사람").

전술적 이점을 위해서라면 약간의 땅을 내어줄 수도 있어야 했지만 프랑스군 총사령부는 그러지 못했다. 이 점은 앞서 충분히 이야기했다. 프랑스가 1916년 2월 심하게 방치된 그 요새를 포기해 손실을 줄이는 것이 현명한 일이었을지도 모른다는 주장이 있었지만, 명예는 상식을 초월했다. 논쟁의 여지가 더 큰 문제는 4월의 다툼 이래로 조프르와 페탱 중 누가 옳았느냐는 것이었다. 다시 말해 (베르됭을 '죽을 때까지' 방어한다는 원칙이 일단 수용된 이후로는) 베르됭이 먼저여야 했는가 아니면 계획된 솜강 공세가 먼저여야 했는가? 조프르가 총사령관으로서 독일군의 베르됭 선제공격에 영향을 받아 자신의 전략을 수정하지 않은 것, 적군의 의도에 넘어가지 않은 것은 이론상 지극히 정당했다. 그 전략이 실제로 솜강에서 성공적인 돌파로 이어졌다면 조프르는 분명 역사상 가장 위대한 원수의 반열에 올랐을 것이다. 하지만 조프르의 전술은 지독히 단순했기에 그는 그러한 지위를 얻지 못했다. 팔켄하인을 옹호한 어느 독일인은 프랑스군이 1915년 샹티이 회의에서 합의한 대로 솜강에 40개 사단을 투입하는 대신 실제로 14개 사단만 투입해서 독일이 베르됭에서 성공한 것이라고 주장했다. 그러나 베르됭과 상관없이 프랑스군의 솜강 돌파는 전혀 희망이 없었다. 조프르가 페탱에게 보충 병력을 부족하게 보낸 것의 대체적인 결과는 베르됭보다 솜강에서 죽을 프랑스군 병사들이 더 많아졌다는 것이다. 한편으로 6월에 페탱의 방어는 붕괴 직전까지 몰리는 위험한 상황에 놓였으며, 제2군 병사들에게 지나치게 인내를 요구함으로써 결국 이듬해 여름에 터질 폭동의 씨앗이 뿌려졌다.

베르됭에서는 어느 쪽도 '승자'가 되지 못했다. 베르됭 전투는 결말 없는 전쟁의 결말 없는 전투이자 불필요한 전쟁의 불필요한 전투, 승자 없는 전쟁의 승자 없는 전투였다. 바덴 공 막시밀리안은 회고록에서 이렇게 썼다.

1916년의 전투는 내내 쓰라린 환멸로 끝났다. 우리와 적군은 귀한 피를 강물처럼 흘렸고, 우리도 저들도 승리에 한 걸음도 더 가까이 다가가지 못했다. 모두 '교착'이라는 낱말을 입에 달고 살았다.

1916년 말, 독일군이 10개월간 약 33만 명의 사상자를 내면서 얻은 것은 런던의 왕립 공원을 합친 것보다 약간 더 큰 땅이 전부였다. 독일군이 베르됭에서 프랑스의 대단히 용맹한 군대를 파괴했다는 팔켄하인의 주장은 어느 정도 정당하다고 할 수 있다. 하지만 독일군도 베르됭 이후 결코 이전과 같지 않았다. 황태자는 이렇게 인정했다. "뫼즈강의 맷돌은 군대의 육신은 물론 정신까지 완전히 갈아버렸다."

지휘관들에 대한 군대의 신뢰가 처음으로 근본적으로 흔들렸으며 사기는 결코 회복되지 않았다. 전선에서나 후방에서나 전쟁 피로증이 나타났으며, 베르됭 전투가 끝난 직후 독일의 첫 번째 강화 제안이 등장했다는 사실은 암시하는 바가 컸다. 1917년 독일은 한동안 팔켄하인의 프랑스군 '말려 죽이기' 전략을 이용할 힘이 없었다.

훗날 어느 미국인 종군 기자는 베르됭을 제1차 세계대전의 게티즈버그로, 두오몽 요새 탈환을 피켓의 돌격*으로 평가했다. 그리고 1917년 니벨 공세에 관해 쓸 때 그 기자의 마음에 떠오른 비슷한 사건은 워털루 전투였다. "유럽의 정치적 워털루."

베르됭 전투는 프랑스뿐만 아니라 다른 연합국에도 역사적 전환점이었다. 그 직접적 결과 중 하나는 1916년 6월 1일부터—영국사의 냉혹한 이정표—서부전선의 주된 부담이 영국에 돌아왔다는 것이다. 베르됭이 미국을 전쟁에 한 발 더 가까운 단계로 이끌었음은 앞서 언급했으며, 니벨 공세와 1917년 프랑스군 폭동 이후 미군 **없이는** 전쟁에서 이길 수 없었다고 덧붙여도 타당하다. 미국의 참전을 필수적이고 불가피하게 만들고 더불어 그것이 유럽과 세계의 미래에 엄청난

피켓의 돌격 남북전쟁 중 게티즈버그 전투 마지막 날인 1863년 7월 3일 남부연합의 조지 피켓(George Pickett) 소장이 로버트 리 장군의 명령에 따라 북부연방의 조지 미드(George G. Meade) 소장의 진지를 공격한 전투. 집중 포격에 뒤이어 보병으로 공격했으나 큰 손실을 입고 패배했다.

영향을 미치게 된 것은 베르됭 전투가 낳은 간접적 결과였다.

베르됭 전투라는 비극의 주역 중 몇몇은 빠르게 망각 속으로 사라졌고, 다른 이들은 살아남아 유럽사의 다른 영역에서 활약했다.

니벨의 몰락에는 수치스러운 광경이 뒤따랐다. 사임을 거부한 니벨은 말 그대로 총사령부 사무실에서 내쫓겼고 슈맹데담의 실패를 두고 망쟁을 혹독하게 비난했다. 이후 니벨은 북아프리카 지휘권을 받았지만 서부전선 근처에는 다시 돌아오지 못했다. 전쟁이 끝났을 때 니벨은 약간이나마 명예를 회복했다. 1920년 육군최고위원회의 위원으로 임명되었고 그해 말 미국에서 열린 메이플라워호 도착 300주년 기념식에 프랑스 대표로 파견되었다. 니벨은 아직 60대의 나이였던 1924년에 사망했다. 회고록을 남기지 않았고 자신의 이름을 딴 비참한 공세에 대해 변명하지도 않았다. 그는 앞으로도 아마 제1차 세계대전만큼이나 오래도록 언급될 것이다.

니벨의 삼인조 중 달랑송은 베르됭과 그 이후에 니벨이 저지른 성급한 행동 대부분을 책임져야 할 인물로 보이는데 슈맹데담 공세 직후 폐병으로 사망했다. 예심 군사 법원에 소환된 망쟁은 모든 책임을 벗었으나 또 다시 지휘권을 박탈당했다. 망쟁은 이전처럼 육군장관에게 사병으로 재입대할 수 있게 해 달라고 간청했으나 거부당했다. 그는 몇 달 동안 일 없이 초조하게 지내야 했고 파리에서 약 48킬로미터 이내 거주가 금지되었다. 이후 클레망소와 포슈가 권력을 장악하면서 이러한 명령이 내려졌다. "망쟁에게 군단을." 망쟁은 6개월간 근신한 후 복권되어 1918년의 큰 위기에 때맞춰 한 번 더 지휘관이 되었다. 처칠은 망쟁을 이렇게 멋지게 묘사했다.

(망쟁은) 나뭇가지 위에 올라앉아 절호의 기회가 다가오기를 기다리다가 막 아래로 뛰어내리려는 굶주린 표범 같다.

포슈가 루덴도르프의 힘 빠진 공세에 맞서 첫 번째 승리의 반격에 착수할 때 망쟁을 선택하면서 기회가 찾아왔다. 빌레르코트레 숲의 휴식처에서 뛰쳐나온 표범은 이번에는 실패하지 않았다. 몇 달 뒤 망쟁은 말을 타고 당당하게 메스로 들어가 폴 베를렌의 〈애가〉 사본을 병사들에게 나누어주었다. 평화가 찾아왔을 때, 망쟁은 라인란트의 프랑스군 점령지 책임자가 되었다. 그곳에서 망쟁은 새로운 '게르마니쿠스'* 즉 독일의 재건자가 되는 영감에 사로잡혔다. 망쟁은 라인란트 분리주의 운동에 깊이 관여했지만 구상이 결실을 맺기 전인 1925년 쉰여덟 살의 나이로 사망했다. 그가 게르마니쿠스처럼 독살되었다는 소문이 여러 해 동안 떠돌았다. 그랬다면 독일 민족주의자들의 소행일 것이다.

망쟁의 몰락에 뒤이어 조프르도 거의 세상에서 잊혔다. 조프르는 육군대학에 사무실을 받았는데 충성스러운 '대단한 투젤리에'와 세심한 참모 한 명이 그를 수행했다. 헤이그는 일기에 1918년 10월 조프르의 사무실을 방문했던 일을 이렇게 적었다.

이제 누구도 늙고 불쌍한 조프르의 소식을 듣지 못한다. 그는 완전히 사라졌다. 사무실에는 부관이 한 명 있었는데, 원수께서는 늦은 조반을 드신 후에는 나오지 않는다고 말했다. 나는 그 노인이 이렇게 좋은 사

게르마니쿠스 율리우스 카이사르(Germanicus Julius Caesar, 기원전 15년~기원후 19년) 게르마니아 종군으로 유명한 로마제국의 장군. 게르마니아 인페리오르, 게르마니아 수페리오르, 갈리아의 속주 총독을 역임했다.

무실을 갖고 있나 싶었다. 그에겐 할 일이 없었다. 깨끗한 압지와 지도 몇 장이 쓰이기를 기다리고 있었다.

1919년 7월 대규모 승리의 행진이 개선문을 지날 때, 군중 속에는 불멸의 포슈 왼쪽에 있는 살찐 농민처럼 생긴 사람이 누구인지 궁금해하는 이들이 있었다. 그 후 12년 동안 조프르는 육군대학의 사무실에서 방대한 회고록을 준비하며 빈둥거렸는데 제1차 세계대전에 관한 다른 사후 분석에는 조금도 관심을 보이지 않았다. 그 전쟁에서 결정적으로 중요했던 몇 달간 그 자신이 프랑스의 최고 권력자로서 전쟁에 참여했는데도 말이다. 조프르는 1931년에 사망했다. 드 카스텔노와 페탱을 제외하면, 포슈와 다른 대다수 프랑스 군사령관들보다 더 오래 살았다.

드 카스텔노는 클레망소의 광포한 반교권주의 때문에(언제나 이렇게 이야기된다) 원수의 지휘권을 빼앗긴 뒤 은퇴해 하원 의원이 되었다. 드 카스텔노는 아흔일곱 살까지 살아 1916년 2월에 자신이 추천했던 사람이 역경 속에서 프랑스를 통치하는 것을 보았지만 니벨과 마찬가지로 제1차 세계대전에 관해서는 아무런 글도 남기지 않았다.*

베르됭 전투와 관련해 이들보다는 덜 중요한 사람들 중에서 드리앙 중령, 니콜라이 소령, 코생 대위, 쥐베르 소위와 주베르 소위, 멜레라 상사, 뒤브뢰이 중사와 보아송 중사 등 여럿이 베르됭이나 다른 전장에서 사망했다. 생존자로 말하자면, 보 요새의 영웅 레날 소령은 포로수용소에서 귀환하자마자 결국 정치에 입문했고 평화주의자가 되었다. 그와 같이 전쟁 포로였던 드골 대위는 몇 년간 구금되어 있으

---

* 드 카스텔노와 니벨, 거의 이 두 사람만 예외였다.(저자 주)

면서 프랑스군의 미래와 전투에 관한 생각을 발전시켰다. 전령이 되어 고립된 보 요새를 빠져나갔다가 기적처럼 되돌아왔던 사관후보생 뷔페는 페르피냥의 한 학교에서 교편을 잡았다.

독일군을 살펴보면, 브란디스 중위는 슈맹데담에서 니벨에 대적한 뒤, 두오몽 요새의 정복자들에 관한 생생한 강연으로 한 세대 독일 초등학생의 우상이 되었다. 베르됭을 겨냥한 마지막 두 차례 공격에서 바이에른근위보병연대 지휘관이었던 프란츠 리터 폰 에프 대령은 (나중에 소장으로 진급한다) 전후 독일에서 자유군단(Freikorps)을 조직한 사람 중 하나였으며 뮌헨 시절의 히틀러에게 자금을 제공했고 나중에 나치당의 식민지 정책 책임자가 되었다.

1916년 동부전선의 군단 사령관으로 쫓겨난 슈미트 폰 크노벨스도르프에 관해서는 별다른 소식이 없었다. 알려진 바로는 종전 후 자신을 베르됭 재앙의 주된 책임자로 요란스럽게 비난한 여러 독일인 비판자들에게 아무런 대응도 하지 않았다.

팔켄하인이 베르됭 전투 후 총사령부에서 손을 뗐을 때, 폰 츠벨 장군은 그의 머리가 하얗게 셌다고 썼다. 그 후 짧은 승리의 순간이 있었다. 팔켄하인은 카이저가 추락한 총신에게 내린 위로의 상, 즉 이스탄불 대사직을 거절한 뒤 제9군의 지휘권을 받았다. 그는 훌륭하게 구상된 전투에서 이 부대를 이끌고 루마니아에 맞서 싸웠다.** 루마니아가 무너지면서 팔켄하인은 박살 나고 있던 팔레스타인의 오스만

** 팔켄하인의 옹호자들은 루마니아 전투를 통해 그가 서부전선의 어쩔 수 없는 교착상태만 아니라면 어떤 상황에서도 진정 위대한 지휘관이라는 증거를 보았다. 그러나 이것은 루마니아에서 팔켄하인이 펼친 전략이 실제로는 힌덴부르크-루덴도르프가 고안한 것이며, 독일군의 경험 많은 부대가 루마니아 병사들을(결코 세계 최고의 용맹한 전사들이 아니었다) 처리한 것은 1898년에 키치너가 옴두르만에서 칼리파의 수단 사람들을 절멸한 것과 크게 다르지 않다는 사실을 무시한 것이다.(저자 주)

튀르크 군대를 재조직하는 임무를 맡았으나 영국의 앨런비(Edmund Allenby)가 예루살렘을 점령하던 순간에 도착해 이를 지켜보기만 했다. 팔켄하인이 그다지 중요하지 않은 폴란드의 어느 요새를 지키고 있을 때 전쟁이 끝났다. 종전 후 팔켄하인은 베를린대학에서 루마니아 전투에 관해 강의를 하고 회고록을 쓰며 지냈다. (전부 놀랍도록 냉정하고 초연하게 삼인칭 단수로 기술했다.) 그는 자신의 진짜 감정에 관해서는 전혀 단서를 남기지 않았고(끝까지 소통 부재였다) 죽을 때까지도 베르됭에서 독일군이 입은 손실은 "적군이 입은 손실의 3분의 1에도 못 미친다"고 믿는 척했지만 그 전투에 관한 반성으로 침울했던 것 같다. 의사들이 진단하기 어려웠던 호흡 곤란을 시작으로 그의 건강은 급속도로 나빠졌다. 1921년 팔켄하인은 이전에 부관이었던 사람에게 이렇게 써 보냈다.

나의 병은 예후가 좋지 않은 신장염이다. 새해 들어서 내내 병을 앓고 있다. …… 진짜 원인은 단연코 신체적인 것이 아니라 심리적인 것이다.

팔켄하인은 이때쯤 어느 친척에게 베르됭 전투가 끝나고 5년이 지난 지금도 여전히 밤잠을 못 이룬다고 털어놓았다. 1922년 4월 팔켄하인은 포츠담 인근의 어느 성에서 사망했다.

황태자도 일생 동안 베르됭의 망령에 시달렸던 것 같다. (그는 팔켄하인보다 오래 살았다.) 네덜란드에서 망명 생활을 하던 때 황태자는 네덜란드인들도 자신을 "그 보슈, 베르됭의 살인자!"라고 생각한다는 사실을 깨달았다. 황태자는 5년간 비링언의 간척지에 버려진 목사관에서 지루한 시간을 보냈다. 승마 바지와 네덜란드 나막신, 커다란 천 모자는 그의 핼쑥한 외모를 더욱 기괴해 보이게 했다. 황태자는 당숙인 조지 5세에게 환경을 개선해 달라고 간청하면서 망명지에 욕실도 없다고 애처롭게 말했다. 이어 1923년에 호엔촐레른 왕가의 복위를 바란 친구들의 부추김에 황태자는 독일로 돌아왔다. 복위는 없었다. 대신에 황태자는 나치에 적극적으로 손을 내밀었다. 그렇지만 그는 고도로 발달한 통찰력을 지닌 사람이었기에 나치가 독일을 어디로 이끌지 내다본 것 같다. 황태자는 재빨리 태도를 바꾸었다. 나치 시절과 제2차 세계대전 기간 내내 황태자는 독일에 은거했다. 1945년 5월 황태자는 린다우에서 프랑스 제1군에 체포되었다. 군사령관 드 라트르 드 타시니 장군은 1916년 6월 최악의 며칠 동안 베르됭에서 중대장으로 싸웠던 바로 그 사람이었다. 황태자는 드 라트르에게 면담을 청하여—최근 일어난 적대 행위에 전혀 관여하지 않았으니—집에 돌아갈 수 있도록 해 달라고 부탁했다. 드 라트르는 프랑스가 독일군에게 당한 모든 고통을 생생히 기억했으며 자신이 뫼즈 강변 고지대에서 직접 황태자와 대결했던 일도 또렷이 떠올릴 수 있었다. 그는 이렇게 차갑게 말했다.

귀하의 이름이 전범 명부 맨 윗줄에 올라 있음을 상기시켜 드리겠소.[*] 총살당하지 않은 것을 특별한 행운으로 아시오.

그 자리에서 요청을 거부당한 황태자는 죽는 날까지 그 치욕을 잊지 못했다. 그날은 6년 뒤인 1951년 7월에 찾아왔다. 매우 기이하게도 과거 적이었던 페탱 원수가 죽기 이틀 전이었다. 황태자는 남은 생

---

[*] 1918년에 명부에 올랐다.(저자 주)

애를 한때 호엔촐레른 왕실의 시녀였던 마지막 정부(이혼 경력이 있는 미용사였다)와 함께 가난 속에 보냈다.

베르됭의 주요 교전자 가운데 아직 언급하지 않은 이는 페탱뿐이다. 그의 길고 비극적인 이후 생애는, 더 먼 미래까지 이어진 베르됭 전투의 영향과 밀접하게 관련되었기에 따로 다룰 필요가 있다.

베르됭 전투의 영향은 1918년에 끝나지 않았다. 베르됭에서 팔켄하인이 프랑스를 굴복시키지 못했는데도 제1차 세계대전의 다른 어떤 단일 사건보다 베르됭 전투가 1940년 프랑스의 패배와 밀접하게 관련되었다는 사실은 역사의 기묘한 역설이라 하겠다.

앞서 보았듯이, 베르됭은 전투 방식의 발달에 중요한 '최초의 것들'에 제 몫의 기여를 했다. 그곳에서 처음으로 공격 무기로서 화염방사기와 포스겐 가스가 대규모로 사용되었고, 도로 수송으로 병력을 투입할 수 있음이 처음으로 증명되었다. 특히 베르됭은 진정한 의미에서 공군의 개념이 탄생한 곳이었다. 전술 면에서는 독일군이 베르됭에서 보병 침투 기술을 완성했는데, 그들은 이를 1918년 3월 휴버트 고프*의 영국군 제5군에 훨씬 더 큰 규모로 써서 굉장한 효과를 보았다. 프랑스군은 이동 탄막 사격 전술을 완성했는데 1917년 두 번째 시도에서는 비참한 결과를 초래했다. 그러나 베르됭이 남긴 교훈의 온전한 무게는 1918년 이후에야 느낄 수 있었다. 사상자 수를 제대로 파악할 수 있게 되었을 때, 전 세계의 군사 사상가들은 한 가지 점에서 의견이 일치했다. 앞으로 어떤 전쟁도 이 전쟁처럼 싸울 수는 없다

휴버트 고프(Hubert Gough, 1870~1963) 1916년 10월에 영국군 제5군 사령관으로 부임했고, 1918년 솜강 아래쪽을 맡았으나 3월 21일 독일군의 미카엘 작전을 저지하는 데 실패해 해임되었다.

는 것이었다. 그들은 앞으로 전쟁이 어떻게 수행될지를 판단하는 방식에서만 차이를 보였다. 이 문제는 특히 프랑스와 관련이 깊었다. 교전국들 중에서 프랑스가 단연 전체 병력 대비 가장 많은 손실을 보았는데, 이것은 베르됭 앞에서 싸운 수많은 용감한 사람들이 머뭇거리지 않고 대응했기 때문이다. 총사령부는 1916년 8월 23일에 이미 놀라운 말 바꾸기로 그 점을 지적했다.

콘크리트와 대포 사이에서 여섯 달 동안 벌어진 싸움에서 한 가지 사실이 두드러진다. 그것은 영구 축성(永久築城, permanent fortification)이—심지어 전혀 견고하지 않은 것이라도—현대전에 쓰이는 거대한 발사체에 맞설 힘을 준다는 것이다.

종전 후 프랑스는 두오몽을 비롯한 베르됭의 요새들이 어떻게 몇 달간 맹포격을 견뎠는지에 여전히 매료되어 있었다. 레날 소령은 군사 서적에 여러 차례 서문을 쓰면서 병사들을 '야외에서' 싸우게 하는 것은 바보짓이라고 지적했으며, 보 요새 안에 있던 레오니다스 왕의 전사들 같은 자신의 소수 병력이 어떻게 독일군의 진격 전체를 저지했는지 회상했다.

페탱은 자신의 책 《베르됭 전투(La Bataille de Verdun)》에 덧붙인 글에서 분명하게 지적했다.

우리가 처음부터 공병의 기술을 신뢰했다면 베르됭 앞에서 벌어진 싸움은 다르게 진행되었을 것이다. 두오몽 요새는 틀림없이 점령당했겠지만 그렇게 빼앗기지는 않았을 것이고 …… 처음부터 독일군의 목표를 방해했을 것이다. 방어 시설은 조금만 남아 있어도 승리에 매우 큰 역할을 했다.

이 새로운 사고방식을 체계화한 이가 바로 페탱이었다. 종전 후, 프랑스 원수가 된 지휘관들 중에서 대령으로 정년을 맞아 전역했다가 참전한 이 사람보다 군대에서 더 큰 신망과 애정을 누린 사람은 없다. 포슈는 노인이 되어 곧 공적 영역에서 사라졌지만, 여전히 기운이 넘쳤던 페탱은 거의 20년간 프랑스 군사 사상의 주요 조정자로 남았다. 페탱은 육군 감찰감으로서, 나중에는 육군장관으로서 마음에 드는 금언 하나를 거듭 상기했다.

병력으로 대포와 맞서 싸우지 않는다. 전쟁은 병력의 지원을 받아 대포로 하는 것이다.

페탱은 약속했다. 프랑스 청년들에게 두 번 다시 그러한 희생을 강요하지 않겠다고. 일찍이 1922년에 페탱은 오랜 적을 영원히 막아줄 '프랑스 장벽' 건설을 요구했다. 고안 당시 그가 생각한 '장벽'은 두오몽 요새 같은 것들의 군집도 아니고 그런 요새를 줄지어 세운 형태도 아니었다. 그의 400밀리미터 포가 심지어 두오몽 요새도 파괴할 수 있음을 증명했기 때문이다. 그보다는 오히려 장벽은 주로 밑으로 끌어내릴 수 있는 포탑이(두오몽과 물랭빌에 설치되어 거의 난공불락으로 입증된 포탑과 비슷하다) 사슬처럼 연이은 형태로 이루어질 텐데, 각 포탑은 어떤 포탄도 뚫을 수 없게 깊이 판 지하 통로로 연결될 것이었다. 여러 해 동안 페탱은 장벽 건설에 드는 엄청난 비용 때문에 가난한 프랑스 정부를 설득할 수 없었다. 결국 그 장벽에 자신의 이름을 붙이게 되는 정치인이 앙드레 마지노였음은 우연이 아니었다. 중사로 전역한 마지노는 베르됭에서 중상을 입었고 1916년 첫 번째 비밀 회기에서 조프르 공격을 주도한 인물이었다. 마지노선이 구체화될 때 육군참모총장이 마리외젠 드브네* 장군이었던 것도 우연이 아니다. 드브네 장군은 방어 시설이 전혀 없이 완전히 노출된 모르옴에서 사단장으로 베르됭 전투 최악의 싸움을 지휘했다. 기존 보루 중에는 보 요새와 두오몽 요새가 마지노선에 통합되었는데, 둘 다 측면 포탑이 추가되어 어느 정도 보수되고 강화되었다. 새로운 전쟁의 위험이 다가오자, 어느 프랑스 군사 작가는 이렇게 선언했다.

베르됭의 교훈은 잊히지 않았다. 지난 15년간 프랑스는 동쪽 국경에서 계속 일을 했다. …… 최신 현대 기술로 이루어진 이 요새 공사를 신뢰하자.

1939년 푸알뤼가 마지노선 안쪽 깊숙이 진지에 투입되었을 때, 대중은 이렇게 외쳤다. "저들은 지나가지 못할 것이다!" "저들을 해치우자!"

그렇게 프랑스에서는 1870년 이래로 군사 사상의 주기가 파멸적으로 완전히 한 바퀴를 돌았다. 아주 단순하게 말하자면 1870년에 프랑스는 지나치게 방어적인 자세를 취하고 영구 축성에 과도하게 의지해 전쟁에서 졌다. 그 다음 전쟁에서는 이 비참한 패배에 대한 반작용으로 지나치게 공격적으로 나서면서 거의 패할 뻔했다. 그리고 다시 그 경험의 반작용으로 나타난 결과인 마지노선의 정신 구조는 너무 고

마리외젠 드브네(Marie-Eugène Debeney, 1864~1943) 1924년부터 1930년까지 육군참모총장을 지낸 드브네는 제1차 세계대전 당시 1815년 5월 18일부터 1916년 4월 4일까지 제25보병사단 사단장이었다.

통스러워 떠올릴 수가 없다.

베르됭 전투는 제1차 세계대전 동안에만 영향을 미친 것이 아니었고 또한 엄밀하게 군사적이고 전략적인 분야에만 영향을 미친 것도 아니었다. 두 차례 세계대전 사이에 프랑스는 마지노선이라는 새로운 초강력 두오몽 요새의 콘크리트 밑으로 숨었던 것처럼, 정신적으로는 베르됭의 '기적' 뒤로 도피했다. 페탱의 '노리아' 체제와 긴 전투 기간 때문에 프랑스군 전체의 약 70퍼센트가 베르됭을 거쳤다. 베르됭 전투 서훈 명부에 열거된 이름들은 인상적이다. 알베르 르브룅 대통령, 포병 소령/ 르네 코티 대통령, 일병/ 드골 대통령, 보병 대위/ 페탱 원수/ 드 라트르 원수/ 다를랑 해군 제독……. 한 세대의 프랑스 지도자들이 전부 등장한다. 제1차 세계대전의 모든 전투 중에서 베르됭 전투는 대다수 프랑스인이 참여한 유일한 전투였으며 동시에 가장 깊고 고통스러운 영향을 끼친 전투였다. 검은색 베레모를 쓰고 장미꽃 장식과 레지옹 도뇌르 약장을 단 참전 군인들 즉 '베르됭의 용사들(Ceux de Verdun)'이 해마다 수천 명씩 베르됭의 성지로, 보 요새와 두오몽 요새로, 티오몽 능선에 걸터앉아 밤이면 회전 등대로 쉼 없이 전장 곳곳을 비추는 우뚝 솟은 새 납골당으로 순례 여행을 했다. 베르됭 전투가 시작된 2월 21일이나 두오몽 요새 탈환 기념일, 잔 다르크 기념일, 제1차 세계대전 휴전 기념일이나 혁명 기념일인 7월 14일이면 횃불 행렬이 베르됭부터 뫼즈강 고지대까지 빈틈없이 메우고, 엄숙하고 감동적인 추모식이 열린다(종종 영광스러운 전사자의 이름이 불린다). 작가인 앙리 드 몽테를랑(Henry de Montherlant)은 이 정기적인 순례의 신성함을 이렇게 묘사했다.

베르됭 지구에 세워진 두오몽 납골당과 묘지. 베르됭 전투에서 목숨을 잃은 프랑스군과 독일군의 유해가 안치되어 있다. 대부분 신원이 밝혀지지 않아 고향으로 돌아가지 못한 이들이다.

나는 이 인간의 땅을 마치 조국의 얼굴 위를 걷는 것처럼 걸었다.

그리고 아나 드 노아유(Anna de Noailles)는 이렇게 썼다.

이야기와 절제된 몸짓으로 지나가며
그대가 느끼는 것을 숙고하고 사랑하고 기도하고 침묵하라.

해가 지나면서 베르됭은 점점 더 신성한 상징이 되어 갔고 그와 동시에 (프랑스에 더 위험하게도) 국민적 믿음의 시금석이 되었다. 1918년 이후의 정치 세계를 절망스럽게, 점점 위협적으로 느낀 베르됭 세대는 점차 신비적인 믿음에 이르렀다. 프랑스가 모든 전투 중에서도 가장 무서웠던 그 전투에서 승리했으니 언제나 어떻게든 '어려운 고비를 넘길 것'이라고 믿은 것이다. 그 냉혹한 결전에서 프랑스는 마침내, 영원히 힘을 증명했다. (오늘날 낙천적인 영국인에게서 이와 비슷한 태도를 볼 수 있다. 이들은 1940년의 영국 전투를 생각하며 개인적으로 크게 노력하지 않아도 모퉁이를 돌면 어딘가에서 또 다른 기적이 나타나 반드시 영국을 경제적 재앙에서 구해줄 것이라고 내심 안도한다.)

'베르됭의 영원한 영광'이라는 비법의 배후에는 그보다 뚜렷하지는 않지만 더 해로운 영향력이 숨어 있다.

이 전쟁은 여러 세대에 걸쳐 우리에게 흔적을 남겼다. 전쟁은 우리 영혼에 자취를 남겼다.(1916년 6월 베르됭에서 포병 중위 드 마즈노가 썼다.) 베르됭의 그 모든 불타는 밤을 우리는 언젠가 우리 아이들의 눈에서 다시 발견하게 될 것이다.

나중에 전사한 두 명의 보병은 그것을 더 정확하게, 예언하듯이 직시했다. 마르크 보아송 중사는 1916년 6월 13일 아내에게 보낸 편지에서 이렇게 인정했다.

너무도 끔찍한 생각이 떠올랐소. …… 독일과 프랑스는 이 싸움에서 기운을 다 빼고 오랫동안 회복하지 못할 것이오. 프랑스가 독일보다 더 오래 그럴 것인데, 전쟁의 영향 가운데에서도 지난 몇 년간 충분하지 못했던 프랑스의 낮은 출생률이 일격을 가할 것이오.

한 달 뒤 그는 격분해서 이렇게 썼다.

이것은 영웅적 행위가 아니오. 치욕이오. 저들은 내일 우리를, 피를 다 쏟고 생각을 빼앗기고 인간으로서 견딜 수 없는 피로에 짓눌려 지쳐

빠진 이 피조물들을 어떤 종류의 국민으로 만들 것인가?

여기에 대답하듯이 쥐베르는 모르옴에 두 번째 교대를 위해 출발할 때 이렇게 선언했다. "그들은 이날들을 겪지 않은 사람들에게 의지해야 할 것이다."

베르됭에 모인 참전 군인들은 횃불 추도식 중에 납골당 밖에서 차려 자세로 서서 감동적인 연설에 눈물을 쏟아낼 때 영광과 초인적인 영웅적 행위만 떠올린 것이 아니다. 끝없는 포격의 공포, 보살핌을 받지 못하고 괴로워하는 부상병들, 소름 끼치는 사지 절단, 돌아오지 않는 전령, 오지 않는 교체 병력과 급량반, 갈증, 굶주림, 악취, 고통, 두려움도 떠올렸다. 특히 포탄은 기억에서 떠나지 않았다. 그들은 속으로 생각했다. 우리가 과연 그 일을 다시 할 수 있을까? 다른 프랑스인이 할 수 있을까? 그들이 떠올린 답은 '아니오'였다. 어떤 인간도 베르됭 전투를 되풀이할 수 없었다. 그리고 뒤이어 그들은 비관적인 생각으로 라인강 너머를 주시하며 한때 '베르됭의 비극'이라는 제목이 붙었으나 이제 '영웅적 투쟁'이나 '영웅 찬가' 따위의 주제로 대체되는 책들을, 프랑스의 낮은 출생률을 압도할 정도로 회복된 독일의 인구를, 나치의 복수 결의라는 허리케인에 휩쓸린 베르됭의 기억과 교훈을 떠올리고는 몸이 굳었다. 1927년 납골당 개관식에서 페탱은 이렇게 말했다.

변함없는 죽음의 환영이 그(프랑스군 병사)를 숙명론에 가까운 체념에 물들게 했다.

베르됭에서 싸운 세대 전체가 바로 그러한 상태에 놓였다. 체코슬

로바키아가 배반당할 때 그들은 마지노와 페탱이 그들을 위해 건설한 새로운 두오몽 요새들 뒤에 체념한 듯 앉아 있었다. 그들은 정신적으로 소진되었다. 1940년 '50대 남자들' 즉 베르됭 세대를 매우 사납게 비난한 책《마른강의 택시(Les Taxis de la Marne)》에서 (당시 스무 살이던) 장 뒤투르(Jean Dutourd)는 프랑스가 배신을 당했다고 가차 없이 선언했다.

프랑스를 배신한 것은 제5열만이 아니다. 바로 그대, 50대 남자들도 프랑스를 배신했다. 프랑스에 절대적으로 필요한 세력이 조국을 배신했다.

그러나 그들이 활력을 잃은 것이 과연 그들의 잘못이었을까?

제국기록보관소가 인정하듯이, 제1차 세계대전에 참전한 독일군 병사는 그 전쟁의 다른 어떤 전투보다도 베르됭 전투에 더 큰 영향을 받았다. 독일군 생존자들도 전후 해마다 수백 명씩 베르됭으로 가서 자신들이 그토록 오래 필사적으로 싸웠던 곳이 어디인지 알아내려 하거나 잘 관리된 검은색 십자가가 꽂힌 수많은 묘지를 찾았다. 한 세대의 독일 어린이들이 좋아하는 놀이 중 하나는 두오몽 요새 점령하기였다. 베르됭에서 흘린 피가 프랑스 '50대 남자들'의 활력을 잃게 만든 것처럼, 독일 지도부에 힘러(Heinrich Himmler)와 괴벨스(Paul Joseph Goebbels) 같은 하찮은 인간들이 난입할 수 있는 권력의 공백을 만드는 데 일조했다고 말할 수도 있다. 하지만 어쨌든 베르됭 자체는 결코 독일에 오래도록 강력한 영향을 남기지는 않았다. 그것은 아마 독일군도 베르됭에서 비인간적인 상황을 겪었지만 거의 언제나 프랑스군의 상황이 조금이라도 더 나빴기 때문일 것이다. 아니면 전투원의 수와 관련해 그곳에서 싸운 독일군이 프랑스군에 비해 4분의 1밖에 되지 않았고 따라서 전투의 영향이 전후 세대 전체에 끼친 영향이 다소 약했기 때문일 것이다.

베르됭이 독일에 미친 영향 중에 가장 중요한 것은 독일 제3제국 국방군 지도자들의 사고에 남긴 엄청난 영향이었다. 놀랍도록 많은 국방군 지도자가 실제로 하급 장교로서 베르됭 전투에 참여한 경험이 있었다. 폰 만슈타인은 뫼즈강 좌안 전투 기간 대부분에 걸쳐 폰 갈비츠 장군의 참모 장교였다. 파울루스는 6월부터 8월까지 보병 장교로서 플뢰리 주변에서 최악의 전투를 치렀다. 하인츠 구데리안(Heinz Guderian)은 베르됭 공세 국면 내내 제5군 사령부의 부정보장교였다. 히틀러 군대의 총사령관이었던 발터 폰 브라우히치(Walther von Brauchitsch)는 8월부터 9월까지 뫼즈강 우안 공방전에 참여했으며 두오몽 요새의 탈환을 목격했다. 1938년부터 제3제국이 종말에 이르기까지 국방군 참모장이었던 빌헬름 카이텔(Wilhelm Keitel)은 1916년 여름 제10예비군단(뫼즈강 우안) 참모부의 대위였다. (비록 실제 전투를 수행하지 않았지만 로멜Erwin Rommel은 1914년 말 황태자의 첫 번째 베르됭 점령 시도에 잠시 참여했으며, 클루게Günther von Kluge는 전쟁 말기에 이 전선에서 중상을 입었다.*)

우리가 아는 한, 군사적인 측면에서 독일군은 제1차 세계대전의 교착상태를 프랑스군과는 다른 방식으로 풀었다. 그들은 공격군이었기

---

* 제1차 세계대전 당시 하사였던 히틀러는 솜강에서 싸웠으나 베르됭에서는 싸우지 않았다. 그렇지만 히틀러는 베르됭 전투에 관해 어느 정도 집착을 보였던 것 같다. 그의 장군들 중에서 적어도 한 명은(귄터 블루멘트리트Günther Blumentritt) 히틀러가 스탈린그라드에서 팔켄하인을 모방해 러시아 군대를 '말려 죽이기' 전투로 끌어들이려 했다고 확신했다. 결과는 팔켄하인을 덮친 것보다 훨씬 더 비참했다.(저자 주)

에 베르됭을 다른 시각에서 바라보았다. 본질적으로 독일군의 문제는 티오몽의 '죽음의 사변형'에서 포격 지대의 끝없는 공포에 사로잡혀 꼼짝 못했던 리터 폰 에프가 직면한 문제와 같았다. 어떻게 적군 대포에 박살 나지 않고 공격의 기세를 유지할 것인가? 독일군은 전투 기간 대부분에 걸쳐 두오몽을 점유했기에 영구 축성의 아킬레스건이 무엇인지 프랑스군보다 더 잘 감지했다. 구데리안과 만슈타인의 전차 대열이 두 문제의 해법을 제공했다. 두 사람은 자신들이 여러 달 동안 참여한 전투에서 얻은 교훈을 잊지 않았다.

1940년 5월 14일 독일군 전차들은 70년 전 루이 나폴레옹이 굴욕적으로 항복한 곳인 스당으로 돌파해 들어갔다. 정확히 한 달 뒤 독일군은 다시 베르됭의 관문 앞에 섰다. 지휘관은 1916년에 세 차례나 그 전선에 섰던 어느 사단장이었다. 한 번 더 304고지와 모르옴에서 짧지만 격렬한 전투가 벌어졌다. 이튿날 오전 11시 45분 두오몽은 24년 전 그 요새에서 직접 복무한 어느 대대장에게 항복했다. 두오몽의 새로운 포탑들은 단 한 발도 발사하지 못했다. 15분 뒤 보 요새가 항복했고, 독일군 전차들은 베르됭 시로 쇄도했다. 성채 안에서 수비대 병사들을 위해 느긋하게 빵을 굽던 제빵사들이 불의의 습격을 당했고, 6월 15일 오후가 되자 하켄크로이츠 깃발이 베르됭 위에 휘날렸다. 베르됭을 점령하는 데 24시간도 채 걸리지 않았으며 독일군의 사망자는 2백 명에 못 미쳤다. 다음날 프랑스의 '50대 남자들'은 어쩔 줄을 모르고 여든네 살의 페탱을 파산 관재인으로 불러들였다. 즉시 휴전이 요청되었다.

나중에 페탱의 사망으로 공석이 된 학술원 회원 자리에 선출된 앙드레 프랑수아퐁세는 추도사에서 크로이소스와 솔론의 우화*를 자세히 이야기했다. 크로이소스는 눈물을 흘리는 솔론을 보고 왜 그러냐고 물었다. 솔론은 이렇게 답했다.

　　나는 지금 그대가 누리는 영광의 대가로 신들이 그대 몫으로 마련해
둔 온갖 불행을 생각하고 있소.

　　고대 비극의 요소들이 페탱의 마지막 시절보다 더 매섭게 나타나
는 경우는 거의 없다. 26년 전 생토메르의 오두막으로 은퇴하려 했
던 노인은 이제 정신이 오락가락할 나이에 소환되어 장년기 프랑스
인들이 외면한 책임을 떠맡게 되었다. 뿌리 깊은 비관론과 영국을 향
한 반감이 전면에 떠올랐다. 그리고 1940년 여름 프랑스에서 영국이
"닭 모가지 비틀 듯 자신들의 목을 비틀 것"이라고 믿지 않을 사람이
과연 있었겠는가? 대다수 프랑스인은 1917년에 프랑스 군대를 구한
그 사람, 베르됭의 영웅을 확고히 지지했다. (그렇지만 5년의 시간 동안
'반역자'라고 외친 많은 사람은 편리하게 이를 잊고 싶을 것이다.) 한 번 더
그는 군대가 존경하고 복종할 유일한 사람이 된다. 어리석을 정도로
용감한 소수의 괴짜들만이 과거 페탱 휘하에서 대위로 복무했고 그의
찬미자였던 샤를 드골이 세워 올린 로렌 십자가*를 향해 달려갔다.
　　페탱 원수는 프랑스를 정복한 자들도 역시 군인이므로 프랑스에
명예로운 강화를 허용하리라는 헛된 믿음을 품었다. 히틀러는 수치
스러운 전면적 협력을 강하게 요구했고 페탱은 맞섰지만 저항할 수
단이 거의 없었다. 교활한 총리 피에르 라발은 페탱을 자신의 야심을
감출 장식용 간판 정도로 여기며 모욕적으로 대했다. 그는 나이 든

---

* 헤로도토스의 《역사》에 리디아의 왕 크로이소스가 솔론을 만나 행복에 관해 대화
한 이야기가 나온다.
로렌 십자가(Croix de Lorraine) 1940년 영국으로 망명한 샤를 드골이 주도하여 만든 군
사 단체 자유프랑스군(Forces françaises libres)의 상징이었다.

페탱이 정신을 똑바로 차리기 힘든 늦은 저녁 시간에 파멸을 부를 문서를 내밀어 서명하게 했다. 그렇지만 페탱은 결코 전적으로 라발의 사람이 되거나 히틀러의 사람이 되지는 않았다. 조롱당하고 속고 고립되고 배신당했을지언정 페탱은 그 불편한 지위에 머물렀다. 페탱은 거듭 이렇게 말했다. "우리가 지금 프랑스를 떠나면 다시는 프랑스를 되찾을 수 없을 것이다." 특히 페탱은 자신만이 독일에 붙잡혀 있는 수많은 사랑하는 병사들의 안전을 위해 어떻게든 싸우고 있다고 진심으로 믿었다. 비시 프랑스가 그의 이름으로 세계를, 특히 이전의 동맹국들을 충격에 빠뜨렸지만, 그 노인이 키를 잡고 있지 않았다면 상황은 더 악화되었을 것이다. 페탱은 알제리에서 기지를 내 달라거나 프랑스 함대를 넘기라는 히틀러의 요구를 일관되게 거부했다. 심하게 공격받기는 했어도 그의 명예는 끝까지 어떤 비극적 고결함을 유지한 채 훼손되지 않았다. 프랑스인 인질 50명이 총살당할 처지에 놓이자, 여든여섯 살의 페탱은 그들 대신 자기를 인질로 삼으라고 제안했다.

연합군이 북아프리카에 상륙하자 결국 히틀러는 약속을 깨고 아직 점령당하지 않은 프랑스를 침공했다. 충성스러운 세리니는 페탱에게 강권했다. "아프리카로 피하십시오." 페탱은 거절했다. 내가 떠나면 나치의 관구장(Gauleiter)이 넘겨받을 것이고, 그러면 독일에 있는 우리 국민들은 어떻게 되겠는가? "조종사는 폭풍우가 몰아쳐도 조종간을 붙잡고 있어야 한다." 세리니는 점잖게 나무라며 틀렸다고 말했다.

장군은 프랑스인에 관해서는 너무 많이 생각하고 프랑스에 관해서는 충분히 생각하지 않습니다.

승리한 드골은 프랑스로 돌아왔고, 페탱은 나치가 독일로 납치해 데려갔다. 제3제국이 몰락하자 비시 프랑스의 생존자 중에서는 유일하게 페탱만이 프랑스로 돌아가 재판을 받게 해 달라고 간청했다.

내 나이에 여전히 두려운 것은 단 한 가지뿐이다. 그것은 자신의 의무를 다하지 못하는 것이며, 나는 의무를 다하고 싶다.

페탱은 스위스를 거쳐 프랑스로 돌아왔다. 페탱은 쾨니그(Marie-Pierre Kœnig) 장군을 만났다. 페탱이 손을 내밀었지만 쾨니그 장군은 악수를 거부했다. 페탱은 한때 자신이 지휘한 연대에 합류하기를 원했던 사람, 자신을 아들의 대부로 삼았던 사람의 명령으로 목숨이 걸린 재판에 세워졌다. 이때 페탱은 프랑스 원수의 가장 단순한 군복을 입었는데, 일반 사병과 위대한 지휘관이 공유하는 유일한 훈장인 전공 훈장만 부착했다. 변호사들이 원수의 지휘봉을 들고 법정에 나가라고 권유하자 페탱은 비웃듯이 대답했다. "아니오, 그러면 연극하는 것처럼 보일 것이오." 재판 서두에 페탱은 재판장 앞에서 프랑스 국민에게 간결하고 위엄 있게 진술했다. 그는 법정이 국가수반을 재판할 권리가 없다고 주장했다. 페탱은 프랑스를 위해 일한 자신의 생애를 간추려 설명하고 이렇게 말을 끝냈다.

나는 휴식을 얻었을 때도 프랑스에 헌신하기를 멈추지 않았다. 나는 나이가 들고 지쳤어도 조국이 부르면 언제나 응했다. 프랑스는 역사상 가장 비극적인 때 내게 의지했다. 나는 이를 위해 애쓰지도 않았고 이를 바라지도 않았다. 조국이 내게 와 달라고 간청했다. 나는 응했다. 그렇게 나는 내게 아무런 책임도 없는 재난을 물려받았다. …… 내가 그대들을 살려냈음을 역사가 증명할 것이다. 그런데도 나의 적들은 어쩔 수 없는 일을 두고 나를 비난하려 한다. …… 그대들이 내게 유죄를 선고하려거든, 그것이 마지막 선고이게 하라.

긴 심리가 이어지는 동안 페탱은 거의 내내 고개를 숙이고 졸았다. 피고 측은 마지막 증인으로 베르됭에서 시력을 잃은 어느 장군을 내세웠는데, 그는 재판부에 이와 같이 예언하듯 훈계했다.

언젠가—그리 머지않을 것이오, 그 드라마는 아직 끝나지 않았소—이 사람의 피와 지금 여기서 단죄하는 그 불명예가 프랑스 전체에, 우리와 우리 아이들에게 되돌아오지 않도록 주의하시오.

마지막으로 페탱이 최후 진술을 했다.

내 생각, 지금 나의 유일한 생각은 내가 했던 약속에 따라 그들(프랑스인)을 보호하고 그들의 고통을 덜어주기 위해 프랑스 땅에 그들과 함께 남는 것이오.

법정은 냉정했다. 프랑스는 잔혹하게 보복할 수 있었고, 이제 승리의 열정에 휩싸이고 전쟁의 상처는 채 아물지 않은 상태에서 페탱이 1917년 폭동을 일으킨 병사들에게 베풀었던 자비는 그의 몫이 아니었다. 반역죄에 대해 유죄라는 평결이 내려졌고, 아흔 살의 프랑스 원수는 사형을 선고받았다.

최종적으로 형량은 종신형으로 감형되었고, 페탱은 방데 해안에서 약간 떨어진 섬 일되(Île d'Yeu)에 6년간 갇혀 지냈다. 그 기간 동안 페탱은 단 한마디도 비난의 말을 하지 않았다. 페탱 부인*이 감옥 인근에 방을 구해 정기적으로 방문했다. 페탱이 아흔두 살이 되면서 몸이 쇠약해지자 페탱 부인은 감옥 구내 이주를 허가받을 수 있었다. 페탱은 아흔다섯 살 생일(1951년 4월 24일)이 지난 직후 정신이 흐려졌고, 1951년 6월에 석방되었다. 한 달도 못 되어 페탱은 사망했다(1951년 7월 23일). 과거의 황태자가 죽은 지 이틀 후였다. 페탱은 작은 해군 묘지의 소박한 무덤에 묻혔다. 베르됭에서 성채 밑 '명예의 방'에 걸려 있던 페탱의 초상화는 제거되었다. '도시의 해방자' 이름이 적힌 나무 명판의 첫머리에 있던 그의 이름은 파내졌다. 조상도 없다. 페탱은 일생 동안 자신의 조상 건립을 금지했다. 그러나 두오몽 납골당을 찾으면 관리인들은 여러분에게 페탱이 언젠가 자신의 사랑하는 병사들과 재회하기를 바랐던 텅 빈 땅을 보여줄 것이다.

그들은 미심쩍은 말투로 이렇게 말한다. "어쩌면, 어쩌면 원수께서는 결국 이곳으로 돌아올 수 있을 겁니다."

---

* 페탱은 소령 시절에 결혼하고 싶은 여성이 있었으나 그녀의 아버지는 페탱이 진급 전망이 없다는 이유로 허락하지 않았다. 그 여성은 다른 사람과 결혼했는데 전쟁 중에 남편을 잃었고 1920년 프랑스 원수가 된 페탱과 결혼했다.(저자 주)

> 선택은 언제나 베르됭과 다하우 사이에 있다.
> — 장 뒤투르, 《마른강의 택시》

　제2차 세계대전이 끝나기 전, 베르됭의 불운한 전장에서 한 사람이 더 희생되었다. 1944년 7월 20일 독일군 고위 장교들이 폭탄으로 히틀러를 암살하려다가 실패했다. 이 모의에 가담한 주요 인사이자 독일군의 프랑스 군정장관인 폰 슈튈프나겔(Carl-Heinrich von Stülpnagel)은 재판을 받고 사형을 선고받을 것이 분명했다. 그는 체포되어 독일로 가던 중에 호송병에게 베르됭을 거쳐 갈 수 있냐고 물었고, 1916년에 자신이 대대를 이끌고 전투를 지휘했던 모르옴이 가까워지자 차를 세우고 내렸다. 잠시 뒤 운전사는 총성을 들었고, 폰 슈튈프나겔은 뫼즈강에 연결된 운하에 떠 있었다. 그러나 그 불쌍한 사람은 겨우 두 눈을 잃었을 뿐이다. 시력을 잃고 무력해진 슈튈프나겔은 베를린으로 이송되어 플뢰첸제 감옥에 수감되었고 게슈타포에 고문을 받다가 1944년 8월 30일에 교수형을 당했다.

　1945년 이후 독일에서 베르됭의 흔적은 몇몇 늙은이의 기억 속에 깊이 박힌 것을 제외하면 대체로 지워졌다. 스탈린그라드 전투 같은 더 가까운 시기의 악몽들이 베르됭의 이미지를 대체한 것이다. 그러나 프랑스는 기운을 북돋지만 한편으로 유독한 그 약물을 아직도 완전히 버리지는 못했다. 1940년에 겪은 치명적인 굴욕을 치유할 만병통치약으로 '영광'의 원천을 필사적으로 애처롭게 찾던 프랑스군에 그 약물은 정신적으로 큰 효능을 발휘했다. 영국의 어느 주요 군사 작가는 제2차 세계대전 종전 직후 프랑스의 육군대학에서 열린 긴 세미나에 초청받아 다녀온 일을 내게 말해주었다. 세미나의 주제는 제2차 세계대전의 교훈을 논하는 것이었다. 그러나 그의 말에 따르면 놀랍게도 대부분의 시간이 그보다 앞선 전쟁의 '영광', '특히 베르됭과 관련해' 논하는 데 쓰였다. 1870년부터 돌기 시작한 역사의 수레바퀴는 어떤 의미에서는 다른 국면에 접어들었다. 앞서 드 그랑메종과 그의 파멸적인 '죽을 때까지 공격하기' 신조가 그곳에서 자라났을 때처럼 이번에도 토양은 불길하게 비옥했다. (그리고 같은 종류의 거름이 뿌려졌다.) 영국이 국제 정세의 변화를 어쩔 수 없이 받아들이던 때에 허약한 프랑스 정부들은 '영광'을 얻고자 혈안이 된 — 어떤 전쟁이든 전쟁에서 승리하기를 갈망한 — 군대 때문에 연이어 자국의 해외 영토에서 군사적 '해법'에 몰두하게 되고 돌이킬 수 없는 결과를 떠안았다. 먼저 시리아와 마다가스카르에서 그랬고, 그 다음은 인도차이나와 알제리에서 그랬다. 안타깝게도 인도차이나에서는 베르됭의 숨은 영향력이 다시 한번 현실의 전략적 고려에 부분적으로 침투했다. 1951년 베트민*의 첫 번째 성공 이후, 인도차이나 주둔군 총사령관이던 드 라트르 드 타시니는 — 그는 1916년 6월 '총검의 참호'에서 일소된 중대의 인근 진지에 있었다. — 메콩강 삼각주를 '콘크리트 벨트'로 에워싸라고 명령했다. 분명히 베르됭을 둥글게 둘러싼 요새들에서 영감을 받았을 것이다. 드 라트르 드 타시니가 사망(1952년)하고 몇 년 후,

부활한 프랑스군은 필요하다면 마지막 한 사람까지 명예를 걸고 싸울 요새로 디엔비엔푸를 선택했는데, 이곳은 전략적으로 방어하기 매우 어려운 독립 전초였다. 그리고 디엔비엔푸는 치명적인 상징이 되었다. 프랑스군은 최고로 용맹하게 닥치는 대로 끝까지 싸웠다. 급조된 벙커로 베트민이 몰려들었을 때 "혼쭐을 내줄 것이다!", "저들은 지나가지 못할 것이다!"라는 외침이 들렸다. 몇 달 뒤 프랑스는 인도차이나를 잃었다. 알제리에서도 똑같이 베르됭이 남긴 치명적인 영향을 찾을 수 있다. '알제의 대령들' 중 한 명을 살짝 들여다보기만 해도 베르됭이라는 단어가 이러저러하게 연관되어 나타난다. 알제리전쟁의 휴전 회담이 열릴 때 프랑스의 비밀 군사 조직(O.A.S., Organisation de l'armée secrète)이 좋아하는 구호 중 하나로 "드골은 지나가지 못하리라"를 고른 것은 단지 우연의 일치였을까?*

베르됭의 유령들은 죽음을 허락받지 못했다. 육군대학의 상급 과정과 하급 과정에서 모든 장교는 여전히 베르됭으로 가서 그 전투에 관한 강의를 듣는다. 물론 교관들은 베르됭 전투가 현대전과는 전

베트민(Viet Minh) 프랑스 식민 지배 시절에 설립된 베트남의 공산주의 독립 운동 조직. 1941년 5월 프랑스로부터 독립하고 인도차이나에 주둔한 일본군에 항쟁하기 위해 결성되었다. 정식 명칭은 'Viet Nam Doc Lap Dong Minh Hoi'로 베트남독립동맹(League for the Independence of Vietnam)이다. 호찌민을 중심으로 하여 공산주의 세력이 중심이 되었으나 민족주의 계열 정당을 비롯해 다양한 정파가 참여한 통일전선 조직이었다.

* 알제리전쟁은 1954년부터 1962년까지 이어진 알제리민족해방전선(FLN, Front de Libération Nationale)의 독립 투쟁을 말한다. 프랑스 제5공화국 초대 대통령 드골은 알제리민족해방전선과 교섭을 벌여 1962년 3월 에비앙 협정을 체결했고 뒤이은 국민 투표에서 승인받았다. 협정 교섭 과정에서 알제리 독립에 반대하는 예비역, 현역 장교들이 비밀 군사 조직(O.A.S.)을 결성해 1961년 4월 21일 쿠데타를 일으켰다. 이들은 알제리의 주요 거점을 장악했으나 실패했고 여러 차례 드골을 암살하려 했지만 성공하지 못했다. '알제의 대령들'은 4월 21일 쿠데타에 주도적으로 참여한 대령들을 말한다.

혀 관계 없다고 거리낌 없이 인정한다. 샬롱쉬르마른의 포병학교에서도 마찬가지다. 두오몽 납골당으로 이어지는 횃불 순례는 여전히 계속된다. '베르됭의 용사들'은 점차 줄어들고 있지만, 이미 비르하킴*이나 스트라스부르가 아니라 베르됭을 신념의 시금석으로 삼은 다른 전쟁의 퇴역 군인들이 그 빈자리를 채우고 있다. 그리고 다른 한 세대가 그 전통에 깊이 젖어들고 있다. 베르됭 순례를 보면 특별 추도식에 참석하려고 두오몽 납골당의 작은 교회로 조용히 모여드는 어린이들의 행렬에 깊은 인상을 받게 된다. 프랑스의 가장 작은 마을에서도 종종 어린 학생들이 마을의 전쟁 기념물로 행진함으로써 1916년 2월 21일(베르됭 전투 첫날)을 추념한다.

1945년 이후 베르됭은 다시 프랑스에서 날씨가 가장 나쁘고 조용한 수비대 도시가 되었다. 아침 일찍 성채에서 기상을 알리는 나팔 소리가 은은히 울려 퍼진다. 그 소리를 듣고 연상되는 것에 전율하지 않는다면 무감한 영혼이리라. 근방을 돌아다니다 우연히 이 도시로 들어온 관광객은 상점에서 포탄 모양 양초처럼 베르됭 전투를 상기시키는 멋없는 기념품을 보게 된다. 놀랍게도 두오몽 납골당 안의 작은 매장도 그렇다. 그러나 지금은 그만큼도 전투를 연상시키지 못하는 기념물은 무심한 사람들의 눈에 띌 가능성이 적다. 바르르뒤크에서 베르됭으로 가는 길에 1킬로미터마다 돌에 철모를 장식해놓지 않았다면 이 좁고 하찮은 지방 도로가 프랑스의 피를 그토록 엄청나게 쏟아부은 '부아사크레'라는 사실을 믿기 어려울 것이다. 그 버려진 길에 조잡한 군용 수송차들이 밤낮을 가리지 않고 꼬리에 꼬리를 물고

비르하킴 전투(battle of Bir Hakeim) 1942년 5월 26일에서 6월 11일까지 마리피에르 쾨니그의 제1자유프랑스여단이 추축국의 아프리카기갑군에 맞서 리비아 사막의 오아시스인 비르하킴을 지킨 전투.

가득 들어찼다는 사실은 한층 더 믿기 어려울 것이다. 황태자와 크노벨스도르프가 사령부를 차렸던 뫼즈 강변의 작고 황량한 도시 스테네를 자세히 둘러보면 거의 50년이 지났는데도 지워지지 않은 독일군 제5군의 흔적을 아직도 볼 수 있다. 수이이에는 베르됭 전투 초기 국면에서 한때 페탱의 사령부가 있던 곳임을 알려주는 표지가 전혀 없다. 마을 사무소는 그대로다. 거기 들어가서 페탱 원수에 관해 물어보면 단춧구멍에 무공훈장의 금실을 매단 채 일하는 노병이 초라한 사무실과 낡은 가죽 의자를 흔쾌히 보여줄 것이다.

베르됭에서 가까운 뫼즈 강변의 마을들에는 전투의 흔적이 많이 남아 있다. 지독히도 무거운 가시 철조망은 농장에서 쓰고, 대피호의 두꺼운 골함석은 외양간의 외벽이 되었으며, 독일군 철모는 허수아비가 뒤집어썼다. 그 마을들은 프랑스 곳곳의 다른 마을처럼 농민 인구를 크게 줄인 전쟁의 여파로 여전히 절반쯤 비어 있다. 그리고 마치 병충해가 휩쓴 농촌 마을처럼 프랑스의 다른 곳에서는 볼 수 없는 음침함과 쓸쓸한 분위기에 뒤덮여 있다. 게다가 그 지역에서는 작게 벤 상처로도 감염되어 파상풍에 걸릴 위험이 크다고 한다. 프랑스의 다른 곳보다 베르됭 지역에 특유한 위험이다. 그리고 어디에나 크고 작은 묘지가 있다. 프랑스군 묘에는 흰색 십자가가 꽂혀 있고 독일군 묘에는 검은색 십자가가 꽂혀 있는데, 전부 잘 관리되고 있다.

부아부뤼 숲의 요새들 중 한 곳에 앉아서 오래도록 전장의 장대한 전경을 바라보면, 찢어진 트릴비 모자를 쓴 어린 목동이 다가와 당신의 생각을 간파하고 비웃듯 말할 것이다. "틀림없이 미쳤어요. 저 사람들 말예요."

그러고는 자신의 양 떼에 포탄 파편을 하나 던지며 목동은 떠나간다. 이제 뫼즈강 우안의 척박한 전장은 다행히도 대부분 이차 생장을 한 나무와 관목, 밀생한 산사나무와 들장미로 뒤덮였다. 거의 지나갈 수 없을 정도다. 어떻게든 안으로 들어간다면, 즉시 그 땅이 말 그대로 남김없이 구멍이 패여 있음을 눈이 아니라 느낌으로 알아챌 것이다. 갑자기 황야에서 꽃이 핀 사과나무를 발견할지도 모른다. 그러면 그 자리가 사라진 아홉 마을 중 하나가 있던 곳임을 알게 될 것이다. 오른 같은 몇몇 마을에는 여전히 어렴풋이 알아볼 수 있는 타일 파편과 주택 잔해가 허술한 참호 안에 쌓여 있다. 보몽과 플뢰리 같은 곳에는 작은 성지나 기념물이 있어 사람들을 이끄는데 그 밖에는 벽돌한 장 남아 있지 않다.

모르옴의 비탈에는 어린 전나무가 숲을 이루고 있다. 1930년대에 경작 시도가 전부 실패한 뒤에 심은 것이다. 바람이 나무 사이를 스치고 새들이 지저귀는 소리가 들린다. 그것이 전부다. 유럽에서는 사막이나 다름없다. 아무도 찾지 않는 것 같다. 누구도 깨뜨리지 않는 그 숲속 오솔길의 은밀함은 연인들마저 피한다. 망령이 넘치는 이곳은 세상에서 가장 섬뜩한 장소 중 한 곳이다. 성인이라면 그 버려진 조림지를 교차하는 방화선(防火線)의 미궁에서 길을 잃는 경험을 일부러 되풀이하지는 않을 것이다.

유령이 나올 것만 같은 밀림 곳곳에 슬픔을 자아내는 잔해, 사라지지 않을 전투의 파편이 여전히 남아 있다. 철모, 녹슨 수통, 망가진 소총, 커다란 포탄 파편, 그리고 인골도 아직 있다. 뫼즈강의 멧돼지는 그것을 몹시도 좋아한다. 두오몽 납골당의 프랑스군 군종 신부는 날마다 전장을 답사하여 숨은 이야기를 전해줄 유해의 흔적을 찾는다. 단 한 주도 새로운 '무명 용사'가 발견되지 않은 적이 없다. 유해 일부만 발견되어도 쉽게 비극의 현장을 재구성할 수 있다. 포탄 구덩이에 반쯤 묻힌 채 널린 세 구의 유해는 두 명의 들것병과 이들이 운반하던 부상자로 전부 같은 포탄에 죽임을 당했을 것이다.

어쩌다가 베르됭을 찾은 사람이라면 이 같은 전쟁의 흔적을 제대로 볼 수 없다. 보통은 두오몽의 납골당과 '총검의 참호', 그리고 특히 보 요새와 두오몽 요새로 안내되기 때문이다. 무너져 가는 보 요새의 외벽 위, 레날의 마지막 전서구에 바치는 기념물 근처에 익명의 어머니가 붙인 작고 간소한 명판은 금이 간 채 보는 사람의 마음을 울린다.

나의 아들에게, 너의 두 눈이 감긴 뒤로 나의 눈에서는 눈물이 마르지 않는구나.

안내자를 따라 요새 안으로 들어가면 레날 소령의 사무실이 나오는데 거기서 그의 책 사본을 살 수 있다. 두오몽 요새에 가면 전부 베르됭 전투의 생존자인 초로의 관리인들이 천 번도 더 오간 길을 따라 쌀쌀맞게 방문객을 안내한다. 그들은 과거에 몇 년간 펼쳐진 역사를 자신들만의 이상한 해석을 덧붙여 전달하고 침울하게 "매우 큰 손실, 매우 큰 손실(très grandes pertes, très grandes pertes)"이라는 말을 자주 기도문처럼 암송한다. 방문객이 없을 때면 그들은 요새의 비탈진 제방 위를 돌아다니며 오래된 독일군 철모 안에서 저녁으로 먹을 달팽이를 모은다. 그 위 155밀리미터 포 포탑 위에는 소총을 어깨에 걸어 멘 젊은 푸알뤼가 마치 현대 의상을 입은 유령처럼 담배를 입에 물고 서서 달팽이 잡는 노인들을 한심스럽다는 듯이 바라보고 있다. 그는 요새 너머 황무지로 난 사계(射界)를 지키는 초병으로 보인다. 1916년 2월의 운명적인 날에 쿤체와 라트케가 바로 그 황무지를 기어서 두오몽 요새로 들어갔다.

몇 년 전 새로운 독일 공군의 어느 대령이 나토(NATO) 회의에 참석하기 위해 독일에서 파리로 여행했던 이야기를 내게 해주었다. 그는 베르됭을 거치는 길을 택했다.

도시 바깥 구릉지에서 도로 공사 때문에 길이 막혔습니다. 불도저가 움직이며 새로운 길을 내고 있었는데, 토공판(블레이드)이 흙 속으로 들어가면서 제1차 세계대전 당시 독일군이 썼던 철모가 밖으로 굴러 나왔습니다. 기분이 이상했습니다. 그때 나는 동맹국인 프랑스와 회의를 하러 가는 독일군 장교로서 거기 있었던 거니까요. …… 나는 그 모든 일이 겨우 44년 전에, 심지어 내 생애에 일어났다는 사실을 믿기 어려웠습니다. 아주 먼 과거를 발굴하는 고고학자들을 보는 것 같았습니다.

베르됭에서 싸웠던 사람들의 어리석음, 낭비, 대단한 용기는 우리 시대에서 천 년은 떨어진 시대에 속하는 것 같다. 팔켄하인과 니벨의 세계, 갈리아인과 튜턴인이 벌이는 잔인한 대결의 세계는 고대사의 안개 속으로 사라진 것 같다. 베르됭의 망령이 얼마나 더 오래 프랑스를 괴롭힐 것인가? 프랑스는 언제쯤이면 그들을 떨쳐낼 것인가? 두오몽을 지키는 마지막 옛 전사와 그의 기억이 발할라로 들어갈 때일까? 아니면 프랑스는 모르옴의 섬뜩한 수목이 다 자라 벌목되고 그 죽음의 비탈에 농장과 행복한 마을이 다시 들어설 때까지 기다려야 하는가?

후기: 이 책의 프랑스어 번역이 진행되는 동안, 1916년 7월 12일 수

빌 요새에서 독일군의 공세가 일시적으로 고조될 때 이를 끝까지 막은 프랑스군 장교였던 예비역 중위 클레베르 뒤퓌와 길게 편지를 교환했다. 뒤퓌는 제1차 세계대전에서 많은 훈장을 받았지만, 그의 이후 생애는 한 세대 뒤 프랑스를 괴롭힌 비극적 분열을 고스란히 보여준다. 1940년 이후 클레베르 뒤퓌는 레지스탕스에서 수행한 역할로, 다시 말해 베르됭에서 자신의 총사령관이었던 페탱에 맞서 싸운 공으로 다시 훈장을 받았다. 그렇지만 뒤퓌는 페탱에 대한 존경심을 결코 잃지 않았고, 1960년대에는 사망한 프랑스 원수의 복권 운동을 이끌었다. 제2차 세계대전 때 그의 총사령관이었던 드골은 이에 강하게 반대했다. 내게 보낸 마지막 편지에서 뒤퓌는 이렇게 썼다. "내가 가장 간절히 원하는 것은 원수의 유해를 두오몽에 가져가 다시 매장하는 것입니다. 바라건대 그날 장례 행렬에 당신이 나와 함께 팔짱을 끼고 참석하면 좋겠습니다."

안타깝게도 뒤퓌는 그 직후 사망했다. 그리고 제2차 세계대전이 남긴 격렬한 감정은 여전히 사라지지 않은 채 페탱의 두오몽 이장을 허용하지 않고 있다.

페탱의 적에 관해 이야기해보자. 베를린 장벽이 무너졌을 때, 나는 한때 프로이센 왕세자의 집이었고 1945년 포츠담 회담의 장소였으며 오랫동안 서구에는 열리지 않았던 체칠리엔호프궁에 초청을 받아 방문했다. 우리는 점심 식사를 위해 인근의 작고 아름다운 궁으로 갔는데, 그곳은 서베를린 주민들이 임시로 식당으로 이용하고 있었다. 부서진 두개골과 뒤틀린 해골을 담은 유리 상자로 가득한 방들은 식욕을 돋우는 데 조금도 도움이 되지 않았다. 초대한 사람들의 설명에 따르면 그 집은 동독과학수사본부도 겸했다. 나는 별 생각 없이 이전에 누가 그 집에 살았는지 물었다. "아, 어떤 장군이 살았죠. 이름이 팔켄하인인데 여기서 죽었습니다." 점심을 먹기에는 꺼림칙한 환경이었지만, 그곳의 기분 나쁜 전시물은 역사상 최악의 끔찍한 전투를 시작한 사람, 악몽에 시달려 죽은 사람의 정신에는 더할 나위 없이 잘 어울리는 것 같았다.

| 주요 참고문헌 |

Air Ministry. *A Short Account of the RAF*, London 1929.

Allard, P. *Les Dessous de la Guerre, révélés par les Comitées Secrets*, Paris 1932.

Army Quarterly, XXIV. *Verdun; Falkenhayn's Strategy*, London 1932.

Aron, Robert. *Histoire de Vichy*, Paris 1954.

Bansi, Paul. *Niedersächsische Fussartillerie*, Oldenburg 1928.

Barbusse, H. *Le Feu*, Paris 1916.

Barrès, Maurice. *L'âme française*, Paris 1915.

Bartlett, E. Ashmead. *Some of My Experiences in the Great War*, London 1918.

Bauer, Max. *Der Grosse Krieg in Feld und Heimat*, Tübingen 1922.

Becker, G. *Verdun—Le Premier Choc de l'Attaque Allemande*, Paris 1932.

Belperron, Pierre. *Maginot of the Line*, London 1940.

Blake, Robert (ed). *The Private Papers of Douglas Haig, 1914-1919*, London 1952.

Boasson, M. *Au Soir d'un Monde*, Paris 1926.

Bolton, J. R. G. *Pétain*, London 1957.

Bonnefous, G. *Histoire Politique de la Troisième République (vol II)*, Paris 1957.

Bordeaux, Henry. (1) *The Last Days of Fort Vaux*, London 1917.

　　(2) *The Deliverance of the Captives*, London 1919.

(3) *La Bataille devant Souville*, Paris 1921.

(4) *Joffre, ou l'Art de Commander*, Paris 1933.

(5) *Le Chevalier de l'Air, Vie Héroique de Georges Guynemer*, Paris 1918.

Botti, Louis. *Avec les Zouaves*, Paris 1922.

Bouvard, H. *La Gloire de Verdun*, Paris 1935.

Bréant, P-L. G. *De l'Alsace à la Somme*, Paris 1917.

Brandis, C. von. *Die Stürmer von Douaumont*, Berlin 1917.

Brogan, D. W. *The Development of Modern France*, London 1940.

Bunau-Varilla, P. *De Panama à Verdun*, Paris 1937.

Callwell, Sir Charles E. *Field Marshal Sir Henry Wilson, Life and Diaries*, London 1927.

Caloni, J. *Comment Verdun fut Sauvé*, Paris 1924.

Campana, Roger. *Les Enfants de la Grande Revanche*, Paris 1920.

Chaine, P. *Mémoires d'un Rat*, Paris 1924.

Chapman, Guy. *Vain Glory*, London 1937.

Chastenet, Jacques. (1) *L'Enfance de la Troisième, 1870-1879*, Paris 1952.

(2) *Jours Inquiets et Jours Sanglants, 1906-1918*, Paris 1957.

Chavagnes, R. de. *De Guynemer à Fonck — L'Aviation de Chasse — Le Groupe des Cigognes*, Paris 1920.

Churchill, W. S. *The World Crisis*, London 1931.

Cochin, A. *Le Capitaine Augustin Cochin*, Paris 1917.

Colin, H. (1) *La Côte 304 et le Mort Homme*, Paris 1934.

(2) *Le Fort de Souville — L'Heure Suprême à Verdun*, Paris 1938.

Compton, T. E. *The Defence of Verdun* (Journal of the Royal United Services Institute, Vol. 66, 1921).

Conrad von Hötzendorf, Franz. *Aus Meiner Dienstzei*, Vienna 1921-5.

Cru, Jean Norton. *Témoins*, Paris 1929.

Cuneo, John R. *The Air Weapon, 1914–1916*, Harrisburg 1947.

Davidson, Sir John. *Haig, Master of the Field*, London 1953.

Debeney, General. *La Guerre et les Hommes*, Paris 1937.

Delvert, Charles L. (1) *Histoire d'une Compagnie*, Paris 1918.

　　(2) *Quelques Héros*, Paris 1917.

Delvert, C. L. and Bouchor, *J. F. Verdun*, Paris 1921.

Derville, Étienne. *Correspondence et Notes*, Tourcoing 1921.

Désaubliaux, Robert. *La Ruée*, Paris 1919.

Desmazes, General. *Joffre — La Victoire de Caractère*, Paris 1955.

Diaz-Retg, E. *L'Assaut contre Verdun*, Paris 1918.

Dorgelès, R. (1) *Les Croix de Bois*, Paris 1919.

　　(2) *Le Cabaret de la Belle Femme*, Paris 1928.

Dubail, A. Y. E. *De Liège à Verdun*, Paris 1920.

Dubrulle, Paul. *Mon Regiment*, Paris 1917.

Ducasse A., Meyer J., Perreux G. *Vie et Mort des Français, 1914–18*,
　　Paris 1960.

Duffour, Colonel. *La Guerre de 1914–1918, Cours à l'École Supérieur
　　de Guerre*, Rambouillet 1924.

Dugard, H. *La Bataille de Verdun*, Verdun 1916.

Duhamel, Georges. (1) *Vie de Martyrs*, Paris 1918.

　　(2) *Civilisation*, Paris 1921.

Dupont, Marcel. *En Campagne; L'Attente*, Paris 1918.

Dutourd, Jean. *The Taxis of the Marne*, London 1957.

Edmonds, Sir J. (1) *History of the Great War, Military Operations
　　France and Belgium*, London 1928–48.

　　(2) *A Short History of World War I*, London 1951.

Erbelding. E. *Vor Verdun.... aus dem Kriegstagebuch eines
　　Frontoffziers*, Stuttgart 1927.

Ettighoffer, P. C. *Verdun — Das Grosse Gericht*, Gütersloh 1936.

Falkenhayn, E. von. *General Headquarters, 1914-16, and its Critical Decisions*, London 1919.

Falls, Cyril. *The First World War*, London 1960.

Ferry, Abel. *Les Carnets Secrets*, Paris 1958.

Foch, Marshal. *Memoirs*, London 1931.

Foester, Wolfgang. *Graf Schlieffen und der Weltkrieg*, Berlin 1921.

Fonsagrive, F. *En Batteriel*, Paris 1919.

François Poncet, A. *Discours de Réception à l'Academie Française, 1953, Le Monde*, 1953.

Frantzius, F. von. *In Feld Unbesiegt*, Munich 1921.

Fuller, J. F. C. *Decisive Battles of the Western World (Vol. III)*, London 1956.

Galliéni, General J. S. *Les Carnets de Galliéni*, Paris 1932.

Gaudy, G. *Les Trous d'Obus de Verdun*, Paris 1922.

Gaulle, Charles de. *France and Her Army*, London 1945.

Gehre, Ludwig. *Die Deutsche Kräfteverteilung während des Weltkrieges*, Berlin 1928.

Goerlitz, Walter. *History of the German General Staff, 1657-1945*, London 1953.

Gras, Gaston. *Douaumont, 24 Octobre 1916*, Verdun 1949.

Grasset, A. L. *La Guerre en Action, Premier Choc 72 Division*, Paris 1923.

Guedalla, Philip. *The Two Marshals*, London 1943.

Haack, Paul L. *Mit der Kronprinzenarmee vor Verdun*, Breslau 1917.

Hall, J. N., Nordhoff, Chas. B. *The Lafayette Flying Corps*, Boston, 1920.

Hallé, Guy. *Là-Bas avec Ceux qui Souffrent*, Paris 1917.

Hanotaux, G. *Le Général Mangin*, Paris 1936.

Hein, Alfred. (1) *In the Hell of Verdun*, London 1930.

(2) *Höhe 304*, Leipzig 1942.

Hellot, General. *Le Commandement des Généraux Nivelle et Pétain*, Paris 1936.

Henches, Jules. *Lettres de Guerre*, Cahors 1917.

Herscher, E. *Quelques Images de la Guerre (Woeuvre 1915 — Verdun 1916)*, Paris 1917.

Heuzé, Paul. *Les Camions de la Victoire*, Paris 1920.

Hindenburg, Field Marshal. *Out of My Life*, London 1920.

Hoeppner, Ernst. *Deutschlands Krieg in der Luft*, Leipzig 1921.

Hoffmann, Max. *The War of Lost Opportunities*, London 1924.

Hourticq, Louis. *Récits et Réflections*, Paris 1918.

Humbert, Jacques. *La Division Barbot*, Paris 1919.

Illustrated London News. Bound editions, 1916.

Irwin, Will. *The Latin at War*, New York 1917.

Joffre, Marshal. *The Memoirs of Marshal Joffre*, London 1932.

Johnson, Douglas. *Battlefields of the World War*, New York 1921.

Jollivet, G. *Le Colonel Driant*, Paris 1918.

Jonas, Klaus. *The Life of Crown Prince William*, London 1961.

Joubaire, Alfred. *Pour la France*, Paris 1917.

Jubert, Raymond. *Verdun*, Paris 1918.

Junger, Ernst. *The Storm of Steel*, London 1929.

Kabisch, Ernst. (1) *Ein Beitrag zum Problem der Verdun Schlacht*, Berlin 1931.

(2) *Verdun, Wende des Weltkriegs*, Berlin 1935.

Kähler, Wilhelm. *Vor Zehn Jahre — Bayerische Landwehr*, Greifswald 1924.

Kiernan, R. H. *The First War in the Air*, London 1934.

Klövekorn, Leo. *Deutsche Wille 1938; Mit Junglehrern zu den Kampfstätten um Verdun*, and *Fort Vaux*, Berlin 1938.

Klüfer, Kurt von. *Seelenkräfte im Kampf um Douaumont*, Berlin 1938.

Kriegszeitschrift der 50 Division. Die Kämpfe um die Feste Vaux, von Mitstreitern geschildert, Darmstadt 1916.

Kuhl, H. J. von. *Der Deutsche Generalstab in Vorbereitung und Durchführung des Weltkrieges*, Berlin 1920.

Kurenberg, Joachim von. *The Kaiser*, London 1954.

Lafont, Berhard. *Au Ciel de Verdun, Pendant la Bataille*, Paris 1918.

Laure, General. *Pétain*, Paris 1941.

Lefebvre, H. *Verdun, La Plus Grande Bataille de l'Histoire*, Paris 1960.

Lefebvre–Dibon, P. *Quatre Pages du 3e. Bataillon du 74e R.I.*, Paris 1921.

Le Temps. Bound editions, 1916.

Liddell Hart, B. H. (1) *Reputations Ten Years After*, London 1928.

(2) *History of the World War, 1914–1918*, London 1934.

(3) *The War in Outline*, London 1936.

(4) *Strategy of Indirect Approach*, London 1941.

Liénard, J. *La Littérature Inspirée par Verdun*, Verdun 1929.

L'Illustration. Bound Editions.

Löhr, Theo. *In der Hölle von Verdun*, Rosenheim 1932.

Ludendorff, Erich. (1) *My War Memories*, London 1920.

(2) *Urkunden der Obersten Heeresleitung, 1916–18*, Berlin 1921.

Madelin, Louis. *L'Aveu — la Bataille de Verdun et l'Opinion Allemande*, Paris 1916.

Maier, Ludwig. *Verdun in Grauen des Krieges*, Attenhofer 1930.

Mangin, General. *Comment Finit la Guerre*, Paris 1920.

Marchal, Lt.-Colonel. *La Bataille de Verdun Expliquée sur le Terrain*, Verdun (no date).

Martel, Francis. *Pétain, Verdun to Vichy*, New York 1943,

Max of Baden, Prince. *Memoirs*, London 1928.

Mazenod, P. de. *Les Étapes du Sacrifice*, Paris 1922.

McConnell, J. R. *Flying for France*, New York 1917.

Méléra, César. *Verdun*, Paris 1925.

Menager, R. *Les Forts de Moulainville et de Douaumont sous les 420*, Paris 1936.

Michelin. *Guide to the Battlefields, Verdun*, Paris 1919.

Ministère de la Guerre, État-Major de l'Armée, Service Historique. *Les Armées Françaises dans La Grande Guerre, Tome IV* and *Annexes*, Paris 1931-35.

Morel-Journel, H. *Journal d'un Officier de la 74e Division d'Infanterie*, Montbrison 1922.

Morin H. & Andrieu P. *A l'Écoute devant Verdun*, Paris 1938.

Mornet, Daniel. *Tranchée de Verdun*, Paris 1918.

Mortane, Jacques. *Histoire de la Guerre Aerienne*, Paris 1921.

Muenier, P-A. *L'Angoisse de Verdun. Notes d'un Conducteur d'Auto Sanitaire*, Paris 1918.

New York Times. Monthly Magazine. Bound edition, New York, 1916.

Paquet, Colonel. *Dans l'Attente de la Ruée*, Paris 1928.

Painlevé, Paul. *Comment j'ai Nommé Foch et Pétain*, Paris 1923.

Palat, General B. E. *La Grande Guerre sur le Front Occidental, Vols X-XII*, Paris 1925.

Parsons, Edwin C. *The Great Adventure*, New York 1937.

Passaga, F. F. G. *Verdun dans la Tourmente*, Paris 1932.

Pastre, Gaston. *Trois Ans de Front*, Paris 1918.

Pellegrin, Colonel. *La Vie d'une Armée pendant la Grande Guerre*, Paris 1921.

Percin, General. *Le Massacre de notre Infanterie*, Paris 1921.

Pericard, J. *Verdun. Histoire des Combats*, Paris 1933.

Pétain, Marshal. *La Bataille de Verdun*, Verdun 1929.

Peirrefeu, Jean de. *French Headquarters, 1915–1918*, London 1924.

Pionnier, E. *Verdun à la Veille de la Guerre*, Paris 1917.

Poincaré, R. *Au Service de la France; Neuf Années de Souvenirs, Vol. VIII*, Paris 1926–1933.

Poirier, J. *La Bataille de Verdun*, Paris 1922.

Queri, Georg. *Die Hämmernde Front*, Berlin 1916.

Radtke, E. *Douaumont — Wie es Wirklich war*, Berlin 1934.

Raynal, Colonel. *Le Drame du Fort Vaux*, Paris 1919.

Regele, Oskar. *Feldmarschal Conrad*, Munich 1955.

Reichsarchiven

Beumelburg, W. *Vol. I, Douaumont*, Oldenburg 1925

Gold & Reymann. *Vol. XIII, Die Tragödie von Verdun 1916, 1 Teil, Die Deutsche Offensiveschlacht*, Oldenburg 1926.

Schwenke & Reymann, *Vol. XIV, Die Tragödie von Verdun 1916, 2 Teil, Das Ringen um Fort Vaux*, Oldenburg 1928.

Gold & Reymann. *Vol. XV, Die Tragödie von Verdun 1916, Die Zermürbungsschlacht; 3 Teil, Toter Mann — Höhe 304; 4 Teil, Thiaumont — Fleury*, Oldenburg 1929.

Reichkriegsministerium. Der Weltkrieg, 1914–1918, Vol. X, Berlin 1936.

Renouvin, Pierre. *The Forms of War Government*, New Haven 1927.

Renouvin, Preclin, Hardy. *L'Époque Contemporaine II*, Paris 1938.

Repington, Col. C. â C. *The First World War*, London 1920.

Reynolds, Quentin. *They Fought for the Sky*, New York 1957.

Ritter, Hans. *Der Luftkrieg*, Derlin 1926.

Robert, Henri B. *Impressions de Guerre d'un Soldat Chrétien*, Paris 1920.

Romains, Jules. *Men of Good Will, Vols. 15–16, Verdun*, London 1926.

Rouquerol, General. *Le Drame de Douaumont*, Paris 1931.

Rupprecht, Crown Prince of Bavaria. *Mein Kriegstagebuch*, Munich 1929.

Salisbury-Jones, Sir G. *So Full a Glory*, London 1954.

Serrigny, Bernard. *Trente Ans avec Pétain*, Paris 1959.

Spears, E. L. *Liaison, 1914*, London 1930.

Stéphane, M. *Verdun; Ma Dernière Relève au Bois des Caures*, Paris 1929.

Sturgkh, Graf. *Im Deutschen Grossen Hauptquartier*, Leipzig 1921.

Supf, Peter. *Das Buch der deutschen Fluggeschichte*, Berlin 1935.

Taylor, A. J. P. *The Struggle for Mastery in Europe, 1848-1914*, Oxford 1954.

Thimmermann, H. *Tatsachenbericht* (*Verdun, Souville*), Munich 1936.

Thomasson, Lt.-Col. R. de. *Les Préliminaires de Verdun*, Nancy 1921.

Thomazi, A. *Les Marines à Terre*, Paris 1933.

Thellier de Poncheville, Abbé. *Dix Mois à Verdun*, Paris 1918.

Unruh, Fritz von. *Verdun—Opfergang*, Frankfurt-am-Main 1925.

Valéry, Paul. *Réponse au Discours de Réception du Maréchal Pétain l'Académie Française, en 1931*, Paris 1931.

Varillon, P. *Joffre*, Paris 1956.

Vial, F. *Territoriaux de France*, Paris 1918.

Werner, Johannes. *Boelcke*, Leipzig 1932.

Weygand, General. (1) *Mangin* (*Discours*), Paris 1929.

    (2) *Histoire de l'Armée Française*, Paris 1953.

Wienskowski, Major von. *Falkenhayn*, Berlin 1937.

Wilhelm, Crown Prince of Germany. (1) *The Memoirs of the Crown Prince of Germany*, London 1922.

    (2) *My War Experiences*, London 1922.

Williams, Wythe. *Dusk of Europe*, London 1937.

Wintringham, T. H. *Mutiny*, London 1936.

Witkop, Philip (ed). *German Students War Diaries*, London 1929.

Wolff, Leon. *In Flanders Fields*, London 1959.

Ziegler, Wilhelm. *Verdun*, Hamburg 1936.

Zieser-Beringer, H. *Der Einsame Feldherr — Die Wahrheit Über Verdun*, Berlin 1934.

Zoeberlein, Hans. *Der Glaube an Deutschland*, Munich 1934.

Zwehl, General von. (1) *Maubeuge, Aisne, Verdun*, Berlin 1921.

(2) *Erich von Falkenhayn*, Berlin 1926.

Zweig, Arnold. *Education before Verdun*, London 1916.

이 책은 베르됭 전투에 참여한 군인과 그 친척, 제1차 세계대전을 연구한 역사가와 군사 평론가와 나눈 대화를 이용했다. 물론 간행된 사료도 많이 이용했다. 거의 반세기가 넘게 지났기 때문에 중요한데도 아직까지 출판되지 않은 사료는 거의 없을 것이다. 실제로 제1차 세계대전의 전투들 중에서 베르됭 전투에 관한 글이 가장 많다. 앞의 참고문헌 목록에 포함된 기출간 연구들은 다소 정도의 차이는 있을지라도 모두 필자가 이용한 것들인데, 목록 자체는 결코 완전하지 않다. 자료의 가치는 쓰인 시기에 크게 좌우된다. 분석적 연구서로 말하자면 전운이 드리웠을 때나 종전 직후에 간행된 것은 명백한 한계가 있다. 반면에 독일에서 1933년 이후에 간행된 연구서는 다수가 나치의 역사 왜곡이라는 한계가 있는데 베르됭에서 독일군의 실수는 얼버무리고 공적은 찬양하는 경향을 보인다. 직접 증언으로는 사건을 가장 가까이서 목격한 이들이 쓴 것이 최고이나, 그러한 증언은 억압적인 검열이 사라진 뒤에야 간행되었다.

몇몇 간행 사료는 거의 모든 장에서 이용했다. 작전과 명령의 세세한 내막을 알려주는 것으로는 프랑스 육군 기록보관소(Service Historique)와 독일제국 육군부(Reichkriegsministerium)의 공식 역사가 있다. 객관성을 지닌 데다 이따금 전투까지 생생히 묘사한 것으로는 독일의 제국기록보관소에서 발행한 네 권짜리 준공식 역사가 최고의 자료이다. 프랑스에서 출간된 연구 중에서는 드물게 팔라 장군의 역사서가 프랑스군에서 벌어진 재앙과 과오를 가볍게 처리하지 않는다. 최근에 베르됭 전투를 그림을 보듯 생생하게 서술한 것으로는 르페브르(J. H. Lefebvre)의 책을 들 수 있다. (르페브르의 책은 대체로 페리카르J. Pericard의 방대한 저작에서 볼 수 있는 사료에 의존하고 있기는 하다.) 독일군 전략을 철저히 분석한 것으로는 헤르만 벤트의 연구가 뛰어나다. 제1차 세계대전의 프랑스군에 관해 글을 쓰려는 사람에게는 장 노통 크뤼(jean Norton Cru)의 《증거(Témoins)》가 말할 수 없이 귀중하다. 프랑스 출신 미국인 교수가 쓴 일생의 역작인 이 책은 프랑스 쪽에 등장하는 증인의 모든 설명을 냉정히 평가하고 분류하여 여러 아름다운 전설의 허위를 폭로한다. 안타깝게도 독일에서는 이와 유사한 연구가 나타나지 않았다. 독일에서는 어쨌거나 증언 자료가 질적으로나 양적으로나 더 빈약하기 때문이다. 지휘관이 쓴 책 중에서는 황태자와 푸앵카레, 페탱의 책이 두드러진다. 페탱의 책은 간결하고 자기 합리화를 시도하지 않는다는 점에서 주목할 만하다. 리델 하트가 《평판(Reputations)》에서 조프르와 팔켄하인, 페탱의 성격을 간략하게 설명한 대목은 여전히 타당하고 실제에 가깝게 보인다. 마지막으로 처칠의 《세계 위기》를 거듭 참조하지 않고는 베르됭에 관해 무엇이든 쓰기 어려울 것이다.

다음 주해는 앞서 언급한 자료 이외에 각 장에서 이용한 주요 사료를 열거한다. 주요 참고문헌에 나오는 저작은 저자의 이름만 언급했다. 같은 저자의 책이 두 권 이상일 때에는 적절히 번호를 부여했다. 주요 참고문헌에 나오지 않는 저작은 전체 제목을 제시했다.

1장 1870 운명의 해

1870년에 관해서는 최근에 나온 Michael Howard의 *The Franco-Prussian War*만 한 것이 없다. 프랑스군의 굴욕을 설명한 것으로는 에밀 졸라의 《패주(La Débâcle)》가 최고다. 1870~1914년의 배경: Brogan, Chastenet (1 & 2). 프랑스군의 개조: de Gaulle, Weygand (2). 독일과 프랑스의 전쟁 계획: Fuller, Liddell Hart (1), Falls, Foerster.

2장 마른 전투의 영웅 조프르

최초의 충돌: Churchill, Junger, Spears. 조프르와 총사령부: Liddell Hart (2), Spears, Pierrefeu, Desmazes, Joffre, Varillon.

3장 서부전선의 팔켄하인

팔켄하인의 성격: Zwehl (2), Wienskowski, Liddell Hart (2), Zieser-Beringer. 전쟁 중 카이저의 생활: Kurenberg, Admiral Georg von Muller (*The Kaiser and His Court*), Sturgkh.

4장 왜 베르됭이었나

팔켄하인 전략의 분석: Wendt, Foerster, Kabisch (2). 독일군 심판 작전 준비의 상세한 내용: Ettighoffer, Crown Prince (2), Bansi, Wendt. 베르됭 지형: Johnson. 프랑스군의 준비 부족: de Thomasson. 독일군 계획의 첫 번째 징후: 주로 Morin & Andrieu, 그리고 Paquet, Cuneo.

5장 참호 속의 병사들

독일군 참호선에서의 대기: Ettighoffer, Unruh, Pericard. '기다리는 기계' 인용문은 Barbusse. 독일군과 프랑스군의 전투 서열: *Reichs Archives* vol. 13 [이후 'RA (13)' 같은 식으로 축약한다. − 저자], Grasset, Palat. 참호 생활과 전반적인 배후 사정: Mornet, Barbusse, Ducasse & c. 병원 상황: Duhamel (1 & 2).

6장 첫날

제30군단이 전투에서 수행한 역할에 관한 최고의 설명: Grasset, Paquet, Palat. 부아데코르 숲의 첫 번째 포격 순간: Jollivet, Stéphane, Grasset. 최초 공격에 대한 독일의 설명: RA (13), Zwehl (1).

7장 돌파당한 방어선

부아데코르 숲 전투와 드리앙의 죽음: Pericard, Jollivet, Stéphane, RA (13).

8장 무너진 크레티앵 군단

크레티앵 장군과 밥스트 장군의 의견 교환: Becker, de Thomasson. 사

모뇌의 재앙: Zwehl (1), Queri, RA (13), Palat. 제37아프리카사단에 관한 헤이그의 견해는 Blake, 그 와해의 세세한 내막은 Palat와 Becker. '신입 하사들'의 영웅적 행위: Delvert and Bouchor, Delvert (2), Palat. 제30군단의 최후와 제20군단의 도착: Muenier, Becker.

9장 난공불락 두오몽 요새 점령

요새에 관한 드 카스텔노의 인용문은 Percin (*Les Erreurs du Haut Commandement*). 두오몽 요새 점령에 관한 독일의 설명은 폰 클뤼퍼(von Klüfer)를 보라. 요새를 점령한 제24브란덴부르크연대 소속 어느 대대의 중대장이었던 그는 전역한 이후 생애의 대부분을 점령 과정을 분 단위로 세세히 설명하는 데 바쳤다. 그의 책은 두오몽에 대한 관심이 사라지던 때인 제2차 세계대전 발발 직전에야 출판되었다. 또한 다음도 참조하라. RA (13), Radtke, Brandis, Bansi. 두오몽 요새 설명: Menager, Rouquerol, Lefebvre. 프랑스군의 요새 점령 실패: Passaga, Rouquerol, Marchal, Becker, de Thomasson, Pericard. 독일군의 두오몽 점령 이후 프랑스군의 사기 저하: Lefevbre, Palat, Morel-Journel, Dubrulle.

10장 베르됭을 사수하라

샹티이에서 베르됭의 재앙에 보인 반응과 드 카스텔노의 임무: Joffre, Pierrefeu, Ferry, Poincaré. 드 카스텔노의 배경: Pierrefeu, Liddell Hart (2), Spears. 윈스턴 처칠의 '포 공격을 받는 것'에 대한 평은 *The London Magazine* 1916년 11월호에서 인용.

11장 구원자 페탱

페탱의 '사라짐': Serrigny. 페탱의 성격에 관한 글은 많고, 그 대부분은 어느 한편으로 극도로 편향되었다. 육군대학의 어느 군사사 교관은 나에게 이렇게 경고했다. "페탱에 관해서 제1차 세계대전이나 제2차 세계대전이 한창일 때 쓰인 것에 너무 크게 의존해서는 안 된다." 이 책에서 참조한 주요 사료: Pierrefeu, Liddell Hart (2), Serrigny, Laure(비시 정부 시절의 '공식'

전기로서 선전의 의도로 쓰였다), Guedalla, de Gaulle, Bolton. 1953년 프랑수아퐁세가 프랑스학술원에서 발표한 조사(弔詞)는 감동적이면서도 균형 잡힌 명문이다. 페탱의 말년에 관한 Aron의 견해도 매우 공정하다.

12장 베르됭의 생명선
페탱의 베르됭 도착: Serrigny, Lavisse(*Histoire de France Contemporaine*, Vol. IX), Pétain, RA (13). 부아사크레: Pétain, Romains, Pellegrin, Heuzé, Irwin, Lavisse, Brogan.

13장 독일의 잃어버린 기회
독일군의 첫 번째 베르됭 퇴각에 대한 설명: Crown Prince (2), RA (13), Zwehl (1), Wendt, Kabisch (2), Unruh, Falkenhayn, Hoffmann, Marchal, Rupprecht.

14장 불타오르는 지옥, 모르옴
모르옴과 304고지를 차지하려는 전투: RA (13), Colin Frantzius, Johnson, Bouvard, Serrigny, Campana, Cochin, Laurentin, Pericard. 프랑스군의 아보쿠르 재앙: Poincaré, palat, marchal.

15장 포탄 구덩이와 시체들의 땅
프랑스군 목격자의 설명에 대한 평가: Cru. 이 장에서 이용한 사료를 다 열거하자면 몇 쪽이나 필요하겠지만, Cru에게 높이 평가받은 저자들에 더하여 다음이 특히 유용했다. Lefebvre, Pericard, Bartlett, RA (all vols), Unruh, Witkop, Debeney, *L'Illustration*, Irwin, *New York Times*, Bordeaux (1). 베르됭 포병들의 생활: Delbert (1), Henches, Fonsagrive, Humbert, Pastre. 부상자들의 처지에 관한 뒤아멜(Duhamel)의 설명은 여기서도 훌륭하다. 또한 뮈에니에(Muenier)도 참조하라.

16장 전선과 후방

프랑스 후방의 생활을 종합적으로 잘 설명한 것으로는 최근에 출판된 두 연구를 보라. Ducasse, &c. and Chastenet (2). 또한 Brogan, Bonnefous 도 참조하라. 독일의 배후 사정: Kurenberg, Muller (*ibid*), Ambassador James W. Gerard (*My Four Years in Germany*), 레마르크의 《서부전선 이상 없다》, Falls, Kabisch (2).

17장 공중전 시대가 열리다

공중전 전반에 대한 연구는 풍부하다. 최근에 출판된 것 중에서는 Reynolds가 매우 잘 읽힌다. 특별히 베르됭을 언급하는 자료로는 다음을 보라. Lafont, de Chavagne, Werner, Cuneo, Mortane, 'Vigilant' (*French War Birds*), Bordeaux (5), Air Ministry, Hoeppner, Supf, Kiernan, Ritter. 라파예트 비행중대에 관한 간행된 사료: Reynolds, Parsons, Hall & Nordhoff, McConnell, Lefebvre.

18장 황태자는 왜 공격을 멈추지 못했나?

Chapman의 책은 남극에서 돌아오는 새클턴에 관해 잡담을 늘어놓는 듯 한 사료이다. 팔켄하인과 황태자 사이의 다툼에 관한 주요 사료는 4장의 사료와 같다. 그리고 다음도 참조하라. Crown Prince (2), Faklenhayn, Rupprecht, Army Quarterly, Bauer. 두오몽 요새에서 발생한 폭발: RA (1), Rouquerol, Bansi, Ettighoffer, Kabisch (2). 황태자의 배경에 관해서 는 이 책이 준비 중일 때 출간된 독일 출신 미국인 교수 Klaus Jonas의 객관 적인 연구가 가장 유용했다. 처칠도 황태자의 성격을 잘 꿰뚫어보았다. 다 음도 참조하라. Ziegler, Sturgkh, Gerard (*ibid*), Zweig(좀더 전통적인 견 해이다).

19장 프랑스 공격 정신의 화신, 니벨

페탱의 전략적 인식과 그와 조프르의 관계: Pétain, Joffre, Pierrefeu, Liddell Hart (2). 니벨과 망쟁에 관해 전기처럼 상세히 다룬 것: Pierrefeu,

Morel-Journel, Williams, Spears, Churchill, Hanotaux, Weygand (1). 5월 망쟁의 두오몽 공격: Pétain, Rouquerol, Menager, RA (1), Hallé, Lefebvre-Dibon, Brandis, Delvert (1).

20장 미친 소모전의 늪

베르됭의 상징성을 언급하는 단락에서 나는 다음과 같은 사료는 물론 리델 하트 대위와 나눈 대화에도 간접적으로 의존했다. Brogan, Marchal, Valery, Zweig, Ducasse, Laurentin, Boasson, Cru, Junger, *New York Times*, 독일의 '오월의 우승컵' 작전 준비: Karl von Einem (*Ein Armeeführer erlebt den Weltkrieg*, Leipzig, 1938), Ziegler, RA (14). 베르됭에서 명성이 실추된 '뚱보 베르타': Menager, Bansi, Ziegler, Palat, Contre-Amiral Jehenne (*Historique des Batteries de Canoniers Marines*). R.1의 일화: Delvert (1).

21장 보 요새의 마지막 일주일

프랑스군의 보 요새 방어에 관한 설명은 대체로 레날 소령의 이야기에 의존했다. 다음도 참조하라. Bordeaux (1), Palat, Lefebvre, Pericard, Rouquerol, Pétain, Méléra. 독일군 측: Klövekorn, RA (14), *Kriegszeitschrift der 50 Division*, Ettighoffer, Kabisch (2).

22장 벼랑 끝에 선 조프르

티오몽 쟁탈을 위한 초기 전투와 6월 초 프랑스군 사기 저하에 관한 설명: Palat, RA (14 & 15), Dupont, Thellier de Poncheville, Poincaré, Boasson, Pétain. '총검의 참호': Bouvard, Lefebvre, Cru, Salisbury-Jones. 프랑스 의회의 첫 번째 비밀 회기: Allard, Ferry, Joffre, Desmazes.

23장 동부전선이라는 변수

팔켄하인과 콘라트 폰 회첸도르프의 관계: Zwehl (2), Gehre, Falls, Regele, Sturgkh, Goerlitz, Foerster, Wienskowski, Conrad, Falkenhayn,

Duffour, Kabisch (2), Hoffmann, Liddell Hart (2), Wendt, Crown Prince (2).

24장 독가스 공격과 죽음의 카니발

수빌 공격: Johnson, Bordeaux (3), Dupont, Mazenod, Fries & West (Chemical Warfare), Menager, Joffre, Witkop (독일 학생이었던 사람의 설명. 영어판에는 나오지 않는다), Thimmermann, Ziegler. 솜강 공세 첫 날: Blake, Rupprecht, Ducasse &c., Falls, Liddell Hart (1), Churchill, John Harris (*Covenant with Death*), Robin Gardner (*The Big Push*), Edmonds.

25장 한여름의 공방전

독일의 마지막 노력: Bordeaux (3), Zieser-Beringer, Ziegler, Ettighoffer, Thimmermann, Rouquerol, Passaga. 팔켄하인의 교체: Crown Prince, Falkenhayn, Foerster, Kabisch (2), Wendt. 타반 터널에서 일어난 재앙: Hourticq, Delvert & Bouchor, Delvert (1), Rouquerol, Thellier de Oincheville.

26장 최후의 대반격

요새들의 탈환: Marchal, Wendt, Rouquerol, Mangin, Caloni, Bordeaux (2), Gras, Menager, Bartlett, Chavagnes, Lafont, Passaga, Joffre, Zieser-Beringer, Zwehl (1), RA (1), Zweig, Ettighoffer, Ziegler, Hindenburg, Kabisch (2).

27장 돌아온 페탱

조프르의 몰락과 니벨의 부상: Churchill, Pierrefeu, Williams, Caloni, Painlevé. 니벨 공세와 폭동: Falls, Wolff, Churchill, Crown Prince (2), Morel-Journel, Hellot, Allard, Wintringham, Davidson, Blake, Boasson.

28장 결말 없는 전쟁, 승자 없는 전투

1916년 이후의 전장: Pericard, Houticq, Passaga, Fonsagrive, Churchill, Irwin. 사상자 추정치: Churchill, Wendt, Falls, Lefebvre, *Service Historique*, Ziegler, Chastenet (2). Ducasse &c., Ferry, Delvert & Bouchor, Edmonds (2). 독일군과 프랑스군의 전략 평가: 4장, 10장, 18장, 19장과 대체로 같다. 베르됭 주요 인사들의 이후 생애: Pericard, Delvert & Bouchor, Crown Prince (2), Williams, Morel-Journel, Hanotaux, Brogan, Churchill, Desmazes, Blake, Cru, Brandis, J. Wheeler-Bennett (*The Nemesis of Power*), Zieser-Beringer, von Einem (*ibid*), Falls, Liddell Hart (2), Zwehl (2), Falkenhayn, Ziegler, Jonas. 마지노선의 고안: Caloni, Menager, Laure, Belperron, Debeney, Pétain. 베르됭의 정신적 영향: Ducasse &c., Mazenod, Boasson, Jubert, Brogan, Dutourd, RA (1), Falls, Witkop, Ettighoffer, Chavagnes. Martel. 베르됭과 독일의 전간기 전략: *Bundeswehr* Archives, Heinz Guderian (*Panzer Leader*), Goerlitz, Wheeler-Bennett (*ibid*), Wendt, Ettighoffer, General Weisenberger (*Verdun, 1916-1940*, Bonn, 1941), Churchill (*The Second World War*), De Gaulle (*War Memoirs*).

에필로그

폰 슈튈프나겔의 자살 시도: Wheeler-Bennett (*ibid*).

조행복

서울대학교 서양사학과를 졸업하고 동 대학원 박사 과정을 수료했다. 옮긴 책으로는 《전쟁의 재발견》, 《20세기를 생각한다》, 《나폴레옹》, 《브루스 커밍스의 한국 전쟁》 등이 있다.

베르됭 전투 — 인류 역사상 가장 참혹한 소모전

2020년 12월 21일 초판 1쇄 발행

- ■ 지은이 ─────── 앨리스터 혼
- ■ 옮긴이 ─────── 조행복
- ■ 펴낸이 ─────── 한예원
- ■ 편집 ─────── 이승희, 윤슬기, 양경아, 유리슬아
- ■ 조판 ─────── 성인기획
- ■ 펴낸곳   교양인
  우 04020 서울 마포구 포은로29 202호
  전화 : 02)2266-2776 팩스 : 02)2266-2771
  e-mail : gyoyangin@naver.com
  출판등록 : 2003년 10월 13일 제2003-0060

* 잘못 만들어진 책은 바꾸어드립니다.
* 값은 뒤표지에 있습니다.

이 도서의 국립중앙도서관 출판예정도서목록(CIP)은 서지정보유통지원시스템 홈페이지(http://seoji.nl.go.kr)와 국가자료종합목록 구축시스템(http://kolis-net.nl.go.kr)에서 이용하실 수 있습니다. (CIP제어번호:CIP2020050280)